“十四五”江苏省高等学校重点教材（编号：2021-1-128）

高等学校工程应用型土建类系列教材

# 土木工程
# 施工技术

## （第 2 版）

主　编　苏　慧
副主编　姜昊天　董　云　黄奕钧

中国教育出版传媒集团
高等教育出版社·北京

内容提要

　　本书是高等学校工程应用型土建类系列教材之一,是"十四五"江苏省高等学校重点教材,在第1版的基础上修订而成。本书共10章,包括:土方工程、深基础工程、钢筋混凝土结构工程、脚手架与砌筑工程、预应力混凝土工程、结构安装工程、防水工程、装饰工程、桥梁工程、道路工程。每章章前有导入语、学习目标、学习内容及案例拓展。本书配套丰富的数字资源,包括:思维导图、施工视频、教学视频、教学课件、研讨分析提示等内容。

　　本书可作为高等学校土木工程、工程管理等专业本科教材,也可作为高职院校、自学考试教学用书,还可供土建相关专业工程技术人员参考。

**图书在版编目(CIP)数据**

　　土木工程施工技术 / 苏慧主编;姜昊天,董云,黄奕钧副主编. -- 2版. -- 北京:高等教育出版社,2025.8. -- ISBN 978-7-04-064751-8

　　Ⅰ. TU7

　　中国国家版本馆 CIP 数据核字第 2025A6W393 号

土木工程施工技术
Tumu Gongcheng Shigong Jishu

| | | | | | | | |
|---|---|---|---|---|---|---|---|
| 策划编辑 | 葛　心 | 责任编辑 | 葛　心 | 封面设计 | 杨立新 | 版式设计 | 曹鑫怡 |
| 责任绘图 | 马天驰 | 责任校对 | 高　歌 | 责任印制 | 赵义民 | | |

| | | | |
|---|---|---|---|
| 出版发行 | 高等教育出版社 | 网　　址 | http://www.hep.edu.cn |
| 社　　址 | 北京市西城区德外大街 4 号 | | http://www.hep.com.cn |
| 邮政编码 | 100120 | 网上订购 | http://www.hepmall.com.cn |
| 印　　刷 | 北京市白帆印务有限公司 | | http://www.hepmall.com |
| 开　　本 | 787mm×1092mm　1/16 | | http://www.hepmall.cn |
| 印　　张 | 30 | 版　　次 | 2015 年 3 月第 1 版 |
| 字　　数 | 700 千字 | | 2025 年 8 月第 2 版 |
| 购书热线 | 010-58581118 | 印　　次 | 2025 年 8 月第 1 次印刷 |
| 咨询电话 | 400-810-0598 | 定　　价 | 70.00 元 |

本书如有缺页、倒页、脱页等质量问题,请到所购图书销售部门联系调换
版权所有　侵权必究
物 料 号　64751-00

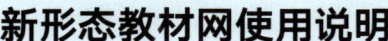

**土木工程
施工技术**
（第2版）

主编　苏　慧

1　计算机访问https://abooks.hep.com.cn/64751或手机微信扫描下方二维码进入新形态教材网。

2　注册并登录后，计算机端进入"个人中心"，点击"绑定防伪码"，输入图书封底防伪码（20位密码，刮开涂层可见），完成课程绑定；或手机端点击"扫码"按钮，使用"扫码绑图书"功能，完成课程绑定。

3　在"个人中心"→"我的学习"或"我的图书"中选择本书，开始学习。

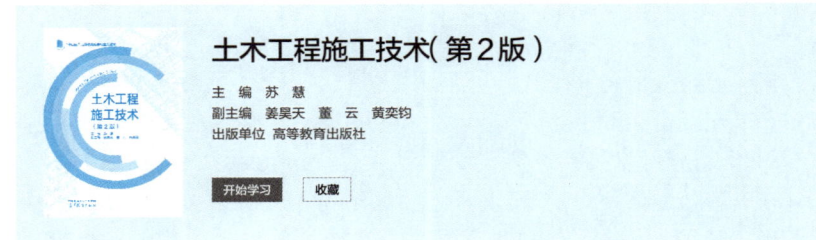

　　受硬件限制，部分内容可能无法在手机端显示，请按照提示通过计算机访问学习。如有使用问题，请直接在页面点击答疑图标进行咨询。

# 第 2 版前言

本书是高等学校工程应用型土建类系列教材之一。本书第 1 版被江苏省教育厅立项为"十二五"江苏省高等学校重点教材（新编），并于 2015 年 3 月由高等教育出版社出版；第 2 版被立项为"十四五"江苏省高等学校重点教材（修订）。

随着时代奋进、科学发展、社会进步和新技术的不断更新，土木工程施工的理论和实践有很大的发展，在原教材体系保持不变，基本理论和原理尽量保持原貌的基础上，编写组按照国家最新颁布的规范、标准，根据近十年来的教学实践对教材进行了修订。针对土木工程施工问题涉及面广、内容繁杂的特点，对工程建设所涉及的理论和知识进行系统梳理，深度挖掘提炼专业知识体系中所蕴含的思想价值和精神内涵，增加教材的思想性、知识性、引领性、时代性，充分体现近年来国内外土木工程施工理论和实践的最新发展动态。教材修订主要包含以下几个方面：

（1）深度融入课程思政元素。教材积极挖掘课程中蕴含的思政元素，探寻土木工程专业知识体系与思政知识体系的交汇点，探索知识传授与价值引领的融合路径，进一步增强教材的育人导向和育人功能。在每章的案例拓展中将课程思政内容与重大工程建设相融合，展示我国工程建设领域的技术发展历史和取得的辉煌成就，引导学生坚定理想信念、践行初心使命。

（2）紧密围绕党和国家事业发展对土木类专业人才培养的新要求，以新工科建设为抓手，以产教融合基地、产业学院等项目为载体，推动学科交叉、产教融合、科教融汇，根据国家现行的各种设计和施工规范，按照土木工程项目施工顺序和系统性原则，力求按照"体现时代特征，突出实用性、创新性"的指导思想，综合土木工程施工的特点，将理论创新成果、学术研究最新进展充实到教材中，让学生在开阔视野的同时感受行业发展成就，培养学生善于提问、刻苦钻研、精益求精的大国工匠精神。教材在收集大量最新资料和数据的基础上，全面论述了土木工程从施工准备到竣工验收整个过程的施工理论和施工方法；重视培养学生在实际工程中分析问题和解决问题的能力，使其能够综合运用有关学科的基本理论知识来解决工程建造的实践问题。

（3）与课程建设、信息技术深度融合。利用手机扫描二维码可直接观看教材配套数字资源（教学视频、试验视频、现场验证视频、设备操作视频、施工视频等）。全书每章前序部分增添了导入语、学习目标、学习内容及案例拓展，助力学习者明晰各章逻辑架构和要学习的内容；以知识图谱与思维导图的形式，使课程内容中复杂的概念、分类、属性和关系更加简明；增加了第 9 章桥梁工程、第 10 章道路工程的内容，以供相关专业选用；每章结尾部分补充了习题与案例研讨，提升学生学以致用的能力，进一步提高他们思考问题、解决问题的能力；同时，学生可以在中国大学 MOOC"土木工程施工"和实验空间国家虚拟仿真实验教学课程共享平台"大运河江南流域竖铰链式生态挡墙护坡工程虚拟仿真实验"学习相关内容。

全书共 10 章,由如下编者完成:苏慧(主编,编写每章前序、第 1 章、第 6 章),姜昊天(副主编,编写第 4 章、第 10 章),董云(副主编,编写第 3 章),黄奕钧(副主编,编写第 4章),陈宝海与邱成春(编写第 2 章),刘桐、汤小平与方金强(编写第 3 章),宋永生(编写第 5 章),陈葶葶(编写第 7 章),金辰华(编写第 8 章、第 9 章)。在本书编写过程中,江苏苏博特新材料股份有限公司、苏交科集团股份有限公司、南京市公共工程建设中心、东南大学建筑设计院综合一所等相关专家为教材案例撰写提供了宝贵素材与建议。同时,高等教育出版社对教材出版一如既往地给予大力支持,在此一并表示感谢。

东南大学陆金钰教授审阅了全书,提出了许多宝贵意见,在此特表谢意。

教材在编写过程中,参阅了国内外相关的教材、著作、论文、新闻报道等资料,在此一并对有关单位、专家和作者深表谢意! 限于编者水平,书中尚存在疏漏、不妥之处,诚请广大读者批评指正。联系邮箱:suhui@jit.edu.cn。

编者

2025 年 1 月于南京

# 第1版前言

本书根据国家现行的各种设计和施工规范,按照土木工程开发项目施工顺序和土木工程施工的系统性原则以多样化的形式编写而成。本书在大量收集最新资料和数据的基础上,全面论述了土木工程从施工准备到竣工验收整个过程的施工理论和施工方法。本书内容既包括传统的施工方法,也吸收了最近几年土木工程施工的新技术、新工艺、新工法,重视培养实际工程中分析问题和解决问题的能力,力求综合运用有关学科的基本理论知识,以解决工程建造的实践问题,理论联系实际。对土木工程各主要分部分项工程的施工方法、机械化施工原理进行了比较全面的介绍。

全书共9章,苏慧任主编并编写了第1章土方工程、第2章深基础工程、第3章模板工程部分、第6章结构安装工程、第8章装饰工程、附录土木工程新技术视频库目录;顾荣蓉编写第3章的钢筋工程部分、第4章的脚手架工程部分;汤小平编写第3章的混凝土工程部分;陈葶葶编写第4章的砌筑工程部分、第7章防水工程;王蕊编写第5章预应力混凝土工程;李明惠编写第9章绿色建筑施工;邱笑、黄奕钧参与了教材文稿整理及编排工作。

本书编写具有以下特色:

1. 施工工艺贯穿全书,反映土木工程施工的新理论、新技术、新工艺

教材内容作了精心的选择和编排,强化了施工工艺的编制细节和实践过程,列举了大量的工程实例,反映土木工程施工的新理论、新技术、新工艺,特别是将最近几年我国代表性的建筑鸟巢、水立方、世博馆、苏通大桥、长江隧道等新建筑施工实例及盾构机的应用等新技术引入教材,涉及内容具有技术新、知识面广、交叉性强等特点。

2. 数字化学习资源配套齐全,积极开发补充性、更新性和延伸性学习资源

本书中编写了大量直观的施工图片、三维动画和施工视频,使教材更加生活化、情景化、动态化、形象化,用移动通信设备(手机)扫描文中的二维码,即可在线观看学习;施工图片等资源可登录配套网站进行学习。本书开发了辅学类、资源类、扩展类的补充性、更新性和延伸性学习资源,包括多媒体课件、虚拟仿真实训平台、施工过程模拟等学习资源。

东南大学郭正兴教授对全书作了全面审阅,提出了许多宝贵意见;编写过程中得到了相关科研院所、施工单位提供的技术资料支持。在此一并表示感谢。

由于编者水平有限,书中难免不足之处,诚请读者批评指正。

编者

2014 年 8 月于南京

# 目　　录

# 第1章 土方工程

第1章 数字资源

## 导入语

土方工程施工具有工程量大、施工工期长、施工条件复杂、劳动强度大的特点,多为露天作业,受气候、水文、地质等影响较大,难以确定的因素较多。在组织土方工程施工前,必须做好施工组织设计,选择好施工方法和机械设备,制定合理的土方调配方案,以保证工程质量,并取得好的经济效果。

## 学习目标

了解土方工程施工特点及主要内容,掌握土的工程性质及场地平整土方量的计算;了解土方边坡稳定及支护型式,掌握场地平整土方机械及其施工方法;了解流砂与防治、施工降水的主要原理及意义,掌握主要方法及适用范围;了解盾构机的施工技术。

## 学习内容

土方工程施工特点,土的工程分类,土的可松性,土的渗透性;场地设计标高确定方法,场地平整土方量的计算,土方调配,场地平整土方机械及其施工;土方边坡概念及影响稳定的因素,基槽支护、基坑支护型式;流砂与防治,集水井降水,井点降水设计与施工;基坑(槽)土方量计算,人工土方施工、机械土方及其施工,深基坑土方开挖;土料的选用与处理,填土方法、压实方法、影响填土压实的因素、填土压实的质量检查方法;具体内容包括各项施工的施工准备、特点、应用范围、施工工艺方法、施工注意事项、施工质量标准、验收、通病及预防措施;深层搅拌桩施工;盾构机施工技术;土方工程施工录像。

**重点**:土的可松性,土工程性质对施工的影响,场地平整土方量和基坑土方量计算,土方调配,土方边坡概念及影响稳定因素,基坑支护型式,流砂的防治方法,井点降水设计,深基坑土方开挖,影响填土压实的因素,填土压实的质量检查。

**难点**:土的可松性应用,基坑支护型式,土方调配,流砂与防治,井点降水设计,深基坑土方开挖。

## 案例拓展

第1章 案例拓展

## 1.1 土的工程分类及性质

### 1.1.1 土的工程分类

#### 一、土方工程的施工特点

土方工程施工具有工程量大,施工工期长,施工条件复杂,劳动强度大的特点。建筑工地的场地平整、土方工程量可达数百立方米以上,施工面积达数平方公里,大型基坑的开挖,有的深达 20 多米。土方施工条件复杂,又多为露天作业,受气候、水文、地质等因素影响较大,难以确定的因素较多。因此在组织土方工程施工前,必须做好施工组织设计,选择好施工方法和机械设备,制定合理的土方调配方案,以保证工程质量,并取得较好的经济效果。

#### 二、土的工程分类

土的分类方法有根据土的颗粒级配或塑性指数分类、根据土的沉积年代分类和根据土的工程特点分类等几种。而土的工程性质对土方工程施工方法的选择、劳动量和机械台班的消耗及工程费用均有较大的影响,应高度重视。在土的施工中,根据土的坚硬程度和开挖方法将土分为八类(表 1.1.1)。

表 1.1.1  工程中土的分类

| 种类 | 名称 | 可松性系数 | | 开挖方法 |
|---|---|---|---|---|
| | | $K_s$ | $K_s'$ | |
| 一类土<br>松软土 | 砂;粉土;冲击砂土层;种植土;泥炭(淤泥) | 1.08~1.17 | 1.01~1.03 | 用锹、锄头挖掘 |
| 二类土<br>普通土 | 粉质黏土;潮湿的黄土;夹有碎石、卵石的砂、种植土、填筑土及粉土 | 1.14~1.28 | 1.02~1.05 | 用锹、锄头挖掘,少许用镐翻松 |
| 三类土<br>坚土 | 软黏土及中等密实黏土;重粉质黏土;粗砾石;干黄土及含碎石、卵石的黄土、粉质黏土;压实的填筑土 | 1.26~1.32 | 1.04~1.07 | 主要用镐,少许用锹、锄头挖掘,部分用撬棍 |
| 四类土<br>砂砾坚土 | 重黏土及含碎石、卵石的黏土;粗卵石;密实的黄土;天然级配的砂石;软泥灰岩及蛋白石 | 1.26~1.32 | 1.06~1.09 | 先用镐、撬棍,然后用锹挖掘,部分用楔子及大锤 |
| 五类土<br>软石 | 硬石炭纪黏土;中等密实的页岩,泥灰岩白垩土;胶结不紧的砾岩;软的石灰岩 | 1.30~1.45 | 1.10~1.20 | 用镐或撬棍、大锤挖掘,部分使用爆破方法 |

| 种类 | 名称 | 可松性系数 | | 开挖方法 |
| --- | --- | --- | --- | --- |
| | | $K_s$ | $K'_s$ | |
| 六类土<br>次坚石 | 泥岩;砂岩;砾岩;坚实的页岩;泥灰岩;密实的石灰岩;风化的花岗岩;片麻岩 | 1.30~1.45 | 1.10~1.20 | 用爆破方法开挖,部分用风镐 |
| 七类土<br>坚石 | 大理岩;灰绿岩;玢岩;粗、中粒花岗岩;坚实白云岩、砾岩、片麻岩、石灰岩、有风化痕迹的安山岩、玄武岩 | 1.30~1.45 | 1.10~1.20 | 用爆破方法开挖 |
| 八类土<br>特坚石 | 安山岩;玄武岩;花岗片麻岩;坚实的细粒花岗岩、闪长岩、石英岩、辉长岩等 | 1.45~1.50 | 1.20~1.30 | 用爆破方法开挖 |

### 1.1.2 土的性质

#### 一、土的组成

土一般由土颗粒(固相)、水(液相)和空气(气相)三部分组成,这三部之间的比例关系随着周围条件的变化而变化,三者互相间的比例不同,反映出土的物理状态不同,如干燥、稍湿或很湿,密实、稍密或松散。这些指标是最基本的物理性质指标,对评价土的工程性质,进行土的工程分类具有重要意义。

#### 二、土的物理性质

1. 土的可松性与可松性系数

天然土经开挖后,其体积因松散而增加,虽经振动夯实,仍然不能完全复原,这种现象称为土的可松性。土的可松性用可松性系数表示,即

最初可松性系数

$$最初可松性系数\ K_s = \frac{土经开挖后的松散体积\ V_2}{土在天然状态下的体积\ V_1} \tag{1.1.1}$$

最后可松性系数

$$最后可松性系数\ K'_s = \frac{土经回填压实后的体积\ V_3}{土在天然状态下的体积\ V_1} \tag{1.1.2}$$

可松性系数对土方的调配、计算土方运输量都有影响。

2. 土的天然含水量

在天然状态下,土中水的质量与固体颗粒质量之比的百分率称为土的天然含水量,反映了土的干湿程度,用 $W$ 表示,即

$$W = \frac{m_{湿} - m_{干}}{m_{干}} \times 100\% = \frac{m_w}{m_s} \times 100\% \tag{1.1.3}$$

式中 $m_w$——土中水的质量,kg;

$m_s$——土中固体颗粒的质量,kg。

3. 土的天然密度和干密度

土在天然状态下单位体积的质量,叫土的天然密度(简称密度)。一般黏土的密度约为 1 800~2 000 kg/m³,砂土约为 1 600~2 000 kg/m³。土的密度按下式计算

$$\rho = \frac{m}{V} \tag{1.1.4}$$

干密度是土的固体颗粒质量与总体积的比值,用下式表示

$$\rho_d = \frac{m_s}{V} \tag{1.1.5}$$

式中 $\rho$、$\rho_d$——分别为土的天然密度和干密度;

$m$——土的质量,kg;

$V$——土的总体积,m³。

4. 土的孔隙比和空隙率

土的孔隙比和空隙率反映了土的密实程度。孔隙比和空隙率越小土越密实,孔隙比是土孔隙体积与固体体积的比值,空隙率是土的孔隙体积与总体积的比值。

5. 土的渗透系数

土的渗透系数表示单位时间内水穿透土层的能力,单位为 m/d。根据土的渗透系数不同,可分为透水性土(如砂土)和不透水性土(如黏土)。它影响施工降水与排水的速度,一般土的渗透系数见表 1.1.2。

表 1.1.2　土的渗透系数

| 名称 | 渗透系数 K/(m/d) | 名称 | 渗透系数 K/(m/d) |
|---|---|---|---|
| 黏土 | <0.005 | 中砂 | 5.0~25.0 |
| 粉质黏土 | 0.005~0.1 | 匀质中砂 | 35~50 |
| 粉土 | 0.1~0.5 | 粗砂 | 20~50 |
| 黄土 | 0.25~0.5 | 圆砾 | 50~100 |
| 粉砂 | 0.5~5.0 | 卵石 | 100~500 |
| 细砂 | 1.0~10.0 | 无填物卵石 | 500~1 000 |

## 1.2　土方机械化施工

### 1.2.1　场地平整施工及基坑开挖

在土方施工中,人工开挖只适用于小型基坑(槽)、管沟及土方量少的场所,大量工程

应采用机械化施工。土方工程的施工过程包括：土方开挖、运输、填筑与压实等。常用的施工机械有：推土机、铲运机、单斗挖土机、装载机等。施工时应正确选用施工机械，加快施工进度。

一、场地平整

场地平整前，要确定场地设计标高，计算挖、填方量，确定挖、填方平衡调配方案，根据工程规模、施工期限、机械条件，选择土方机械，拟定施工方案。

二、基坑开挖

（一）施工工艺

基坑开挖施工工艺： 测量放线 → 确定开挖顺序和坡度 → 分段、分层均匀下挖 → 修边和清底 → 坡道收尾 。

（二）施工要点

基坑开挖时应注意以下几点：

① 土方开挖应绘制土方开挖图，确定开挖路线、顺序、范围、基底标高、边坡坡度、排水沟、集水井位置以及挖出的土方堆放地点等。

② 大面积基础群基坑底标高不一，机械开挖次序一般采取先整片挖至平均标高，然后再挖个别较深部位。当一次开挖深度超过挖土机最大挖掘高度（5 m 以上）时，宜分层开挖，并修筑 10% ~ 15% 的坡道，以便挖土及运输车辆进出。

③ 基坑边角部位，机械开挖不到之处，应人工配合清坡，将松土清至机械作业半径范围内，再用机械掏取运走。

④ 挖掘机、运土汽车进出基坑的运输道路，应尽量利用基础一侧或两侧相邻的基础（以后需开挖的）部位，使它互相贯通作为车道，或利用提前挖除土方后的地下设施部位作为相邻的几个基坑开挖地下运输通道，以减少挖土量。

⑤ 机械开挖应由深而浅，基底及边坡应预留一层 150 ~ 300 mm 厚土层用人工清底、修坡、找平，以保证基底标高和边坡坡度正确，避免超挖和土层遭受扰动。

⑥ 基坑土方开挖可能影响邻近建筑物、管线安全使用，必须有保护措施。

⑦ 机械开挖施工时，应保护井点、支撑等不受碰撞或损坏，同时应对平面控制桩、水准点、基坑平面位置、水平标高、边坡坡度等定期进行复测检查。

三、常用土方施工机械及其施工

（一）推土机

1. 推土机施工特点

推土机是土方施工的主要机械之一，其操作灵活，运转方便，所需工作面较小、行驶速度快、易于转移，能爬 33° 左右的缓坡，因此应用广泛。多用于场地清理和平整，开挖深度 1.5 m 以内的基坑，填平沟坑，以及配合铲运机、推土机工作等。可以推挖一、二、三类土，经济运距 100 m 以内。图 1.2.1 为液压轮胎式推土机，图 1.2.2 为履带式推土机。

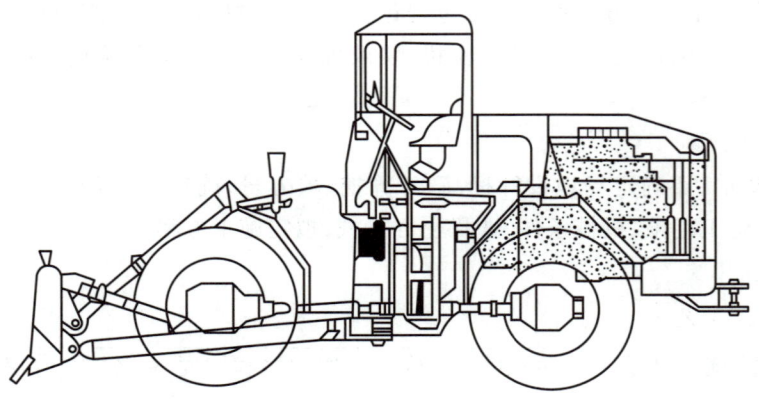

图 1.2.1　液压轮胎式推土机

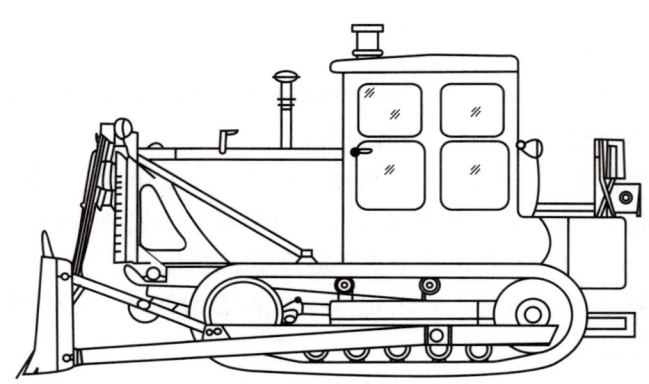

图 1.2.2　履带式推土机

　　推土机开挖的基本作业是铲土、运土和卸土三个工作行程和空载回驶行程。推土时应根据土质情况,尽量采用最大切土深度在最短距离(6~10 m)内完成,以便缩短低速运行时间,然后直接推运到预定地点。上下坡坡度不得超过 35°,横坡不得超过 10°。几台推土机同时作业,前后距离应大于 8 m。

　　2. 推土机施工方法

　　(1)下坡推土法。在斜坡上推土机顺下坡方向切土与堆运(图 1.2.3),借机械向下

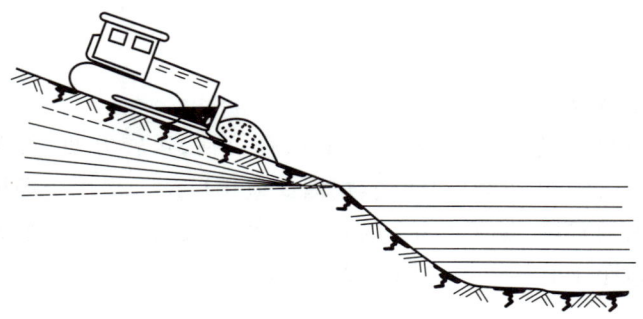

图 1.2.3　下坡推土法

重力作用切土,增大切土深度和运土数量,可提高生产率 30%~40%,但坡度不宜超过 15°,避免后退时爬坡困难。下坡推土法可与其他推土法结合使用。

(2)并列推土法。用 2~3 台推土机并列作业(图 1.2.4),铲刀相距 15~30 cm,可减少土的散失,提高生产效率。一般采用两台并列推土可增加推土量 15%~30%。适于大面积场地平整及运送土。

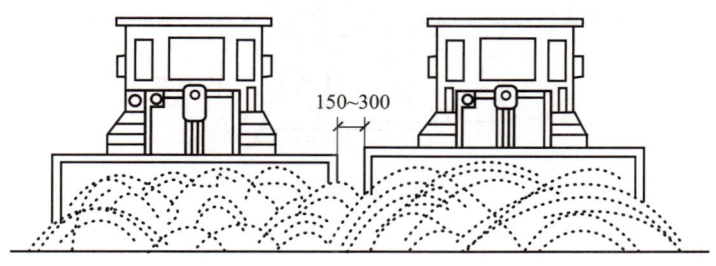

图 1.2.4　并列推土法

(3)槽形推土法。推土机重复在一条作业线上切土和推土,使地面逐渐形成一条浅槽(图 1.2.5),在槽中推运土可减少土的散失,可增加 10%~30% 的推运土量。槽的深度在 1 m 左右为宜,土埂宽度约 50 cm。当推出多条槽后,再将土埂推入槽中运出。当推土层较厚、运距远时,采用此法较为合宜。

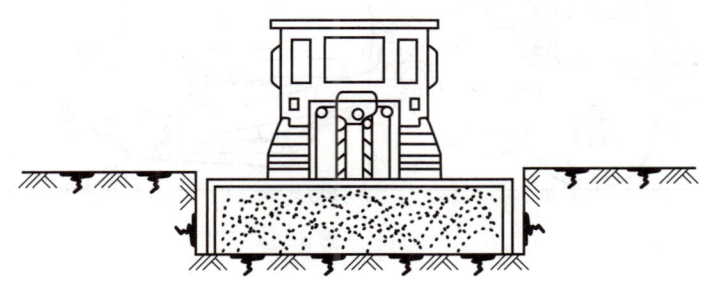

图 1.2.5　槽形推土法

(4)分堆集中,一次推送法。在硬质土中,切土深度不大,可将土先堆积在一处,然后集中推送到卸土区(图 1.2.6)。这样可以有效地提高推土的效率,缩短运土时间。但堆积距离不宜大于 3 m,堆土高度以 2 m 内为宜。

图 1.2.6　分堆集中,一次推送法

(5)斜角推土法。将铲刀斜装在支架上或水平放置,与前进方向成倾斜角进行推土

（图 1.2.7）。可减少机械来回行驶次数,提高效率,但推土阻力大,需较大功率推土机。适于管沟推土回填、垂直方向无倒车余地或在坡脚及山坡下推土。

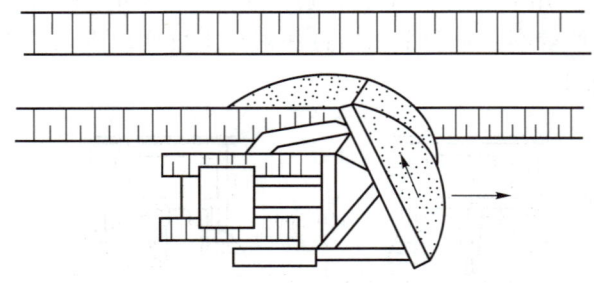

图 1.2.7  斜角推土法

（二）铲运机

铲运机由牵引机械和土斗组成,按行走方式分为自行式(图 1.2.8)和拖拉式(图 1.2.9)两种,其操纵机构分油压式和索式。拖拉式铲运机由拖拉机牵引;自行式铲运机的行驶和工作,都靠自身的动力设备,不需要其他机械的牵引和操纵。

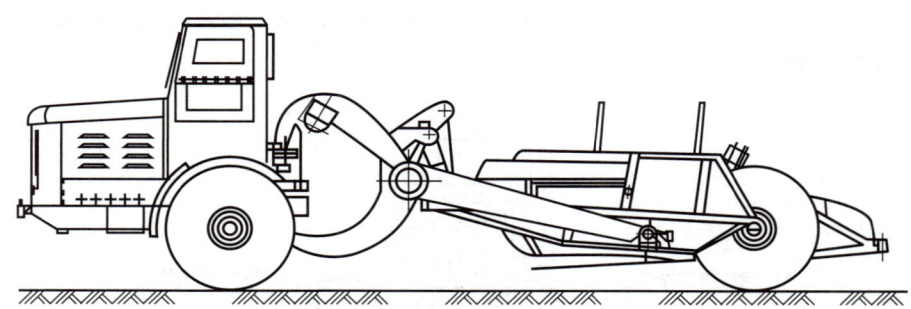

图 1.2.8  自行式铲运机外形图

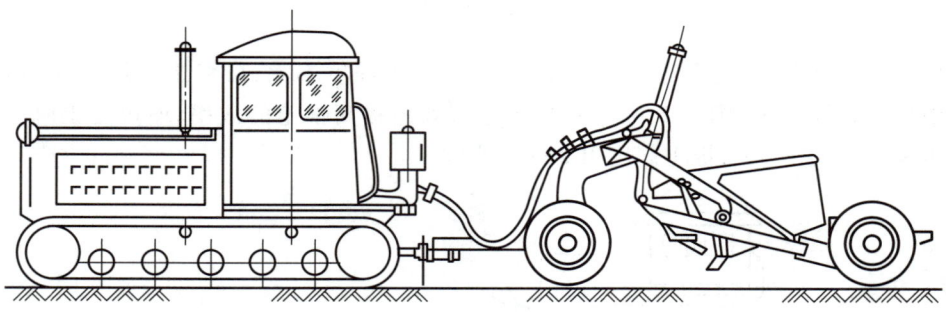

图 1.2.9  拖拉式铲运机外形图

铲运机的特点是能综合完成挖土、运土、平土或填土等全部土方施工工序,对行驶道路要求较低,操纵灵活,运转方便,生产率高,在土方工程中常用于大面积场地平整,开挖大基坑、沟槽以及填筑路基、堤坝等工程。适宜于铲运含水量不大于 27% 的松土和普通土,不适宜在砾石层和冻土地带及沼泽区工作,当铲运三、四类较坚硬的土时,宜用推土机助铲或用松土机配合将土翻松0.2~0.4 m,以减少机械磨损,提高生产率。

1. 铲运机的开行路线

铲运机的开行路线应根据填方、挖方区的分布情况并结合当地具体条件进行合理选择,主要有环形、8字形、连续式、锯齿形等开行路线。

(1)环形开行路线。这种是常用的开行路线。根据铲土和卸土的相对位置不同,可分为图1.2.10a与图1.2.10b所示两种情况。每一循环只完成一次铲土与卸土。当挖填交替而挖填方之间的距离又较短时,则可采用大环行路线(图1.2.10c),其特点是一次循环可完成两次铲土与卸土的作业,减少转换次数,提高生产效率,当采用环形路线时,为了防止机件单侧磨损,应避免仅向一侧转弯。

(2)8字形开行路线。这种开行路线的铲土与卸土,轮流在两个工作面上进行(图1.2.10d),机械上坡是斜向开行,受地形坡度限制小。每一次循环完成两次挖土和卸土的作业,比环形路线缩短运行时间,从而提高生产率。同时每循环两次转弯方向不同,可避免机械行驶时的单侧磨损。这种开行路线适用于取土坑较长的路基填筑,以及坡度较大的场地平整。

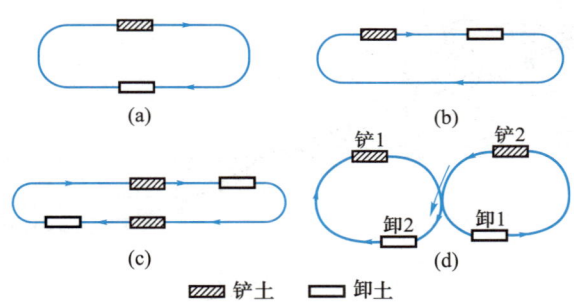

图 1.2.10　铲运机环形及 8 字形开行路线

(3)连续式开行路线。铲运机在同一直线段连续地进行铲土和卸土作业(图1.2.11)。可消除跑空车现象,减少转弯次数,提高生产效率,还可使整个填方面积得到均匀压实。适于大面积场地整平填方和挖方依次交替出现的地段采用。

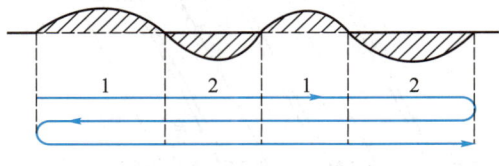

图 1.2.11　连续式开行路线

(4)锯齿形开行路线。铲运机从挖土地段到卸土地段,以及从卸土地段到挖土地段都是顺转弯,铲土和卸土交替地进行,直到工作段的末端才转180°弯,然后再按相反方向作锯齿形开行(图1.2.12)。本法调头转弯次数相对减少,同时运行方向经常改变,使机械磨损减轻。适于工作地段很长(500 m以上)的路堤、堤坝修筑。

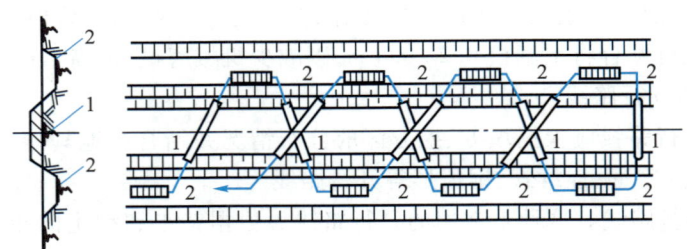

1—铲土；2—卸土。

图 1.2.12　锯齿形开行路线

2. 铲运机施工方法

（1）下坡铲土法。铲运机铲运时尽量采用有利地形进行下坡铲土（图 1.2.13）。一般地面坡度以 5°~7°为宜。平坦地形可将取土地段的一端先铲低，保持一定坡度向后延伸，创造下坡铲土条件，一般保持铲满铲斗的工作距离为 15~20 cm。在大坡度上应放低铲斗，低速前进。适用于斜坡地形大面积场地平整或推土回填沟渠。

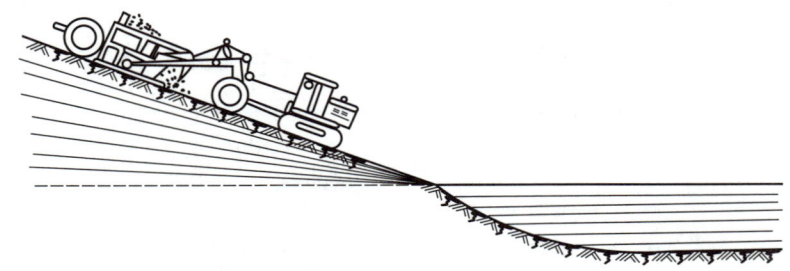

图 1.2.13　下坡铲土

（2）跨铲法。在较坚硬的土内挖土时，可采用预留土埂间铲土的方法（图 1.2.14）。这样，铲运机在挖土槽时可减少向外撒土量，挖土埂时增加了两个自由面，阻力减小，达到"铲土快，铲斗满"的效果。土埂高度应不大于 300 mm，宽度不大于铲土机两履带间净距。

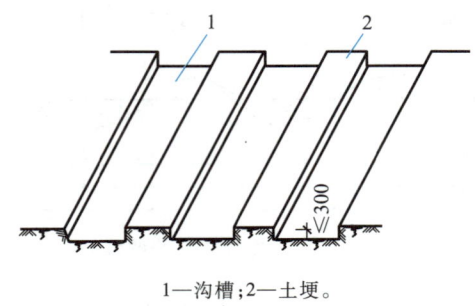

1—沟槽；2—土埂。

图 1.2.14　跨铲法

（3）助铲法。在坚硬的土层中铲土时，可另配一台推土机在铲运机的后拖杆上进行顶推，协助铲土（图 1.2.15），以缩短铲土的时间。此法的关键是安排好铲运机和推土机的配合,一般一台推土机可配合 3~4 台铲运机助铲。推土机在助铲的空隙时间可作松土或场地平整等工作,为铲运机创造良好的工作条件。

1—铲运机铲土;2—推土机助铲。

图 1.2.15　助铲法

（三）挖掘（土）机

挖掘（土）机在土方工程中应用较广,种类很多,按其行走装置的不同,分为履带式和轮胎式两类。单斗挖土机还可根据工作的需要,更换其工作装置。按其工作装置的不同,分为正铲、反铲、拉铲和抓铲等,图 1.2.16 为挖土机形式。

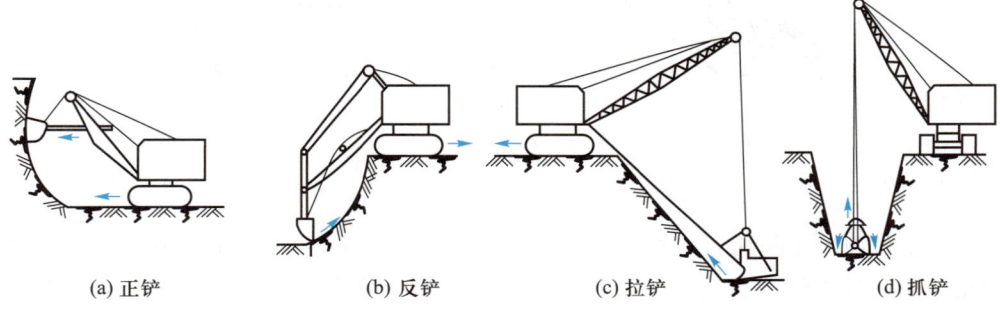

(a) 正铲　　　　(b) 反铲　　　　(c) 拉铲　　　　(d) 抓铲

图 1.2.16　挖土机形式

1. 正铲挖土机

正铲挖土机如图 1.2.17 所示。正铲挖土机的挖土特点是:"前进向上,强制切土"。其挖掘能力大,生产率高,适用于开挖停机面以上的一、二、三类土,它与运土汽车配合能完成整个挖运任务。可用于开挖大型干燥基坑以及土丘等。

图 1.2.17　正铲挖土机

（1）开挖方式。根据挖土机的开挖路线与运输工具的相对位置不同,可分为正向挖土后方卸土和正方挖土侧向卸土两种。

① 正向挖土后方卸土。挖土机沿前进方向挖土,运输工具停在挖土机后方装土(图 1.2.18a)。这种作业方式所开挖的工作面较大,但挖土机卸土时动臂回转角大,生产率低,运输车辆要倒车开入,一般开挖工作面较狭小且较深的基坑。

② 正向挖土侧向卸土。挖土机沿前进方向挖土,运输工具停在侧面装土(图 1.2.18b)。采用这种作业方式,挖土机卸土时动臂回转角度小,运输工具行驶方便,生产率高,应用广泛。

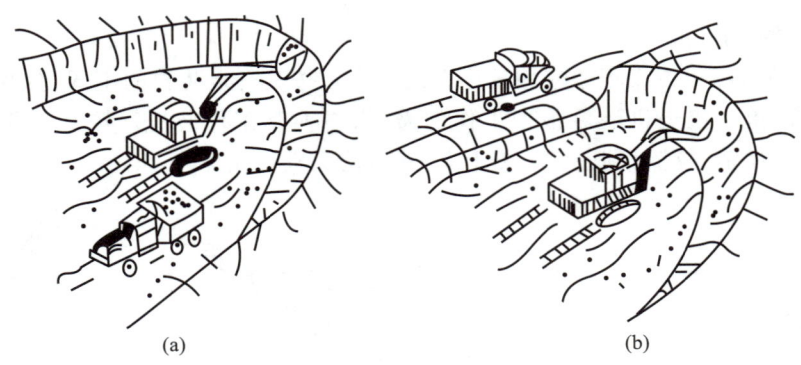

图 1.2.18　正铲挖土机开挖方式

（2）工作面。工作面是指挖土机在一个停机点进行挖土的工作范围。其形状和大小由挖土机的技术性能及挖土和卸土方式以及土壤性质决定。根据挖土机开挖方式不同,工作面又分为侧工作面和正工作面。

2. 反铲挖土机

反铲挖土机外形如图 1.2.19 所示。反铲挖土机的挖土特点是:"后退向下,强制切土"。其挖掘力比正铲小,能开挖停机面以下的一、二、三类土,用于挖基坑、基槽、管沟、有地下水的土。

图 1.2.19　反铲挖土机

反铲挖土机挖土时可采用沟端开挖和沟侧开挖两种形式,如图 1.2.20 所示。

（1）沟端开挖。挖土机停在基槽的端部,向后退挖土,汽车停在基槽两侧装土

（图 1.2.20a）。沟端开挖工作面宽度：单面装土时为 $1.3R$，双面装土时为 $1.7R$。基坑较宽时，可多次开行开挖或按 Z 字形路线开挖。为了能很好地控制所挖边坡的坡度或直立的边坡，反铲的一侧履带应靠近边线向后移动挖土。

（2）沟侧开挖。挖土机沿基槽一侧移动挖土（图 1.2.20b）。沟侧开挖能将土弃于距基槽边较远处，但开挖宽度受限制（一般为 $0.8R$），且不能很好控制边坡坡度，机身停在沟边稳定性差，只在无法采用沟端开挖或所挖土不需要运走时采用。

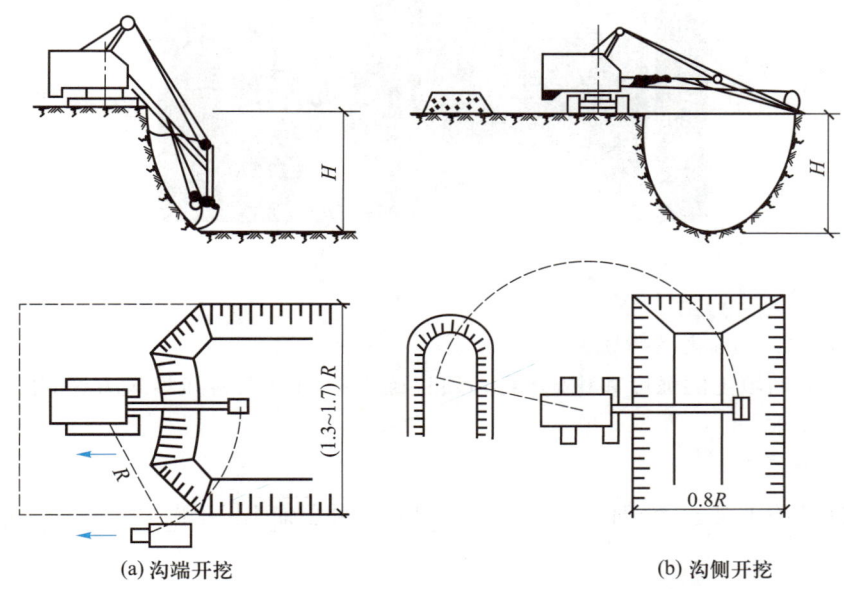

(a) 沟端开挖  (b) 沟侧开挖

图 1.2.20　反铲挖土机开挖形式

## 3. 拉铲挖土机

拉铲挖土机的挖土特点是："后退向下，自重切土"（图 1.2.21）。其挖土半径和挖土深度较大，但不如反铲灵活，开挖精确性差。适用于停机面以下的一、二类土。可用于开挖大而深的基坑或水下挖土。拉铲挖土机也可沟侧开挖和沟端开挖。

图 1.2.21　拉铲挖土机

## 4. 抓铲挖土机

抓铲挖土机如图 1.2.22 所示。其挖土的特点是："直上直下，自重切土"。挖掘力较小。适用于开挖停机面以下的一、二类土,如挖窄而深的基坑,疏通旧渠道以及挖取水中淤泥等。在软土地基的地区,常用于开挖基坑等。

图 1.2.22　抓铲挖土机

### 1.2.2　土方的填筑与压实

为了保证回填土的强度和稳定性,必须正确选择回填土料和填筑方法,以满足填土压实的质量要求。

#### 一、施工工艺

土方回填施工工艺:清理基底 → 检验土质 → 分层铺土 → 碾压密实 → 找平验收。

#### 二、施工要点

（一）土方的填筑

1. 含水量控制与土料要求

填土土料含水量的大小,直接影响到夯实(碾压)质量,在夯实(碾压)前应先试验,以得到符合密实度要求条件下的最优含水量和最少夯实(或碾压)遍数。含水量过小,夯压(碾压)不实,含水量过大,则易成橡皮土。

填方土料应符合设计要求。碎石类土、砂土和爆破石渣,可用作表层以下的填料,当填土料为黏土时,填筑前应检查其含水量是否在控制范围内,含水量大的黏土不宜作为填土用。含有大量有机质的土,吸水后容易变形,承载能力降低;含水溶性硫酸盐大于5%的土,在地下水的作用下,硫酸盐会逐渐溶解消失,形成孔洞,影响土的密实性;淤泥、冻土、膨胀土等均不应作为填土。填土应分层进行,并尽量采用同类土填筑。如采用不同土填筑时,应将透水性较大的土层置于透水性较小的土层之下,不能将各种土混杂在一起使用,以免填方内形成水囊。

基底处理:

（1）回填时应先清除基底上杂物,排除积水,并应采取措施防止地表滞水流入填方区,浸泡地基,造成基土下陷;

（2）当填方基底为耕植土或松土时,应将基底充分夯实和碾压密实;

（3）当填土场地地面较陡时,应先将斜坡挖成阶梯形,阶高 0.2~0.3 m,阶宽大于 1 m,

然后分层填土,以增强填土稳定性并防止填土滑动。

2. 填筑方法

(1) 人工填筑方法

填土应从场地最低部分开始,由一端向另一端自下而上分层铺填。每层虚铺厚度,用人工夯实时不大于 20 cm,用打夯机机械夯实时不大于 25 cm。深浅坑(槽)相连时,应先填深坑(槽),相平后与浅坑全面分层填夯。墙基及管道回填应在两侧用细土同时均匀回填、夯实,防止墙基及管道中心线位移。

(2) 机械填筑方法

① 推土机填土。应由下而上分层铺填,每层虚铺厚度不宜大于 30 cm。大坡度堆填土时,不得居高临下、不分层次、一次堆填。

② 铲运机填土。铺土应分层进行,每次铺土厚度不大于 30~50 cm,每层铺土后,利用空车返回时将地表面刮平。

③ 汽车填土。自卸汽车为成堆卸土,须配推土机推土、摊平。每层的铺土厚度不大于 30~50 cm。填土可利用汽车行驶做部分压实工作。

(二) 土方压实方法

填土的压实方法一般有碾压法、夯实法和振动压实法。

1. 碾压法

碾压法是利用机械滚轮的压力压实土壤,使之达到所需的密实度,此法多用于大面积填土工程。碾压机械有平碾(压路机)、羊足碾和气胎碾。平碾对砂土、黏性土均可压实;羊足碾需要较大的牵引力,且只宜压实黏性土,在砂土中使用羊足碾会使土颗粒受到"羊足"较大的单位压力后会向四周移动,从而使土的结构遭到破坏;气胎碾在工作时是弹性体,其压力均匀,填土质量较好。还可利用运土机械进行碾压,也是较经济合理的压实方案,施工时使运土机械行驶路线能大体均匀地分布在填土面积上,并达到一定重复行驶遍数,使其满足填土压实质量的要求。碾压机械压实填方时,行驶速度不宜过快,一般平碾控制在 2 km/h,羊足碾控制在 3 km/h,否则会影响压实效果。

2. 夯实法

夯实法是利用夯锤自由下落的冲击力来夯实土壤,主要用于小面积回填。夯实法分人工夯实和机械夯实两种。

夯实机械有夯锤、蛙式打夯机和内燃打夯机。蛙式打夯机一般以电为动力。蛙式打夯机和内燃打夯土机适用于狭小的场地和沟槽作业,也可用于室内地面的夯实及大型机械无法到达的边角夯实。夯锤是借助起重机悬挂一重锤进行夯土的夯实机械,适用于夯实砂性土、湿陷性黄土、杂填土以及含有石块的填土。图 1.2.23 为蛙式打夯机和内燃打夯机形式。

3. 振动压实法

振动压实法是将振动压实机放在土层表面,借助振动机械使压实机械振动,土颗粒在振动力的作用下发生相对位移而达到紧密状态。这种方法用于振实非黏性土效果较好。如使用振动碾压,可使土受振动和碾压两种作用,碾压效率高,适用于大面积填方工程。

(三) 填土压实的影响因素

填土压实的影响因素较多,主要有压实功、土的含水量以及每层铺土厚度。

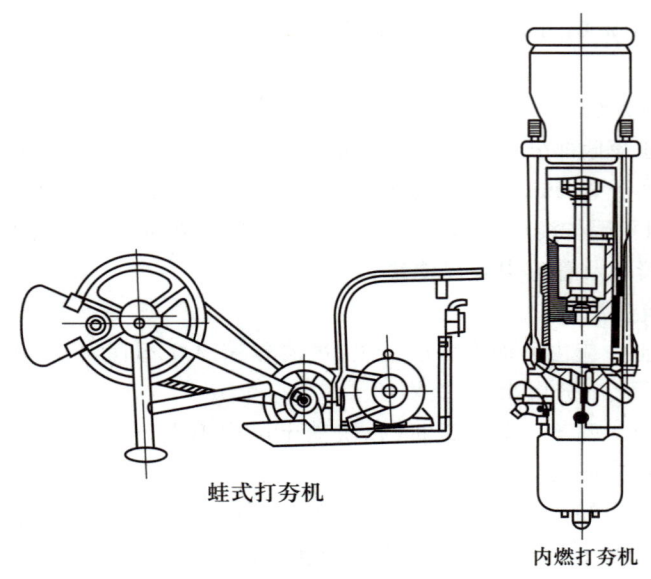

蛙式打夯机

内燃打夯机

图 1.2.23　蛙式打夯机和内燃式打夯机

1. 压实功的影响

填土压实后的密度与压实机械在其上所施加的功有一定的关系。土的密度与所耗功的关系如图 1.2.24 所示。当土的含水量一定,在开始压实时,土的密度急剧增加,待到接近土的最大密度时,压实功虽然增加许多,而土的密度则变化甚小。实际施工中,对于砂土只需碾压或夯击 2~3 遍,粉土只需 3~4 遍,粉质黏土或黏土只需 5~6 遍。松土不宜用重型碾压机械直接滚压,否则土层有强烈起伏现象。如果先用轻碾压实,再用重碾压实就会取得较好效果。

2. 含水量的影响

在同一压实功条件下,填土的含水量对压实质量有直接影响。较为干燥的土颗粒之间的摩阻力较大,因而不易压实。当含水量超过一定限度时,土颗粒之间孔隙由水填充而呈饱和状态,也不能压实。当土的含水量适当时,水起润滑作用,土颗粒之间的摩阻力减少,压实效果好。每种土都有其最佳含水量。土在这种含水量的条件下,使用同样的压实功进行压实,所得到的密度最大,土的最佳含水量和最大干密度关系如图 1.2.25 所示。工地简单检验黏性土含水量的方法一般是以手握成团、落地开花为宜。

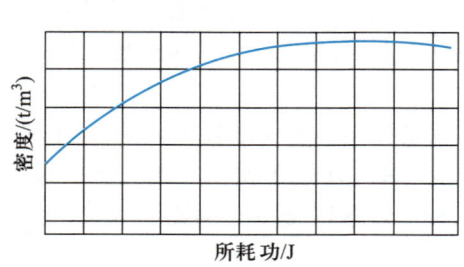

图 1.2.24　土的密度与所耗功的关系

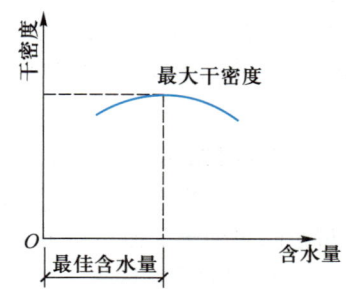

图 1.2.25　土最佳含水量与最大干密度关系

3. 铺土厚度的影响

土在压实功作用下，其应力随深度增加而逐渐减小。其影响与压实机械、土的性质和含水量等有关。铺土厚度应小于压实机械压土时的作用深度，但其中还有最优土层厚度问题，铺得过厚，要压很多遍才能达到规定的密实度；铺得过薄，则也要增加机械的总压实遍数。最优的铺土厚度应能使土方压实的机械功耗最少。可按照表 1.2.1 选用，表中规定在压实遍数范围内，轻型压实机械取最大值，重型机械取最小值。

表 1.2.1　压实机械选用分层土厚与压实遍数

| 压实机具 | 分层厚度/mm | 每层压实遍数 |
|---|---|---|
| 平碾 | 250~300 | 6~8 |
| 振动压实机 | 250~350 | 3~4 |
| 柴油打夯机 | 200~250 | 3~4 |
| 人工打夯 | <200 | 3~4 |

上述三方面因素之间是互相影响的。为了保证压实质量，提高压实机械的生产率，重要工程应根据土质和所选用压实机械在施工现场进行压实试验，以确保达到规定密实度所需的压实遍数、铺土厚度及最优含水量。

# 1.3　土方工程量计算及场地土方调配

在土方工程施工之前，必须计算土方的工程量，但各种土方工程的外形有时很复杂，而且不规则。一般情况下，将其划分成为一定的几何形状，采用具有一定精度而又和实际情况近似的方法进行计算。

## 1.3.1　场地平整的土方量计算

场地平整是将现场平整成施工所要求的设计平面。场地平整前，首先要确定场地设计标高，计算挖、填土方工程量，确定土方平衡调配方案，并根据工程规模、施工期限、土的性质及现有机械设备条件，选择土方机械、拟定施工方案。

### 一、场地设计标高的确定

确定场地设计标高时应考虑以下因素：

① 满足建筑规划和生产工艺及运输的要求；

② 尽量利用地形，减少挖填方数量；

③ 场地内的挖、填土方量力求平衡，使土方运输费用最少；

④ 有一定的排水坡度，满足排水要求。

如设计文件对场地设计标高无明确规定和特殊要求，可按下述方法确定。

1. 初步计算场地设计标高

初步计算场地设计标高的原则是场地内挖填方平衡,即场地内挖方总量等于填方总量。如图 1.3.1 所示,将场地地形图划分为边长 $a = 10 \sim 40$ m 的若干个方格。每个方格的角点标高,在地形平坦时,可根据地形图上相连两条等高线的高程,用插入法求得;当地形起伏较大(用插入法有较大错误)或无地形图时,则可在现场用木桩打好方格网,然后用测量的方法求得。

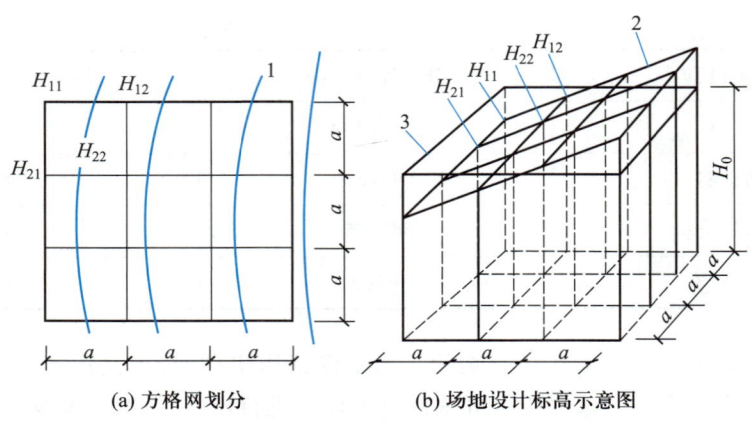

(a) 方格网划分　　　　(b) 场地设计标高示意图

1—等高线;2—自然地面;3—场地设计标高平面。

图 1.3.1　场地设计标高 $H_0$ 计算示意图

按照挖填平衡原则,场地设计标高可按式(1.3.1)计算

$$H_0 = \frac{\sum_{i=1}^{N}(H_{i1}+H_{i2}+H_{i3}+H_{i4})}{4N} \tag{1.3.1}$$

式中　$N$——方格数。

假设,$H_1$ 为一个方格的角点标高;$H_2$ 为相邻两个方格公共角点标高;$H_4$ 为相邻的四个方格的公共角点标高。如果将所有方格的四个角点标高相加,则类似 $H_1$ 这样的角点标高相加一次,类似 $H_2$ 的角点加两次,类似 $H_4$ 的角点标高加四次。因此,上式可改写为式(1.3.2):

$$H_0 = \frac{\sum H_1 + 2\sum H_2 + 3\sum H_3 + 4\sum H_4}{4N} \tag{1.3.2}$$

式中　$N$——方格数。

2. 场地设计标高的调整

上式计算的设计标高为理论值,实际上还需考虑以下因素进行调整。

(1)土可松性影响

由于土具有可松性,按 $H_0$ 进行施工,填土将有剩余,必要时可相应地提高设计标高,见图 1.3.2 及式(1.3.3)。

$$\Delta h_1 = \frac{V_W(K_s'-1)}{A_T + K_s' A_W} \tag{1.3.3}$$

式中　$V_W$——按设计标高计算出的总挖方体积；

　　$A_T$、$A_W$——按设计标高计算出的挖方区、填方区总面积；

　　　　$K'_s$——土的最后可松性系数。

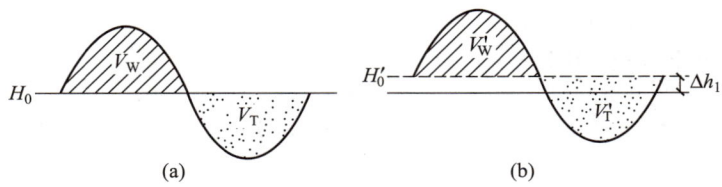

图 1.3.2　考虑土可松性示意图

（2）借土或弃土影响

由于边坡挖填方量不等，或经过经济比较后将部分挖方就近弃于场外、部分填方就近从场外取土而引起挖填土方量的变化，须按式（1.3.4）增减设计标高。

$$\Delta h_2 = \pm\frac{Q}{A} \tag{1.3.4}$$

式中　$Q$——平整后多余或不足的土方量；

　　　$A$——场地面积。

（3）考虑泄水坡度对角点设计标高的影响

按上述计算及调整后的场地设计标高进行场地平整时，则整个场地将处于同一水平面，但对于有排水要求的场地表面应有一定的泄水坡度，见图 1.3.3。因此，应根据场地泄水坡度的要求（单向泄水或双向泄水）进行标高调整，见式（1.3.5）：

$$\Delta h_3 = \pm L_x i_x \pm L_y i_y \tag{1.3.5}$$

式中　$L_x$、$L_y$——该点到场地中心线的距离；

　　　$i_x$、$i_y$——分别为场地 $x$ 和 $y$ 方向的泄水坡度。

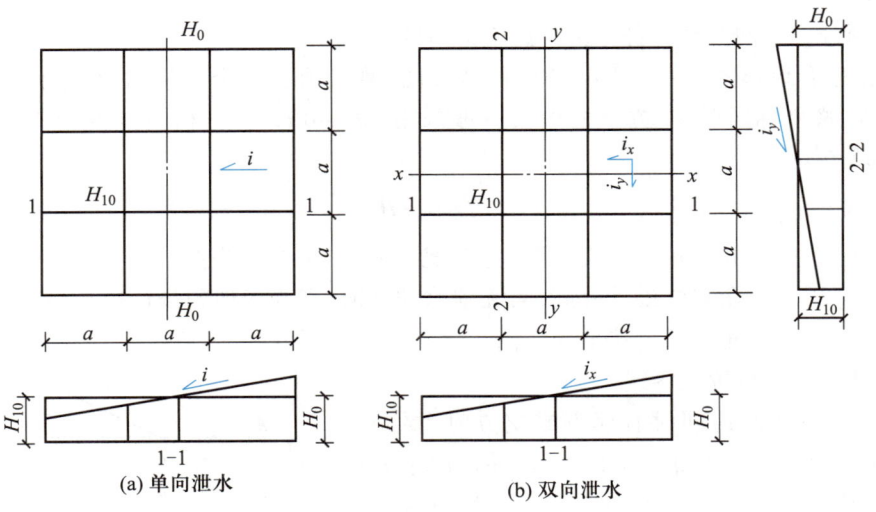

图 1.3.3　泄水坡度对场地的影响

则场地内任意一点的设计标高为式(1.3.6):

$$H_n = H_0 + \frac{V_{\mathrm{w}}(K'_{\mathrm{s}}-1)}{A_{\mathrm{T}}+A_{\mathrm{w}}K'_{\mathrm{s}}} \pm \frac{Q}{A} \pm L_x i_x \pm L_y i_y \qquad (1.3.6)$$

## 二、基坑、基槽土方量的计算

基坑(基槽)土方量(图1.3.4):

$$V = \frac{H}{6}(A_1 + 4A_0 + A_2) \qquad (1.3.7)$$

式中　$H$——基坑深度,m;

　　$A_1$、$A_2$——基坑上、下的底面积,$m^2$;

　　　$A_0$——基坑中截面的面积,$m^2$。

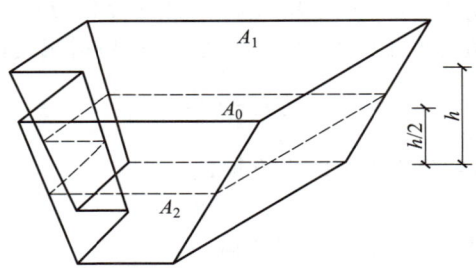

图 1.3.4　基坑土方量计算简图

## 三、场地平整土方量计算

大面积场地平整的土方量,通常采用方格网法计算。即根据方格网各方格角点的自然地面标高和实际采用的设计标高,算出相应的角点填挖高度(施工高度),然后计算每一方格的土方量,并算出场地边坡的土方量。这样便可求得整个场地的填、挖土方总量。其步骤如下:

### 1. 划分方格网并计算各方格角点施工高度

根据已有地形图(一般用 1:500 的地形图)划分成若干个方格网,尽量使方格网与测量的纵、横坐标网对应,方格的边长一般采用 10~40 m,各方格角点的施工高度按式(1.3.8)计算:

$$h_n = H_n - H \qquad (1.3.8)$$

式中　$h_n$——角点施工高度,即填挖高度,"+"为填,"-"为挖;

　　$H_n$——角点的设计标高(若无泄水坡度时,即为场地的设计标高);

　　　$H$——角点的自然地面标高。

### 2. 计算零点位置及零线

在一个方格网内同时有填方或挖方时,要先算出方格网零点位置,如图 1.3.5 所示,并标注于方格网上,将零点连接起来即为零线,它是挖填方区分界线,如图 1.3.6 所示。

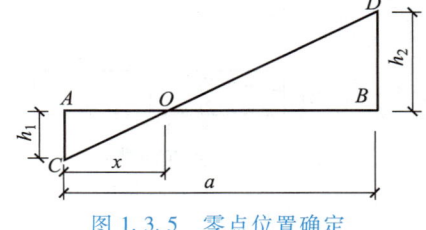

图 1.3.5　零点位置确定

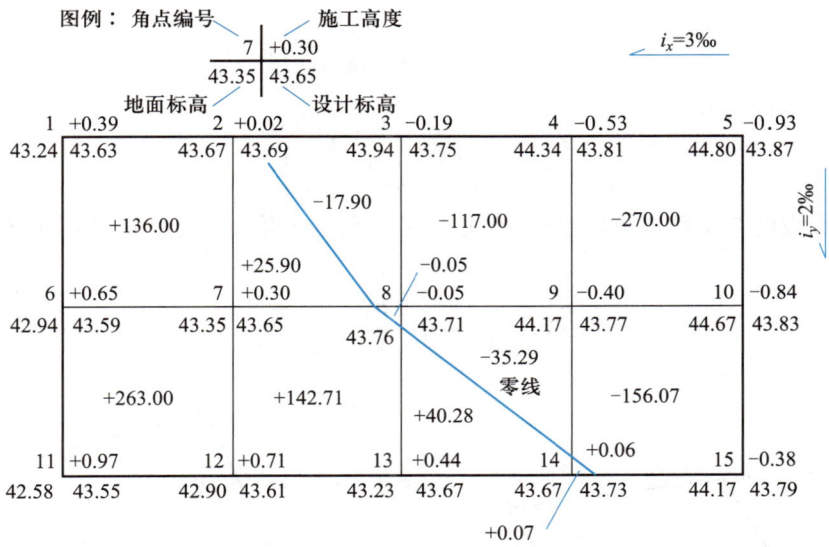

图 1.3.6　零线的绘制

零点的位置按式(1.3.9)计算:

$$x=\frac{ah_1}{h_1+h_2}\qquad(1.3.9)$$

式中　$x$——角点至零点的距离,m;

　　　$a$——方格网的边长,m;

　　　$h_1$、$h_2$——相邻两角点的施工高度,m,均用绝对值。

在实际工作中,为省略计算,常采用图解法直接求出零点,如图 1.3.7 所示,用尺在各角上标出相应比例,用尺相连,与方格相交点即为零点位置,此法甚为方便,同时可避免计算或查表出错。

3. 方格土方计算

(1) 四棱柱方格为全挖方或全填方(图 1.3.8):

$$V=\frac{a^2}{4}(h_1+h_2+h_3+h_4)\qquad(1.3.10)$$

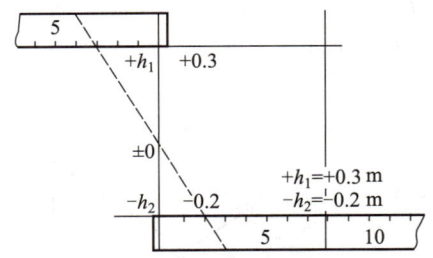

图 1.3.7　图解法求零点

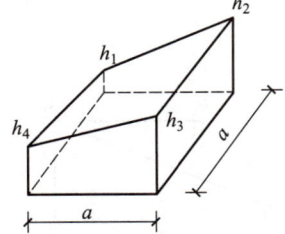

图 1.3.8　四棱柱方格全挖或全填

(2) 方格相邻两角点为挖方,另两角点为填方(图 1.3.9):

挖方部分的土方量

$$V_{1,2} = \frac{a^2}{4}\left(\frac{h_1^2}{h_1 + h_4} + \frac{h_2^2}{h_2 + h_3}\right) \qquad (1.3.11)$$

填方部分的土方量

$$V_{3,4} = \frac{a^2}{4}\left(\frac{h_4^2}{h_1 + h_4} + \frac{h_3^2}{h_2 + h_3}\right) \qquad (1.3.12)$$

（3）方格的 3 个角点为挖方（或填方），另一角点为填方（或挖方）（图 1.3.10）部分的土方量：

$$V_4 = \frac{a^2}{6}\frac{h_4^3}{(h_1 + h_4)(h_3 + h_4)} \qquad (1.3.13)$$

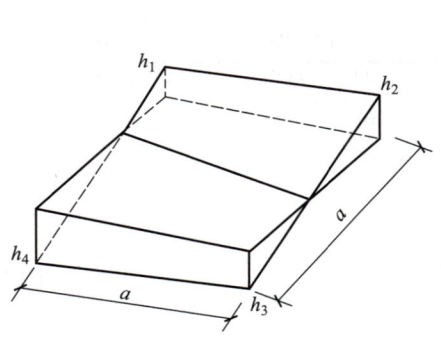

图 1.3.9　两挖和两填的方格

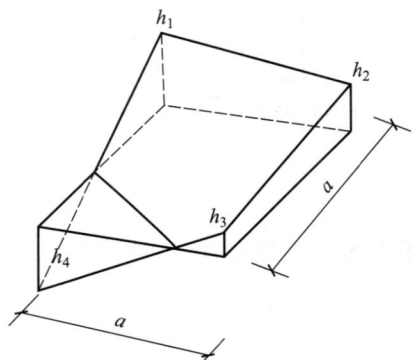

图 1.3.10　三挖一填（或相反）的方格

挖方部分的土方量

$$V_{1,2,3} = \frac{a^2}{6}(2h_1 + h_2 + 2h_3 - h_4) + V_4 \qquad (1.3.14)$$

（4）三棱柱方格全部为挖方或填方（图 1.3.11）：

$$V = \frac{a^2}{6}(h_1 + h_2 + h_3) \qquad (1.3.15)$$

（5）三角形部分为挖方，部分为填方（图 1.3.12）：

挖方部分的土方量

$$V_3 = \frac{a^2}{6}\frac{h_3^3}{(h_1 + h_3)(h_2 + h_3)} \qquad (1.3.16)$$

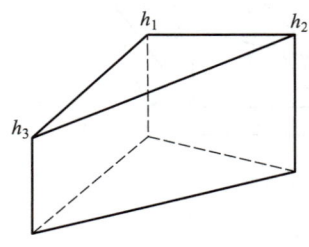

图 1.3.11　三棱柱全挖或全填

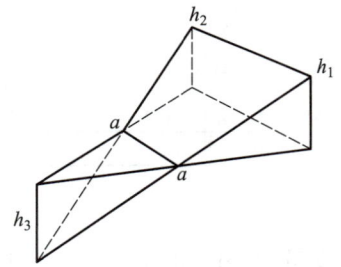

图 1.3.12　三角形部分挖方、部分填方

填方部分的土方量

$$V_{1,2} = \frac{a^2}{6}(h_1 + h_2 - h_3) + V_3 \tag{1.3.17}$$

4. 边坡土方量计算

边坡的土方量可以划分为两种近似几何形体计算,一种为三角棱锥体,另一种为三角棱柱体(图1.3.13),其计算公式如下。

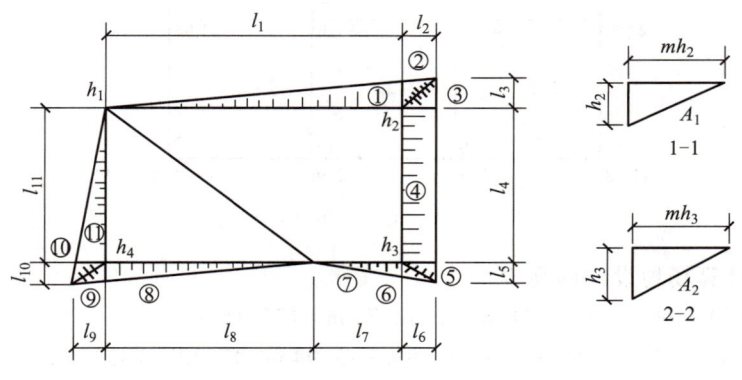

图 1.3.13　场地边坡平面图

（1）三角棱锥体边坡体积

三角棱锥体（图中①~③部分,⑤~⑩部分）的计算:

$$V_1 = \frac{1}{3}A_1 l_1 \tag{1.3.18}$$

式中　$l_1$——边坡的长度;

$A_1$——边坡的端横断面面积,即 $A_1 = \frac{1}{2}h_1 mh_1 = \frac{1}{2}mh_1^2$; $\qquad$ (1.3.19)

$m$——边坡的坡度系数,$m$ = 宽/高。

（2）三角棱柱体边坡体积

三角棱柱体（如图1.3.13中④部分）的计算:

$$V_4 = \frac{1}{2}(A_1 + A_2) l_4 \tag{1.3.20}$$

当两端横断面面积相差很大时,则

$$V_4 = \frac{l_4}{6}(A_1 + 4A_0 + A_2) \tag{1.3.21}$$

式中　$l_4$——边坡的长度;

$A_1$、$A_2$、$A_0$——边坡两端及中部的横断面面积,算法同上。

5. 计算土方总量

将挖方区(或填方区)的所有方格土方量和边坡土方量汇总后即得场地平整挖(填)方的工程量。

【例 1.3.1】 某建筑场地方格网的方格边长为 20 m×20 m,泄水坡度 $i_x = i_y = 0.3\%$,如图 1.3.14 所示,不考虑土的可松性和边坡的影响。试计算挖、填土方量。

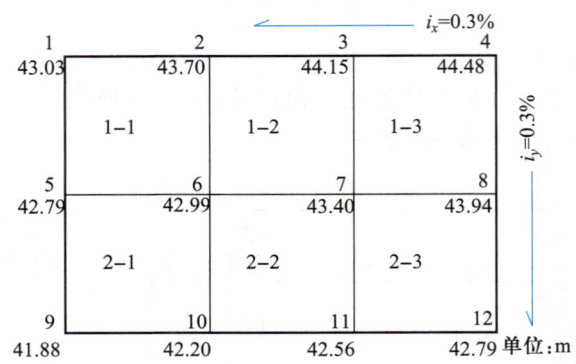

图 1.3.14 某建筑场地方格网

**解:**(1)计算场地设计标高 $H_0$

$\sum H_1 = 43.03 \text{ m} + 44.48 \text{ m} + 41.88 \text{ m} + 42.79 \text{ m} = 172.18 \text{ m}$

$2\sum H_2 = 2 \times (43.70 \text{ m} + 44.15 \text{ m} + 42.79 \text{ m} + 43.94 \text{ m} + 42.20 \text{ m} + 42.56 \text{ m}) = 518.68 \text{ m}$

$4\sum H_4 = 4 \times (42.99 \text{ m} + 43.40 \text{ m}) = 345.56 \text{ m}$

$$H_0 = \frac{\sum H_1 + 2\sum H_2 + 4\sum H_4}{4N} = 43.18 \text{ m}$$

(2)计算各角点的设计标高

根据泄水坡度计算各方格角点的设计标高,以场地中心点(几何中心)为 $H_0$,各角点设计标高为(以"+"为填方,"−"为挖方)

$H_1 = H_0 - 30 \text{ m} \times 0.3\% + 20 \text{ m} \times 0.3\% = 43.18 \text{ m} - 0.09 \text{ m} + 0.06 \text{ m} = 43.15 \text{ m}$

$H_2 = H_1 + 20 \text{ m} \times 0.3\% = 43.15 \text{ m} + 0.06 \text{ m} = 43.21 \text{ m}$

$H_3 = H_2 + 20 \text{ m} \times 0.3\% = 43.21 \text{ m} + 0.06 \text{ m} = 43.27 \text{ m}$

$H_4 = H_3 + 20 \text{ m} \times 0.3\% = 43.27 \text{ m} + 0.06 \text{ m} = 43.33 \text{ m}$

$H_5 = H_0 - 30 \text{ m} \times 0.3\% = 43.18 \text{ m} - 0.09 \text{ m} = 43.09 \text{ m}$

$H_6 = H_5 + 20 \text{ m} \times 0.3\% = 43.09 \text{ m} + 0.06 \text{ m} = 43.15 \text{ m}$

$H_7 = H_6 + 20 \text{ m} \times 0.3\% = 43.15 \text{ m} + 0.06 \text{ m} = 43.21 \text{ m}$

$H_8 = H_7 + 20 \text{ m} \times 0.3\% = 43.21 \text{ m} + 0.06 \text{ m} = 43.27 \text{ m}$

$H_9 = H_0 - 30 \text{ m} \times 0.3\% - 20 \text{ m} \times 0.3\% = 43.18 \text{ m} - 0.09 \text{ m} - 0.06 \text{ m} = 43.03 \text{ m}$

$H_{10} = H_9 + 20 \text{ m} \times 0.3\% = 43.03 \text{ m} + 0.06 \text{ m} = 43.09 \text{ m}$

$H_{11} = H_{10} + 20 \text{ m} \times 0.3\% = 43.09 \text{ m} + 0.06 \text{ m} = 43.15 \text{ m}$

$H_{12} = H_{11} + 20 \text{ m} \times 0.3\% = 43.15 \text{ m} + 0.06 \text{ m} = 43.21 \text{ m}$

(3)计算各角点的施工高度

求各角点的施工高度(以"+"为填方,"−"为挖方)。

$h_1 = 43.15 \text{ m} - 43.03 \text{ m} = +0.12 \text{ m}$;$h_2 = 43.21 \text{ m} - 43.70 \text{ m} = -0.49 \text{ m}$

$h_3 = 43.27 \text{ m} - 44.15 \text{ m} = -0.88 \text{ m}$;$h_4 = 43.33 \text{ m} - 44.48 \text{ m} = -1.15 \text{ m}$

$h_5 = 43.09 \text{ m} - 42.79 \text{ m} = +0.30 \text{ m}; h_6 = 43.15 \text{ m} - 42.99 \text{ m} = +0.16 \text{ m}$

$h_7 = 43.21 \text{ m} - 43.40 \text{ m} = -0.19 \text{ m}; h_8 = 43.27 \text{ m} - 43.94 \text{ m} = -0.67 \text{ m}$

$h_9 = 43.03 \text{ m} - 41.88 \text{ m} = +1.15 \text{ m}; h_{10} = 43.09 \text{ m} - 42.20 \text{ m} = +0.89 \text{ m}$

$h_{11} = 43.15 \text{ m} - 42.56 \text{ m} = +0.59 \text{ m}; h_{12} = 43.21 \text{ m} - 42.79 \text{ m} = +0.42 \text{ m}$

（4）确定"零线"，即挖、填的分界线

先确定零点的位置，将相邻边线上的零点相连，即为"零线"，如图 1.3.15 所示。

1—2 线上的零点：$x_1 = \dfrac{0.12}{0.12+0.49} \times 20 \text{ m} = 3.93 \text{ m}$，即零点距角点 1 的距离为 3.93 m。

2—6 线上的零点：$x_2 = \dfrac{0.49}{0.16+0.49} \times 20 \text{ m} = 15.08 \text{ m}$，即零点距角点 2 的距离为 15.08 m。

6—7 线上的零点：$x_6 = \dfrac{0.16}{0.16+0.19} \times 20 \text{ m} = 9.14 \text{ m}$，即零点距角点 6 的距离为 9.14 m。

7—11 线上的零点：$x_7 = \dfrac{0.19}{0.19+0.59} \times 20 \text{ m} = 4.87 \text{ m}$，即零点距角点 7 的距离为 4.87 m。

8—12 线上的零点：$x_8 = \dfrac{0.67}{0.67+0.42} \times 20 \text{ m} = 12.29 \text{ m}$，即零点距角点 8 的距离为 12.29 m。

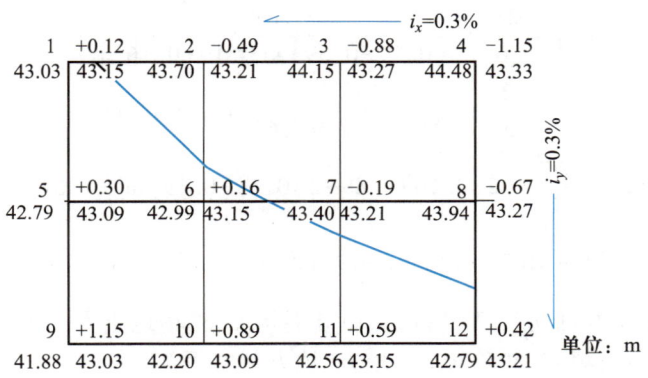

图 1.3.15　零线位置

（5）计算各方格土方量（以（+）为填方，（-）为挖方）

① 全填或全挖方格

$$V_{1-3}^{(-)} = \frac{20^2}{4} \times (0.88+1.15+0.19+0.67) \text{ m}^3 = 88 \text{ m}^3 + 115 \text{ m}^3 + 19 \text{ m}^3 + 67 \text{ m}^3 = 289 \text{ m}^3 \quad (-)$$

$$V_{2-1}^{(+)} = \frac{20^2}{4} \times (0.30+0.16+1.15+0.89) \text{ m}^3 = 30 \text{ m}^3 + 16 \text{ m}^3 + 115 \text{ m}^3 + 89 \text{ m}^3 = 250 \text{ m}^3 \quad (+)$$

② 两挖、两填方格

$$V_{2-3}^{(-)} = \frac{20^2}{4} \times \left( \frac{0.19^2}{0.19+0.59} + \frac{0.67^2}{0.67+0.42} \right) \text{ m}^3 = 45.81 \text{ m}^3 \qquad (-)$$

$$V_{2-3}^{(+)} = \frac{20^2}{4} \times \left( \frac{0.59^2}{0.19+0.59} + \frac{0.42^2}{0.67+0.42} \right) \text{ m}^3 = 60.81 \text{ m}^3 \qquad (+)$$

③ 三填一挖或三挖一填方格

$$V_{1-1}^{(-)} = \frac{20^2}{6} \times \left[ \frac{0.49^3}{(0.12+0.49)\times(0.49+0.16)} \right] \text{ m}^3$$

$$= \frac{2}{3} \times \frac{49^3}{(12+49)\times(49+16)} \text{ m}^3 = 19.78 \text{ m}^3 \qquad (-)$$

$$V_{1-1}^{(+)} = \frac{20^2}{6} \times (2\times0.12+0.30+2\times0.16-0.49) \text{ m}^3 + 19.78 \text{ m}^3$$

$$= \frac{2}{3} \times (24+30+32-49) \text{ m}^3 + 19.78 \text{ m}^3 = 44.45 \text{ m}^3 \qquad (+)$$

$$V_{2-1}^{(+)} = \frac{20^2}{6} \times \left[ \frac{0.16^3}{(0.16+0.19)\times(0.49+0.16)} \right] \text{ m}^3$$

$$= \frac{2}{3} \times \frac{16^3}{(16+19)\times(49+16)} \text{ m}^3 = 1.20 \text{ m}^3 \qquad (+)$$

$$V_{2-1}^{(-)} = \frac{20^2}{6} \times (2\times0.19+0.88+2\times0.49-0.16) \text{ m}^3 + 1.2 \text{ m}^3$$

$$= \frac{2}{3} \times (38+88+98-16) \text{ m}^3 + 1.2 \text{ m}^3 = 139.87 \text{ m}^3 \qquad (-)$$

$$V_{2-2}^{(-)} = \frac{20^2}{6} \times \left[ \frac{0.19^3}{(0.19+0.59)\times(0.19+0.16)} \right] \text{ m}^3$$

$$= \frac{2}{3} \times \frac{19^3}{(19+59)\times(19+16)} \text{ m}^3 = 1.67 \text{ m}^3 \qquad (-)$$

$$V_{2-2}^{(+)} = \frac{20^2}{6} \times (2\times0.16+0.89+2\times0.59-0.19) \text{ m}^3 + 1.67 \text{ m}^3$$

$$= \frac{2}{3} \times (32+89+118-19) \text{ m}^3 + 1.67 \text{ m}^3 = 148.34 \text{ m}^3 \qquad (+)$$

将计算出的各方格土方工程量按挖、填分别相加,得场地土方工程量总计。

挖方:496.13 m³;填方:504.80 m³;挖方、填方基本平衡。

### 1.3.2 土方调配量的计算

土方量计算完成后,可着手土方的调配,即对挖方的利用、堆土和填土的取得三者之间的关系进行综合协调的处理。好的土方调配方案,应是使土方运输量或费用达到最小,且能方便施工。

一、土方调配原则

① 力求达到挖方与填方基本平衡和就近调配,使挖方量与运距的乘积之和尽可能最小,即土方运输量或费用最小。

② 土方调配应考虑近期施工与后期利用相结合的原则,考虑分区与全场相结合的原则,应尽可能与大型地下建筑物施工相结合,避免重复挖运。

③ 合理布置挖、填方分区线,选择恰当的调配方向、运输路线,使土方机械和运输车辆性能得到充分发挥。

④ 好土用在回填质量要求高的地区。

⑤ 土方平衡调配应尽可能与城市规划和农田水利相结合,将余土一次性运到指定弃土场,做到文明施工。

进行土方调配,须根据现场具体情况、有关技术资料、工期要求、土方施工与运输方法综合考虑,按上述原则,经计算比较来选择经济合理的调配方案。

二、土方调配图表的编制

场地土方调配,需做成相应的土方调配图表,其编制的方法如下:

（1）划分调配区。在划分调配区时应注意:

① 调配区的划分应与房屋或构筑物的位置相协调,满足工程施工顺序和分期分批施工的要求,使近期施工与后期利用相结合。

② 调配区的大小应使土方机械和运输车辆的功效得到充分发挥。

③ 当土方运距较大或场区内土方不平衡时,可根据附近地形,考虑就近借土或就近弃土,每一个借土区或弃土区均可作为一个独立的调配区。

（2）计算土方量,按前述计算方法,求得各调配区的挖方量,并标写在图上。

（3）计算调配区之间的平均运距。

平均运距即挖填方区土方重心的距离。即确定平均运距需先求出各个调配区土方重心,将重心标于相应的调配区图上,用比例尺量出每对调配区之间平均距离。

（4）确定土方最优调配方案。

最优调配方案确定,是以线性规划为理论基础的。

（5）绘制土方调配图、调配平衡表。

# 1.4 土方边坡与支护

## 1.4.1 土方边坡放坡

### 一、土方边坡系数

为了防止塌方,保证施工安全,在基坑开挖深度超过一定限度时,土壁应做好有斜率的边坡,或者加临时支撑以保持土壁的稳定。土方边坡坡度以挖方深度（或填方深度）$h$ 与底宽 $b$ 之比表示（图 1.4.1）,即土方边坡坡度 $= h/b = 1/(b/h) = 1:m$,式中 $m = b/h$ 称为边坡系数。

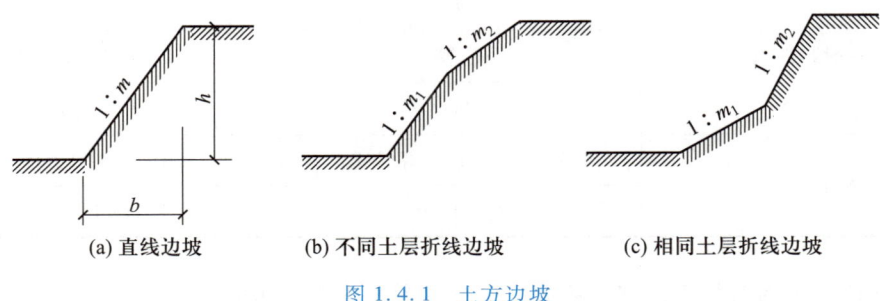

图 1.4.1　土方边坡

## 二、规范对放坡的有关规定

土方边坡大小主要与土质、开挖深度、开挖方法、边坡留置时间的长短、边坡附近的各种荷载状况及排水情况有关。当地质条件良好,土质均匀且地下水位低于基坑或管沟底面标高时,挖方边坡可做成直立壁不加支撑,深度不宜超过下列规定:

密实、中密的砂土和碎石类土　　　　1.0 m
硬塑、可塑的粉土及粉质黏土　　　　1.25 m
硬塑、可塑的黏土和碎石类土　　　　1.5 m
坚硬的黏土　　　　　　　　　　　　2 m

挖方深度超过上述规定时,应考虑放坡或做成直立壁加支撑。

当地质条件良好,土质均匀且地下水位低于基坑或管沟底面标高时,挖方深度在 5 m 以内不加支撑的边坡的最陡坡度应符合表 1.4.1 的规定。

表 1.4.1　不加支撑的边坡的最陡坡度

| 土的种类 | 边坡坡度(高∶宽) | | |
|---|---|---|---|
| | 坡顶无荷载 | 坡顶有静载 | 坡顶有动载 |
| 中密的砂土 | 1∶1 | 1∶1.25 | 1∶1.5 |
| 中密的碎石类土(充填物为砂土) | 1∶0.75 | 1∶1.25 | 1∶1.25 |
| 硬塑的粉土 | 1∶0.67 | 1∶0.75 | 1∶1 |
| 中密的碎石类土(充填物为黏性土) | 1∶0.5 | 1∶0.67 | 1∶0.75 |
| 硬塑的粉质黏土、黏土 | 1∶0.33 | 1∶0.5 | 1∶0.67 |
| 老黄土 | 1∶0.1 | 1∶0.25 | 1∶0.33 |
| 软土(经井点降水后) | 1∶1 | | |

临时性挖方边坡坡度应符合表 1.4.2 的规定。

表 1.4.2　临时性挖方边坡坡度

| 土的类别 | | 边坡坡度(高∶宽) |
|---|---|---|
| 砂土(不包括细砂、粉砂) | | 1∶1.25~1∶1.5 |
| 一般黏性土 | 硬 | 1∶0.75~1∶1 |
| | 硬、塑 | 1∶1~1∶1.25 |
| | 软 | 1∶1.5 或更缓 |
| 碎石类土 | 充填坚硬、硬塑黏性土 | 1∶0.5~1∶1 |
| | 充填砂土 | 1∶1~1∶1.5 |

永久性土工构筑物土方的边坡坡度应符合表 1.4.3 的规定。

表 1.4.3  永久性土工构筑物土方的边坡坡度

| 永久性土工构筑物土方的边坡坡度 | | |
|---|---|---|
| 项次 | 挖土性质 | 边坡坡度（高：宽） |
| 1 | 在天然湿度、层理均匀、不易膨胀的黏土、粉质黏土和砂土（不包括细砂、粉砂）内挖方深度不超过 3 m | 1∶1～1∶1.25 |
| 2 | 土质同上，深度为 3～12 m | 1∶1.25～1∶1.5 |
| 3 | 干燥地区内土质结构未经破坏的干燥黄土及类黄土，深度不超过 12 m | 1∶0.1～1∶1.25 |
| 4 | 在碎石土和泥土灰岩土的地方，深度不超过 12 m，根据土的性质、层理特性和挖方深度确定 | 1∶0.5～1∶1.5 |
| 5 | 在风化岩内的挖土，根据岩石性质、风化程度、层理特性和挖方深度确定 | 1∶0.2～1∶1.5 |
| 6 | 在微风化岩石内的挖方，岩石无裂缝且无倾向挖方坡脚岩层 | 1∶0.1 |
| 7 | 在未风化的完整岩石内的挖方 | 直立的 |

### 1.4.2  土壁支护

支护为一种支挡结构物，在深基坑（槽）、管沟开挖不放坡时，用来维持天然地基土的平衡状态，保证施工安全和顺利进行，减少基坑开挖土方量，加快工程进度，同时，在施工期间，不危害邻近建筑物、道路和地下设施的正常使用，避免拆迁或加固。本工艺标准适用于在狭窄场地、邻近有建（构）筑物或土质较差的地段开挖高层建筑深基坑（槽），或在工厂改扩建中，在原有厂房内开挖深设备基础和地坑的土方支护工程。

#### 一、土方边坡稳定性、塌方分析

建筑边坡是指在建（构）筑物场地或其周边，由于建（构）筑物和市政工程开挖或填筑施工所形成的人工边坡和对建（构）筑物安全或稳定性有影响的自然边坡，它分为土质边坡和岩质边坡，破坏形式有两种：滑移型和坍塌型。

滑坡产生的主要原因：滑坡事故多数是上覆土层顺着软弱下卧层滑动，有平面滑动、圆弧滑动和折线滑动。

① 水的作用：多数滑坡的发生都与水的参与有关，水的作用能增大土体重度，降低土的抗剪强度和内聚力，产生静水和动水压力。因此，滑坡多发生在雨季。

② 震动的影响：如工程中采用大爆破而触发的滑坡。

③ 土体本身层理发达，破碎严重，或内部夹有软弱层受水浸或震动而滑坡。

④ 土层下岩层或夹层倾斜度较大，上表面堆土或堆材料过多，增加了土体重量，致使土体与夹层间、土体与岩石之间的抗剪强度降低而引起滑坡。

⑤ 不合理的开挖或加荷，引起土体内部存在着有利于滑坡发生的条件，在开挖坡脚或在山坡上加荷过大时，破坏原有的平衡而产生滑坡。

⑥ 若路堤、土坝筑于尚未稳定的滑坡体上或易滑动的土层上，使其重心改变产生滑坡。

## 二、边坡塌方发生的主要原因

① 由于边坡太陡,土体本身的稳定性不够而发生塌方。

② 由于基坑暴露时间长,使土质松软或黏土中夹层因浸水而产生润滑,以及饱和细砂、粉砂因受振动而液化等原因引起土体内抗剪强度降低而发生塌方。

③ 边坡顶面附近有动荷载,或下雨使土体的含水量增加,导致土体的自重增加和水在土中渗流产生一定的动水压力,以及土体裂缝中的水产生静水压力等原因,引起土体剪力的增加而产生塌方。

## 三、边坡护面采取的措施

常见的有:薄膜覆盖法、挂网法、喷混凝土法和砌石压坡法等。

### 1. 薄膜覆盖法

对基础施工期较短的临时性基坑边坡,在边坡上铺塑料薄膜,在坡顶及坡脚用草袋或编织袋装土压住或用砖压住;或在边坡上抹 2~2.5 cm 厚水泥浆保护。为防止薄膜脱落,在上部及底部均应搭盖不少于 80 cm,同时在土中插适当锚筋连接,在坡脚设排水沟。

### 2. 挂网(挂网抹面)法

对基础施工期短,土质较差的临时性基坑边坡,可垂直坡面揳入直径 10~12 mm、长 40~60 cm 插筋,纵横间距 1 m,上铺 20 号铁丝网,上下用草袋或聚丙烯扁丝编织袋装土或砂压住,或再在铁丝网上抹 2.5~3.5 cm 厚的 M5 水泥砂浆(配合比为水泥∶白灰膏∶砂子=1∶1∶1.5),在坡顶坡脚设排水沟,如图 1.4.2 所示。

### 3. 喷混凝土(混凝土护面)法

对邻近有建筑物的深基坑边坡,可在坡面垂直揳入直径 10~12 mm,长 40~50 cm 插筋,纵横间距 1 m,上铺 20 号铁丝网,在表面喷射 40~60 mm 厚的 C20 细石混凝土直到坡顶和坡脚;亦可不铺铁丝网,在坡面铺ф6@250~300 钢筋网片,浇筑 50~60 mm 厚的细石混凝土,表面抹光,如图 1.4.3 所示。

图 1.4.2　挂网护坡

图 1.4.3　喷混凝土护坡

### 4. 土袋或砌石压坡法

对深度在 5 m 以内的临时基坑边坡,在边坡下部用草袋或聚丙烯扁丝编织袋装土堆砌或砌石压住坡脚。边坡高 3 m 以内可采用单排顶砌法;5 m 以内,水位较高,用二排顶砌或一排一顶构筑法,保持坡脚稳定。在坡顶设挡水土堤或排水沟,防止冲刷坡面,在底部做排水沟,防止冲坏坡脚。

### 1.4.3　基坑(槽)支撑(护)
#### 一、宽度不大、深 5 m 以内的浅基坑(槽)支护

开挖较窄的沟槽多用横撑式支撑。横撑式支撑根据挡土板的不同,分为水平挡土板和垂直挡土板两类,前者又分隔断式、断续式和连续式三种。其施工方法如表 1.4.4 所示。对松散和湿度很大的土可用垂直挡土板式支撑,挖土深度不限。采用横撑式支撑时,应随挖随撑,支撑要牢固。施工中应经常检查,如有松动、变形等现象时,应及时加固或更换。支撑的拆除应按回填顺序依次进行,多层支撑应自下而上逐层拆除,随拆随填。

表 1.4.4 基坑(槽)、管沟支撑(护)的选用

#### 二、宽度较大、深 5 m 以上的深基坑(槽)支护

对宽度较大、深 5 m 以上的深基坑且地质条件较复杂时,必须选择有效的支护形式,表 1.4.5 为几种常用深基坑支护形式。

表 1.4.5 深基坑支护(撑)的选用

## 1.5　土方工程施工排水与降水

在开挖基坑(槽)、管沟或其他土方时,土的含水层常被切断,地下水将会不断地渗入坑内,雨季施工时,地面水也会流入坑内。为了保证施工的正常进行,防止边坡塌方和地基承载能力的下降,必须做好基坑降水工作,降水方法分为明排水法和人工降低地下水位法两类。

### 1.5.1　基坑明排水
#### 一、集水井降水

在基坑或沟槽开挖时,排除地面水一般采用"疏""堵""挡"的办法。"疏"即设置排水沟,"堵"即设置截水沟,"挡"即修筑土堤。

开挖时,沿坑底周围或中央开挖排水沟,再在沟底设集水井,使基坑内的水经排水沟流向集水井,然后用水泵抽走。

基坑周围的排水沟及集水井应设置在基础范围以外,地下水流的上游。明沟排水的纵坡宜控制在 1‰～2‰;集水井应根据地下水量、基坑平面形状及水泵能力,每隔 20～40 m 设置一个,如图 1.5.1 所示。

集水井的直径或宽度,一般为 0.7～0.8 m。其深度随着挖土的加深而加深,而始终低于挖土面 0.8～1.0 m。井壁可用竹、木等简易加固。

当基坑挖至设计标高后,井底应低于坑底 1～2 m,并铺设 0.3 m 碎石滤水层,以免抽水时将泥砂抽出,并防止井底的土被搅动。

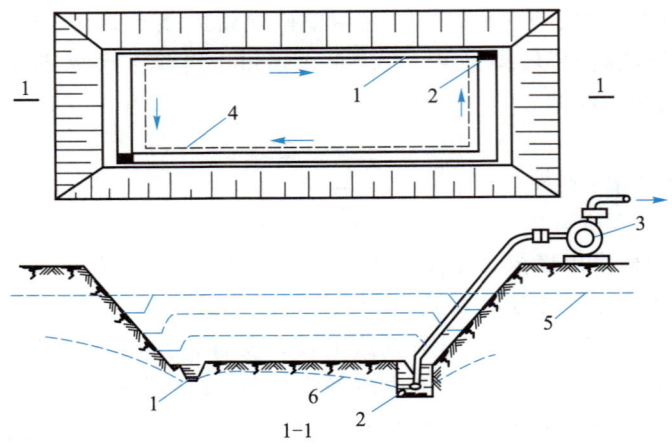

1—排水沟;2—集水井;3—离心式水泵;4—基础边线;
5—原地下水位线;6—降低后地下水位线。

图 1.5.1　集水井降水法

## 二、流砂的产生

明排水法由于设备简单和排水方便,采用较为普遍,但当开挖深度大、地下水位较高而土质又不好时,用明排水法降水,挖至地下水水位以下时,有时坑底下面的土会形成流动状态,随地下水涌入基坑,这种现象称为流砂。发生流砂时,土完全丧失承载能力,施工条件恶化,难以达到开挖设计深度。严重时会造成边坡塌方及附近建筑物下沉、倾斜、倒塌等。

### 1. 流砂产生的原因

如图 1.5.2 所示,水由左端高水位 $h_1$,经过长度为 $L$,断面为 $A$ 的土体流向右端低水位 $h_2$。水在土中渗流时受到土颗粒的阻力 $T$,同时水对土颗粒作用一个动水压力 $G_d$,二者大小相等,方向相反。作用在土体左端 $a$-$a$ 截面处的静水压力为 $\gamma_w h_1 A$,其方向与水流方向一致;作用在土体右端 $b$-$b$ 截面处的静水压力为 $\gamma_w h_2 A$,其方向与水流方向相反;水在土中渗流时受到土颗粒阻力为 $TLA$。由静力平衡条件得

$$\gamma_w h_1 A - \gamma_w h_2 A - TLA = 0 \tag{1.5.1}$$

$$T = -\frac{h_1 - h_2}{L}\gamma_w = I\gamma_w \tag{1.5.2}$$

式中　$L$——由于高水位的左端与低水位的右端之间存在压力差,水经过的长度;

　　　$A$——土体由左端向右端渗流的断面面积;

　　　$G_d$——动水压力,其单位为 N/cm$^2$;

　　　$I$——水力坡度。

动水压力的大小与水力坡度成正比,即水位差 $h_1$-$h_2$ 愈大,则动水压力愈大;而渗透路程愈长,动水压力愈小;动水压力的作用方向与水流方向相同。当水流在水位差的作用下对土颗粒产生向上压力时,动水压力不但使土粒受到水的浮力,而且使土粒受到向上推动的压力。如果动水压力等于或大于土的饱和密度时则土粒处于悬浮状态,土的抗

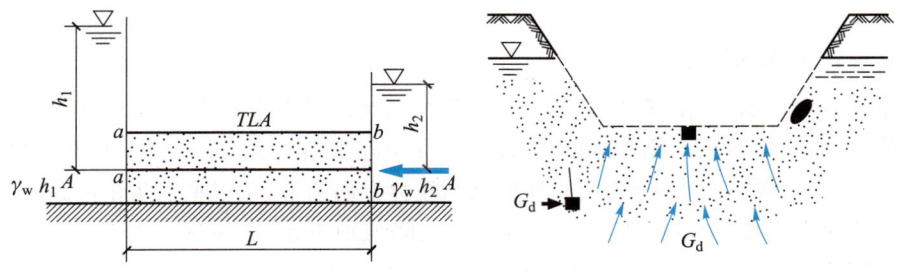

图 1.5.2　流砂产生示意图

剪强度等于零,土粒将随着渗流的水一起流动,这种现象就叫"流砂现象"。当基坑坑底位于不透水土层内,而不透水土层下面为承压蓄水层,坑底不透水层的覆盖厚度的重量小于承压水的顶托力时,基坑底部即可能发生管涌现象。

2. 易产生流砂的土

具备下列性质的土,在一定动水压力作用下,有可能发生流砂现象:

(1)土的颗粒组成中,黏粒含量小于 10%,粉粒含量大于 75%;(2)颗粒级配中,土的不均匀系数小于 5;(3)土的天然孔隙比大于 0.75;(4)流砂现象经常发生在细砂、粉砂及粉土中,土天然含水量大于 30%。在可能发生流砂的土质处,基坑挖深超过地下水位线 0.5 m 左右,就会发生流砂现象。

3. 流砂的防治办法

颗粒细、均匀、松散、饱和的非黏性土容易发生流砂现象,但是否出现流砂现象的重要条件是动水压力的大小和方向。在一定的条件下土转化为流砂,而在另一些条件下(如改变动水压力的大小和方向),又可将流砂转变为稳定土。因此,在基坑开挖中,防治流砂的原则是"治流砂必治水",主要途径有消除、减少或平衡动水压力。具体措施有:

(1)枯水期施工法:枯水期地下水位较低,基坑内外水位差小,动水压力小,就不易产生流砂。

(2)打板桩法:将板桩沿基坑打入不透水层或打入坑底面一定深度,可以截住水流或增加渗流长度、改变动水压力方向,从而达到减小动水压力的目的。

(3)水中挖土法:即不排水施工,使坑内外的水压相平衡,不致形成动水压力。如沉井施工时,不排水下沉,进行水中挖土并水下浇筑混凝土。

(4)人工降低地下水位法:即采用井点降水法截住水流,不让地下水流入基坑,不仅可防治流砂和土壁塌方,还可改善施工条件。

(5)抢挖并抛大石块法:分段抢挖土方,使挖土速度超过冒砂速度,在挖至标高后立即铺竹、芦席,并抛大石块,以平衡动水压力,将流砂压住。此法适用于治理局部的或轻微的流砂。此外,采用地下连续墙法、止水帷幕法、压密注浆法、土壤冻结法等,都可以阻止地下水流入基坑,防止流砂发生。

(6)地下连续墙法:此法是在基坑周围先浇筑一道混凝土或钢筋混凝土的连续墙,以支撑墙壁、截水并防止流砂产生。

在含有大量地下水土层或沼泽地区施工时,可以采取土壤冻结法。对位于流砂地区的基础工程,应尽可能用柱基或沉井施工,以节约防治流砂所增加的费用。

### 1.5.2　降低地下水位

人工降低地下水位,是在基坑开挖前,预先在基坑四周埋设一定数量的滤水井,利用抽水设备从中抽水,使地下水位降落在坑底以下,直至施工结束为止。这样,可使所挖的土始终保持干燥状态,改善施工条件,同时还使动水压力方向向下,从根本上防止流砂发生,并增加土中有效应力,提高土的强度或密实度。人工降低地下水位,可适当改陡边坡以减少挖土数量,但在降水过程中,基坑附近的地基土壤会有一定的沉降。人工降低地下水位的方法有:轻型井点、喷射井点、电渗井点、管井井点及深井井点等。各种方法的选用,视土层渗透系数、降低水位的深度、工程特点等具体条件参照表1.5.1选用,轻型井点采用较广。

表 1.5.1　各井点的降水形式

| 项次 | 井点类别 | 土层渗透系数/(m/d) | 降低水位深度/m |
|---|---|---|---|
| 1 | 单层轻型井点 | 0.5~50 | 3~6 |
| 2 | 多层轻型井点 | 0.5~50 | 6~12 |
| 3 | 喷射井点 | 0.1~2 | 8~20 |
| 4 | 电渗井点 | <0.1 | 根据选用的井点确定 |
| 5 | 管井井点 | 20~200 | 3~5 |
| 6 | 深井井点 | 5~25 | >15 |

#### 一、轻型井点降低地下水位

（一）施工特点

机具设备简单、易于操作、便于管理;可减少基坑开挖边坡坡度,降低基坑开挖土方量;开挖好的基坑施工环境好,各项工序施工方便,大大提高基坑施工效率;开挖好的基坑内无水,相应地提高了基底的承载力;在软土路基、地下水较为丰富的地段应用,有明显的施工效果。

（二）降水原理

沿基坑四周每隔一定间距布设井点管,井点管底部设置滤水管插入透水层,上部接软管与集水总管进行连接,集水总管为$\phi$150钢管,周身设置与井点管间距相同的$\phi$40吸水管口,然后通过真空吸水泵将集水管内水抽出,从而达到降低基坑四周地下水位的效果,保证了基底的干燥无水。

（三）水井分类

根据地下水有无压力,水井分为无压井和承压井。当水井布置在具有潜水自由面的含水层中时(即地下水为自由面),称为无压井;当水井布置在承压含水层中时(含水层中的水充满在两层不透水层中间,含水层中的地下水面具有一定水压),称为承压井。根据水井埋设的状态,水井分为完整井和非完整井。当水井底部达到不透水层时称为完整井,否则称为非完整井。因此水井大致分为四大类,无压完整井、无压非完整井、承压完整井、承压非完整井,如图1.5.3所示。

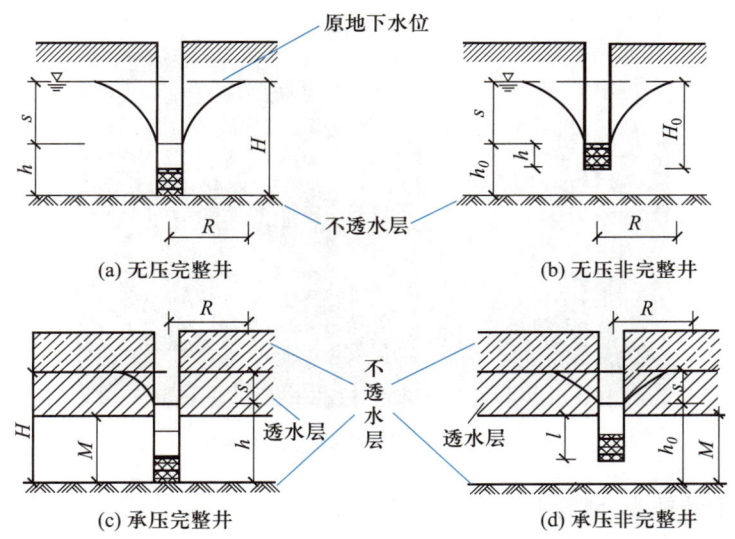

(a) 无压完整井　　　　　　　　(b) 无压非完整井

(c) 承压完整井　　　　　　　　(d) 承压非完整井

图 1.5.3　水井的形式

（四）轻型井点设备

轻型井点设备由管路系统和抽水设备组成。管路系统包括：滤管、井点管、弯联管及总管。图 1.5.4 为轻型井点降水系统示意图，图 1.5.5 为轻型井点降水施工现场。

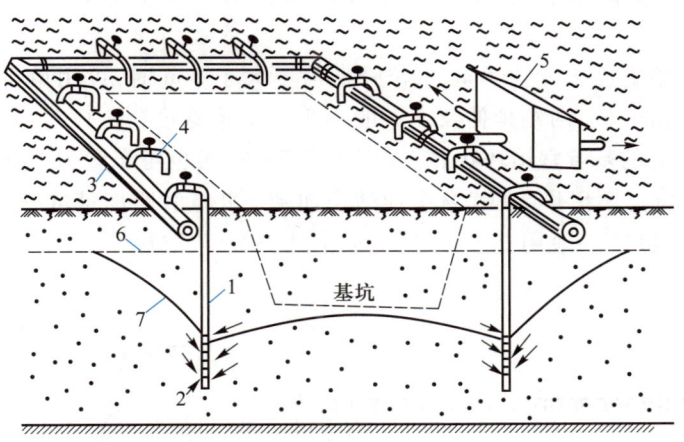

1—井点管；2—滤管；3—集水总管；4—弯联管；5—水泵房；
6—原有地下水位线；7—降低后地下水位线。

图 1.5.4　轻型井点降水系统示意图

井点管为直径 38 mm 或 51 mm、长 5~7 m 的钢管，可整根或分节组成，井点管的上端用弯联管与总管连接。

滤管为进水设备，通常采用长 1.0~1.2 m，直径 38 mm 或 51 mm 的无缝钢管，管壁钻有直径为 12~19 mm 的呈星棋状排列的滤孔，滤孔面积为滤管表面积的 20%~25%。骨架管外面包以两层孔径不同的铜丝布或塑料布滤网。在骨架管与滤网之间用塑料管或梯形钢丝隔开，塑料管沿骨架管绕成螺旋形。滤网外面再绕一层 8 号粗钢丝保护网，滤

图 1.5.5　轻型井点降水施工现场

管下端为一锥形铸铁头,滤管上端与井点管连接。

集水总管用直径 100~127 mm 无缝钢管,每段长 4 m,其上装有与井点管连接的短接头,间距 0.8 m 或 1.2 m。抽水设备由真空泵、离心泵和水汽分离器等组成。

(五)轻型井点施工工艺

1. 轻型井点的布置

井点的布置,应根据基坑大小与深度、土质、地下水位高低等要求确定。

(1)平面布置

当基坑或沟槽宽度 B 小于 6 m,水位降低值不大于 5 m 时,可用单排线状井点,布置在地下水流的上游一侧,两端延伸长度一般不小于沟槽宽度(图 1.5.6)。如沟槽宽度 B 大于 6 m,面积较大的基坑宜用环状井点(图 1.5.7),有时也可布置为 U 形,以利挖土机和运输车辆出入基坑。环状井点四角部分应适当加密。井点管距离基坑一般为 0.7~1.0 m,以防漏气;井点管间距一般用 0.8~1.5 m,或由计算和经验确定。

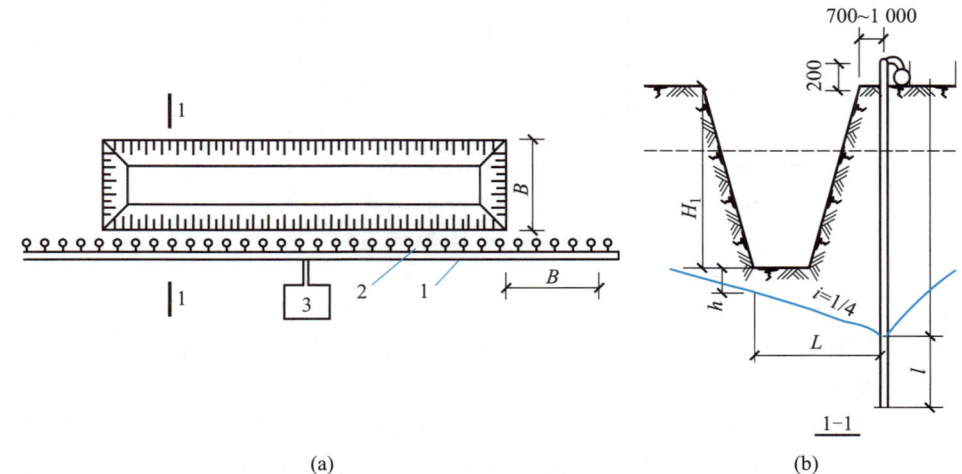

1—总管;2—支管;3—抽水设备。

图 1.5.6　轻型井点单排布置

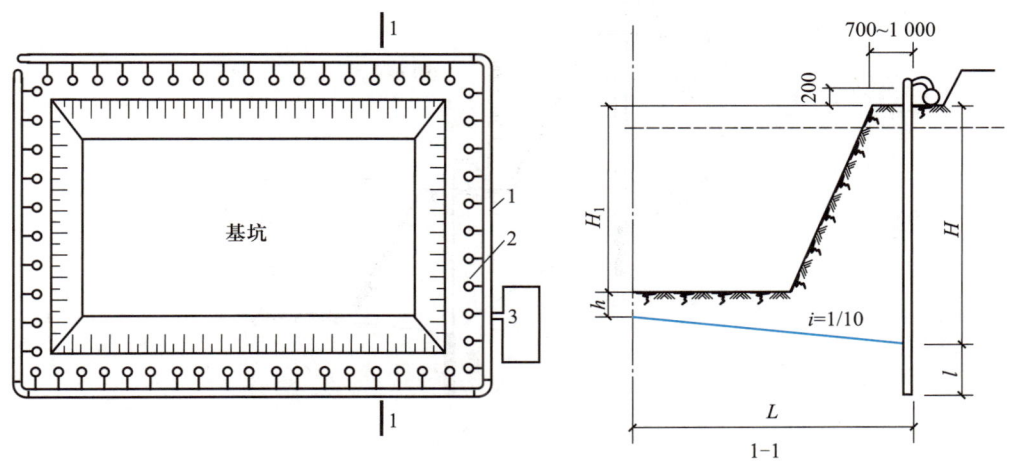

1—总管;2—支管;3—抽水设备。

图 1.5.7　轻型井点环状布置

采用多套抽水设备时,井点系统应分段,各段长度应大致相等。分段地点宜选择在基坑转弯处,以减少总管弯头数量,提高水泵抽吸能力。水泵宜设置在各段总管中部,使泵两边水流平衡,分段处应设阀门或将总管断开,以免管内水流紊乱,影响抽水的效果。

（2）高程布置

在考虑到抽水设备的水头损失以后,井点降水深度一般不超过 6 m,井点管的埋设深度 $H$（不包括滤管）按式（1.5.3）计算,如图 1.5.6b 所示。

$$H \geqslant H_1 + h + iL \qquad\qquad (1.5.3)$$

式中　$H_1$——井管埋设面至基坑底的距离,m;

　　　　$h$——基坑中心处基坑底面（单排井点时,为远离井点一侧坑底边缘）至降低后地下水位的距离,一般为 0.5~1.0 m;

　　　　$i$——地下水降落坡度,环状井点为 1/10,单排线状井点为 1/4;

　　　　$L$——井点管至基坑中心的水平距离（在单排井点中,为井点管至基坑另一侧的水平距离）,m。

此外,确定井点埋深时,还要考虑到井点管一般要露出地面 0.2 m 左右,如果计算出的 $H$ 值大于井点管长度,则应降低井点管的埋置面（但以不低于水位为准）以适应降水深度的要求。在任何情况下,滤管必须埋在透水层内。为了充分利用抽吸能力,总管的布置标高宜接近地下水位线（可事先挖槽）,水泵轴心标高宜与总管平行或者略低于总管。总管应具有 0.25%~0.5% 坡度（坡向泵房）,各段总管和滤管最好分别设在同一水平面,不宜高低悬殊。

当一级井点系统达不到降水深度要求,降水深度大于 6 m 时,可视其具体情况采用其他降水方法。也可采用二级井点,即先挖去第一级井点所疏干的土,然后再在其底部装设第二级井点,如图 1.5.8 所示。

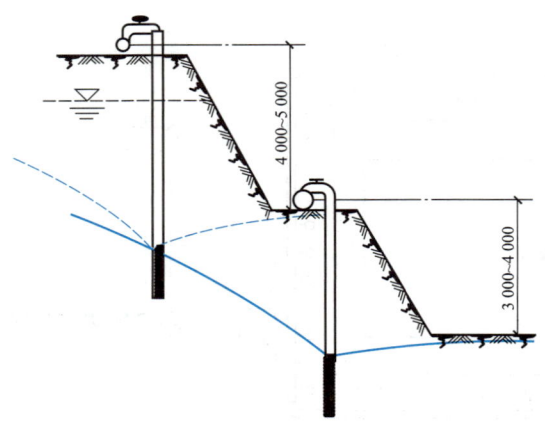

图 1.5.8　二级井点布置

2. 井点降水施工工艺

（1）施工工艺

放线定位 → 铺设总管 → 冲孔 → 安装井点管、填砂砾滤料、上部填黏土密封 → 用弯联管将井点管与总管接通 → 安装集水箱和排水管 → 开动真空泵排气,再开动离心水泵抽水 → 测量观测井中地下水位变化。

（2）施工要点

利用高压水泵,通过软管与特制的钢管相连,钢管端部设有喷水孔,由两名操作工人手持钢管在集水管位置上下抽动,直至成孔。冲孔时注意冲水管垂直插入水中,并作左右上下摆动,成孔后立即拔出冲水管,插入井点管,以免坍塌。集水管放入完成后,向孔内灌入少量粗砂,保证流水畅通。每根井点管埋设完成后应检查其渗水性能,检查方法为:井点口应有地下水向外冒出,否则从井点管口向管内灌清水,看管内水下渗情况,如果下渗较快,说明该管质量优良。

然后铺设集水钢管,集水管与井点水管之间采用橡胶软管连接,两头用铁丝拧紧,外涂抹黄泥,以防漏气,最后连接真空水泵进行试抽。试抽的主要目的是检查接头的质量、井点的出水状况和真空泵的运转情况,如发现漏水、漏气现象,应及时进行加固或采用黄泥封堵处理,因为漏气会影响整套系统的正常工作,影响整体的降水效果。

井点降水在使用时,要求不间断的连续抽水,真空泵旁侧必须配有备用发电机,一旦停电,立即进行恢复,否则可能造成基坑大面积坍塌。井点降水的正常规律是"先大后小,先混后清"原则,如有异常应立即检查纠正。井点淤塞,可以通过听管内水流声响、手触摸管壁感到有振动、手触摸管壁有冬暖夏凉的感觉等方法检查。在降水过程中,要派专人观测水的流量,对井点系统进行维护观察。

3. 井点降水对周围地面的影响及预防措施

降低地下水位时,由于土颗粒流失或土体压缩固接,易引起周围地面沉降;由于土层不均匀性和形成的水位呈漏斗状,地面沉降多为不均匀沉降,可能导致周围建筑物倾斜、下沉、道路开裂或管线断裂。因此,井点降水时,必须采取相应措施,可采取回灌井点、设置止水帷幕、减缓降水速度等措施以防造成危害。

（六）轻型井点降水计算

1. 确定井点系统平面和竖向布置,其布置方式同前面平面布置与高程布置。

2. 计算井点系统涌水量,见式（1.5.4）。

$$Q = 1.366K \frac{(2H_0-s)s}{\lg(R+x_0)-\lg x_0} \qquad (1.5.4)$$

其中,
$$H_0 = 1.85(S+l)$$

式中　$K$——渗透系数,m/d,应由试验测定;

　　　$H_0$——对于无压完整井 $H_0$ 为含水层厚度,m;

　　　　　对于无压非完整井 $H_0$ 为抽水影响深度,m;

　　　$s$——水位降低值,m;

　　　$x_0$——环形井点假想半径,$x_0 = \sqrt{\dfrac{A}{\pi}}$,其中 $A$ 为环状轻型井点管包围的面积;

　　　$R$——抽水影响半径,m,$R = 1.95s\sqrt{H_0K}$;

　　　$l$——滤管长度,m。

3. 确定井点管数量和间距

（1）单井最大出水量

单井的最大出水量 $q$,主要取决于土的渗透系数、滤管的构造与尺寸,按式（1.5.5）确定

$$q = 65\pi dl K^{\frac{1}{3}} \qquad (1.5.5)$$

式中　$d$——滤管直径,m;

　　　$l$——滤管长度,m;

　　　$K$——渗透系数,m/d。

（2）最少根数

井点管的最少根数 $n_{\min}$,按式（1.5.6）计算

$$n_{\min} = 1.1\frac{Q}{q} \qquad (1.5.6)$$

式中　1.1——备用系数,考虑井点管堵塞等因素。其他符号同前。

（3）最大井距按式（1.5.7）计算

$$D_{\max} = \frac{L}{n_{\min}} \qquad (1.5.7)$$

式中　$L$——总管长度,m。

（4）确定井点管间距注意事项

1）井距过小时,彼此干扰大,影响出水量,井距须大于 15 倍管径;

2）在渗透系数小的土中井距宜小些,否则水位降落时间过长;

3）靠近河流处,井点宜加密;

4）井距应能与总管上的接头间距相配合。

【例 1.5.1】 某工程地下室的平面尺寸为 54 m×18 m,基础底面标高为−5.20 m,天然地面标高为−0.30 m,地面至−3.00 m 为杂填土,−0.30 m 至−9.50 m 为粉砂层(渗透系数 $K=4$ m/d),−9.50 m 以下为黏土层(不透水),地下水离地面 1.70 m,场地条件为北面、东面靠近道路,路边有下水道,西面是原有房屋,南面设有混凝土搅拌站。地下室开挖施工方案为:采用轻型井点降水,液压反铲挖土机挖土,自卸汽车运土。坑底尺寸因支模需要,每边宜放出 1.0 m,坑底边坡度由于采用轻型井点,可适当陡些,采用 1∶0.5,西边靠原有房屋较近,为了防止其下沉开裂,打设一排板桩,现场布置如图 1.5.9 所示。

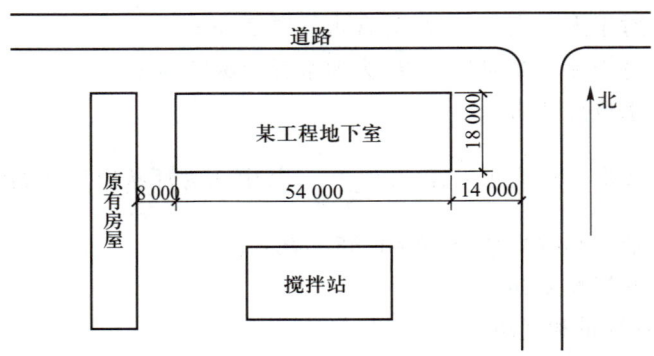

图 1.5.9　现场布置

工地现有井点设备:滤管直径 50 mm,长度 1.20 m;井点管直径 50 mm,长度 6.0 m;总管直径 100 mm,每段长度 4.0 m(0.8 m 有一接口);真空泵机组,每套配备两台 3BA−9 离心泵(水泵流量 30 m³/h)。

试求:(1) 轻型井点的平面布置与高程布置。

(2) 轻型井点计算(涌水量、井点管数量与间距)。

解:(1) 轻型井点系统布置

轻型井点系统选用单层环形布置,如图 1.5.10、图 1.5.11 所示。

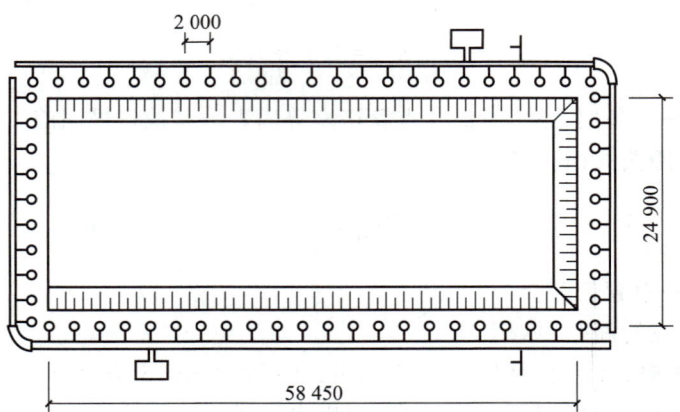

图 1.5.10　轻型井点平面布置图

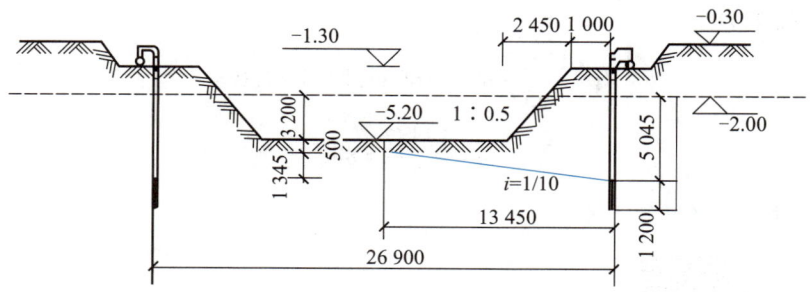

图 1.5.11　轻型井点高程布置图

总管直径选用 100 mm,布置于天然地面上,基坑上口尺寸 58.45 m×24.9 m,井点管距离坑壁为 1.0 m,则总管长度为

$$2×[(58.45+2×1.0)+(24.9+2×1.0)] \text{ m} = 174.7 \text{ m}$$

井点管长度选用 6.0 m,直径 50 mm,滤管长度 1.2 m,井点管露出地面 0.2 m,基坑中心要求的降水深度 $s$ 为

$$s = 5.20 \text{ m} - 0.30 \text{ m} - 1.70 \text{ m} + 0.50 \text{ m} = 3.7 \text{ m}$$

井点管所需的埋置深度

$$H = 5.20 \text{ m} - 0.30 \text{ m} + 0.50 \text{ m} + 26.9 \text{ m} ÷ 2×(1/10) = 6.745 \text{ m} > 6 \text{ m} - 0.2 \text{ m} = 5.8 \text{ m}$$

将总管埋于地面下 1.0 m 处,即先挖 1.0 m 深的沟槽,然后在槽底铺设总管,此时井点管所需长度为

$$6.745 \text{ m} - 1.0 \text{ m} + 0.20 \text{ m} = 5.945 \text{ m} < 6.0 \text{ m}$$

满足要求。

抽水设备根据总管长度选用 2 套。

（2）基坑涌水量计算

含水层有效厚度 $H_0$

$$H_0 = 1.85×(5.045 \text{ m} + 1.2 \text{ m}) = 11.6 \text{ m} > 9.5 \text{ m} - 2.0 \text{ m} = 7.5 \text{ m}$$

取 $H_0 = 7.5$ m。

抽水影响半径

$$R = 1.95×3.7×\sqrt{7.5×4} \text{ m} = 39.52 \text{ m}$$

环形井点的假想半径

$$x_0 = \sqrt{\frac{60.45×26.9}{\pi}} \text{ m} = 22.76 \text{ m}$$

基坑涌水量

$$Q = 1.366×4×\frac{(2×7.5-3.7)×3.7}{\lg 39.52 - \lg 22.76} \text{ m}^3/\text{d} = 953.3 \text{ m}^3/\text{d}$$

（3）井点管数量与间距计算

单根井点管出水量

$$q = 65×\pi×0.05×1.0×\sqrt[3]{4} \text{ m}^3/\text{d} = 16.2 \text{ m}^3/\text{d}$$

$$n = 1.1×\frac{953.3}{16.2} = 65$$

井点管间距 $D$

$$D = \frac{174.7}{65} \text{ m} = 2.69 \text{ m}, \text{ 取 } D = 2.0 \text{ m}$$

$$n = \frac{174.7}{2} = 88$$

## 二、喷射井点降低地下水位

## 三、管井井点降低地下水位

## 四、深井井点降低地下水位

# 1.6 南京长江隧道超大直径盾构掘进施工技术

### 1.6.1 工程概况

南京长江隧道盾构直径为 14.93 m,是世界上直径较大的盾构隧道之一。位于南京长江大桥与三桥之间,连接河西新城区—梅子洲—浦口区,是南京市规划的五桥一隧重要过江隧道工程。南京长江隧道工程采用"左汊隧道+右汊桥梁"方案,左汊隧道分左右两线,左线盾构隧道全长 3 022.025 m,右线盾构隧道全长 3 014.76 m。隧道按双向 6 车道快速通道规模建设,设计车速 80 km/h。隧道的结构形式为双管单层,采用两台超大直径泥水混合式盾构掘进机施工,盾构开挖直径 14.96 m,管片环外径 14.5 m,内径 13.3 m,壁厚 0.6 m,环宽 2 m,混凝土设计强度等级 C60,抗渗等级 S12。

### 1.6.2 盾构隧道盾构机选择及性能

#### 一、盾构机型式确定

针对不同的工程特点及地质水文特点进行盾构的选型及方案设计,才能使盾构更好的适应工程。根据南京长江隧道工程地质、水文情况及工程特点,可选择的盾构类型为土压平衡和泥水平衡盾构。图 1.6.1 为盾构机形式,图 1.6.2 为复合式泥水盾构效果图。

#### 二、采用泥水平衡型盾构最佳

根据南京长江隧道地质情况和水文情况采用泥水平衡型盾构,所选盾构机具有高效的开挖系统、泥水压力平衡功能、泥水输送及管路延伸功能、控制及故障显示功能、方向控制及导向系统、数据采集处理和分析功能、管片安装功能、同步注浆功能、泥水分离系统等基本功能。

图 1.6.1　盾构机形式

图 1.6.2　复合式泥水盾构效果图

### 三、盾构机刀盘及刀具设计

刀盘结构是根据南京长江隧道工程的地质适应性要求专门设计的。刀盘为面板型钢结构，既可适应砂质土和黏土开挖，也适应鹅卵石的切削，刀盘可以双向旋转。整个刀盘为焊接结构，在刀盘上安装切刀、刮刀、先行刀、扩挖刀等不同刀具，切刀采用 220 mm 宽大刀具，刀具间相互错开重叠 200 mm，降低刀具磨损，利于刀具相互保护。

### 四、盾构机使用要求

满足地表沉降控制要求：盾构需要穿越不同厚度的地层，在不同位置水压力也不同，盾构应有良好的泥水压力调整功能，满足地表沉降控制在 +10～−30 mm 范围，保证能够顺利安全穿越长江大堤、各种建筑物及管线等。

满足精确方向控制要求：盾构法施工段要求盾构具有良好的方向控制能力和导向系统具有很高的精度，以保证线路方向误差控制在规定的范围内。本工程采用的盾构机直径大，体积笨重，因此，在盾构掘进过程中，对盾构精确方向控制显得尤为重要。

满足掘进速度、工期进度要求：盾构的掘进速度按 45 mm/min 设计，具备 1 h 内完成 2 000 mm 长度的掘进能力，充分保证能满足工期进度需求。具备盾构施工中开挖、出碴、支护、注浆、导向、控制等过程所需的全部功能，包括开挖系统、主驱动系统、推进系统、管片安装系统、泥水系统、注浆系统、油脂系统、液压系统、电气控制系统、激光导向系统及通风、供水、供电系统等。

盾构在结构设计时选取了较大的安全系数，各部件的强度、刚度均留有较大余量，以满足盾构施工特殊的荷载要求。图 1.6.3 为施工总体顺序图。

## 1.6.3　盾构隧道施工

### 一、大型盾构机及配套机具组织

本工程的盾构机为 2 台复合式泥水盾构机，盾构机主体长约 15 m，后配套分 1#、2#、

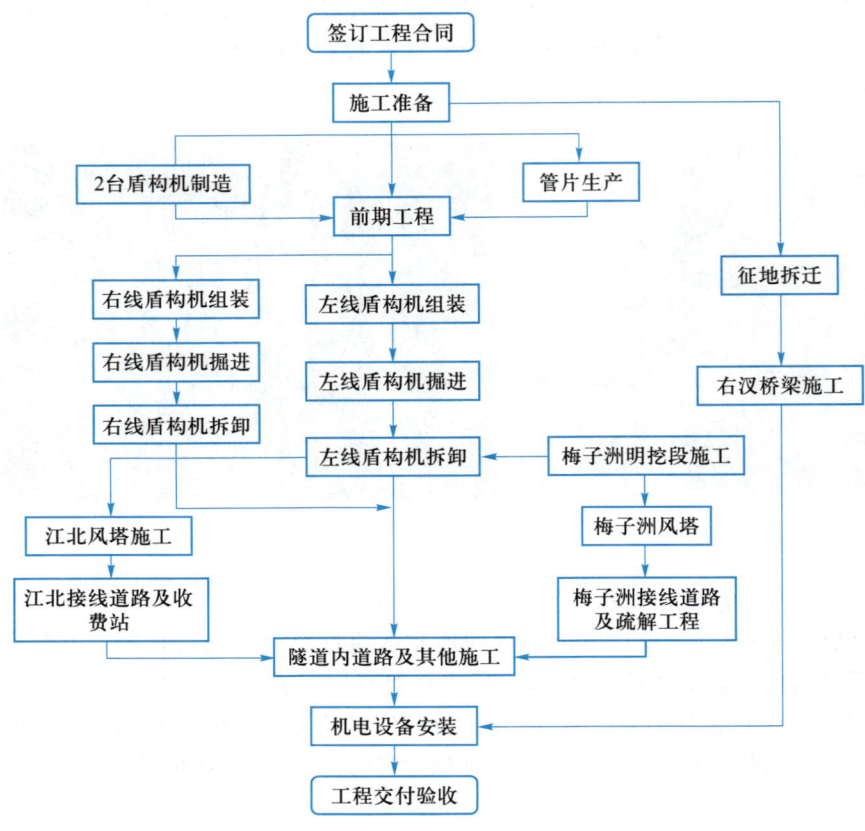

图 1.6.3　施工总体顺序图

3#台车,车长 120 m,总长 135 m,2 台盾构机及后配套拖车均由德国海瑞克公司制造,根据工程需要的 6 套管片模具也由德国海瑞克提供,均船运到南京后再用汽车转运到施工现场;泥水分离设备采用国产黑旋风处理设备,汽车运输至工地;管片及箱涵运输车采用大连生产的专用运输设备;每个隧道通风设备采用两台 220 kW 压入式轴流式通风机,洞口设置 1 台冷却塔。

### 二、盾构机运输

盾构机的运输主要采用公路与航运相结合的运输方法进行运输。具体如下:用浮吊将盾构机零部件吊运到驳船上,用驳船将盾构机零部件运输到码头,在码头用大型浮吊将盾构机零部件吊到大型平运输车上,用大型运输车将盾构机零部件运输到南京长江隧道工地。

### 三、盾构机组装

盾构部件运至现场后,按照组装的先后顺序在始发井左侧龙门吊下方按顺序进行摆放,盾构机盾体组装步骤如下:① 将盾体下面的盾体分割块吊装下井,再将主轴承吊装到位;② 将其余的盾体分割块吊装下井;③ 将盾体整体向后移动,腾出空间吊装刀盘;④ 将刀盘吊装到位,安装刀盘;⑤ 将盾体及刀盘向前移动,腾出空间吊装盾构机盾尾;⑥ 盾构机盾尾由四部分拼装而成,先吊装最下面的部分,再吊装两侧的部分,最后吊装最上面的部分。

后配套的拼装步骤如下：后配套拼装采用 100 t 龙门吊,先拼装 1#后配套台车,再拼装 2#后配套台车,最后拼装 3#后配套台车。

### 四、盾构始发与到达

盾构始发流程图如图 1.6.4 所示。

#### 1. 始发基座、反力架及接长导向钢轨安装

洞门端头冻结板块形成以后,进行盾构始发洞门的破除工作,本工程始发洞门的破除,被分成 21 块混凝土块,如图 1.6.5 所示。

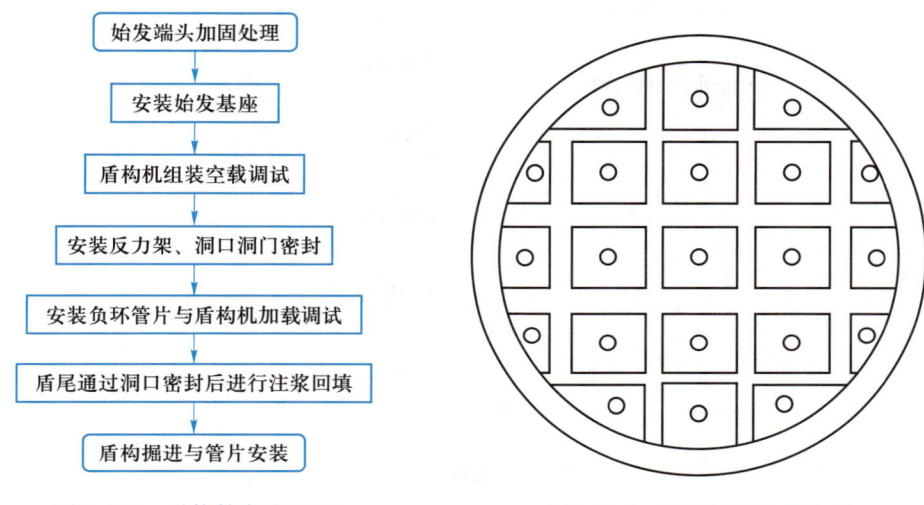

图 1.6.4　盾构始发流程图　　　图 1.6.5　洞门混凝土分块图

#### 2. 洞门临时密封装置

盾构在始发过程中,为防止泥水从洞门圈与盾构壳体形成的环形建筑空隙大量窜入盾构工作井内,影响盾构机开挖面泥水压力、开挖面土体的稳定及盾构内施工,必须在盾构始发前在洞门处设置性能良好的密封装置。

#### 3. 盾构到达主要施工参数控制

盾构到达施工主要内容包括:盾构机定位及接收洞门位置复核测量、地层冻结加固、洞门处理和安装洞门圈临时密封装置、安装接收基座等。在盾构到达段内,参照设计线路,每一环都须严格地按制定的掘进计划进行。到达前 10 环的注浆材料配合比要进行调整,缩短浆液凝胶时间,以防涌水、涌泥而引起地层坍塌。

### 五、盾构掘进

1. 盾构试掘进:在完成盾构机组装、调试后,进行盾构机试掘进。

2. 盾构正常掘进,其掘进施工流程如图 1.6.6 所示。

3. 掘进方向控制与调整:采用分区操作盾构机推进油缸控制盾构掘进方向。

### 六、同步注浆及二次注浆

同步注浆材料拟采用水泥砂浆,二次补强注浆材料以水泥、粉煤灰和膨润土等材料为主,根据地表监测情况适时施工。同步注浆施工工艺流程见图 1.6.7。

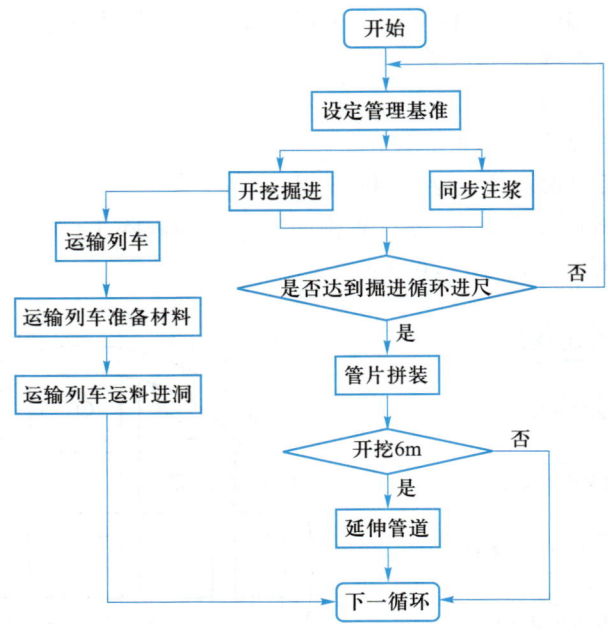

图 1.6.6　盾构掘进流程图

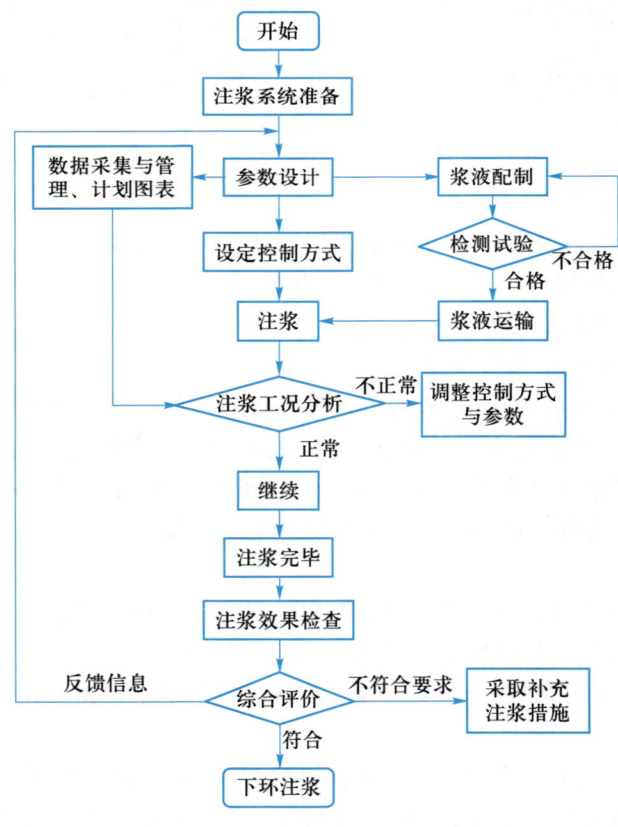

图 1.6.7　同步注浆施工工艺流程

### 七、管片拼装

本工程管片衬砌采用错缝拼装方式,封顶块采用四分之三方式插入。图 1.6.8 为管片拼装现场,图 1.6.9 为管片拼装工艺流程图。

图 1.6.8  管片拼装现场

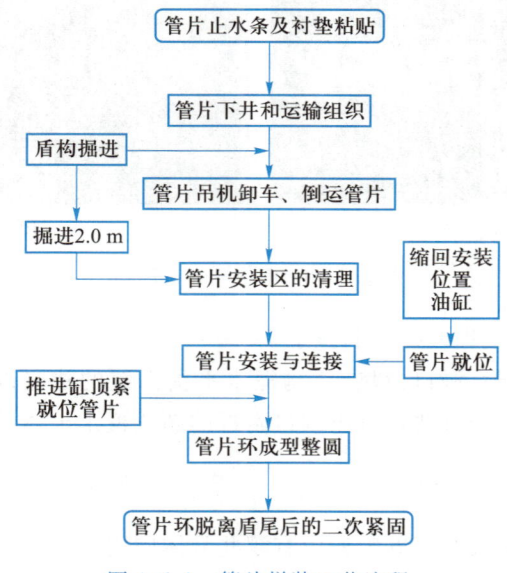

图 1.6.9  管片拼装工艺流程

管片拼装技术要点：① 选择封顶块位于隧道上半部的安全拼装组合；② 采用封顶块位于隧道竖直中心线 30°左右位置拼装；③ 管片须从隧道底部开始，依次安装相邻块，最后安装封顶块。④ 管片安装完后，当管片环被完全推到盾尾密封位置时第二次紧固，完全脱离盾尾后对管片连接螺栓进行第三次紧固。

### 八、中箱涵施工(图 1.6.10)

① 安装时，中间箱涵顶面与圆形隧道结构水平轴线距离、中箱涵竖直轴线与圆形隧道结构竖直轴线距离偏差需控制在±10 mm 之内。

② 中箱涵与管片环应一一对应，不宜跨缝拼装，如出现跨缝则通过较宽管片环位置进行调整。由跨缝拼装造成的高差，需用高强度等级砂浆找平。

③ 平、竖曲线段中箱涵拼装时，可通过在中箱涵位于曲线外侧长边部位粘贴薄板(如丁腈软木胶板)的方式调整间隙，以实现对曲线半径的拟合。

(a)         (b)

(c)         (d)

图 1.6.10　中箱涵施工现场

### 九、超大直径盾构浅埋段进出洞施工

为了给盾构洞门凿除、洞口封堵、盾构泥水平衡系统的建立以及盾构正常推进创造良好的条件，采用人工冻结方法对进出洞口附近的超浅覆土土体进行加固。

---

### 习　　题

1.1　土的可松性系数在土方工程中有哪些具体应用？

1.2　试述影响边坡稳定的因素有哪些？并说明原因。

1.3　基坑土方开挖应遵循什么原则,针对不同的基坑应如何具体贯彻?

1.4　井点降水有何作用?

1.5　简述流砂产生的机理及防治途径。

1.6　土方填筑应注意哪些问题?叙述影响填土压实的主要因素。

1.7　某工程场地平整,方格网(20 m×20 m)如题 1.7 图所示,不考虑土的可松性及边坡的影响,按挖填平衡的原则,试求场地设计标高 $H_0$,定性标出零线位置。

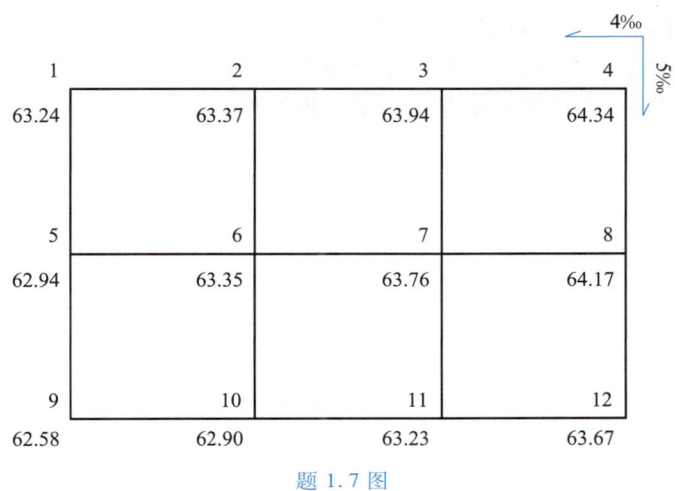

题 1.7 图

## 案 例 研 讨

某施工单位中标了某市地铁项目的一个标段,施工内容包括一个车站和 1 km 的区间隧道,站台形式为岛式站台。因为车站附近地面建筑物少,场地开阔,所以设计采用不放坡明挖法,采用地下连续墙围护结构,设置三道内支撑,第一道为钢筋混凝土支撑,第二道、第三道为钢管支撑。地面标高为 20.50 m,地下水位位于 10.50 m 处。区间隧道施工采用浅埋暗挖法施工。项目部进场后,根据施工图纸和现场实际情况编制了施工组织设计,并按照规定流程审批完成,施工过程中发生了以下事件:

事件一:项目技术负责人按照规定流程对车站基坑方案进行了安全技术交底,基坑降水采用喷射井点降水。基坑开挖过程中,在第二道钢管内支撑安装完成后,现场生产经理发现基坑地质较好,为加快施工进度,争取赶工奖励,于是指挥现场操作人员将基坑开挖到底之后,再进行第三道内支撑的安装,项目专职安全管理人员未予制止。基坑开挖过程中,基坑变形监测无异常。基坑开挖完成后,进行了地基验收,验收有施工单位、监理单位、设计单位参加。

事件二:原来计划基坑验收完成后当天立即进行素混凝土垫层浇筑,但是混凝土拌和站停电,因此当天未浇筑混凝土垫层,等到次日早上突然下起了雷阵雨,持续时间 2 小时,下雨过后发现基坑底部出现隆起,围护结构局部有少量清水渗漏。项目部立即启动应急预案,对突发情况进行处理。

事件三:区间隧道开挖采用爆破法施工,爆破方案报监理单位总监理工程师同意后开始施工。隧道开挖形式采用台阶开挖法,隧道衬砌采用复合式衬砌,衬砌结构由初期支护、防水层和二次衬砌组成。

第 1 章
土方工程案
例研讨分析
提示

1. 计算车站基坑最低降水深度,并判断采用喷射井点降水是否合适。
2. 事件一中有哪些不妥之处? 给出正确做法。
3. 试分析事件二中基坑底部隆起的原因。
4. 对事件二中的围护结构渗漏应如何处理?
5. 事件三中的爆破方案审批是否合适? 说明理由。

# 第2章 深基础工程

第2章　数字资源

## 导入语

深基础是埋深较大,以下部坚实土层或岩层作为持力层的基础,其作用是把所承受的荷载相对集中地传递到地基的深层。当建筑场地的浅层土质不能满足建筑物对地基承载力和变形的要求,而又不适宜采用地基处理措施时,需考虑采用深基础方案。

## 学习目标

了解地基加固的方法、桩的构造和分类、各类灌注桩的工艺原理、施工要点;掌握地基加固的原理、各类桩施工方法及其产生质量事故的原因、通病、预防及处理措施;掌握泥浆护壁成孔原理及其应用方法;了解超大桩沉井施工工艺,掌握地下连续墙的施工过程和施工工艺要点。

## 学习内容

桩基作用、分类;预制桩制作运输堆放;锤击沉桩、静力压桩、振动沉桩、水冲沉桩等预制桩施工准备、特点、应用范围、施工工艺方法、施工注意事项、施工质量标准、验收、通病及预防措施;混凝土灌注桩施工一般规定;沉管灌注桩、干作业螺旋钻孔灌注桩、泥浆护壁成孔灌注桩、人工挖孔灌注桩、爆扩桩等灌注桩施工准备、特点、应用范围、施工工艺方法、施工注意事项、施工质量标准、验收、通病及预防措施;沉井施工;地下连续墙施工;现代土木工程苏通大桥超大基础施工;各桩基础施工录像。

**重点:**各类预制桩、灌注桩的应用范围、施工工艺方法、施工质量标准、通病及预防;桩的起吊点;桩的打桩顺序;地下连续墙施工。

**难点:**锤击沉桩;泥浆护壁成孔灌注桩施工;沉井施工;地下连续墙施工;现代土木工程苏通大桥超大基础施工。

## 案例拓展

第2章　案例拓展

# 2.1 桩基的作用及其分类

一般建筑物应充分利用地基土层的能力,尽量采用浅基础,但若浅层土质不良,无法满足建筑物对地基变形和强度方面的要求时,可以采取有效的施工方法利用下部坚实土层作为持力层建造深基础,深基础主要有桩基础、沉井和地下连续墙等几种类型,其中以桩基础最为常用。

## 2.1.1 桩基的作用

桩基础主要由桩和桩承台组成(图 2.1.1),桩主要作用是将上部建筑物的荷载传递到深处承载力较大的土层上;或将软弱土层挤压,以提高土壤的承载力和密实度,从而保证建筑物的稳定性并减少地基沉降。

大多数桩基的桩数不止一根,各根桩在桩顶通过承台联成一体。根据承台与地面的相对位置不同,一般有低承台与高承台桩基之分。前者的承台底面位于地面以下,后者则高出地面以上。高承台桩基主要是为了减少水下施工作业和节省基础材

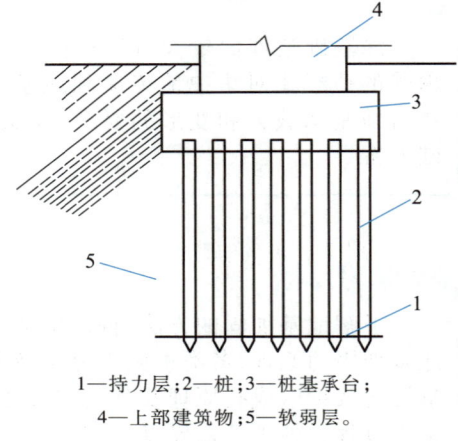

1—持力层;2—桩;3—桩基承台;
4—上部建筑物;5—软弱层。

图 2.1.1　桩基示意图

料,常用于桥梁和港口工程中;低承台桩基承受荷载的条件比高承台桩基好,特别在水平荷载作用下,承台周围的土体可以发挥一定的作用,一般房屋和构筑物大多使用低承台桩基。

## 2.1.2 一般桩的分类

桩按其受力性质、制作方法、组成材料等有不同的分类,主要分类如下:

$$
桩基础
\begin{cases}
按受力性质
\begin{cases}
摩擦型桩
\begin{cases}
摩擦桩\\
端承摩擦桩
\end{cases}\\
端承型桩
\begin{cases}
端承桩\\
摩擦端承桩
\end{cases}
\end{cases}\\
按制作方法
\begin{cases}
预制桩\\
灌注桩
\end{cases}\\
按材料分
\begin{cases}
砂桩\\
碎石桩\\
木桩\\
钢筋混凝土桩\\
钢桩
\end{cases}
\end{cases}
$$

### 一、按桩的受力性质分类

按桩的受力性质分为摩擦型桩和端承型桩,摩擦桩是指在竖向极限荷载作用下,桩顶荷载全部或主要由桩侧阻力承受,其质量控制以控制入土标高为主,控制贯入度为参考;端承桩是指在竖向极限荷载作用下,桩顶荷载全部或主要由桩端阻力承受,桩侧阻力相对桩

端阻力而言较小，或可忽略不计的桩，其质量控制以控制贯入度为主，控制入土标高为参考。摩擦型桩又可分为摩擦桩和端承摩擦桩。摩擦桩是指在极限承载力状态下，桩顶荷载由桩侧阻力承受；端承摩擦桩是指在极限承载力状态下，桩顶荷载主要由桩侧阻力承受。端承型桩又可分为端承桩和摩擦端承桩。端承桩是指在极限承载力状态下，桩顶荷载由桩端阻力承受；摩擦端承桩是指在极限承载力状态下，桩顶荷载主要由桩端阻力承受。

## 二、按桩的制作方法分类

按桩的制作方法分为预制桩和灌注桩，预制桩是指在工厂或施工现场预先将桩制成，采用锤击打入、静力压入或振入的方法将桩沉入土中；灌注桩是指在施工现场规定的桩位处成孔，然后向孔内灌注混凝土而成，大多数加有钢筋。灌注桩按成孔方法分为沉管灌注桩、钻孔灌注桩、人工挖孔灌注桩、套管成孔灌注桩等。

## 三、按桩的制作材料分类

按桩的制作材料分为砂桩、碎石桩、木桩、钢筋混凝土桩、钢桩等。砂桩是用带桩头（桩靴）的钢管打入要求深度，边灌入中粗砂边拔钢管，作用为挤密土体、排水固接、加固地基，提高复合地基承载能力；碎石桩（或灰土桩）与砂桩原理、作用和施工方法相似，拔管时利用振动以使土石料密实；木桩采用挺拔的松木或杉木，地下水位高时需经防腐处理，现在已经很少采用；钢筋混凝土桩包括预应力钢筋混凝土桩、预制钢筋混凝土桩、灌注桩、挖孔桩等，这种桩强度高、耐腐蚀、价格低、制作方便，得到广泛使用；钢桩由钢板和型钢制成，常见的有各种规格的钢管桩、工字型钢桩和 H 型钢桩等，这种桩强度高、搬运堆放方便不易损坏、容易截接、桩身表面积大截面积小，沉桩时贯穿能力强且挤土影响小，但价格昂贵，耐腐性较差，应用上有局限。

# 2.2　预制桩施工

预制桩能承受较大的荷载、坚固耐久、施工速度快，对周围环境影响较大。常见有实心方桩（尺寸 200 mm×200 mm ~ 600 mm×600 mm）和空心圆桩（直径为 400 ~ 800 mm），预制桩长度一般不超过 27 m。

## 2.2.1　预制桩施工前的准备工作

打桩前应根据设计图纸、工程地质、水文情况、地形地貌、地下探测、试桩和施工条件等资料，确定打桩方案。包括清除妨碍施工的地上地下的障碍物；平整施工场地；设置排水沟，修建临时设施，安装施工水电设施，定位放线；设置供电、供水系统；安装打桩机等。桩基轴线的定位点及水准点应设置在不受打桩影响的地点，水准点设置不少于 2 个。

### 一、材料及主要机具

1. 预制钢筋混凝土桩：须符合设计要求和施工规范，并有出厂合格证。

2. 焊条（接桩用）：型号、性能必须符合设计要求和有关标准的规定。

3. 钢板（接桩用）：材质、规格符合设计要求，宜用低碳钢。

4. 主要机具:打桩机、电焊机、运桩车、索具、钢丝绳、钢垫板或槽钢。

### 二、作业条件

1. 桩基的轴线和标高均已测定完毕,并经过检查办理预检手续。桩基的轴线和高程的控制桩,应设置在不受打桩影响的地点,并应妥善加以保护。

2. 处理高空和地下的障碍物,如影响邻近建筑物或构筑物的使用或安全时,应会同有关单位采取有效措施,予以处理。

3. 场地应碾压平整,排水畅通,保证桩机的移动和稳定垂直。

4. 打试验桩。施工前必须打试验桩,其数量不少于 2 根。确定贯入度并校验打桩设备、施工工艺以及技术措施是否适宜。

5. 选择和确定打桩机进出路线和打桩顺序,制定施工方案,做好技术交底。

### 2.2.2 预制桩的施工工艺

#### 一、预制桩施工工艺

预制桩施工工艺为: 预制 → 起吊 → 运输 → 堆放 → 桩机就位 → 起吊预制桩 → 稳桩 → 打桩 → 接桩 → 送桩 → 中间检查验收 → 移桩机至下一个桩位 。

#### 二、施工要点

（一）桩的预制

桩的制作方法有:并列法、间隔法、重叠法、翻模法等。对于重叠法重叠层数不宜超过 4 层,层与层之间应涂刷隔离剂,上层桩或邻桩的灌注应在下层桩或邻桩混凝土达到设计强度 30% 以后方可进行。

注意事项:钢筋混凝土预制桩的钢筋骨架的主筋连接宜采用对焊,接头应错开;桩尖用钢制,钢骨架的偏差应符合有关规定;混凝土宜采用机械搅拌,机械振捣,由桩顶向桩尖连续浇筑捣实,一次完成,严禁中断;禁止采用快速脱模方法施工;严格控制模板和钢筋的施工几何误差及混凝土配合比误差;从桩顶向桩尖方向连续浇灌混凝土,不得中断;必须保证桩间隔离,严防相互粘连。

预制桩的制作工艺如图 2.2.1 至图 2.2.5 所示。

图 2.2.1　绑扎钢筋笼

图 2.2.2　支模

图 2.2.3　浇筑混凝土

图 2.2.4　养护成型的方桩

（二）桩的起吊

当桩身混凝土强度达到 70% 设计强度时方可起吊，对 18 m 以上的桩至少 3 点起吊，18 m 以下的桩可以用 1 点或 2 点起吊。吊点位置及程序必须按照有关规定，原则上取起吊弯矩最小且大小相等的位置，吊点的布置如图 2.2.6 所示。

（三）桩的运输

桩运输的运距不大时，可在桩下垫以滚筒用卷扬机拖拉；当运距较远时，可采用具有弹簧和转盘的平板车，桩身下垫以木块，保持平稳，避免振动。

图 2.2.5　养护成型的薄壁管桩

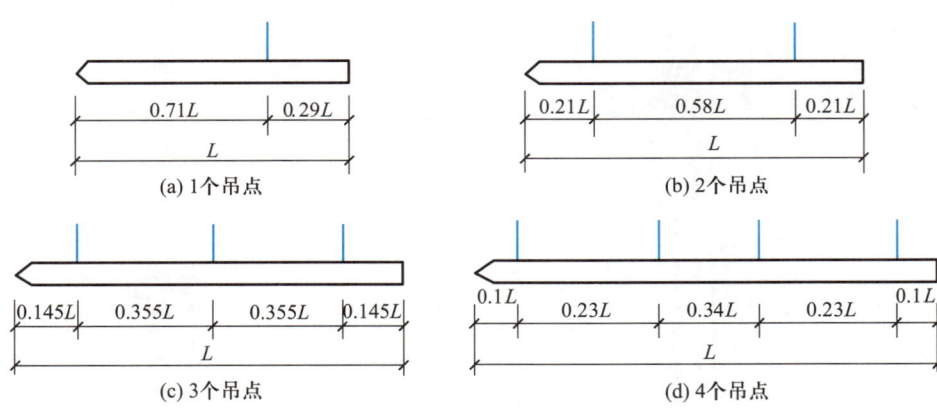

(a) 1个吊点 $\quad$ 0.71$L$ $\quad$ 0.29$L$ $\quad$ $L$

(b) 2个吊点 $\quad$ 0.21$L$ $\quad$ 0.58$L$ $\quad$ 0.21$L$ $\quad$ $L$

(c) 3个吊点 $\quad$ 0.145$L$ $\quad$ 0.355$L$ $\quad$ 0.355$L$ $\quad$ 0.145$L$ $\quad$ $L$

(d) 4个吊点 $\quad$ 0.1$L$ $\quad$ 0.23$L$ $\quad$ 0.34$L$ $\quad$ 0.23$L$ $\quad$ 0.1$L$ $\quad$ $L$

图 2.2.6　桩吊点布置

当桩的混凝土达到设计强度 100% 方可运输。打桩前，桩从制作处运到现场以备打桩，并应根据打桩顺序随打随运以避免二次搬运。

（四）桩的堆放

桩的堆放应符合下列要求：

1. 场地应平整、坚实，不得产生不均匀沉降；

2. 垫木与吊点的位置应相同，并应保持在同一平面内；

3. 不同规格的桩，应分别堆放，同桩号的桩应堆放在一起，桩尖应向一端；

4. 各层垫木应位于同一垂直线上，多层垫木应上下对齐，最下层的垫木应适当加宽，堆放层数一般不宜超过4层。

（五）桩机就位

打桩机就位时，应对准桩位，保证垂直稳定，在施工中不发生倾斜、移动。

（六）起吊预制桩

先拴好吊桩用的钢丝绳和索具，然后应用索具捆住桩上端吊环附近处，一般不宜超过30 cm，再启动机器起吊预制桩，使桩尖垂直对准桩中心，缓缓放下插入土中，位置要准确；再在桩顶扣好桩帽或桩箍，即可除去索具，如图2.2.7所示。

（七）稳桩

桩尖插入桩位后，先用较小的落距锤击1~2次，桩入土一定深度，再使桩垂直稳定。10 m以内短桩可目测或用线坠双向校正；10 m以上打接桩必须用线坠或经纬仪双向校正，不得用目测。桩插入时垂直度偏差不得超过0.5%。桩在打入前，应在桩的侧面或桩架上设置标尺，以便在施工中观测、记录。

（八）打桩

用落锤或单动汽锤打桩时，锤的最大落距不宜超过1.0 m；用柴油锤打桩时，应使锤跳动正常；打桩宜重锤低击，锤重应根据工程地质条件、桩的类型结构、密集程度及施工条件来选用，如图2.2.8所示。

图2.2.7　起吊就位

图2.2.8　施打

（九）接桩

当桩长不够的情况下，采用接桩，接桩有电焊接桩和硫磺胶泥接桩。

电焊接桩：其预制桩表面上预埋件应清洁，上下节之间的间隙应用铁片垫实焊牢；焊接时，应采取措施，减少焊缝变形；焊缝应连续焊满；焊后停歇时间>1 min，如图 2.2.9 所示。

图 2.2.9　接桩

硫磺胶泥接桩：胶泥浇筑时间<2 min、浇筑后停歇时间>7 min。接桩一般在距地面 1 m 左右时进行。上下节桩的中心线偏差不得大于 2 mm 焊接接桩节点折曲矢高不得大于 1‰桩长，且不大于 20 mm。接桩处入土前，应对外露铁件再次补刷防腐漆。

（十）送桩

当预制桩的桩顶设计标高在地面以下，无法用打桩机直接打到设计标高时，一般在最后一段桩的打桩工作中，需要用一根桩将这个设计桩头打入地面以下，即"送桩"，也称"冲桩"，如图 2.2.10 所示。设计要求送桩时，则送桩的中心线应与桩身吻合一致，才能进行送桩，送桩留下的桩孔应立即回填密实。

图 2.2.10　送桩

### 2.2.3　钢筋混凝土预制桩锤击打桩法

锤击打入桩也称锤击沉桩,是利用桩锤下落产生的冲击能量将桩沉入土中,锤击打入桩是混凝土预制桩最常用的沉桩方法。优点是施工速度快,机械化程度高,适应范围广;缺点是施工时有噪声污染和振动,城市和夜间施工有限制。

#### 一、打桩设备

1. 桩锤

桩锤(图2.2.11)是对桩施加冲击,将桩打入土中的主要机具。桩锤主要有落锤、汽锤、柴油锤和液压锤,应用最多的是柴油锤。用锤击沉桩时,力求采用"重锤轻击"。

图2.2.12为桩锤施工现场。

图2.2.11　桩锤　　　　　　　　　　　图2.2.12　桩锤施工现场

（1）落锤

落锤即以人力或机械方法将桩锤提升,然后令其自由下落,利用锤的自重及其冲击力夯击桩顶,落锤一般用电动机或机动卷扬机提升,设备简单,能随意调节落锤高度、节省能源,但易使桩顶损坏、沉桩效率低,适宜打入各种品种的预制桩。

（2）柴油锤

柴油锤分导杆式和筒式两种,一般用筒式柴油锤。筒式柴油锤是一个很大的汽缸,利用柴油燃爆推起活塞柱,自动落下时实现夯击作用,使桩沉入土中。柴油锤能打各种类型的预制桩,通常配以专用机架工作,沉桩效率高,燃料消耗少,但不宜在过硬或过软的土中打桩。工作时的落距能随桩的入土快慢而自行调整,入土速度越慢,锤的落距越大。

（3）汽锤

汽锤分单动汽锤和双动汽锤。汽锤利用蒸汽或压缩空气的压力将锤体上举,然后令锤下冲,夯击桩顶。单动汽锤在锤体下降过程只考虑自重,双动汽锤下降过程中受到蒸汽向下的动力,宜打各种类型的预制桩,可用于各种土壤。必须具备汽源,煤耗大,有空气污染。单动汽锤每次夯击需专人控制排气闸,落距在一定范围内可调整;双动汽锤的落距不变,不需人控制,可用于拔桩。

（4）液压锤

液压锤利用液压推动被密闭在锤壳体内的锤芯活塞柱,令其上升后下落,冲击桩头,并通过压缩气体对桩头施加压力,使其对桩的施压过程延长,往复工作下,实现夯击作用,将桩沉入土中。宜打各种类型的预制桩,打桩噪声小,无污染,适于城市环保要求高的地区作业,能源消耗小,设备复杂造价高。

2. 桩架

桩架是支持桩身和桩锤,在打桩过程中引导桩的方向,并保证桩锤能沿着所要求方向冲击的打桩设备。桩架主要由底盘、导向杆、斜撑、滑轮组、动力设备等组成,其功能包括沉桩导向、吊锤、吊桩、吊射水管、配重加压和拔管等。

常见桩架可分为:无导杆式、有导杆落地式、有导杆不落地式、无滑轮移式、非固定滚轮式、有固定滚轮式、轮胎滚轮移动式、液压步履机构移位式、履带式和行走机构式。

(1)滚筒钢桁架直式桩架(钢桁架直立,无斜撑)

行走靠两根钢滚筒在垫木上滚,龙门的钢桁架上下部尺寸基本相同,结构简单,制作容易,但方向移动困难,适用于打预制桩、灌注桩等。

(2)柴油打桩机桩架(简单的三角桁架)

专为配备柴油打桩锤的桩架,结构较简单,可以采用多种行走方式,导架有固定的和可倾斜的两种,后者可用于沉斜桩。

(3)多功能桩架(图2.2.13)

多功能桩架的机动性和适应性很大,可作360°回转,导架可以伸缩和前后倾斜,底盘下装有铁轮在轨道上行走,适用于各种预制桩及灌注桩。

(4)履带式桩架(图2.2.14)

由履带式起重机的主体与导杆支撑式桩架结构组合而成,因而机架移动与转向最灵活,移动速度快,适用于各种预制桩及灌注桩。

图 2.2.13　多功能桩架

图 2.2.14　履带式桩架

### 3. 动力装置

动力装置的配置取决于所选的桩锤,包括起动桩锤用的动力设施。当选用蒸汽锤时,需配备蒸汽锅炉和卷扬机。

### 二、打桩施工

#### 1. 打桩顺序

为了减少打桩时由于对土体产生的挤压而使已经打入桩产生偏移、变位、浮桩影响,必须合理地设计打桩顺序,桩距越小,挤压作用越大,当桩的中心距小于 4 倍桩径时,打桩顺序尤为重要。打桩顺序根据基础的设计标高,先深后浅、先大后小、先长后短。由于桩的密集程度不同,可自中间向两个方向对称进行或向四周进行,也可由一侧向单一方向进行,打桩顺序如图 2.2.15 所示。

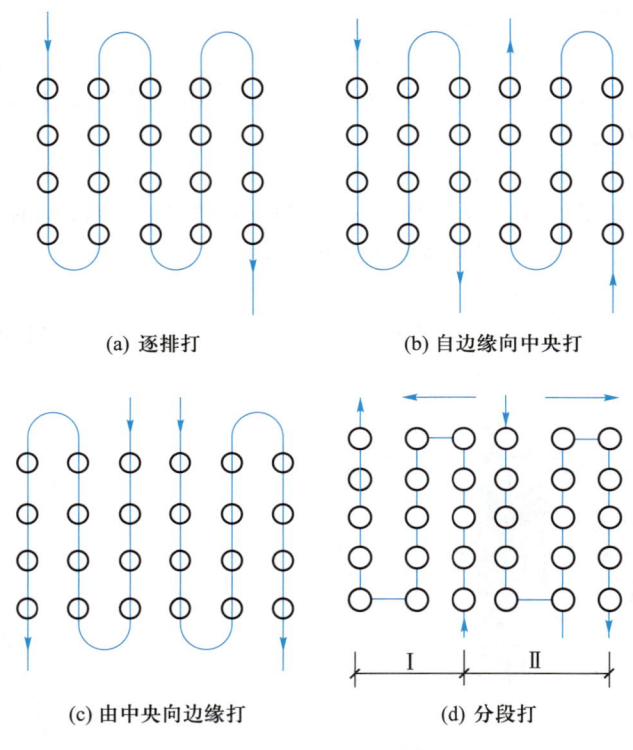

(a) 逐排打    (b) 自边缘向中央打

(c) 由中央向边缘打    (d) 分段打

图 2.2.15　打桩顺序

#### 2. 打桩的质量控制

打桩质量包括两个方面内容:一是能否满足贯入度或标高设计要求;二是打入后的偏差是否在施工及验收规范允许范围以内,包括定位偏差、贯入度、沉桩标高以及桩的损坏程度。

桩的垂直度最大允许误差为 1%,放线要求轴线误差 20 mm 以内,单排桩轴线误差控制不大于 10 mm,并要求经常复核。定位偏差一般 1/2~1 个桩的直径或边长。摩擦桩的入土深度控制:以标高为主,最后贯入度作为参考。端承桩的入土深度控制:以最后贯入度为主,标高作为参考。

3. 打桩

打桩主要包括: 就位 → 施打 → 接桩 → 送桩 。具体工艺同前预制桩的施工工艺。

4. 打桩的危害

(1)打桩时,引起桩区及附近土体隆起和位移,邻桩相互挤压导致桩位偏移。

(2)如在已有建筑群中施工,打桩会引起临近已有地下管线、地面交通道路和建筑物的损坏和不安全。

采取措施:挖防振沟、砂井排水、塑料排水板排水、预钻孔取土打桩、选择合理打桩顺序、控制打桩速度等。

### 2.2.4 静力压桩施工

#### 一、特点及原理

静力压桩是利用静压力将桩压入土中,施工中虽仍存在挤土效应,但没有振动和噪声,适用于软弱土层和邻近有怕振动的建(构)筑物情况。与锤击打桩相比,它具有施工无噪声、无振动、节约材料、降低成本、提高施工质量、沉桩速度快等特点,适宜于扩建工程和城市桩基施工。其工作原理是:通过安置在压桩机上的卷扬机的牵引,由钢丝绳、滑轮及压梁,将整个桩机的自重力(800~1 500 kN)反压在桩顶上,以克服桩身下沉时与土的摩擦力,迫使预制桩下沉。

#### 二、压桩机械设备

压桩机有两种类型:一种是机械静力压桩机,如图 2.2.16 所示,它由压桩架(撞架与底盘)、传动设备(卷扬机、滑轮组、钢丝绳)、平衡设备(铁块)、量测装置(测力计、油压表)及辅助设备(起重设备、送桩)等组成;另一种是液压静力压桩机,如图 2.2.17 所示,它由液压吊装机构、液压夹持、压桩机构(千斤顶)、行走及回转机构、液压及配电系统、配重铁等部分组成,该机具有体积轻巧,使用方便等优点,目前使用较多,压力可达5 000 kN。

图 2.2.16 机械静力压桩机

图 2.2.17　液压静力压桩机

### 三、压桩工艺方法

**1. 施工工艺**

静力压桩的施工工艺为：测量定位 → 桩机就位 → 吊桩插桩 → 桩身对中调直 → 静压沉桩 → 接桩 → 再静压沉桩 → 终止压桩 → 切割桩头。

**2. 压桩方法**

用起重机将预制桩吊运或用汽车运至桩机附近,再利用桩机自身设置的起重机将其吊入夹持器中,夹持油缸将桩从侧面夹紧,压桩油缸做伸程动作,把桩压入土层中,夹持油缸回程松夹,压桩油缸回程。重复上述动作,可实现连续压桩操作,直至把桩压入预定深度土层中。

**3. 桩连接的方法**

钢筋混凝土预制长桩在起吊、运输时受力极为不利,因而一般先将长桩分几段预制,后再在沉桩过程中接长,图 2.2.18 为预制桩连接施工现场。

(a)　　　　　　　　　　　　　　　　(b)

图 2.2.18　预制桩连接施工现场

常用预制桩接头连接方法有以下两种。

（1）浆锚法接桩：如图 2.2.19 所示，它是用硫酸水泥或环氧树脂配制成的黏结剂，把上段桩的预留插筋黏结于下段桩的预留孔内。

（2）焊接法接桩：如图 2.2.20 所示，在每段桩端部预埋角钢或钢板，施工时将上下段桩身相接触，用扁钢贴焊连成整体。

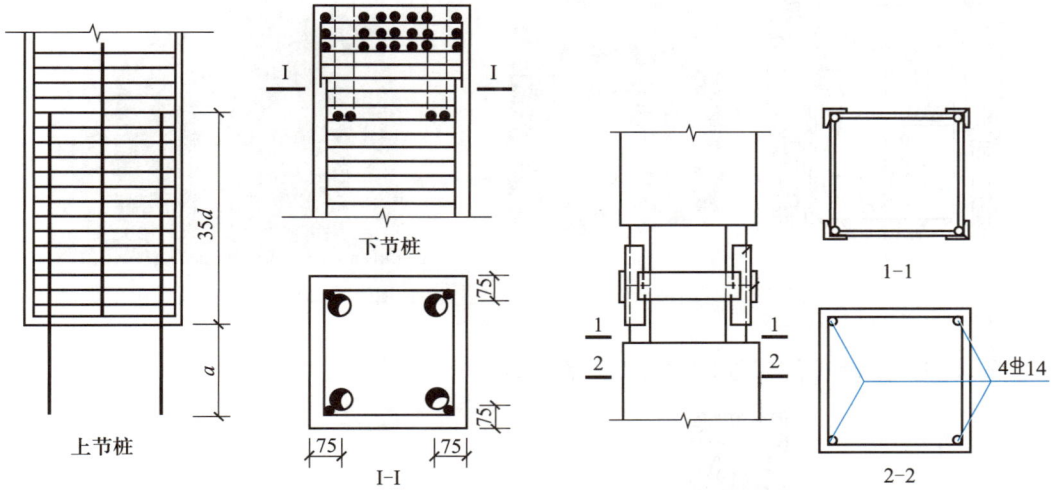

图 2.2.19  浆锚法接桩节点构造          图 2.2.20  焊接法接桩节点构造

## 四、压桩施工要点

1. 压桩应连续进行，因故停歇时间不宜过长，否则会导致桩压不下去或桩机被抬起。

2. 压桩的终压控制很重要。一般对纯摩擦桩，终压时以设计桩长为控制条件；对长度大于 21 m 的端承摩擦型静压桩，应以设计桩长控制为主，终压力值作对照；对一些设计承载力较高的桩基，终压力值宜尽量接近压桩机满载值；对长 14~21 m 的静压桩，应以终压力达满载值为终压控制条件；对桩周土质较差且设计承载力较高的，宜复压 1~2 次为佳，对长度小于 14 m 的桩，宜连续多次复压，特别对长度小于 8 m 的短桩，连续复压的次数应适当增加。

3. 静力压桩单桩竖向承载力，可通过桩的终止压力值判断，如判断的终止压力值不能满足设计要求，应采取送桩加深处理或补桩，以保证桩基的施工质量。

### 2.2.5  振动法沉桩

振动法沉桩是利用振动锤（图 2.2.21）沉桩，将桩与振动锤连接在一起，振动锤产生的振动力通过桩身带动土体振动，使土体的内摩擦角减小、强度降低而将桩沉入土中，该方法在砂土中施工效率较高。利用振动（冲击）沉桩锤，电力驱动偏心块，引起激振，通过刚性连接的夹钳或桩帽，传到桩顶，克服桩体与周围土层间的摩擦力，并使底部土体松动，使桩沉入土中。

宜用于打钢板桩、钢管桩，用于砂土、塑性黏土、松软砂黏土、黄土和软土，不宜用于砾石、卵石夹砂和紧密黏土中。在软土地基中沉桩效率尤其高，在卷扬机的配合下，能拔钢板桩和钢管桩,施工操作安全方便。但需有足够电源和电气设备,施工时有油烟排放的污染。图2.2.22为振动法沉桩施工现场。

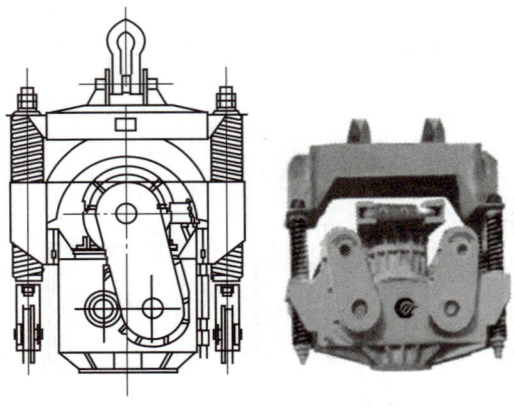

图 2.2.21 振动锤

图 2.2.22 振动法沉桩施工现场

### 2.2.6 预制桩施工注意事项、质量标准

### 2.2.7 预制桩施工常见通病、预防及治理

## 2.3 钢筋混凝土灌注桩施工

混凝土灌注桩(亦称现浇桩)是直接在现场桩位上使用的机械或人工等方法成孔,然后在孔内安装钢筋笼,浇筑混凝土而成的桩。根据不同的土质和地下水条件、一定的技术经济因素采用不同的成孔方法。按其成孔方法不同,可分为钻孔灌注桩、沉管灌注桩、人工挖孔灌注桩、爆扩灌注桩等。

灌注桩的特点是:灌注桩能适应各种地层的变化,无须接桩,施工时无振动、无挤土、噪声小,宜在建筑物密集地区使用,但其操作要求严格,施工后需较长养护期,成孔时有大量土渣或泥浆排出。

### 2.3.1 钻孔灌注桩

钻孔灌注桩是指利用钻孔机械钻出桩孔,并在孔中浇筑混凝土(或先在空中调放钢筋笼）而成的桩。根据钻孔机械的钻头是否在土壤的含水层中施工,分为湿作业泥浆护壁成孔和干作业成孔两种施工方法。

## 一、湿作业泥浆护壁成孔灌注桩

湿作业泥浆护壁成孔灌注桩适用于工业与民用建筑中地下水位高的软、硬土层泥浆护壁成孔灌注桩工程。泥浆护壁成孔是用泥浆保护孔壁,防止坍塌和排出土渣成孔。泥浆一般需专门配制,当在黏土中成孔时,也可用孔内钻渣原土自造泥浆。

按设备分为冲击钻、回转钻及潜水钻成孔法。冲击钻、回转钻适用于碎石土、砂土、黏性土及风化岩地基,潜水钻适用于黏性土、淤泥质土及砂土。

（一）施工准备

1. 作业条件

① 地上、地下障碍物都处理完毕,达到"三通一平",施工用的临时设施准备就绪。

② 场地标高一般为承台梁的上皮标高,并已经过夯实或碾压。

③ 制作好钢筋笼。

④ 根据放出的轴线及桩位点,抄上水平标高木橛。

⑤ 选择和确定钻孔机的进出路线和钻孔顺序,制定施工方案,做好技术交底。

⑥ 正式施工前要做成孔试验,数量不少于 2 根。

2. 工器具

主要工器具:回转钻机、翻斗车或手推车、混凝土导管、套管、水泵、水箱、泥浆池、混凝土搅拌机、平尖头铁锹、胶皮管。

（二）施工工艺及施工要点

1. 施工工艺

泥浆制备和处理 → 钻孔机就位 → 钻孔 → 注泥浆 → 下套管 → 继续钻孔 → 排渣 → 清孔 → 射水清底 → 插入混凝土导管 → 浇筑混凝土 → 拔出导管 → 插桩顶钢筋 。

2. 施工要点

（1）泥浆的制备和处理

适用范围:不论地下水位高或低的土层皆适用,多用于含水量高的软土地区。

泥浆作用:具有保护孔壁、防止塌孔、排出土渣以及冷却与润滑钻头的作用。泥浆一般需专门配制,当在黏土中成孔时,也可用孔内钻渣原土自造泥浆。

除能自行造浆的土层外,泥浆制备要选用高塑性黏土或膨润土。拌制泥浆要根据施工机械、工艺及穿越土层进行配合比设计。泥浆护壁需符合下列规定:

① 施工期间护筒内的泥浆面要高出地下水位 1.0 m 以上,在受水位涨落影响时,泥浆面要高出最高水位 1.5 m 以上。

② 在清孔过程中,要不断置换泥浆,直至浇筑混凝土。

③ 浇筑混凝土前,孔底 500 mm 以内的泥浆相对密度要小于 1.25,含砂率≤8%。

④ 在易产生泥浆渗漏的土层中要采取维持孔壁稳定的措施。

⑤ 废弃的泥浆、泥渣要按环境保护的有关规定处理。

（2）钻孔机就位

成孔机械有:回转钻机、潜水钻机、冲击钻,其中以回转钻机应用最多。钻孔机就位时,必须保持平稳,不发生倾斜、位移,为准确控制钻孔深度,应在机管上作出控制的标尺,以便在施工中进行观测、记录。

①回转钻机成孔

回转钻机由动力装置、回转装置、转动钻杆、钻头组成,分为正循环回转钻机、反循环回转钻机。回转钻成孔应用于地下水位以下土层进行成孔。由于在地下水位以下作业,地下水的渗流易造成塌孔,因此需要泥浆护壁。在黏土中钻孔,可采用清水钻进,自造泥浆;在砂土中钻孔,则应注入用膨润土制备的泥浆。泥浆相对密度大于水,注入的泥浆较轻,排出的泥浆由于有较多的含泥沙量而相对密度较大。通过泥浆的循环将钻下的土带出孔,用泥浆泵将泥浆通过注浆管压入孔底钻头上方,将带渣泥浆压出到沉淀池,称为正循环排渣法;通过排渣管直接在钻头上方吸出带渣泥浆称为反循环排渣法。

回转钻机成孔施工工艺: 埋设护筒 → 钻孔 → 第一次清孔 → 吊放钢筋笼 → 第二次清孔 → 灌注混凝土 。

图 2.3.1~图 2.3.5 为其施工现场图。

图 2.3.1　护筒埋设

图 2.3.2　钻孔

图 2.3.3　泥浆运输及浆池

图 2.3.4　钢筋笼吊放

图 2.3.5　混凝土灌注

钻孔时,一般均应埋设护筒。护筒的作用是固定桩孔位置,保护孔口,维持泥浆液面稳定,并兼有导向作用。护筒一般为钢或混凝土,内径约大于钻头直径 100 mm,埋设深度视地下水位及泥浆液面高度而定,黏性土中不少于 1 m,砂性土中不少于 1.5 m,高出地面 300~400 mm。

回转钻成孔按其排渣方式分为正循环回转钻成孔和反循环回转钻成孔两种。

② 潜水钻机成孔

潜水钻机成孔特点:将电机、变速机构加以密封,并同底部钻头连接在一起,组成一个专用钻具,可潜入孔内水下作业。钻头一般采用笼式钻头,换用适用的钻头后,也可钻入岩层。通常钻孔直径 600~1 500 mm,常见 1 250 mm。钻孔深度可达 50 m,有正潜钻和反潜钻两种。

潜水钻机是一种旋转式钻孔机械,其动力、变速机构和钻头连在一起,加以密封,因而可以下放至孔中地下水位以下进行切削土壤成孔。用正循环工艺输入泥浆,进行护壁和将钻下的土渣排出孔外,潜水钻机成孔,需先埋设护筒。

施工设备:潜水钻机由防水电机、减速机构和钻头等组成,如图 2.3.6 所示。电机和减速机构装设在具有绝缘和密封装置的电钻外壳内,且与钻头紧密连接在一起,因而能共同潜入水下作

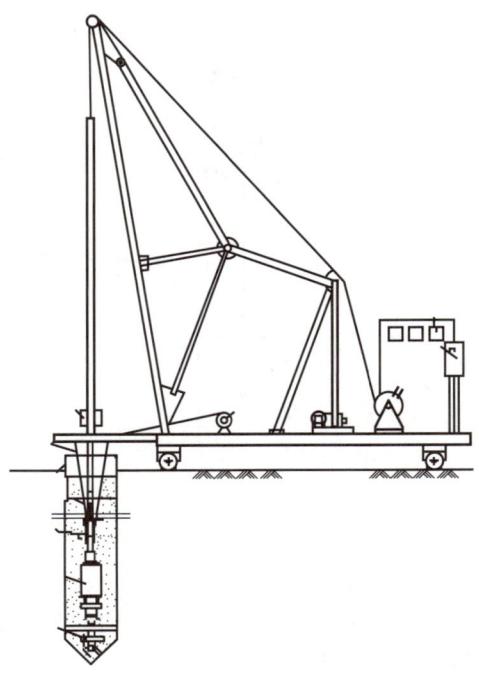
图 2.3.6　潜水钻机

业。潜水钻机既适用于水下钻孔,也可用于地下水位较低的干土层中钻孔。

施工方法:钻机钻孔前,应做好场地平整,挖设排水沟,设泥浆池制备泥浆,做试桩成孔,设置桩基轴线定位点和水准点,放线定桩位及其复核等施工准备工作。钻孔时,先安装桩架及水泵设备,桩位处挖土埋设孔口护筒,起定位、保护孔口、存贮泥浆等作用,桩架就位后,钻机进行钻孔。钻孔时应在孔中注入泥浆,并始终保持泥浆液面高于地下水位1.0 m以上,以起护壁、携渣、润滑钻头、降低钻头发热、减少钻进阻力等作用。如在黏土、亚黏土层中钻孔时,可注入清水以原土造浆护壁、排渣。钻孔应根据土层类别、孔径大小、钻孔深度和供水量确定,对于淤泥和淤泥质土不宜大于1 m/min,其他土层以钻机不超负荷为准,风化岩或其他硬土层以钻机不产生跳动为准。

钻孔深度达到设计要求后,必须进行清孔。对以原土造浆的钻孔,可使钻机空转不进尺,同时注入清水,等孔底残余的泥块已磨浆,排出泥浆密度降至1.1 g/cm³左右(以手触泥浆无颗粒感觉),即可认为清孔已合格。对注入制备泥浆的钻孔,可采用换浆法清孔,至换出泥浆密度小于1.15~1.25 g/cm³为合格。

清孔完毕后,应立即吊放钢筋笼和浇筑水下混凝土。钢筋笼埋设前应在其上设置定位钢筋环、混凝土垫块或于空中对称设置3~4根导向钢筋,以确保保护层厚度。

③ 冲击钻成孔

冲击钻主要用于在岩土层中成孔,成孔时将冲锥式钻头提升一定高度后以自由下落的冲击力来破碎岩层,然后用掏渣筒来掏取孔内的渣浆。还有一种冲抓锥,锥头(图2.3.7)内有重铁块和活动抓片,下落时松开卷扬机刹车,抓片张开,锥头自由下落冲入土中,然后开动卷扬机拉升锥头,此时抓片闭合抓土,将冲抓锥整体提升至地面卸土,依次循环成孔。

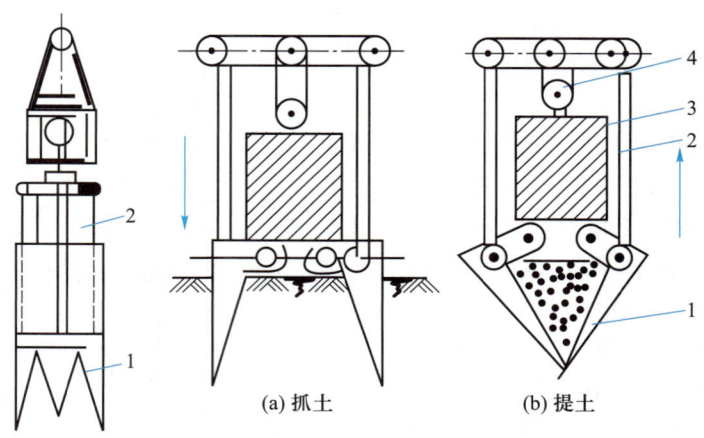

1—抓片;2—连杆;3—压重;4—滑轮组。

图2.3.7　冲抓锥头

④ 旋挖钻成孔

现在采用的旋挖钻孔施工法,利用的是机械动力,其成孔原理是在一个可闭合开启的钻斗的底部及侧边,镶焊切削的刀具,在伸缩钻杆旋转驱动下,旋转切削挖掘土层,同时使切削挖掘下来的土渣进入钻斗内,钻斗装满后提出孔外卸土,如此循环形成桩孔。该方法成孔施工具有低噪声、低振动、扭矩大、成孔速度快、无泥浆循环等优点;缺点是在黏性较大的黏土、淤泥土层中施工,回转阻力大,钻进效率低,容易糊钻。适于填土、硬土、粉土、砂性土、软中硬基岩等地层,桩孔沉渣少,孔壁泥皮薄,桩侧摩阻力发挥好。

（3）钻孔及注泥浆

调直机架挺杆,对好桩位(用对位圈),开动机器钻进,出土,达到一定深度(视土质和地下水情况)钻孔,孔内注入事先调制好的泥浆,然后继续进钻。

（4）下套管（护筒）

① 钻孔深度达到 5 m 左右时,提钻下套管。

② 套管内径要大于钻头 100 mm。

③ 套管位置要埋设正确和稳定,套管与孔壁之间要用黏土填实,套管中心与桩孔中心线偏差不大于 50 mm。

套管埋设深度:在黏性土中不小于 1 m,在砂土中不小于 1.5 m,并要保持孔内泥浆面高出地下 1 m 以上。

（5）继续钻孔

防止表层土受振动坍塌,钻孔时不要让泥浆水位下降,当钻至持力层后,设计无特殊要求时,可继续钻深 1 m 左右,作为插入深度,在施工过程中经常测定泥浆相对密度。

（6）排渣及清孔

① 在黏土和粉质黏土中成孔时,可注入清水,以原土造浆护壁,排渣泥浆的相对密度控制在 1.1~1.2。

② 在砂土和较厚的夹砂层中成孔时,泥浆相对密度要控制在 1.1~1.3;在穿过砂夹卵石层或容易坍孔的土层中成孔时,泥浆的相对密度要控制在 1.3~1.5。

③ 吊放钢筋笼:钢筋笼吊放前要绑好砂浆垫块,吊放时要对准孔位,吊直扶稳,缓慢下沉,钢筋笼吊放到设计位置时,要立即固定,防止上浮。

（7）射水清底

在钢筋笼内插入混凝土导管(管内有射水装置),通过软管与高压泵连接,开动泵水即射出,射水后孔底的沉渣即悬浮于泥浆之中。

（8）浇筑混凝土

停止射水后,要立即浇筑混凝土,随着混凝土不断增高,孔内沉渣将浮在混凝土上面,并同泥浆一同排回贮浆槽内,水下浇筑混凝土要连续施工,导管底端埋入混凝土的深度为 0.8~1.3 m,导管的第一截底管长度>14 m。

混凝土的配制要求:

① 配合比经试验室试配确定,试配强度比设计强度提高 10%~15%;

② 水灰比不宜大于 0.6;

③ 有良好的和易性,在规定的浇筑期内,坍落度为 16~22 cm;在浇筑初期,为使导管下端形成混凝土堆,坍落度宜为 14~16 cm;

④ 砂率一般为 45%~50%。

（9）拔出导管

混凝土浇筑到桩顶时,要及时拔出导管。

（10）插桩顶钢筋

桩顶上的插筋要保持垂直插入,有足够锚固长度和保护层,防止插偏和插斜。

（11）试块留置

同一配合比的试块，每班不得少于 1 组，每根灌注桩不得少于 1 组。

（12）冬、雨期施工

不宜在冬期进行，雨天施工现场必须有排水措施，严防地面雨水流入桩孔内，要防止桩机移动，以免造成桩孔歪斜等情况。

3. 湿作业泥浆护壁钻孔灌注桩施工注意事项、质量标准及验收

（1）混凝土灌注桩钢筋笼质量要求

主控项目：主筋间距±10 mm；长度±100 mm。

一般项目：钢筋材质检验符合设计要求；箍筋间距±20 mm；直径±1 mm。

（2）混凝土灌注桩质量要求

主控项目：

① 灌注桩的桩位偏差必须符合表 2.3.1 的规定，桩顶标高至少要比设计标高高出 0.5 m，桩底清孔质量按不同的成桩工艺有不同的要求，应按本章的各节要求执行。每浇筑 50 mm 必须有 1 组试件；小于 50 $m^3$ 的桩，每根桩必须有 1 组试件。

表 2.3.1　灌注桩的桩位允许偏差

| 成孔方法 | | 桩径允许偏差/mm | 垂直度允许偏差/% | 桩位允许偏差 | |
| --- | --- | --- | --- | --- | --- |
| | | | | 1~3 根、单排桩基垂直于中心线方向和群桩基础的边桩 | 条形桩基沿中心线方向和群桩基础的中间桩 |
| 泥浆护壁钻孔灌注桩 | $D \leqslant 1\,000$ mm | ±50 | <1 | $D/6$，且≤100 mm | $D/4$，且≤150 mm |
| | $D > 1\,000$ mm | ±50 | | 100 mm+0.01 $H$ | 150 mm+0.01 $H$ |

注：1. 桩径允许偏差的负值是指个别断面；

2. 采用复打、反插法施工的桩，其桩径允许偏差不受上表限制；

3. $H$ 为施工现场地面标高与桩顶设计标高的距离，$D$ 为设计桩径。

② 孔深：+300 mm，只能深不能浅，嵌岩桩应确保进入设计要求的嵌岩深度。

③ 桩体质量检查：护筒中心与桩中心偏差不大于 50 mm，其埋深在黏土中不小于 1 m，在砂土中不小于 1.5 m。应用动力法检测，或钻芯取样至桩尖下 50 cm。

④ 混凝土强度：每 50 $m^3$（不足 50 $m^3$ 按 50 $m^3$ 计）取一组试块，每根桩必须有一组试块，强度符合设计要求。

⑤ 承载力：设计等级为甲级或地质条件复杂、成桩质量可靠性低的灌注桩，应采用静载荷试验，数量不少于总桩数 1%，且不少于 3 根，总桩数少于 50 根时为 2 根。其他桩应用高应变动力检测，对地质条件、桩型、成桩机具和工艺相同、同一单位施工的桩基检验桩数不少于总桩数的 2%，且不少于 5 根。

一般项目：

① 泥浆密度在黏土和亚黏土中应控制在 1.1~1.2 $g/cm^3$，在较厚夹砂层应控制在 1.1~1.3 $g/cm^3$，在穿过砂夹卵石层或易于塌孔的土层中，泥浆密度应控制在 1.3~1.5 $g/cm^3$。

② 泥浆面标高（高于地下水位）：0.5~1.0 m。

③ 沉渣厚度:端承桩为 50 mm,用沉渣仪或吊锤测量;摩擦桩为 150 mm,用沉渣仪或吊锤测量。

④ 混凝土坍落度:水下灌注 160~220 mm,灌注前用坍落度仪测量;干施工 70~100 mm,灌注前用坍落度仪测量。

⑤ 钢筋笼安装深度:±100 mm。

⑥ 混凝土充盈系数:应大于 1,计量检查每根桩实际灌注量与桩体积比大于 1。

⑦ 桩顶标高:+30 mm,−50 mm,水准仪测量,扣除桩顶浮浆层及劣质桩体。

⑧ 孔底沉渣,必须设法清除,要求端承桩沉渣厚度不得大于 50 mm,摩擦桩沉渣厚度不得大于 150 mm。

⑨ 水下浇筑混凝土应连续施工,孔内泥浆用潜水泵回收到贮浆槽里沉淀,导管应始终埋入混凝土中 0.8~1.3 m。

(3) 泥浆护壁钻孔灌注桩成品保护

① 钢筋笼在制作、运输和安装过程中,要采取措施防止变形,吊入桩孔内,要牢固确定其位置,防止上浮。

② 灌注桩施工完毕进行基础开挖时,要制定合理的施工顺序和技术措施,防止桩的位移和倾斜,并要检查每根桩的纵横位置偏差。

③ 在钻孔机安装,钢筋笼运输及混凝土浇筑时,均要注意保护好现场的轴线桩、高程桩,并经常予以校核。

④ 桩头外留的主筋插铁要妥善保护,不得任意弯折或压断。

⑤ 桩头的混凝土强度没有达到 5 MPa 时,不得碾压,以防桩头损坏。

(4) 泥浆护壁钻孔灌注桩应注意的质量问题

① 泥浆护壁成孔时,发生斜孔、弯孔、缩孔和塌孔或沿套管周围冒浆以及地面沉陷等情况,要停止钻进,经采取措施后,方可继续施工。

② 钻进速度,要根据土层情况、孔径、孔深、供水或供浆量的大小、钻机负荷以及成孔质量等具体情况确定。

③ 水下混凝土面平均上升速度不小于 0.25 m/h。浇筑前,导管中要设置球、塞等隔水,浇筑时,导管插入混凝土的深度不小于 1 m。

④ 施工中要经常测定泥浆密度,并定期测定黏度、含砂率和胶体率。泥浆含砂率不大于 4%~8%,胶体率不小于 90%。

⑤ 清孔过程中,必须及时补给足够的泥浆,并保持浆面稳定。

⑥ 钢筋笼变形:钢筋笼在堆放、运输、起吊、入孔等过程中,必须加强对操作工人的技术交底,严格执行加固的技术措施。

⑦ 混凝土浇到接近桩顶时,随时测量顶部标高,以免过多截桩或补桩。

4. 湿作业泥浆护壁成孔灌注桩断桩通病及治理

(1) 现象

成桩后,桩身中部没有混凝土,夹有泥土。

(2) 预控措施

① 混凝土浇筑应按规定的操作方法进行。

② 混凝土浇筑分层连续。

③ 钢筋笼主筋接头焊牢。

（3）治理措施

① 当导管堵塞而混凝土尚未初凝时，可用钻机起吊设备，吊起一节钢轨或其他重物在导管内冲击，把堵塞的混凝土冲开；还可迅速拔出导管用高压水冲通导管，重新下隔水球灌注。浇筑时，当隔水球冲出导管后，应将导管继续下降，直到导管不能再插入时，然后再稍提升导管，继续浇筑混凝土。

② 当混凝土在地下水位以上中断时，如果桩身直径在 1 m 以上，泥浆护壁较好，可抽掉孔内水，用钢筋笼保护，对原混凝土面进行凿毛并清洗钢筋，然后继续浇筑混凝土。

③ 当混凝土在地下水位以下中断时，可用较原桩径稍小的钻头在原桩位上钻孔，至断桩部位以下适当深度时，重新清孔，在断桩部位增加一节钢筋笼，其下部埋入新钻孔中，然后继续浇筑混凝土。

④ 当导管接头法兰挂住钢筋笼时，如果钢筋笼埋入混凝土不深，则可提起钢筋笼，转动导管，使导管与钢筋笼脱离，否则只好放弃导管。

## 二、干作业成孔灌注桩

干作业成孔灌注桩是以冲、抓、钻、挖等各种不同的方法，按设计要求的桩径与桩长在地层中成孔，然后灌注混凝土或钢筋混凝土而成的桩型。

适用范围：干作业成孔灌注桩适用于地下水位较低、在成孔深度内无地下水的一般黏土、砂土及人工填土地基螺旋成孔的灌注桩，无须护壁可直接取土成孔。

成孔直径一般 300 ~ 400 mm，最大达到 800 mm，深度 8 ~ 12 m，适用于地下水位以上的均质黏性土、砂土及人工填土，不宜用于地下水位以下的土层成孔作业及淤泥质土。根据不同需要，可以采用锥式钻头（黏土）、平底钻头（松散土层）或耙式钻头（适用于穿透杂填土层，能碎砖）。

为提高单桩承载力，可在非全螺旋的钻杆上安装可张开的扩孔刀片，在规定位置上扩孔，形成葫芦桩，或在钻杆端部设扩孔装置。扩孔直径为桩身直径的 2.5 ~ 3.5 倍，最大可达 1.2 m，扩底桩的单桩承载力比同直径桩大 1 倍以上。

（一）施工准备

① 地上、地下障碍物处理完毕，达"三通一平"，施工用临时设施准备就绪。

② 场地标高一般为承台梁的上皮标高，并经过夯实或碾压。

③ 分段制作好钢筋笼，其长度以 5 ~ 8 m 为宜。

④ 根据图纸放轴线及桩位点，抄上水平标高木橛，并经过预检签字。

⑤ 施工前做成孔试验，数量不少于 2 根。

⑥ 选择和确定钻孔机进出路线和钻孔顺序，制定施工方案，做好技术交底。

⑦ 钻机钻孔前，做好准备工作。雨季施工时需加白灰碾压以保证钻孔行车安全。钻机按桩位就位时，钻杆要垂直对准桩位中心，放下钻机使钻头触及土面。

（二）施工设备

施工设备主要有螺旋钻机、钻孔扩机等，目前常用螺旋钻机成孔。干作业成孔时，以螺旋钻成孔较有代表性。螺旋钻成孔是利用动力旋转钻杆，使钻杆的螺旋叶片前端的钻头旋转削土,被切的土块随钻头旋转,并沿螺旋叶片上升而被推出孔外,是干作业成孔的主要方法。

常用的螺旋钻机(图 2.3.8)有履带式和步履式两种。前者一般由 W1001 履带车、支架、导杆、鹅头架滑轮、电动机头、螺旋钻杆及出土筒组成。后者的行走度盘为步履式,在施工时用步履进行移动。步履式机下装有活动轮子,施工完毕后装上轮子由机动车牵引到另一工地(图 2.3.9)。

图 2.3.8 螺旋钻机

图 2.3.9 步履式螺旋钻机

(三)施工工艺

1. 干作业成孔灌注桩施工工艺为:钻机就位→钻孔→检查成孔质量→孔底清理→孔口盖板→移钻机→移盖板,测孔深、垂直度→吊放钢筋笼→放溜筒→浇筑混凝土(随浇随振)→桩顶插钢筋。

其施工过程示意图如图 2.3.10 所示。

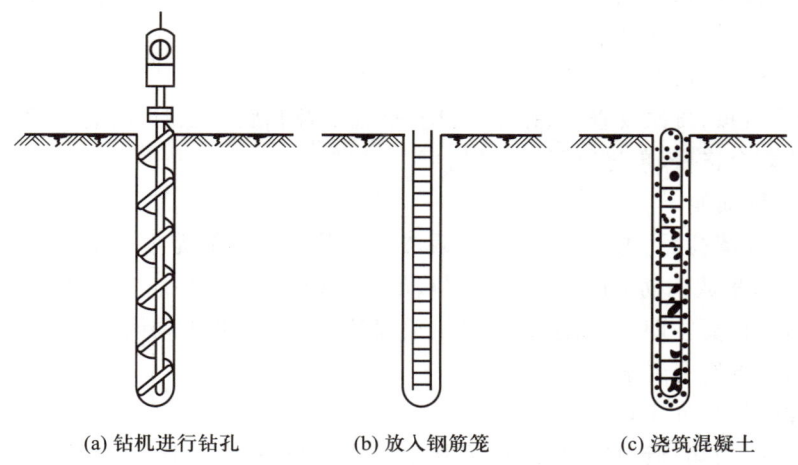

(a) 钻机进行钻孔    (b) 放入钢筋笼    (c) 浇筑混凝土

图 2.3.10 螺旋钻机钻孔灌注桩施工过程示意图

2. 施工要点

（1）钻机就位

钻机就位时,必须保持平稳,不发生倾斜、位移,为准确控制钻孔深度,要在机架上或机管上作出控制的标尺,以便在施工中进行观测、记录。

（2）钻孔

调直机架挺杆,对好桩位,开动机器钻进、出土,达到控制深度后停钻、提钻。钻孔时,开动转轴旋动钻杆钻进,先慢后快,避免钻杆摇晃,并随时检查钻孔偏移,有问题应及时纠正。施工中应注意钻头在穿过软硬土层交界处时,应保持钻杆垂直,缓慢进尺。在含砖头、瓦块的杂填土或含水量较大的软塑黏性土层中钻进时,应尽量减小钻杆晃动,以免扩大孔径及增加孔底虚土。当出现钻杆跳动、机架摇晃、钻不进等异常现象,应立即停钻检查。钻进过程中应随时清理孔口积土,遇到地下水、缩孔、塌孔等异常现象,应会同有关单位研究处理。

（3）检查成孔质量

钻深测定:用测深绳(锤)或手提灯测量孔深及虚土厚度,虚土厚度等于钻孔深的差值,虚土厚度不超过 10 cm。

孔径控制:钻进遇有含石块较多的土层,或含水量较大的软塑黏土层时,必须防止钻杆晃动引起孔径扩大,致使孔壁附着扰动土和孔底增加回落土。

（4）孔底清理

钻孔至要求深度后,可用钻机在原处空转清土,然后停止回转,提升钻杆卸土。入孔底虚土超过容许厚度,可用辅助掏土工具或二次投钻清底,清孔完毕后应用盖板盖好孔口。

孔底的虚土厚度超过质量标准时,要分析原因,采取措施进行处理。进钻过程中散落在地面上的土,必须随时清除运走。

（5）孔口盖板,移钻机

经过成孔检查后,要填好桩孔施工记录,然后盖好孔口盖板,并要防止在盖板上行车或走人,最后再将钻机移到下一桩位。

（6）移盖板,测孔深、垂直度

移走钻孔盖板,再次复查孔、孔径、孔壁、垂直度及孔底虚土厚度,有不符合质量标准要求时,要处理合格后,再进行下道工序。

（7）吊放钢筋笼

桩孔钻成并清孔后,先吊放钢筋笼,后浇筑混凝土。钢筋笼放入前要先绑好砂浆垫块(或塑料卡),吊放钢筋笼时,要对准孔位,吊直扶稳,缓慢下沉,避免碰撞孔壁。钢筋笼放到设计位置时,要立即固定,遇有两段钢筋笼连接时,要采取焊接,以确保钢筋的位置正确,保护层厚度符合要求。

（8）放溜筒,浇筑混凝土

为防止孔壁坍塌,避免雨水冲刷,成孔经检查合格后,应及时浇筑混凝土,混凝土应连续浇筑,分层捣实,每层的高度不得大于 1.5 m,灌注桩的混凝土强度等级不得低于

C20,在放溜筒前要再次检查和测量钻孔内虚土厚度。浇筑混凝土时要连续进行,分层振捣密实,分层高度以捣固的工具而定,一般不大于 1.5 m。混凝土浇筑到桩顶时,适当超过桩顶设计标高,以保证在凿除浮浆后,桩顶标高符合设计要求。

（9）桩顶插钢筋

混凝土浇到距桩顶 1.5 m 时,可拔出溜筒,直接浇灌混凝土。桩顶上的钢筋插铁一定要保持垂直插入,有足够的保护层和锚固长度,防止插偏和插斜。

混凝土的坍落度一般为 8～10 cm;为保证其和易性及坍落度,要注意调整砂率和掺入减水剂、粉煤灰等。若土层较好,从成孔至混凝土浇筑的时间间隔,不得超过 24 h。同一配合比的试块,每班不得少于一组。

（四）干作业成孔灌注桩施工注意事项、质量标准

1. 质量要求

主控项目:主筋间距±10 mm;长度±100 mm。

一般项目:钢筋材质检验符合设计要求;箍筋间距±20 mm;直径±10 mm。

2. 干作业成孔灌注桩的质量要求

主控项目:

灌注桩的原材料和混凝土强度必须符合设计要求和施工规范的规定。

成孔深度必须符合设计要求,以摩擦力为主的桩,沉渣厚度严禁大于 300 mm;以端承力为主的桩,沉渣厚度严禁大于 100 mm。

实际浇筑的混凝土量,严禁小于计算体积;垂直度容许偏差 1%;孔底虚土容许厚度不大于 100 mm;单桩沿垂直轴线方向和群桩基础边沿的允许偏差是 1/6 桩径,条形桩基沿顺轴方向和群桩基础中间桩的允许偏差为 1/4 桩径。

一般项目:

浇筑混凝土后的桩顶标高及浮浆的处理,必须符合设计要求和施工规范的规定,灌注桩的桩位偏差必须符合表 2.3.2 的规定。

表 2.3.2 灌注桩的桩位允许偏差

| 成孔方法 | 桩径允许偏差/mm | 垂直度允许偏差/% | 桩位允许偏差/mm | |
|---|---|---|---|---|
| | | | 1～3 根、单排桩基垂直于中心线方向和群桩基础的边桩 | 条形桩基沿中心线方向和群桩基础的中间桩 |
| 干作业成孔灌注桩 | −20 | <1 | 70 | 150 |

注:1. 桩径允许偏差的负值是指个别断面;

2. 采用复打、反插法施工的桩,其桩径允许偏差不受上表限制。

3. 干作业成孔灌注桩成品保护

① 钢筋笼在制作、运输和安装过程中,要采取措施防止变形。吊入钻孔时,要有保护垫块或垫管和垫板。

② 钢筋笼吊放入孔时,不得碰撞孔壁,灌混凝土时,要采取措施固定其位置。

③ 灌注桩施工完毕进行基础开挖时,要制定合理的施工顺序和技术措施,防止桩的

位移和倾斜,并检查每根桩的纵横水平偏差。

④ 成孔内放入钢筋笼后,要 4 h 内浇筑混凝土,在浇筑过程中,要有不使钢筋笼上浮和防止泥浆污染的措施。

⑤ 安装钻孔机、运输钢筋笼以及浇筑混凝土时,均要保护好现场的轴线桩、高程桩。

⑥ 桩头外留的主筋插铁要妥善保护,不得任意弯折或压断。

⑦ 桩头混凝土强度,在没有达到 5 MPa 时,不得碾压,以防桩头损坏。

(五)常见通病预防及治理

1. 干作业成孔灌注桩的孔底虚土多

① 现象:干作业施工中,由于钻孔机械结构所限,孔底常残存一些虚土,它来自搅动残存土、孔壁坍落土以及孔口落土。

② 预控措施:详细研究工程地质条件,尽可能避免可能引起大量塌孔的地点施工,如不能避开,则应选择其他施工方法。施工过程中经常检查钻头、钻杆,不符合要求的应及时更换。钻出的土应及时清理,防止孔口土回落到孔底。成孔后尽可能防止人或车辆在洞口盖板上行走,以免扰动孔口土。钢筋笼和混凝土漏斗放入孔中,防止把孔壁土碰塌掉到孔底,当天成孔后必须当天灌完混凝土。

③ 治理措施:在孔内做二次或多次投钻。即用钻一次投到设计标高,在原位旋转片刻,停止旋转静拔钻杆,用勺钻清理孔底虚土。如虚土是砂或砂卵石时,可先采用孔底浆拌和,然后再灌混凝土。采用孔底压力灌浆法、压力灌混凝土法及孔底夯实法,用孔底夯实机具夯实。

2. 干作业成孔灌注桩桩身混凝土质量差

① 现象:桩身混凝土有蜂窝、空洞,桩身夹土、分段级配不均匀。

② 预控措施:螺旋钻成孔灌注桩,利用电动机带动钻杆转动,使钻头螺旋叶片旋转削土,土块随叶片上升排出孔口,到设计深度后,进行孔底清理。方法是在原深处空转,然后停止转动,提钻卸土。如严重坍孔,有大量的泥土时,需回填砂或黏土重新钻孔,或往孔内倒入少量石灰粉。少量浮土泥浆不易清除时,可投入一些直径为 25~60 mm 的石料捣实以挤密土体。吊放钢筋时应注意勿碰孔壁,钢筋骨架过长时可分段吊放,然后逐段焊接。钢筋定位后,应立即浇筑混凝土以免坍孔,混凝土强度等级不宜低于 C20,混凝土坍落度宜 7~10 cm,浇筑时应分层进行,每层高 50~60 cm,用接长软轴的插入式振捣器配合钢钎捣实。

螺旋钻成孔扩底灌注桩采用在钻杆上装三片可张开的扩孔刀片的螺旋钻,在设计要求位置扩孔,形成葫芦桩,其直径为桩身直径的 2.5~3.5 倍,最大可达 1.2 m;手摇钻成孔灌注桩,用人力旋转钻具钻进,提钻排土成孔,孔深 3~5 m,成孔直径 200~350 mm。

③ 治理措施:单桩承载力不大且缺陷不严重,可采用加大承台梁的方法。如缺陷严重,应会同设计人员共同研究处理方法,一般可用在轴线两侧补桩的方法。

3. 孔壁坍塌

① 现象:钻孔过程中,如发现排出的泥浆中不断出现气泡,或泥浆突然漏失,这表示有孔壁坍塌现象。

② 预控措施:孔壁坍塌的主要原因是土质松散,泥浆护壁不好,护筒走位未用黏土紧

密填封以及护筒内水位不高。

③治理措施:钻进时如出现孔壁坍塌,首先应保持孔内水位并加大泥浆比重以稳定钻孔的护壁。如坍塌严重,应立即回填黏土,待孔壁稳定后再钻。

4.钻孔偏斜

①现象:钻杆不垂直,钻头导向部分压短、导向性差,土质软硬不一,或者遇上孤石等,都会引起钻孔偏斜。

②治理措施:除钻头加工精确,钻杆安装垂直外,操作时还要注意经常观察。钻孔偏斜时,可提起钻头,上下反复钻几次,以便削去硬土,如纠正无效,应于孔中回填黏土至偏孔处0.5 m以上重新钻进。

5.断桩

①现象:灌注混凝土桩断桩。

②治理措施:预防时要注意三方面问题:一是力争首批混凝土浇灌一次成功;二是分析地质情况,研究解决对策;三是要严格控制现场混凝土配合比。

### 2.3.2 沉管灌注桩

沉管灌注桩是套管成孔的主要桩型,是利用锤击打桩法或振动方法,将带有钢筋混凝土桩尖(图2.3.11)或活瓣式桩尖(图2.3.12)的钢管桩沉入土中,然后灌注混凝土并拔管而成,采用振动沉管时,称振动沉管灌注桩;采用锤击沉管时,称为锤击沉管灌注桩。图2.3.13所示为其施工现场。

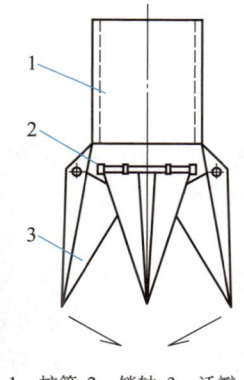

1—桩管;2—锁轴;3—活瓣。

图2.3.11　钢筋混凝土桩尖　　图2.3.12　活瓣式桩尖　图2.3.13　沉管灌注桩施工现场

锤击沉管灌注桩是采用落锤、蒸汽锤或柴油锤将钢套管沉入土中成孔,然后灌注混凝土,抽出钢管而成,其适用于一般黏性土、淤泥质土、砂土和人工填土地基。施工方法是在第一次单打法施工完毕并拔出桩管后,清除桩管外壁上和钻孔周围地面上的污泥,立即在原桩位上再次安放桩尖,再做第二次沉管,使未凝固的混凝土向四周挤压扩大桩径,然后灌注第二次混凝土。

1.施工准备

详细研究地质资料,确定施工方案;场地平整;准备施工机具。

2. 施工工艺

锤击沉管灌注桩施工工艺为：桩机就位 → 吊起桩管 → 沉套管 → 浇筑混凝土 →
拔管 → 下钢筋笼,继续浇筑混凝土 → 拔管成型 。

施工过程示意图如图 2.3.14 所示。

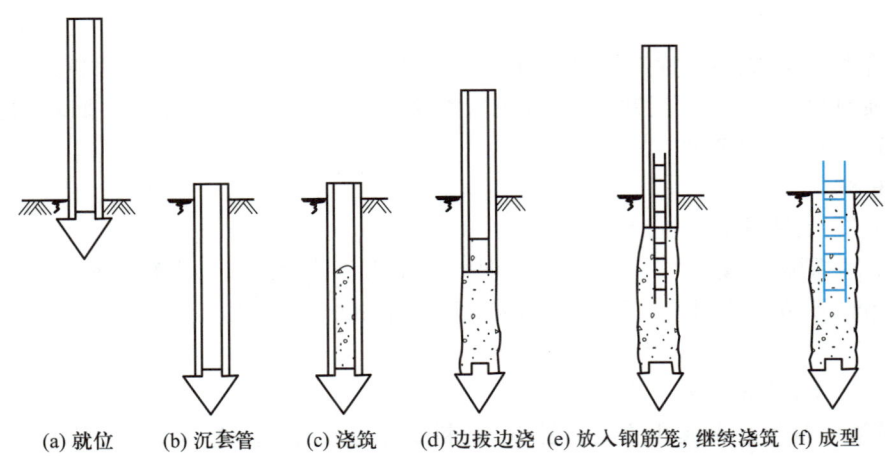

(a) 就位　(b) 沉套管　(c) 浇筑　(d) 边拔边浇　(e) 放入钢筋笼,继续浇筑　(f) 成型

图 2.3.14　沉管灌注桩施工示意图

3. 施工要点

（1）桩机就位

施工时,钢管桩下套预制的钢筋混凝土桩尖,上端套上桩帽。桩尖应首先在桩位处
预先放置,将桩机就位。

（2）吊起桩管

吊起桩管,垂直套入预先埋好的预制混凝土桩尖,压入土中。桩管与桩尖接触处应
垫以稻草或麻绳垫圈,以防地下水渗入管内。

（3）沉套管

当检查桩管与桩锤、桩架等在同一垂直线上（偏差≤0.5%）,即可在桩管上扣上桩
帽,起锤沉管。先用低锤轻击,观察无偏移后方可进入正常施工,直至符合设计要求深
度,并检查管内有无泥浆或水进入。对准预先埋好的预制钢筋混凝土桩尖,放置麻绳垫
于桩管与桩尖连接处,然后缓慢放入桩管,套入桩尖压入土中。如果发现桩尖损坏,应及
时拔出桩管,用土或砂填实后安装桩尖重新沉管。

（4）浇筑混凝土

检查管内无泥浆或水时,即可浇筑混凝土,桩管内混凝土应尽量灌满。

（5）拔管

混凝土灌满桩管后即可拔管,拔管要均匀,第一次拔管高度控制在能容纳第二次所
需灌入的混凝土量为限,不宜拔管过高。拔管时保持连续密锤低击不停,并控制拔出速
度,对一般土层,以不大于 1 m/min 为宜,在软弱土层及软硬土层交界处,应控制在
0.8 m/min 以内。

（6）下钢筋笼，继续浇筑混凝土

（7）拔管成型

单动汽锤采用倒打拔管，频率不低于 70 次/min，只有落锤轻击不得低于 50 次/min。在管底未拔到桩顶设计标高前，倒打或轻击不得中断。拔管时应注意使管内的混凝土量保持略高于地面，直到桩管全部拔出地面为止。需要注意的是依次退打，桩中心距在 4 倍桩管外径内或小于 2 m 时均应跳打，中间空出的桩，必须待邻桩混凝土达到设计强度的 50% 以后，方可施打。

遇到孤石、砂层等土中障碍时，沉管困难，这时应采用重锤低击的方式，收锤以贯入度和设计沉桩标高控制，沉管到位后即通过桩帽边的漏斗灌入混凝土。然后开始拔管，拔管速度不能过快，边拔边密频低锤振动，边继续灌入混凝土。到一定高度时吊放钢筋笼，然后继续灌入混凝土直至全管拔出为止。锤击灌注桩的打桩顺序要特别注意，避免由于挤土作业损坏附近尚未达到一定强度的桩体。

上面所述的施工工艺称为单打灌注桩施工，为了提高桩的质量和承载能力，有时采用复打，形成扩大灌注桩，复打要求中心重合，并在第一次灌注的混凝土初凝前进行，复打施工时要注意前后两次沉管的轴线应重合，复打必须在第一次灌注的混凝土初凝之前进行。

4. 质量要求

（1）锤击沉管灌注桩混凝土强度等级应不低于 C25；混凝土坍落度，在有筋时宜为 80~100 mm，无筋时宜为 60~80 mm；碎石粒径，有筋时不大于 25 mm，无筋时不大于 40 mm；桩尖混凝土强度等级不得低于 C30。

（2）当桩的中心距为桩管外径的 5 倍以内或小于 2 m 时，均应跳打，中间空出的桩须待邻桩混凝土达到设计强度的 50% 以后，方可施打。

（3）桩位允许偏差：群桩不大于 $0.5d$（$d$ 为桩管外径），对于两个桩组成的基础，在两个桩的连线方向上偏差不大于 $0.5d$，垂直此线的方向上则不大于 $d/6$；墙基由单桩支承的，平行墙的方向偏差不大于 $0.5d$，垂直墙的方向不大于 $d/6$。

### 2.3.3　人工挖孔灌注桩

### 2.3.4　爆扩灌注桩

爆扩灌注桩又称爆扩桩，是利用炸药爆炸后，其体积急剧膨胀，在孔底爆扩成球形扩大头，压缩周围土体形成的桩孔。同时，桩孔壁土体密实度增大，从而增大桩的承载力。爆扩桩是由桩柱和扩大头两部分组成。爆扩桩在黏性土层中使用效果较好，但在软土及砂土中不易成型，桩长一般为 3~6 m，最大不超过 10 m。其特点是：桩性能好，可承受中心、偏心、抗压、抗拔、抗推等荷载；能有效地提高桩承载力（35%~65%）；能作为独立基础使用；成桩工艺简单，与一般独立基础相比，可减少土石方量 50%~90%，节省劳力 50%~60%，可加快施工速度（工期缩短 40%~50%），降低工程造价 30% 左右。适用于工业与民用建筑地下水位以上、土质为一般黏性土、粉质黏土、中密或密实的砂土、碎石土、杂填土地基,软土和新填土中不宜使用。

## 一、施工前准备工作

### 1. 材料要求

硝铵炸药和电雷管质量符合使用条件和现行国家标准,不得受潮结块,同一工程应采用同一种类的炸药和雷管。

### 2. 主要机具设备

爆扩灌注桩的成孔机具设备为洛阳铲、钻机或手摇麻花钻、条形硝铵炸药管及 2 个雷管。

## 二、施工工艺

### 1. 施工工艺

钻孔或爆扩法成孔 → 孔底放入炸药 → 压盖混凝土 → 引爆 → 孔底形成扩大头,孔内混凝土落入孔底空腔内 → 放置钢筋笼 → 浇筑桩身混凝土制成灌注桩。

爆破桩的施工一般可采取桩孔和扩大头分两次爆扩形成,其施工过程如图 2.3.16 所示。

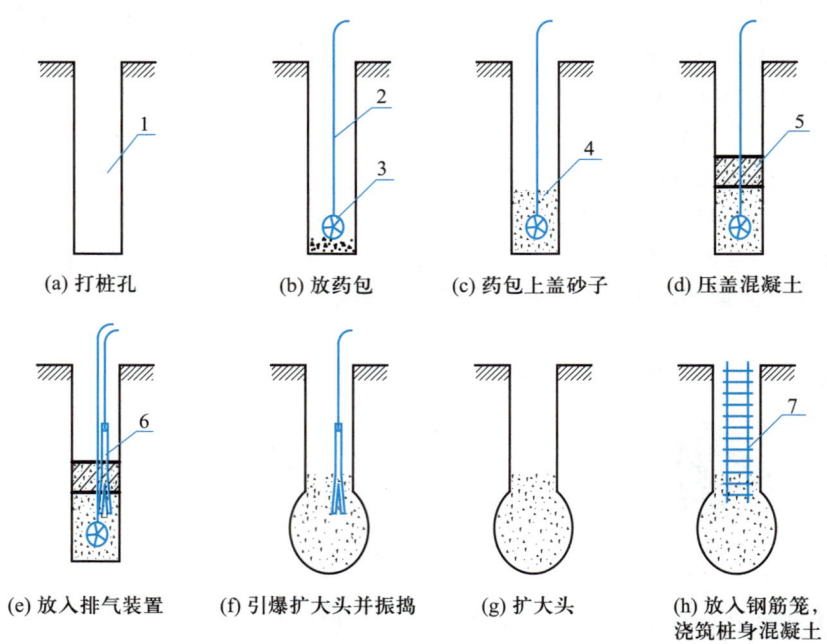

(a) 打桩孔　(b) 放药包　(c) 药包上盖砂子　(d) 压盖混凝土

(e) 放入排气装置　(f) 引爆扩大头并振捣　(g) 扩大头　(h) 放入钢筋笼,浇筑桩身混凝土

1—桩孔;2—引线;3—药包;4—砂子;5—混凝土;6—插入式振动器;7—钢筋笼。

图 2.3.16　爆扩桩施工示意图

### 2. 施工要点

（1）成孔

爆扩桩成孔的方法可根据土质情况确定,一般有人工成孔、机钻成孔、套管成孔或爆扩成孔等。其中：采用机钻成孔，钻机就位应垂直平稳，钻头应对准桩位中心，然后钻孔、清孔；采用爆扩成孔先在桩位用手钻、钢钎或洛阳铲打出一个直径，土质较好时孔的直径一般为 40~70 mm，当土质差且地下水又较高时孔的直径一般为 100 mm，导孔上口挖成喇叭形，然后在直径内吊入玻璃管装的硝铵炸药管（药包）、炸药条，管内放置 2 个串联的雷管，经引爆并清除积土后即形成桩孔。

成孔后应检查桩孔直径及垂直度是否符合要求，桩孔深度应达到设计要求标高和土层，并在孔口加盖，防止松土回落孔中。

（2）放炸药

扩大头的爆扩，宜采用硝铵炸药和电雷管进行，且同一工程中宜采用同一种类的炸药和雷管。炸药用量应根据设计所要求的扩大头直径，由现场试验确定或参考表 2.3.4 使用，称量误差不得超过 1%。

表 2.3.4　爆扩大头炸药用量参考表

| 扩大头直径/m | 0.6 | 0.7 | 0.8 | 0.9 | 1.0 | 1.1 | 1.2 |
|---|---|---|---|---|---|---|---|
| 炸药用量/kg | 0.30~0.45 | 0.45~0.60 | 0.60~0.75 | 0.75~0.90 | 0.90~1.10 | 1.10~1.30 | 1.30~1.50 |

注：1. 表内数值适用于地面以下深度 3.5~9.0 m 的黏性土；土质松软时宜采用较小值，坚硬时宜采用较大值；
　　2. 在地面以下 2~3 m 的土层中爆扩时用药量应按表减少 20%~30%。

药包必须用塑料薄膜等防水材料紧密包扎，并用防水材料封闭以防受潮，宜包扎成扁圆球形使炸出的扩大头面积较大。药包中心最好并联放置两个电雷管引爆线连接，为保证顺利引爆，药包用绳吊下安放于孔底正中，如孔中有水，可加压重物以免浮起。

药包放正后上方填盖 150~200 mm 厚砂子固定，稳住药包位置，保证其不受混凝土冲破。

（3）压盖混凝土

药包在孔底安放后，经检验引爆线路完好，即可浇筑混凝土。第一次浇灌混凝土的坍落度在一般黏性土中宜为 10~12 cm，在湿陷性黄土中宜为 16~18 cm，在人工填土中宜为 12~14 cm。浇灌量不宜超过扩大头体积的 50% 或 2~3 m 桩孔深。开始时应缓慢灌入，以免砸坏药包，并应防止导线被混凝土砸断。

（4）引爆扩大头

从桩孔中灌入一定量的混凝土后，即进行扩大头的引爆。当桩距等于或大于 1.5 倍扩大头直径时，可逐个进行，当桩距小于扩大头直径的 1.5 倍时，应同时引爆，相邻爆扩桩的扩大头不在同一标高时，引爆的顺序应先浅后深。引爆后即形成直径为 300~550 mm 的爆扩桩孔，然后用同法于孔底放入药包，灌入第一次混凝土，再次爆扩形成爆扩桩头，也可以在第一次爆扩成孔时在最下面增加药量，直接形成爆扩头，从浇灌混凝土开始至引爆时的间隙时间不宜超过 30 min，以免出现"拒落"事故。

（5）振捣扩大头混凝土

引爆后混凝土自由塌落至因爆破作用形成的球形孔穴中,用软轴线接长的插入式振动器将扩大头底部混凝土振捣密实。

（6）放置钢筋笼

钢筋笼放置时应对准桩孔,徐徐放下,防止孔壁泥土掉入混凝土中。待就位后,应采取可靠措施将钢筋笼固定,方可继续浇灌混凝土。

（7）浇筑柱身混凝土

### 三、质量要求

1. 保证项目

（1）灌注桩用的原材料和混凝土强度,必须符合设计要求和施工规范的规定,强度等级不宜低于 C20。

（2）成孔深度必须符合设计要求,以摩擦力为主的桩,沉渣厚度严禁大于 300 mm;以端承力为主的桩,沉渣厚度严禁大于 100 mm。

（3）实际浇筑混凝土量严禁小于计算体积。

（4）浇筑后的桩顶标高、钢筋笼（插筋）标高及浮浆的处理,必须符合设计要求和施工规范的规定。

2. 允许偏差项目

爆扩桩的允许偏差及检验方法见表 2.3.5。

表 2.3.5 爆扩桩的允许偏差及检验方法

| 项次 | 项 目 | | | | 允许偏差/mm | 检验方法 |
|---|---|---|---|---|---|---|
| 1 | 钢筋笼 | 主筋间距 | | | ±10 | 用尺量检查 |
| 2 | | 箍筋间距 | | | ±20 | |
| 3 | | 直径 | | | ±10 | |
| 4 | | 长度 | | | ±50 | |
| 5 | 桩的位置偏移 | 爆扩成孔灌注桩 | 垂直于桩基中心线 | 1~2 根桩 | $D/6$ 且不大于 200 | 用拉线和尺量检查 |
| | | | | 单排桩 | | |
| | | | | 群桩基础的边桩 | | |
| | | | 沿桩基中心 | 条形基础的桩 | $D/4$ 且不大于 300 | |
| | | | | 群桩基础的中间桩 | | |
| 6 | 垂直度 | | | | $H/100$ | 用吊线和尺量检查 |

注:1. $d$ 为桩的直径,$H$ 为桩长;

2. 检查数量:按桩数抽查 10%,但不少于 3 根。

爆扩桩成孔应注意,相邻爆扩桩的扩大头在同一标高时,当桩距大于等于扩大头直径的 1.5 倍时,可采用单爆方式,否则应采用联爆方式,并应增加第一次混凝土量。相邻爆扩桩的扩大头不在同一标高时,引爆顺序应先浅后深,否则会使相邻桩产生变形、弯曲、颈缩、断裂等现象。串联桩的爆扩与浇筑混凝土应逐段先下后上进行。

施工前,应在现场做爆扩成型试验,在每一种土质中试爆数量不宜少于2个,以检验扩大头尺寸是否符合要求,根据试爆资料调整炸药用量,确定工艺参数。

### 四、施工中常见通病及治理

1. 爆扩灌注桩混凝土拒落

（1）现象

炸药爆炸形成扩大头后,混凝土不落下,又称"卡脖子"。

（2）产生的原因

混凝土集料粒径过大,坍落度过小,灌入的压爆混凝土数量过多,引爆时混凝土已初凝,以及土质干燥和土质中夹有软弱土层引爆后产生颈缩等。其中混凝土坍落度过小是产生拒落事故最常见的原因。

（3）预控措施

① 雷管和炸药的质量要好,过期、受潮及受冻的不能使用。

② 炸药包避免受潮,不能用导线提放药包。导线要放松,防止导线折断,在炸药包上盖以干砂保护,防止被混凝土冲坏。

③ 最好使用电雷管,其次是火雷管,严格保护导火线。

（4）治理措施

① 在混凝土中插入钢管或塑料管进行排气,或用振动器的强力振动使混凝土下落。

② 当混凝土已经初凝,可在旁边补钻一根新桩孔,贯穿到空腔,放上同量药包,往拒爆桩底端的空腔和新桩孔浇筑混凝土,通电引爆成新的爆扩桩。

2. 爆扩灌注桩颈缩

（1）现象

桩身局部直径小于设计要求。

（2）预控措施

采用套管成孔或钻孔成孔后再下套管。

（3）治理措施

① 轻微颈缩,可用掏土工具掏出颈缩部位的土,然后立即浇筑混凝土。

② 严重颈缩,应用成孔机械重新成孔,除用套管法施工外,还可在颈缩部位用适量炸药进行爆破。

3. 拒爆

（1）现象

拒爆又称"瞎炮",即通电引爆时药包不爆炸。

（2）产生的原因

炸药或雷管保存不当,受潮或过期失效,药包进水失效,导线被弄断,接线弄错等。

4. 回落土

回落土是爆扩桩施工中较为普遍的现象。回落土就是在桩孔形成之后,由于孔壁土质松散软弱,邻近桩爆扩振动的影响,采取爆扩成孔时孔口处理不当,以及雨水冲刷浸泡等造成孔壁的坍塌,回落孔底。

桩孔底部有了回落土,将会在扩大头混凝土与完好的持力层之间形成一定厚度的松散土层,从而使桩产生较大的沉降值,或者由于大量回落土混入混凝土中而显著降低其强度。因此必须重视回落土的预防和处理。

5. 偏头

（1）现象

偏头指扩大头不在规定的桩孔位置而是偏向一边。

（2）产生的原因

扩大头处的土质不均匀,药包放的位置不正,桩距过小以及引爆程序不适当等。扩大头产生偏头后,整根爆扩桩将改变受力性能,处于十分不利的状态,因而施工时要引起足够的重视。

（3）治理措施

在偏头的后方孔壁放一小药包,再灌入少量混凝土进行补充爆扩,引爆后如出现浮爆,即爆扩位置不在桩底面,而在桩中或桩顶部,应在炸药包放到孔底后用砂或竹竿将炸药包固定住,待第一次混凝土灌完后再抽出竹竿进行引爆,以防药包上浮,导致爆扩位置偏斜。

## 2.4 地下连续墙施工

地下连续墙是用特制的挖槽机械在泥浆护壁的情况下分段开挖沟槽,待挖至设计深度并清除沉淀泥渣后,将地面上加工好的钢筋笼用起重设备吊放入沟槽内,用导管向沟槽内浇筑水下混凝土,随混凝土浇筑泥浆被置换出来,待混凝土浇至设计标高后,一个单元槽段施工完毕。各个单元槽段之间用特制的接头连接,形成连续的地下钢筋混凝土墙,以便基坑开挖时防渗、挡土,作为邻近建筑物基础的支护以及直接成为承受直接荷载的基础结构的一部分。

### 2.4.1 地下连续墙的分类、特点及适用范围

#### 一、地下连续墙的分类

地下连续墙一般有如下分类：

1. 按成墙方式分为：（1）桩排式；（2）槽板式；（3）组合式。

2. 按墙的用途可分为：（1）防渗墙；（2）临时挡土墙；（3）永久挡土（承重）墙；（4）作为基础用的地下连续墙。

3. 按墙体材料分为：（1）钢筋混凝土墙；（2）塑性混凝土墙；（3）固化灰浆墙；（4）自硬泥浆墙；（5）预制墙；（6）泥浆槽墙（回填砾石、黏土和水泥三合土）；（7）后张预应力地下连续墙；（8）钢制地下连续墙。

4. 按开挖情况分为：（1）地下连续墙（开挖）；（2）地下防渗墙（不开挖）。

二、地下连续墙的特点

1. 地下连续墙的优点：施工时振动小，噪声低，适于在城市施工；施工墙体刚度大，用于基坑开挖时，极少发生地基沉降或塌方事故；防渗性能好；可以紧贴原有建筑物施工地下连续墙；可用于逆作法施工；可用作刚性基础；可以利用建筑红线以内有限的地面和空间；工效高、工期短、质量可靠、经济效益高。

2. 地下连续墙的缺点：在一些特殊的地质条件下（如很软的淤泥质土，含漂石的冲积层和超硬岩石等），施工难度很大，如果施工方法不当或地质条件特殊，可能出现相邻槽段不能对齐和漏水的问题，地下连续墙如果用作临时的挡土结构，费用较高，在城市施工时，废泥浆的处理比较麻烦，泥浆易造成污染。

三、地下连续墙的适用范围

1. 开挖深度超过 10 m 的深基坑工程。

2. 维护结构亦作为主体结构的一部分，且对防水、抗渗有较严格要求的工程。

3. 采用逆作法施工，地上和地下同步施工时，采用地下连续墙作为围护墙。

4. 邻近存在保护要求较高的建筑物，对基坑变形和防水要求较高的工程。

5. 基坑内空间有限，地下室外墙与红线距离极近，采用其他围护形式无法满足施工操作要求的工程。

6. 常用于泵站、水池、建筑物基坑、地下油库和仓库、市政管沟和涵洞、盾构等工程的竖井、各种深基础和桩基、码头、护岸、水利水电、露天矿山、尾矿坝和环保工程的防渗墙、地下构筑物等工程。图 2.4.1 为地下连续墙施工现场。

图 2.4.1　地下连续墙施工现场

## 2.4.2　地下连续墙的成槽机械

地下连续墙的成槽机械有：抓斗式、冲击式、液压铣槽机等。

## 一、抓斗式

抓斗式成槽机械结构简单,易于操作维修,运转费用低,当标准贯入度值大于40时,效率很低,广泛应用在较软弱的冲积地层,不适用于大块石、漂石、基岩等土层。图2.4.2为抓斗式成槽机械,图2.4.3为抓斗式成槽机械施工现场。

图2.4.2　抓斗式成槽机械

图2.4.3　抓斗式成槽机械施工现场

## 二、冲击式

冲击式成槽机械对地层适应性强,适用于一般软土地层,也适用于砂砾石、卵石、基岩,设备低廉,但施工效率低。图2.4.4为冲击钻头,图2.4.5为冲击式成槽机械施工现场。

图2.4.4　冲击钻头

图2.4.5　冲击式成槽机械施工现场

## 三、液压铣槽机

液压铣槽机成槽机械较先进、工效快,适用不同地质条件,但设备昂贵,成本高,不适用于漂石、大孤石地层。图2.4.6为铣削钻,图2.4.7为液压铣槽机成槽机械施工现场。

图 2.4.6　铣削钻

图 2.4.7　液压铣槽机成槽机械施工现场

### 2.4.3　地下连续墙的施工工艺
#### 一、施工工艺
地下连续墙的施工工艺如图 2.4.8 所示,图 2.4.9 为其施工现场全程图。

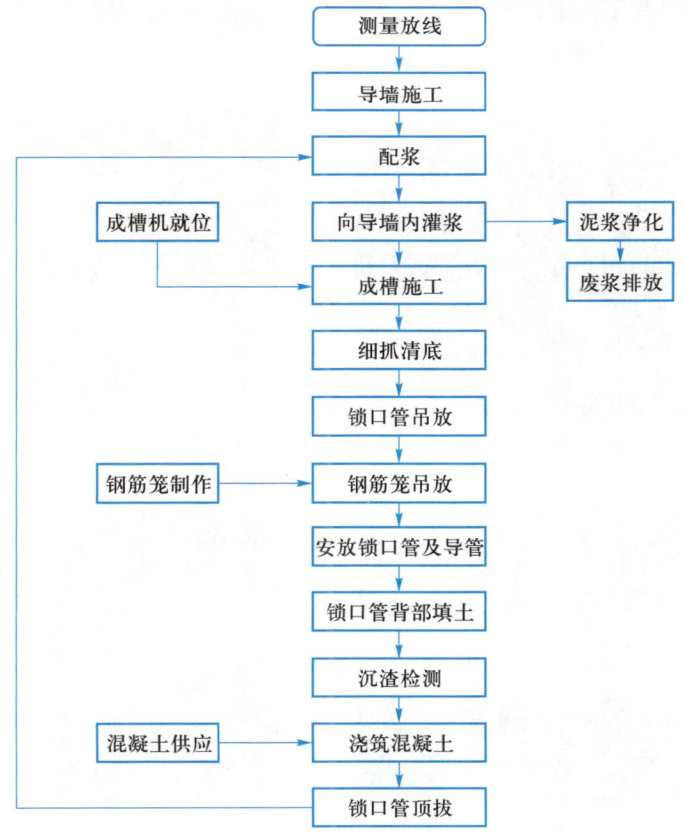

```
        ┌──────────┐
        │ 测量放线 │
        └────┬─────┘
        ┌────┴─────┐
        │ 导墙施工 │
        └────┬─────┘
        ┌────┴─────┐
        │   配浆   │
        └────┬─────┘
┌──────────┐┌────┴─────────┐      ┌──────────┐
│ 成槽机就位││ 向导墙内灌浆 │──────│ 泥浆净化 │
└──────────┘└────┬─────────┘      └────┬─────┘
        ┌────┴─────┐           ┌────┴─────┐
        │ 成槽施工 │           │ 废浆排放 │
        └────┬─────┘           └──────────┘
        ┌────┴─────┐
        │ 细抓清底 │
        └────┬─────┘
        ┌────┴─────┐
        │ 锁口管吊放 │
        └────┬─────┘
┌──────────┐┌────┴─────┐
│ 钢筋笼制作││ 钢筋笼吊放 │
└──────────┘└────┬─────┘
      ┌──────┴──────┐
      │ 安放锁口管及导管 │
      └──────┬──────┘
      ┌──────┴──────┐
      │ 锁口管背部填土 │
      └──────┬──────┘
        ┌────┴─────┐
        │ 沉渣检测 │
        └────┬─────┘
┌──────────┐┌────┴─────┐
│ 混凝土供应││ 浇筑混凝土 │
└──────────┘└────┬─────┘
        ┌────┴─────┐
        │ 锁口管顶拔 │
        └──────────┘
```

图 2.4.8　地下连续墙施工工艺

(1) 导墙放线

(2) 导墙开挖

(3) 绑扎导墙钢筋

(4) 支设导墙模板

(5) 浇筑导墙混凝土

(6) 导墙浇筑完毕注意养护，中间架设支撑

(7) 成槽开挖①

(8) 成槽开挖②

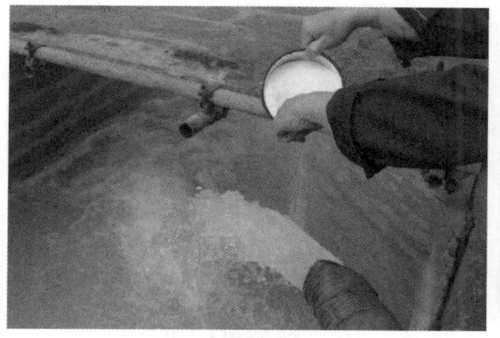

(9) 泥浆配置

(10) 泥浆测试

(11) 锁口管吊放（两边的是锁口管）

(12) 钢筋笼平台及钢筋对焊

(13) 钢筋笼起吊①

(14) 钢筋笼起吊②

(15) 钢筋笼入槽

(16) 锁口管起拔①

(17) 锁口管起拔②

(18) 混凝土浇筑①

(19) 混凝土浇筑②

(20) 混凝土浇筑③

图 2.4.9　地下连续墙施工现场全程

## 二、施工要点

（一）导墙施工

1. 导墙作用

（1）导向作用，作为地下墙成槽的导向标准；

（2）容蓄泥浆，在成槽施工中稳定泥浆液位，以维护槽壁稳定；

（3）维持表层土层的稳定，防止槽口塌方；支承面槽等施工机械设备荷载。

2. 导墙的结构形式

导墙的位置、尺寸准确与否直接决定地下连续墙的平面位置和墙体尺寸能否满足设计要求。导墙间距应为设计墙厚加余量（4~6 cm），允许偏差±5 mm，轴线偏差±10 mm，墙面倾斜度应大于 1/500，导墙的顶部应平整，以便架设钻机机架轨道，并作为钢筋笼、混凝土导管、结构管等的支撑面。导墙结构形式如图 2.4.10 所示。

3. 导墙施工方法

导墙一般采用 C25 混凝土，配筋较少，多为 Φ 12@ 200，导墙应高出地面 100 mm 左右，以防止地面水流入槽内，其施工工艺如图 2.4.11 所示。

导墙是保证连续墙精度的首要条件，因此，在施工放线前做好技术交底，严格复核，保证定位放线准确。

导墙施工时放宽 40~60 mm（沿中轴线向两侧，每边放宽 20~30 mm），是为了保证抓斗钻头及钢筋网片、锁扣管进出较为顺利。

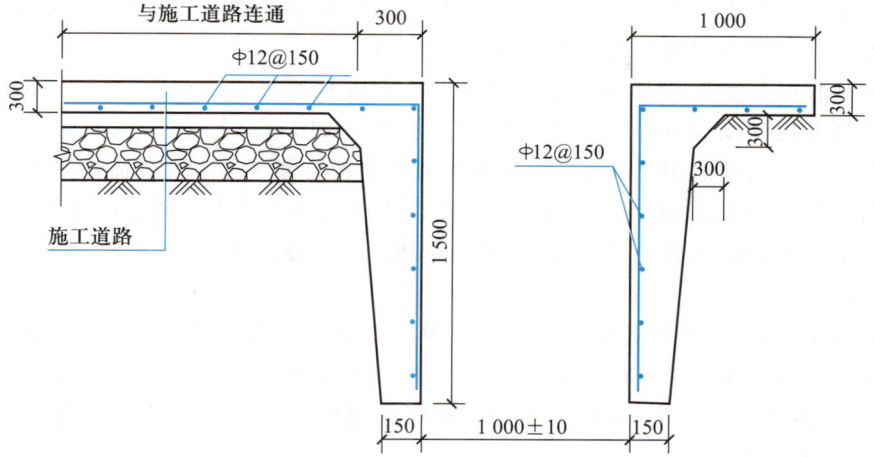

图 2.4.10　导墙结构形式

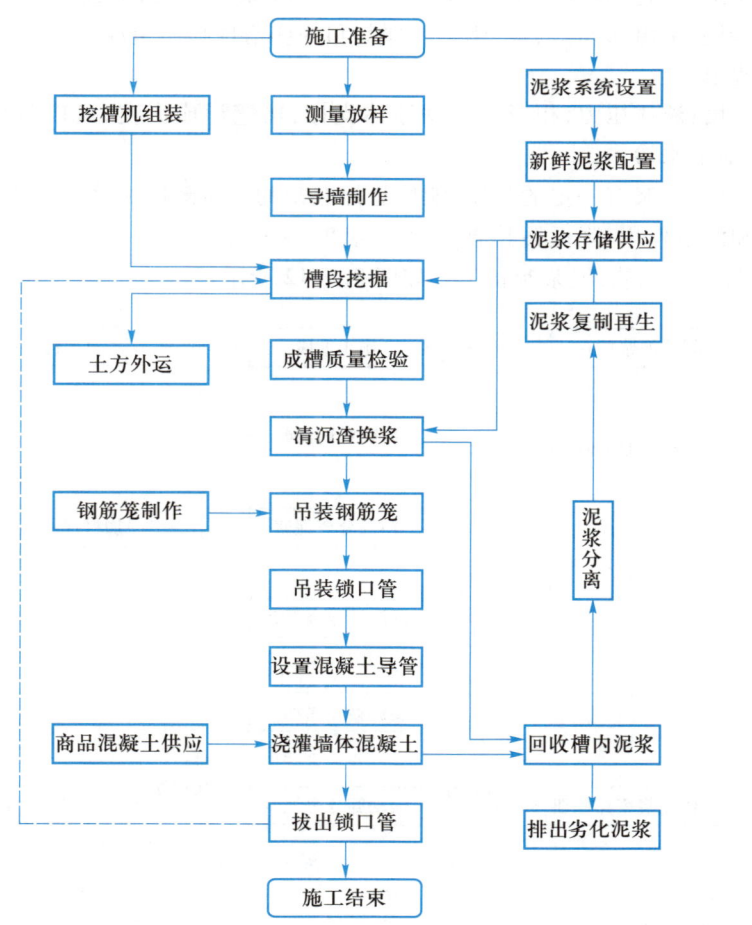

图 2.4.11　导墙施工工艺

为保证连续墙既满足设计精度又不侵入建筑界限,同时保证内衬墙结构厚度,在放线时将连续墙中轴线向外多放 120~130 mm。

导墙垂直度控制在±7.5 mm 内,导墙内墙垂直度控制在±3 mm 内,导墙顶面平行,全长范围内高差控制在±5 mm 内,导墙轴向误差控制在±10 mm 之内。

导墙上口高出地面 100 mm,以防垃圾和雨水冲入导槽内污染或者稀释泥浆。导墙开挖土方时,如果外侧土体能保持垂直自立,则以土壁代替外模板,避免回填土,否则外侧设模板。混凝土强度达到设计要求后,墙背用黏土分层夯填密实,防止地表水渗入槽内,引起槽段塌方。

导墙施工完成后,在槽底铺上 40 mm 厚 M5 水泥砂浆,在槽段未开挖前作临时储浆或换浆沟用。拆模后每隔 2 m 设上下两道木支撑,支撑采用 80 mm 直径的圆木。抓槽之前不拆内撑,并及时回填土方,同时严禁重型机械在混凝土未达到设计强度之前靠近导墙行走,以防止导墙变形。

(二)泥浆制备

通过泥浆对槽壁施加压力以保护挖成的深槽形状不变,灌注混凝土把泥浆置换出来,泥浆材料通常由膨润土、水、化学处理剂和一些惰性物质组成。

1. 泥浆作用

护壁作用:液体压力,相当于一种液体支撑,槽壁形成泥皮,可以防止槽壁倒塌和剥落,并防止地下水渗入。

携渣作用:泥浆有一定的黏度,能使悬浮起来的土渣随同泥浆一同排出槽外。

冷却和润滑作用:降低钻具温度,并具有润滑作用。

2. 泥浆制备工艺,泥浆制备工艺如图 2.4.12 所示。

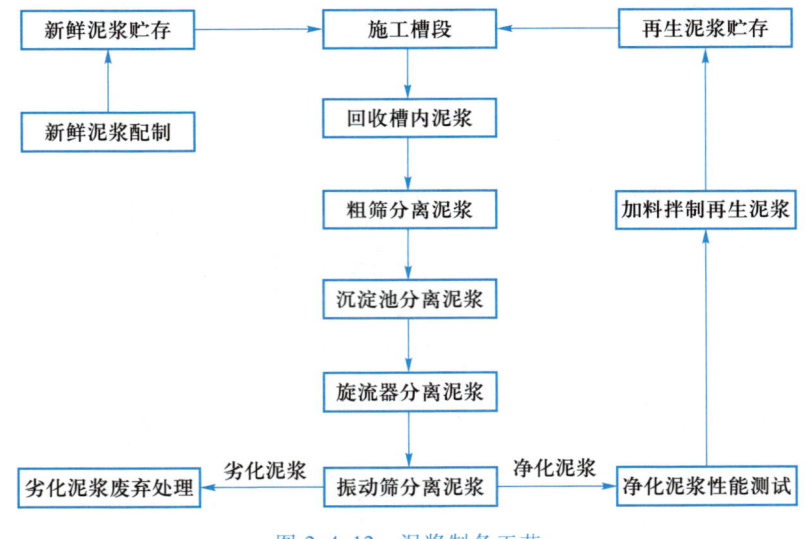

图 2.4.12 泥浆制备工艺

3. 泥浆池设计

为了发挥泥浆的功能,最好在泥浆充分膨润之后再使用。在一般情况下,使用泥浆沉淀池使挖槽过程中混入泥浆里的土渣沉淀,同时该池又作为新鲜泥浆的储浆池使用,但这种方法在泥浆循环速度快的情况下,泥浆会得不到充分的水化膨润时间。考虑到漏浆等事故时会紧急需要大量泥浆,所以最好设置新鲜泥浆的专用储浆池,图 2.4.13 所示为泥浆分离系统。

图 2.4.13　泥浆分离系统

根据膨润土的膨润特性,泥浆在储浆池内储存不应少于 24 h。一般泥浆储浆池采用钢制储浆罐,若在地下挖坑作为储浆池使用,必须防止地面水流入池内。

4. 泥浆拌制

泥浆搅拌前先将水加至搅拌筒 1/3 后开动搅拌机,在定量水箱不断加水同时,加入陶土粉、纯碱液,搅拌 3 min 后,加入外加剂继续搅拌,一般情况下泥浆搅拌后应静置 24 h 使用。

5. 泥浆处理及外运

在施工点设置一套由制浆机、旋流器、振动筛和泥浆罐组成的泥浆处理系统,泥浆的制备、储存、输送、循环、分离等均由泥浆处理系统完成。此外,在现场修建存土坑和泥浆沉淀池及污水池等,保证泥浆不落地,以减少对环境的污染。经检查不能再生的泥浆和混凝土浇筑置换出的劣质泥浆经沉淀池、旋流器、振动筛分离处理后,用罐车将固化物运至指定地点丢弃,施工污水经沉淀并达到排放标准后,排入城市下水道管道。

(三)成槽施工

1. 槽段划分

(1)概述

一般情况下,地下连续墙都不是一次就能做成的,而是把它分隔成很多不同长度的施工段,用 1 台或是多台挖槽机,按不同的施工顺序,分段建成。而且一个槽段,也是用 1 台挖槽机分几次开挖出来的,每次完成的工作量叫做一个单元,它的长度就叫单元长度。通常,使用抓斗时,它的单元长度就是抓斗斗齿长度(2~3 m),习惯上把这种抓斗单元叫做"一抓",通常一个槽段由 2~3 抓组成。加大槽孔长度,可以减少结构数量,提高墙体的整体防渗性和连续性,还可以提高工作效率,但是泥浆和混凝土用量及钢筋笼重量也随之增加,给泥浆和混凝土的生产和供应、钢筋笼的吊装带来困难,所以必须根据设计、施工和地质条件等,综合考虑后确定槽孔长度。槽段划分在各转角处需向外延伸,以满足槽段断面尺寸及钻孔入岩需要,如图 2.4.14 所示。

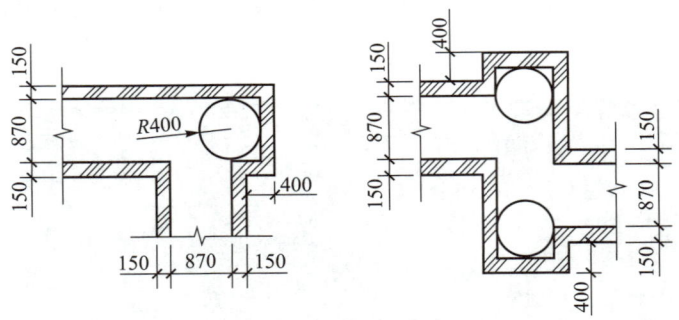

图 2.4.14　导墙转角示意图

（2）影响槽段划分的因素

设计条件:地下连续墙的使用目的、构造(同柱子及主体结构的关系)、形状(拐角、端头和圆弧等)、墙的厚度和深度,一般来说,墙厚和深度增大时,槽孔稳定可能有问题。

施工条件:对相邻建筑物或管线的影响;槽宽不应小于挖槽机的最小挖槽长度;钢筋笼和预埋件的总重量和尺寸;混凝土的供应能力和浇筑速度(上升速度不宜小于 3 m/h,同时不宜大于 5 m/h);泥浆池的容量应能满足清孔泥浆和回收泥浆的要求(通常泥浆池容量不小于槽孔体积的 2 倍);在相邻建筑物作用下,有附加荷载或动荷载时,槽长应短些;必须在规定时间内完成一个槽段施工,槽长应短些。

（3）地质条件

挖槽的最关键问题是槽壁的稳定性,而这种稳定性取决于地质和地形等条件。遇到极软的地层、极易液化的砂土层、预计会有泥浆急速漏失的地层、极易发生塌槽的地层时,槽长应采用较小数量值,此时,最小槽孔长度可小些,可只有一个抓斗单元长度(约为2~3 m)。实际上,槽孔最大长度主要受 3 个因素制约:钢筋笼(含预埋件)的加工、运输和吊装能力;混凝土的生产、运输和浇筑能力;泥浆的生产和供应能力。一般槽长为 4~6 m,也有更长或更短的,目前大多数都在 6 m 左右。

（4）槽段划分

槽段划分时应考虑以下几个原则:

①应使槽段分缝位置远离墙体受力(弯矩和剪力)最大的部位;

②在结构复杂的部位,分缝位置应便于开挖和浇筑施工;

③在某些情况下,可采用长短槽段交错配置的布置方式,以避开一些复杂结构节点(墙与柱、墙与内隔墙等),把短槽作为二期槽段,便于处理接缝;

④墙体内有预留孔洞和重要埋件,不得在此处分缝;

⑤槽段分缝应与导墙(特别是预制导墙)的施工分缝错开;

⑥在可能的条件下,一个槽段单元应为奇数,如为偶数,挖槽时可能造成斜坡。

2. 软土成槽施工

在软土地基中,地下连续墙采用液压成槽机直接进行开挖,开挖的土方直接存放于场内的临时存土坑内并及时用槽车运至指定弃土场。

（1）按槽段成槽划分,分幅施工,标准槽段(6 m)采用三抓成槽法开挖成槽,即每幅连续墙施工时,先抓两侧土体,后抓中心土体,防止抓斗两侧受力不均而影响槽壁垂直度,如此反复开挖直至设计槽底标高为止。异形槽段严格按分幅分段一次开挖成型。

（2）挖槽施工时,应先调整好成槽机的位置,对于无自动纠偏装置的成槽机,它的主钢丝绳必须与槽段的中心重合,成槽机掘进时,必须做到稳、准、轻放、慢提,并用经纬仪双向监控钢丝绳、导杆的垂直度,挖完槽后用超声波测壁仪进行检测,确保成槽垂直度≤1/300。

（3）异形("T"字形成"L"形)槽段,采用对称分次直挖成槽,即先行开挖一短幅,开挖一段深度后,挖另一短幅,相互交替施工,不足两抓宽度的槽段,则采用交替互相搭接工艺直挖成槽施工。

（4）挖槽时,应不断向槽内注入新鲜泥浆,保持泥浆面在导墙顶面以下 0.2 m,且高出地下水位 0.5 m,随时检查泥浆质量。

（5）转角处异形槽段严格按照规定的几种形式开挖,挖槽施工时一旦发现异常情况应立即停止施工,分析原因并采取相应措施后,再继续施工。

（6）雨天时,会加大泥浆相对密度及黏度,雨量较大时暂停挖槽,并封盖槽口。

（7）在挖槽施工过程中,若发现槽内泥浆液面降低或浓度变稀,要立即查明是否因为地下水流入或泥浆随地下水流走所致,并采取相应措施纠正,以确保挖槽继续正常进行。

（8）槽段开挖地下连续墙应遵循"先转角槽段、后标准槽段"的顺序开挖槽段。

（四）钢筋笼制作

1. 钢筋笼平台施工

现场搭设两只钢筋笼平台,平台采用槽钢焊接,平台底层采用素混凝土铺平,比场地中硬地坪高出 100 mm,平台用水准仪校平,钢筋笼平台放样用经纬仪,以保证钢筋笼平台四个角均为直角。

2. 钢筋成形

在施工现场设置专门进行钢筋成形的钢筋加工棚,所需成形的钢筋由专人负责加工成形,并归类堆放,以便于钢筋的加工工作。

3. 注浆管的制作

注浆管采用 $\phi$33.5 mm×3.25 mm 钢管,用套丝机攻丝螺纹连接,桁架焊好后把每幅槽段两根注浆管采用点焊固定在桁架上,注浆管尾部采用橡皮包裹,在电焊固定注浆管时严禁穿孔。

4. 钢筋笼制作

（1）铺好迎土面钢筋网片,将其焊好,并焊好迎土面钢筋网片的施工用筋;

（2）制作桁架,将桁架相接于迎土面钢筋网片上并焊接;

（3）焊接迎坑面施工用筋;

（4）焊接封闭筋、定位块;

（5）焊接吊筋。

5. 钢筋笼及其预埋筋（件）的位置控制

钢筋笼顶标高控制采用水准仪，在成槽完成后根据吊筋位置在导墙上分别测量四点位置标高，再计算吊筋长度，以确保钢筋笼顶标高。预埋筋（件）则以笼顶标高为基准点，以钢卷尺定位后再放置预埋筋（件）。水平位置控制需在定位钢筋上按照设计位置及间距画出具体位置，再安放预埋筋（件）。预埋筋（件）安放位置准确，焊接牢固，预埋筋（件）锚固长度要符合设计及施工规范要求。

6. 钢筋笼焊接要求

（1）钢筋笼四周二道交叉点需全部点焊，其余部分可采用50%交叉点焊；

（2）纵向受力钢筋接长采用直螺纹接头，且同一截面接头不应超过50%；

（3）吊筋与主筋之间采用10 d 搭接焊。

（五）钢筋笼吊放

钢筋笼制作完成后，先进行自检，自检合格后上报监理进行验收。上报监理验收时，准备好验收资料，并标明具体尺寸和方向。验收合格后，方可进行钢筋笼的吊放工作，一般在成槽清渣工艺完成后即开始吊放。

钢筋笼制作前要根据钢筋笼的大小计算出钢筋笼的重心（特别是异型槽幅），确定吊点位置，以保证在起吊时吊点重心与钢筋笼的重心在同一铅垂线上。吊放采用双机抬吊，空中回直，其中以150 t 吊机作为主机，50 t 吊机作辅机，起吊时必须使吊钩中心与钢筋笼形心相重合，保证起吊平衡。

异型槽段钢筋笼制作时应用槽钢作为撑杆（或钢筋）进行加强，防止起吊时变形。起吊用索具应长短一致，下放时不可强行入槽，钢筋笼起吊如图 2.4.15 所示。

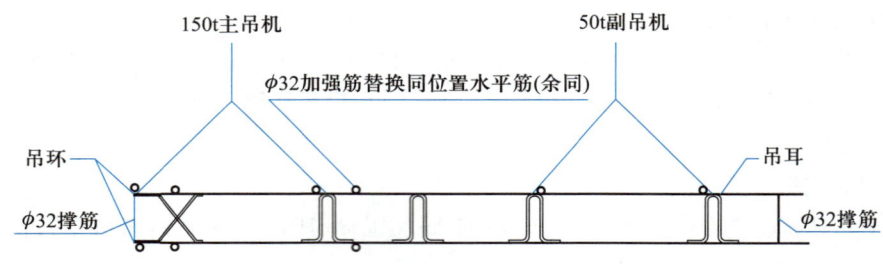

图 2.4.15　钢筋笼起吊示意图

钢筋笼安放后允许误差：钢筋笼顶标高±10 mm；钢筋笼顶中心位置±30 mm。

（六）接头施工

浇筑地下连续墙混凝土时，相邻两槽段之间需用接头相连，常见的接头方法有：锁口管接头、接头箱接头、钢板接头、预制块接头等。

1. 锁口管接头

锁口管接头是当前地下连续墙施工应用最多的一种施工接头。施工时，待一个单元槽段土方挖好后，于槽段端部用吊车放入锁口管，然后吊放钢筋笼并浇筑混凝土，浇筑的混凝土强度达到设计要求时，将锁口管旋转然后拔出。

锁口管接头的施工工艺：开挖槽段→安放锁口管和钢筋笼→浇灌混凝土→拔出锁口管→形成接头。图 2.4.16 为锁口管接头施工工艺示意图。

2. 接头箱接头

接头箱接头可以使地下连续墙形成整体接头，接头的刚度较好。接头箱接头的施工方法与锁口管接头相似，是以接头箱代替锁口管。待一个单元槽段挖土结束后，吊放接头箱，吊放钢筋笼。

接头箱接头的施工工艺：插入接头箱→吊放钢筋笼→浇筑混凝土→吊出锁口管、接头箱→吊放后一槽段的钢筋笼→浇筑后一槽段的混凝土，形成整体接头。

图 2.4.17 为接头箱接头施工工艺示意图。

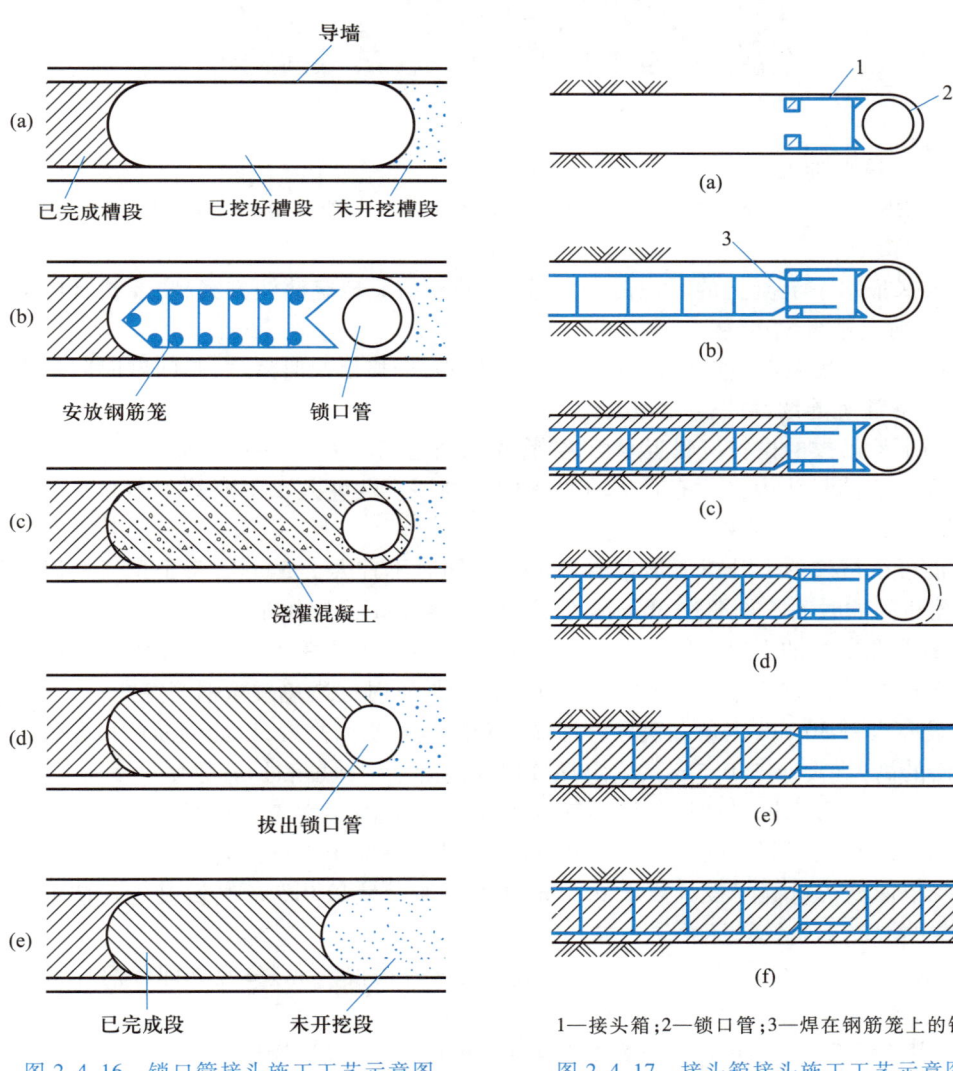

(a)
已完成槽段　已挖好槽段　未开挖槽段

(b)
安放钢筋笼　锁口管

(c)
浇灌混凝土

(d)
拔出锁口管

(e)
已完成段　未开挖段

1—接头箱；2—锁口管；3—焊在钢筋笼上的钢板。

图 2.4.16　锁口管接头施工工艺示意图　　图 2.4.17　接头箱接头施工工艺示意图

3. 工字钢接头,如图 2.4.18 所示。

图 2.4.18　工字钢接头

（七）浇筑混凝土

1. 清槽完毕,泥浆经检查合格后（相对密度≤1.15,含砂率≤4%,pH 为 7~9）,4 h 内开始灌注混凝土。

2. 为保证水下混凝土的灌注能顺利进行,灌注前应拟定灌注方案,主要机具应留有备用,灌注前应进行试运转。

3. 灌注前应复测沉渣厚度,办理隐蔽工程检查,合格后及时灌注,其间歇时间不得超过 30 min,灌注宜连续灌注,不得中断。

4. 隔水栓吊放的位置应临近水面,导管底端到槽底距离 0.3~0.5 m。

5. 开灌前储料斗内必须有足以将导管的底端一次性埋入水下混凝土中 0.5 m 以上深度的混凝土储存量,即 $V \geqslant 3.6 \ m^3$。

6. 混凝土灌注的上升速度不宜小于 3 m/h,同时不宜大于 5 m/h,每个单元槽段的每个导管灌注间歇时间不得超过 30 min,灌注宜连续灌注,不得中断。

7. 随着混凝土的上升,适时提升和拆卸导管,导管底端埋入混凝土面以下一般保持 1.5~3.0 m,严禁将导管底端提出混凝土面。提升导管时应避免碰撞钢筋笼。

8. 设专人每 30 min 测量一次导管埋深及管外混凝土面高度,以此判断两根导管周围混凝土面的高差（要小于 0.5 m）,确定导管埋入混凝土中深度和拆管数量。

9. 在一个槽段内同时使用两根导管灌注时,其间距应不大于 3 m,导管距槽段端头不宜大于 1.5 m,槽内混凝土面应均衡上升,各导管处的混凝土表面的高差不宜大于 0.5 m,终浇混凝土面高程应高于设计要求 0.5 m,凿去浮浆及墙顶 0.5 m 高混凝土后使符合设计标高内的混凝土质量满足设计要求。

10. 在灌注作业时,若发现导管漏水、堵塞或导管内混入泥浆,应立即停灌并进行处理,做好记录。

11. 灌注混凝土时,每个单元槽段留置一组混凝土抗压、抗渗试块。

12. 灌注混凝土时,槽段内的回收泥浆全部抽回泥浆池,经沉淀和处理后,符合要求的继续使用,不符合要求的按规定弃掉。

（八）锁口管的顶拔

待混凝土浇灌后,逐渐拔出锁口管,锁口管的顶拔采用液压千斤顶顶拔。顶拔装置是由底座、上下托盘、承力横梁和两台行程 1.2～1.5 m 的 100 t 柱塞式千斤顶及配套高压油泵等组成。使用时将一对传力铁扁担穿入槽口内,并搁于横梁上,然后开动油泵,利用千斤顶将下横梁顶升,则锁口管随同拔起。图 2.4.19 为顶拔锁口管的液压千斤顶。锁口管的提拔时间控制,是根据第一次灌混凝土试块的凝结情况和混凝土供应厂家提供的配合比初凝时间,合理地控制锁口管的起拔时间。第一次顶拔应控制在 200～300 mm 以内,以后可参照顶升架油压表的读数或时间（15～30 min 顶拔一次）来控制起拔速度,顶拔高度以压力表读数进行控制。一般情况,混凝土灌注结束后 6～8 h 可拔完接头箱。

成槽完成后,采用根据接头形式确定的刷壁器（图 2.4.20）,利用 150 t 吊车进行刷壁。刷壁器侧面的钢丝刷对已成墙的槽幅端头进行多次刷壁,以刷除黏附在接头处的泥皮及泥土、砂浆,防止接头处夹泥而发生渗漏。

图 2.4.19　顶拔锁口管的液压千斤顶

图 2.4.20　刷壁器

## 2.4.4　质量保证措施

## 2.5　沉井基础施工

沉井是一种带刃脚的井筒状构造物,它是利用人工或机械方法清除井内土石,借助自重克服井壁摩阻力逐节下沉至设计标高,再浇筑混凝土封底并填塞井孔,成为结构物的基础,其形式如图 2.5.1 所示。

### 2.5.1 沉井的分类、特点及适用范围

#### 一、沉井的分类

按平面形状分为圆形、矩形和圆端形；按井孔布置分为单孔、双孔及多孔沉井，如图 2.5.2 所示。圆形沉井：下沉易控制；侧压力作用下井壁仅受轴向力，用于斜交或水流方向不定的桥墩基础。矩形沉井：制造方便，受力有利，能充分利用地基承载力，与矩形墩台配合好；沉井四角一般做成圆角；侧压力作用下，井壁受较大的挠曲力矩；在流水中阻水系数较大，冲刷较严重。圆端形沉井：在控制下沉、受力条件、阻水冲刷等方面均较矩形沉井有利，但施工较为复杂。

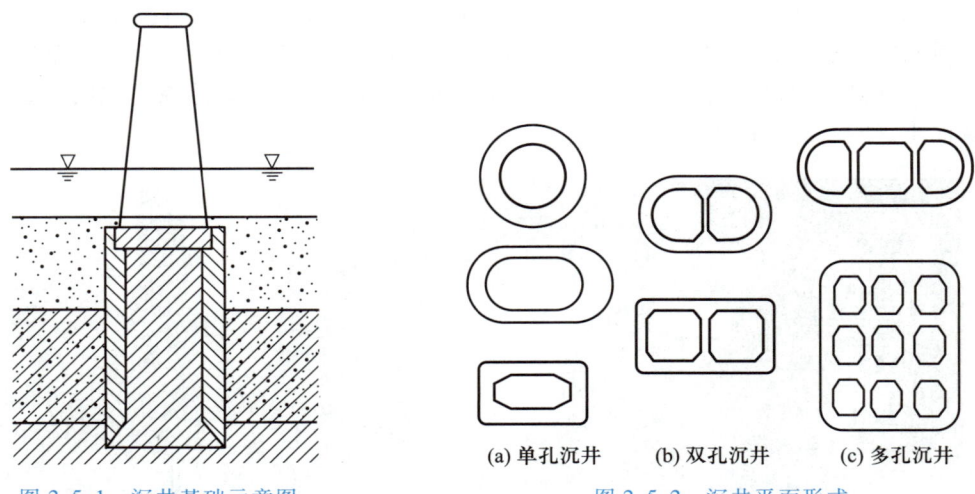

图 2.5.1　沉井基础示意图　　　　图 2.5.2　沉井平面形式

(a) 单孔沉井　　(b) 双孔沉井　　(c) 多孔沉井

按立面形状分为柱形和阶梯形。柱形沉井：构造简单，挖土较均匀，井壁接长较简单，模板可重复使用，如图 2.5.3 所示。阶梯形沉井：除底节外，其他各节井壁与土的摩擦力较小，但施工较复杂，消耗模板多，如图 2.5.4 所示。

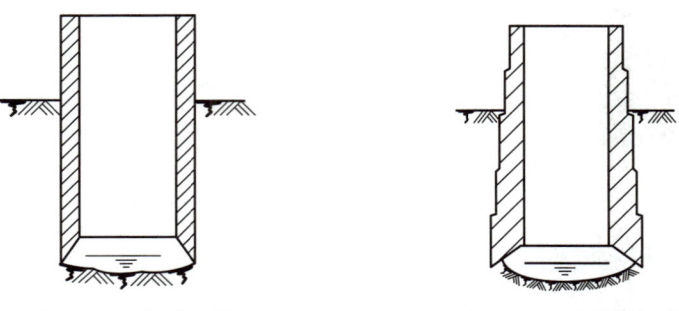

图 2.5.3　柱形沉井　　　　图 2.5.4　阶梯形沉井

按材料分为混凝土沉井、钢筋混凝土沉井、竹筋混凝土沉井和钢壳沉井。图 2.5.5 为钢筋混凝土沉井，图 2.5.6 为钢壳沉井。混凝土沉井：抗压强度高，抗拉强度低；多为圆形；用于下沉深度不大（4~7 m）的松软土层。钢筋混凝土沉井：抗压抗拉强度高，下沉深度大（可达数十米），可做成重型或薄壁就地制造下沉的沉井，也可做成薄壁浮运沉井及钢丝网水泥

沉井等,应用最广。钢壳沉井:由钢材制作,其强度高、重量轻、易于拼装,但用钢量大;适于制造空心浮运沉井。根据工程条件也可选用木沉井和砌石圬工沉井等。

图 2.5.5　钢筋混凝土沉井

图 2.5.6　钢壳沉井

按施工方法分为一般沉井和浮运沉井。旱地上沉井施工:直接在基础设计的位置上制造,然后挖土,依靠自重下沉沉井,采用筑岛法。水中沉井施工:先在岸边制造,再浮运就位下沉。通常在深水地区(如水深大于 10 m),或水流流速大,有通航要求,人工筑岛困难或不经济时,可采用浮运沉井。

二、沉井的特点

1. 沉井的优点:(1)埋深大,整体性强、稳定性好,承载面积大,承载力高(垂直与水平);(2)同时用作基础和施工时的挡土和挡水围堰;(3)施工时对邻近建筑物影响较小;(4)内部空间可进一步利用。

2. 沉井的缺点:(1)施工工期较长;(2)施工技术要求高;(3)施工中易出现流砂,造成沉井倾斜或下沉困难等现象。

三、沉井适用范围

沉井最适合在不太透水的土层中下沉,其易于控制沉井下沉方向,避免倾斜。这种

基础现采用较少。由于它整体性好、刚度大、传力可靠,在大跨度和深水地区修建桥梁仍被采用。一般下列情况可考虑采用沉井基础:

1. 上部荷载较大,表层地基土承载力不足,而在一定深度下有较好的持力层,且与其他基础方案相比较为经济合理;

2. 山区河流中,虽土质较好,但冲刷大,河中有较大卵石不便桩基础施工;

3. 岩层表面较平坦且覆盖层薄,但河水较深,用扩大基础施工围堰有困难。

### 2.5.2 沉井施工前的准备工作

#### 一、材料准备

1. 水泥宜用 32.5 级或 42.5 级普通或矿渣硅酸盐水泥,使用前必须查明其品种强度等级及出厂日期,凡过期水泥、受潮或结块的水泥不准使用;

2. 细集料选用质地坚硬的中粗砂,含泥量不大于 3%,不得含有垃圾、泥块、草根等;

3. 粗集料应采用质地坚硬碎石或卵石,石子级配粒径以 540 mm 组合为宜,最大粒径不宜大于 50 mm,含泥量不大于 2%。

#### 二、施工机具

吊车双瓣抓斗水力吸泥机或空气吸泥机、混凝土拌和机、导管。

### 2.5.3 沉井的施工工艺

#### 一、沉井施工工艺

沉井施工工艺: 下沉准备工作 → 设置垂直运输机械设备 → 挖土下沉 → 井内外排水、降水 → 边下沉边观测 → 纠偏措施 → 沉至设计标高 → 核对标高、观测沉降稳定情况 → 封底 → 底板钢筋施工与隐蔽工程验收 → 底板混凝土浇筑 → 回填土。

沉井施工示意如图 2.5.7 所示。

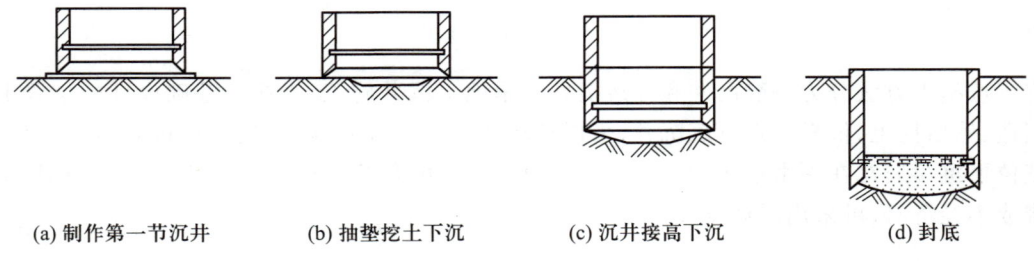

(a) 制作第一节沉井　　(b) 抽垫挖土下沉　　(c) 沉井接高下沉　　(d) 封底

图 2.5.7　沉井施工示意图

#### 二、施工要点

（一）沉井制作

沉井制作工艺: 场地整平 → 放线 → 挖土 3~4 m 深 → 夯实基底,抄平放线、验线 → 铺砂垫层 → 安放垫木 → 安设刃脚铁件、绑钢筋 → 支刃脚、井身模板 → 浇筑混凝土 → 养护、拆模 → 外围围槽灌砂 → 抽出垫木或拆砖座。

1. 在软弱地基上制作沉井,应采用砂、砂砾或碎石垫层,用打夯机夯实使之密实,厚度根据计算确定。

2. 当地基土质较好,宜分节一次制作完成,然后下沉;对于较高(≥12 m)的沉井应先挖下 3~4 m 土方,在基坑中一次制作下沉,或分节制作,分节下沉,以减少沉井自由高度,增加稳定,防止倾斜。

3. 沉井制作宜采取在刃脚下设置木垫架或砖垫座的方法,其大小和间距应根据荷载计算确定。安设钢刃脚时,要确保外侧与地面垂直,使其起切土导向作用。

4. 沉井刃脚及筒身混凝土的浇筑应分段、对称、均匀、连续进行,防止发生倾斜、裂缝。第一节混凝土强度等级达到 70%,可浇筑第二节。

5. 浇筑的筒身混凝土应密实,外表面平整、光滑。有防水要求时,支设模板穿墙螺栓应在其中间加焊止水环;筒身在水平施工缝处应设凸缝或设钢板止水带,突出筒壁面部分应在拆模后铲平,以利防水和下沉。

(二)沉井下沉

1. 第一节沉井制作与下沉

沉井工程进入了实施性的阶段。该阶段的主要工作内容可概括为以下几方面:

(1)对开挖的沉井基坑测量定位和抄平,完成沉井刃脚砂垫层和支垫架工作;

(2)第一节沉井的钢筋绑扎和支模;

(3)第一节沉井混凝土浇捣、拆模与养护,完成沉井第一次下沉准备工作;

(4)沉井第一次下沉,逐步下沉至设计要求的标高,其中包括完成相关的井室内挖土和明排水工作,井室外的深井降水必须连续进行;

(5)沉井过程中的轴线与标高复核,严格控制沉井的位置与垂直度,发现问题及时采取纠偏措施;

(6)加强对沉井过程中的监测与监控措施,确保沉井与周边环境的安全。

2. 第二节沉井制作与下沉

待第一节沉井下沉至设计要求标高后,开始进入第二节沉井的制作与下沉阶段。主要施工内容有:

(1)根据设计和规范的有关要求,完成上下节沉井之间的施工缝处理工作;

(2)第二节沉井的钢筋绑扎和支模;

(3)第二节沉井混凝土浇捣、拆模与养护,完成沉井第二次下沉的准备工作;

(4)沉井第二次下沉,逐步下沉至设计要求的底标高,其中包括井室内的挖土、明排水及井室外的深井降水;

(5)沉井过程中的测量复核和纠偏措施,包括对周边环境的监测与监控措施;

(6)沉井的稳定监测,同时完成沉井封底的有关准备工作。

图 2.5.8 为某大型沉井下沉施工中。

图 2.5.8　某大型沉井下沉施工中

（三）沉井封底

基底检验合格后应及时封底。排水下沉时，采用普通混凝土封底；否则宜用水下混凝土封底。若沉井面积大，可用多导管先外后内、先低后高依次浇筑。封底一般为素混凝土。沉井下沉至设计标高，再经 2~3 d 下沉稳定，或经观测在 8 h 内累计下沉量不大于10 mm，即可进行封底。

1. 封底前应先将刃脚处新旧混凝土接触面冲洗干净或打毛，对井底修整使之成锅底形，由刃脚向中心挖放射形排水沟，填以卵石做成滤水盲沟，在中部设 2~3 个集水井与盲沟连通，使井底地下水汇集于集水井中用电泵排出，保持水位低于基底面 0.5 m 以下。

2. 封底一般铺一层 150~500 mm 厚卵石或碎石层，再在其上浇一层混凝土垫层，在刃脚下切实填严，振捣密实，以保证沉井的最后稳定，达到 50% 强度后，在垫层上铺卷材防水层，绑钢筋，两端伸入刃脚或凹槽内，浇筑底板混凝土。

3. 混凝土浇筑应在整个沉井面积上分层、不间断地进行，由四周向中央推进，并用振动器捣实，当井内有隔墙时，应前后左右对称地逐孔浇筑。

4. 混凝土养护期间应继续抽水，待底板混凝土强度达到 70% 后，对集水井逐个停止抽水，逐个封堵。封堵方法是将集水井中水抽干，套管内用干硬性混凝土填塞并捣实，然后上法兰盘用螺栓拧紧或四周焊接封闭，上部用混凝土垫实捣平。

### 2.5.4 沉井施工通病及预防措施

一、偏斜

1. 现象

沉井偏斜大多发生在下沉不深时。

2. 导致偏斜的主要原因

（1）土岛表面松软，或制作场地或河底高低不平，软硬不均；

（2）刃脚制作质量差，井壁与刃脚中线不重合；

（3）抽垫方法欠妥，回填不及时；

（4）除土不均匀对称，下沉时有突沉和停沉现象；

（5）刃脚遇障碍物顶住而未及时发现，排土堆放不合理，单侧受水流冲击淘空等导致沉井受力不对称。

3. 纠正偏斜措施

用除土、压重、顶部施加水平力或刃脚下支垫等方法处理，空气幕沉井也可采用单侧压气纠偏。若沉井倾斜，可在高侧集中除土，加重物，或用高压射水冲松土层，低侧回填砂石，必要时在井顶施加水平力扶正。若中心偏移则先除土，使井底中心向设计中心倾斜，然后在对侧除土，使沉井恢复竖直，如此反复至沉井逐步移近设计中心。当刃脚遇障碍物时，须先清除再下沉。如遇树根、大孤石或钢料铁件，排水施工时可人工排除，必要时用少量炸药（少于 200 g）炸碎。不排水施工时，可由潜水工进行水下切割或爆破。

## 二、难沉

1. 现象

沉井下沉过慢或停沉。

2. 导致难沉的主要原因

（1）开挖面深度不够，正面阻力大；

（2）偏斜，或刃脚下遇到障碍物或坚硬岩层和土层；

（3）井壁摩阻力大于沉井自重；

（4）井壁无减阻措施或泥浆套、空气幕等遭到破坏。

3. 解决难沉的措施

增加压重和减小井壁摩阻力。增加压重的方法有：

（1）提前接筑下节沉井，增加沉井自重；

（2）在井顶加压沙袋、钢轨等重物迫使沉井下沉；

（3）不排水下沉时可井内抽水，减少浮力迫使下沉。

减小井壁摩阻力的方法有：

（1）将沉井设计成阶梯形、钟形，或使外壁光滑；

（2）井壁内埋设高压射水管组，射水辅助下沉；

（3）利用泥浆套或空气幕辅助下沉；

（4）增大开挖范围和深度，必要时还可采用 $0.1 \sim 0.2$ kg 炸药起爆助沉，但同一沉井每次只能起爆一次，且需适当控制炮振次数。

## 三、突沉

1. 现象

突沉常发生于软土地区，容易使沉井产生较大的倾斜或超沉。

2. 引起突沉的主要原因

井壁摩阻力较小，当刃脚下土被挖除时，沉井支承削弱，或排水过多、挖土太深、出现塑流等。

3. 防止突沉的措施

控制均匀挖土，在刃脚处挖土不宜过深，此外，在设计时可采用增大刃脚踏面宽度或增设底梁的措施提高刃脚阻力。

## 四、流砂

1. 现象

在粉、细砂层中下沉沉井，经常出现流砂现象，若不采取适当措施将造成沉井严重倾斜。

2. 产生流砂的主要原因

土中动水压力的水头梯度大于临界值。

3. 防止流砂的措施

（1）排水下沉时发生流砂可向井内灌水；

（2）采取不排水除土，减小水头梯度；

（3）采用井点或深井降水，改变水头梯度方向使土层稳定，防止流砂发生。

## 2.6 超大基础施工

### 2.6.1 概述

苏通大桥北主塔基础(主 4#墩)采用高桩承台结构,桩基由 131 根直径 2.50 或 2.80 m、长 117.60 m 的钻孔灌注桩组成。图 2.6.1 为主 4#墩基础。

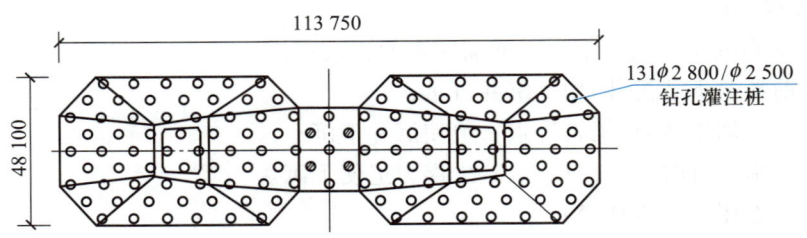

图 2.6.1　苏通大桥主 4#墩基础

### 2.6.2 超大群桩基础钻孔平台施工

钻孔平台施工工艺如图 2.6.2 所示。

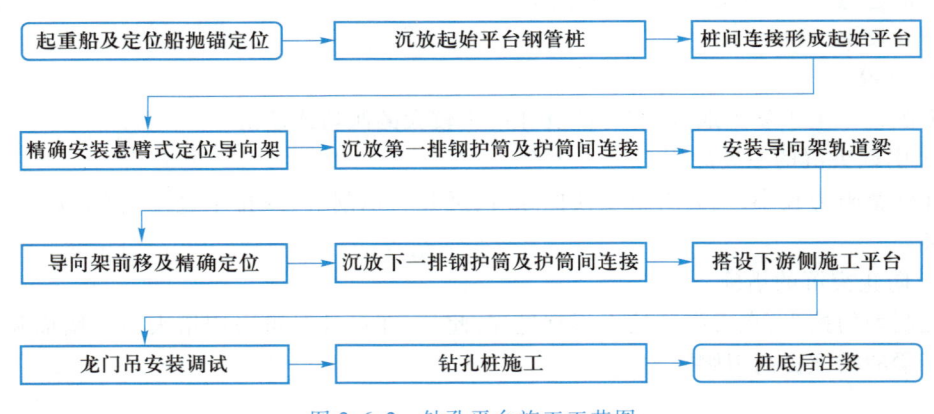

图 2.6.2　钻孔平台施工工艺图

#### 一、起始平台的搭设

起始平台位于钻孔平台上游侧,其主要作用是为沉放钢护筒,安装悬臂式定位导向架,提供具有足够刚度的起始工作平台。平台设计顶标高+7.5 m,平台面板为工具式钢面板,用型钢作分配梁,基础设计为直径 2 540 mm 的大直径钢管桩,桩顶标高+7.0 m,桩长55.0 m,在桩顶和+2.0 m 处设置两层水平联系(简称平联),上层水平联系采用 1 000 mm×600 mm 钢箱梁,下层水平联系采用 $\phi$1 400 mm×14 mm 钢管。

1. 钢管桩制作及运输

钻孔平台辅助钢管桩(包括桅杆吊基础、水平联系钢管、龙门吊基础和靠船桩)均用

Q235 钢板在专业工厂加工制作,用驳船运输至施工现场。

2. 起重设备及振动锤配置

起始平台单根钢管桩长 55.0 m,重 70 余吨,采用起重能力为 3 000 kN 的全回旋转起重船"苏连海起重 8#"配合 2 台并联的 APE400 型振动锤振动下沉钢管桩。

3. 钢管桩沉放

起始平台钢管桩沉放顺序及施工工艺流程如图 2.6.3 所示。

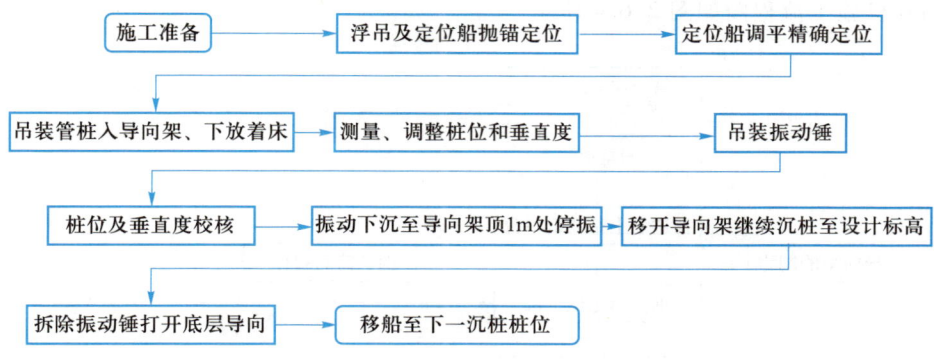

图 2.6.3　钢管桩沉放顺序及施工工艺流程图

4. 桩间连接施工

直径 2 540 mm 钢管桩之间在 +2.0 m 和桩顶处设置两层水平联系,上层平联采用 1 000 mm×600 mm 钢箱梁,下层平联采用 $\phi$1 400 mm×14 mm 钢管,单桩沉放结束后,立即将其与已沉桩连成整体,先施工上层平联,防止单桩在潮流作用下发生偏位,形成简易操作平台后,施工下层平联,并对上层平联的施工质量进行检验。

## 二、钻孔平台搭设

主 4#墩钻孔平台承台范围内利用工程桩 $\phi$2 850 mm 钢护筒作为钻孔平台支撑桩,钢护筒长 69.20 m,底标高 −62.20 m,顶口标高 +7.0 m。平台南北两侧按 6.75 m 间距各布置一排直径 1 400 mm 辅助桩与钢护筒连成整体,承受龙门吊轨道梁传递的荷载。

1. 钢护筒结构

钢护筒的长度为 69.7 m,内径为 2.80 m,壁厚为 25 mm,为了避免钢护筒沉放时,钢护筒底口应力集中而导致局部屈曲,在其底口增设长 1.0 m、厚 14 mm 的加强箍。钢护筒重约 1 200 kN,根据 3 000 kN 起重船性能及运输要求,护筒分为两节:第一节为 Q345C 钢板加工的设计要求护筒,长 58.645 m;第二节为 Q235A 钢板加工的施工用护筒,长 11.055 m。

2. 钢护筒制作、运输

3. 钢护筒沉放

直径 2 850 mm 的钢护筒从起始平台前沿第一排开始沉放,逐渐从上游往下游推进,钢护筒采用悬臂式定位导向架定位导向,用"苏连海起重 8#"起重船作为吊装设备,2 台并联 APE400 型振动锤振动下沉。

4. 护筒间连接施工

### 2.6.3 超大群桩基础(主4#墩)钻孔灌注桩施工

#### 一、工程概况

主4#墩钻孔桩基础共设131根变径钻孔桩和4根备用桩,采用梅花形布置,按摩擦桩设计,桩底标高-124.0 m,桩长为117 m。

#### 二、钻孔桩施工工艺

钻孔桩施工流程图如图2.6.4所示。

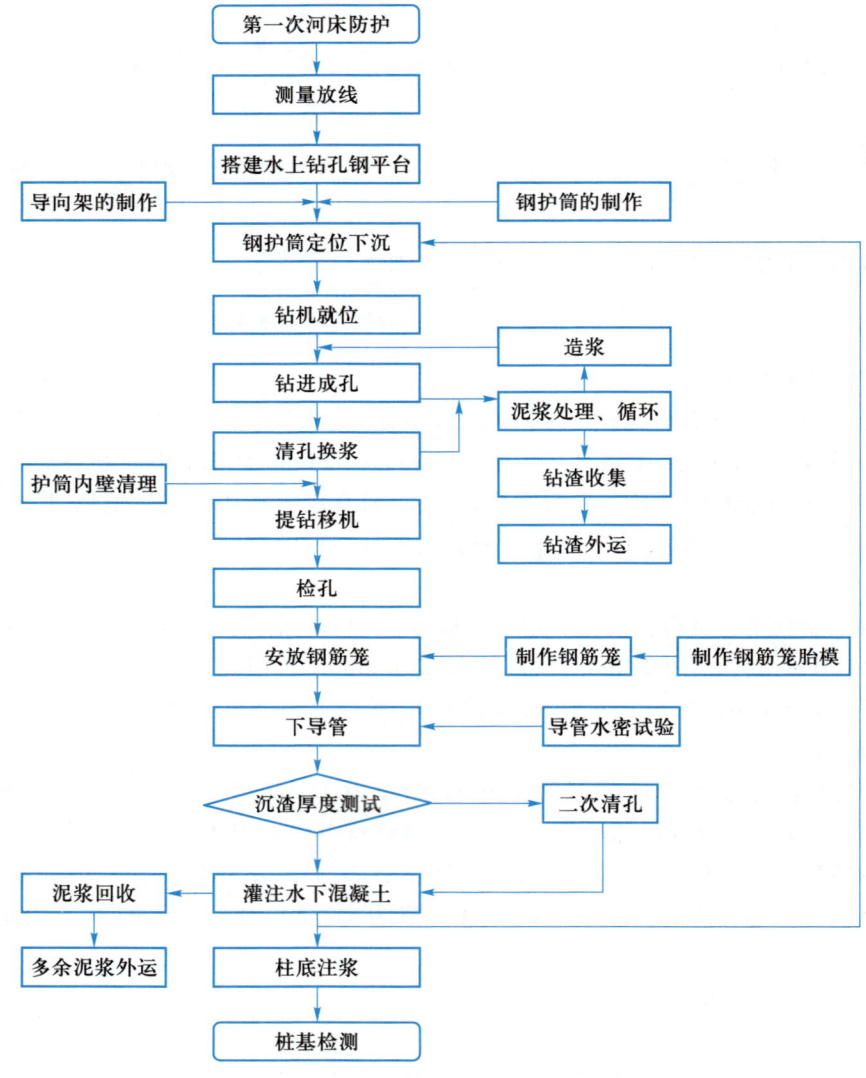

图2.6.4 钻孔桩施工流程图

#### 三、钻孔灌注桩成孔施工

钻孔施工采用泥浆护壁、回旋钻机反循环工艺,主要包括钻进成孔及清孔。

1. 泥浆制备及泥浆循环

（1）泥浆制备

护壁泥浆在钻孔中非常重要，尤其是对本工程大直径深孔，土层为砂层，造浆性能差，泥浆控制尤为重要。选择泥浆各项指标最优的泥浆配比，并在水中第三试桩施工中再次检验和调整后用于正式钻孔桩施工中。泥浆的制备在平台泥浆制备区进行，钻孔施工前首先在泥浆制备区采用泥浆搅拌机搅拌膨润土泥浆，然后利用泥浆泵送至钢护筒。

（2）泥浆循环

泥浆经泥浆净化器，将直径在 0.074 mm 以上的土颗粒筛分到溜渣槽内，处理后的泥浆通过钢护筒之间的连通管流入钻孔孔内。钻渣留至运渣船，水运至码头，输送至弃土场。

2. 钻进成孔

成孔过程为三个阶段：护筒内钻进阶段、土层内钻进阶段、第一次清孔阶段。

3. 成桩施工

（1）钢筋笼制作及安装

单节钢筋笼长度为 12 m，主筋间采用直螺纹连接，每个断面接头数量不大于 50%，相邻接头断面间距不小于 1.5 m。加工好的钢筋笼按安装要求分节、分类编号，通过平板车运至码头，驳船水运至现场。压浆管与声测管在钢筋笼同槽加工时同槽安装，接头采用焊接并与钢筋接头错层，以便对接方便。

为防止钢筋笼吊装运输过程中变形，每节端头用双根 ⫫40 钢筋箍加强，同时在钢筋笼内环加强圈处用 ⫫40 钢筋加焊 "米" 字形支撑，待钢筋笼起吊至孔口时，将 "米" 字形支撑割去。

为检测成桩质量，在钢筋笼内侧四周均匀设置四根通长超声波检测管和 8 根注浆管，钢管接头顺直牢靠，与钢筋笼的主筋焊接固定，安装期间管道内注水。其中检测管下端口用钢板密封，上端口用带钢筋头的盖板遮盖，严禁泥浆或渣淬进入管内。确保混凝土灌注后管道畅通。

成孔检验合格后，用龙门吊下放接长钢筋笼。为加快钢筋笼对接速度，钢筋笼节段间的钢筋对接时采用导向器。钢筋笼安装下放后，将钢筋笼固定在护筒上，以承受钢筋笼自重和防止混凝土灌注过程中钢筋笼上浮，固定后应确保钢筋骨架与孔中心线基本吻合，不发生倾斜和移动。

（2）二次清孔

混凝土导管下完后，若沉渣厚度不满足设计要求时，在导管内下风管进行二次清孔。清孔时应及时向护筒内补充优质泥浆，确保护筒内水头。清孔结束经监理工程师现场检验合格后，立即拆除风管及吸泥弯头，开始浇筑水下混凝土。

4. 水下混凝土灌注

水下混凝土灌注是钻孔灌注桩施工的主要工序。灌注前须仔细测量沉渣，若混凝土灌注前沉渣超过设计要求，须进行第二次清孔。

5. 桩底后压浆

为改善桩底持力层受力状况，提高基桩承载能力和基础整体刚度，主 4#墩桩基用桩底后压浆工艺。

2.1　预制桩的制作、起吊、运输与堆放有哪些基本要求？

2.2　预制桩施工顺序应注意哪些问题？

2.3　泥浆护壁钻孔灌注桩是如何施工的？泥浆有何作用？泥浆循环有哪两种方式，其效果如何？

2.4　预制桩与灌注桩施工质量有哪些基本要求？应如何控制？

## 案 例 研 讨

某电气集团公司投资建设一写字楼，建筑面积 150 407 m²，地下 3 层，地上 31 层，裙房 5 层，基坑采用地下连续墙支护，塔楼结构为内筒外框。施工单位为某集团建筑公司，设计单位为某设计单位，监理为该市咨询监理公司。土方开挖至设计要求时，项目总工程师组织监理进行基坑验槽。经钎探检查，发现基坑内裙房部位存在局部软弱下卧层，项目总工召集所有技术人员开现场会议，确定采取灌浆补强，并会同监理人员重新验槽且形成记录。

第 2 章
深基础工程
案例研讨分
析提示

1．该工程地下连续墙施工检验的重点是什么？

2．基坑验槽的重点是什么？指出本案例中基坑验槽做法的不妥之处，并分别简述理由。

# 第3章 钢筋混凝土结构工程

第 3 章　数字资源

## 导入语

　　钢筋混凝土作为一种现代建筑工程结构的主要承重材料,在施工中被广泛利用。影响钢筋混凝土工程施工质量的因素有许多方面,施工方法、材质选择、施工技术措施、质量控制程序是否合理,将直接影响建筑物或构造物的安全和经济效益。

## 学习目标

　　熟悉混凝土结构工程的特点和施工过程。了解模板的构造要求和受力特点,掌握模板的安装和拆除方法;了解混凝土的原材料、施工设备的性能,掌握混凝土配合比及各分部施工方法;了解钢筋与混凝土共同工作的原理,掌握钢筋下料长度计算及各种钢筋连接方法。

## 学习内容

　　钢筋的种类;钢筋进场验收;钢筋的连接加工要求;钢筋下料计算;钢筋分项隐蔽验收项目及质量检验标准;模板类型与基本要求;模板设计构造及要求;模板的搭设(基础、柱、墙、梁、板等构件)与拆除;模板工程质量检验标准;混凝土的制备;混凝土的搅拌与运输;混凝土的浇筑与振捣;混凝土的养护;混凝土的质量验收,钢筋混凝土结构工程施工相关视频。

　　**重点:**模板的搭设(基础、柱、墙、梁、板等构件)与拆除,模板设计,模板工程质量检验标准;框架结构钢筋构造要求和钢筋下料计算方法(框架柱、梁钢筋下料计算),钢筋分项隐蔽验收项目及质量检验标准;混凝土的浇筑与振捣;混凝土的质量验收。

　　**难点:**平法识图及框架钢筋下料计算;模板设计,模板的搭设(基础、柱、墙、梁、板等构件)要点。

## 案例拓展

第 3 章　案例拓展

# 3.1 钢筋工程

钢筋是钢筋混凝土结构的骨架,依靠握裹力与混凝土结合成整体。钢筋工程宜采用高强钢筋。钢筋工程施工时,钢筋的规格和位置必须与结构施工图一致。

## 3.1.1 钢筋的种类和性能

钢筋混凝土结构工程中常用的钢材种类:钢筋、钢丝和钢绞线。钢筋的规格和性能应符合国家现行有关标准的规定。常用钢筋的主要性能指标应符合《混凝土结构工程施工规范》(GB 50666—2011)附录 B 的规定,公称直径、公称截面面积、计算截面面积及理论重量应符合《混凝土结构工程施工规范》(GB 50666—2011)附录 C 的规定。

钢筋:有低碳钢(Q235)、普通低合金钢(Mn,Ti,V)。如:Ⅱ级的 20MnSi,20MnNB;Ⅲ级的 25MnSi;Ⅳ级的 40Si$_2$MnV,45SiMnV,45Si$_2$MnTi 等。常用钢筋有 HPB300、HRB400、HRB500、HRBF400、HRBF500 及 RRB400 等,以及牌号带"E"的 HRB400E、HRBF400E、HRB500E、HRBF500E 钢筋。其中表面光滑的钢筋也称为光圆钢筋,其他表面多为月牙纹、人字纹、螺纹称为变形钢筋。HPB300、HRB400、HRB500 等以直条交付,钢筋最长为 12 m。

对有抗震设防要求的结构,其纵向受力钢筋的性能应满足设计要求;当设计无具体要求时,对按一、二、三级抗震等级设计的框架和斜撑构件(含梯段)中的纵向受力钢筋应采用 HRB400E、HRB500E、HRBF400E 或 HRBF500E 钢筋,其强度和最大力下总伸长率的实测值应符合下列规定:

1. 钢筋的抗拉强度实测值与屈服强度实测值的比值不应小于 1.25;
2. 钢筋的屈服强度实测值与屈服强度标准值的比值不应大于 1.30;
3. 钢筋在最大力下总伸长率不应小于 9%。

钢丝:有刻痕钢丝、碳素钢丝和冷拔低碳钢丝三种,冷拔低碳钢丝又分为甲级和乙级,甲级可用于预应力工程,直径 3~5 mm,以圆盘交付。

钢绞线:一般由 3 根或 7 根圆钢丝捻成。

钢筋力学性能包括:屈服强度、抗拉强度、伸长率、冷弯性、可焊性等。

## 3.1.2 钢筋进场验收与存储

钢筋是否符合质量标准,直接影响结构的使用安全。在施工中必须加强对钢筋进行验收和质量检查工作。钢筋原材料进场时应核对现场钢筋的品种、规格、炉批号、合格证是否与报验的钢筋出厂质量证明文件一致,数量与《材料构配件进场检验记录》是否一致。同时应检查钢筋外观质量,应无弯曲、卷绕、油污、污垢、损伤、氧化皮、附着性铁锈和其他涂层,以及裂缝、裂痕等,并用游标卡尺抽查钢筋直径并形成记录。钢筋执行见证取样送检规定,应按国家现行相关标准的规定抽取试件委托第三方检测机构对屈强比、伸长率、冷弯性能等力学性能和重量偏差进行检验,检验结果须符合有关规定要求。

钢筋在运输和存放时,不得损坏包装和标志,并应按牌号、规格、炉批号分别堆放。室外堆放时,应采用避免钢筋锈蚀的措施。当发现钢筋脆断、焊接性能不良或力学性能显著不正常等现象时,应停止使用该批钢筋,并对该批钢筋进行化学成分检验或其他专项检验。

### 3.1.3 钢筋下料

钢筋下料是根据钢筋混凝土构件配筋图,先绘出各种形状和规格的单根钢筋并加以编号,然后分别计算钢筋下料长度和根数,填写配料单,申请加工过程。

#### 一、下料长度

结构施工图中所标注的钢筋尺寸是设计尺寸,指的是钢筋的外包尺寸(图 3.1.1)。钢筋因弯曲或弯钩会使其内外边缘长度发生变化,因此在配料中不能直接根据图纸中尺寸下料。钢筋弯曲后的中心线长度不会发生变化,称为下料长度,应以此进行下料。

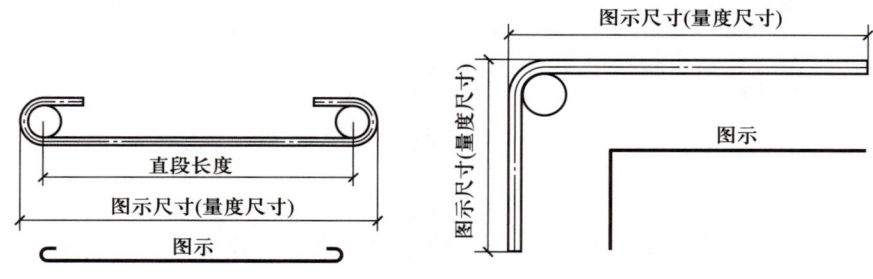

图 3.1.1　钢筋外包尺寸示意图

#### 二、混凝土的保护层厚度

混凝土保护层是指最外层钢筋外缘至混凝土构件表面的距离,其作用是保护钢筋在混凝土结构中不受锈蚀,无设计要求时应符合表 3.1.1 规定。

表 3.1.1　纵向受力钢筋的混凝土保护层最小厚度　　　　　mm

| 环境类别 | | 板、墙、壳 | 梁、柱、杆 |
|---|---|---|---|
| 一 | | 15 | 20 |
| 二 | a | 20 | 25 |
| | b | 25 | 35 |
| 三 | a | 30 | 40 |
| | b | 40 | 50 |

注:混凝土强度等级小于 C25 时,表中数值增加 5 mm。

#### 三、弯曲量度差值

在钢筋弯曲处外包尺寸和中心线长度之间存在一个差值。钢筋弯起处实际上是一个圆弧,其外包线之和大于中心弧长,如果按外包尺寸总和来下料,成型后钢筋长度和高度就会大于设计尺寸。弯起处外包线长度与圆弧段钢筋中心弧长差值,是由于尺寸标注方法引起的误差,称为量度差值。计算下料长度时,必须扣除该差值,量度差值的大小与弯起角度大小、钢筋直径及弯转直径有关,如表 3.1.2 所示。

表 3.1.2　钢筋弯曲量度差值

| 钢筋弯起角度 | 30° | 45° | 60° | 90° | 135° |
|---|---|---|---|---|---|
| 钢筋弯曲量度差值 | 0.35$d$ | 0.5$d$ | 0.85$d$ | 2$d$ | 2.5$d$ |

#### 四、钢筋弯钩增加值

钢筋弯钩形式最常用的有 180°、90°、135°弯钩,如图 3.1.2 所示,增加值分别为 6.25$d$、3.5$d$ 和 4.9$d$。

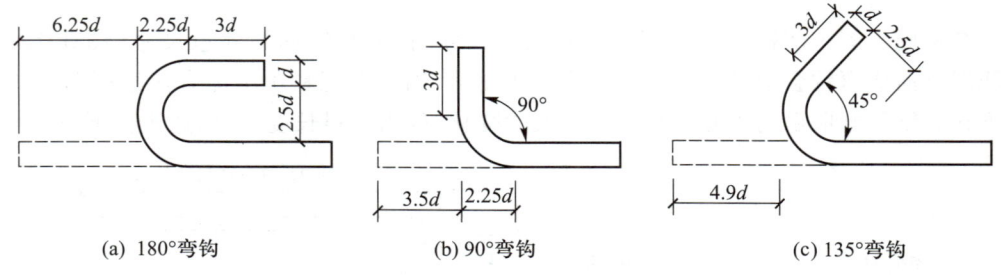

(a) 180°弯钩　　　　　(b) 90°弯钩　　　　　(c) 135°弯钩

图 3.1.2　钢筋弯钩形式

受力钢筋的弯钩和弯折应符合下列要求:

(1)光圆钢筋末端应做 180°弯钩,弯钩的弯后平直部分长度不应小于钢筋直径的 3 倍;作受压钢筋使用时,光圆钢筋末端可不做弯钩;

(2)光圆钢筋的弯弧内直径不应小于钢筋直径的 2.5 倍;

(3)400 MPa 级带肋钢筋的弯弧内直径不应小于钢筋直径的 5 倍;

(4)直径为 28 mm 以下的 500 MPa 级带肋钢筋的弯弧内直径不应小于钢筋直径的 6 倍,直径为 28 mm 及以上的 500 MPa 级带肋钢筋的弯弧内直径不应小于钢筋直径的 7 倍;

(5)框架结构的顶层端节点,对梁上部纵向钢筋、柱外侧纵向钢筋在节点角部弯折处,当钢筋直径为 28 mm 以下时,弯弧内直径不宜小于钢筋直径的 12 倍,钢筋直径为 28 mm 及以上时,弯弧内直径不宜小于钢筋直径的 16 倍;

(6)除焊接封闭环式箍筋外,箍筋的末端应做弯钩,弯钩形式应符合设计要求,当无具体要求时,应符合下列要求:

① 对一般结构构件,箍筋弯钩的弯折角度不应小于 90°,弯折后平直部分长度不应小于箍筋直径的 5 倍;对有抗震设防及设计有专门要求的结构构件,箍筋弯钩的弯折角度不应小于 135°,弯折后平直部分长度不应小于箍筋直径的 10 倍和 75 mm 的较大值;

② 圆柱箍筋的搭接长度不应小于钢筋的锚固长度,两末端均应做 135°弯钩,弯折后平直部分长度对一般结构构件不应小于箍筋直径的 5 倍,对有抗震设防要求的结构构件不应小于箍筋直径的 10 倍;

③ 拉筋两端弯钩的弯折角度均不应小于 135°,弯折后平直部分长度不应小于拉筋直径的 10 倍。

#### 五、箍筋调整值

箍筋弯钩形式如图 3.1.3 所示,箍筋计算时,为了方便,一般将箍筋弯钩增长值和量度差值两项合并成一项为箍筋调整值,见表3.1.3。计算时,将箍筋外包尺寸或内皮尺寸加上箍筋调整值即为箍筋下料长度。

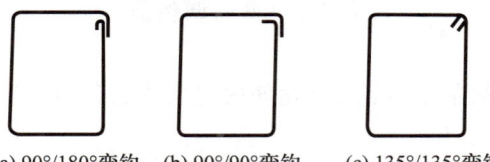

(a) 90°/180°弯钩　　(b) 90°/90°弯钩　　(c) 135°/135°弯钩

图 3.1.3　箍筋弯钩形式

表 3.1.3　箍筋调整值

| 箍筋量度方法 | 箍筋直径/mm | | |
|---|---|---|---|
| | 6 | 8 | 10~12 |
| 量内包尺寸/mm | 100 | 120 | 150~170 |

### 六、钢筋下料长度计算

1. 梁主筋下料计算公式

$$直钢筋下料长度 = 直构件长度 - 保护层厚度 + 弯钩增加长度 \qquad (3.1.1)$$

$$弯起钢筋下料长度 = 直段长度 + 斜段长度 - 弯折量度差值 + 弯钩增加长度 \qquad (3.1.2)$$

2. 梁箍筋及拉筋下料计算公式

（1）箍筋数量的确定

框架梁的箍筋数量：

$$n_1 = \left(\frac{l-50}{d_1} + 1\right) \times 2 + \left(\frac{l_n - 2l}{d_2} - 1\right) \qquad (3.1.3)$$

挑梁的箍筋数量：

$$n_2 = \frac{l_t - h_a - 50}{d_3} + 1 \qquad (3.1.4)$$

式中　$l$——加密区长度,取 $1.5h_b$ 和 500 mm 的大者,其中 $h_b$ 为梁的截面高度;

　　　$d_1$——加密区梁箍筋的间距;

　　　$l_n$——梁的净跨;

　　　$d_2$——非加密区梁箍筋的间距;

　　　$d_3$——挑梁箍筋间距;

　　　$l_t$——挑梁的外挑长度;

　　　$h_a$——挑梁的保护层厚度。

（2）拉筋数量的确定

当箍筋总数为偶数时,拉筋总数：

$$n_3 = \frac{n}{2} \times m \qquad (3.1.5)$$

当箍筋总数为奇数时,拉筋总数：

$$n_3 = \frac{n+1}{2} \times m \qquad (3.1.6)$$

式中　$n$——梁内箍筋的总数;

　　　$m$——单个箍筋截面内拉筋的数量。

（3）箍筋下料的长度确定

$$箍筋下料长度 = 直段长度 + 弯钩增加长度 - 弯折量度差值$$

$$= 箍筋周长 + 箍筋调整值 \qquad (3.1.7)$$

或：

$$抗震箍筋的简易下料长度 = 箍筋内包尺寸之和 + 箍筋调整值 + 10d \qquad (3.1.8)$$

其中：箍筋内包尺寸之和

$$= (梁高 - 2 \times 保护层厚度 + 梁宽 - 2 \times 保护层厚度) \times 2$$

（4）"S"筋（腰肢箍）下料长度的计算

$$"S"筋下料长度 = 拉筋外皮尺寸 + 2 \times 13.57d \qquad (3.1.9)$$

$$拉筋外皮尺寸 = \sqrt{(B - 2h_c - 2R)^2 - (2R + d)^2} + 2R + 2d \qquad (3.1.10)$$

式中　$B$——构件截面高或宽；

　　　$h_c$——保护层；

　　　$R$——弯曲半径（取 $R = 2.5d$）；

　　　$d$——拉筋直径。

【例3.1.1】　某建筑物简支梁如图3.1.4所示，试计算钢筋下料长度。钢筋保护层取25 mm（梁编号为L1 共10根）。

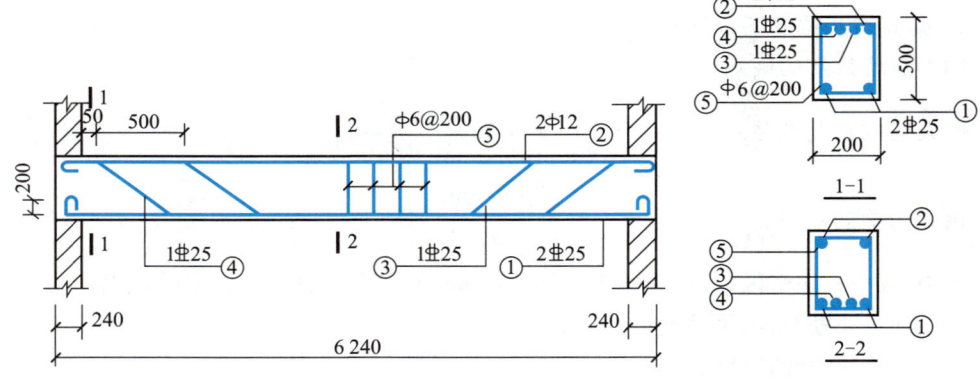

图3.1.4　某建筑物简支梁配筋图

解：① 号钢筋下料长度

$$[(6\,240 + 2 \times 200 - 2 \times 25) - 2 \times 2 \times 25] \text{ mm} = 6\,490.5 \text{ mm}$$

② 号钢筋下料长度

$$(6\,240 - 2 \times 25 + 2 \times 6.25 \times 12) \text{ mm} = 6\,340 \text{ mm}$$

③ 号弯起钢筋下料长度

上直段钢筋长度$(240 + 50 + 500 - 25)$ mm = 765 mm

斜段钢筋长度$(500 - 2 \times 25 - 2 \times 6 - 2 \times 12.5)$ mm × 1.414 = 584 mm

中间直段长度$[6\,240 - 2 \times (240 + 50 + 500 + 450)]$ mm = 3 760 mm

下料长度$[(765 + 584) \times 2 + 3\,760 - 4 \times 0.5 \times 25]$ mm = 6 408 mm

④ 号钢筋下料长度计算为 6 408 mm。

⑤ 号箍筋下料长度

宽度（200−2×25−2×3）mm = 144 mm    高度（500−2×25−2×3）mm = 444 mm

下料长度为［（144+444）×2+100］mm = 1 276 mm

各钢筋简图、抽样及计算见表 3.1.4。

表 3.1.4　某建筑物简支梁钢筋配料单

| 构件名称 | 钢筋编号 | 简图 | 钢号 | 直径 | 下料长度/mm | 单根根数 |
|---|---|---|---|---|---|---|
| L1 梁<br>（共 10 根） | ① | 200 6 190 | ⏀ | 25 | 6 490.5 | 2 |
| | ② | 6 190 | Φ | 12 | 6 340 | 2 |
| | ③ | | ⏀ | 25 | 6 408 | 2 |
| | ④ | | ⏀ | 25 | 6 408 | 2 |
| | ⑤ | | Φ | 6 | 1 276 | 2 |

【例 3.1.2】　某一五层三级抗震建筑，二层楼面为现浇楼盖，楼板厚度为 100 mm，二层楼面有一根框架梁，混凝土为 C30，钢筋主筋为 HRB400 级，主筋锚固长度按 37$d$ 考虑，如图 3.1.5 所示，计算所标各种钢筋下料长度。

解：边支座锚固值计算；

⏀25，$l_{ae}$=37$d$=925 mm；左支座 $l_{ae}$>$h_c$−30 mm=670 mm，采取弯锚。

弯锚长度 = $h_c$−30 mm+15$d$−2$d$=995 mm，

右支座 $l_{ae}$>$h_c$=600 mm，采取弯锚，

弯锚长度 = $h_c$−30 mm+15$d$−2$d$=895 mm；小于 925 mm，因此取 925 mm。

⏀20，$l_{ae}$=37$d$=740 mm；左支座 $l_{ae}$<$h_c$−30 mm=670 mm，采取弯锚，弯锚长度 = 700 mm−30 mm+15$d$−2$d$=930 mm；右支座 $l_{ae}$>$h_c$−30 mm=570 mm，采取弯锚，弯锚长度 = 600 mm−30 mm+15$d$−2$d$=830 mm

（1）①通长筋 = ［6 000+600+1 500+995 mm（左弯锚固）+350−2×25］mm−2$d$ = 9 345 mm

（2）②左支座负筋 6 000 mm/3+995 mm = 2 995 mm

（3）③右支座负筋［6 000/3+600+（1 500−25）+0.414×（350−2×25）−2×0.5×25］mm = 4 174 mm

（4）④号下部通长筋［6 000+995（左弯锚固）+925（右弯锚固）］mm = 7 920 mm

（5）⑤号下部通长筋［6 000+930（左弯锚固）+830（右弯锚固）］mm = 7 760 mm

（6）⑥号悬挑底部筋（1 500−25+15×20）mm = 1 775 mm

（7）框架梁箍筋：［（600+250）×2+120+10×8］mm = 1 900 mm

箍筋个数：$\left[\left(\dfrac{1.5×650-50}{100}+1\right)×2+\dfrac{6\,000-2×1.5×650}{150}-1\right]$ 个 = 46 个

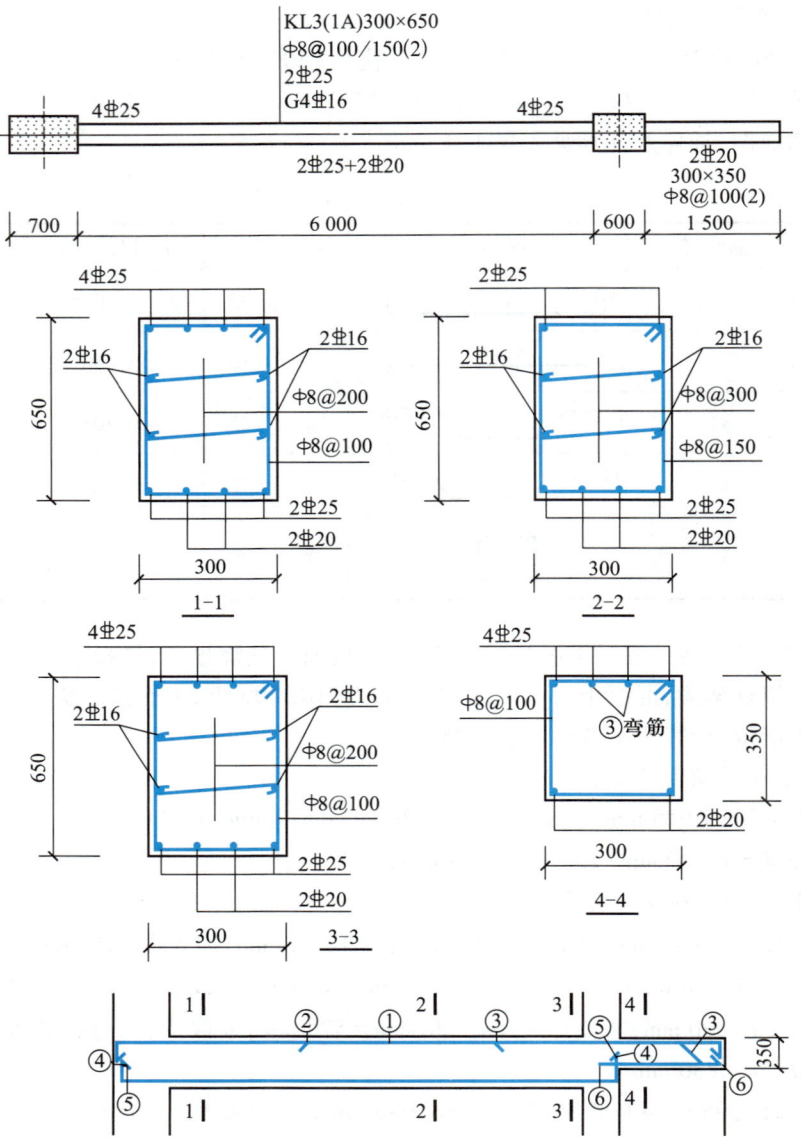

图 3.1.5　某现浇梁配筋图

（8）悬挑梁箍筋：$[(300+350)\times2+120+10\times8]$ mm $=1\ 300$ mm

箍筋个数：$\dfrac{1\ 500-50}{100}$ 个 $=15$ 个

（9）"S"筋（腰肢箍）：

$(\sqrt{(300-2\times25-2\times20)^2-(2\times20+8)^2}+2\times20+2\times8)$ mm $+2\times13.57\times8$ mm $=477.56$ mm

个数：$46\times2$ 个 $=92$

（10）腰筋：$6\ 000$ mm $+2\times15\times16$ mm $=6\ 480$ mm

个数（间距：非加密区间距的 2 倍）共 2 排，共 4 根。

各钢筋简图、抽样及计算见表 3.1.5。

**表 3.1.5　某现浇楼盖钢筋配料单**

| 钢筋编号 | 简图 | 钢号 | 直径 | 下料长度/mm | 单根根数 |
|---|---|---|---|---|---|
| ① | 2⊕25 | ⊕ | 25 | 9 345 | 2 |
| ② | 2⊕25 | ⊕ | 25 | 2 995 | 2 |
| ③ | 2⊕25 | ⊕ | 25 | 4 174 | 2 |
| ④ | 2⊕25 | ⊕ | 25 | 7 920 | 2 |
| ⑤ | 2⊕20 | ⊕ | 20 | 7 760 | 2 |
| ⑥ | 2⊕20 | ⊕ | 20 | 1 775 | 2 |
| ⑦ | | ⊕ | 16 | 1 900 | 46 |
| ⑧ | | Φ | 8 | 1 300 | 15 |
| ⑨ | | Φ | 8 | 477.56 | 92 |
| ⑩ | ⊕16 | ⊕ | 16 | 6 480 | 4 |

### 3.1.4　钢筋加工

钢筋加工宜在常温状态下进行,加工过程中不应加热钢筋。钢筋加工是指对所用钢筋进行调直、除锈、切断和弯折等。

#### 一、钢筋调直

钢筋宜采用无延伸功能的机械设备进行调直,也可采用冷拉或冷拔方法调直。当采用冷拉方法调直时 HPB300 光圆钢筋的冷拉率不宜大于 4%;HRB400、HRB500、HRBF400、HRBF500 及 RRB400 带肋钢筋的冷拉率不宜大于 1%。钢筋调直过程中不应损伤带肋钢筋的横肋。调直后的钢筋应平直,不应有局部弯折。

#### 二、钢筋除锈

钢筋在使用前主要是采用人工除锈,即用钢丝刷、砂盘等工具清除浮皮、铁锈和油污。

#### 三、钢筋切断

钢筋切断应采用常温切断,不得用加热切断。钢筋下料时须按计算的下料长度切断。钢筋切断可采用钢筋切断机或手动切断器。手动切断器只用于切断直径小于 16 mm 的钢筋;钢筋切断机可切断直径 40 mm 以内的钢筋。

#### 四、钢筋弯折

钢筋弯折应在常温下进行,不允许加热弯折,也不得采用锤击弯折。钢筋弯折点不得有裂缝,弯折形状不应在平面上发生翘曲现象。弯折钢筋时宜从中部开始逐步弯折两端;弯勾必须一次弯成,不得反复弯折;加工完毕后的钢筋,应放置在棚内的架垫上,避免锈蚀及污染。

### 3.1.5 钢筋连接

钢筋的连接有绑扎连接、焊接连接和机械连接等方式。纵向受力钢筋连接的基本要求是其连接方式应符合设计要求,这是保证受力钢筋应力传递及结构构件受力性能所必需的。

#### 一、绑扎连接

绑扎连接是两根钢筋互相搭接,在搭接部分的中心及两端位置用铁丝绑扎结实。考虑到连接的经济性,绑扎连接主要适用于小直径的钢筋连接。关于绑扎连接的具体规定如下:

(1)钢筋绑扎接头宜设置在受力较小处,同一纵向受力钢筋不宜设置两个或两个以上接头,接头末端至钢筋弯起点的距离不应小于钢筋公称直径的 10 倍;

(2)同一构件中相邻纵向受力钢筋的绑扎搭接接头宜相互错开,绑扎搭接接头中钢筋的横向净距 $s$ 不应小于钢筋直径,且不应小于 25 mm。

纵向受力钢筋绑扎搭接接头连接区段的长度应为 $1.3L_1$($L_1$ 为搭接长度),凡搭接接头中点位于该连接区段长度内的搭接接头均应属于同一连接区段。同一连接区段内,纵向受力钢筋接头面积百分率为该区段内有接头的纵向受力钢筋截面面积与全部纵向受力钢筋截面面积的比值,如图 3.1.6 所示。

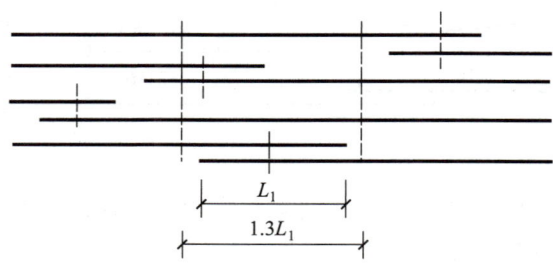

图 3.1.6　钢筋绑扎接头连接区段及接头面积百分率

注:图中所示搭接接头同一连接区段内的搭接钢筋为两根,当各钢筋直径相同时,接头面积百分率为50%。

同一连接区段内,纵向受拉钢筋绑扎搭接接头面积百分率应符合下列规定:

① 梁、板类构件不宜超过 25%,基础筏板不宜超过 50%;

② 柱类构件不宜超过 50%;

③ 当工程中确有必要增大接头面积百分率时,对梁类构件,不应大于 50%;对其他构件,可根据实际情况适当放宽。

纵向受力钢筋绑扎搭接接头的最小搭接长度应符合下列规定:

当纵向受拉钢筋的绑扎搭接接头面积百分率为 25% 时,其最小搭接长度应符合表 3.1.6 的规定。

表 3.1.6　纵向受拉钢筋的最小搭接长度

| 钢筋类型 | | 混凝土强度等级 | | | | | | | |
|---|---|---|---|---|---|---|---|---|---|
| | | C25 | C30 | C35 | C40 | C45 | C50 | C55 | ≥C60 |
| 光面钢筋 | 300 级 | 41d | 37d | 35d | 31d | 29d | 29d | — | — |
| 带肋钢筋 | 400 级 | 49d | 43d | 39d | 37d | 35d | 33d | 31d | 31d |
| | 500 级 | 59d | 53d | 47d | 43d | 41d | 39d | 39d | 37d |

注:1. 两根直径不同钢筋的搭接长度,以较细钢筋的直径计算。

2. 当纵向受拉钢筋搭接接头面积百分率大于 25%,但不大于 50% 时,其最小搭接长度应按表 3.1.6 中的数值乘以系数 1.2 取用;当接头面积百分率大于 50% 时,应按表 3.1.6 中的数值乘以系数 1.35 取用。

3. 对有抗震要求的受力钢筋的最小搭接长度,一、二级抗震等级应按相应数值乘系数 1.15 采用;三级抗震等级应按相应数值乘以系数 1.05 采用。

4. 在任何情况下,受拉钢筋的搭接长度不应小于 300 mm。

5. 纵向受压钢筋绑扎搭接时,其最小搭接长度应根据表 3.1.6 中规定确定相应数值后,乘以系数 0.7 取用。在任何情况下,受压钢筋搭接长度不应小于 200 mm。

### 二、焊接连接

钢筋焊接方法有闪光对焊、电弧焊、电渣压力焊、埋弧压力焊、钢筋气压焊和电阻点焊等。

#### 1. 闪光对焊

钢筋闪光对焊如图 3.1.7 所示。

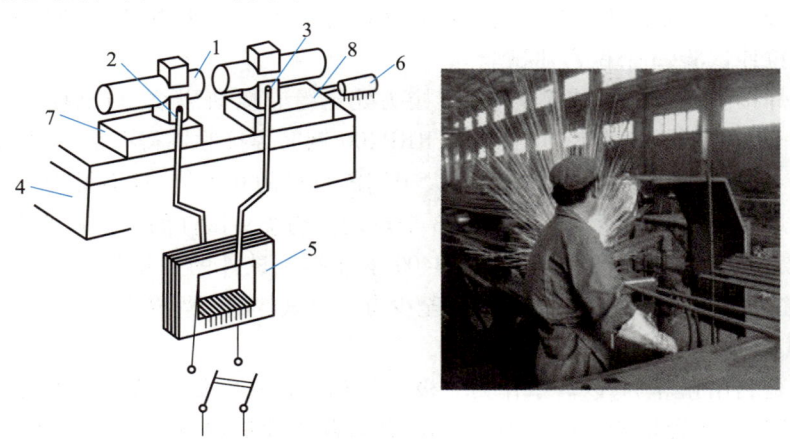

1—焊接的钢筋;2—固定电极;3—可动电极;4—机座;5—变压器;
6—平动顶压机构;7—固定支座;8—滑动支座。

图 3.1.7　钢筋闪光对焊原理

根据钢筋级别、直径和所用焊机的功率,闪光对焊工艺可分为连续闪光焊、预热闪光焊、闪光-预热-闪光焊三种。

（1）施工工艺

编制钢筋加工计划 → 钢筋下料计划 → 钢筋夹紧校正 → 钢筋两端接触闪光 →
闪光预热 → 顶锻 → 质量检查 → 编号、吊牌分类堆放。

（2）施工要点

① 连续闪光焊

连续闪光焊用于焊接直径 25 mm 以内 HRB400 钢筋。连续闪光焊的工艺过程包括连续闪光和顶锻过程。施焊时，闭合电源使两钢筋端面轻微接触，此时端面接触点很快熔化并产生金属蒸气飞溅，形成闪光现象；接着徐徐移动钢筋，形成连续闪光过程，同时接头被加热；待接头烧平、闪去杂质和氧化膜、白热熔化时，立即施加轴向压力迅速进行顶锻，使两根钢筋焊牢。

② 预热闪光焊

预热闪光焊适宜焊接直径大于 25 mm 且端部较平坦的钢筋，预热闪光焊的工艺过程包括预热、连续闪光及顶锻过程，即在连续闪光焊前增加了一次预热过程，使钢筋预热后再连续闪光烧化进行加压顶锻。

③ 闪光-预热-闪光焊

闪光-预热-闪光焊适宜焊接直径大于 25 mm，且端部不平整的钢筋。即在预热闪光焊前面增加了一次闪光过程，使不平整的钢筋端面烧化平整，预热均匀，最后进行加压顶锻。

④ 闪光对焊接头的质量检验

闪光对焊接头应分批进行外观检查和力学性能试验，在同一台班内，由同一焊工完成的 300 个同级别、同直径钢筋焊接接头应作为一批。当同一台班内焊接的接头数量较少，可在一周之内累计计算；累计不足 300 个接头，按一批计算；外观检查的接头数量，应从每批中抽查 10%，且不得少于 10 个；力学性能试验时，从每批接头中随机取 6 个试件，其中 3 个做拉伸试验，3 个做弯曲试验。

闪光对焊接头外观检查结果应符合：接头处不得有横向裂纹；与电接触处的钢筋表面，HRB400 钢筋焊接时不得有明显烧伤；RRB400 钢筋焊接时不得有烧伤；接头处的弯折角不得大于 4°；接头处的轴线偏移，不得大于钢筋直径的 0.1 倍，且不得大于 2 mm。

闪光对焊接头拉伸试验结果应符合：3 个热轧钢筋接头试件的抗拉强度均不得小于该级别钢筋规定的抗拉强度；余热处理 HRB400 钢筋接头试件的抗拉强度均不得小于热轧HRB400 钢筋规定的抗拉强度 570 MPa；应至少有 2 个试件断于焊缝之外，并呈延性断裂。

2. 电弧焊

电弧焊是利用弧焊机，以焊条作为一极，钢筋为另一极，使焊条与焊件之间产生高温电弧，使焊条和电弧燃烧范围内的焊件熔化，待其凝固便形成焊缝或接头的焊接方法。

（1）施工工艺

| 检查设备 | → | 选择焊接参数 | → | 试焊做模拟试件 | → | 送试 | → | 确定焊接参数 | → | 施焊（引弧、定位、运条、收弧） | → | 质量检验 |。

（2）施工要点

电弧焊广泛用于钢筋接头与钢筋骨架焊接、装配式结构接头焊接、钢筋与钢板焊接及各种钢结构焊接。钢筋电弧焊的接头形式（图 3.1.8）有三种：搭接焊接头、帮条焊接头及剖口焊接头。

① 搭接焊接头（图 3.1.8a）：有单面焊缝和双面焊缝两种。

② 帮条焊接头(图3.1.8b):有单面焊缝和双面焊缝两种。

当采用搭接焊接头或帮条焊接头时焊缝长度不应小于帮条或搭接长度,焊缝高度 $h \geqslant 0.3d$,并不得小于 4 mm;焊缝宽度 $b \geqslant 0.7d$,并不得小于 10 mm。在现场安装条件下,以 300 个同类型接头为一批(不足 300 个仍为一批),每批切取三个接头进行拉伸试验,如有一个不合格,取双倍试件复验,如仍有一个不合格,则该批接头为不合格品。

③ 剖口焊接头(图3.1.8c、图3.1.8d):有立焊和平焊两种。

钢筋电弧焊接头外观应符合:焊缝表面应平整,不得有凹陷或焊瘤;焊接头区域不得有裂纹;咬边深度、气孔、夹渣等缺陷允许值及接头尺寸的允许偏差应符合相关规定;剖口焊、熔槽帮条焊和窄间隙焊接头的焊缝余高不得大于 3 mm。

钢筋电弧焊接头拉伸试验结果应符合:3 个热轧钢筋接头试件的抗拉强度均不得小于该级别钢筋规定的抗拉强度;每个接头试件均应断于焊缝之外,并应至少有 2 个试件呈延性断裂。

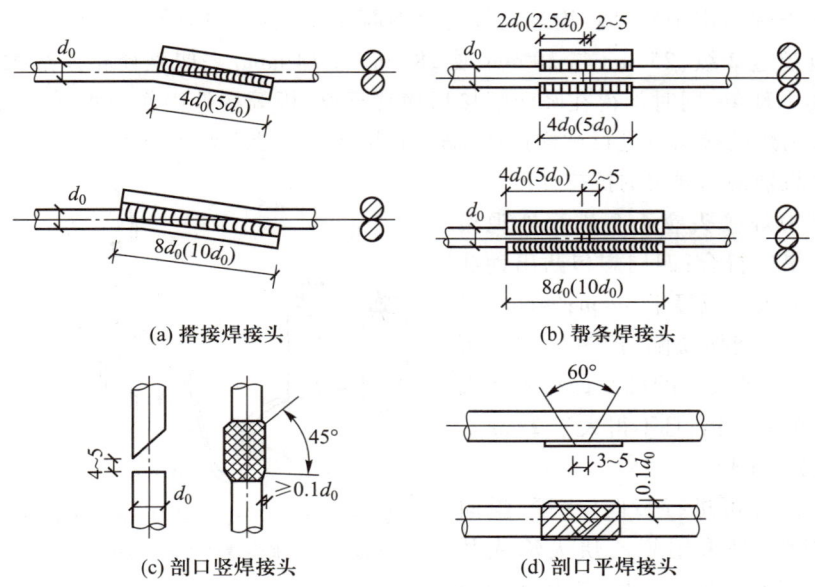

(a) 搭接焊接头　　　　　　(b) 帮条焊接头

(c) 剖口竖焊接头　　　　　　(d) 剖口平焊接头

图 3.1.8　电弧焊的接头形式

3. 电渣压力焊

电渣压力焊(图3.1.9)是将两钢筋安放成竖向对接形式,利用焊接电流通过两钢筋端面间隙,在焊剂层下形成电弧过程和电渣过程,产生电弧热和电阻热,熔化钢筋,加压完成的一种压焊方法。

(1) 施工工艺

安装焊接钢筋 → 安放引弧丝球 → 缠绕石棉绳,装上焊剂盒 → 装放焊剂 →

接通电源,造渣过程形成渣池 → 电渣过程,钢筋端面熔化 → 切断电源,顶压钢筋完成焊接 →

卸出焊剂、拆除焊盒 → 拆除夹具。

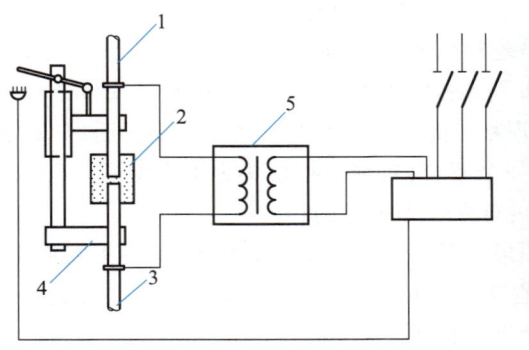

1—上钢筋；2—焊剂盒；3—下钢筋；4—下夹头；5—焊接电源。

图 3.1.9　电渣压力焊构造

（2）施工要点

电渣压力焊适用于柱、墙、构筑物等现浇混凝土结构中竖向受力钢筋的连接，其两直径之差不宜超过 2 级（25 mm 与 20 mm 或 18 mm 与 14 mm）。如直径相差过大受力时会出现应力集中现象，同时不得在竖向焊接后横置于梁、板等构件中作为水平钢筋使用。

电渣压力焊的接头应进行试样拉伸试验，其拉伸试验结果要求：3 个试件的抗拉强度均不得小于该级别钢筋规定的抗拉强度。

电渣压力焊接头应逐个进行外观检查。检查结果应符合：四周焊包凸出钢筋表面的高度应大于或等于 4 mm；钢筋与电极接触处，应无烧伤缺陷；接头处的弯折角不得大于 4°；接头处的轴线偏移不得大于钢筋直径的 0.1 倍，且不得大于 2 mm。

4. 钢筋气压焊

钢筋气压焊可进行竖向、水平、斜向等全方位焊接，是采用氧乙炔火焰或其他火焰对两钢筋对接处加热，使其达到塑性状态或熔化状态后，加压完成的一种压焊方法，图 3.1.10 为气压焊设备示意图，图 3.1.11 为气压焊施工现场。

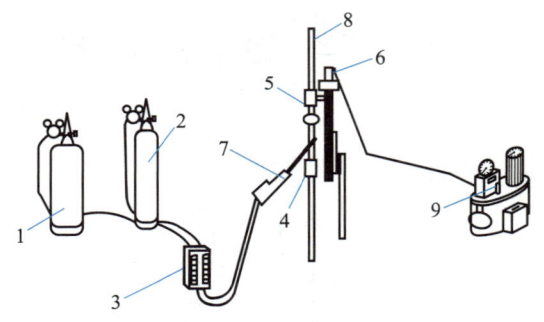

1—乙炔；2—氧气；3—流量计；4—固定卡具；5—活动卡具；6—压接器；7—加热器；8—被焊接的钢筋；9—加压油泵。

图 3.1.10　气压焊设备示意图

（1）施工工艺

气源 → 钢筋端头制备 → 安装焊接夹具和钢筋 → 试焊、做试件 → 施焊 → 卸下夹具 → 质量检查。

（2）施工要点

钢筋气压焊工艺具有设备简单、操作

图 3.1.11　气压焊施工现场

方便、质量好、成本低等优点，但对焊工要求严，焊前对钢筋端面处理要求高，被焊两钢筋直径之差不得大于 7 mm。

气压焊接头应逐个进行外观检查。当进行力学性能试验时，应从每批 300 个接头中随机切取 3 个接头做拉伸试验；在梁、板的水平钢筋连接中，应另切取 3 个接头做弯曲试验。

气压焊接头外观检查结果应符合下列要求：偏心量不得大于钢筋直径的 0.15 倍，且不得大于 4 mm（图 3.1.12a）。当不同直径钢筋焊接时，应按较小钢筋直径计算。当大于上述规定值，但在钢筋直径的 0.30 倍以下时，可加热矫正；当大于 0.30 倍时，应切除重焊；接头处的弯折角不得大于 3°，当大于规定值时，应重新加热矫正；镦粗直径 $d_c$ 不得小于钢筋直径的 1.4 倍（图 3.1.12b），当小于此规定值时，应重新加热镦粗；镦粗长度 $l_c$ 不得小于钢筋直径的 1.2 倍，且凸起部分平缓圆滑（图 3.1.12c），当小于此规定值时，应重新加热墩长；钢筋压焊区表面不得有横向裂纹或严重烧伤。

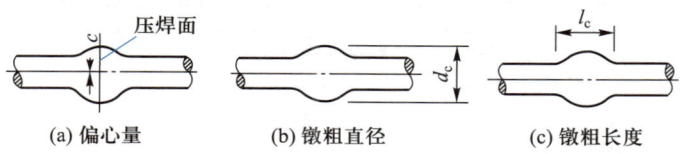

(a) 偏心量　　　　(b) 镦粗直径　　　　(c) 镦粗长度

图 3.1.12　钢筋气压焊接头外观质量图解

### 5. 电阻点焊

电阻点焊主要用于钢筋交叉连接，常用来焊接钢筋网片，主要工艺参数为电流强度、通电时间和电极压力。点焊过程可分为预压、通电、锻压三个阶段。图 3.1.13 为点焊机工作原理。

焊点应有一定压入深度：对于热轧钢筋，压入深度以较小钢筋直径的 25%~45% 为宜；点焊冷拔光圆钢丝、冷轧带肋钢筋，压入深度以较小钢筋直径的 25%~40% 为宜。同一厂家生产的同一钢筋直径、同一级别的钢筋每 20 t 为一检验批，应随机抽取一张网片，在纵、横向钢筋上各截取 2 根试件，分别进行拉伸和冷弯试验，并在同一根非受拉钢筋上随机截取 3 个抗剪试件进行抗剪试验。

### 三、机械连接

钢筋机械连接是指通过连接件机械咬合作用或钢筋端面的承压作用，将一根钢筋中的力传递至另一根钢筋的连接方法。机械连接具有以下优点：接头质量稳定可靠，不受钢筋化学成分影响，人为因素影响小；操作简便，施工速度快，不受气候条件影响；钢筋机械连接主要包括套筒挤压连接、锥螺纹套管连接、直螺纹套管连接等。

### 1. 套筒挤压连接

套筒挤压连接是把两根待接钢筋的端头先插

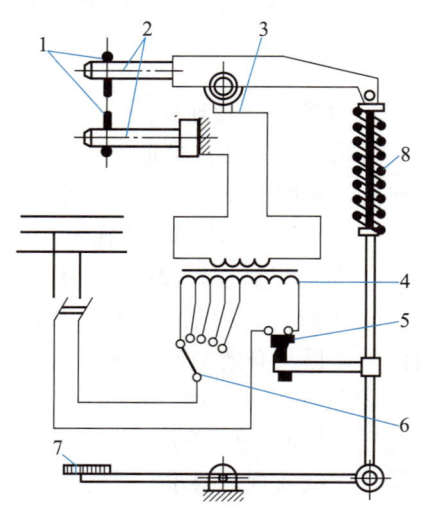

1—电极；2—电极臂；3—变压器的次级线圈；
4—变压器的初级线圈；5—断路器；
6—变压器的调节开关；7—踏板；8—压紧机构。

图 3.1.13　点焊机工作原理

入一个优质钢套管,然后用挤压机在侧向加压数道,套筒塑性变形后即与带肋钢筋紧密咬合,达到连接的目的,如图 3.1.14 所示。

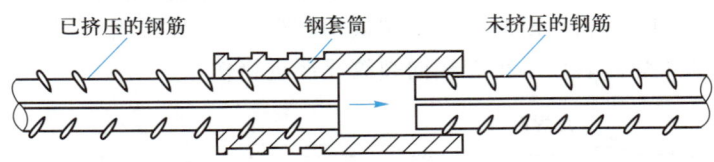

图 3.1.14　套筒挤压连接

2. 锥螺纹套管连接

锥螺纹套管连接是用锥形纹套筒将两根钢筋端头对接在一起,利用螺纹的机械咬合力传递拉力或压力。所用的设备主要是套丝机,通常安放在现场对钢筋端头进行套丝,如图 3.1.15 所示。

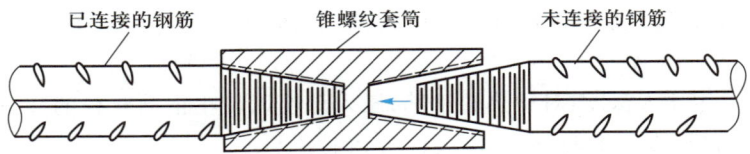

图 3.1.15　锥螺纹套筒连接

3. 直螺纹套管连接

直螺纹套管连接是近年来开发的一种新的螺纹连接方式,它综合了套筒挤压和锥螺纹连接技术的优点。它先把钢筋端部镦粗,然后再切削直螺纹,最后用套筒实行钢筋对接,套筒短,螺纹扣数少,其施工方式与锥螺纹连接技术相近,如图 3.1.16 所示。

4. 钢筋机械连接接头质量检查与验收

① 工程中应用钢筋机械连接时,应由该技术提供单位提交有效的检验报告。

② 钢筋连接工程开始前及施工过程中,应对每批进场钢筋进行接头工艺检验,工艺检验应符合设计图纸或规范要求。

③ 现场应进行外观质量检查和单向拉伸试验。接头现场检验按验收批进行。

图 3.1.16　直螺纹套筒连接

④ 对接头的每一验收批,必须在工程结构中随机截取 3 个试件做单向拉伸试验,按设计要求的接头性能等级进行检验与评定。

⑤ 在现场连续检验 10 个验收批。

⑥ 外观质量检验的质量要求、抽样数量、检验方法及合格标准由各类型接头的技术规程确定。

### 3.1.6 钢筋骨架绑扎及安装

### 3.1.7 钢筋工程施工质量检查验收

## 3.2 模板工程

在钢筋混凝土结构施工中，为使新拌混凝土在浇筑过程中保持设计要求的位置尺寸和几何形状，硬化成为钢筋混凝土结构或构件，并承受施工过程中的各种荷载，需采用模板系统。

模板系统由模板和支撑系统两部分构成。模板的作用是使混凝土成型，使硬化后的混凝土具有设计所要求的形状和尺寸；支撑系统的作用是保证结构构件的空间布置，同时也承受和传递模板和新浇筑混凝土的重量以及施工荷载，保证整个模板系统的整体性和稳定性。

模板系统按结构施工部位可以分为：基础模板、柱模板、楼板模板、楼梯模板、墙、壳、烟囱模板。按施工方法可以分为：现场装拆式模板系统、固定式模板系统和移动式模板系统。现场装拆式模板是按照设计要求的结构形状、尺寸及空间位置在现场组装，当混凝土达到拆模强度后即拆除模板。固定式模板多用于制作预制构件，是按构件的形状、尺寸于现场或预制厂制作，涂刷隔离剂，浇筑混凝土，当混凝土达到规定的强度后，即脱模、清理模板，再重新涂刷隔离剂，继续制作下一批构件。各种胎模（土胎模、砖胎模、混凝土胎模）即属于固定式模板。随着混凝土的浇筑，移动式模板可沿垂直方向或水平方向移动，如烟囱、水塔、墙柱混凝土浇筑采用的滑升模板、爬升模板、提升模板、大模板，高层建筑楼板采用的飞模，筒壳混凝土浇筑采用的水平移动式模板等。

模板系统的基本要求：应保证结构和构件各部分形状、尺寸和相互位置正确；要有足够的强度、刚度和稳定性，并能可靠地承受新浇筑混凝土的自重荷载、侧压力及施工荷载，不致发生不允许的下沉与变形；构造要简单，装拆方便，并便于钢筋的绑扎与安装，有利于混凝土的浇筑及养护；模板接缝严密，不漏浆；能多次周转使用，节约材料。

模板工程占钢筋混凝土工程总价的 20%～30%,占劳动量的 30%～40%,占工期的 50%左右,决定着施工方法和施工机械的选择,正确选择其材料、形式和合理组织施工,对加速混凝土工程施工、降低施工成本有显著效果。模板工程的施工包括模板系统的选材、选型、设计、制作、安装、拆除和周转等过程。

### 3.2.1 模板的分类

模板体系中,常见模板有木模板、钢模板、胶合板模板、塑料模壳、玻璃钢模壳、永久性模板等。

#### 一、木模板

通常预先制作成两种形式的基本构件,一种是先在木材加工厂或施工现场做成拼板,然后再在现场拼装。模板由拼板和拼条组成。拼板厚度一般为 25～50 mm 厚,宽度不宜超过 200 mm,以保证干缩时缝隙均匀不翘曲,浇水后易于密封。但梁底板的拼板宽度则不受此限制,以减少拼缝防止漏浆。拼条规格为 25 mm×35 mm～50 mm×100 mm,如图 3.2.1 所示。

另一种是将木板钉在边框上,制成一定尺寸的定型模板(图 3.2.2)。定型模板的尺寸一般长 700～1 200 mm,宽 200～400 mm。这种形式的模板可用短料制作,刚度较好,不易损坏,利用率高。

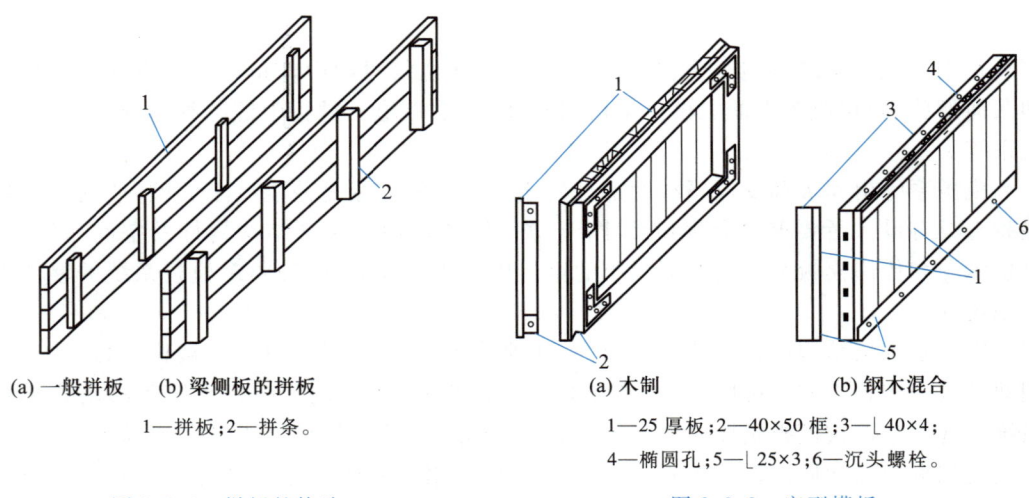

(a) 一般拼板　　(b) 梁侧板的拼板

1—拼板;2—拼条。

图 3.2.1　拼板的构造

(a) 木制　　(b) 钢木混合

1—25 厚板;2—40×50 框;3—∠ 40×4;
4—椭圆孔;5—∠ 25×3;6—沉头螺栓。

图 3.2.2　定型模板

#### 二、定型组合钢模板

定型组合钢模板是一种工具式定型模板,包括平面模板、阴角模板、阳角模板和连接角模。钢模板通过各种连接件可组合成多种尺寸、结构和几何形状的模板,以适应各种类型建筑物的梁、柱、板、墙、基础和设备等施工的需要,也可用其拼装成大模板、滑模、隧道模和台模等。施工时可在现场直接组装,亦可预拼装成大块模板或构件模板用起重机吊运安装。定型组合钢模板组装灵活,通用性强,拆装方便,每套钢模可重复使用 50～100 次;加工精度高,浇筑混凝土的质量好,成型后的混凝土尺寸准确,棱角整齐,表面光滑,可以节省装修用工。

1. 平面模板

平面模板用于基础、墙体、梁、板、柱等各种结构的平面部位,它由面板和肋组成,肋上设有 U 形卡孔和插销孔,利用 U 形卡和 L 形插销等拼装成大块板,如图 3.2.3a 所示。平面模板采用模数制设计,宽度模数以 50 mm 进级(共有 100 mm、150 mm、200 mm、250 mm、300 mm、350 mm、400 mm、450 mm、500 mm、550 mm、600 mm 十一种规格),长度为 150 mm进级(共有 450 mm、600 mm、750 mm、900 mm、1 200 mm、1 500 mm、1 800 mm 七种规格),适应横竖拼装成以 50 mm 进级的任何尺寸的模板。

2. 阳角模板

阳角模板主要用于混凝土构件阳角,如图 3.2.3b 所示。

3. 阴角模板

阴角模板用于混凝土构件阴角,如内墙角、水池内角及梁板交接处阴角等,如图 3.2.3c所示。

4. 连接角模

角模用于平模板作垂直连接构成阳角,如图 3.2.3d 所示。

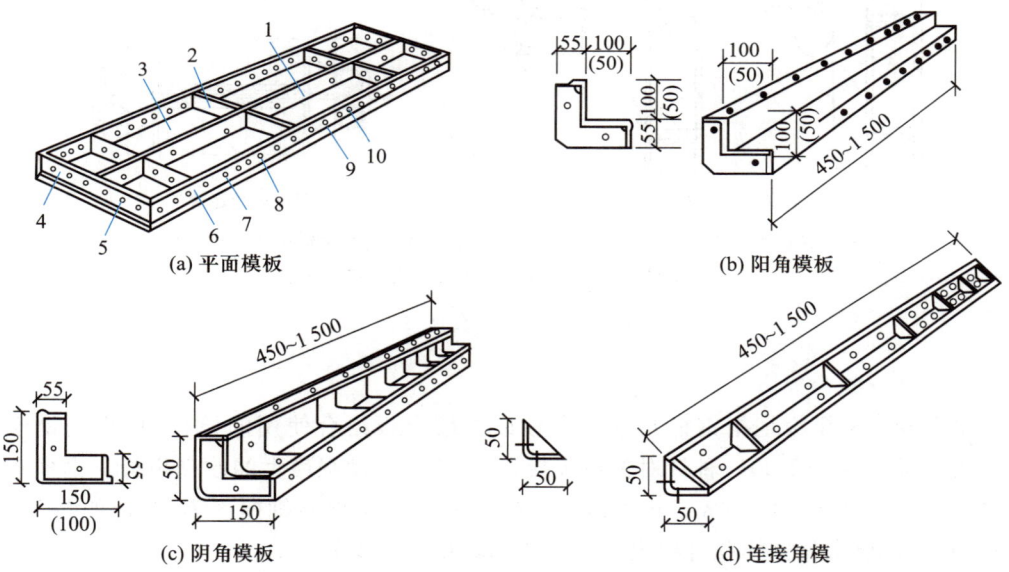

1—中纵肋;2—中横肋;3—面板;4—横肋;5—插销孔;6—纵肋;7—凸棱;8—凸鼓;9—U 形卡孔;10—钉子孔。

图 3.2.3　钢模板类型

5. 连接件

定型组合钢模板的连接件包括 U 形卡、L 形插销、钩头螺栓、对拉螺栓、紧固螺栓和扣件等,如图 3.2.4 所示。

① U 形卡:模板的主要连接件,用于相邻模板的拼装。

② L 形插销:用于插入两块模板纵向连接处的插销孔内,以增强模板纵向接头处的刚度。

③ 钩头螺栓:连接模板与支撑系统的连接件。

④ 紧固螺栓:用于内、外钢楞之间的连接件。

⑤ 对拉螺栓:又称穿墙螺栓,用于连接墙壁两侧模板,保持墙壁厚度,承受混凝土侧压力及水平荷载,使模板不致变形。

⑥ 扣件:扣件用于钢楞之间或钢楞与模板之间的扣紧,按钢楞的不同形状,分别采用蝶形扣件和"3"形扣件。

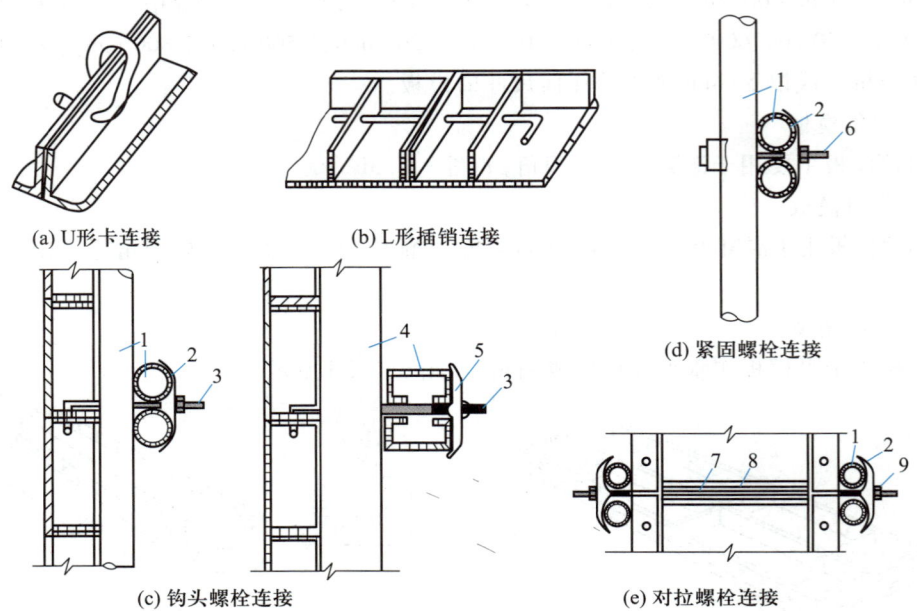

(a) U形卡连接    (b) L形插销连接

(d) 紧固螺栓连接

(c) 钩头螺栓连接    (e) 对拉螺栓连接

1—圆钢管钢楞;2—"3"形扣件;3—钩头螺栓;4—内卷边槽钢钢楞;5—蝶形扣件;
6—紧固螺栓;7—对拉螺栓;8—塑料套管;9—螺母。

图 3.2.4    钢模板连接件

### 三、钢框胶合板模板

钢框胶合板模板是指钢框与木胶合板或竹胶合板结合使用的模板,自重比钢模轻1/3,用钢量减少 1/2,是一种针对钢模板投资大、工人劳动强度大的改良模板。钢框胶合板模板由钢框和防水木、竹胶合板平铺在钢框上,用沉头螺栓与钢框连牢,构造如图 3.2.5 所示,施工现场常见钢框胶合板模板如图 3.2.6 和图 3.2.7 所示。

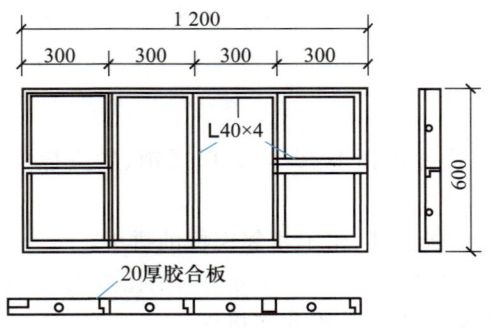

图 3.2.5    钢框胶合板模板

图 3.2.6　钢框木胶合模板　　　　　图 3.2.7　钢框复塑竹胶合模板

### 四、模壳

模壳是用于钢筋混凝土密肋楼板的一种工具式模板,有塑料模壳(图 3.2.8)和玻璃钢模壳(图 3.2.9)。密肋楼板由薄板与间距较小的密肋组成,模板的拼装难度大,且不经济。采用塑料或玻璃钢按密肋楼板的规格尺寸加工成需要的模壳,则具有一次成型、多次周转的便利。

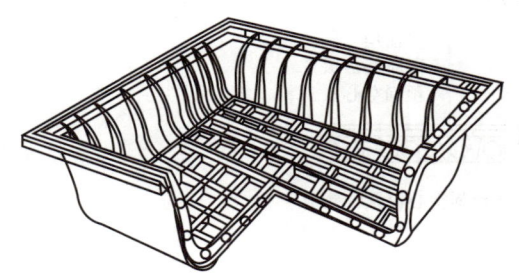
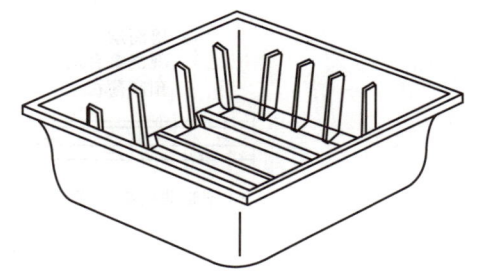

图 3.2.8　塑料模壳　　　　　　　　图 3.2.9　玻璃钢模壳

### 五、永久性模板

永久性模板在现浇混凝土结构浇筑后不再拆除,有的模板与现浇结构叠合成共同受力构件。永久性模板分为压型钢板和配筋的混凝土薄板两种(图 3.2.10、图 3.2.11 和图 3.2.12),多用于现浇钢筋混凝土楼(屋)面板。永久性模板简化了现浇结构的支模工艺,节约了拆模用工,加快了工程进度,提高了工程质量。

图 3.2.10　压型钢板

## 3.2.2　模板的支撑系统

模板的支撑系统是采用各种工具式的卡具、柱箍、钢楞、支架、斜撑及钢桁架等组成模板的支架系统,可以节约材料、扩大施工空间、加快施工进度。

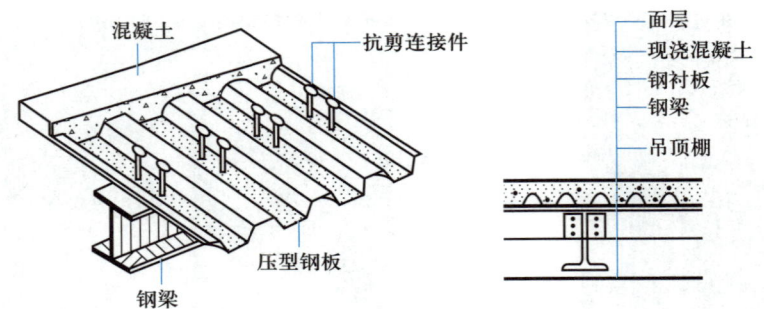

图 3.2.11　压型钢板施工的楼盖

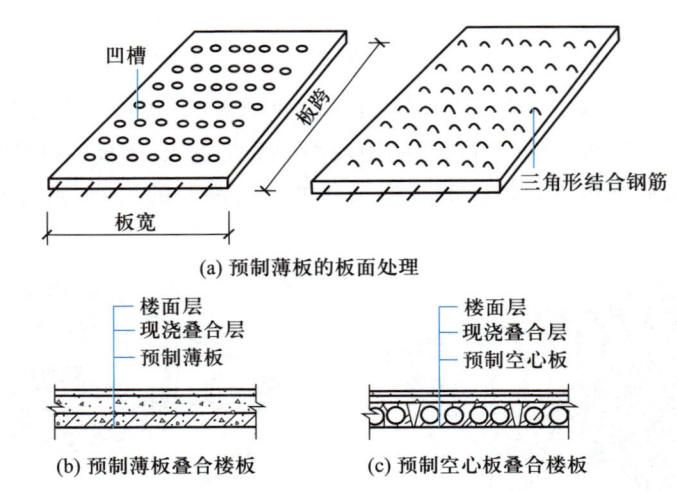

(a) 预制薄板的板面处理

(b) 预制薄板叠合楼板　　　(c) 预制空心板叠合楼板

图 3.2.12　混凝土薄板

## 一、钢楞

钢楞即模板的横档和竖档,分内钢楞与外钢楞。内钢楞配置方向一般应与钢模板垂直,直接承受钢模板传来的荷载,其间距一般为 700 ~ 900 mm。钢楞一般使用圆钢管、矩形钢管、槽钢或内卷边槽钢,以钢管用得较多。

## 二、柱箍

柱模板四角设角钢柱箍,角钢柱箍由两根互相焊成直角的角钢组成,用弯角螺栓及螺母拉紧,如图 3.2.13 所示。

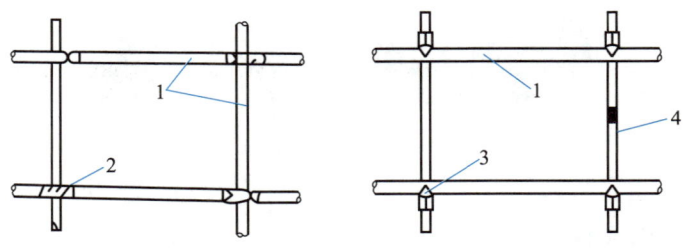

1—圆钢管;2—直角扣件;3—"3"形扣件;4—对拉螺栓。

图 3.2.13　柱箍

### 三、钢支架

常用钢支架一为顶撑,二为井架。顶撑有木制琵琶撑和活动式钢管支撑,活动钢管支撑的可调高度为 1.5~3.6 m,每档调节高度为 100 mm。荷重较大或高度较高时,一般搭设扣件式钢管井架或排架。常用钢管支架如图 3.2.14a 所示,它由内外两节钢管制成,其高低调节距模数为 100 mm,支架底部除垫板外,均用木楔调整标高,以利于拆卸。另一种钢管支架本身装有调节螺杆,能调节一个孔距的高度,使用方便,但成本略高,如图 3.2.14b 所示。当荷载较大、单根支架承载力不足时,可用组合钢支架或钢管井架,如图 3.2.14c 所示。还可用扣件式钢管脚手架、门型脚手架作支架,如图 3.2.14d 所示。图 3.2.15 为施工现场的钢支架。

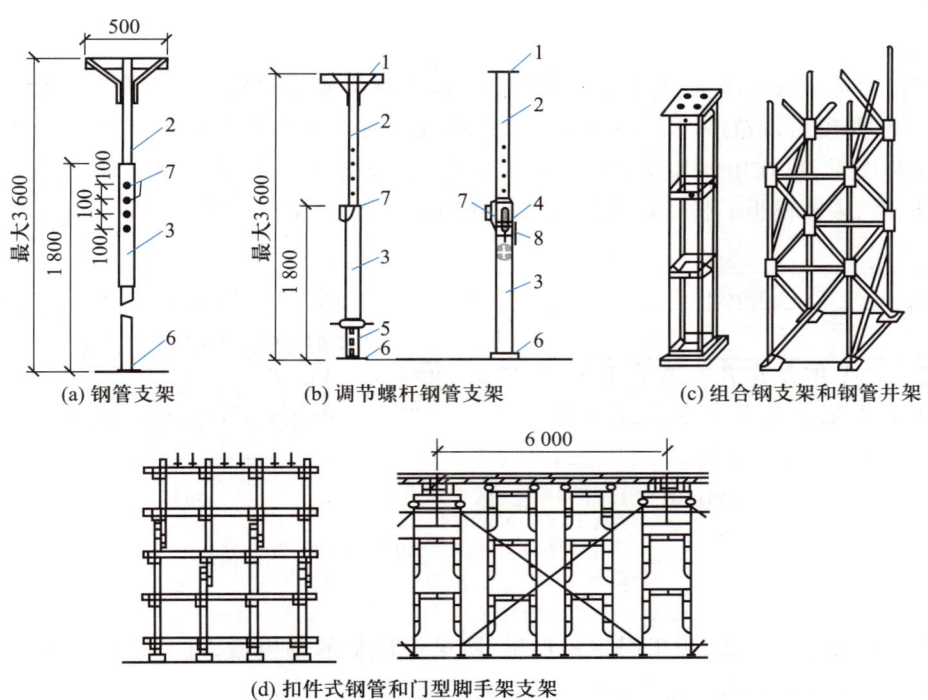

(a) 钢管支架　　　　(b) 调节螺杆钢管支架　　　　(c) 组合钢支架和钢管井架

(d) 扣件式钢管和门型脚手架支架

1—顶板;2—插管;3—套管;4—转盘;5—螺杆;6—底板;7—插销;8—转动手柄。

图 3.2.14　钢支架

图 3.2.15　施工现场的钢支架

#### 四、斜撑

由组合钢模板拼成的整片墙模或柱模,在吊装就位后,应由斜撑调整和固定其垂直位置,如图 3.2.16 所示。

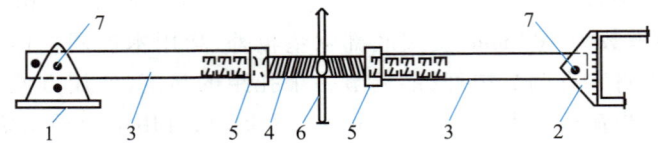

1—底座;2—顶撑;3—钢管斜撑;4—花篮螺栓;5—螺母;6—旋杆;7—销钉。

图 3.2.16　斜撑

#### 五、钢桁架

钢桁架可搁置在墙上、梁侧模板横档上,以支撑梁或板的模板。组合式桁架使用时两榀一组,跨度可调范围为 2.5～3.5 m。荷重较大时可多榀成组排放;结构跨度超过桁架最大跨度时,可在中间加支柱后连续安装桁架,如图 3.2.17 所示,其两端可支撑在钢筋托具、墙、梁侧模板的横档以及柱顶梁底横档上,以支撑梁或板的模板。

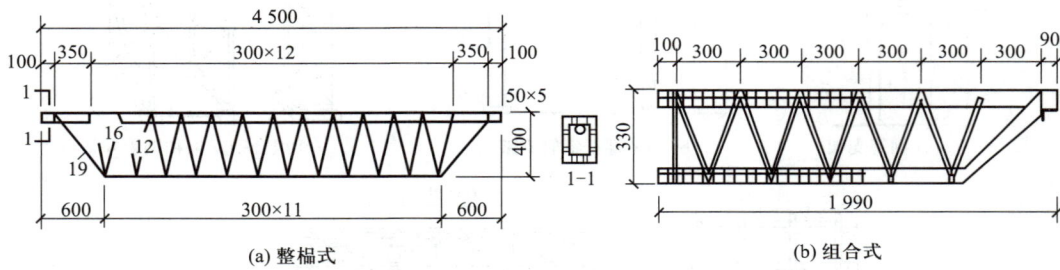

(a) 整榀式　　　　　　　　　　(b) 组合式

图 3.2.17　钢桁架

#### 六、梁卡具

梁卡具又称梁托架,用于固定矩形梁、圈梁等模板的侧模板,可节约斜撑等材料,也可用于侧模板上口的卡固定位,如图 3.2.18 所示。

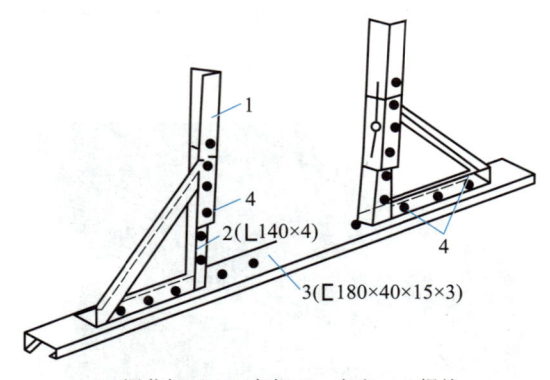

1—调节杆;2—三角架;3—底座;4—螺栓。

图 3.2.18　梁卡具

### 3.2.3 模板安装及注意事项

#### 一、基础模板

基础特点是高度不大而体积较大,基础模板一般利用地基或基槽进行支撑。

**1. 阶梯形基础模板**

核对基础垫层标高,弹基础中心线和边线,将模板中心线对准基础中心线,然后校正模板上口标高,用轿杠木搁置在下台阶模板上,斜撑及平撑的一端撑在上台阶模板的背方上,另一端撑在下台阶模板背方顶上,如图 3.2.19 所示。

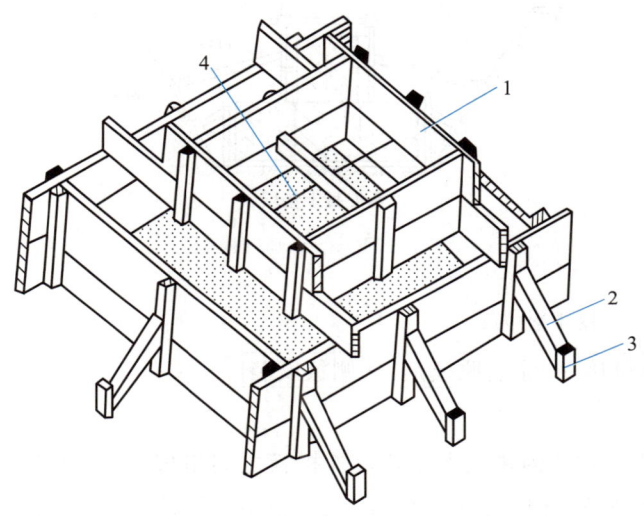

1—拼板;2—斜撑;3—木桩;4—铁丝。

图 3.2.19　阶梯形基础模板

阶梯形基础模板安装工艺为:

弹线 → 侧板拼接 → 组拼各阶模板 → 涂刷脱模剂 → 下阶模板安装 → 上阶模板安装。

**2. 杯形基础模板**

与阶梯形独立基础相似,不同的是增加一个中心杯芯模,杯口上大下小略有斜度(图 3.2.20),杯芯模两侧要钉上轿杠木,以便搁置在上台阶模板上,杯芯模不设底模板,以利杯口底部混凝土振捣。

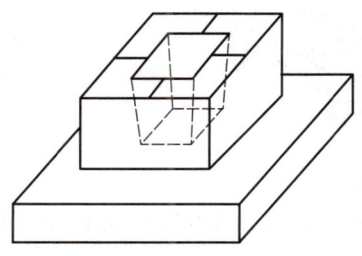

图 3.2.20　杯形基础模板

3. 条形基础模板

先在基槽底弹出基础边线,再把侧板对准边线垂直竖立,用水平尺校正侧板顶面水平后,再用斜撑和平撑钉牢。如基础较长,应先安装基础两端的端模板,校正后,再在侧板上口拉通线,依照通线安装侧板。为防止在浇筑混凝土时模板变形,保证基础宽度的准确,在侧板上口每隔一定距离钉上搭头木,如图3.2.21所示。

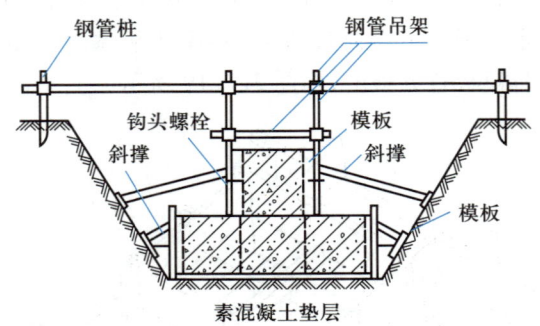

图 3.2.21　条形基础模板

条形基础模板安装工艺为:

弹线 → 侧板拼接 → 涂刷脱模剂 → 侧板安装 。

二、柱模板

柱模板由两块相对的内拼板夹在两块外拼板之间组成,如图3.2.22a所示。亦可用短横板(门子板)代替外拼板钉在内拼板上,如图3.2.22b所示。有些短横板可先不钉上,作为混凝土的浇筑孔,待浇至其下口时再钉上。

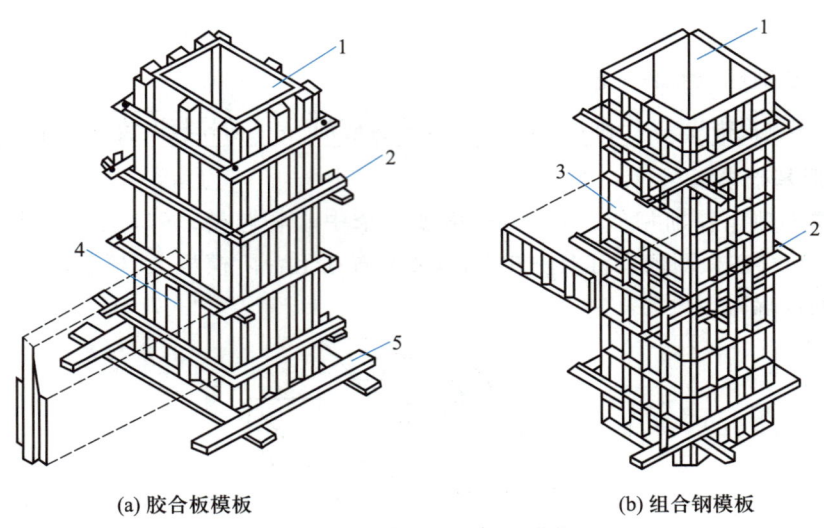

(a) 胶合板模板　　　　　　　　(b) 组合钢模板

1—侧模;2—柱箍;3—浇筑孔;4—清理孔;5—固定框。

图 3.2.22　柱模板

柱模板施工工艺为：

找平、定位→组装柱模→安装柱箍→安装拉杆或斜撑→校正垂直度→柱模预检→浇筑混凝土→柱模拆除。

柱模板主要解决垂直度、施工时的侧向稳定及抵抗混凝土的侧压力等问题，同时也应考虑方便浇筑混凝土、清理垃圾与钢筋绑扎等。柱模板底部开有清理孔。沿高度每隔约 2 m 开有浇筑孔。柱底部一般有一钉在底部混凝土上的木框，用来固定柱模板的位置。为承受混凝土侧压力，拼板外要设柱箍，柱箍间距与混凝土侧压力大小、拼板厚度有关，由于侧压力是下大上小，因而柱模板的柱箍间距是上疏下密。柱模板顶部需要开有与梁模板连接的缺口。

安装时，先在基础面（楼面）弹出柱轴线及边线，同一柱列则先弹两端柱，再拉通线弹中间柱的轴线及边线。按照边线先把底盘固定好，然后再对准边线安装柱模板。为防止混凝土浇筑时模板发生鼓胀变形，柱箍应根据柱模断面大小经计算确定，下部的间距应小些，往上可逐渐增大间距，但一般不超过 1.0 m。柱截面尺寸较大时，应考虑在柱模内设置对拉螺栓。柱高≥4 m 时，柱模应四面支撑；柱高≥6 m 时，不宜单根柱支撑，宜几根柱同时支撑组成构架。图 3.2.23 为施工现场柱模板。

图 3.2.23　施工现场柱模板

## 三、梁模板

梁的特点是跨度较大而宽度一般不大，梁高可达到 1 m 左右，梁的下面一般是架空的。混凝土对模板既有横向侧压力，又有垂直压力，这要求梁模板及其支撑系统稳定性要好，有足够的强度和刚度，不致发生超过规范允许的变形。

梁模板安装工艺为：

弹线→搭设梁架满堂脚手架→调整标高→铺梁底模模板→安装梁侧模→安装龙骨→铺顶板模板→校正标高→预检→梁、板钢筋绑扎。

梁模板由三块拼板构成，一块作底板，两块作侧板，如图 3.2.24 所示，底模板承受垂直荷载，一般较厚，侧模板主要承受混凝土水平压力。梁底模板下用顶撑（琵琶撑）支设，顶撑间距视梁的断面大小而定，一般 0.8~1.2 m；顶撑之间应设水平拉杆和剪刀撑，使之互相拉撑成为一整体，当梁底距地面高度大于 6 m 时，应搭设排架或满堂红脚手架支撑；为确保顶撑支设的坚实，应在夯实的地面上设置垫板和楔子。

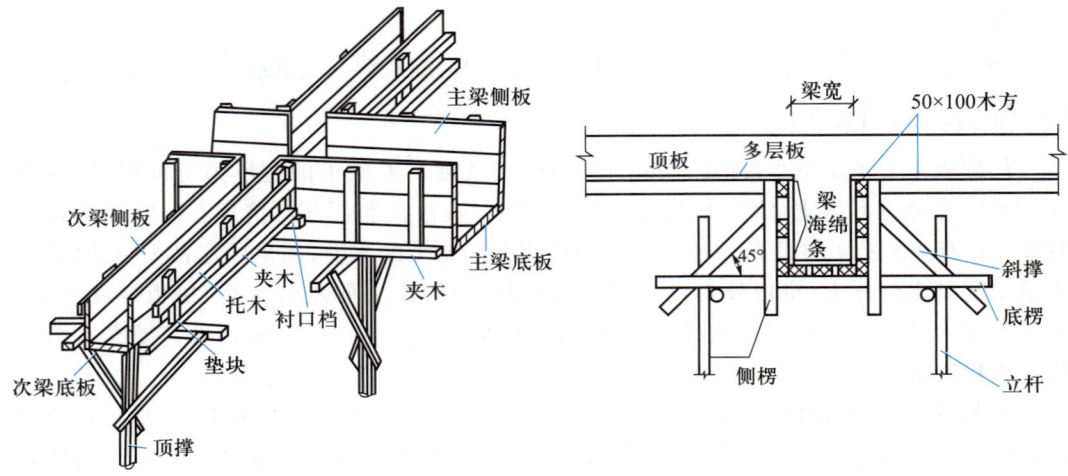

图 3.2.24　梁模板支设图

梁侧模下方应设置夹木,将梁侧模与底模板夹紧,并钉牢在顶撑上。梁侧模上口设置托木,托木的固定可上拉(上口对拉)或下撑(撑于顶撑上),梁高度≥700 mm 时,应在梁中部另加斜撑或对拉螺栓固定。

### 四、楼板模板

楼板模板一般面积大而厚度不大,楼板模板及支撑系统要保证能承受混凝土自重和施工荷载,保证板不变形、不下垂。

楼板模板安装工艺为:

地面夯实 → 支立柱 → 安大小龙骨 → 铺模板 → 校正标高 → 加立杆的水平拉杆 → 办预检。

铺设时,底层地面应夯实,底层和楼层立柱应垫通长脚手板,多层支架时,上下层支柱应在同一竖向中心线上。模板铺设方向从四周或墙、梁连接处向中央铺设。楼板跨度大于 4 m 时,模板的跨中要起拱,起拱高度为板跨度的 1‰~3‰。

### 五、肋形楼盖模板

肋形楼盖由主梁、次梁和楼板组成,通常一次支模、绑钢筋、浇筑混凝土。模板支设采取先支主、次梁,然后将桁架或搁栅按设计要求支设在梁侧模通长的横档(托木)上,调平固定后再铺设楼板模板。平面尺寸大时,可采取分段支模,按设计要求或征得设计单位的同意留设后浇带隔断。

肋形楼盖模板一般有支撑支模法和钢管脚手架支模法。

1. 支撑支模法

支撑支模法(图 3.2.25)模板由木或钢支撑支承。主、次梁同时支模时,一般先支好主梁模板,经轴线标高检查校正无误后,加以固定,在主梁上留出安装次梁的缺口,尺寸与次梁截面相同,缺口底部加钉衬口档,以便与次梁模板相接;楼板模板安装时,先在次梁模板的外侧弹水平线,其标高为楼板板底标高减去模板厚和搁栅高度,再按墨线钉托木,并在侧板木档上钉竖向小木方顶住托木,然后放置搁栅,再在底部用立柱支牢,从一侧向另一侧密铺楼板模板,在两端及接头处用钉钉牢,其他部位少钉,以便拆模。

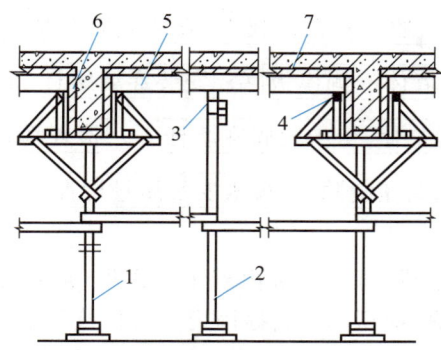

1—支柱;2—立柱;3—牵杠;4—托木;5—搁栅;6—梁侧模;7—楼板底模。

图 3.2.25　肋形楼盖支撑支模法

### 2. 钢管脚手架支模法

钢管脚手架支模法(图 3.2.26)是在梁、板底部搭设满堂脚手架,脚手杆的间距根据梁板荷载经计算而定,一般在梁两侧应设两根脚手杆,以便固定梁侧模,在梁间根据板跨度和荷载情况设脚手杆,立管、纵管、横管交接处用扣件扣牢。梁、板支模同一般梁板支模方法。在支柱(顶撑)之间应设置纵、横水平杆和剪刀撑,以保持稳定。扫地杆一般离地面 200 mm 处,扫地杆以上应每 1.6~2.0 m 为一步设一道纵、横水平杆,支柱底部应铺设 50 mm 厚垫板,垫板下如为分层夯实的回填土,其基础应经计算。当楼盖梁为超高、超长、超重时,其支架应用门式钢管脚手架。

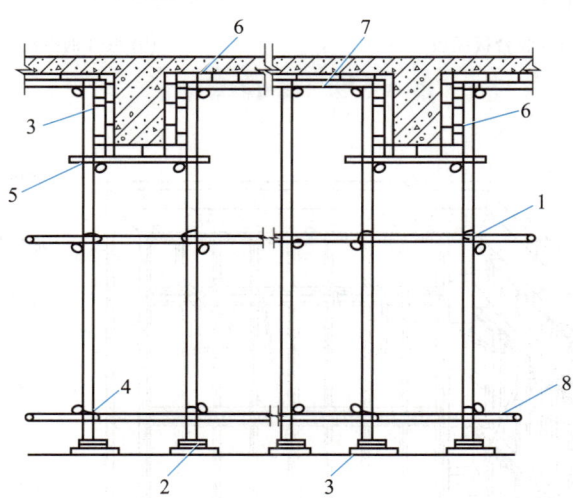

1—钢管脚手架;2—垫木;3—木楔;4—扣件;5—横楞;6—钢模板;7—钢管;8—扫地杆。

图 3.2.26　肋形楼盖钢管脚手架支模法

### 六、墙模板

墙体的特点是高度大而厚度小,其模板主要承受混凝土的侧压力,因此必须加强墙体模板的刚度,并设置足够的支撑,以确保模板不变形或发生位移。

（一）施工工艺

弹墙位置线 → 钢筋验收 → 根部找平、安装截面控制钢筋 → 搭设安装架子 → 安装门窗洞口模板 → 拼墙体一侧模板 → 安装穿墙螺杆、清扫墙内垃圾 → 拼墙体另一侧模板 → 安装纵横龙骨、初步紧固穿墙杆 → 检查垂直度、截面尺寸和位置 → 设置斜撑，调整、紧固模板，封堵缝隙 → 模板安装质量检查。

（二）施工要点

墙体模板由两片侧板组成，每片侧板由若干块拼板（或定板）拼接而成，拼板尺寸依墙体大小而定。侧板外用纵、横楞木及斜撑固定。为抵抗新浇混凝土的侧压力和保证墙的一定厚度，应装设对拉螺栓及临时撑木，对拉螺栓的间距由计算确定，构造如图 3.2.27 所示。图 3.2.28 为墙模板示意图。

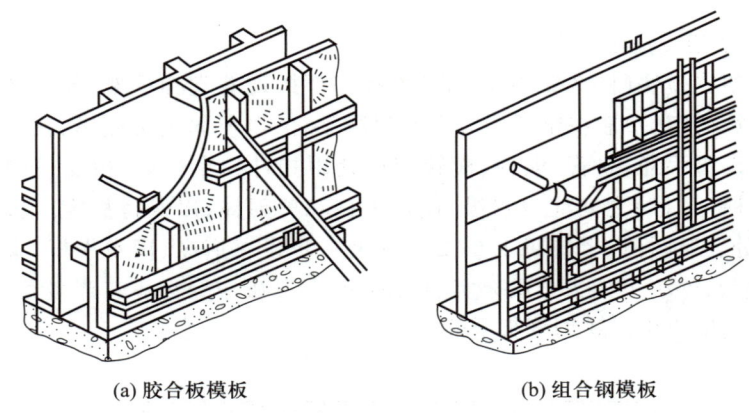

(a) 胶合板模板　　　　　　　　(b) 组合钢模板

图 3.2.27　墙模板构造图

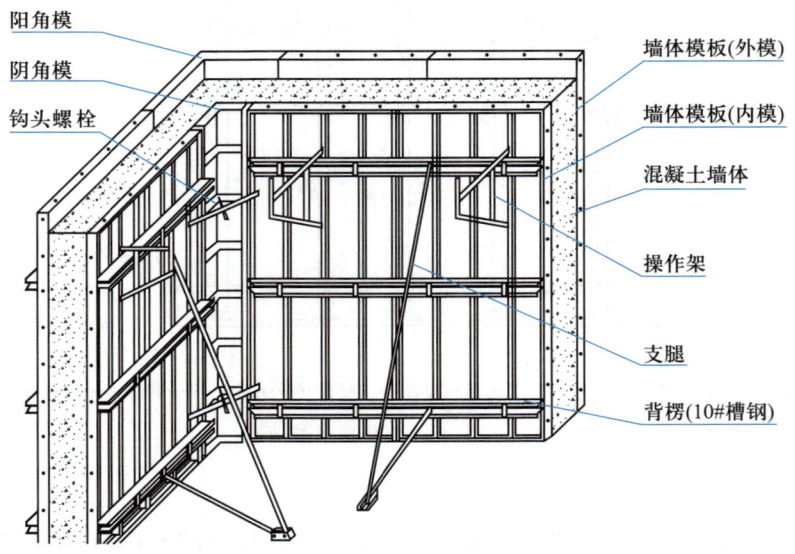

图 3.2.28　墙模板示意图

在安装墙模板以前,底面应用水泥砂浆抹平,弹出墙体的中线及边线,依据边线先安装一边模板,设支撑,在顶部用线锤吊直,拉线找直后支撑牢固;待钢筋绑扎好后,墙基础清理干净,再安装另一边墙模板。为保证墙体厚度,模板内应加设撑头或限位螺栓。墙模应保持垂直,模板上的纵、横楞木与斜撑必须撑牢,对拉螺栓要收紧。

### 七、楼梯模板

楼梯模板构造与楼板相似,不同点是楼梯模板要倾斜支设,且要能形成踏步。踏步模板分为底板及梯步两部分。平台、平台梁模板同前,如图 3.2.29 所示。施工前应根据设计放样,施工时先装平台梁板模板,再装楼梯斜梁和楼梯板底模板,然后装楼梯外帮侧板,最后装踏步侧板。施工现场的楼梯模板如图 3.2.30 所示。

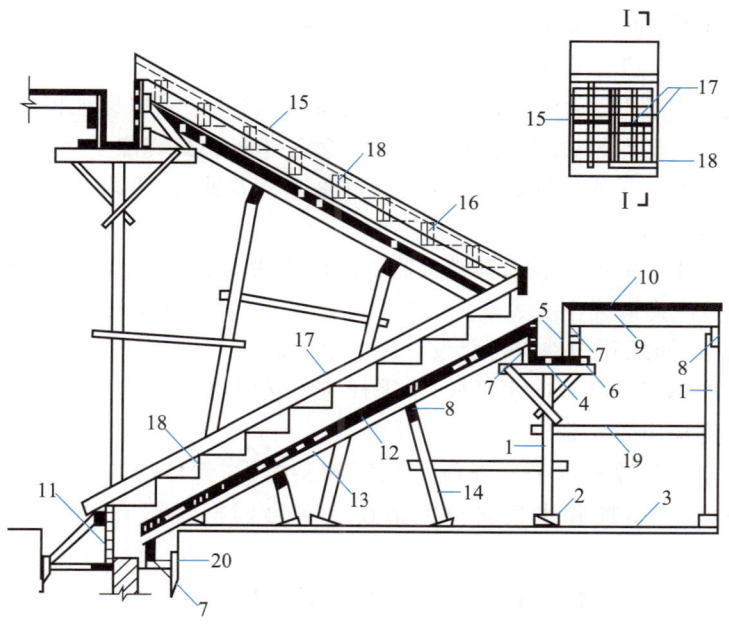

1—支柱(顶撑);2—木楔;3—垫板;4—平台梁底板;5—侧板;6—夹木;7—托木;
8—杠木;9—楞木;10—平台底板;11—梯基侧板;12—斜楞木;13—楼梯底板;14—斜向顶撑;
15—外帮板;16—横档木;17—反三角板;18—踏步侧板;19—拉杆;20—木桩。

图 3.2.29 楼梯模板

图 3.2.30 现场施工的楼梯模板

楼梯模板安装工艺为：

模板加工 → 搭设支架 → 楼梯梁、平台板模板 → 楼梯段底板模板 → 楼梯段侧板模板 → 楼梯踏步侧模板 → 校正、加固。

### 八、模板安装前的安全技术准备工作

1. 应审查模板结构设计与施工说明书中的荷载、计算方法、节点构造和安全措施，设计审批手续应齐全。

2. 应进行全面的安全技术交底，操作班组应熟悉设计与施工说明书，并应做好模板安装作业的分工准备。采用爬模、飞模、隧道模等特殊模板施工时，所有参加作业人员必须经过专门技术培训，考核合格后方可上岗。

3. 备齐操作所需的一切安全防护设施和器具。

### 九、模板安装构造应遵守的规定

1. 竖向模板安装时，应在安装基层面上测量放线，并应采取保证模板位置准确的定位措施。对竖向模板及支架，安装时应有临时稳定措施。安装位于高空的模板时，应有可靠的防倾覆措施。应根据混凝土一次浇筑高度和浇筑速度，采取合理的竖向模板抗侧移、抗浮和抗倾覆措施。

2. 对跨度大于 4 m 的梁、板，其模板起拱高度宜为梁、板跨度的 1/1 000～3/1 000。

### 十、采用扣件式钢管作高大模板支架的立杆时，支架搭设应遵守的规定

1. 钢管规格、间距和扣件应符合设计要求。

2. 立杆上应每步设置双向水平杆，水平杆应与立杆扣接。

3. 立杆底部应设置垫板。

4. 支架的垂直斜撑和水平斜撑应与支架同步搭设，架体应与成形的混凝土结构拉结；钢管支架的垂直斜撑和水平斜撑的搭设应符合国家现行有关钢管脚手架标准的规定。

5. 对大尺寸混凝土构件下的支架，其立杆顶部应插入可调托座，可调托座距顶部水平杆的高度不应大于 600 mm，可调托座螺杆外径不应小于 36 mm，插入深度不应小于 180 mm。

6. 立杆的纵、横向间距应满足设计要求，立杆的步距不应大于 1.8 m；顶层立杆步距应适当减小，且不应大于 1.5 m；支架立杆的搭设垂直偏差不宜大于 5/1 000，且不应大于 100 mm。

7. 在立杆底部的水平方向上应按纵下横上的次序设置扫地杆；承受模板荷载的水平杆与支架立杆连接的扣件，其拧紧力矩不应小于 40 N·m，且不应大于 65 N·m。

### 十一、采用碗扣式、插接式钢管架搭设模板支架时，应遵守的规定

1. 碗扣架或盘销架的水平杆与立柱的扣接应牢靠，不应滑脱；

2. 立杆上的上、下层水平杆间距不应大于 1.8 m；

3. 插入立杆顶端可调托座伸出顶层水平杆的悬臂长度不应超过 650 mm，螺杆插入钢管的长度不应小于 150 mm，其直径应满足与钢管内径间隙不小于 6 mm 的要求，架体最顶层的水平杆步距应比标准步距缩小一个节点间距；

4. 立柱间应设置专用斜杆或扣件钢管斜杆加强模板支架。

## 十二、现浇结构模板安装的允许偏差及检验方法（应符合表 3.2.1 的规定）

表 3.2.1　现浇结构模板安装的允许偏差及检验方法

| 项　　目 | | 允许偏差/mm | 检验方法 |
|---|---|---|---|
| 轴线位置 | | 5 | 用钢尺检查 |
| 底模上表面标高 | | ±5 | 用水准仪或拉线、钢尺检查 |
| 模板内部尺寸 | 基础 | ±10 | 用钢尺检查 |
| | 柱、墙、梁 | ±5 | 用钢尺检查 |
| | 楼梯相邻踏步高差 | 5 | 用钢尺检查 |
| 柱、墙垂直度 | 层高≤6 m | 8 | 用经纬仪或吊线、钢尺检查 |
| | 层高>6 m | 10 | 用经纬仪或吊线、钢尺检查 |
| 相邻模板表面高差 | | 2 | 用钢尺检查 |
| 表面平整度 | | 5 | 用 2 m 靠尺和塞尺检查 |

注：轴线位置，当有纵横两个方向时，沿纵、横两个方向量测，并取其偏差较大值。

### 十三、成品保护

1．吊装组合钢模板时应轻起轻放，不准碰撞，防止模板变形。

2．拆下的钢模板，如发现模板不平或肋边损坏变形时应及时修理。

3．钢模在使用过程中应加强管理，分规格堆放，及时补涂刷防锈剂。

4．预组拼钢框木竹胶合板模板要有存放场地，场地应平整夯实。模板平放时，要有木方垫架，立放时，要搭设分类模板架，模板触地处要垫木方，以保证模板不扭曲不变形。不可乱堆放或在组拼的模板上堆放分散模板和配件。

5．工作面已安装完毕的墙、柱模板，不准在吊运其他模板时碰撞，不准在预拼装模板就位前作为临时倚靠，以防模板变形或产生垂直偏差。工作面已安装完毕的平面模板，不可作临时堆料和作业平台，以保证支架的稳定，防止平面模板标高和平整度产生偏差。

6．钢框木竹胶合板模板使用中应加强管理。支、拆模及运输时，应轻搬轻放，发现钢框和加劲肋有损伤变形时应及时修理。模板分类分规格码放，对钢框、钢肋要定期涂刷防锈剂，对钢框木竹胶合板的侧面、切割面、孔壁，应用封边漆封闭。

7．模板与墙面黏结时，禁止用塔吊吊拉模板，防止将墙面拉裂。

8．拆除模板时应按程序进行，不得用大锤硬砸或撬棍硬撬，以免损伤混凝土表面和棱角，防止混凝土墙面及门窗洞口等处出现裂纹。

### 3.2.4　模板设计

定型模板和常用的模板拼板，在其适用范围内一般不需要进行设计或验算。而对于重要结构的模板、特殊形式结构的模板或超出适用范围的一般模板，应该进行设计或验算以确保安全，保证质量，防止浪费。

模板和支撑系统的设计应根据结构形式、荷载大小、地基土类别、施工设备和材料供应等条件进行。设计内容一般包括选型、选材、配板、荷载计算、结构设计、拟定制作安装和拆除方案、绘制模板施工图等。

## 一、荷载计算

1. 模板及其支架自重标准值

模板及其支架的自重标准值应根据模板设计图纸确定。对肋形楼板及无梁楼板,其自重标准值,可参考表 3.2.2。

表 3.2.2 模板及支架的自重标准值                                          kN/m$^3$

| 项目名称 | 木模板 | 定型组合钢模板 |
|---|---|---|
| 无梁楼板的模板及小楞 | 0.30 | 0.50 |
| 有梁楼板模板(包含梁模板) | 0.50 | 0.75 |
| 楼板模板及支架(楼层高度为 4 m 以下) | 0.75 | 1.10 |

2. 新浇筑混凝土自重标准值

普通混凝土可采用 24 kN/m$^3$,其他混凝土可根据实际重力密度确定。

3. 钢筋自重标准值

钢筋自重标准值应根据设计图纸确定,对一般梁板结构每立方米钢筋混凝土的钢筋自重标准值可采用下列数值:楼板的钢筋自重可取 1.1 kN/m$^3$;梁的钢筋自重可取 1.5 kN/m$^3$。

4. 施工人员及设备荷载标准值

作用在模板及支架上的施工人员及施工设备荷载标准值 $Q_{1k}$,按实际情况计算,可取 3.0 kN/m$^2$。

1)计算模板及其支承模板的小楞时,对均布荷载取 2.5 kN/m$^2$,另应以集中荷载 2.5 kN 再行验算;比较两者所得弯矩值,按其中较大值采用;

2)计算直接支承小楞结构构件时,均布活荷载取 1.5 kN/m$^2$;

3)计算支架立柱及其他支承结构构件时,均布活荷载取 1.0 kN/m$^2$。

对大型浇筑设备如上料平台,混凝土输送泵等按实际计算;混凝土堆集料高度超过 100 mm 以上者按实际高度计算;模板单块宽度小于 150 mm 时,集中荷载可分布在相邻的两块板上。

5. 振捣混凝土时产生的荷载标准值

对水平模板可采用 2.0 kN/m$^2$;对垂直面模板可采用 4.0 kN/m$^2$(作用范围在新浇筑混凝土侧压力的有效压头高度之内)。

6. 新浇筑混凝土对模板侧面的压力标准值

影响新浇筑混凝土对模板产生侧压力的因素很多,如与混凝土组成有关的集料种类、配筋数量、水泥用量、外加剂、坍落度等都有影响。此外还有外界影响,如混凝土的浇筑速度、混凝土的温度、振捣方式、模板情况、构件厚度、钢筋直径与间距等。

混凝土的浇筑速度是重要影响因素,最大侧压力与其成正比,但当其达到一定速度后,再提高浇筑速度,则对最大侧压力的影响不明显,如图 3.2.31 所示。

当采用内部振动器时,其新浇筑的混凝土作用于模板的最大侧压力标准值,可按以下两式计算,并取二式中的较小值。

$$F = 0.43\gamma_c t_0 \beta V^{\frac{1}{4}} \quad\quad (3.2.1)$$

$$F = \gamma_c H \quad\quad (3.2.2)$$

当采用插入式振动器,且混凝土浇筑速度不大于 10 m/h、混凝土坍落度不大于 180 mm 时,新浇筑混凝土作用于模板上的最大侧压力,可按以下两式计算,并取两式中的较小值。

$$F = 0.28\gamma_c t_0 \beta \sqrt{V} \quad\quad (3.2.3)$$

$$F = \gamma_c H \quad\quad (3.2.4)$$

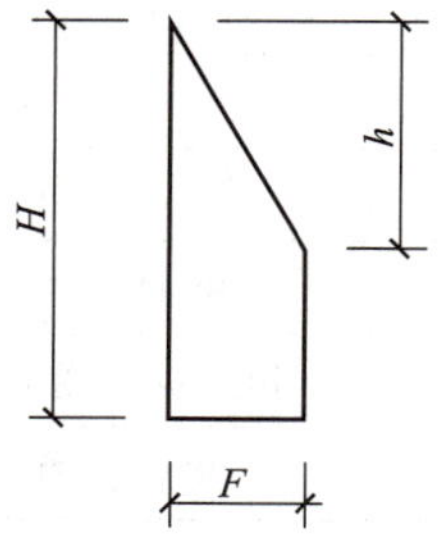

图 3.2.31 侧压力计算
分布图

$h$ 为有效压头高度,$h = F/\gamma_c$,m。

式中　$F$——新浇筑混凝土对模板的最大侧压力,kN/m²;

　　　$\gamma_c$——混凝土的重力密度,kN/m³;

　　　$t_0$——新浇筑混凝土的初凝时间,h,可按实测确定;当缺乏试验资料时,可采

　　　　　用 $t_0 = \dfrac{200}{T+15}$ 计算($T$ 为混凝土的摄氏温度);

　　　$V$——混凝土的浇筑速度,m/h;

　　　$H$——混凝土侧压力计算位置处至新浇筑混凝土顶面的总高度,m;

　　　$\beta$——混凝土坍落度影响修正系数,当坍落度在 50~90 mm 时,$\beta$ 取 0.85;当坍落度在 100~130 mm 时,$\beta$ 取 0.9;当坍落度在 140~180 mm 时,$\beta$ 取 1.0。

7. 倾倒混凝土时产生的水平荷载标准值

倾倒混凝土时对垂直面模板产生的水平荷载标准值,按表 3.2.3 采用。

表 3.2.3　倾倒混凝土时产生的水平荷载标准值　　　　　　　　　　　　　　　kN/m²

| 向模板供料方法 | 水平荷载 |
| --- | --- |
| 溜槽、串筒或导管 | 2 |
| 容量小于 0.2 m³ 的运输器具 | 2 |
| 容量为 0.2 至 0.8 m³ 的运输器具 | 4 |
| 容量为大于 0.8 m³ 的运输器具 | 6 |
| 泵送混凝土 | 4 |

注:作用范围在有效压头高度以内。

荷载类别及编号如表 3.2.4 所示。

表 3.2.4　荷载类别及编号

| 名称 | 类别 | 编号 |
| --- | --- | --- |
| 模板结构自重 | 恒载 | ① |
| 新浇筑混凝土自重 | 恒载 | ② |

| 名称 | 类别 | 编号 |
|---|---|---|
| 钢筋自重 | 恒载 | ③ |
| 施工人员及施工设备荷载 | 活载 | ④ |
| 振捣混凝土时产生的荷载 | 活载 | ⑤ |
| 新浇筑混凝土对模板侧面的压力 | 恒载 | ⑥ |
| 倾倒混凝土时产生的荷载 | 活载 | ⑦ |

## 二、荷载设计值及荷载组合

计算模板及其支架的荷载设计值,应为荷载标准值乘以相应的荷载分项系数,如表 3.2.5 所示。

**表 3.2.5  模板及其支架荷载分项系数表**

| 项次 | 荷载类别 | 分项系数 |
|---|---|---|
| 1 | 模板及其支架自重 | |
| 2 | 新浇筑混凝土自重 | 1.35 |
| 3 | 钢筋自重 | |
| 4 | 新浇筑混凝土对模板侧面的压力 | 1.2 |
| 5 | 振捣混凝土时产生的荷载 | |
| 6 | 施工人员及施工设备荷载 | 1.4 |
| 7 | 倾倒混凝土时产生的荷载 | |

注:参与模板及其支架设计荷载效应组合的各项荷载,应符合表 3.2.6 的规定。

**表 3.2.6  参与模板及其支架设计荷载效应组合的各项荷载**

| 项次 | 项目 | 荷载组合 | |
|---|---|---|---|
| | | 计算承载能力 | 验算刚度 |
| 1 | 平板及薄壳的模板及支架 | ①+②+③+④ | ①+②+③ |
| 2 | 梁和拱模板的底板及支架 | ①+②+③+⑤ | ①+②+③ |
| 3 | 梁、拱、柱(边长 ≤ 300 mm)、墙(厚 ≤ 100 mm)的侧面模板 | ⑤+⑥ | ⑥ |
| 4 | 大体积结构、柱(边长 > 300 mm)、墙(厚 > 100 mm)的侧面模板 | ⑥+⑦ | ⑥ |

注:《混凝土结构工程施工规范》(GB 50666—2011)对变形的验算不取分项系数;用上表计算刚度时,既不取分项系数,也不取活荷载。

## 三、模板验算

底模、木方、横向和纵向水平杆作为支撑体系中的受力构件,应对其抗弯和挠度进行

计算,当验算模板及其支架的刚度时,其最大变形不得超过下列允许值:

（1）对结构表面外露的模板,挠度不得大于模板构件计算跨度的 1/400;

（2）对结构表面隐蔽的模板,挠度不得大于模板构件计算跨度的 1/250;

（3）清水混凝土模板,挠度应满足设计要求;

（4）支架的压缩变形或弹性挠度,挠度不得大于计算高度或计算跨度的 1/1 000。

（5）模板支架的高宽比不宜大于 3;当高宽比大于 3 时,应增设稳定性措施,并应进行支架的抗倾覆验算。

### 四、各种构件模板验算思路

#### 1. 梁模板计算

$\boxed{\text{侧模面板}} \rightarrow \boxed{\text{侧模内外楞}} \rightarrow \boxed{\text{穿梁螺栓（拉力）}} \rightarrow \boxed{\text{底模}} \rightarrow \boxed{\text{底模支撑木方（包括抗剪）}} \rightarrow$
$\boxed{\text{梁底支撑纵向钢管}} \rightarrow \boxed{\text{扣件抗滑移的计算（抗滑承载力可取 8.0 kN,双扣件取 12 kN）}} \rightarrow$
$\boxed{\text{立杆的稳定性计算}}$。

#### 2. 板模板计算

$\boxed{\text{模板面板计算}} \rightarrow \boxed{\text{模板支撑木方}} \rightarrow \boxed{\text{板底支撑钢管计算}} \rightarrow \boxed{\text{扣件抗滑移计算}} \rightarrow$
$\boxed{\text{模板支架荷载标准值（立杆轴力）}} \rightarrow \boxed{\text{立杆的稳定性计算}} \rightarrow \boxed{\text{立杆的地基承载力计算}}$。

#### 3. 墙模板计算

$\boxed{\text{墙模板面板的计算}} \rightarrow \boxed{\text{墙模板内外楞的计算}} \rightarrow \boxed{\text{穿墙螺栓的计算}}$。

#### 4. 柱模板计算

$\boxed{\text{柱模板面板的计算}} \rightarrow \boxed{\text{竖楞木方的计算}} \rightarrow \boxed{\text{两方向柱箍的计算}}$。

### 五、模板验算参考数据

【例 3.2.1】 某工程框架柱截面为 $B \times H$（550 mm×650 mm）,高 5 m,模板的背部支撑由两层（木楞或钢楞）组成,混凝土温度为 15 ℃,泵送混凝土坍落度为 140 mm,混凝土浇筑速度为 3.2 m/h。第一层为直接支撑模板的竖楞（木方）,用以支撑混凝土对模板的侧压力;第二层为支撑竖楞的柱箍,用以支撑竖楞所受的压力;柱箍之间用对拉螺栓相互拉接,形成一个完整的柱模板支撑体系。

柱截面两边对拉螺栓数目均为 1;柱截面 $B$、$H$ 方向竖楞数目分别为 3 根和 4 根;对拉螺栓:M12。

柱箍材料:钢楞截面类型:圆钢管 48 mm×3.5 mm;钢楞截面惯性矩 $I=12.19$ cm$^4$;钢楞截面抵抗矩 $W=5.08$ cm$^3$;柱箍的间距:450 mm;柱箍肢数:2。

竖楞材料:木楞宽度:60 mm;高度:80 mm;竖楞肢数:1。

面板类型:竹胶合板面板厚度:18 mm;面板弹性模量 $E$:3 500 N/mm$^2$;面板抗弯强度设计值 $f_c$:13 N/mm$^2$;面板抗剪强度设计值 $f_t$:1.4 N/mm$^2$。

木方抗弯强度设计值 $f_c$:13 N/mm$^2$;木方弹性模量 $E$:8 000 N/mm$^2$;木方抗剪强度设计值 $f_t$:1.4 N/mm$^2$;钢楞弹性模量 $E$:210 000 N/mm$^2$;钢楞抗弯强度设计值 $f_c$:205 N/mm$^2$。

柱模板设计如图 3.2.32 所示。

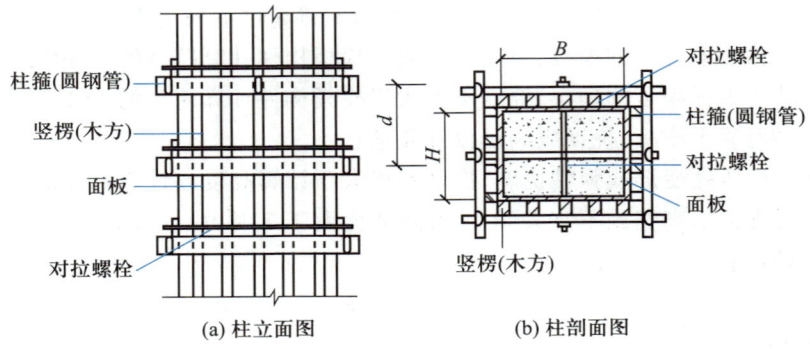

柱箍(圆钢管)
竖楞(木方)
面板
对拉螺栓

(a) 柱立面图

对拉螺栓
柱箍(圆钢管)
对拉螺栓
面板
竖楞(木方)

(b) 柱剖面图

图 3.2.32　柱模板设计示意图

**解:**(1) 柱模板荷载标准值计算

$$t_0 = \frac{200}{T+15} = 6.67 \text{ h}$$

$$F = 0.28\gamma_c t_0 \beta V^{\frac{1}{4}} = 60 \text{ kN/m}^2$$

$$F = r_c H = 24 \times 5 \text{ kN/m}^2 = 120 \text{ kN/m}^2 \geqslant 60 \text{ kN/m}^2 (\text{商品混凝土})$$

新浇筑混凝土侧压力标准值取为 $F = 60 \text{ kN/m}^2$;倾倒混凝土时产生的活荷载标准值取为 $F_2 = 4 \text{ kN/m}^2$。

(2) 柱模板面板的计算

模板结构构件中的面板属于受弯构件,按简支梁或连续梁计算。取柱截面宽度 $B$ 方向和 $H$ 方向中竖楞间距最大的面板作为验算对象,进行强度、刚度计算。强度验算要考虑新浇筑混凝土侧压力和倾倒混凝土时产生的荷载;挠度验算只考虑新浇筑混凝土侧压力。模板设计计算简图如图 3.2.33 所示。

由前述参数信息可知,柱截面宽度 $B$ 方向竖楞间距最大,为 $l = 245 \text{ mm}$,且竖楞数为3,面板为 2 跨,因此对柱截面宽度 $B$ 方向面板按均布荷载作用下的两跨连续梁进行计算,如图 3.2.34 所示。

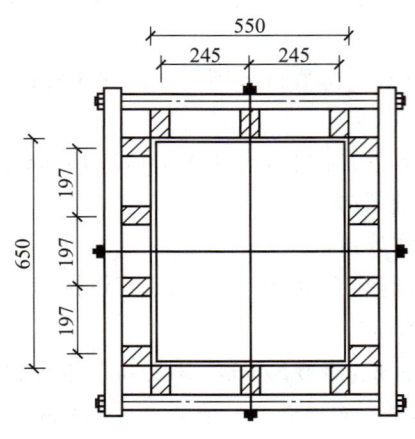

图 3.2.33　柱模板设计计算简图

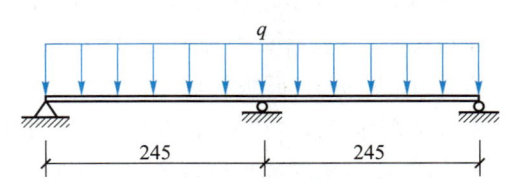

图 3.2.34　柱模板面板计算简图

1）面板抗弯强度验算

对柱截面宽度 $B$ 方向面板，按均布荷载作用下的两跨连续梁计算最大跨中弯矩

$$M = \frac{1}{8}ql^2$$

式中　$M$——面板计算最大弯矩，$\text{N} \cdot \text{mm}$；

　　　$l$——计算跨度（竖楞间距），$l = 245 \text{ mm}$；

　　　$q$——作用在模板上的侧压力线荷载，包括：新浇筑混凝土侧压力设计值 $q_1 =$
　　　　　$1.2 \times 60 \times 0.45 \times 0.9 \text{ kN/m} = 29.16 \text{ kN/m}$，倾倒混凝土侧压力设计值 $q_2 =$
　　　　　$1.4 \times 4.0 \times 0.45 \times 0.9 \text{ kN/m} = 2.268 \text{ kN/m}$，$0.9$ 为临时结构折减系数。
　　　　　$q = q_1 + q_2 = 29.16 \text{ kN/m} + 2.268 \text{ kN/m} = 31.428 \text{ kN/m}$

面板计算最大弯矩：$M = 0.125 \times 31.428 \times 245 \times 245 \text{ N} \cdot \text{mm} = 2.4 \times 10^5 \text{ N} \cdot \text{mm}$

面板最大应力按下式计算

$$\sigma = \frac{M}{W}$$

式中　$\sigma$——面板承受的应力，$\text{N/mm}^2$；

　　　$M$——面板计算最大弯矩，$\text{N} \cdot \text{mm}$；

　　　$W$——面板的截面抵抗矩

$$W = \frac{bh^2}{6}$$

式中　$b$——面板截面宽度；

　　　$h$——面板截面厚度。

$W = 450 \times 18 \times 18 \text{ mm}^3 / 6 = 2.43 \times 10^4 \text{ mm}^3$。面板的最大应力计算值 $\sigma = M/W = 2.4 \times 10^5 /$
$(2.43 \times 10^4) \text{ N/mm}^2 = 9.877 \text{ N/mm}^2$，面板的抗弯强度设计值为 $13 \text{ N/mm}^2$，$\sigma < [\sigma] =$
$13 \text{ N/mm}^2$，满足要求。

2）面板挠度验算

最大挠度按均布荷载作用下的两跨连续梁计算，挠度计算公式如下

$$\omega = \frac{0.521ql^4}{100EI} \leq [\omega] = \frac{l}{250}$$

式中　$\omega$——面板最大挠度，$\text{mm}$；

　　　$q$——作用在模板上的侧压力线荷载，$q = 60 \times 0.45 \text{ kN/m} = 27 \text{ kN/m}$；

　　　$l$——计算跨度（竖楞间距），$l = 245 \text{ mm}$；

　　　$E$——面板弹性模量，$E = 5\,000 \text{ N/mm}^2$；

　　　$I$——面板截面的惯性矩，$I = \dfrac{bh^3}{12} = \dfrac{450 \times 18 \times 18 \times 18}{12} \text{ mm}^4 = 2.19 \times 10^5 \text{ mm}^4$。

面板最大容许挠度：$[\omega] = 245/250 \text{ mm} = 0.98 \text{ mm}$

面板的最大挠度计算值

$$\omega = \frac{0.521 \times 27 \times 245^4}{100 \times 5\,000 \times 2.19 \times 10^5} \text{ mm} = 0.463 \text{ mm} < 0.98 \text{ mm}，满足要求。$$

（3）竖楞木方的计算

模板结构构件中的竖楞（小楞）属于受弯构件，按连续梁计算，如图 3.2.35 所示。

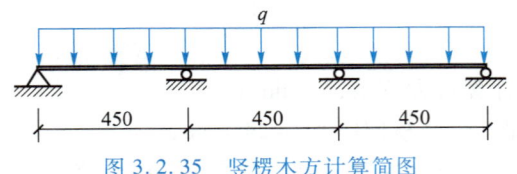

图 3.2.35　竖楞木方计算简图

本工程柱高度为 5 m，柱箍间距为 450 mm，竖楞大于 3 跨，因此按均布荷载作用下的三跨连续梁计算。竖楞采用木楞，宽度 60 mm，高度 80 mm，截面惯性矩 $I$ 和截面抵抗矩 $W$ 分别为

$$W = 60 \times 80 \times 80/6 \ mm^3 = 64 \ cm^3$$
$$I = 60 \times 80 \times 80 \times 80/12 \ mm^4 = 256 \ cm^4$$

1）抗弯强度验算

支座最大弯矩计算公式

$$M = \frac{1}{10}ql^2$$

式中　$M$——竖楞计算最大弯矩，N·mm；

　　　　$l$——计算跨度（柱箍间距），$l = 450$ mm；

　　　　$q$——作用在模板上的侧压力线荷载，包括：新浇筑混凝土侧压力设计值 $q_1$，1.2×60×0.25×0.9 kN/m = 16.2 kN/m，倾倒混凝土侧压力设计值 $q_2$，1.4×4.0×0.25×0.9 kN/m = 1.26 kN/m。

$q = q_1 + q_2 = 16.2$ kN/m + 1.26 kN/m = 17.46 kN/m（竖楞双肢时要除以 2）

竖楞计算最大弯矩

$$M = 0.1 \times 17.46 \times 450 \times 450 \ N \cdot mm = 3.54 \times 10^5 \ N \cdot mm$$

$$\sigma = \frac{M}{W}$$

式中　$\sigma$——竖楞承受的应力，N·mm²；

　　　　$M$——竖楞计算最大弯矩，N·mm；

　　　　$W$——竖楞的截面抵抗矩，$W = 6.4 \times 10^4 \ mm^3$。

竖楞的最大应力计算值

$\sigma = M/W = 3.53 \times 10^5/(6.4 \times 10^4) \ N/mm^2 = 5.516 \ N/mm^2$，竖楞的抗弯强度设计值为 13 N/mm²，$\sigma < [\sigma] = 13 \ N/mm^2$，满足要求。

2）挠度验算

最大挠度按三跨连续梁计算，公式如下

$$\omega = \frac{0.677ql^4}{100EI} \leq [\omega] = \frac{l}{250}$$

式中　$\omega$——竖楞最大挠度，mm；

　　　　$q$——作用在竖楞上的侧压力线荷载，$q = 60 \times 0.25$ kN/m = 15 kN/m；

　　　　$l$——计算跨度（柱箍间距），$l = 450$ mm；

$E$——竖楞弹性模量，$E = 8\,000 \text{ N/mm}^2$；

$I$——竖楞截面惯性矩，$I = 2.56 \times 10^6 \text{ mm}^4$。

竖楞最大容许挠度：$[\omega] = 450/250 \text{ mm} = 1.8 \text{ mm}$。

面板的最大挠度计算值

$$\omega = \frac{0.677 \times 15 \times 450^4}{100 \times 8\,000 \times 2.56 \times 10^6} \text{ mm} = 0.203 \text{ mm} < 1.8 \text{ mm}，满足要求。$$

（4）$B$ 方向柱箍的计算

柱箍采用钢楞，截面类型为圆钢管 48×3.5；其钢柱箍截面抵抗矩 $W = 5.08 \text{ cm}^3$；钢柱箍截面惯性矩 $I = 12.19 \text{ cm}^4$。

柱箍为两跨，按集中荷载两跨连续梁计算，如图 3.2.36 所示。

$$L = (550 \text{ mm} + 18 \text{ mm} \times 2 + 80 \text{ mm} \times 2)/2 + 12 \text{ mm}（间隙）= 385 \text{ mm}$$

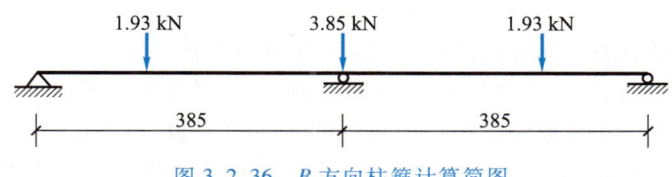

图 3.2.36　$B$ 方向柱箍计算简图

其中竖楞木方传递到柱箍的集中荷载

$$P = (1.2 \times 60 \times 0.9 + 1.4 \times 4 \times 0.9) \times 0.245 \times 0.45/2 \text{ kN} = 3.85 \text{ kN}$$

注：钢管为双肢，因此除以 2。

$B$ 方向柱箍弯矩图、变形图如图 3.2.37、图 3.2.38 所示。

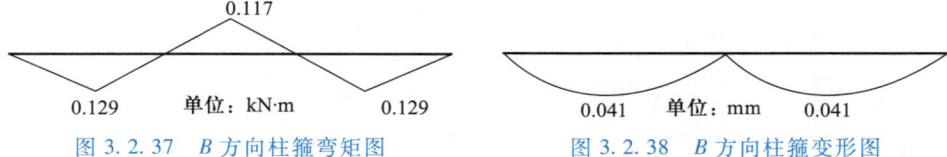

图 3.2.37　$B$ 方向柱箍弯矩图　　　　图 3.2.38　$B$ 方向柱箍变形图

最大弯矩：$M = 0.129 \text{ kN} \cdot \text{m}$；

最大变形：$V = 0.041 \text{ mm}$。

1）柱箍抗弯强度验算

$$\sigma = \frac{M}{W} = 0.129 \times 10^6 / (5.08 \times 10^3) \text{ N/mm}^2 = 25.394 \text{ N/mm}^2 < [f] = 205 \text{ N/mm}^2$$

满足要求。

2）柱箍挠度验算

经过计算得到：$\omega = 0.041 \text{ mm}$。

柱箍最大容许挠度：$[\omega] = 275/250 \text{ mm} = 1.1 \text{ mm}$，$\omega < [\omega]$，满足要求。

（5）$B$ 方向对拉螺栓的计算

计算公式如下

$$N = fA$$

式中　$N$——对拉螺栓所受的拉力；

$A$——对拉螺栓有效面积,$mm^2$;

$f$——对拉螺栓的抗拉强度设计值,取$f = 170 \ N/mm^2$。

查表得:对拉螺栓的有效直径为 9.85 mm;有效面积为 76 $mm^2$。

对拉螺栓所受的最大拉力:$N = 5.857 \ kN$

对拉螺栓最大容许拉力值:$[N] = 170 \times 76 \times 10^{-3} \ kN = 12.92 \ kN$

$N < [N]$,对拉螺栓强度验算满足要求。

### 3.2.5  模板拆除

现浇混凝土结构模板的拆除日期,取决于结构的性质、模板的用途和混凝土硬化速度。及时拆模,可提高模板的周转,为后续工作创造条件。过早拆模,因混凝土未达到一定强度,过早承受荷载会产生变形甚至会造成重大的质量事故。

#### 一、拆除原则

拆模时间主要取决于混凝土的强度,根据现场同条件的试块指导强度确定,在拆除非承重模板(侧模)时,混凝土强度要达到 2.5 MPa 左右(依据拆模试块强度而定),保证其表面及棱角不因拆除模板而受损后方可拆除。承重模板(底模)应在与混凝土结构同条件养护的试块达到表 3.2.7 规定时方可拆除,混凝土强度主要受温度、龄期影响,如图 3.2.39 所示。

表 3.2.7  底模拆除时的混凝土强度要求

| 构件类型 | 构件跨度/m | 达到设计的混凝土立方体抗压强度标准值的百分率/% |
|---|---|---|
| 板 | ≤2 | ≥50 |
| | >2,≤8 | ≥75 |
| | >8 | ≥100 |
| 梁、拱、壳 | ≤8 | ≥75 |
| | >8 | ≥100 |
| 悬臂构件 | — | ≥100 |

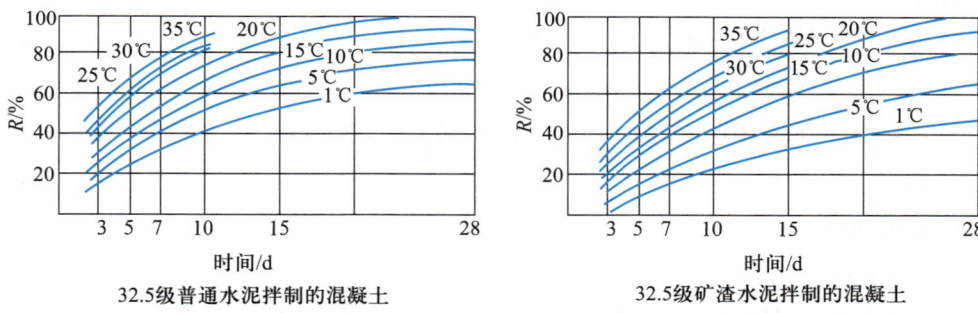

图 3.2.39  温度、龄期对混凝土强度的影响参考曲线

#### 二、拆除模板应注意的问题

(1)模板及其支架拆除的顺序及安全措施应按施工技术方案执行。拆模顺序一般与安装模板顺序相反,先支后拆、后支先拆,先拆侧模、后拆底模,先拆非承重模、后拆承重模。

（2）柱模板拆除顺序为：拆除拉杆或斜撑 → 自上而下拆除柱箍 → 拆除部分竖肋 → 拆除模板，要从上口向外侧轻击和轻撬，使模板松动，要适当加设临时支撑，以防柱子模板倾倒伤人。柱子拆下的模板及配件不得向地面抛掷。

（3）梁、板模板拆除顺序为：拆除支架部分水平拉杆和剪刀撑 → 拆除侧模板 → 下调楼板支柱 → 使模板下降 → 分段分片拆除楼板模板 → 拆除木龙骨及支柱 → 拆除梁底模板及支撑系统；拆除跨度较大的梁底模板时，应从跨中开始下调支柱顶托螺杆，然后向两端逐根下调，拆除梁底模支柱时，亦从跨中向两端作业。拆除模板时，严禁用铁棍或铁锤乱砸，已拆下的模板应妥善传递或用绳钩放至地面。严禁作业人员站在悬臂结构边缘敲拆下面的底模。待分片、分段的模板全部拆除后，方允许将模板、支架、零配件等按指定地点运出堆放，并进行拔钉、清理、整修。

（4）楼板层支柱的拆除，应按下列要求进行：上层楼板正在浇筑混凝土时，下层楼板的模板支柱不得拆除，再下一层楼板模板的支柱，仅可拆除一部分；跨度大于等于 4 m 以上的梁下均应保留支柱，其间距不大于 3 m。

（5）装拆模板时轻装轻拆，严禁抛掷，并防止碰撞，应尽量避免混凝土表面或模板受损；拆下的模板，用铲刀及时清理其表面黏结的砂浆，再次安装前涂刷脱模剂（防止过早刷上后被雨水冲洗掉）；如发现翘曲、变形、破损，应及时进行修理；模板贮存时，其上要有遮蔽，其下有间距要适当垫木。

### 三、早拆模原理

早拆模板是利用混凝土楼板的支承跨度小于 2 m 时，混凝土达设计强度的 50%（常温下 3~4 d）即可拆模的短跨支撑早期拆模思想，在钢支撑顶端插入早拆模板的升降柱头，其顶托板始终顶住混凝土楼板，托梁与模板块搁置在插板上方的短挑梁上。混凝土达到拆模强度后，敲击插板，插板下滑，托梁与模板块下降，但顶托板仍支撑楼板。当混凝土强度增大到足以在全跨条件下承受自重和施工荷载时，再拆去全部竖向支撑。

早拆模板体系柱头为精密铸钢件，柱头顶板（50 mm×150 mm）可直接与混凝土接触，两侧梁托可挂住梁头，梁托附着在方形管上，方形管可上下移动 115 mm，方形管在上方时，可通过支承板锁住，用锤敲击支承板则梁托随方形管下落，如图 3.2.40 所示。模板主梁是薄壁空腹结构，上端带有 70 mm 的凸起，与混凝土直接接触。当梁的两端梁头挂在柱头的梁托上时，将梁支起，即可自锁而不脱落。模板梁悬臂部分挂在柱头的梁托上支起后，能自锁而不脱落。调支座插入立柱下端，与地面（楼面）接触，用于调节立柱的高

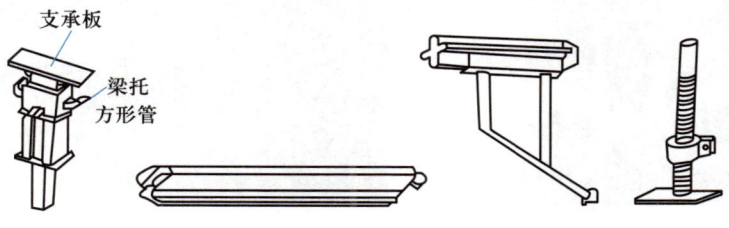

支承板

梁托
方形管

图 3.2.40　早拆模板构造

度,可调范围为 0~50 mm。支撑可采用碗扣式或扣件式钢管支撑,模板可用钢框胶合板模板或其他模板。

1. 支模施工工艺

在墙或柱上弹控制模板标高的水平线 → 按支承格构,配模大样图在楼板上弹模板支撑位置线 → 支立杆,安水平拉杆(横杆) → 按放线支一个互相垂直的标准四边形支承格构 → 沿已支成的水平支承格构按互相垂直或顺直的原则支完剩余的支承格构 → 用立杆及顶杆将竖向立杆接高到所需标高 → 按横杆步距要求安完水平拉杆 → 安放早拆柱头(托架就位)、早拆顶托或 U 形可调顶托 → 安放钢楞并调平到所需标高 → 钢楞悬臂端用钢管、扣件、U 形可调顶托或可调底座支顶加固 → 铺模板 → 模板缝贴胶带纸或刮模板腻子 → 刷脱膜剂 → 模板预检。

2. 拆模施工工艺

混凝土达到设计拆模强度等级时,上层墙体或柱子结构模板拆除并运走 → 按顺序轻轻敲击早拆柱头的插销,并下调早拆托架、U 形顶托的螺母 → 主次龙骨及模板降落一定高度 → 除保留的立杆及部分横杆外,拆除其余的主次龙骨、模板、立杆、横杆、三角架等 → 到常规拆模时间时再拆除剩余的立杆、横杆、早拆柱头。

3. 施工要点

安装梁、楼板模板时每隔 ≤2 m 设置板条或板块,单独用钢管支撑撑住,拆模时这些支撑及模板块不与大面模板支撑同时拆除,使原设计的梁、楼板跨度处于短跨(≤2 m)受力状态。先立两根立柱,套上早拆柱头和可调支座,加上一根主梁架起一门架,然后再架起另一门架,用横撑临时固定,依次把周围的梁和立柱架起来,再调整立柱高度和垂直度,并锁紧碗扣接头,最后在模板主梁间铺放模板即可,如图 3.2.41 所示。

模板拆除时,只需用锤子敲击早拆柱头上的支承板,则模板和模板梁将随同方形管下落 115 mm,模板和模板梁便可卸下来,保留立柱支撑梁板结构。当混凝土强度达到后,调低可调支座,解开碗扣接头,即可拆除立柱和柱头,如图 3.2.42 所示。采用早拆模板体系可加快模板与支撑的周转,节省模板和支撑,具有良好的经济效益。

图 3.2.41　早拆模板体系施工现场

图 3.2.42　拆模后现场

### 3.2.6　新型模板系统

#### 一、大模板

大模板是指单块模板的高度相当于楼层的层高、宽度约等于房间的宽度或进深的大尺寸工具式模板,常用于剪力墙、筒体、桥墩的施工,在高层建筑施工中,用作混凝土墙体侧模。

一面墙用一块大模板,装拆均起重机械吊装,故机械化程度高;同时由于简化了模板的安装和拆除工序,工效高、劳动强度低,减少用工量和缩短工期。模板拆除后,墙面平整、质量好,因而在剪力墙结构的高层建筑(包括内外墙全现浇体系,外墙用预制板、内墙现浇体系和外墙采用砌筑、内墙现浇)中得到广泛的应用。大模板一次投资大、通用性较差。为减少大模板型号,增加其利用率,用大模板施工的工程,设计时应减少房间开间和进深尺寸种类,符合一定模数,层高和墙厚应固定。外墙预制、内墙现浇、建筑力求体形简单,加强墙与墙及墙与板之间连接,采用加强建筑物整体性和提高其抗震能力的措施。

1. 大模板的组成

大模板由面板、加劲肋、竖楞、支撑桁架、稳定机构、操作平台、穿墙螺栓等配件组成,图 3.2.43 为大模板构造示意图。

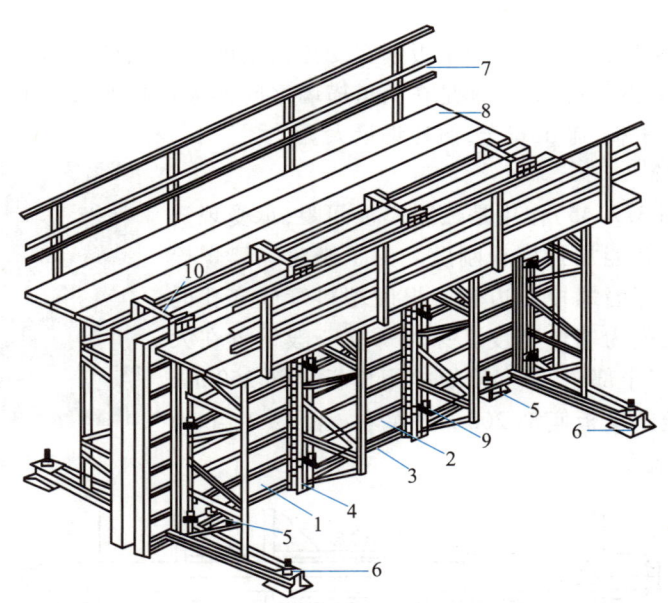

1—面板;2—水平加劲肋;3—支撑桁架;4—竖肋;5—调整水平的螺旋千斤顶;
6—调整垂直的螺旋千斤顶;7—栏杆;8—脚手板;9—穿墙螺栓;10—卡具。

图 3.2.43　大模板构造示意图

(1) 面板

通常采用钢面板(用 3~5 mm 厚的钢板制成)或胶合板面板(用 7~9 层胶合板)。面板要求板面平整、拼缝严密、具有足够的刚度。

（2）加劲肋

加劲肋作用是固定面板，可做成水平肋或垂直肋，加劲肋把混凝土传给面板的侧压力传递到竖楞上去。加劲肋与金属面板焊接固定，与胶合板面板可用螺栓固定。加劲肋一般采用角钢制作，肋的间距根据面板大小、厚度及墙体厚度确定。

（3）竖楞

竖楞作用是加强大模板的整体刚度，承受模板传来的混凝土侧压力和垂直力并作为穿墙螺栓的支点，竖楞一般采用角钢制作。

（4）支撑桁架

支撑桁架（图3.2.44）用螺栓或焊接与竖楞连接在一起，其作用是承受风荷载等水平力，防止大模板倾覆，桁架上部可搭设操作平台。

图 3.2.44　支撑桁架

（5）稳定机构

稳定机构是在大模板两端桁架底部伸出的支腿上设置的可调整螺旋千斤顶。在模板使用阶段，用以调整模板的垂直度，并把作用力传递到地面或楼板上；在模板堆放时，用来调整模板的倾斜度，以保证模板的稳定。

（6）操作平台

操作平台有两种：一种是将脚手板铺在支撑桁架的水平弦杆上，外侧设栏杆，工作面较小，但投资少，装拆方便；另一种是在两道横墙之间的大模板的边框上用角钢连成为搁栅，在其上满铺脚手板，施工安全，但耗钢量大。

（7）穿墙螺栓

穿墙螺栓（图3.2.45）作用是控制模板间距，承受现浇混凝土的侧压力，并能加强模板刚度。为了避免穿墙螺栓与混凝土黏结，在穿墙螺栓外边套一根硬塑料管或穿孔的混凝土垫块，其长度为墙体宽度。穿墙螺栓一般设置在大模板的上、中、下三个部位，上穿墙螺栓距模板顶部 250 mm 左右，下穿墙螺栓距模板底部 200 mm 左右。图 3.2.46 为穿墙螺栓连接构造图。

图 3.2.45　穿墙螺栓

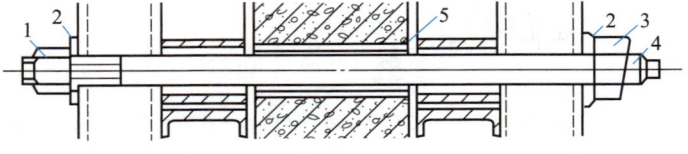

1—螺母；2—垫板；3—板销；4—螺杆；5—套管。

图 3.2.46　穿墙螺栓连接构造

2. 大模板的形式

（1）大模板有平模（图3.2.47）、小角模（图3.2.48）、大角模（图3.2.49）、筒模（图3.2.50）四种形式。

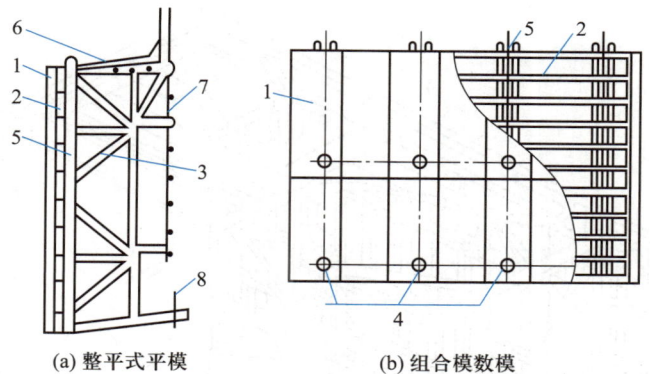

(a) 整平式平模　　　　　　　　　(b) 组合模数模

1—面板;2—横肋;3—支架;4—穿墙螺栓;5—竖向主肋;6—操作平台;7—铁爬梯;8—底脚螺栓。

图 3.2.47　平模构造示意图

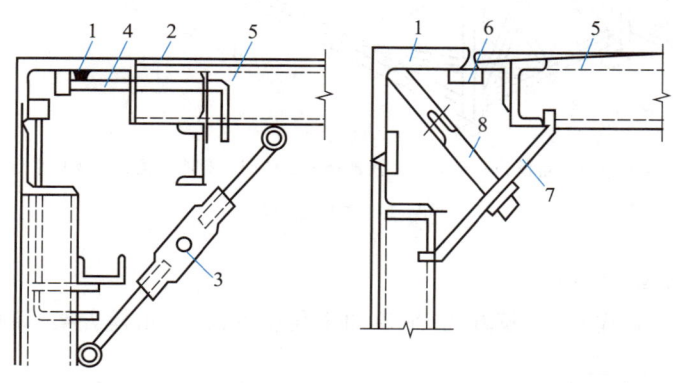

(a) 带合页的小角模　　　　　　　　(b) 不带合页的小角模

1—角模;2—合页;3—花篮螺栓;4—转动铁拐;5—平模;6—扁铁;7—压板;8—转动拉杆。

图 3.2.48　小角模构造示意图

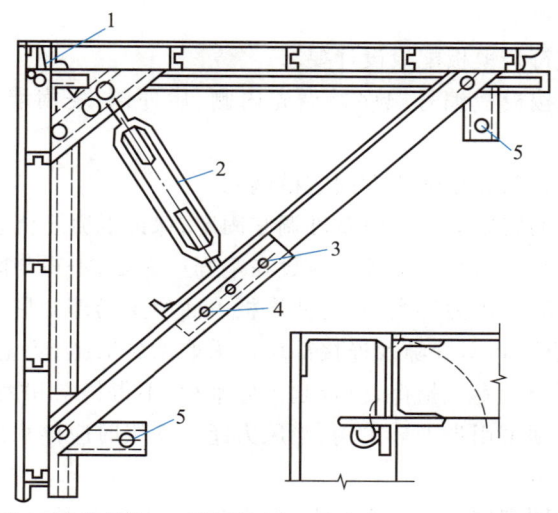

1—合页;2—花篮螺栓;3—固定销子;4—活动销子;5—调整用螺旋千斤顶。

图 3.2.49　大角模构造示意图

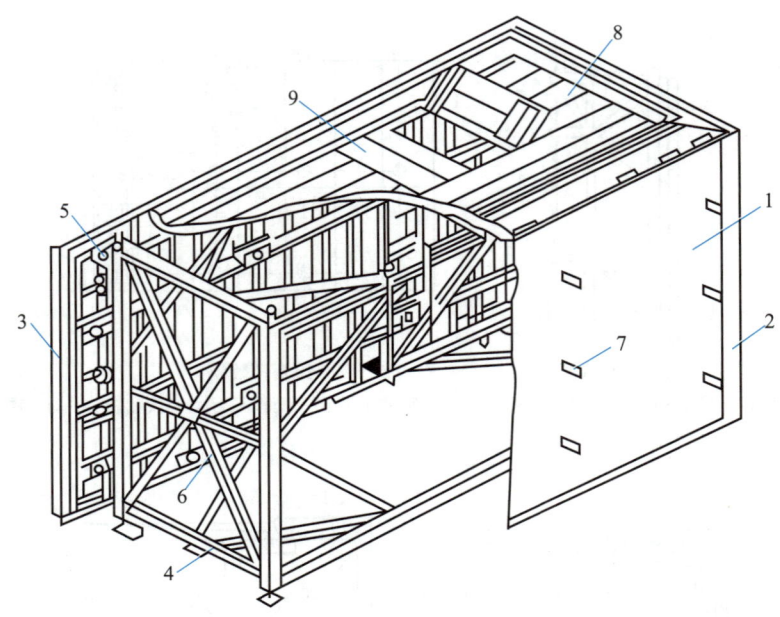

1—模板；2—内角模；3—外角模；4—钢架；5—挂轴；6—支杆；7—穿墙螺栓；8—操作平台；9—出入孔。

图 3.2.50 筒模

（2）大模板的组合方式

大模板的组合方式有：平模方案、平模加小角模方案、大角模方案、筒模方案。

3. 大模板施工工艺

施工准备 → 定位放线 → 安装模板的定位装置 → 安装门窗洞口模板 → 安装模板 → 调整模板、紧固对拉螺栓 → 验收 → 分层对称浇筑混凝土 → 拆模 → 模板清理 。

4. 大模板施工要点

① 大模板安装应符合模板配板设计要求；

② 模板安装时应按模板编号顺序遵循先内侧、后外侧，先横墙、后纵墙的原则安装就位；

③ 大模板安装时根部和顶部要有固定措施；

④ 门窗洞口模板的安装应按定位基准调整固定，保证混凝土浇筑时不移位；

⑤ 大模板支撑须牢固、稳定，支撑点应设在坚固可靠处，不得与脚手架拉结；

⑥ 紧固对拉螺栓时应用力得当，不得使模板表面产生局部变形；

⑦ 大模板安装就位后，对缝隙及连接部位可采取堵缝措施，防止漏浆；

⑧ 吊装大模板时应设专人指挥，模板起吊应平稳，不得偏斜和大幅度摆动；

⑨ 吊装大模板必须采用带卡环吊钩，当风力超过 5 级时应停止吊装作业。

5. 大模板拆除规定

① 大模板的拆除顺序应遵循先支后拆、后支先拆、先拆非承重模板、后拆承重模板的顺序，并应从上而下进行拆除的原则；

② 当混凝土强度达到设计要求时,方可拆除底模及支架;

③ 当混凝土强度能保证其表面及棱角不受损伤时,方可拆除侧模;

④ 多个楼层间连续支模的底层支架拆除时间,应根据连续支模的楼层间荷载分配和混凝土强度的增长情况确定;

⑤ 快拆支架体系的支架立杆间距不应大于 2 m;

⑥ 对于后张预应力混凝土结构构件,侧模宜在预应力张拉前拆除;底模支架不应在结构构件建立预应力前拆除;

⑦ 拆下的模板及支架杆件不得抛扔,应分散堆放在指定地点,并应及时清运;

⑧ 模板拆除后应将其表面清理干净,对变形和损伤部位应进行修复。

## 二、滑升模板

滑升模板是在构筑物或建筑物底部,沿其墙、柱、梁等构件的周边一次性组装高 1.2 m 左右的滑动模板,随着向模板内不断地分层浇筑混凝土,用液压提升设备使模板不断地向上滑动,直到需要浇筑的高度为止。用滑升模板施工可以节约模板和支撑材料,加快施工速度并保证结构的整体性。但模板一次性投资大,耗钢量多,对建筑的立面造型和构件断面变化有一定限制。

1. 滑升模板组成(图 3.2.51)

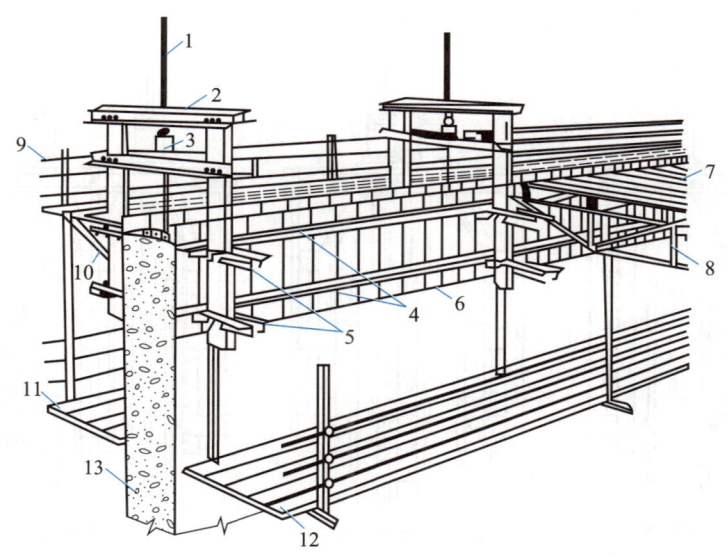

1—支撑杆;2—提升架;3—液压千斤顶;4—围圈;5—围圈支托;6—滑模板;7—操作平台;
8—平台桁架;9—栏杆;10—外挑三脚架;11—外吊脚手架;12—内吊脚手架;13—混凝土墙体。

图 3.2.51　液压滑模构造示意图

(1)模板系统

① 模板

模板按其材料不同有钢模板、木模板、钢木组合模板等,一般以钢模板为主。

钢模板可采用 2~2.5 mm 厚的钢板冷压成型,或用 2~2.5 mm 厚的钢板与角钢肋条制成。为方便施工,保证施工安全,外墙外模板的上端比内模板可高 150～200 mm。

② 围圈

围圈的作用是使模板保持组装好后的形状,并将模板和提升架连成整体。围圈应有一定强度和刚度。围圈与连接件构造如图 3.2.52 所示。

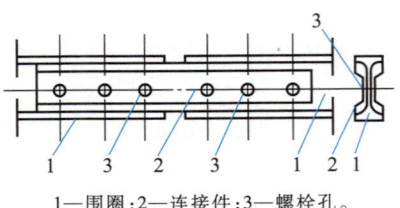

1—围圈;2—连接件;3—螺栓孔。

图 3.2.52　围圈与连接件构造示意图

③ 提升架

提升架的作用主要是控制模板和围圈由于混凝土侧压力和冲击力而产生的向外变形,承受作用在整个模板和操作平台上的全部荷载,并将荷载传递给千斤顶。提升架又是安装千斤顶、连接模板、围圈以及操作平台形成整体的主要构件。

在满足作用要求的前提下,结合建筑物的结构形式和提升架的安装部位,可以采用不同的提升架的构造形式,如图 3.2.53 所示。

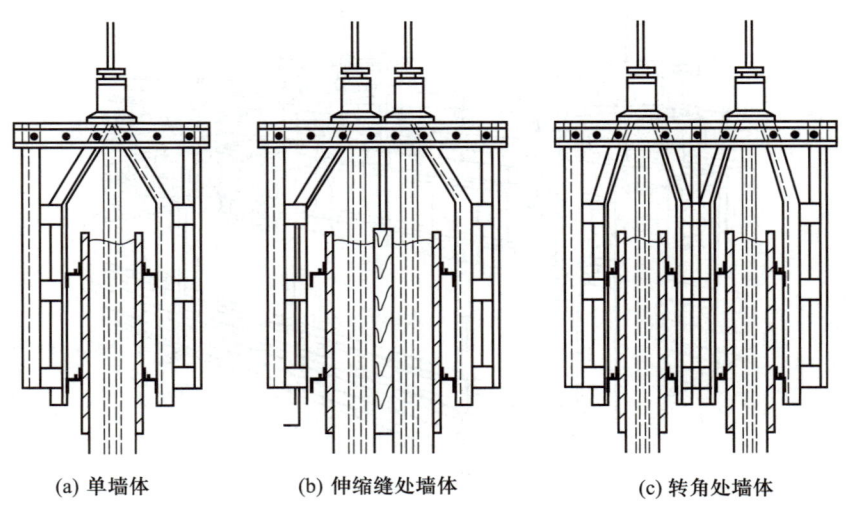

(a) 单墙体　　　　　　(b) 伸缩缝处墙体　　　　　　(c) 转角处墙体

图 3.2.53　不同结构部位提升架示意图

（2）操作平台系统

操作平台系统包括主操作平台、外挑操作平台、吊脚手架等。在施工需要时,还可设置上辅助平台。它是供材料、工具、设备堆放和施工人员操作的场所。

① 主操作平台既是施工人员进行施工操作的场所,也是材料、工具、设备堆放的场所。操作平台的设计要考虑既能揭盖方便,结构又要牢稳可靠。提升架立柱内侧的平台板采用固定式,提升架立柱外侧的平台板采用活动式(图 3.2.54)。

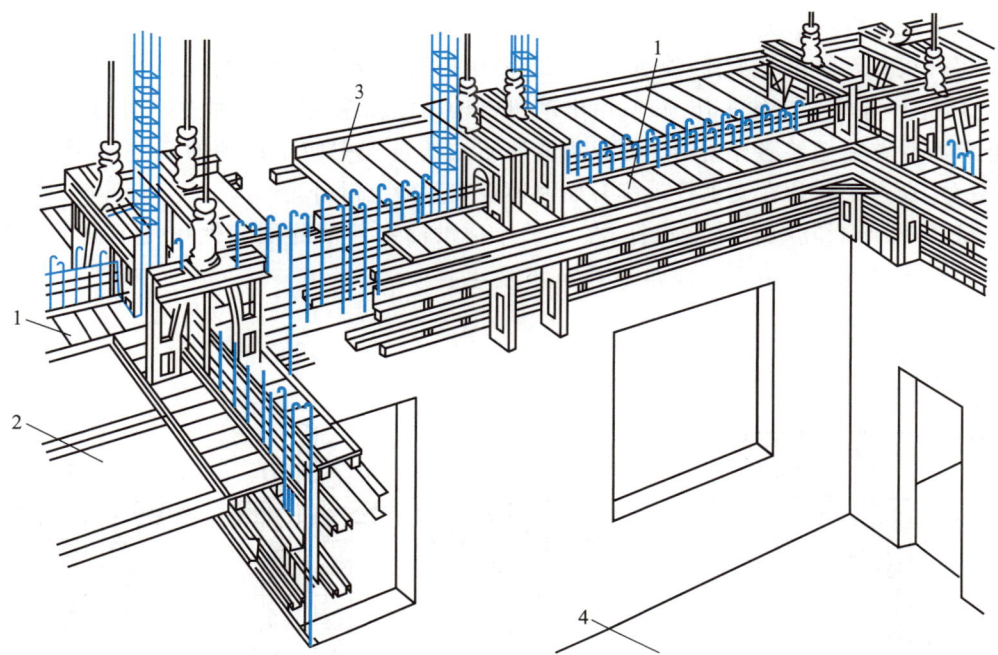

1—固定式;2—活动式;3—外挑操作平台;4—下一层已完成的现浇楼板。

图 3.2.54　操作平台

② 内外吊脚手架的作用是检查混凝土质量、表面装饰以及模板的检修和拆卸。吊脚手架的主要组成部分有吊杆、横梁、脚手板、防护栏杆等(图 3.2.55)。

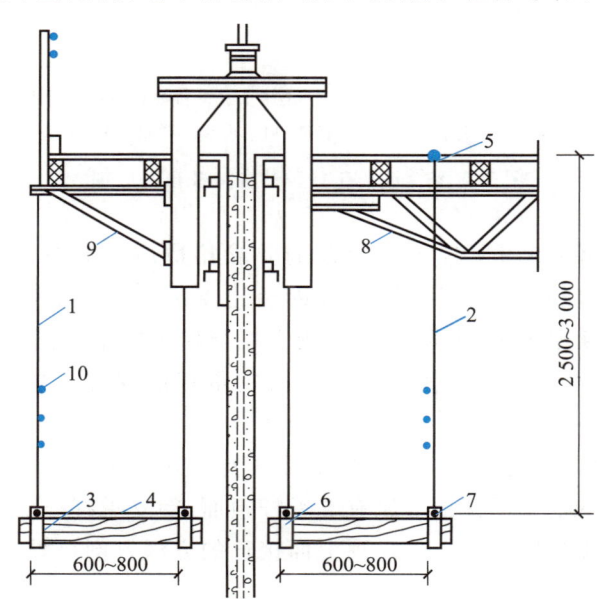

1—外吊脚手杆;2—内吊脚手杆;3—木楞;4—脚手板;5—固定吊杆螺栓;
6—套靴;7—连接螺栓;8—平台承重桁架;9—三角挑架;10—防护栏杆。

图 3.2.55　吊脚手架

（3）提升机具系统

提升机具系统由支承杆、液压千斤顶及液压控制系统和油路等组成。

① 提升机具系统的工作原理：由电动机带动高压油泵，将油液通过换向阀、分油器、截止阀及管路输送给各千斤顶，在不断供油回油的过程中使千斤顶的活塞不断地被压缩、复位，通过千斤顶在支承杆上爬升而使模板装置向上滑升。

液压千斤顶，其中心穿支承杆，在给千斤顶供油和回油的周期性作用下向上滑升。液压千斤顶的构造及顶升原理如图 3.2.56 所示。

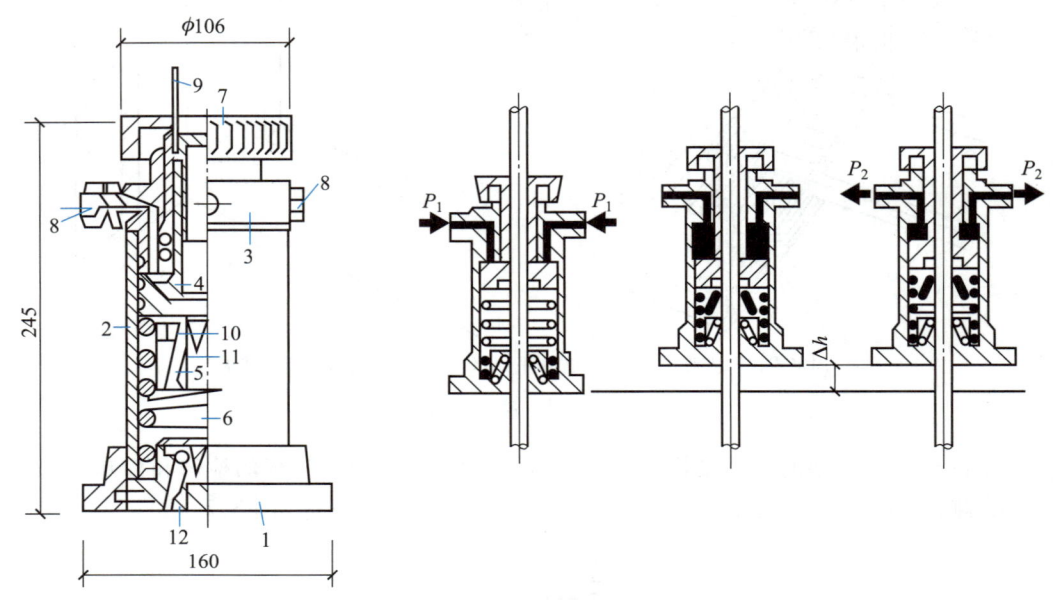

1—底座；2—缸筒；3—缸盖；4—活塞；5—上卡头；6—排油弹簧；7—行程调整帽；
8—油嘴；9—行程指示杆；10—钢珠；11—卡头小弹簧；12—下卡头。

图 3.2.56　液压千斤顶的构造及顶升原理

② 支承杆的直径：要与所选的千斤顶的要求相适应。为节约钢材，采用加套管的工具式支承杆时，应在支承杆外侧加设内径比支承杆直径大 2~5 mm 的套管，套管的上端与提升架横梁的底部固定，套管的下端与模板底平，套管外径最好做成上大下小的锥度，以减小滑升时的摩阻力。工具式支承杆的底部一般用钢靴或套管支承（图 3.2.57）。

③ 支承杆的接长：在支承杆顶端滑过千斤顶上卡头后，从千斤顶上部将接长支承杆插入千斤顶，使新插入的支承杆顶实原有支承杆顶面，待支承杆接头从千斤顶下面滑出后，立即将接头四周点焊固定。在千斤顶上面接长的方法有剖口焊接、榫接和丝扣连接（图 3.2.58）。

④ 液压控制装置：是提升系统的心脏，包括能量转换装置（电动机、高压泵）、能量控制和调节装置（换向阀、溢流阀、分油器）、辅助装置（油箱、油管）三部分。

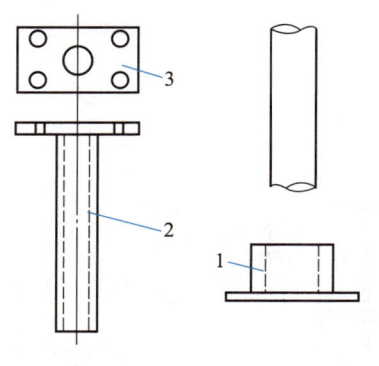

1—钢靴；2—套管；3—底座。

图 3.2.57　工具式支承杆的套管和钢靴

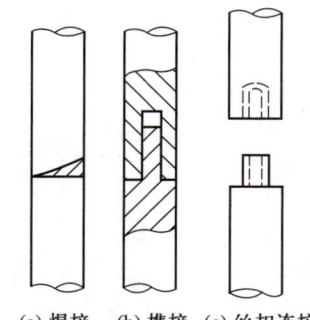

(a) 焊接　　(b) 榫接　　(c) 丝扣连接

图 3.2.58　支撑杆的连接方式

## 2. 滑升模板施工工艺

搭设临时组装平台，安装垂直运输设施 → 安装提升架 → 安装围圈（先安装内围圈，后安装外围圈），调整倾斜度 → 绑扎竖向钢筋和提升架横梁以下的水平钢筋 → 安设预埋件及预留孔洞的胎模 → 安装模板（先安装角模后安装其他模板）安装操作平台的桁架、支撑和平台铺板 → 安装外操作平台的支架、铺板和安全栏杆 → 安装液压提升系统、垂直运输系统及水、电、通信、信号、精度控制和观察装置 → 插入支承杆 → 安装内外吊脚手架及挂安全网。

## 3. 滑升模板施工要点

滑动模板通过围圈与提升架相连，固定在提升架上的千斤顶（35～120 kN）通过支承杆（$\phi$25 钢筋-$\phi$48 钢管）承受全部荷载并提供滑升动力。滑升施工时，依次在模板内分层（30～45 cm）绑扎钢筋、浇筑混凝土，并滑升模板。滑升模板时，整个滑模装置沿不断接长的支承杆向上滑升，直至设计标高；滑出模板混凝土出模强度已能承受自重和上部新浇筑混凝土重量，保证出模混凝土不致塌落变形。

### 三、爬升模板

爬升模板简称爬模，是一种适用于现浇钢筋混凝土竖向、高耸建（构）筑物施工的模板工艺，其工艺优于液压滑模。工作原理是以建筑物的钢筋混凝土墙体为支承主体，通过附着于已浇筑完的钢筋混凝土墙体上的爬升支架，利用连接爬升支架与模板的爬升设备，使一方固定，另一方相对运动，交替向上爬升，以完成模板的爬升、下降、就位和校正等工作。

## 1. 爬模系统的组成

图 3.2.59 为液压爬模装置循环爬升示意图。

爬模系统由模板系统、液压提升系统、操作平台系统组成。

（1）模板系统由组合模板或大模板、调节缝板、角模、钢背楞、对拉螺栓、铸钢螺母、铸钢垫片及脱模装置等组成。

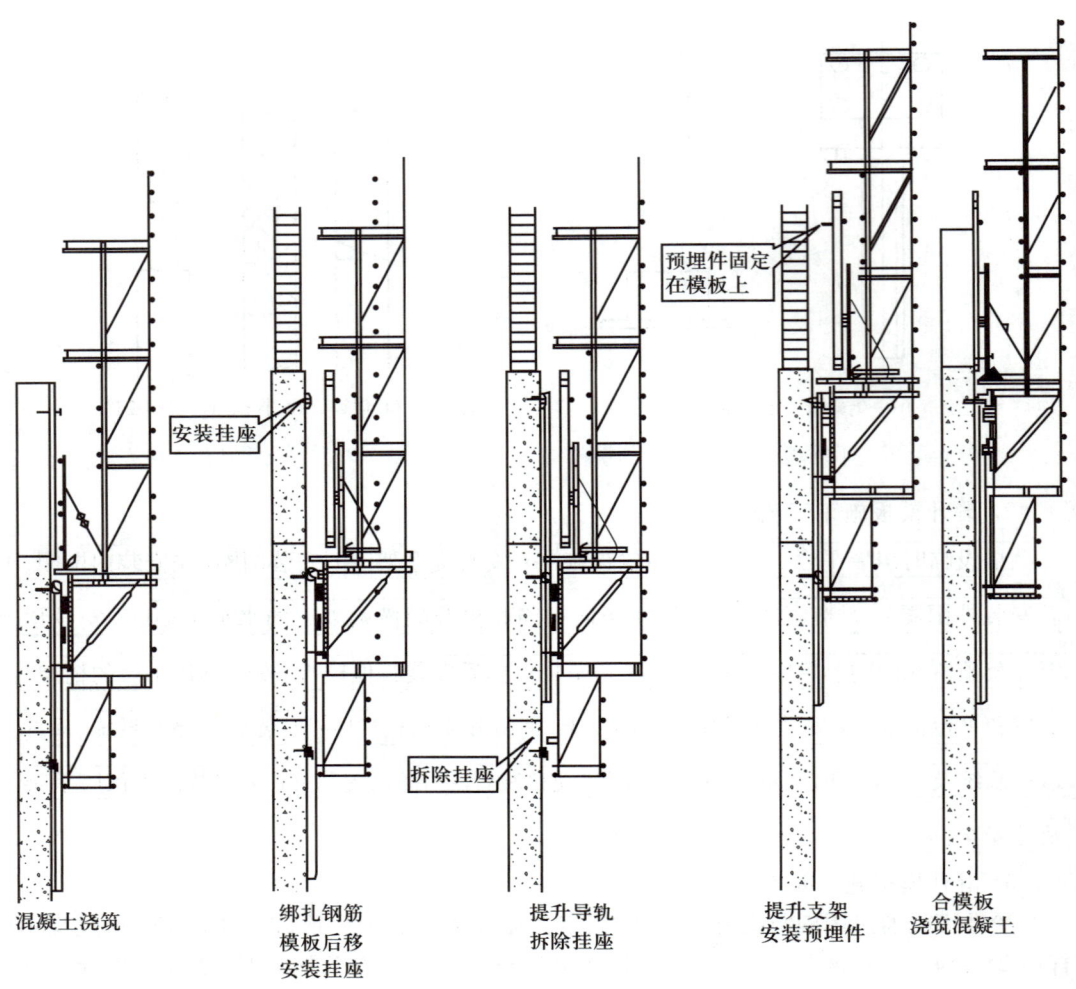

图 3.2.59　液压爬模装置循环爬升示意图

图中标注：安装挂座；预埋件固定在模板上；拆除挂座

混凝土浇筑　　绑扎钢筋模板后移安装挂座　　提升导轨拆除挂座　　提升支架安装预埋件　　合模板浇筑混凝土

（2）液压提升系统由提升架立柱、横梁、斜撑、活动支腿、滑道夹板、围圈、千斤顶、液压控制台、油管、阀门、接头等组成。

（3）操作平台系统由上下操作平台、吊平台、外架立柱、外挑梁、斜撑、栏杆、安全网等组成。

2. 爬模装置安装施工工艺

模板组拼 → 背楞组拼 → 安装模板 → 安装对拉螺栓 → 安装提升架 → 液压系统安装 → 安装围圈 → 安装外架柱梁 → 操作平台 → 安装液压系统 → 插入支承杆 → 挂护栏安全网 → 爬模装置验收。

3. 爬模施工工艺

绑扎第一层墙体钢筋 → 安装洞口模板 → 预埋管线 → 爬模装置组装 → 浇筑墙体混凝土 → 脱模（随升绑扎钢筋，安装门洞模板，预埋管线）→ 爬升 →

$\boxed{\text{水平结构施工}} \rightarrow \boxed{\text{合模,紧固螺栓}} \rightarrow \boxed{\text{继续上层墙体施工}}$。

4. 施工要点

（1）爬模装置安装

① 安装模板：先按组装图将平模板、带有脱模器的打孔模板和钢背楞组拼成块，整体吊装，按支模工艺做法，支一段模板即用穿墙螺栓紧固一段。平模支完后，支阴阳角模，阴角模与平模之间设调节缝板。

② 安装提升架：先在地面组装，待模板支完后，用塔吊吊起提升架，插入已支的模板背面，提升架活动支腿同模板背楞连接，并用可调丝杠调节模板截面尺寸和垂直度。

③ 安装围圈：围圈由上下弦槽钢、斜撑、立撑等组成装配式桁架，安装在提升架外侧，将提升架连成整体。围圈在对接和角接部位的连接件进行现场焊接。

④ 安装外架柱梁：在提升架立柱外侧安装外挑梁及外架立柱，形成挑平台和吊平台，外挑梁在滑道夹板中留一定间隙，使提升架立柱有活动余地。在外墙及电梯井角壁底部的外挑两靠墙一端安装滑轮，作为纠偏措施用。

（2）安装操作平台

① 铺平台板。

② 外架立柱外侧全高设吊平台护栏。

③ 外架立柱上端，设上操作平台护栏，高2 m。

④ 平台及吊平台护栏下端均设踢脚板。

（3）安装液压系统

① 每榀提升架上安装1~2台千斤顶，必要时安装升降调节器。千斤顶上部须设限位器，并在支承杆上设限位卡，每个千斤顶安装一只针形阀。

② 主油管宜安装成环形油路。

③ 液压控制台安装在中部电梯井筒内。

④ 在进行液压系统排油排气和加压试验后，插入支承杆。

⑤ 安装激光靶，进行平台偏差控制观测，采用激光安平仪控制平台水平度。

（4）脱模

① 当混凝土强度能保证其表面及棱角不因拆除而受损坏后，方可开始脱模，一般在混凝土强度达到1.2 MPa后进行。

② 脱模前先取出对拉螺栓，松开调节缝板同大模板之间的连接螺栓。

③ 大模板采取分段整体进行脱模，首先用脱模器伸缩丝杆顶住混凝土脱模，然后用活动支腿伸缩丝杆使模板后退，脱开混凝土50~80 mm。

④ 角模脱模后同大模板相连，一起爬升。

（5）水平结构施工

① 模板下口爬升到达上层楼面标高后，支楼板底模板或铺设压型钢板，绑扎楼板钢筋，浇筑楼板混凝土。

② 当采取连续爬模，之后进行楼板施工方法时，应得到结构设计单位的认可，并经计算确定滞后施工层数。

（6）合模紧固

模板爬升到位后，用活动支腿丝杠推送到位进行合模。穿入对拉螺栓紧固，爬模继续循序轮回施工。

### 四、模壳模板

密肋楼板施工时，为了保证楼板结构的形状及尺寸准确，利用塑料、玻璃钢等材料加工而成的定型化、工具化模具，称为密肋楼板模壳。

塑料模壳是以改性聚丙烯塑料，采用模压注塑加工而成，特点是：自重轻，如 1.2 m×1.2 m 塑料模壳单个质量约 21～30 kg；耐老化，价格较便宜，但刚度、抗冲击性能不如玻璃钢模壳，需采用型钢加固；人工拆模难度大，模壳易损坏。

玻璃钢模壳是以方格中碱玻璃丝布作为增强材料，以不饱和聚酯树脂作黏结材料，经手糊阴模成型。特点是：自重轻，如 1.2 m×1.2 m 玻璃钢模壳单个质量 27～28 kg；刚度、强度、韧性比塑料模壳好，周转次数可达 80～100 次，不需用型钢加固；可采用气动拆模，速度快，效果好。

图 3.2.60 为玻璃钢模壳施工的楼盖。

图 3.2.60　玻璃钢模壳施工的楼盖

1. 模壳支模施工工艺

在楼地面上放出钢支柱轴线 → 立支柱 → 框架梁支模 → 在梁侧模板上分出模壳位置线 → 支主龙骨（或柱头板）→ 安装水平拉杆 → 安装角钢（或桁架梁）→ 排放模壳 → 模壳接缝铺条 → 刷脱模剂。

2. 模壳拆模施工工艺

拆除销钉及角钢（或敲击柱头板支持楔，使桁架梁下落）→ 拆除模壳 → 拆除龙骨（或桁架梁）→ 拆除水平拉杆 → 拆支柱。

3. 施工要点

（1）支撑系统（图 3.2.61）安装

① 钢支柱的基底应平整坚固，应经过设计计算，柱底垫通长垫木，楔子搂紧，并用钉子固定。

② 支柱在龙骨方向的间距按施工设计。

③ 按照设计标高调整支柱高度。支柱高度超过 3.5 m 时,每隔 1.8 m 设置纵横水平拉杆一道,增加支柱稳定性并作为操作架子。

④ 用螺栓将龙骨托座(或柱头板)安装在支柱顶板上。

⑤ 龙骨放置在托座上,找平调直后安装∟50×5角钢(或将桁架梁两端之舌头挂于板上)。安装龙骨或桁架梁时应拉通线控制,以保证间距准确。

(2)模壳安装

① 模壳排列原则:在一个柱网内,由中间向两边排列。边肋不能使用模壳时,用木模板嵌补。

② 将模壳依次排放在主龙骨两侧角钢(或桁架梁的翼缘)上。

③ 相邻模壳之间接缝处铺以油毡条或胶带,防止漏浆。采用气动拆模时,气嘴应先封闭(用约 40 mm 见方的胶布粘贴)。

④ 模壳安装好以后应再涂刷一遍脱模剂。

(3)模壳拆除

① 当支柱跨度≤2 m,混凝土强度达到设计强度的 50%时,可拆除模壳;当 2 m<支柱跨度≤8 m,混凝土强度达到设计强度的 75%时,可拆除模壳和主龙骨;当支柱跨度>8 m,混凝土强度达到设计强度的 100%时,可拆除支柱。

② 拆模时先敲下销钉,拆除角钢(或敲击柱头板的支持楔,拆下桁架梁)。

③ 用撬杠轻轻撬动,拆下模壳,传运至楼地面,清理干净,涂刷脱模剂,再运至堆放地点放好。然后拆除支柱及拉杆。

(4)气动拆模工艺

玻璃钢模壳采用气动拆模工艺时,其施工操作要点如下:

① 将耐压胶管安装在气泵上,胶管的另一端安上气枪。

② 气枪嘴对准模壳进气孔,开动气泵(空气压力 0.4~0.6 MPa),压缩空气进入模壳与混凝土的接触面,促使模壳脱开。

③ 取下模壳,运至楼地面。如果模壳边与龙骨接触处有少许漏浆,用撬杠轻轻撬动即可取下模壳。

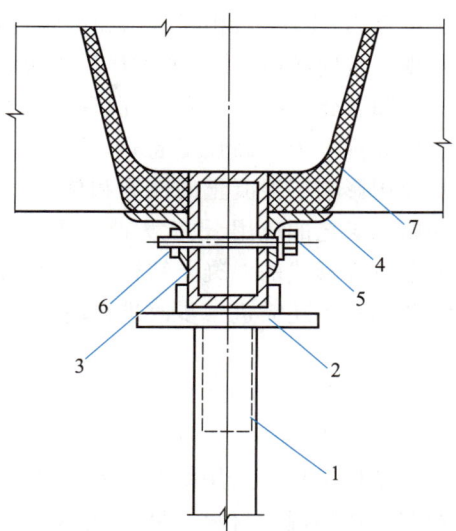

1—(可调)钢支柱;2—柱头板;3—钢龙骨;
4—角钢;5—销钉;6—插销片;7—模壳。

图 3.2.61　钢支柱、钢龙骨支撑系统

# 3.3　混凝土工程

混凝土工程的施工工艺为: 配料 → 搅拌 → 运输 → 浇筑 → 振捣 → 养护 。各个施工过程相互联系和影响,任一施工过程处理不当都会影响混凝土工程的最终质量。其施

工特点为:工序多,相互联系和影响;质量要求高(外形、强度、密实度、整体性);不易及时发现质量问题(拆模后或试压后方可显现)。

随着建筑技术的发展,混凝土的性能不断改善,混凝土的品种也由过去的普通混凝土发展到今天的高强度混凝土、高性能混凝土等。近年来混凝土外加剂发展很快,它们的应用影响了混凝土的性能和施工工艺。此外,自动化、机械化的发展和新的施工机械和施工工艺的应用,也大大改变了混凝土工程的施工面貌。各种环境下的混凝土结构及复杂特殊形式的混凝土结构,都对混凝土施工提出了越来越高的要求,混凝土工程施工工艺和技术还需进一步改进提高。

### 3.3.1　混凝土配料

#### 一、原材料组成及质量要求

结构工程中所用的混凝土是以水泥为胶凝材料,外加粗细集料、水,按照一定配合比拌和而成的混合材料。另外,根据需要,向混凝土中掺加外加剂和外掺合料(常用的有粉煤灰、硅粉、磨细矿渣等)以改善混凝土的某些性能。

#### 二、混凝土的施工配合比调整

混凝土强度值对水灰比的变化十分敏感。由于试验室在试配混凝土时的砂、石是干燥的,而施工现场的砂、石均有一定的含水率,其含水量的大小随当时当地气候而异。为保证现场混凝土准确的水灰比,应按现场砂、石实际含水率(砂、石中水的重量与砂、石重量的比值)对用水量予以调整。

设混凝土实验室配合比为水泥:砂子:石子:水 $= 1 : x : y : \omega$,测得砂子的含水率为 $\omega_x$,石子的含水率为 $\omega_y$,则施工配合比应为:$1 : x(1+\omega_x) : y(1+\omega_y)$。水灰比保持不变,则必须扣除砂、石中的含水量,调整后的水灰比应为:$\omega - x \cdot \omega_x - y \cdot \omega_y$。

施工时应及时测定砂、石集料的含水率,并将混凝土配合比换算成在实际含水率情况下的施工配合比。

#### 三、材料计量

混凝土所用原材料的计量必须准确,才能保证所拌制的混凝土满足设计和施工提出的要求。各种原材料每盘计量的偏差不得超过表 3.3.1 的规定。

表 3.3.1　混凝土原材料计量的允许偏差　　　　　　　　　%

| 原材料品种 | 水泥 | 细集料 | 粗集料 | 水 | 掺合料 | 外加剂 |
| --- | --- | --- | --- | --- | --- | --- |
| 每盘计量允许偏差 | ±2 | ±3 | ±3 | ±2 | ±2 | ±2 |
| 累计计量允许偏差 | ±1 | ±2 | ±2 | ±1 | ±1 | ±1 |

#### 四、施工配料

施工中往往以一袋或两袋水泥为下料单位,每搅拌一次叫做一盘。因此,求出每 1 $m^3$ 混凝土材料用量后,还必须根据工地现有搅拌机出料容量确定每次需用几袋水泥,然后按水泥用量算出砂、石子的每盘用量。

**【例 3.3.1】** 某混凝土实验配比为 1：2.28：4.47，水灰比 0.63，水泥用量为 285 kg/m³，现场实测砂、石含水率分别为 3% 和 1%。拟用出料容量为 250 L 的搅拌机拌制，试计算施工配合比及每盘投料量。

**解:**(1)混凝土施工配合比为

水泥：砂：石：水

$= 1：2.28 \times (1+0.03)：4.47 \times (1+0.01)：(0.63-2.28 \times 0.03-4.47 \times 0.01)$

$= 1：2.35：4.51：0.517$

(2)每盘投料量:

水泥:285×0.25 kg = 71 kg，取 75 kg(取半包水泥的整数倍)，则

砂:75×2.35 kg = 176 kg

石:75×4.51 kg = 338 kg

水:75×0.517 kg = 38.8 kg

### 3.3.2 混凝土的搅拌、运输

一、混凝土搅拌设备

1. 混凝土搅拌机

混凝土的制备方法，除零星分散且非重要部位的可采用人工拌制外，均应采用机械搅拌。混凝土搅拌机按其搅拌原理分为自落式和强制式两类，如图 3.3.1 所示。

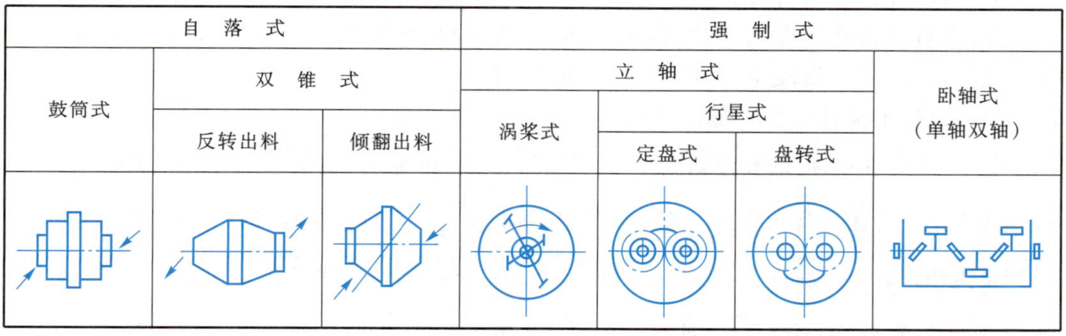

| 自 落 式 | | | 强 制 式 | | | |
|---|---|---|---|---|---|---|
| 鼓筒式 | 双 锥 式 | | 立 轴 式 | | | 卧轴式<br>(单轴双轴) |
| | 反转出料 | 倾翻出料 | 涡浆式 | 行星式 | | |
| | | | | 定盘式 | 盘转式 | |

图 3.3.1　混凝土搅拌机类型

(1)自落式搅拌机

自落式搅拌机的搅拌筒内壁焊有弧形叶片，当搅拌筒绕水平轴旋转时，弧形叶片不断将物料提高一定高度，然后使物料自由落下滚动，由于下落时间、落点和滚动距离不同，使物料颗粒相互穿插、翻拌、混合而达到均匀，自落式搅拌机宜用于搅拌塑性混凝土，如图 3.3.2 所示。

(2)强制式搅拌机

强制式搅拌机是利用拌筒内运动的叶片强迫物料朝各个方向(环向、径向、竖向)运动，由于各物料颗粒的运动方向、速度各不相同，相互之间产生剪切滑移而相互穿插、扩散，从而在很短的时间内使物料拌和均匀，这种拌制机理称作剪切搅拌机理。强制式搅

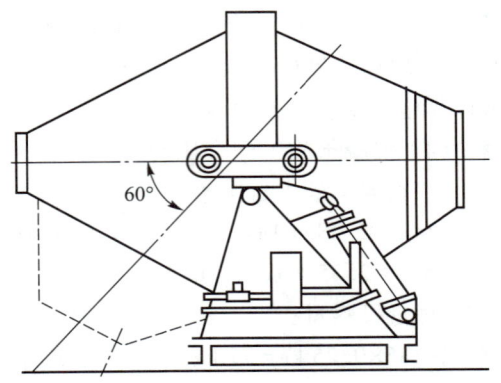

图 3.3.2　自落式搅拌机

拌机的搅拌作用比自落式搅拌机强烈,宜用于搅拌干硬性混凝土和轻集料混凝土。但强制式搅拌机的转速比自落式搅拌机高,动力消耗大,叶片、衬板等磨损也大。搅拌机以其出料容量(升)为标定规格,在建筑工程中 250 L、350 L、500 L、750 L 这 4 种规格的搅拌机比较常用。

2. 混凝土搅拌站

当混凝土需用量较大时,可在施工现场设置混凝土搅拌站或订购商品混凝土搅拌站供应的商品(预拌)混凝土。大规模混凝土搅拌站采用自动上料系统,各种材料单独自动称量配料,计算机控制各混合料的掺量,卸入锥形料斗后进入搅拌楼,粉煤灰、外加剂自动添加,具有机械化程度高、配料称量准确、节约材料、保证及时供应、能确保配制混凝土的强度等优点,商品混凝土目前已经被普遍采用。

(1)混凝土搅拌站生产施工工艺

按设计文件技术要求通知施工(工程部) → 测定粗、细集料含水率(试验室) →

按相应理论配合比及含水率开出施工配料单(试验室) → 开盘前检查(搅拌站:原材料规格品牌是否相符;计量设备进行校核;搅拌站设备是否正常) → 按施工配合比称量(搅拌站) →

按要求分步骤投料(搅拌站:细集料水泥、粉煤灰搅拌均匀→水→粗集料→外加剂) →

搅拌(搅拌站:自全部原材投入后总搅拌时间不宜小于 2 min 也不宜大于 3 min) → 检查

混凝土(试验室:每 50 m³ 取样一次,每班或每一结构物至少 2 次,检查坍落度、扩展度、温度和含气量)。

(2)生产施工要点

① 水泥及掺合料按品种、等级送入指定筒仓储存,经螺旋输送机向搅拌楼储料斗、计量料斗供料。

② 搅拌机粗细集料用装载机由料场装入砂、石储料仓,经带式输送机运送至搅拌楼储料斗、计量料斗;外加剂(液体)按品种在储料罐内储存,经管道泵送至外加计量罐;拌合水经管道泵送至水计量罐。

③ 各原材料的计量均应按重量计,水和液体外加剂的计量可按体积计;原材料计量允许偏差不应超过规定的范围。

④ 开盘前,混凝土搅拌楼操作人员应根据当日生产配合比和任务单,检查原材料的品种、规格、数量及设备的运转情况,并做好记录;搅拌楼应实行配合比挂牌制,按工程名称、部位分别注明每盘材料配料重量;试验人员每天班前应测定砂、石含水率,雨后立即补测,根据砂、石含水率随时调整每盘砂、石及加水量,并做好调整记录。

⑤ 搅拌楼操作人员严格按配合比计量。

⑥ 混凝土的搅拌时间可参照搅拌机使用说明,经试验调整确定。搅拌时间与搅拌机类型、坍落度大小、斗容量大小有关。掺入外加剂或掺合料时,搅拌时间还应延长 20~30 s,混凝土搅拌的最短时间应符合下列规定:当采用搅拌运输车运输混凝土时,其搅拌的最短时间应符合设备说明书的规定,并且每盘搅拌时间(从全部材料投完算起)不得小于 30 s,在制备 C50 以上混凝土或采用引气剂、膨胀剂、防水剂时应相应增加搅拌时间。

⑦ 检验人员应每台班抽查每一配合比的执行情况,做好记录,并跟踪抽查原材料、搅拌、运输质量,核查施工现场有关技术文件。

⑧ 在预拌混凝土生产过程中应按标准严格控制对周围环境的污染。搅拌站机房应为封闭性建筑物,所有粉料的运输及称量工序均应在封闭状态进行,并有吸尘装置。

⑨ 搅拌站应严格控制生产用水的排放,减少污水排放。

二、搅拌制度

为了获得质量优良的混凝土拌合物,除正确选择搅拌机外,还必须正确确定搅拌制度,即搅拌时间、投料顺序和进料容量等。

1. 混凝土搅拌时间

搅拌时间是指从原材料全部投入搅拌筒开始搅拌时起,到开始卸料时为止所经历的时间。在一定范围内随搅拌时间的延长而强度有所提高,但过长时间的搅拌既不经济也不合理。因为搅拌时间过长,不坚硬的粗集料在大容量搅拌机中会因脱角、破碎等而影响混凝土的质量。加气混凝土也会因搅拌时间过长而使含气量下降。为了保证混凝土的质量,混凝土搅拌的最短时间如表 3.3.2 所示。

表 3.3.2　混凝土搅拌的最短时间                                                         s

| 混凝土坍落度/mm | 搅拌机机型 | 搅拌机出料量/L | | |
|---|---|---|---|---|
| | | <250 | 250~500 | >500 |
| ≤40 | 强制式 | 60 | 90 | 120 |
| >40 且 <100 | 强制式 | 60 | 60 | 90 |
| ≥100 | 强制式 | 60 | | |

注:1. 当掺有外加剂时,搅拌时间应适当延长;

2. 全轻混凝土、砂轻混凝土搅拌时间应延长 60~90 s。

## 2. 投料顺序

投料顺序应从提高搅拌质量、减少叶片和衬板的磨损、减少拌合物与搅拌筒的黏结、减少水泥飞扬、改善工作环境等方面综合考虑确定。常用的有一次投料法和二次投料法。

一次投料法是在上料斗中先装石子,再加水泥和砂,然后一次投入搅拌机。对自落式搅拌机要在搅拌筒内先加部分水,投料时砂压住水泥,水泥不致飞扬,且水泥和砂先进入搅拌筒形成水泥砂浆,可缩短包裹石子时间。对立轴强制式搅拌机,因出料口在下部,不能先加水,应在投入原料同时,缓慢均匀分散加水。

经过我国的研究和实践,二次投料法形成了"裹砂石法混凝土搅拌工艺",它是在日本研究的造壳混凝土(简称 SEC 混凝土)的基础上结合我国的国情研究成功的,它分两次加水,两次搅拌。用这种工艺搅拌时,先将全部的石子、砂和 70% 的拌合水倒入搅拌机,拌和 15 s 使集料湿润,再倒入全部水泥进行造壳搅拌 30 s 左右,然后加入 30% 的拌合水再进行糊化搅拌 60 s 左右即完成。与普通搅拌工艺相比,用裹砂石法搅拌工艺可使混凝土强度提高 10% ~ 20%,或节约水泥 5% ~ 10%。在我国推广这种新工艺,有巨大的经济效益。此外,我国还对净浆法、净浆裹石法、裹砂法、先拌砂浆法等各种二次投料法进行了试验和研究。

## 3. 进料容量

进料容量是将搅拌前各种材料的体积累积起来的数量,又称干料容量。进料容量与搅拌机搅拌筒的几何容量有一定比例关系,如任意超载(进料容量超过 10%),就会使材料在搅拌筒内无充分的空间进行拌和,影响混凝土的和易性。反之,装料过少,又不能充分发挥搅拌机的效能。

### 三、混凝土的运输

混凝土的运输是指将混凝土从搅拌站送到浇筑点的过程。为了保证混凝土的施工质量,对混凝土拌合物运输的基本要求是:不产生离析现象、不漏浆、保证浇筑时规定的坍落度和在混凝土初凝之前能有充分时间进行浇筑和捣实。

匀质的混凝土拌合物为介于固体和液体之间的弹塑性体,其中的集料,由于作用于其上的内摩阻力、黏聚力和重力处于平衡状态,而能在混凝土拌合物内均匀分布和处于固定位置。在运输过程中,由于运输工具的颠簸振动等动力的作用,黏聚力和内摩阻力将明显削弱。由此集料失去平衡状态,在自重作用下向下沉落,质量越大,向下沉落的趋势越强,由于粗、细集料和水泥浆的质量各异,因而各自聚集在一定深度,形成分层离析现象,这对混凝土质量是有害的,为此,运输道路要平坦,运输工具要选择恰当,运输距离要限制以防止分层离析,如已产生离析,在浇筑前要进行二次搅拌。

此外,运输混凝土的工具要不吸水、不漏浆,且运输时间有一定限制。混凝土运输、输送入模的过程宜连续进行,从运输到输送入模的延续时间不宜超过表 3.3.3 的规定,且不应超过表 3.3.4 的限值规定。掺早强型减水外加剂、早强剂的混凝土以及有特殊要求的混凝土,应根据设计及施工要求,通过试验确定允许时间。如需进行长距离运输可选用混凝土搅拌运输车运输,可将配好的混凝土干料装入混凝土筒内,在接近现场的途中再加水拌制,这样就可以避免由于长途运输而引起的混凝土坍落度损失。

表 3.3.3　从运输到输送入模的延续时间限值　　　　　　　　　　　　min

| 条件 | 气温 | |
|---|---|---|
| | ≤25 ℃ | >25 ℃ |
| 不掺外加剂 | 90 | 60 |
| 掺外加剂 | 150 | 120 |

表 3.3.4　运输、输送入模及其间歇的总时间限值　　　　　　　　　　min

| 条件 | 气温 | |
|---|---|---|
| | ≤25 ℃ | >25 ℃ |
| 不掺外加剂 | 180 | 150 |
| 掺外加剂 | 240 | 210 |

**1. 混凝土运输形式**

混凝土运输分为地面运输、垂直运输和楼面运输三种情况。

（1）混凝土地面运输

如采用预拌（商品）混凝土运输距离较远时，多用混凝土搅拌运输车。目前，我国很多大中城市在市区施工均禁止现场拌制混凝土而推广商品混凝土，商品混凝土一般采用搅拌运输车进行运输，一般容积 8 m³，如图 3.3.3 所示。混凝土如来自工地搅拌站，则多用双轮手推车（图 3.3.4a）或载重约 1t 的小型机动翻斗车（图 3.3.4b），有时还用带式运输机和窄轨翻斗车。

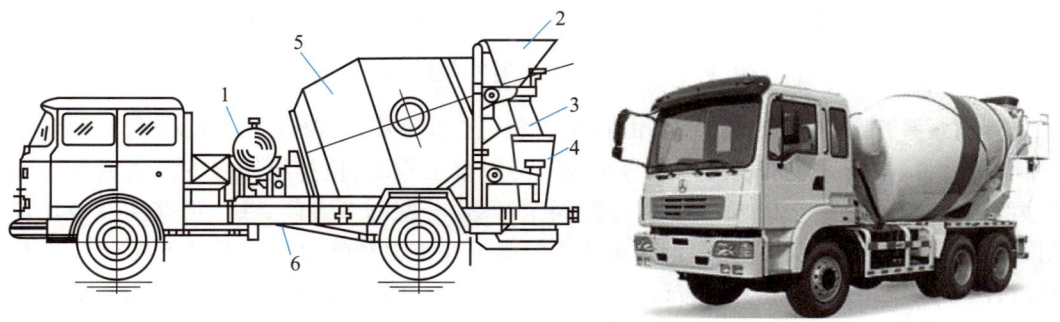

1—水箱;2—进料斗;3—卸料斗;4—活动卸料溜槽;5—搅拌筒;6—汽车底盘。

图 3.3.3　混凝土搅拌运输车

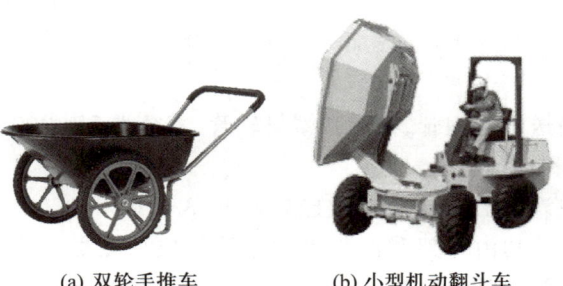

(a) 双轮手推车　　　　　(b) 小型机动翻斗车

图 3.3.4　常用的地面水平运输工具

（2）混凝土垂直运输

我国多用塔式起重机、混凝土泵、快速提升斗和井架。用塔式起重机时，混凝土要配吊斗运输，这样可直接进行浇筑。对于混凝土浇筑量大、浇筑速度快的工程，可以采用混凝土泵输送。

（3）混凝土楼面运输

有双轮手推车、机动灵活的小型机动翻斗车，如用混凝土泵则用布料机布料。

2. 混凝土泵车

商品混凝土一般采用混凝土泵车进行运输和浇筑，它以泵为动力，沿管道输送混凝土，可以一次完成水平及垂直运输，将混凝土直接输送到浇筑地点，是发展较快的一种混凝土运输方法。根据驱动方式，混凝土泵目前主要有两类，即挤压泵和活塞泵，但在我国主要利用活塞泵，工作原理如图 3.3.5 所示。

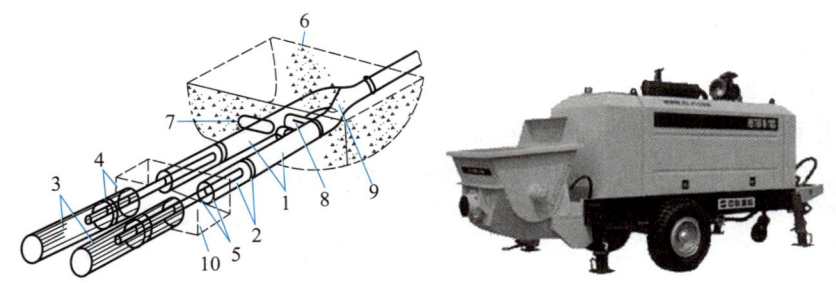

1—混凝土缸；2—推压混凝土活塞；3—液压缸；4—液压活塞；5—活塞杆；6—料斗；
7—控制吸入的水平分配阀；8—控制排出的竖向分配阀；9—Y 形输送管；10—水箱。

图 3.3.5　液压活塞式混凝土泵工作原理

活塞泵多用液压驱动，它主要由料斗、液压缸和活塞、混凝土缸、分配阀、Y 形输送管、冲洗设备、液压系统和动力系统等组成。活塞泵工作时，搅拌机卸出的或由混凝土搅拌运输车卸出的混凝土倒入料斗 6，分配阀 7 开启、分配阀 8 关闭，液压活塞 4 在液压作用下通过活塞杆 5 带动活塞 2 后移，料斗内混凝土在重力和吸力作用下进入混凝土缸 1。然后，液压系统中压力油的进出反向，活塞 2 向前推压，同时分配阀 7 关闭，而分配阀 8 开启，混凝土缸中的混凝土拌合物就通过 Y 形输送管压入输送管送至浇筑地点。由于有两个缸体交替进料和出料，因而能连续稳定地排料。不同型号的混凝土泵，其排量不同，水平运距和垂直运距亦不同，常用者，混凝土排量为 $80 \sim 120 \ m^3/h$，水平运距为 1 200～1 500 m，垂直运距为 280～350 m，最大水平输送距离已超过 2 000 m，最大垂直泵送高度也可达 500 m 以上。

常用的混凝土输送管为钢管、橡胶和塑料软管，直径为 75～200 mm，每段长约 3 m，还配有 45°、90°等弯管和锥形管。

将混凝土泵装在汽车上便成为混凝土泵车（图 3.3.6a），在车上装有可以伸缩或屈折的布料杆（图 3.3.6b），其由臂架和混凝土输送管组成。混凝土输送管可将混凝土直接送至浇筑地点，布料臂架达到 42～56 m，布料杆的作用是运输、布料、摊铺，使用十分方便。

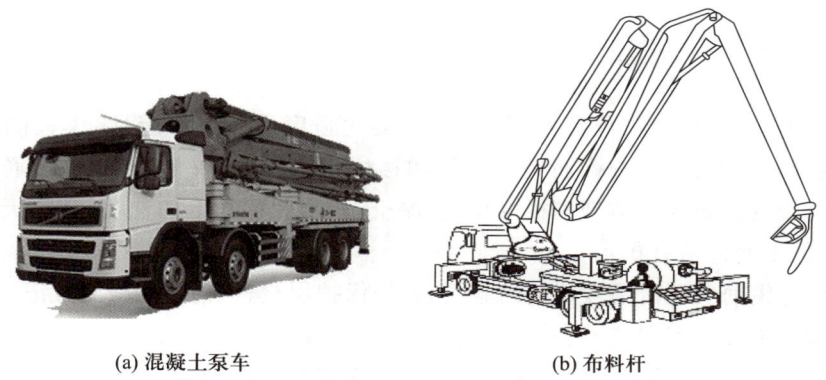

| (a) 混凝土泵车 | (b) 布料杆 |

图 3.3.6　带布料杆的混凝土泵车

泵送混凝土是指坍落度不低于 100 mm 并用泵送施工的混凝土,对混凝土的配合比和材料有较严格的要求:碎石、卵石最大粒径与输送管内径之比宜小于等于 1:3 和 1:2.5,泵送高度在 50~100 m 时宜为 1:4~1:3,泵送高度在 100 m 以上时宜为 1:5~1:4,以免堵塞,如用轻集料则以吸水率小者为宜,并宜用水预湿,以免在压力作用下强烈吸水,使坍落度降低而在管道中形成阻塞。砂宜用中砂,通过 0.315 mm 筛孔的砂应不少于 15%,砂率宜控制在 35%~45%,如粗集料为轻集料还可适当提高。水泥用量不宜过少,否则泵送阻力增大,水泥和矿物掺合料的总量不宜少于 $300 \text{ kg/m}^3$,用水量与水泥和矿物掺合料的总量之比不宜大于 0.60。掺用引气型外加剂时,含气量不宜大于 4%。对不同泵送高度,入泵时混凝土的坍落度可参考表 3.3.5 选用。

表 3.3.5　不同泵送高度入泵时混凝土坍落度选用值

| 泵送高度/m | 30 以下 | 30~60 | 60~100 | 100 以上 |
| --- | --- | --- | --- | --- |
| 坍落度/mm | 100~140 | 140~160 | 160~180 | 180~200 |

混凝土泵宜与混凝土搅拌运输车配套使用,且应使混凝土搅拌站的供应能力和混凝土搅拌运输车的运输能力大于混凝土泵的泵送能力,以保证混凝土泵能连续工作,防止停机堵管。进行输送管线布置时,应尽可能直,转弯要缓,管段接头要严,少用锥形管,以减少压力损失。如输送管向下倾斜,要防止因自重流动使管内混凝土中断、混入空气而引起混凝土离析,产生阻塞。为减小泵送阻力,用前先泵送适量的水泥浆或水泥砂浆以润滑输送管内壁,然后进行正常的泵送。在泵送过程中,泵的受料斗内应充满混凝土,防止吸入空气形成阻塞。混凝土泵排量大,在浇筑大面积建筑物时,最好用布料机进行布料。

泵送结束要及时清洗泵体和管道,用水清洗时将管道与 Y 形管拆开,放入海绵球及清洗活塞,再通过法兰,使高压水软管与管道连接,高压水推动活塞和海绵球,将残存的混凝土压出并清洗管道。

用混凝土泵浇筑结构物,要加强养护,防止因水泥用量较大而引起开裂。如混凝土浇筑速度快,对模板的侧压力大,模板和支撑应保证稳定并有足够强度。

### 3.3.3 混凝土的浇筑、振捣

#### 一、浇筑前的准备工作

（1）检查模板的标高、位置及严密性，支架的强度、刚度、稳定性，模板的各种连接件，模板接缝是否严密；检查钢筋是否变形和移位，保护层垫块是否垫好，钢筋的保护层垫块是否符合规范要求。清理模板内垃圾、泥土、积水和钢筋上的油污，高温天气模板宜浇水湿润，但不允许留有积水。

（2）做好钢筋及预留预埋管线的验收、钢筋保护层检查、钢筋工程隐蔽记录。

（3）做好施工组织和技术、安全交底检查工作。混凝土浇筑技术交底内容包括混凝土配合比（挂牌）、计量方法、工程量、施工进度、施工缝留设、浇筑标高、部位、浇筑顺序、技术措施和操作要求等。

#### 二、浇筑的一般要求

（1）混凝土自料斗、漏斗口下落的自由倾落高度不得超过 2 m，在竖向结构中浇筑混凝土的高度不得超过 3 m，否则应采用串筒、溜槽、溜管（图 3.3.7）或在模板侧面开洞口等方法下料，避免混凝土离析。

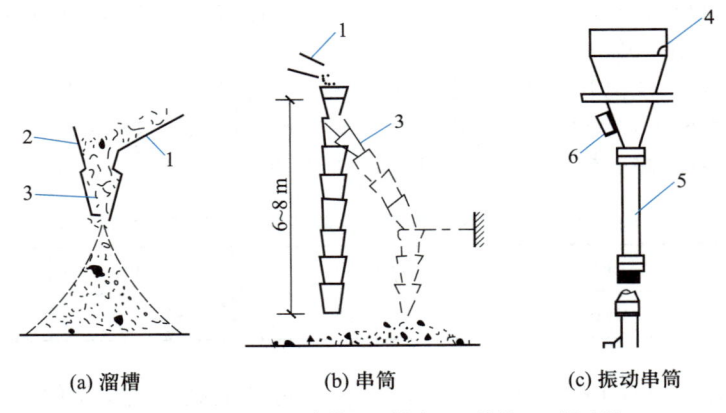

|     |     |     |
| --- | --- | --- |
| (a) 溜槽 | (b) 串筒 | (c) 振动串筒 |

1—溜槽；2—挡板；3—串筒；4—漏斗；5—节管；6—振动器。

图 3.3.7　溜槽与串筒

（2）混凝土须在初凝前浇筑，如已有初凝现象，则应再进行一次强力搅拌方可入模。如混凝土在浇筑前有离析现象，亦须重新拌和才能浇筑。

（3）浇筑竖向结构混凝土前，底部应先浇入 50~100 mm 厚与混凝土成分相同的水泥砂浆，以避免产生蜂窝、麻面及烂根现象。

（4）坍落度是判断混凝土施工和易性优劣的简单方法，应在混凝土浇筑地点进行坍落度测定，以检测混凝土搅拌质量，防止长时间、远距离混凝土运输引起和易性损失，影响混凝土成型质量。

（5）应分层浇筑，分层捣实。每层浇筑厚度：如使用插入式振动器，浇筑厚度小于 1.25 倍振捣器作用部分长度且小于 500 mm；如使用表面式振动器，浇筑厚度小于 200 mm。

（6）柱、墙模板内的混凝土浇筑倾落高度应符合表 3.3.6 的规定；当不能满足表 3.3.6 的要求时，应加设串筒、溜管、溜槽等装置。

表 3.3.6 柱、墙模板内的混凝土浇筑倾落高度限值

| 条件 | 浇筑倾落高度限值/m |
| --- | --- |
| 粗集料粒径大于 25 mm | ≤3 |
| 粗集料粒径小于等于 25 mm | ≤6 |

注：当有可靠措施能保证混凝土不产生离析时，混凝土倾落高度可不受本表限制。

（7）浇筑混凝土应连续进行，即在前层混凝土初凝之前，将上层混凝土浇筑完毕。间歇的最长时间应按所用水泥品种、气温及混凝土凝结条件确定，一般超过 2 h 应按施工缝处理（当混凝土的凝结时间小于 2 h 时，则应当执行混凝土的初凝时间），施工缝留设位置应符合要求。

（8）看模、看筋：浇筑混凝土时应经常观察模板、钢筋、预留孔洞、预埋件和插筋等有无移动、变形或堵塞情况，发现问题应立即处理，并应在已浇筑的混凝土初凝前修正完好。

### 三、施工缝留设

混凝土浇筑因技术或组织上的原因不能连续进行，且浇筑的中断时间有可能超过混凝土的初凝时间，新旧混凝土的交接缝处称为施工缝。

混凝土施工缝不应随意留置，其位置应事先在施工技术方案中确定。确定施工缝位置的原则为：尽可能留置在受剪力较小的部位，留置部位应便于施工。

1. 留设规定

（1）柱：留设水平缝，留置在基础的顶面、框架梁的底面（顶层柱若采用梁钢筋锚入柱的构造，应留设在梁钢筋锚固位置处）或顶面、无梁楼板柱帽的下面，如图 3.3.8 所示。

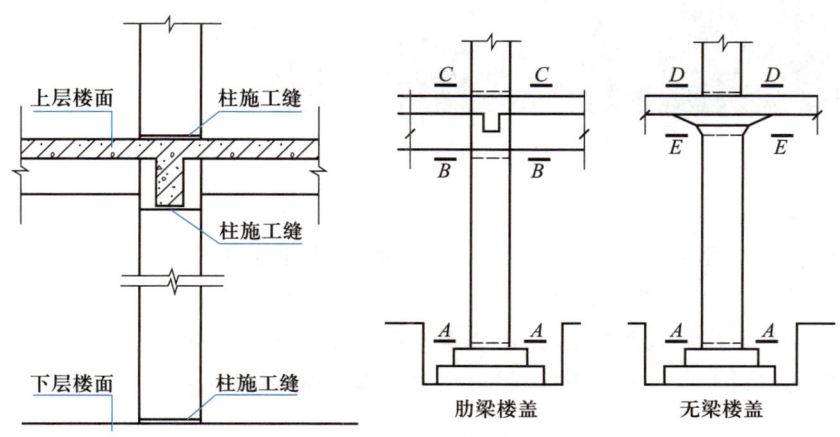

A-A、B-B、C-C、D-D、E-E表示施工缝位置

图 3.3.8 柱的施工缝位置图

（2）梁：梁板宜同时浇筑，梁高>1 m时可留设水平缝，设在板或梁托（翼缘）下 20~30 cm 处，如图 3.3.9 所示。

（3）单向板：留置在平行于板的短边的任何位置。

（4）有主次梁楼板：留置在次梁跨中的中间 1/3 范围内，如图 3.3.10 所示。

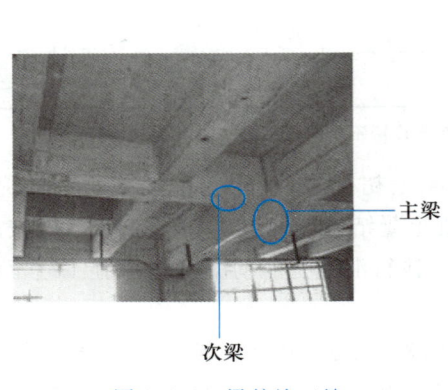

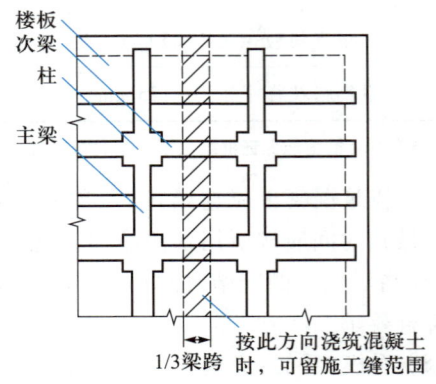

图 3.3.9 梁的施工缝　　　　　　　　图 3.3.10 有主次梁楼板的施工缝位置图

（5）墙：留置在门洞口过梁跨中 1/3 范围内，也可留在纵横墙的交接处。

（6）楼梯：楼梯间有剪力墙时，留在该层楼板后退 1/3 楼梯长处；无剪力墙时，留在该层楼板向上 1/3 的楼梯长处（上 3~4 个踏步且截面要垂直于梯板），如图 3.3.11 所示。

图 3.3.11 楼梯施工缝

2. 施工缝处理

施工缝表面应凿毛处理，浇筑前充分浇水湿润，水平施工缝一般浇筑一层与混凝土同配比的砂浆，后浇筑上部混凝土。

在施工缝处继续浇筑混凝土时，已浇筑的混凝土抗压强度不应小于 $1.2 \text{ N/mm}^2$。混凝土抗压强度达到 $1.2 \text{ N/mm}^2$ 的时间可通过试验决定，并且必须对施工缝进行必要的处理。

（1）在已硬化的混凝土表面上继续浇筑混凝土前，应清除垃圾、水泥薄膜、表面上松动砂石和软弱混凝土层，同时还应加以凿毛，用水冲洗干净并充分湿润，一般不宜少于 24 h，残留在混凝土表面的积水应予清除。

（2）注意施工缝位置附近回弯钢筋时，要做到钢筋周围的混凝土不受松动和损坏。钢筋上的油污、水泥砂浆及浮锈等杂物也应清除。

（3）在浇筑前，水平施工缝宜先铺上一层 10~15 mm 厚的水泥砂浆，其配合比与混凝土内的砂浆成分相同。

（4）从施工缝处开始继续浇筑时，要注意避免直接靠近缝边下料。机械振捣前，宜向施工缝处逐渐推进，并距 80~100 cm 处停止振捣，但应加强对施工缝接缝的捣实工作，使其紧密结合。

（5）柱、墙水平施工缝水泥砂浆接浆层厚度不应大于 30 mm，接浆层水泥砂浆应与混凝土浆液成分相同。

四、后浇带的设置

后浇带是为了在现浇钢筋混凝土结构施工过程中，克服由于温度、收缩可能产生有害裂缝而设置的临时施工缝。该缝需根据设计要求保留一段时间后再浇筑，将整个结构连成整体。

后浇带的距离设置，应考虑在有效降低温差和收缩应力的条件下，通过计算来获得。在正常的施工条件下，有关规范对此的规定是：如混凝土置于室内和土中，则为 30 m；如在露天，则为 20 m。

后浇带保留时间应根据设计确定，设计无要求时，一般至少保留 28 d 以上。

后浇带的宽度应考虑施工简便，避免应力集中，一般其宽度为 70~100 cm。后浇带内的钢筋应完好保存，后浇带的构造如图 3.3.12 所示。

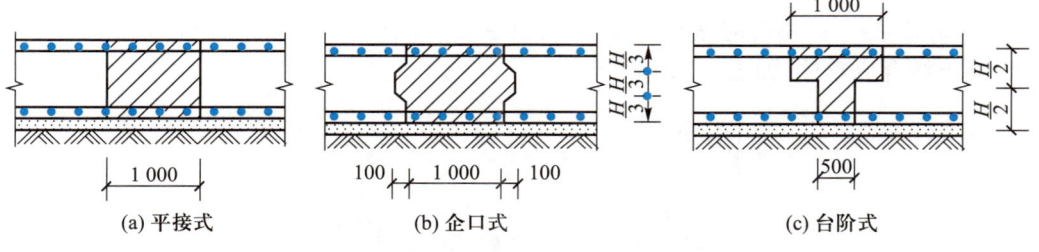

(a) 平接式　　　　　(b) 企口式　　　　　(c) 台阶式

图 3.3.12　后浇带构造图

后浇带在浇筑混凝土前，必须将整个混凝土表面按照施工缝的要求进行处理。填充后浇带混凝土可采用微膨胀或无收缩水泥，也可采用普通水泥加入相应的外加剂拌制，但必须要求填筑混凝土的强度等级比原结构强度提高一级，并宜采用减少收缩的技术措施进行浇筑。

五、混凝土振捣

混凝土振动密实原理：在振动力作用下混凝土内部的黏着力和内摩擦力显著减少，集料在其自重作用下紧密排列，水泥砂浆均匀分布填充空隙，气泡逸出，混凝土填满模板并形成密实体积。

振动机械主要有：

（1）内部振动器：又称插入式振动器，多用于振实梁、柱、墙、厚板和基础等，如图 3.3.13a、图 3.3.14a 所示。振捣要点：

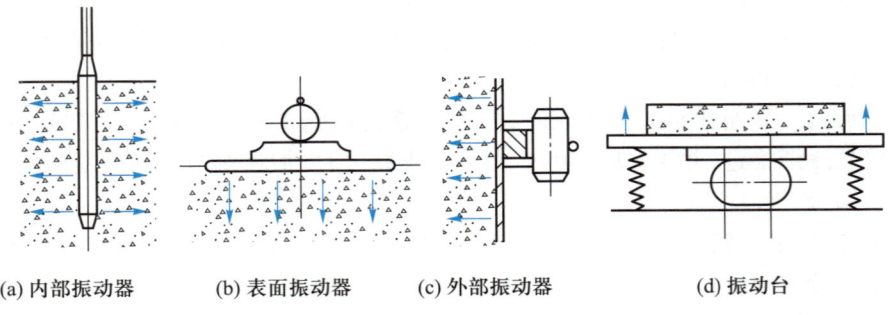

(a) 内部振动器　(b) 表面振动器　(c) 外部振动器　(d) 振动台

图 3.3.13　混凝土振捣机械

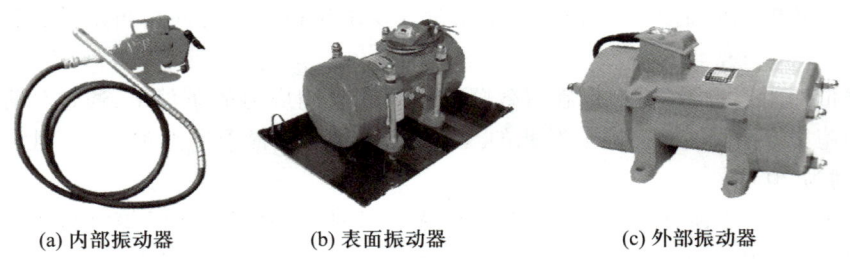

(a) 内部振动器　(b) 表面振动器　(c) 外部振动器

图 3.3.14　施工现场用的混凝土振捣机械

① 插入方向：垂直或 45° 斜向插入。

② 振捣原则：振捣时应做到快插慢拔，上下抽动，插入下层 50~100 mm，以促使上下层混凝土结合成整体，如图 3.3.15 所示。

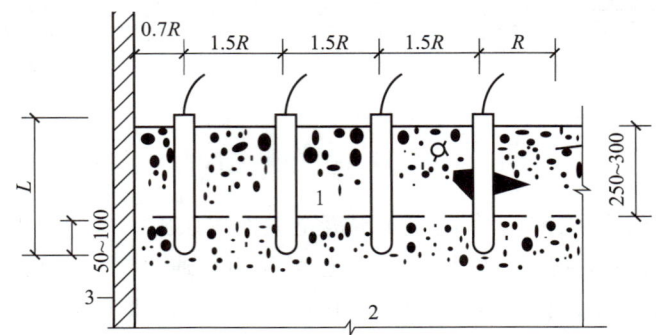

1—新浇筑混凝土;2—下层已振捣但未初凝混凝土;3—模板;R—有效作用半径;L—振动器长度。

图 3.3.15　插入式振动器插入深度

③ 振捣时间：每点振捣时间 20~30 s（观察：初始振捣时，混凝土呈明显下沉并冒气泡；振实后表面呈现浮浆，无气泡冒出）。

④ 移动距离：振动器移动间距不宜大于作用半径的 1.5 倍，每点间呈行列式或交错

式排列,如图 3.3.16 所示,距离模板不大于作用半径的 0.5 倍,应避免漏振和碰模板、钢筋、预埋件等。

（2）表面振动器:适用于捣实楼板、地面、板形构件和薄壳等薄壁结构,如图 3.3.13b、图 3.3.14c 所示。在无筋或单层钢筋结构中,每次振实的厚度不大于 250 mm;在双层钢筋的结构中,每次振实厚度不大于 120 mm。

（3）外部振动器:通过螺栓或夹钳等固定在模板外侧的横档或竖档上,但模板应有足够的刚度,如图 3.3.13c、图 3.3.14c 所示。

（4）振动台:预制构件厂用来振实预制构件或用于实验室,如图 3.3.13d 所示。

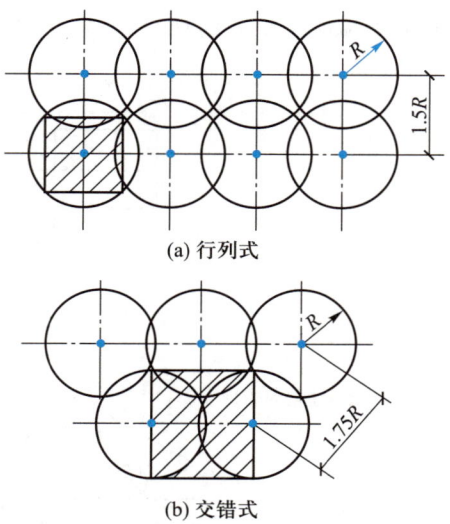

(a) 行列式

(b) 交错式

图 3.3.16　振动器移动间距

### 六、普通混凝土的浇筑方法

1. 基础混凝土浇筑

基础混凝土浇筑包括有筋和无筋混凝土基础,形式有台阶式和矩形基础、条形基础、杯形基础和锥形基础等。其施工特点是:深坑作业,施工条件差,工程较零星分散,工程量较小,对质量要求严格。浇筑台阶式基础,施工时应注意防止上下台阶交接处混凝土出现脱空和蜂窝现象,预防措施是待第一台阶浇筑完后停 0.5～1 h,待下部沉实,再浇上一层台阶。浇筑杯形基础,应注意杯底标高和杯口模的位置,防止杯口模上浮和倾斜。浇筑时,先将杯口底混凝土振实稍停片刻,待其沉实,再均衡浇筑杯口模四周混凝土。浇筑混凝土锥形基础,注意防止模板上浮。

2. 柱的混凝土浇筑

柱浇筑前底部应先填 5～10 cm 厚与混凝土配合比相同的水泥砂浆或减半石混凝土;柱子混凝土应分层下料和捣实,分层厚度不大于 50 cm,振动器不得触动钢筋和预埋件;与梁板整体浇筑时,柱子混凝土应一次连续浇筑完毕,在柱浇筑完毕后停歇 1～1.5 h,使其初步沉实,再继续浇筑;柱子高度不超过 3 m,可从柱顶直接下料浇筑,超过 3 m 时应采用串筒或在模板侧面开孔分段下料浇筑;浇筑整排柱子时,应由两端由外向里对称顺序浇筑,以防柱模板在横向推力下向一方倾斜;浇筑完后,应及时将伸出的连接钢筋整理到位。

3. 梁板混凝土的浇筑

梁、板应同时浇筑,浇筑方法应由一端开始用赶浆法,即先浇筑梁,根据梁高分层浇筑成阶梯形,当达到板底位置时再与板的混凝土一起浇筑,随着阶梯形不断延伸,梁板混凝土浇筑连续向前进行(图 3.3.17);混凝土的浇筑应由远而近,混凝土的倾倒方向与浇筑方向相反(图 3.3.18)。浇捣时,浇筑与振捣必须紧密配合,第一层下料慢些,梁底充分振实后再下第二层料,用赶浆法保持水泥浆沿梁底包裹石子向前推进;梁柱节点钢筋较密时,此处宜用小粒径石子同强度等级的混凝土浇筑,并用小直径振动器振捣。浇筑板混凝土的虚铺厚度应略大于板厚,用平板振动器垂直浇筑方向来回振捣,厚板可用插入式振动器顺浇筑方向拖拉振捣,并检查混凝土厚度,振捣完毕后用长木抹子抹平。

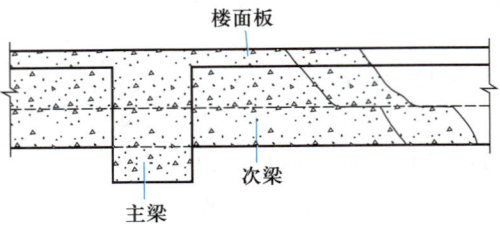

图 3.3.17　赶浆法浇筑梁板混凝土

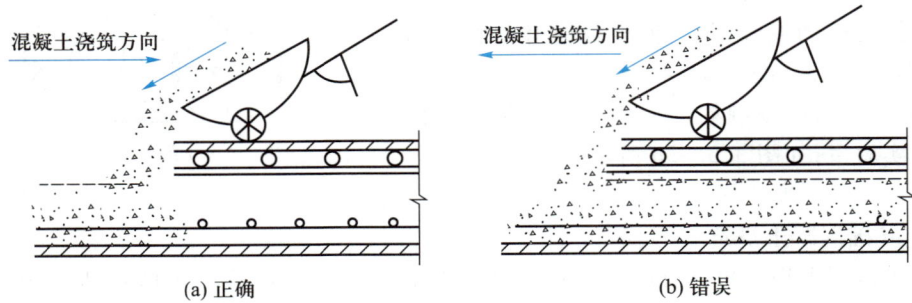

(a) 正确　　　　　　　　　　　　　　　(b) 错误

图 3.3.18　混凝土的倾倒方向与浇筑方向

4. 剪力墙混凝土的浇筑

剪力墙应分段浇筑,每段高度不大于 3 m。柱、墙的混凝土强度等级相同时,可以同时浇筑,反之宜先浇筑柱混凝土,预埋剪力墙锚固筋,待拆柱模后,再绑剪力墙钢筋、支模、浇筑混凝土。振捣时注意钢筋密集及洞口部位,为防止出现漏振,须在洞口两侧同时振捣,下灰高度也要大体一致。大洞口的洞底模板应开口,并在此处浇筑振捣,门窗洞口应两侧对称下料浇筑,以防门窗洞口位移或变形。窗口位置应注意先浇窗台下部,后浇窗间墙,以防窗台位置出现蜂窝孔洞。墙体混凝土浇筑高度应高出板底 20~30 mm。

5. 大体积混凝土的浇筑

混凝土结构物实体最小尺寸等于或大于 1 m,或预计会因水泥水化热引起混凝土内外温差过大(不低于 25 ℃)而导致裂缝的混凝土称为大体积混凝土。

(1) 大体积混凝土浇筑方法

大体积混凝土浇筑方法(图 3.3.19):全面分层、分段分层、斜面分层。

① 全面分层:当结构面积小而厚度大时,可将整个结构分为若干层逐层进行浇筑,如图 3.3.19a 所示。当结构平面面积为 $A(\mathrm{m}^2)$,浇筑分层厚为 $h(\mathrm{m})$,每小时浇筑量为 $Q(\mathrm{m}^3/\mathrm{h})$,混凝土从开始浇筑至初凝的延续时间为 $T(\mathrm{h})$,为保证结构的整体性,则应满足 $Ah \leqslant QT$。

② 分段分层:当结构面积较大但呈长条形时,可将结构划分为若干段,每段又分为若干层,先浇筑第一段各层,然后浇筑第二段各层,如此逐层连续浇筑,直至结束,如图 3.3.19b 所示。若结构的厚度为 $H(\mathrm{m})$,宽度为 $b(\mathrm{m})$,分段长度为 $L(\mathrm{m})$,为保证结构的整体性,则应满足 $L \leqslant QT/b(H-b)$。

③ 斜面分层：当结构的面积大但厚度小时，一般可采用斜面浇筑方案，如图 3.3.19c 所示。

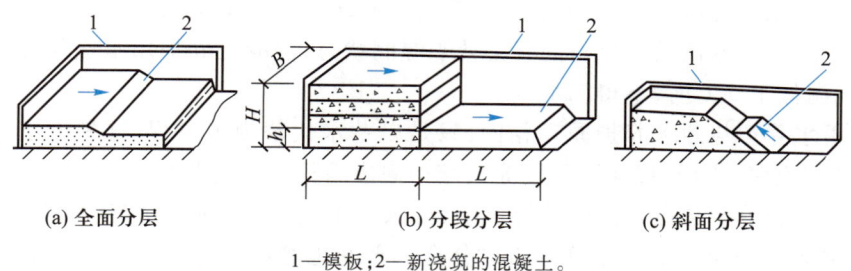

(a) 全面分层　　　　　　　(b) 分段分层　　　　　　　(c) 斜面分层

1—模板；2—新浇筑的混凝土。

图 3.3.19　大体积混凝土浇筑方案图

（2）大体积混凝土裂缝产生的原因和防治措施

厚大钢筋混凝土结构由于体积大，水泥水化热聚积在内部不易散发，内部温度显著升高，外表散热快，形成较大内外温差，内部产生压应力，外表产生拉应力，如内外温差过大（25 ℃以上），则混凝土表面将产生裂缝。

当混凝土内部逐渐散热冷却，产生收缩，由于受到基底中已凝结硬化混凝土的约束，不能自由收缩，而产生拉应力。温差越大，约束程度越高，结构长度越大，则拉应力越大。当拉应力超过混凝土的抗拉强度时即产生裂缝，裂缝从基底向上发展，甚至贯穿整个基础。这种裂缝比表面裂缝危害更大。

早期温度裂缝预防方法：优先采用水化热低的水泥（如矿渣硅酸盐水泥）；减少水泥用量；掺入适量粉煤灰或在浇筑时投入适量毛石；放慢浇筑速度并减少浇筑厚度，采用人工降温措施；浇筑后应及时覆盖；必要时，取得设计单位同意后，可分块浇筑，块和块间留1 m 宽后浇带，待各分块混凝土干缩后，再浇后浇带。

### 3.3.4　混凝土养护

混凝土浇筑捣实后，逐渐凝固硬化，这个过程主要由水泥的水化作用来实现，而水化作用必须在适当的温度和湿度条件下才能完成。因此，为了保证混凝土有适宜的硬化条件，使其强度不断增长，必须对混凝土进行养护。混凝土的养护就是创造一个具有一定湿度和温度的环境，使混凝土凝结硬化，达到设计要求的强度。因而养护对于保证混凝土的质量是至关重要的。混凝土养护方法分为标准养护、自然养护和人工养护。

#### 一、标准养护

标准养护是指混凝土在温度为 20±3 ℃和相对湿度为 90%以上的潮湿环境或水中的条件下进行的养护，其主要用于混凝土试块的养护。

#### 二、自然养护

自然养护是指利用平均气温高于 5 ℃的自然条件下，对混凝土采取相应的保湿、保温等措施进行的养护。自然养护简单，费用低，是混凝土施工首选方法。自然养护分洒水养护、蓄水养护、薄膜布养护和喷涂薄膜养生液养护四种。

（1）洒水养护即用吸水保温能力较强的材料（如草帘、锯末、麻袋、芦席等）将刚浇筑的混凝土进行覆盖,通过洒水使其保持湿润。应在浇筑完毕后的 12 h 以内对混凝土加以覆盖并保湿养护;洒水养护时间长短取决于水泥品种和结构功能要求,普通硅酸盐水泥或矿渣硅酸盐水泥拌制混凝土,不得少于 7 d;掺有缓凝型外加剂或有抗渗要求的混凝土不得少于 14 d。浇水次数应保持混凝土处于湿润状态;混凝土养护用水应与拌制用水相同,日均气温低于 5 ℃时,不得浇水。

(2)蓄水养护与洒水养护原理相同,只是以蓄水代替洒水过程,这种方法适用于平面形结构(如道路、机场、现浇屋面板等),结构周边用黏土做成围堰。

(3)薄膜布养护是在有条件的情况下,可采用不透水、气的薄膜布(如塑料薄膜布)养护。用薄膜布把混凝土表面敞露的部分全部严密地覆盖起来保证混凝土在不浇水情况下得到充足的养护。这种养护方法的优点是不必浇水,操作方便,能重复使用,能提高混凝土的早期强度,加速模具的周转。采用塑料布覆盖养护的混凝土,其敞露的全部表面应覆盖严密,应保持塑料面布内有凝结水。

(4)喷涂薄膜养生液养护适用于缺水地区的混凝土结构或不易洒水养护的高耸构筑物和大面积混凝土结构。它是将高分子合成乳液等喷洒在新浇筑的混凝土表面上,溶剂挥发后在混凝土表面形成一层薄膜,将混凝土与空气隔绝,阻止混凝土中水分的蒸发,以保证水化作用的继续进行。薄膜在养护完成一定时间后要能自行老化脱落,否则,不宜于喷洒在以后要做粉刷的混凝土表面上,在夏季,薄膜成型后要防晒,否则易产生裂纹。

### 三、人工养护

人工养护是用人工来控制混凝土的养护温度和湿度,使混凝土强度增长,如蒸汽养护、热水养护、太阳能养护等。人工养护多用于养护预制构件,现浇构件大多采用自然养护。

### 3.3.5　混凝土成品保护及安全措施

### 3.3.6　混凝土质量检查

### 3.3.7　混凝土质量缺陷

## 习　题

3.1　模板工程设计应考虑哪些荷载？

3.2　大体积混凝土施工应注意哪些问题？

3.3　已知某梁底部受力钢筋为 4 根直径 25 mm 的 HRB400 钢筋，现在工程现场无此型号的钢筋，试用直径 20 mm 的 HRB400 钢筋取代，已知梁宽为 250 mm，应如何代换？

3.4　某建筑物简支梁配筋如题 3.4 图所示，简支梁长 5 000 mm，梁宽 250 mm，梁高 600 mm，试计算钢筋下料长度，钢筋保护层厚度取 25 mm。1 号钢筋直径 14 mm，2 号钢筋直径 22 mm，4 号钢筋直径 20 mm，1、2、4 号钢筋牌号为 HRB400，3 号钢筋直径 8 mm，钢筋牌号为 HRB300。

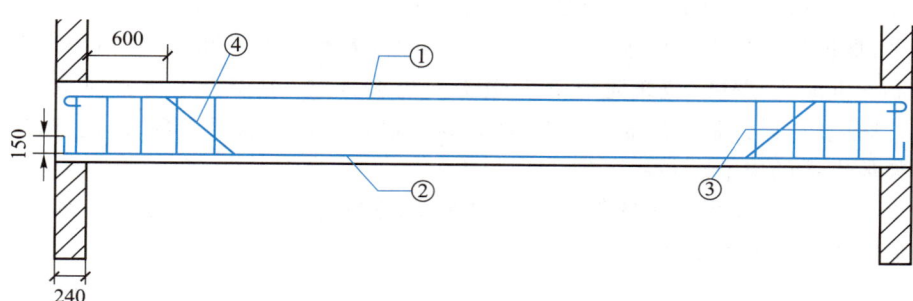

题 3.4 图

3.5　设混凝土水胶比为 0.6，已知设计配合比为水泥∶砂∶石子 = 260 kg∶650 kg∶1 380 kg，现场测得砂含水率为 2 %，石子含水率为 1 %，试计算施工配合比。若搅拌机的装料容量为 500 L，每次搅拌所需材料分别是多少？

3.6　用组合钢模板组装墙模板，墙厚 200 mm，墙高 $H = 2.9$ m，施工气温 $T = 15$ ℃，采用插入式振动器振捣，混凝土坍落度 50~90 mm，$\beta$ 取 0.85，用容量大于 0.8 m³ 吊斗浇筑，混凝土浇筑速度为 $V = 1$ m/h。其中次钢楞间距 $b = 750$ mm，主钢楞间距 $L = 750$ mm，试验算次钢楞的抗弯强度与挠度。说明：次钢楞为三跨连续梁，简化为简支梁计算（见题 3.6 图）。容量大于 0.8 m³ 的吊斗浇筑，倾倒混凝土时产生的水平荷载标准值为 6 kN/m²，$\gamma_c = 24$ kN/m³，组合钢模板 $W = 24.4 \times 10^3$ mm³，$I = 177 \times 10^4$ mm⁴，$E = 2.06 \times 10^5$ N/mm²，$[v] = l/500$，$v = \dfrac{5ql^4}{384EI}$。

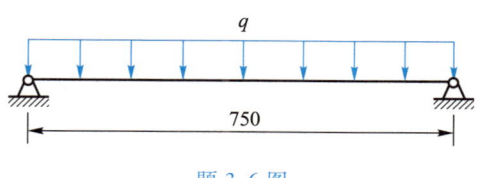

题 3.6 图

　　某钢筋混凝土框架结构标准厂房建筑,高 3 层,无地下室,框架柱柱距 7.6 m。施工单位制定了完整的施工方案,采用预拌混凝土,钢筋现场加工,采用覆膜多层板作为结构构件模板,模架支撑采用碗扣式脚手架。施工工序安排框架柱单独浇筑,第二步梁与板同时浇筑。施工过程发生如下事件:

　　事件一:结构设计按最小配筋率配筋,设计中有采用直径 12 mm 的 HPB300 钢筋,间距 200 mm。施工单位考察当地建材市场,发现市场上直径 12 mm 的 HPB300 钢筋紧缺,很难买到。施工单位征得监理单位和建设单位同意后,按等强度折算后,用直径 12 mm (间距 250 mm)的 HRB400 钢筋进行代换,保证整体受力不变,并按此组织实施。

　　事件二:二层梁板施工阶段天气晴好,气温 16~27 ℃。梁板模板安装拼接整齐、严密并验收完毕,进行钢筋的安装,且钢筋绑扎经验收符合规范要求。在混凝土浇筑前,用水准仪抄平,保证每一构件底模表面在同一个平面上,无凹凸不平问题,开始浇筑混凝土,并现场制作混凝土试件。浇筑完毕 20 h 覆盖并浇水养护。10 d 后从养护室取出一组送检试压,其强度达设计强度的 80%,施工单位认为已超过设计强度 75%,向监理提出拆除底模与架体支撑的申请。

　　事件三:拆模后发现梁底的外露面出现麻面、露筋等表面缺陷。监理要求分析原因并提出后续工程的防治措施。

第 3 章
钢筋混凝土
结构工程案
例研讨分析
提示

　　1. 指出事件一中的不妥之处,并分别说明理由;
　　2. 指出事件二中的不妥之处,并分别说明理由;
　　3. 分析事件三中混凝土表面质量缺陷可能的产生原因(至少列出五项)。

# 第4章 脚手架与砌筑工程

第4章　数字资源

## 导入语

　　脚手架是施工现场为工人操作并解决垂直和水平运输而搭设的各种支架。主要用于辅助施工人员上下干活或外围安全网维护及高空安装构件等,用于外墙、内部装修或层高较高无法直接施工的地方。砌筑工程是指砌体结构的施工,砌体结构是由块体和砂浆砌筑而成的墙、柱作为建筑的主要受力构件的结构,砌体结构的承载能力取决于材料的强度和砌体的组砌方式以及施工质量。

## 学习目标

　　了解脚手架的作用、分类、基本构造,掌握各类脚手架的施工工艺及其搭接计算;了解砌体结构施工准备、特点、应用范围、构成,掌握各类砌体结构的施工工艺方法、施工注意事项、施工质量标准、验收、通病及预防措施。

## 学习内容

　　砌筑材料种类,砌筑砂浆制备与使用;小型空心砌块砌体施工,砖砌体施工;脚手架工程、垂直运输设施。

　　脚手架的作用和种类、砌筑材料;扣件式钢管脚手架、碗扣式钢管脚手架、垂直运输、砖石砌体工程、混凝土小型空心砌块砌体、蒸压加气混凝土砌块砌体、粉煤灰砌块砌体、植筋砌体工程、填充墙砌体工程等的施工准备、特点、应用范围、施工工艺方法、施工注意事项、施工质量标准、验收、通病及预防措施;现代土木工程砌筑工程施工;现代土木工程新型脚手架施工;砌筑及脚手架工程施工案例、动画、录像。

　　**重点**:小型空心砌块砌体的施工工艺与技术要求;砖砌体的施工工艺与技术要求;脚手架的施工工艺;脚手架的搭接计算;新型脚手架施工。

　　**难点**:砌块砌体工程等施工、脚手架的搭接计算。

## 案例拓展

第4章　案例拓展

## 4.1 脚手架和垂直运输机械

在建筑工程中,脚手架占有特别重要的地位,选择与使用地合适与否,将直接影响施工工作的安全和顺利进行。

脚手架(scaffold)指施工现场为工人操作并解决垂直和水平运输而搭设的各种支架。在建筑工地上用在外墙、内部装修或层高较高无法直接施工的地方,主要用于施工人员上下干活或外围安全网维护及高空安装构件等,脚手架制作材料通常有:竹、木、钢管或合成材料等。有些工程也用脚手架当模板使用,此外在广告业、市政、交通路桥、矿山等部门也广泛被使用。

### 4.1.1 脚手架的作用和种类

#### 一、脚手架的作用

脚手架是建筑施工中不可缺少的临时设施。它是为解决在建筑物高部位施工而专门搭设的,用作操作平台、施工作业和运输通道、并能临时堆放施工用材料和机具的设施,脚手架在建筑施工中是必不可少的。

#### 二、脚手架的基本要求

脚手架欲达到适用、方便、安全和经济的要求,需满足以下基本要求:

1. 有适当的宽度、步架高度,能满足公认操作、材料堆放和运输需要;
2. 有足够的强度、刚度和稳定性,保证施工期间在荷载作用下的安全性;
3. 搭拆和搬运方便,能多次周转使用,节省施工费用;
4. 因地制宜,就地取材,尽量节约材料;
5. 应与垂直运输设备和楼层的高度相适应,方便水平运输。

#### 三、脚手架的分类

脚手架可根据与施工对象的位置关系、支撑特点、结构形式以及使用的材料等划分为多种类型。

1. 按照与建筑物的位置关系分为

(1)外脚手架:外脚手架沿建筑物外围从地面搭起,既用于外墙砌筑,又可用于外装饰施工。其主要形式有多立杆式、框式、桥式等,多立杆式应用最广,框式次之,桥式应用最少。

(2)里脚手架:里脚手架搭设于建筑物内部,每砌完一层墙后,即将其转移到上一层楼面,进行新的一层砌体砌筑,它可用于内外墙的砌筑和室内装饰施工。里脚手架用料少,但装拆频繁,故要求轻便灵活,装拆方便。

2. 按照支固方式分为

(1)落地式脚手架:是指直接从地面或者楼板面搭设,并设有型钢悬挑基座。

(2)悬挑式脚手架:是将脚手架设置在悬挑的支承结构上,支承结构则固定在已建造房屋结构的外缘处,以承担脚手架传来的荷载并将之传给房屋结构(图4.1.1)。有架设于专用悬挑梁上、架设于专用悬挑三角桁架上、架设于由撑拉杆件组合的支挑结构上等形式。

(3)附墙悬挂脚手架:在上部或中部挂设于墙体挑挂件上的定型脚手架。

(4)悬吊式脚手架:悬吊于悬挑梁或工程结构之下的脚手架。

(5)附着式升降脚手架(简称"爬架"):它采用附着于结构及自身带有的起重设备能沿外墙上下升降,可以满足结构施工和装潢施工对脚手架的要求,是一项在现浇钢筋混凝土结构高层建筑中采用的新施工技术(图4.1.2)。

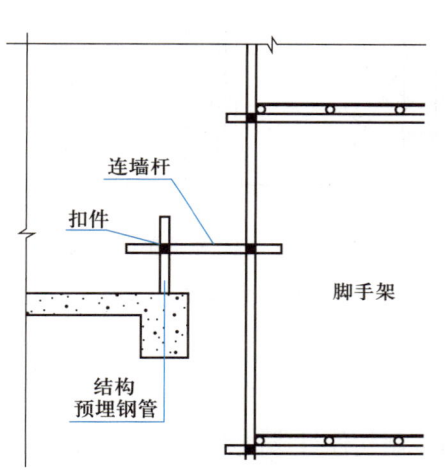

图4.1.1　悬挑式脚手架

图4.1.2　附着式升降脚手架

(6)水平移动脚手架:带行走装置的脚手架或操作平台架。

3. 按其结构形式分为:扣件式、碗扣式、门式、方塔式、附着式升降脚手架及悬吊式脚手架等。

4. 按其设置形式分为

(1)单排脚手架:沿墙外侧仅设一排立杆,其小横杆与大横杆连接,另一端支承在墙上。

(2)多、双排脚手架:是沿外墙侧设两排或多排立杆,小横杆两端支承在内外立杆上。

(3)满堂脚手架:又称作满堂红脚手架,满堂脚手架相对其他脚手架系统密度大,就是满屋子搭架子。

5. 按照其材料分为:木脚手架、竹脚手架、钢管脚手架。

目前,建筑施工中常用的脚手架有:扣件式钢管脚手架、碗扣式钢管脚手架、门式脚手架等。

### 4.1.2　扣件式钢管脚手架

扣件式钢管脚手架是目前广泛应用的一种多立杆式脚手架,既可以用作外脚手架,也可以用作内脚手架、满堂脚手架和模板支架等。特点是:杆配件数量少;装卸方便,利于施工操作;搭设灵活,能搭设高度大,坚固耐用,使用方便。多立杆式外脚手架由立杆、大横杆、小横杆、斜撑、脚手板等组成,其特点是每步架高可根据施工需要灵活布置,取材方便,钢、木、竹等均可应用。多立杆式脚手架分为双排式和单排式两种形式。双排式多、高层房屋均可采用,当房屋高度超过 50 m 时,需专门设计。单排式仅适用于荷载较小,高度小于 25 m 的建筑,图 4.1.3 为多立杆式脚手架示意图。

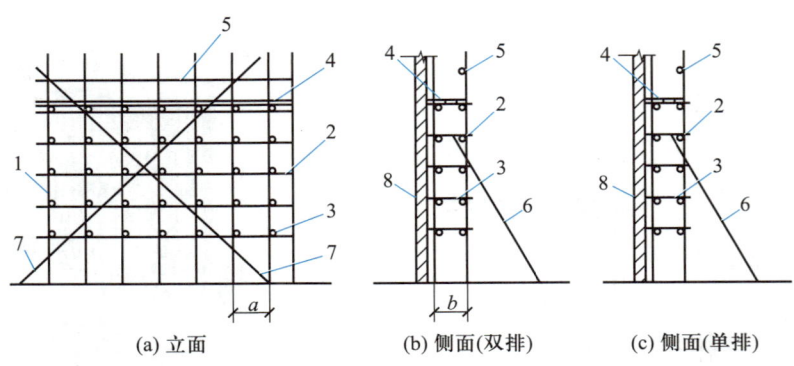

(a) 立面　　　　　(b) 侧面(双排)　　　　(c) 侧面(单排)

1—立杆;2—大横杆;3—小横杆;4—脚手板;5—栏杆;6—抛撑;7—剪刀撑;8—墙体。

图 4.1.3　多立杆式脚手架

#### 一、扣件式钢管脚手架的组成

扣件式钢管脚手架是由标准的钢管杆件和特制扣件组成的脚手架骨架与脚手板、防护构件、连墙件组成的。

1. 钢管优先用外径 48 mm、壁厚 3.5 mm 焊接钢管。用于立杆、纵向水平杆和剪刀撑斜杆的钢管长度宜为 4.0~6.5 m,用于横向水平杆的钢管长度宜为 2.1~2.7 m。

2. 扣件为钢管之间的连接件,其基本形式有对接扣件、回转扣件、直角扣件三种,图 4.1.4 为扣件施工图,图 4.1.5 为扣件示意图。扣件质量应符合相关规定,即扣件螺栓扭紧力矩达 20 N·m 时扣件不得破坏。

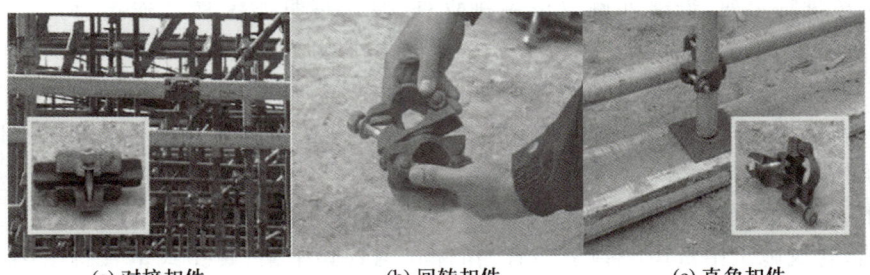

(a) 对接扣件　　　　　(b) 回转扣件　　　　　(c) 直角扣件

图 4.1.4　扣件施工图

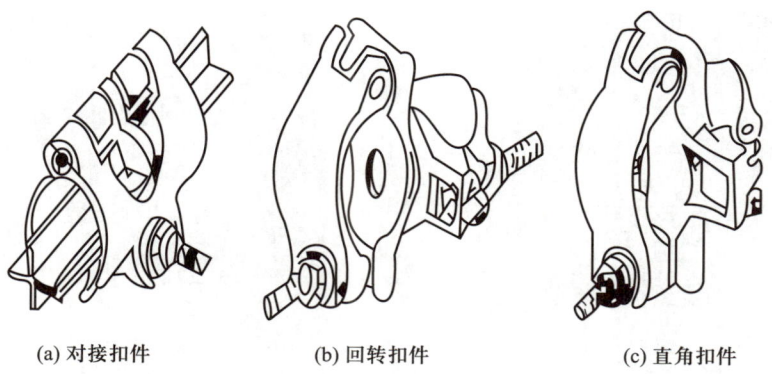

(a) 对接扣件　　　(b) 回转扣件　　　(c) 直角扣件

图 4.1.5　扣件示意图

（1）对接扣件:用于钢管的对接接长(图 4.1.4a、图 4.1.5a)。

（2）回转扣件:连接扣紧两根平行或呈任意角相交钢管(图 4.1.4b、图 4.1.5b)。

（3）直角扣件:连接扣紧两根互相垂直交叉的钢管(图 4.1.4c、图 4.1.5c)。

3. 底座是设于立杆底部的垫座,用于承受脚手架立柱传递下来的荷载,底座一般采用厚 8 mm,边长 150~200 mm 的钢板作底板,上焊 150 mm 高的钢管。底座形式有内插式和外套式两种(图 4.1.6),内插式的外径比立杆内径小 2 mm,外套式的内径比立杆外径大 2 mm。

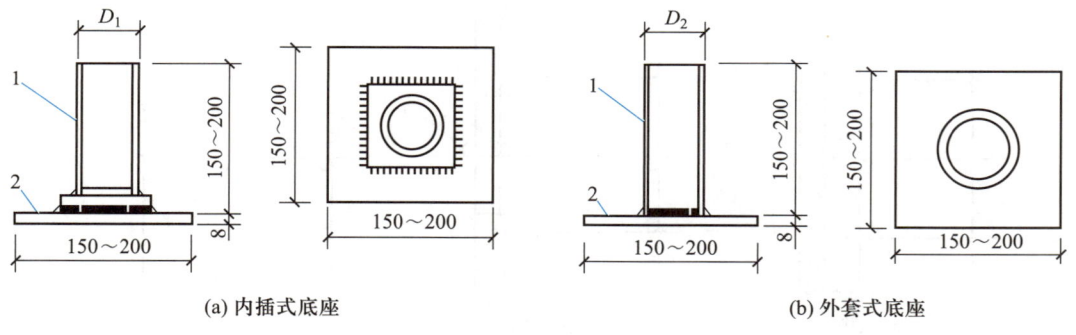

(a) 内插式底座　　　　　　　　　　(b) 外套式底座

1—承插钢管;2—钢板底座。

图 4.1.6　扣件式钢管脚手架底座

4. 脚手板一般用厚 2 mm 的钢板压制而成,长度 2~4 m,宽度 250 mm,表面应有防滑措施。也可采用厚度不小于 50 mm 的杉木板或松木板,长度 3~6 m,宽度 200~250 mm,或者采用竹脚手板,有竹笆板和竹片板两种形式。脚手板的材质应符合规定,且脚手板不得有超过允许的变形和缺陷。

5. 连墙件是将立杆与主体结构连接在一起,连墙件的材质应符合现行国家标准《碳素结构钢》(GB/T 700—2006)中 Q235-A 级钢的规定。可用钢管连墙件(图 4.1.7)、型钢或粗钢筋连墙件(图 4.1.8)等,其布置如表 4.1.1 所示。

每个连墙件抗风荷载的最大面积应小于 40 m²。连墙件需从底部第一根纵向水平杆处开始设置,附墙件与结构的连接应牢固,通常采用预埋件连接。连墙杆每 3 步 5 跨设置一根,其作用不仅防止架子外倾,同时可以增加立杆的纵向刚度,图 4.1.9 为连墙杆的做法。

图 4.1.7 钢管连墙件　　　　　　　　图 4.1.8 粗钢筋连墙件

表 4.1.1 连墙件的布置

| 脚手架类型 | 脚手架高度/m | 垂直间距/m | 水平间距/m |
|---|---|---|---|
| 双排 | ≤60 | ≤6 | ≤6 |
| | >5 | ≤4 | ≤6 |
| 单排 | ≤24 | ≤6 | ≤6 |

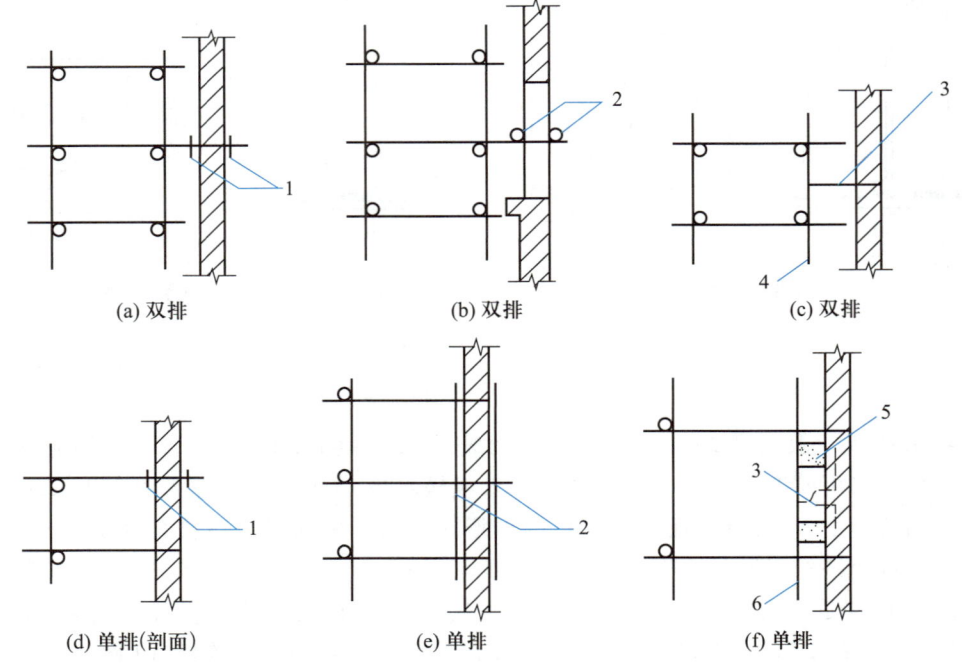

(a) 双排　　　　　(b) 双排　　　　　(c) 双排

(d) 单排(剖面)　　　　(e) 单排　　　　(f) 单排

1—扣件;2—短钢管;3—铅丝与墙内埋设的钢筋环拉住;4—顶墙横杆;5—木楔;6—短钢管。

图 4.1.9 连墙杆的做法

6. 安全网用来防止人、物坠落,安全网一般由网体、边绳、系绳等构件组成。特点:强度高、网体轻、隔热通风、透光防火、防尘降噪。用途:用于各种建筑工地,特别是高层建筑,可全封闭施工。能有效地防止人身、物体的坠落伤害,防止电焊火花所引起的火灾,降低噪声灰尘污染,达到文明施工,保护环境,美化城市的效果。

## 二、主要机具与设备

1. 垂直运输设备:塔吊、人货电梯、施工井架。

2. 搭设工具:活扳手、力矩扳手。

3. 检测工具:钢直尺、游标卡尺、水平尺、角尺、卷尺。

## 三、作业条件

1. 脚手架的地基必须处理好,且要符合施工组织设计的要求。

2. 搭设脚手架的场地应清理干净。

3. 脚手架专项施工组织设计已审批,达到《危险性较大工程安全专项施工方案编制及专家论证审查办法》要求的还应组织专家论证审查。

## 四、扣件式脚手架的施工工艺

(一)施工工艺

放置纵向扫地杆 → 逐根竖立柱 → 安放横向扫地杆 → 安装第一步纵向水平杆和横向水平杆 → 安装第二步纵向水平杆和横向水平杆 → 加设临时抛撑 → 安装第三、四步纵向水平杆和横向水平杆 → 设置连墙件 → 安装横向斜撑 → 接立杆 → 加设剪刀撑;铺脚手板 → 安装护身栏杆和扫脚板 → 挂立网。

(二)施工要点

1. 放置纵向扫地杆:沿脚手架纵向设置扫地杆,扫地杆是指贴近地面,连接立杆根部的水平杆。

2. 竖立柱:立柱具有支撑作用。

3. 安放横向扫地杆:横向扫地杆在纵向扫地杆的下面,承受纵向扫地杆传来的力,通过横向扫地杆传力至基础。

4. 安放大横杆、小横杆:纵向大横杆受主压力,横向小横杆起连接作用。小横杆(图4.1.10)间距和大横杆(图4.1.11)步距可按表4.1.2选用,最下一层步距可放大到1.8 m,便于底层施工人员的通行和运输。

图4.1.10　小横杆

图4.1.11　大横杆

表 4.1.2　扣件式钢管脚手架构造尺寸和施工要求

| 用途 | 构造形式 | 里立杆距墙面的距离/m | 立杆间距/m | | 操作层小横杆间距/m | 大横杆步距/m | 小横杆挑向墙面的悬距/m |
|---|---|---|---|---|---|---|---|
| | | | 横向 | 纵向 | | | |
| 砌筑 | 单排 | 0.5 | 1.2~1.5 | 2 | 0.67 | 1.2~1.4 | 0.45 |
| | 双排 | | 1.5 | 2 | 1 | 1.2~1.4 | |
| 装饰 | 单排 | 0.5 | 1.2~1.5 | 2.2 | 1.1 | 1.6~1.8 | 0.45 |
| | 双排 | | 1.5 | 2.2 | 1.1 | 1.6~1.8 | |

5. 设抛撑:抛撑是与脚手架外侧面斜交的杆件(图 4.1.12)。当脚手架刚开始搭设时,由于连墙件还未设置,为确保脚手架的稳定性,应每间隔几跨(多为 6 跨)设置一根抛撑,即用一根斜钢管,一端用旋转扣件连接在立杆上,另一端斜撑在地面上,起支撑的作用,直至连墙体安装稳定后,方可根据情况拆除。

6. 设连墙件:连墙件是能传递拉力和压力的构件,连墙杆的使用应注意以下问题:

(1)采用钢管作为连墙杆时,要使用扣件扣紧,防止滑脱;

(2)连墙杆应尽量与脚手架纵向平面保持垂直;

(3)连墙杆应尽量在立杆与大横杆的交叉部位设置;

(4)对有特殊设施和特殊荷载作用的部位,以及脚手架的高度超出建筑物的上层部位,应加密连墙杆。

7. 安置横向斜撑:横向斜撑是指与双排脚手架内、外立杆或水平杆斜交呈之字形的斜杆。高度在 24 m 以下的封闭型双排脚手架可不设横向斜撑,高度在 24 m 以上的封闭型脚手架,除拐角应设置横向斜撑外,中间应每隔 6 跨设置一道。斜撑与地面的夹角宜在 45°~60°之间,每 5~13 根立杆布置一道,脚手架高于 3 m 时,宜设为剪刀状,斜撑下部要到底,上部要到顶,斜撑与立杆或水平杆的连接点不少于 5 处,斜撑接长必须采用搭接,不可直接用扣件连接(图 4.1.13)。

图 4.1.12　抛撑

图 4.1.13　斜撑接长

8. 设剪刀撑:剪刀撑是对脚手架起着纵向稳定,加强纵向刚性的重要杆件。为保证脚手架整体结构不变形,高度在 24 m 以下的单双排脚手架,均必须在外侧立面的两端设置一道剪刀撑,并应由底至顶连续设置,中间各道剪刀撑之间的净距不应大于 15 m。24 m

以上的双排脚手架应在外侧立面整个长度和高度上设置剪刀撑。纵向必须设置剪刀撑，十字盖宽度不得超过 7 根立杆，与水平夹角应为 45°~60°。剪刀撑的里侧一根与交叉处立杆用转扣扣牢，外侧一根与小横杆伸出部分扣牢。剪刀撑斜杠的接长应采用搭接或对接，当采用搭接时，搭接长度不应小于 1 m，并应采用不少于 3 个旋转扣件固定。

9. 搭脚手板：在脚手架、操作架上铺设，便于工人在其上方行走、转运材料和施工作业的一种临时周转使用的建筑材料。

（1）脚手板的探头应采用直径为 3.2 mm 的镀锌铁丝固定在支撑杆上。

（2）应铺满、铺稳，靠墙一侧离墙面距离不应大于 150 mm。

（3）在拐角、斜道平台口处脚手板，应与横向水平杆可靠连接，以防滑动。

10. 护身栏杆、挡脚板、安全网的安装都是为了起到安全维护的作用。

上栏杆上皮高度 1.2 m，中栏杆居中设置；栏杆和挡脚板应搭设在外立柱的内侧；挡脚板高度不应小于 180 mm。

### 五、扣件式钢管脚手架的搭设要求

1. 在搭设前，首先要对底座、钢管和扣件进行检查，钢管要平直，扣件和螺栓要光洁、灵敏，变形、损坏严重者不准使用。

2. 搭设范围内的地基要夯实找平，做好排水处理。如地基土质不好，则应在底座下垫以木块或者垫块。

3. 铺放垫木（板）和安放底座垫木（板）必须铺放平稳，不得悬空，安放底座时应拉线和拉尺，按规定间距尺寸摆放后加以固定。

4. 立杆底座一般须在底下垫以木板或垫块。杆件搭设时应注意立杆垂直，竖立第一节立柱时，每 6 跨应暂设一根抛撑（垂直于大横杆，一端支撑在地面上），直至固定件架设好后方可根据情况拆除。立杆垂直度允许偏差不得大于 1/200，相邻两根立杆接头应错开 500 mm。

5. 剪刀撑设置在脚手架两端的双跨内和中间每隔 30 m 净距的双跨内，仅在架子外侧与地面呈 45° 布置。搭设时两根剪刀撑斜杆分别扣在立杆与大横杆上或扣在小横杆的伸出部分上。

### 六、扣件安装

1. 安装扣件时，应注意开口朝向要合理，大横杆所用的对接扣件开口应朝内侧，避免开口朝上，以免雨水流入。

2. 扣件拧紧程度要均匀、适当，扣件螺栓拧紧扭力矩不应小于 40 N·m，且不大于 65 N·m，扣件规格（$\phi$48 或 $\phi$51）必须与钢管外径相同。

3. 立杆与大横杆、立杆与小横杆相接点距离扣件中心应不大于 150 mm。

4. 杆件端头伸出扣件的长度应不小于 100 mm，底部斜杆与立杆的连接扣件离地面不大于 500 mm。

5. 大横杆应采用直角扣件扣紧在立杆内侧，或上下各步交错扣紧于立杆的内侧和外侧；小横杆应使用直角扣件固定于大横杆上方；剪刀撑中的一根用旋转扣件固定于立杆上，另一根斜杆立扣在小横杆伸出的部分上，难免斜杆弯曲；横向斜撑应用旋转扣件扣在立杆或大横杆上。

### 七、扣件式钢管脚手架的拆除要求

拆除时，地面应留 1 人负责指挥、捡料分类和管理安全，上面不小于 2 人进行拆除工作,整个拆除工作应不少于 3 人,拆除程序与安装程序相反,一般先拆除栏杆、脚手板、剪刀撑,再拆除小横杆、大横杆和立杆。先递下作业层的大部分脚手板,将其中一块转到下步内,以便操作者站立其上,拆除杆件的人站在这块脚手板上将上部可拆杆件全部拆除掉,再下移一步,自上而下逐步拆除。除抛撑留在最后拆除外,其余各杆件:小横杆、连墙杆、大横杆、立杆、剪刀撑、横向斜撑等均一并拆除。具体要求如下:

1. 脚手架拆除前,应清除作业层上的堆放物。

2. 架体拆除应按自上而下的顺序按步逐层进行,不应上下同时作业。

3. 同层杆件和构配件应按先外后内的顺序拆除;剪刀撑、斜撑杆等加固杆件应在拆卸至该部位杆件时拆除。

4. 作业脚手架连墙件应随架体逐层、同步拆除,不应先将连墙件整层或数层拆除后再拆架体。

5. 作业脚手架拆除作业过程中,当架体悬臂段高度超过 2 倍步距时,应加设临时拉结。

6. 作业脚手架分段拆除时,应先对未拆除部分采取加固处理措施后再进行架体拆除。

7. 架体拆除作业应统一组织,并设专人指挥,不得交叉作业。

8. 严禁高空抛掷拆除后的脚手架材料和构配件。

八、安全要求

1. 脚手架搭设人员必须是经过按现行国家标准考核合格的专业架子工。上岗人员应定期体检,体检合格者方可持证上岗。

2. 搭设脚手架人员必须戴安全帽,系安全带,穿防滑鞋。

3. 脚手架的构配件质量与搭设质量应进行检查验收,合格后方准使用。

4. 作业层上的施工荷载应符合设计要求,不得超载。不得将模板支架、缆风绳、泵送混凝土和砂浆的输送管等固定在脚手架上,严禁悬挂起重设备。

5. 当有 6 级及 6 级以上大风和雾、雨、雪天气时应停止脚手架搭设与拆除作业。雨、雪后上架作业应有防滑措施,并应扫除积雪。

6. 脚手架的安全检查与维护应按规定,安全网应按有关规定搭设或拆除。

7. 在脚手架使用期间严禁拆除下列杆件:

(1)主节点处的纵、横向水平杆,纵、横向扫地杆。

(2)连墙件。

8. 不得在脚手架基础及其邻近处进行挖掘作业,否则应采取安全措施,并报主管部门批准。

9. 临街搭设脚手架时,外侧应有防止坠物伤人的防护措施。

10. 在脚手架上进行电、气焊作业时,必须有防火措施和专人看守。

11. 工地临时用电线路的架设及脚手架接地、避雷措施等,应按现行行业标准《建筑与市政工程施工现场临时用电安全技术标准》(JGJ/T 46—2024)的有关规定执行。

12. 搭拆脚手架时,地面应设围栏和警戒标志,并派专人看守,严禁非操作人员入内。

九、质量控制与检验标准

1. 脚手架及其地基基础应在下列阶段进行检查与验收:

(1)基础完工后及脚手架搭设前。

（2）作业层上施加荷载前。

（3）每搭设完 10~13 m 高度后。

（4）达到设计高度后。

（5）遇有 6 级大风或大雨后，寒冷地区开冻后。

（6）停用超过一个月。

2. 应根据下列技术文件进行脚手架检查验收：

（1）施工组织设计及变更文件。

（2）技术交底文件。

3. 脚手架使用中，应定期检查下列项目：

（1）杆件的设置和连接连墙件支撑门洞桁架等的构造是否符合要求。

（2）地基是否积水，底座是否松动，立杆是否悬空。

（3）扣件螺栓是否松动。

（4）安全防护措施是否符合要求。

（5）是否超载。

### 4.1.3 碗扣式钢管脚手架

碗扣式钢管脚手架是在吸取国外同类型脚手架的先进接头和配件工艺的基础上，结合我国实际情况而研制的一种新型脚手架，使用范围广，能充分满足房屋、桥涵、隧道、烟囱、水塔等多种建筑物的施工要求，是一种有广泛发展前景的新型脚手架，适用于 60 m 以下落地碗扣式钢管双排脚手架的搭设。

一、碗扣式钢管脚手架的组成（图 4.1.14）

碗扣式钢管脚手架是一种多功能脚手架，其杆件节点处采用碗扣连接，碗扣是固定在钢管上的，构件全部轴向连接，力学性能好，其连接可靠，组成的脚手架整体性好，不存在扣件丢失问题。碗扣式钢管脚手架由钢管立杆、横杆、碗扣接头等组成，其基本构造和搭设要求与扣件式钢管脚手架类似，不同之处主要在于碗扣接头，碗扣接头由上下碗扣、横杆接头和上碗扣的限位销等组成。

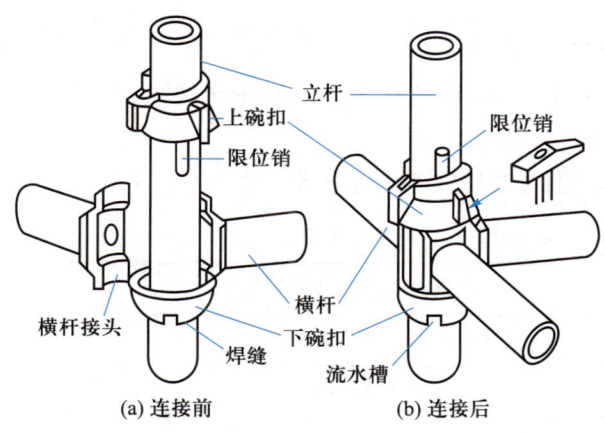

图 4.1.14　碗扣式钢管脚手架

## 二、材料性能要求

1. 碗扣式脚手架用钢管应采用符合现行国家标准《直缝电焊钢管》（GB/T 13793—2016）或《低压流体输送用焊接钢管》（GB/T 3091—2015）中的 Q235-A 级普通钢管,其材质性能应符合现行国家标准《碳素结构钢》（GB/T 700—2006）的规定。

2. 碗扣式脚手架用钢管规格为 $\phi48×3.5$,钢管壁厚不得小于$(3.5-0.025)$ mm。

3. 立杆上的上碗扣应能上下滑动和灵活转动,杆件最上端应有防止上碗扣脱落的措施。在碗扣节点上同时安装 1~4 个横杆,上碗扣均应能锁紧。

4. 立杆与立杆连接的连接孔处应能插入 $\phi12$ 连接销。

5. 可调底座及可调托撑螺纹杆与螺母捏合长度不得少于 4~5 扣,插入立杆内的长度不得小于 150 mm。

6. 脚手板:脚手板一般用厚 2 mm 的钢板压制而成,长度 2~4 m,宽度 250 mm,表面应有防滑措施。也可采用厚度不小于 50 mm 的杉木板或松木板,长度 3~6 m,宽度 200~250 mm,或者采用竹脚手板,有竹笆板和竹片板两种形式。脚手板的材质应符合规定,且脚手板不得有超过允许的变形和缺陷。

7. 安全网的技术要求必须符合有关规定,工程使用的安全网必须由公司认定的厂家供货。大孔安全网用作平网和兜网,其规格为绿色密目安全网 1.5 m×6 m,用作内挂立网,安全网进场要做防火试验。

## 三、主要机具与设备

1. 垂直运输设备:塔吊、人货电梯、施工井架。

2. 搭设工具:活扳手、力矩扳手。

3. 检测工具:钢直尺、游标卡尺、水平尺、角尺、卷尺。

## 四、作业条件

1. 脚手架的地基必须处理好,且要符合施工组织设计的要求。

2. 搭设脚手架的场地应清理干净。

## 五、施工工艺

安放立杆底座或立杆可调底座 → 竖立杆、安放扫地杆 → 安装底层（第一步）横杆 → 安装斜杆 → 接头销紧 → 铺放脚手板 → 安装上层立杆 → 紧立杆连接销 → 安装横杆 → 设置连墙件 → 设置人行梯 → 设置剪刀撑 → 挂安全网。

## 六、施工要点

（一）常用碗扣式钢管双排脚手架组合形式如表 4.1.3 所示。

表 4.1.3　常用碗扣式钢管双排脚手架组合形式　　　　　　　　　　　　　　m

| 脚手架形式 | 廊道宽×框宽×框高 | 适用范围 |
| --- | --- | --- |
| 轻型架 | 1.2×2.4×2.4 | 装修、维护等作业 |
| 普通型架 | 1.2×1.2×1.8 | 结构施工 |
| 重型架 | 1.2×1.2×1.8 或 1.2×0.9×1.8 | 高层脚手架中的底层架 |

（二）竖立杆、安放扫地杆

1. 脚手架地基基础必须按施工设计进行施工，按地基承载力要求进行验收。

2. 地基高低差较大时，可利用立杆 0.6 m 节点位差调节。

3. 土壤地基上的立杆必须采用可调底座。

4. 脚手架基础经验收合格后，应按施工设计或专项方案的要求放线定位。

5. 脚手架首层立杆应采用不同的长度交错布置，底部横杆（扫地杆）严禁拆除，立杆应配置可调底座。

6. 双排脚手架应根据使用条件及荷载要求选择结构尺寸，横杆步距宜选用 1.8 m，廊道宽度宜选用 1.2 m，立杆纵向间距可选择不同规格的系列尺寸。

7. 曲线布置的双排外脚手架组架时，应按曲率要求使用不同长度的内外横杆组架，曲率半径应大于 2.4 m。

8. 外排脚手架拐角为直角时，宜采用横杆直接组架；拐角为非直角时，可采用钢管扣件组架。

（三）安放底层横杆

根据步高的要求将横杆接头插入立杆的下碗扣内，然后将上碗扣沿限位销扣下，并顺时针旋转，将横杆与立杆牢固地连接在一起，形成框架结构。

（四）安装斜杆和剪刀撑

1. 斜杆可采用碗扣式钢管脚手架的配套斜杆，也可用钢管扣件代替。

2. 斜杆是为增强脚手架稳定性而设置的系列构件，用 $\phi48\times3.5$、Q235 钢管两端铆接斜杆接头制成，斜杆接头可以转动，同横杆接头一样，可装在下碗扣内，形成节点斜杆。

3. 脚手架专用斜杆设置应符合下列规定：

（1）斜杆应设置在有纵向及廊道横杆的碗扣节点上。

（2）脚手架拐角处及端部必须设置竖向通高斜杆。

（3）脚手架高度 ≤20 m 时，每隔 5 跨设置一组竖向通高斜杆；脚手架高度大于 20 m 时，每隔 3 跨设置一组竖向通高斜杆；斜杆必须对称设置。

（4）斜杆临时拆除时，应调整斜杆位置，并严格控制同时拆除的根数。

4. 当采用钢管扣件作斜杆时应符合下列规定：

（1）斜杆应每步与立杆扣接，扣接点距碗扣节点的距离宜 ≤150 mm；当出现不能与立杆扣接的情况时，亦可采取与横杆扣接，扣接点应牢固。

（2）斜杆设置成八字形，斜杆水平倾角在 45°~60° 之间，纵向斜杆间距可间隔 1~2 跨。

（3）脚手架高度超过 20 m 时，斜杆应在内外排对称设置。

5. 连墙杆的设置（图 4.1.15）：

（1）连墙杆与脚手架立面及墙体应保持垂直，每层连墙杆应在同一平面，水平间距应不大于 4 跨。

（2）连墙杆应设置在有廊道横杆的碗扣节点处，采用钢管扣件作连墙杆时，连墙杆应采用直角扣件与立杆连接，连接点距碗扣节点距离应 ≤150 mm。

（3）连墙杆必须采用可承受拉、压荷载的刚性结构。

（4）当连墙件竖向间距大于 4 m 时,连墙件内外立杆之间必须设置廊道斜杆或十字撑。

（5）当脚手架高度超过 20 m 时,上部 20 m 以下连墙杆水平处须设置水平斜杆。

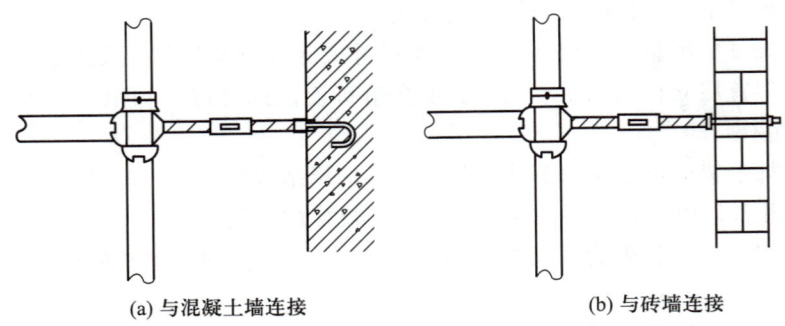

（a）与混凝土墙连接　　　　　　　　　　　　　（b）与砖墙连接

图 4.1.15　碗扣式钢管脚手架连墙杆

6. 脚手板安放、脚手板设置应符合下列规定:

（1）钢脚手板的挂钩必须完全落在廊道横杆上,并带有自锁装置,严禁浮放。

（2）平放在横杆上的脚手板,必须与脚手架连接牢靠,可适当加设横杆,脚手板探头长度应小于 150 mm。

（3）作业层的脚手板框架外侧应设挡脚板及防护栏,护栏应采用二道横杆。

7. 接立杆接头是立杆同横杆、斜杆的连接装置,应确保接头锁紧。组装时,先将上碗扣搁置在限位销上,将横杆、斜杆等接头插入下碗扣,使接头弧面与立杆密贴,待全部接头插入后,将上碗扣套下,并用榔头顺时针沿切线敲击上碗扣凸头,直至上碗扣被限位销卡紧不再转动为止。安装碗扣式脚手架时,立柱和纵、横向水平杆的安装必须同步进行,接头必须锁紧。

如发现上碗扣扣不紧或限位销不能进入上碗扣螺旋面时,应检查立杆与横杆是否垂直,相邻的两下碗扣是否在同一水平面上（即横杆水平度是否符合要求）;下碗扣与立杆的同轴度是否符合要求;下碗扣的水平面同立杆轴线的垂直度是否符合要求;横杆接头与横杆是否变形;横杆接头弧面中心线同横杆轴线是否垂直;下碗扣内有无砂浆等杂物填充等;如是装配原因,则应调整后锁紧;如是杆件本身原因,则应拆除,并送去整修。

8. 斜道和人形架梯安装:

（1）人行坡道坡度可为 1∶3,并在坡道脚手板下增设横杆,坡道可折线上升。

（2）人行梯架应设置在尺寸为 1.8 m×1.8 m 的脚手架框架内,梯子宽度为廊道宽度的 1/2,梯架可在一个框架高度内折线上升,梯架拐弯处应设置扶手。

（3）脚手架上的扩展作业平台挑梁宜设置在靠建筑物一侧,按脚手架离建筑物间距及荷载选用窄挑梁或宽挑梁,宽挑梁可铺设两块脚手板,宽挑梁上的立杆应通过横杆与脚手架连接。

9. 安全网、扶手安装:

（1）上栏杆上皮高度 1.2 m,中栏杆居中设置。

（2）栏杆和挡脚板应搭设在外立柱的内侧。

（3）挡脚板高度不应小于 180 mm。

### 七、碗扣式钢管脚手架的拆除

1. 脚手架拆除前，应清理作业层上的施工机具及多余的材料和杂物。

2. 脚手架拆除作业应设专人指挥，当有多人同时操作时，应明确分工、统一行动，且应具有足够的操作面。

3. 拆除的脚手架构配件应采用起重设备吊运或人工传递到地面，严禁抛掷。

4. 拆除的脚手架构配件应分类堆放，并应便于运输、维护和保管。

5. 架体拆除应按自上而下的顺序按步逐层进行，严禁上下层同时作业。

6. 拆除作业过程中，当架体自由端高度大于 2 步时，应加设临时拉结。

7. 连墙件应随架体逐层拆除，严禁先将连墙件整层或数层拆除后再拆架体。

### 八、碗扣式钢管脚手架的安全措施

1. 作业层上的施工荷载应符合设计要求，不得超载，不得在脚手架上集中堆放模板、钢筋等物料。

2. 混凝土输送管、布料杆及塔架拉结缆风绳等不得固定在脚手架上。

3. 大模板不得直接堆放在脚手架上。

4. 遇 6 级及以上大风、雨雪、大雾天气时应停止脚手架的搭设与拆除作业。

5. 脚手架使用期间，严禁擅自拆除架体结构杆件，如需拆除必须报请技术主管同意，确定补救措施后方可实施。

6. 严禁在脚手架基础及邻近处进行挖掘作业。

7. 脚手架应与架空输电线路保持安全距离，工地临时用电线路架设及脚手架接地防雷措施等应按现行行业标准《建筑与市政工程施工现场临时用电安全技术标准》（JGJ/T 46—2024）的有关规定执行。

8. 使用后的脚手架构配件应清除表面附着的灰渣，校正杆件变形，表面作防锈处理后待用。

### 九、质量控制与检验标准

（一）进入现场的碗扣架构配件应具备以下证明文件

1. 主要构配件应有产品标识及产品质量合格证。

2. 供应商应配套提供管材、零件、铸件、冲压件等材质、产品性能检验报告。

（二）构配件进场质量检查的重点

钢管管壁厚度；焊接质量；外观质量；可调底座和可调托撑螺纹杆直径、与螺母配合间隙及材质。

（三）脚手架搭设质量应按阶段进行检验

1. 首段以高度为 6 m 进行第一阶段（撂底阶段）的检查与验收。

2. 架体应随施工进度定期进行检查；达到设计高度后进行全面的检查与验收。

3. 遇 6 级以上大风、大雨、大雪后的特殊情况的检查。

4. 停工超过一个月恢复使用前。

5. 脚手架搭设应按立杆、横杆、斜杆、连墙件的顺序逐层搭设，每次上升高度不大于

3 m,底层水平框架的纵向直线应小于 $L/200$;横杆间水平度应小于 $L/400$。

（四）对整体脚手架应重点检查以下内容

1. 保证架体几何不变形的斜杆、连墙件、十字撑等设置是否完善。

2. 基础是否有不均匀沉降,立杆底座与基础面的接触是否有悬空情况。

3. 立杆碗扣是否可靠锁紧、连接销是否安装、斜杆扣接点是否符合要求。

4. 脚手架全高的垂直度应小于 $L/500$;最大允许偏差值应小于 100 mm。

（五）搭设高度检查

搭设高度在 20 m 以下(含 20 m)的脚手架,应由项目负责人组织技术、安全及监理人员进行验收;对于高度超过 20 m 的脚手架,超高、超重、大跨度的模板支撑架,应由其上级安全生产主管部门负责人组织架体设计。

### 4.1.4　里脚手架

里脚手架搭设于建筑物内部,每砌完一层墙后,将其转移到上一层楼面,进行新一层墙体的砌筑。里脚手架也用于外墙砌筑和室内装饰施工,里脚手架用料少,装拆较频繁,轻便灵活,装拆方便。其结构形式有折叠式、支柱式和门架式。

#### 一、折叠式(图 4.1.16)

折叠式里脚手架适用于民用建筑的内墙砌筑和内粉刷。根据材料不同,分为角钢、钢管和钢筋折叠式里脚手架。角钢折叠式里脚手架的架设间距,砌墙时不超过 2 m,粉刷时不超过 2.5 m,可以搭设两步脚手,第一步高约根据施工层高,沿高度可以搭设两步脚手,第一步高约 1 m,第二步高约 1.65 m。钢管和钢筋折叠式里脚手的架设间距,砌墙时不超过 1.8 m,粉刷时不超过 2.2 m。

#### 二、支柱式

支柱式里脚手架由若干支柱和横杆组成,适于砌墙和内粉刷。其搭设间距,砌墙时不超过 2 m,粉刷时不超过 2.5 m,其支柱有套管式支柱(图 4.1.17),它是将插管插入立管中,以销孔间距调节高度,在插管顶端的凹形支托内搁置木方横杆,横杆上铺设脚手架,架设高度为 1.5~2.1 m。

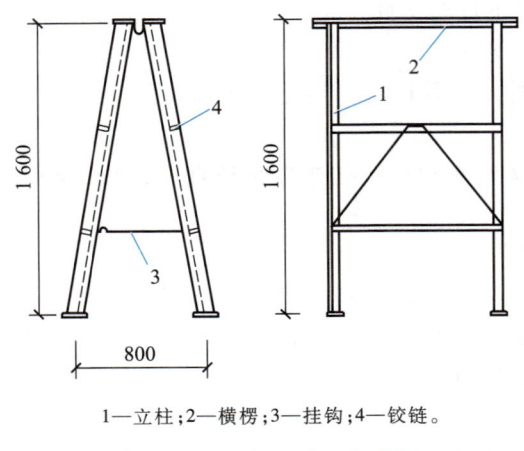

1—立柱;2—横楞;3—挂钩;4—铰链。

图 4.1.16　折叠式里脚手架

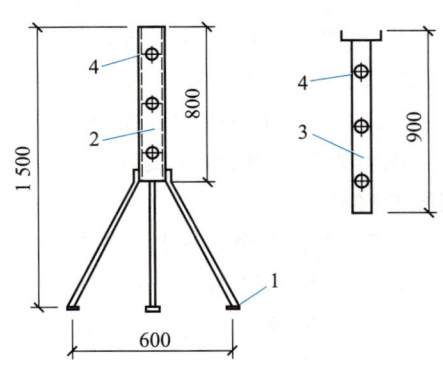

1—支脚;2—立管;3—插管;4—销孔。

图 4.1.17　套管式支柱

### 三、门架式

门架式里脚手架由两片 A 形支架与门架组成（图 4.1.18）。适用于砌墙和粉刷。支架间距，砌墙时不超过 2.2 m，粉刷时不超过 2.5 m，其架设高度为 1.5~2.4 m。

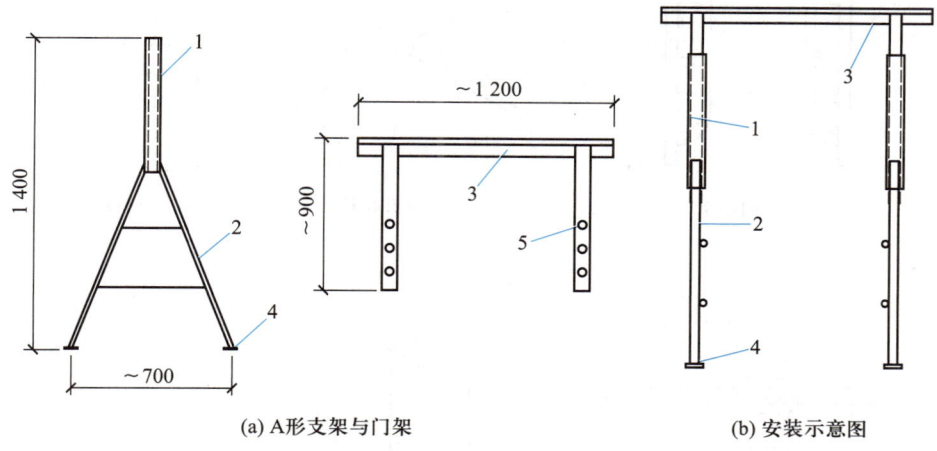

(a) A形支架与门架　　　　　　　　　(b) 安装示意图

1—立管；2—支脚；3—门架；4—垫板；5—销孔。

图 4.1.18　门架式里脚手架

## 4.1.5　其他形式脚手架

### 一、门式脚手架

#### 1. 构造要求

门式脚手架，是工厂生产、现场搭设的脚手架，是国际上应用最普遍的脚手架之一。门式脚手架由门式框架、剪刀撑和水平梁架或脚手板构成基本单元，如图 4.1.19a 所示。将基本单元连接起来即构成整片脚手架，如图 4.1.19b 所示，门式脚手架主要部件如图 4.1.20 所示。

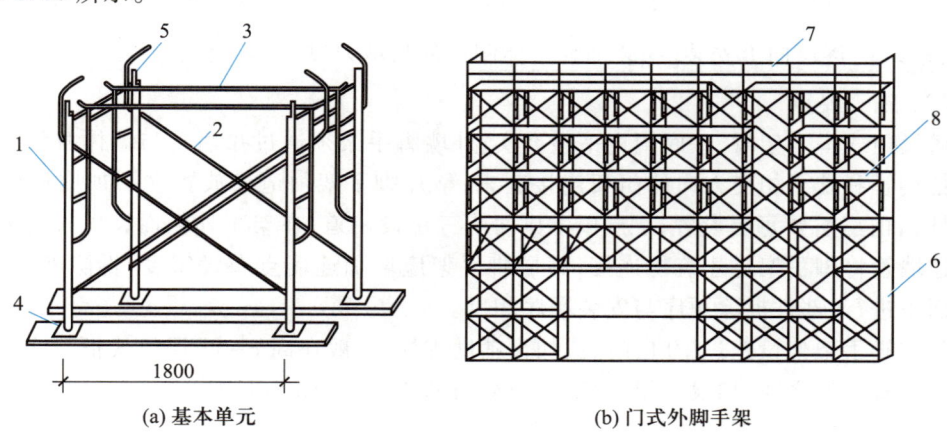

(a) 基本单元　　　　　　　　　　(b) 门式外脚手架

1—门式框架；2—剪刀撑；3—水平梁架；4—螺旋基脚；5—连接器；6—梯子；7—栏杆；8—脚手板。

图 4.1.19　门式钢管脚手架

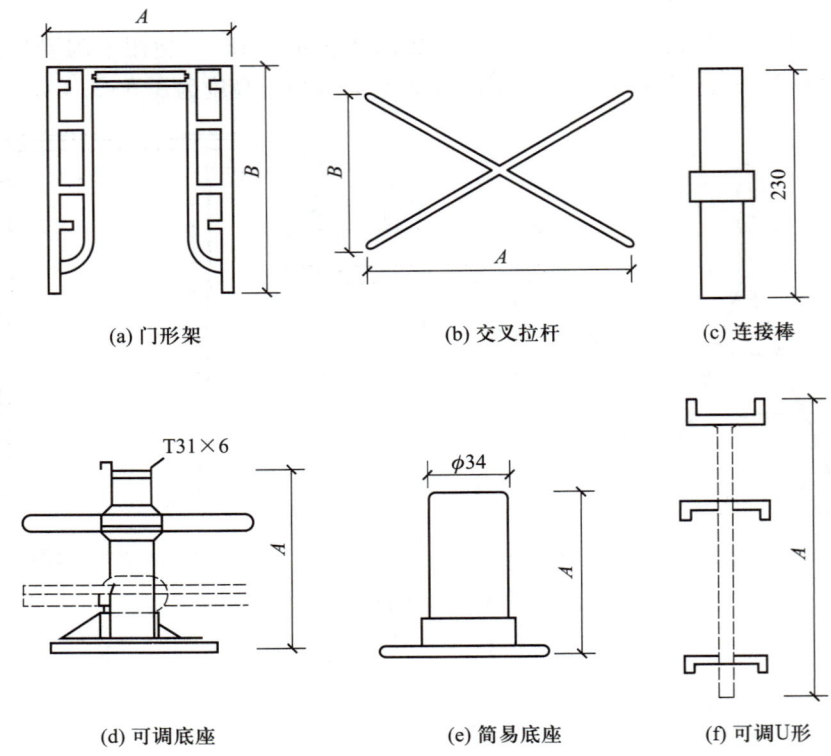

(a) 门形架　　　　　　　(b) 交叉拉杆　　　　　　　(c) 连接棒

(d) 可调底座　　　　　　(e) 简易底座　　　　　　　(f) 可调U形

图 4.1.20　门式钢管脚手架主要部件

2. 门式脚手架的施工工艺

（1）施工工艺

铺放垫木（板）　→　拉线、放底座　→　自一端起立门架并随即装剪刀撑　→　装水平梁架（或脚手板）→ 装梯子 → 需要时,装设通常的纵向水平杆 → 装设连墙杆 → 照上述步骤,逐层向上安装 → 装加强整体刚度的长剪刀撑 → 装设顶部栏杆。

（2）施工要点

搭设门式脚手架时,基底须先平整夯实;外墙脚手架须通过扣墙管与墙体拉结,并用扣件把钢管和处于相交方向的门架连接起来;整片脚手架须适量放置水平加固杆(纵向水平杆),前三层要每层设置,三层以上则每隔三层设一道;在架子外侧面设置长剪刀撑。使用连墙管将脚手架与建筑物连接;高层脚手架应增加连墙点布设密度,拆除架子时应自上而下进行,部件拆除顺序与安装顺序相反。

门式脚手架架设超过 10 层时,应加设辅助支撑,一般在高 8~11 层门式框架之间,宽在 5 个门式框架之间,加设一组,使部分荷载由墙体承受(图 4.1.21)。

二、盘扣式脚手架

盘扣式脚手架盘扣节点由焊接于立杆上的连接盘、水平杆杆端扣接头和斜杆杆端扣接头组成,图 4.1.22 为盘扣节点组成示意图。

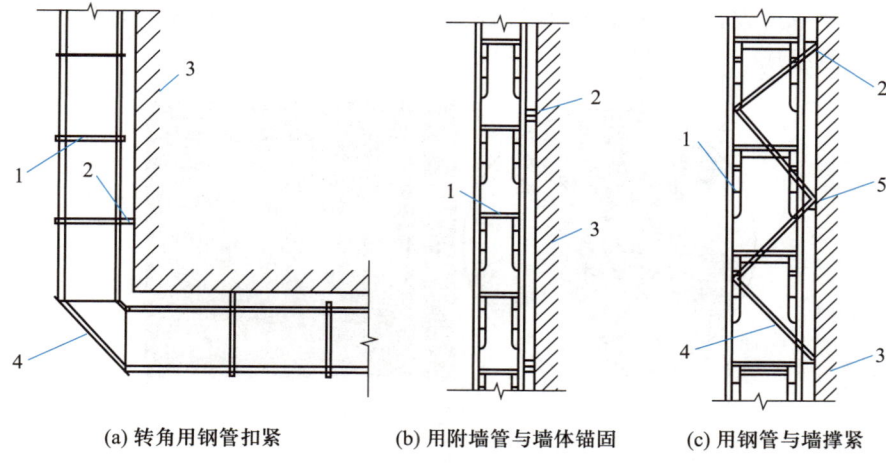

(a) 转角用钢管扣紧　　(b) 用附墙管与墙体锚固　　(c) 用钢管与墙撑紧

1—门式脚手架;2—附墙管;3—墙体;4—钢管;5—混凝土板。

图 4.1.21　门式钢管脚手架的加固处理

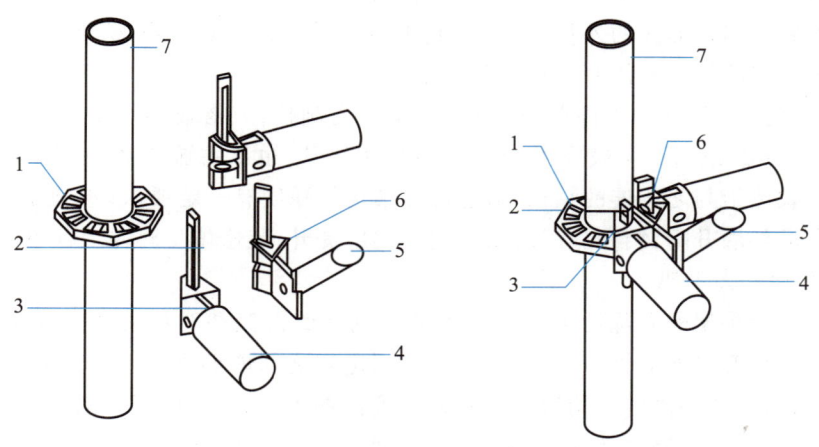

1—连接盘;2—插销;3—水平杆端扣接头;4—水平杆;5—斜杆;6—斜杆杆端扣接头;7—立杆。

图 4.1.22　盘扣式脚手架节点组成示意图

盘扣式脚手架施工时应注意:

1. 插销外表面应与水平杆和斜杆杆端扣接头内表面吻合,插销连接应保证锤击自锁后不拔脱,抗拔力不得小于 3 kN。

2. 插销应具有可靠防拔脱构造措施,且应设置便于目视检查揳入深度的刻痕或颜色标记。

3. 立杆盘扣节点间距宜按 0.5 m 模数设置;横杆长度宜按 0.3 m 模数设置。

4. 连接盘、扣接头、插销以及可调螺母的调节手柄采用碳素铸钢制造时,其材料机械性能不得低于现行国家标准的屈服强度、抗拉强度和延伸率的要求。

三、轮扣式脚手架

轮扣式脚手架是由盘扣式脚手架衍生出来的一种新型建筑支撑系统,与盘扣式脚手架相比具有承载力大,搭建速度快,稳定性强,易于场地管理等特点。图 4.1.23 为轮扣式脚手架节点组成。

图 4.1.23　轮扣式脚手架节点组成

### 四、附着升降式脚手架

升降式脚手架是沿结构外表面满搭的脚手架,在结构和装修工程施工中应用较为方便,但费料耗工,一次性投资大,工期亦长。因此,近年来在高层建筑及筒仓、竖井、桥墩等施工中发展了多种形式的外挂脚手架,其中应用较为广泛的是附着升降式脚手架,包括自升降式、互升降式、整体升降式三种类型。

附着升降式脚手架主要特点是:① 脚手架不需满搭,只搭设满足施工操作及安全各项要求的高度;② 地面不需做支承脚手架的坚实地基,也不占施工场地;③ 脚手架及其上承担的荷载传给与之相连的结构,对这部分结构的强度有一定要求;④ 随施工进程,脚手架可随之沿外墙升降,结构施工时由下往上逐层提升,装修施工时由上往下逐层下降。

1. 自升降式脚手架

自升降式脚手架的升降运动是通过手动或电动倒链交替对活动架和固定架进行升降来实现的。从升降架的构造来看,活动架和固定架之间能够进行上下相对运动。当脚手架工作时,活动架和固定架均用附墙螺栓与墙体锚固,两架之间无相对运动;当脚手架需要升降时,活动架与固定架中的一个架子仍然锚固在墙体上,使用倒链对另一个架子进行升降,两架之间便产生相对运动。通过活动架和固定架交替附墙,互相升降,脚手架即可沿着墙体上的预留孔逐层升降。

具体操作过程如下:

(1) 施工前准备

按照脚手架的平面布置图和升降架附墙支座的位置,在混凝土墙体上设置预留孔。预留孔尽可能与固定模板的螺栓孔结合布置,孔径一般为 40~50 mm。为使升降顺利进行,预留孔中心必须在一直线上。脚手架爬升前,应检查墙上预留孔位置是否正确,如有偏差,应预先修正,墙面突出严重时,也应预先修平。

(2) 安装

该脚手架的安装在起重机配合下按脚手架平面图进行。先把上、下固定架用临时螺栓连接起来,组成一片,附墙安装。一般每 2 片为一组,每步架上用 4 根 $\phi48\times3.5$ 钢管作为大横杆,把 2 片升降架连接成一跨,组装成一个与邻跨没有牵连的独立升降单元体。

附墙支座的附墙螺栓从墙外穿入,待架子校正后,在墙内紧固。对壁厚的筒仓或桥墩等,也可预埋螺母,然后用附墙螺栓将架子固定在螺母上。脚手架工作时,每个单元体共有 8 个附墙螺栓与墙体锚固。为了满足结构工程施工,脚手架应超过结构一层的安全作业需要。在升降脚手架上墙组装完毕后,用 $\phi 48 \times 3.5$ 钢管和对接扣件在上固定架上面再接高一步。最后在各升降单元体的顶部扶手栏杆处设临时连接杆,使之成为一个整体,内侧立杆用钢管扣件与模板支撑系统拉结,以增强脚手架整体稳定性。

（3）爬升

爬升可分段进行,视设备、劳动力和施工进度而定,每个爬升过程提升 1.5~2 m,每个爬升过程分 2 步进行(图 4.1.24)。

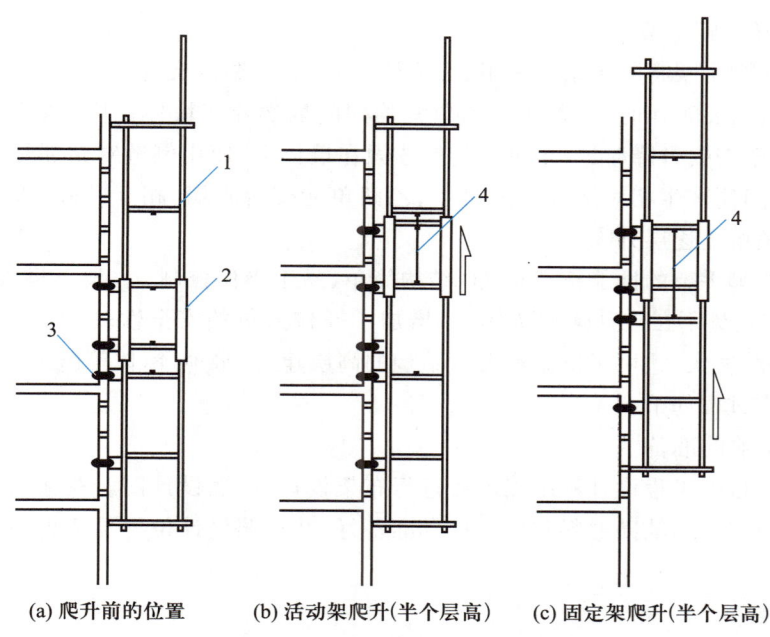

(a) 爬升前的位置　　(b) 活动架爬升(半个层高)　　(c) 固定架爬升(半个层高)

1—活动架;2—固定架;3—附墙螺栓;4—倒链。

图 4.1.24　自升降式脚手架爬升过程

① 爬升活动架

解除脚手架上部的连接杆,在一个升降单元体两端升降架的吊钩处,各配置 1 只倒链,倒链的上、下吊钩分别挂入固定架和活动架的相应吊钩内。操作人员位于活动架上,倒链受力后卸去活动架附墙支座的螺栓,活动架即被倒链挂在固定架上,然后在两端同步提升,活动架即呈水平状态徐徐上升。爬升到达预定位置后,将活动架用附墙螺栓与墙体锚固,卸下倒链,活动架爬升完毕。

② 爬升固定架

同爬升活动架相似,在吊钩处用倒链的上、下吊钩分别挂入活动架和固定架的相应吊钩内,倒链受力后卸去固定架附墙支座的附墙螺栓,固定架即被倒链挂吊在活动架上。然后在两端同步抽动倒链,固定架即徐徐上升,同样爬升至预定位置后,将固定架用附墙螺栓与墙体锚固,卸下倒链,固定架爬升完毕。

至此,脚手架完成了一个爬升过程。待爬升一个施工高度后,重新设置上部连接杆,脚手架进入工作状态,按此循环操作,脚手架不断爬升,直至结构到顶。

（4）下降

与爬升操作顺序相反,顺着爬升时用过的墙体预留孔倒行,脚手架即可逐层下降,同时把留在墙面上的预留孔修补完毕,最后脚手架返回地面。

（5）拆除

拆除时设置警戒区,有专人监护,统一指挥,先清理脚手架上的垃圾杂物,然后自上而下逐步拆除。拆除升降架可用起重机、卷扬机或倒链。升降架拆下后要及时清理整修和保养,以便重复使用,运输和堆放均应设置地楞,防止变形。

2. 互升降式脚手架

互升降式脚手架将脚手架分为甲、乙两种单元,通过倒链交替对甲、乙两单元进行升降。当脚手架需要工作时,甲单元与乙单元均用附墙螺栓与墙体锚固,两架之间无相对运动;当脚手架需要升降时,一个单元仍然锚固在墙体上,使用倒链对相邻一个架子进行升降,两架之间便产生相对运动。通过甲、乙两单元交替附墙,相互升降,脚手架即可沿着墙体上的预留孔逐层升降。

互升降式脚手架的性能特点是:① 结构简单,易于操作控制;② 架子搭设高度低,用料省;③ 操作人员不在被升降的架体上,增加了操作人员的安全性;④ 脚手架结构刚度较大,附墙的跨度大,适用于框架剪力墙结构的高层建筑、水坝、筒体等施工。

具体操作过程如下:

（1）施工前的准备

施工前应根据工程设计和施工需要进行布架设计,绘制设计图。在施工前应将互升降式脚手架所需要的辅助材料和施工机具准备好,并按照设计位置预留附墙螺栓孔或设置好预埋件。

（2）安装

互升降式脚手架的组装可有两种方式:在地面组装好单元脚手架,再用塔吊吊装就位;或是在设计爬升位置搭设操作平台,在平台上逐层安装。爬架组装固定后的允许偏差应满足:沿架子纵向垂直偏差不超过 30 mm;沿架子横向垂直偏差不超过 20 mm;沿架子水平偏差不超过 30 mm。

（3）爬升

脚手架爬升前应进行全面检查,检查的主要内容有:预留附墙连接点的位置是否符合要求,预埋件是否牢靠;架体上的横梁设置是否牢固;提升降单元的导向装置是否可靠;升降单元与周围的约束是否解除,升降有无障碍;架子上是否有杂物;所适用的提升设备是否符合要求等。

当确认以上各项都符合要求后方可进行爬升(图 4.1.25),提升到位后,应及时将架子同结构固定;然后,用同样的方法对与之相邻的单元脚手架进行爬升操作,待相邻的单元脚手架升至预定位置后,将两单元脚手架连接起来,并在两单元操作层之间铺设脚手架。

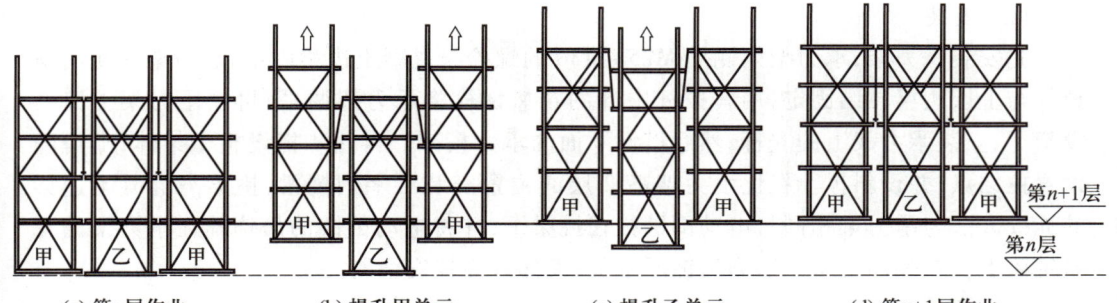

| (a) 第n层作业 | (b) 提升甲单元 | (c) 提升乙单元 | (d) 第n+1层作业 |

图 4.1.25　互升降式脚手架爬升过程

（4）下降

与爬升操作顺序相反，利用固定在墙体上的架子对相邻的单元脚手架进行下降操作，同时把留在墙面上的预留孔修补完毕，最后脚手架返回地面。

（5）拆除

爬架拆除前应清理脚手架上的杂物。拆除爬架有两种方式：一种是同常规脚手架拆除方式，采用自上而下的顺序，逐步拆除；另一种用起重设备将脚手架整体吊至地面拆除。

3. 整体升降式脚手架

在超高层建筑的主体施工中，整体升降式脚手架有明显的优越性，它结构整体好、升降快捷方便、机械化程度高、经济效益显著，是一种很有推广使用价值的超高建（构）筑外脚手架。

整体升降式外脚手架以电动倒链为提升机，使整个外脚手架沿建筑物外墙或柱整体向上爬升。搭设高度依建筑物施工层的层高而定，一般取建筑物标准层 4 个层高加 1 步安全栏的高度为架体的总高度。脚手架为双排，宽以 0.8~1 m 为宜，里排杆离建筑物净距 0.4~0.6 m。脚手架的横杆和立杆间距都不宜超过 1.8 m，可将 1 个标准层高分为 2 步架，以此步距为基数确定架体横、立杆的间距。

架体设计时可将架子沿建筑物外围分成若干单元，每个单元的宽度参考建筑物的开间而定，一般在 5~9 m 之间。

具体操作如下：

（1）施工前的准备

按平面图先确定承力架及电动倒链挑梁安装的位置和个数，在相应位置上的混凝土墙或梁内预埋螺栓或预留螺栓孔。各层的预留螺栓或预留孔位置要求上下相一致，误差不超过 10 mm。

加工制作型钢承力架、挑梁、斜拉杆，准备电动倒链、钢丝绳、脚手管、扣件、安全网、木板等材料。

因整体升降式脚手架的高度一般为 4 个施工层层高，在建筑物施工时，由于建筑物的最下几层层高往往与标准层不一致，且平面形状也往往与标准层不同，所以一般在建筑物主体施工到 3~5 层时开始安装整体脚手架。下面几层施工时往往要先搭设落地外脚手架。

（2）安装

先安装承力架,承力架内侧用 M25~M30 的螺栓与混凝土边梁固定,承力架外侧用斜拉杆与上层边梁拉结固定,用斜拉杆中部的花篮螺栓将承力架调平;再在承力架上面搭设架子,安装承力架上的立杆;然后搭设下面的承力桁架。再逐步搭设整个架体,随搭随设置拉结点,并设斜撑。在比承力架高 2 层的位置安装工字钢挑梁,挑梁与混凝土边梁的连接方法与承力架相同。电动倒链挂在挑梁下,并将电动倒链的吊钩挂在承力架的花篮挑梁上。在架体上每个层高满铺厚木板,架体外面挂安全网。

（3）爬升

短暂开动电动倒链,将电动倒链与承力架之间的吊链拉紧,使其处在初始受力状态。松开架体与建筑物的固定拉结点。松开承力架与建筑物相连的螺栓和斜拉杆,开动电动倒链开始爬升,爬升过程中应随时观察架子的同步情况,如发现不同步应及时停机进行调整。爬升到位后,先安装承力架与混凝土边梁的紧固螺栓,并将承力架的斜拉杆与上层边梁固定,然后安装架体上部与建筑物的各拉结点。待检查符合安全要求后,脚手架可开始使用,进行上一层的主体施工。在新一层主体施工期间,将电动倒链及其挑梁摘下,用滑轮或手动倒链转至上一层重新安装,为下一层爬升做准备(图 4.1.26)。

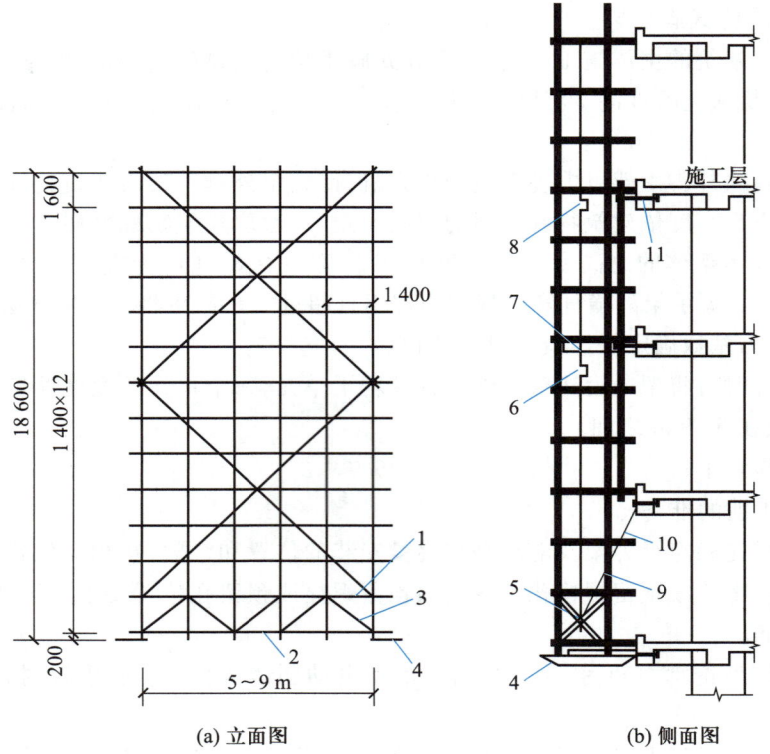

(a) 立面图　　　　　(b) 侧面图

1—上弦杆;2—下弦杆;3—承力桁架;4—承力架;5—斜撑;6—电动倒链;
7—挑梁;8—倒链;9—花篮螺栓;10—拉杆;11—螺栓。

图 4.1.26　整体升降式脚手架

（4）下降

与爬升操作顺序相反，利用电动倒链顺着爬升用的墙体预留孔倒行，脚手架即可逐层下降，同时把留在墙面上的预留孔修补完毕，最后脚手架返回地面。

（5）拆除

爬架拆除前应清理脚手架上的杂物，拆除方式与互升式脚手架类似。

### 4.1.6　脚手架设计计算

#### 一、荷载计算

作用于脚手架的荷载可分为永久荷载（恒荷载）与可变荷载（活荷载）。

脚手架永久荷载应包含架体结构自重：包括立杆、纵向水平杆、横向水平杆、剪刀撑、扣件等的自重；构、配件自重：包括脚手板、栏杆、挡脚板、安全网等防护设施的自重，具体如表 4.1.4 至表 4.1.6 所示。

脚手架可变荷载应包含施工荷载：包括作业层上的人员、器具和材料等的自重和风荷载。

表 4.1.4　单、双排脚手架立杆承受的每米结构自重标准值　　　　　　　　　kN/m

| 步距/m | 脚手架类型 | 纵距/m | | | | |
|---|---|---|---|---|---|---|
| | | 1.2 | 1.5 | 1.8 | 2.0 | 2.1 |
| 1.20 | 单排 | 0.1642 | 0.1793 | 0.1945 | 0.2046 | 0.2097 |
| | 双排 | 0.1538 | 0.1667 | 0.1796 | 0.1882 | 0.1925 |
| 1.35 | 单排 | 0.1530 | 0.1670 | 0.1809 | 0.1903 | 0.1949 |
| | 双排 | 0.1426 | 0.1543 | 0.1660 | 0.1739 | 0.1778 |
| 1.50 | 单排 | 0.1440 | 0.1570 | 0.1701 | 0.1788 | 0.1831 |
| | 双排 | 0.1336 | 0.1444 | 0.1552 | 0.1624 | 0.1660 |
| 1.80 | 单排 | 0.1305 | 0.1422 | 0.1538 | 0.1615 | 0.1654 |
| | 双排 | 0.1202 | 0.1295 | 0.1389 | 0.1451 | 0.1482 |
| 2.00 | 单排 | 0.1238 | 0.1347 | 0.1456 | 0.1529 | 0.1565 |
| | 双排 | 0.1134 | 0.1221 | 0.1307 | 0.1365 | 0.1394 |

表 4.1.5　脚手板自重标准值　　　　　　　　　kN/m²

| 类别 | 标准值 |
|---|---|
| 冲压钢脚手板 | 0.3 |
| 竹串片脚手板 | 0.35 |
| 木脚手板 | 0.35 |
| 竹脚手板 | 0.10 |

表 4.1.6　栏杆、挡脚板自重标准值　　　　　　　　　　　　kN/m²

| 类别 | 标准值 |
| --- | --- |
| 栏杆、冲压钢脚手板挡板 | 0.17 |
| 栏杆、竹串片脚手板挡板 | 0.17 |
| 栏杆、木脚手板挡板 | 0.16 |

脚手架上吊挂的安全设施(安全网)的自重标准值应按实际情况采用,密目式安全立网自重标准值不应低于 0.01 kN/m²。

### 二、荷载效应组合

设计脚手架的承重构件时,应根据使用过程中可能出现的荷载取其最不利组合进行计算,荷载效应组合宜按表 4.1.7 采用。

表 4.1.7　荷载效应组合

| 计算项目 | 荷载效应组合 |
| --- | --- |
| 纵向、横向水平杆强度与变形 | 永久荷载+施工荷载 |
| 脚手架立杆地基承载力<br>型钢悬挑梁的强度、稳定与变形 | 永久荷载+施工荷载 |
|  | 永久荷载+0.9×(施工荷载+风荷载) |
| 立杆稳定 | 永久荷载+可变荷载(不含风荷载) |
|  | 永久荷载+0.9×(可变荷载+风荷载) |
| 连墙件强度与稳定 | 单排架,风荷载+2.0 kN |
|  | 双排架,风荷载+3.0 kN |

### 三、脚手架计算内容

脚手架的承载能力应按概率极限状态设计法的要求,采用分项系数设计表达式进行设计。需进行的计算有纵向、横向水平杆等受弯构件的强度和连接扣件的抗滑承载力计算;立杆的稳定性计算;连墙件的强度、稳定性和连接强度的计算;立杆地基承载力计算。

① 计算立杆段的轴向力设计值 $N$

不组合风荷载时

$$N=1.2(N_{G1k}+N_{G2k})+1.4\sum N_{Qk} \qquad (4.1.1)$$

组合风荷载时

$$N=1.2(N_{G1k}+N_{G2k})+0.85\times1.4\sum N_{Qk} \qquad (4.1.2)$$

式中　$N_{G1k}$——脚手架结构自重标准值产生的轴内力;

　　　$N_{G2k}$——构配件自重标准值产生的轴内力;

　　　$N_{Qk}$——施工荷载标准值产生的轴向力总和,内外立杆可按一纵距(跨)内施工荷载总和的 1/2 取值。

② 确定立杆的计算长度 $l_0$

立杆的计算长度　　　　　　　　　$l_0=k\mu h$ 　　　　　　　　　　(4.1.3)

式中 $k$——计算长度附加系数,其取值为 1.155;

$\mu$——考虑脚手架整体稳定因素的单杆计算长度系数,按表 4.1.8 采用;

$h$——立杆步距。

表 4.1.8 脚手架立杆的计算长度系数取值表

| 类别 | 立杆横距 /m | 连墙件布置 | |
|---|---|---|---|
| | | 二步三跨 | 三步三跨 |
| 双排架 | 1.05 | 1.50 | 1.70 |
| | 1.30 | 1.55 | 1.75 |
| | 1.55 | 1.60 | 1.80 |
| 单排架 | ≤1.50 | 1.80 | 2.00 |

③ 计算杆件的长细比 $\lambda$

$$\lambda = \frac{l_0}{i} \tag{4.1.4}$$

式中 $i$——截面的回转半径。

④ 纵向、横向水平杆的抗弯强度应按下式计算

$$\sigma = \frac{\gamma_0 M}{W} \leqslant f \tag{4.1.5}$$

式中 $\gamma_0$——结构重要性系数,在持久设计状况和短暂设计状况下,对安全等级为Ⅰ级的结构构件,不应小于 1.1;对安全等级为Ⅱ级的结构构件,不应小于 1.0,对安全等级为Ⅲ级的结构构件,不应小于 0.9;对地震设计状况下应取 1.0;

$\sigma$——弯曲正应力;

$M$——弯矩设计值,N·mm;

$W$——截面模量,$mm^3$;

$f$——钢材的抗弯强度设计值,$N/mm^2$。

纵向、横向水平杆弯矩设计值,应按下式计算

不组合风荷载时

$$M = 1.2 M_{Gk} + 1.4 \sum M_{Qk} \tag{4.1.6}$$

组合风荷载时

$$M = 1.2 M_{Gk} + 0.85 \times 1.4 \sum M_{Qk} \tag{4.1.7}$$

式中 $M_{Gk}$——脚手板自重产生的弯矩标准值,kN·m;

$M_{Qk}$——施工荷载产生的弯矩标准值,kN·m。

⑤ 纵向、横向水平杆的挠度应符合下式规定

$$\nu \leqslant [\nu] \tag{4.1.8}$$

式中 $\nu$——挠度,mm;

$[v]$——容许挠度。

计算纵向、横向水平杆的内力与挠度时纵向水平杆宜按三跨连续梁计算,计算跨度取立杆纵距 $l_a$;横向水平杆宜按简支梁计算,计算跨度 $l_0$ 可按图 4.1.27 采用。

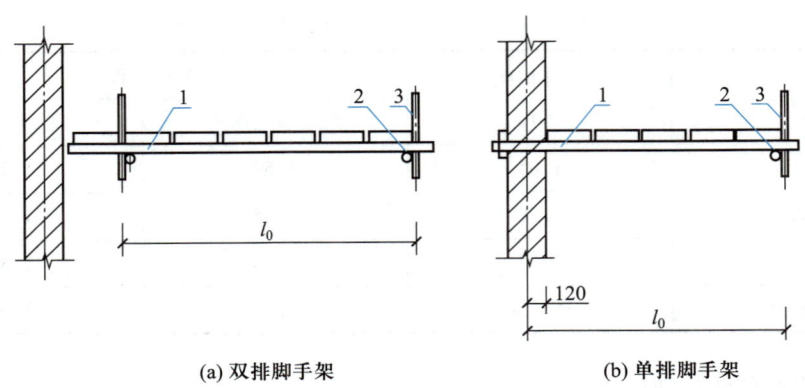

(a) 双排脚手架　　　　　　　(b) 单排脚手架

1—横向水平杆;2—纵向水平杆;3—立杆。

图 4.1.27　横向水平杆计算跨度

⑥ 纵向或横向水平杆与立杆连接时,其扣件的抗滑承载力应符合下式规定

$$R \leqslant R_c \qquad (4.1.9)$$

式中　$R$——纵向或横向水平杆传给立杆的竖向作用力设计值;

　　　$R_c$——扣件抗滑承载力设计值。

⑦ 立杆的稳定性应符合下列公式要求

不组合风荷载时

$$\frac{\gamma_0 N}{\varphi A} \leqslant f \qquad (4.1.10)$$

组合风荷载时

$$\frac{\gamma_0 N}{\varphi A} + \frac{\gamma_0 M}{W} \leqslant f$$

$$M = \phi_k \gamma_Q M_{wk}$$

$$M_{wk} = 0.05 \xi_1 W_k l_a H_1^2 \qquad (4.1.11)$$

式中　$N$——计算立杆段的轴向力设计值,N;

　　　$\varphi$——轴心受压构件的稳定系数,应根据长细比查表;

　　　$f$——钢材的抗压强度设计值,N/mm²;

　　　$\phi_k$——风荷载组合系数;

　　　$\gamma_Q$——可变荷载组合系数;

　　　$l_a$——立杆纵向间距,mm;

　　　$H_1$——连墙件竖向间距,mm;

　　　$\xi_1$——作业脚手架立杆由风荷载产生的弯矩折减系数,按表 4.1.9 采用。

　　　$M_{wk}$——风荷载产生的弯矩。

表 4.1.9　作业脚手架立杆由风荷载产生的弯矩折减系数取值表

| 连墙件步距 | 扣件式 | 碗扣式 | 盘扣式 | 门式 |
| --- | --- | --- | --- | --- |
| 两步距 | 0.6 | 0.6 | 0.6 | 0.3 |
| 三步距 | 0.4 | 0.4 | 0.4 | 0.2 |

⑧ 连墙件杆件的强度及稳定应满足下列公式的要求

强度
$$\sigma = \frac{N_l}{A_c} \leqslant 0.85f \qquad (4.1.12)$$

稳定
$$\sigma = \frac{N_l}{\varphi A} \leqslant 0.85f \qquad (4.1.13)$$

$$N_l = N_{lw} + N_0 \qquad (4.1.14)$$

式中　$\sigma$——连墙件应力值,N/mm²;

$A_c$——连墙件的净截面面积,mm²;

$A$——连墙件的毛截面面积,mm²;

$N_l$——连墙件轴向力设计值,N;

$N_{lw}$——风荷载产生的连墙件轴向力设计值,按式(4.1.15)计算;

$N_0$——连墙件约束脚手架平面外变形所产生轴向力,单排架取 2 kN,双排架取 3 kN;

$f$——连墙件钢材的强度设计值,N/mm²;

$\varphi$——连墙件的稳定系数。

$$N_{lw} = 1.4 \times W_k \times A_w \qquad (4.1.15)$$

式中　$W_k$——风荷载标准值,N/mm²;

$A_w$——单个连墙件所覆盖的脚手架外侧面的迎风面积,mm。

⑨ 连墙件与脚手架、连墙件与建筑结构连接的连接强度应按下式计算:

$$\gamma_0 N_l \leqslant N_v \qquad (4.1.16)$$

式中　$N_v$——连墙件与脚手架、连墙件与建筑结构连接的抗拉(压)承载力设计值,应根据相应规范规定计算。

当采用钢管扣件做连墙件时,扣件抗滑承载力的验算,应满足下式要求

$$N_l \leqslant R_c \qquad (4.1.17)$$

【例 4.1.1】　某工程双排扣件式钢管落地脚手架计算。本工程为框架结构,层高 3.6 m,共 9 层,现地面(平均建筑标高为 −0.600 m)至女儿墙顶(建筑标高为 34.000 m)总高为 34.600 m。脚手架的设计尺寸为立杆纵距 1.8 m,横距 0.9 m(平铺三排竹串脚手板,每块竹串脚手板宽 250 mm,长 2 500 mm),步距 1.8 m,脚手架限高取 3.6 m。由于脚手架属于临时建筑,脚手架安全等级为三级,$\gamma_0$ 应取 0.9;但出于安全考虑,本题中 $\gamma_0$ 按 1.0 计算。

1. 试确定荷载传递路线。

2. 求横向水平杆强度及变形计算。

3. 求纵向水平杆强度及变形计算。

4. 求连接扣件抗滑承载力计算。

5. 求立杆稳定性计算。

6. 验算连墙件。

7. 立杆地基承载力计算。

**解:1. 荷载传递路线**

竖向荷载:脚手板→横向水平杆→纵向水平杆→纵向水平杆与立杆连接的扣件→立杆→垫板→地基;

水平荷载:立杆→立杆与连墙件的扣件→连墙件→墙体。

2. 横向水平杆强度计算

施工均布活荷载标准值:结构施工阶段按两层作业,每层 3 $kN/m^2$;装修施工阶段按两层作业,每层 2 $kN/m^2$。

竹串脚手板均布荷载标准值:0.35 $kN/m^2$。

满铺脚手板层横向水平杆间距:0.9 m。

① 抗弯强度验算

横向水平杆上的线荷载标准值:$q_k = (3+0.35)\times0.9$ kN/m $= 3.015$ kN/m

横向水平杆上的线荷载设计值:$q = (1.4\times3+1.2\times0.35)\times0.9$ kN/m $= 4.158$ kN/m

考虑活荷载在横向水平杆上的最不利布置,验算弯曲正应力、挠度不计悬挑荷载,但计算支座最大支反力要计入悬挑荷载。

最大弯矩

$$M_{max} = \frac{ql_b^2}{8} = \frac{4.158\times0.9^2}{8} \text{ kN} \cdot \text{m} = 0.421 \text{ kN} \cdot \text{m}$$

$$\sigma = \frac{M_{max}}{W} = \frac{0.421\times10^6}{5.08\times10^3} \text{ N/mm}^2 = 82.87 \text{ N/mm}^2 < 205 \text{ N/mm}^2$$

满足要求。

② 变形验算

按《建筑施工扣件式钢管脚手架安全技术规范》(JGJ 130—2011)中 5.1.8 要求,挠度不应超过 $l/150 = 900/150$ mm $= 6$ mm。

$$v = \frac{5q_k l_b^4}{384EI} = \frac{5\times3.015\times900^4}{384\times2.06\times10^5\times12.19\times10^4} \text{ mm} = 1.03 \text{ mm} < 6 \text{ mm}$$

满足要求。

3. 纵向水平杆强度计算

$a_1$ 取 0.3 m,双排架纵向水平杆按三跨(每跨中部)均有集中活荷载分布计算。

① 抗弯强度验算

由横向水平杆传给纵向水平杆的集中力设计值

$$F = 0.5ql_b\left(1+\frac{a_1}{l_b}\right)^2 = 0.5\times4.158\times0.9\times\left(1+\frac{0.3}{0.9}\right)^2 \text{ kN} = 3.33 \text{ kN}$$

$$M_{max} = 0.175Fl_a = 0.175 \times 3.33 \times 1.8 \text{ kN} \cdot \text{m} = 1.05 \text{ kN} \cdot \text{m}$$

$$\sigma = \frac{M_{max}}{W} = \frac{1.05 \times 10^6}{5.08 \times 10^3} \text{ N/mm}^2 = 206.69 \text{ N/mm}^2 \approx 205 \text{ N/mm}^2$$

满足要求。

② 挠度验算

由横向水平杆传给纵向水平杆的集中力标准值

$$F = 0.5ql_b\left(1 + \frac{a_1}{l_b}\right) = 0.5 \times 3.015 \times 0.9 \times \left(1 + \frac{0.3}{0.9}\right)^2 \text{ kN} = 2.412 \text{ kN}$$

$$v = \frac{1.146F_k l_a^3}{100EI} = \frac{1.146 \times 2.412 \times 10^3 \times 1\,800^3}{100 \times 2.06 \times 10^5 \times 12.19 \times 10^4} \text{ mm} = 6.42 \text{ mm} < 10 \text{ mm}$$

满足要求。

**4. 连接扣件抗滑承载力计算**

直角扣件、旋转扣件抗滑承载力设计值取 $R_c = 8$ kN。

纵向水平杆通过扣件传给立杆竖向力设计值

$$R = 2.15F = 2.15 \times 3.33 \text{ kN} = 7.16 \text{ kN} < 8 \text{ kN}$$

满足要求。

**5. 立杆稳定性计算**

施工均布活荷载标准值按结构阶段两层操作层考虑

$$Q_k = 2 \times 3 \text{ kN/m}^2 = 6 \text{ kN/m}^2$$

竹串脚手板自重标准值按满铺四层考虑

$$\sum Q_{p1} = 4 \times 0.35 \text{ kN/m}^2 = 1.4 \text{ kN/m}^2$$

栏杆、竹串脚手板挡板自重标准值

$$\sum Q_{p2} = 2 \times 0.14 \text{ kN/m} = 0.28 \text{ kN/m}$$

密目安全网自重标准值

$$Q_{p3} = 0.005 \text{ kN/m}^2$$

① 验算长细比

长度系数取 1.5。

长细比 $\lambda = \dfrac{k\mu h}{i}$，验算长细比时，应取 $k = 1$，计算立杆稳定系数时，应取 $k = 1.155$。

$$k = 1 \text{ 时}, \lambda = \frac{k\mu h}{i} = \frac{1 \times 1.5 \times 180}{1.58} = 171 < 210$$

满足要求。

$$k = 1.155 \text{ 时}, \lambda = \frac{k\mu h}{i} = \frac{1.155 \times 1.5 \times 180}{1.58} = 197$$

根据此长细比查规范得稳定系数：$\varphi = 0.186$。

② 计算密目式安全网全封闭脚手架挡风系数

密目式安全网封闭脚手架应考虑风荷载对脚手架的作用。本外架为密目式安全网全封闭架，安全网的网目密度为 2 300 目/100 cm²，每目孔隙面积约为 $A_0 = 1.3 \text{ mm}^2$。

密目安全网挡风系数：$\varphi_1 = 1.2 \times (100 - nA_0)/100 = 1.2 \times \left(100 - 2\,300 \times \dfrac{1.3}{100}\right) \Big/ 100 = 0.841$

敞开式扣件钢管脚手架的挡风系数查《建筑施工扣件式钢管脚手架安全技术规范》（JGJ 130—2011）中附录 A 表 A.0.5：$\varphi_2 = 0.083$。

密目式安全网全封闭脚手架挡风系数

$$\varphi = \varphi_1 + \varphi_2 - \varphi_1 \cdot \varphi_2 / 1.2 = 0.841 + 0.083 - 0.841 \times 0.083 / 1.2 = 0.866$$

③ 计算风荷载设计值对立杆段产生的弯矩

立杆稳定验算部位取脚手架立杆底部。

基本风压：$0.35\ \text{kN/m}^2$

地面粗糙度为 C 类，立杆底部风压高度变化系数：$\mu_z = 0.74$。

风荷载体型系数：$\mu_s = 1.3\varphi = 1.3 \times 0.866 = 1.125\,8$。

立杆底部作用于脚手架上的水平风荷载标准值

$$w_k = 0.7\mu_z \cdot \mu_s \cdot w_0 = 0.7 \times 0.74 \times 1.125\,8 \times 0.35\ \text{kN/m}^2 = 0.204\ \text{kN/m}^2$$

风荷载设计值对立杆段产生的弯矩

$$M_w = \frac{0.85 \times 1.4 w_k l_a h^2}{10} = \frac{0.85 \times 1.4 \times 0.204 \times 1.8 \times 1.8^2}{10}\ \text{kN} \cdot \text{m} = 0.142\ \text{kN} \cdot \text{m}$$

④ 计算组合风荷载时立杆段的轴向力设计值

脚手架结构自重标准值产生的轴向力：$g_k = 0.133\,7\ \text{kN/m}$

查《建筑施工扣件式钢管脚手架安全技术规范》（JGJ 130—2011）中附录 A 得

$$N_{G1k} = H_s g_k = \frac{[H]}{1 - 0.001[H]} g_k = \frac{36}{1 - 0.001 \times 36} \times 0.133\,7\ \text{kN} = 4.99\ \text{kN}$$

构配件（脚手板、栏板、挡脚板、安全网）自重标准值产生的轴向力

$$\begin{aligned}
N_{G2k} &= 0.5(l_b + 0.3) l_a \sum Q_{p1} + \sum Q_{p2} l_a + Q_{p3}[H] \\
&= 0.5 \times (0.9 + 0.3) \times 1.8 \times 1.4\ \text{kN} + 0.28 \times 1.8\ \text{kN} + 0.005 \times 1.8 \times 36\ \text{kN} \\
&= 2.34\ \text{kN}
\end{aligned}$$

施工荷载标准值产生的轴向力

$$\sum N_{Qk} = 0.5(l_b + 0.3) l_a \sum Q_k = 0.5 \times (0.9 + 0.3) \times 1.8 \times 6\ \text{kN} = 6.48\ \text{kN}$$

组合风荷载时立杆段的轴向力设计值

$$\begin{aligned}
N &= 1.2(N_{G1k} + N_{G2k}) + 0.85 \times 1.4 \sum N_{Qk} \\
&= 1.2 \times (4.99 + 2.34)\ \text{kN} + 0.85 \times 1.4 \times 6.48\ \text{kN} = 16.51\ \text{kN}
\end{aligned}$$

⑤ 计算不组合风荷载时立杆段的轴向力设计值

$$\begin{aligned}
N &= 1.2(N_{G1k} + N_{G2k}) + 1.4 \sum N_{Qk} \\
&= 1.2 \times (4.99 + 2.34)\ \text{kN} + 1.4 \times 6.48\ \text{kN} = 17.87\ \text{kN}
\end{aligned}$$

⑥ 立杆稳定性验算

组合风荷载时

$$\frac{N}{\varphi A} + \frac{M_w}{W} = \frac{16.51 \times 10^3}{0.186 \times 489}\ \text{N/mm}^2 + \frac{0.142 \times 10^6}{5.08 \times 10^3}\ \text{N/mm}^2 = 209.47\ \text{N/mm}^2 \approx 205\ \text{N/mm}^2$$

满足要求。

不组合风荷载时

$$\frac{N}{\varphi A} = \frac{17.87 \times 10^3}{0.186 \times 489} \, \text{N/mm}^2 = 196.47 \, \text{N/mm}^2 < 205 \, \text{N/mm}^2$$

满足要求。

6. 连墙件验算

① 扣件连接抗滑承载力验算

连墙件均匀布置,受风荷载作用最大的连墙件应在脚手架的最高部位,按高度 36 m 处考虑,风压高度变化系数 $\mu_z = 1.07$。

连墙件的轴向力设计值

$$N_l = NL_{lw} + N_0 = 1.4 \times 0.295 \times 2 \times 1.8 \times 3 \times 1.8 \, \text{kN} + 3 \, \text{kN} = 11.03 \, \text{kN} < 2R_c = 16 \, \text{kN}$$

连墙杆与外架的连接应采用双扣件,即连墙杆采用直角扣件与脚手架的内、外排立杆均应连接。连墙杆与墙体的连接应采用不少于两只直角扣件扣牢。

② 连墙杆稳定性计算

杆件两端均采用直角扣件连于脚手架及附加在建筑物上的短杠杆上,因此连墙杆的计算长度可取脚手架距墙距离。

即 $l_0 = 0.5 \, \text{m} = 50 \, \text{cm}$,长细比 $\lambda = \dfrac{l_0}{i} = \dfrac{50}{1.58} = 32 < 150$

根据长细比查《建筑施工扣件式钢管脚手架安全技术规范》(JGJ 130—2011)附录 A 表得稳定系数:$\varphi = 0.912$。

$$\frac{N_l}{\varphi A} = \frac{11.03 \times 10^3}{0.912 \times 489} \, \text{N/mm}^2 = 24.73 \, \text{N/mm}^2 < 205 \, \text{N/mm}^2,满足要求。$$

7. 立杆地基承载力的计算

上部结构传至基础顶面的轴向力设计值为 $N = 17.87 \, \text{kN}$。通常设置的型钢垫板宽 0.15 m,作用长度取 1.8 m,基础底面积 $A = 1.8 \times 0.15 \, \text{m}^2 = 0.27 \, \text{m}^2$。地基土为砂、石填土分层夯实,地基承载力标准值取 240 kN/m²。

地基承载力设计值

$$f_g = k_c \cdot f_{gk} = 0.4 \times 240 \, \text{kN/m}^2 = 96 \, \text{kN/m}^2$$

立杆基础地面的平均压力

$$\frac{N}{A} = \frac{17.87}{0.27} \, \text{kN/m}^2 = 66.19 \, \text{kN/m}^2 < 96 \, \text{kN/m}^2,满足要求。$$

 # 4.2　砌筑材料

### 4.2.1　砌块材料

砌块材料分为砖、砌块与石块三大类。

#### 一、砖

1. 烧结普通砖

其规格为 240 mm×115 mm×53 mm(长×宽×高),强度等级可以分为 MU30、MU25、

MU20、MU15、MU10。由黏土、页岩、煤矸石或粉煤灰为主要原料,经过焙烧而成的实心或孔洞率不大于规定值且外形尺寸符合规定的砖。

烧结普通砖分烧结黏土砖、烧结页岩砖、烧结煤矸石砖、烧结粉煤灰砖等。

2. 烧结多孔砖

以黏土、页岩、煤矸石或粉煤灰为主要原料,经焙烧而成、孔洞率不小于25%,砖内孔洞内径不大于22 mm。孔的尺寸小而数量多,主要用于承重部位的砖,简称多孔砖。目前多孔砖分为 P 型(240 mm×115 mm×90 mm)砖和 M 型(190 mm×190 mm×90 mm)砖。

烧结多孔砖的孔洞多与承压面垂直,它的单孔尺寸小,孔洞分布合理,非孔洞部分砖体较密实,具有较高的强度。

3. 烧结空心砖

烧结空心砖是以黏土、页岩、煤矸石等为主要材料,经焙烧而成的空心砖。长度有 240 mm、290 mm,宽度有 140 mm、180 mm、190 mm,高度有 90 mm、115 mm,强度等级分为MU5、MU3、MU2,因而一般用于非承重墙体。

普通烧结砖有自重大、体积小、生产能耗高、施工效率低等缺点,用烧结多孔砖和烧结空心砖代替烧结普通砖,可使建筑物自重减轻 30%左右,节约黏土 20%~30%,节省燃料 10%~20%,墙体施工功效提高 40%,并改善砖的隔热隔声性能。通常在相同的热工性能要求下,用空心砖砌筑的墙体厚度比用实心砖砌筑的墙体减薄半砖左右,所以推广使用多孔砖和空心砖是加快我国墙体材料改革,促进墙体材料工业技术进步的重要措施之一。

烧结多孔砖和烧结空心砖的生产工艺与普通烧结砖相同,但由于坯体有孔洞,增加了成型的难度,因而对原料的可塑性要求很高。

4. 混凝土多孔砖

混凝土多孔砖是以水泥为胶结材料,与砂、石(轻集料)等经加水搅拌、成型和养护而制成的一种具有多排小孔的混凝土制品;是继普通与轻集料混凝土小型空心砌块之后又一个墙体材料新品种。

产品具有生产能耗低、节土利废、施工方便和体轻、强度高、保温效果好、耐久、收缩变形小、外观规整等特点,是一种替代烧结黏土砖的理想材料。

5. 蒸压灰砂砖

蒸压灰砂砖和蒸压粉煤灰砖是以粉煤灰或其他矿渣或灰砂为原料,添加石灰、石膏以及集料,经坯料制备、压制成型、高效蒸汽养护等工艺制成。蒸压砖成套设备包括:搅拌机、消化机、蒸压砖机、轮碾机、蒸压釜等主要设备,及箱式给料机、螺旋输送机、爬斗、集料秤、胶带输送机、养护小车、摆渡车等辅助设备。蒸压砖的抗冻性、耐蚀性、抗压强度等多项性能都优于实心黏土砖的人工石材。砖的规格尺寸与普通实心黏土砖完全一致,为 240 mm×115 mm×53 mm,所以用蒸压砖可以直接代替实心黏土砖,是国家大力发展、应用的新型墙体材料。

二、砌块

砌块高度位于 380~940 mm 之间的称为中型砌块,砌块高度小于 380 mm 称为小型砌块。

1. 混凝土空心砌块(图4.2.1)

混凝土空心砌块包括普通混凝土和轻集料(火山渣、浮石、陶粒)混凝土两类,空心率在25%~50%,主规格尺寸为390 mm×190 mm×190 mm。

2. 加气混凝土块(图4.2.2)

规格:长度为600 mm,高度为200 mm、250 mm、300 mm,厚度为100 mm、150 mm、200 mm、250 mm。

技术性能:密度分为500 kg/m³、600 kg/m³、700 kg/m³三个级别。

图4.2.1  混凝土空心砌块　　　　　　　图4.2.2  加气混凝土块

3. 中型砌块

长度:1 180 mm、880 mm、580 mm、430 mm;高度:380 mm,宽度:240 mm、200 mm、190 mm、180 mm;强度等级:MU10和MU15。

砌块的原材料来源广、品种多,可就地取材、价格便宜。一般有水泥、砂石、天然浮石、凝灰熔岩、人工陶粒以及工业废料(如粉煤灰、煤矸石、高炉矿渣)等。砌块生产工艺简单易行,施工方便,近年来砌块建筑发展迅速,应用广泛。

### 三、石块

砌筑用石有毛石和料石两类,毛石呈块状,其中部厚度不应小于200 mm。

砌筑用料石,按其加工面的平整程度可分为细料石、半细料石、粗料石和毛料石四种。强度等级划分为MU100、MU80、MU60、MU50、MU40、MU30、MU20。

砌筑石材的力学性质除了考虑抗压强度外,根据工程需要,还应考虑它的抗剪强度、冲击韧性等。

### 4.2.2  砌筑砂浆

#### 一、砌筑砂浆的组成材料

1. 胶结料及掺加料

砌筑砂浆常用的胶凝材料有水泥、石灰膏、建筑石膏等。

砌筑砂浆用水泥强度等级根据设计要求进行选择。水泥砂浆采用的水泥,其强度等级不宜大于32.5级;水泥混合砂浆采用的水泥,强度等级不宜大于42.5级。

为改善砂浆和易性,降低水泥用量,往往在水泥砂浆中掺入部分石灰膏、黏土膏或粉煤灰等,这样配制的砂浆称水泥混合砂浆。这些材料不得含有影响砂浆性能的有害物质,含有颗粒或结块时应用 3 mm 的方孔筛过滤。消石灰粉不得直接用于砌筑砂浆中。

2. 细集料

砌筑砂浆用砂宜选用中砂,其中毛石砌体宜选用粗砂。砂的含泥量不超过 5%。强度等级为 M2.5 的水泥混合砂浆,砂的含泥量不应超过 10%。

3. 对外加剂的要求

与混凝土中掺加外加剂一样,为改善砂浆的某些性能,也可加入塑化、早强、防冻、缓凝等作用的外加剂,一般使用无机外加剂,其品种和掺量应经试验确定。

4. 砂浆用水要求与混凝土的要求相同。

二、砌筑砂浆拌合物的技术性质

1. 砂浆的流动性

表示砂浆在自重或外力作用下流动的性能称为砂浆的流动性,也叫稠度。表示砂浆流动性大小的指标是沉入度,它是以砂浆稠度仪测定的,其单位为 mm。影响砂浆流动性的因素有:砂浆的用水量、胶凝材料的种类和用量、集料的粒形和级配、外加剂的性质和掺量、拌和的均匀程度等。

2. 砂浆的保水性

搅拌好的砂浆在运输、停放和使用过程中,阻止水分与固体料之间、细浆体与集料之间相互分离,保持水分的能力称为砂浆的保水性,加入适量的微沫剂或塑化剂,能明显改善砂浆的保水性和流动性。

砂浆的保水性用砂浆分层度仪测定,以分层度(mm)表示。分层度过大,表示砂浆易产生分层离析不利于施工及水泥硬化。砌筑砂浆分层度不应大于 30 mm。分层度过小,容易发生干缩裂缝,故通常砂浆分层度不宜小于 10 mm。

3. 凝结时间

建筑砂浆凝结时间,以贯入阻力达到 0.5 MPa 为评定依据。水泥砂浆不宜超过 8 h,水泥混合砂浆不宜超过 10 h,加入外加剂后应满足设计和施工的要求。

三、砌筑砂浆硬化后的技术性质

1. 强度与强度等级

砂浆以抗压强度作为其强度指标。标准试件尺寸为 70.7 mm 立方体试件一组 6 块,标养至 28 d,测定其抗压强度平均值(MPa)。砌筑砂浆按抗压强度划分为 M20、M15、M10、M7.5、M5.0、M2.5 六个强度等级。砂浆的强度除受砂浆本身的组成材料及配比影响外,还与基层的吸水性能有关。

2. 砌筑砂浆的黏结强度

砌筑砂浆必须有足够的黏结力,才能将砖石黏结为坚固的整体,砂浆黏结力的大小,将影响砌体的抗剪强度、耐久性、稳定性及抗震能力。通常黏结力随砂浆抗压强度的提高而增大,砂浆黏结力还与砌筑材料的表面状态、润湿程度、养护条件等有关。

四、质量要求

强度等级:M2.5、M5、M7.5、M10、M15、M20 共六个等级。

M10 及 M10 以下宜采用水泥混合砂浆:

试模 70.7 mm×70.7 mm×70.7 mm；用直径 10 mm，长 350 mm 钢捣棒；无底试模下铺砖和纸。

五、质量指标：稠度、分层度、强度

1. 稠度（表 4.2.1）

表 4.2.1　砌筑砂浆的稠度　　　　　　　　　　　　　mm

| 砌体种类 | 砂浆稠度 |
| --- | --- |
| 烧结普通砖砌体 | 70~90 |
| 轻集料混凝土小型空心砌块砌体 | 60~90 |
| 烧结多孔砖、空心砖砌体 | 60~80 |
| 烧结普通砖平拱式过梁<br>空斗墙，筒拱<br>普通混凝土小型空心砌块砌体<br>加气混凝土砌块砌体 | 50~70 |
| 石砌体 | 30~50 |

2. 水泥砂浆分层度

水泥砂浆分层度不应大于 30 mm，水泥混合砂浆分层度一般不会超过 20 mm；水泥砂浆最小水泥用量不宜小于 200 kg/m³，如果水泥用量太少不能填充砂子孔隙，稠度、分层度将无法保证。

3. 搅拌

① 对水泥砂浆和水泥混合砂浆，不得小于 120 s；

② 对掺用粉煤灰和外加剂的砂浆，不得小于 180 s。

4. 使用时间要求

水泥砂浆和水泥混合砂浆在 3 h 和 4 h 内使用完，在施工温度超过 30 ℃时在 2 h 和 3 h 内使用完。

## 4.3　砖砌体工程施工

### 4.3.1　砖砌体施工的基本要求

一、材料

（1）砖：品种、强度等级必须符合设计要求，并有出厂合格证、试验单，清水墙的砖应色泽均匀，边角整齐。

（2）水泥：品种及强度等级应根据砌体部位及所处环境条件选择。

（3）砂：用中砂，配制 M5 以下砂浆所用砂的含泥量不超过 10%，M5 及其以上砂浆的砂含泥量不超过 5%，使用前用 5 mm 孔径的筛子过筛。

（4）掺合料：生石灰熟化时间不少于 7d，或采用粉煤灰等。

（5）其他材料：墙体拉结筋及预埋件、木砖应刷防腐剂等。

## 二、主要机具

应备有大铲、刨锛、瓦刀、扇子、托线板、线坠、小白线、卷尺、铁水平尺、皮数杆、小水桶、灰槽、砖夹子、扫帚等。

## 三、作业条件

1. 完成室外及房心回填土，安装好沟盖板。

2. 办完地基、基础工程隐检手续。

3. 按标高抹好水泥砂浆防潮层。

4. 弹好轴线墙身线，根据进场砖的实际规格尺寸，弹出门窗洞口位置线，经验线符合设计要求，办完预检手续。

5. 按设计标高要求立好皮数杆，皮数杆的间距以 15~20 m 为宜。

6. 砂浆由试验室做好试配，准备好砂浆试模（6 块为一组）。

## 四、砖砌体施工准备

砌筑砖砌体时，砖应提前 1~2d 浇水湿润，以免砖过多吸收砂浆中的水分而影响其黏结力，同时也可除去砖面上的粉末。烧结多孔砖的含水率应控制在 10%~15% 之间；灰砂砖、煤渣砖的含水率应控制在 5%~8% 之间。

## 五、砂浆的拌制及使用要求

砂浆现场拌制时，各组分材料应采用重量计量。砂浆材料配合比不准确，是砂浆达不到设计强度等级和砂浆强度离散性大的主要原因。按体积计量，水泥因操作方法不同其密度变化范围为 980~1 200 kg/m³；砂因含水量不同其密度变化幅度可达 20% 以上，如在施工现场这种差异将更大。因此，砂浆现场拌制时，各组分材料应采用重量计量，以确保砂浆的强度和均匀性。

砌筑砂浆应采用机械搅拌，自投料完算起，搅拌时间应符合下列规定：

（1）水泥砂浆和水泥混合砂浆不得少于 2 min；

（2）水泥粉煤灰砂浆和掺用外加剂的砂浆不得少于 3 min；

（3）掺用有机塑化剂的砂浆，应为 3~5 min。

为了降低劳动强度和克服人工拌制砂浆不易搅拌均匀的缺点，规定砂浆应采用机械搅拌。同时，为使物料充分拌和，保证砂浆拌和质量，对不同砂浆品种分别规定了搅拌时间的要求。

砂浆应随拌随用，水泥砂浆和水泥混合砂浆应分别在 3 h 和 4 h 内使用完毕；当施工期间最高气温超过 30 ℃时，应分别在拌成后 2 h 和 3 h 内使用完毕。对掺用缓凝剂的砂浆，其使用时间可根据具体情况延长。在一般气温情况下，水泥砂浆和混合砂浆在 2 h 和 3 h 内使用完，砂浆强度降低一般不超过 20%。

### 4.3.2 砖砌体施工工艺

#### 一、砖基础施工

1. 砖基础构造

砖基础下部通常放大，称为大放脚。大放脚有等高式和不等高式（间隔式）两种

（图 4.3.1）。等高式大放脚是两皮一收,即每砌 2 皮砖,两边各收进 1/4 砖长,再砌一皮砖,收进 1/4 砖长,如此往复。在相同底宽的情况下,后者可减小基础高度,但为保证基础的强度,低层需要两皮一收砌筑。大放脚的底宽应根据计算而定,各层大放脚的宽度应为半砖长的整倍数(包括灰缝)。

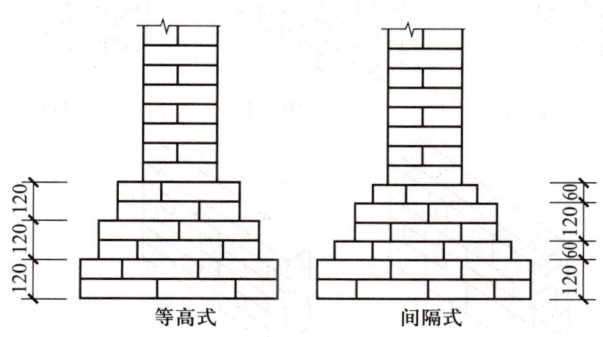

图 4.3.1　基础大放脚

在大放脚下面为基础地基,地基一般用灰土、碎砖三合土或混凝土等。在墙基顶面应设防潮层,宜用 1∶2.5 水泥砂浆加适用的防水剂铺设,其厚度一般为 20 mm,位置在底层室内地面以下一皮砖处,即离底层室内地面下 60 mm 处。

2. 砖基础施工要求

① 砌筑前,应将地基表面的浮土及垃圾清除干净。

② 基础施工前,应在主要轴线部位设置引桩,以控制基础、墙身的轴线位置,并从中引出墙身轴线而后向两边放出大放脚的底边线在地基转角交接及高低踏步处预先立好皮数杆。

③ 依皮数杆先在转角及交接处砌几皮砖,然后拉准线砌中间部分。内外墙砖基础同时砌起,如不能同时砌筑时应留置斜槎,斜槎长度不小于斜槎高度。

④ 基础底标高不同时,应从低处起,并由高处向低处搭接。如设计无要求,搭接长度不应小于大放脚的高度。

⑤ 大放脚部分一般采用一顺一丁砌筑形式。水平灰缝的宽度应控制在 10 mm 左右,水平灰缝的砂浆饱满度不得小于 80%,竖缝要错开。要注意丁字接头处砖块的搭接,在这些交接处,在纵横墙要隔皮砌通。大放脚的最下一皮及每层的最上一皮应以丁砌为主。

⑥ 基础验收合格后,及时回填。回填土要在基础两侧同时进行,并分层夯实。

3. 砖基础施工工艺

拌制砂浆 → 确定组砌方法 → 排砖撂底 → 砌筑 → 抹防潮层 。

## 二、砖墙砌筑

1. 砌筑形式

普通砖墙的砌筑形式有五种:即一顺一丁、三顺一丁、梅花丁、两平一侧和全顺式,如图 4.3.2 所示。

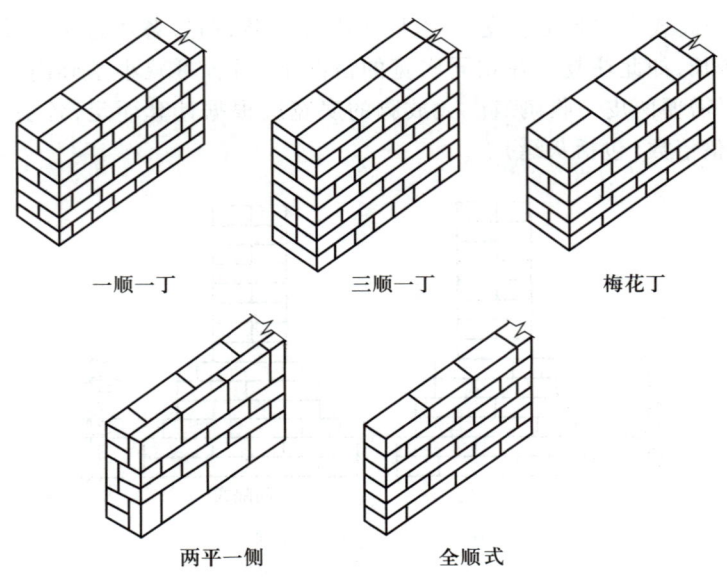

图 4.3.2 砖墙组砌形式

① 一顺一丁：一顺一丁是一皮全部顺砖与一皮全部丁砖间隔砌成。上下皮竖缝相互错开 1/4 砖长，这种砌法效益较高，适用于丁砌一砖、一砖半及二砖墙。

② 三顺一丁：三顺一丁是三皮全部顺砖与一皮全部丁砖间隔砌成，上下皮顺砖间竖缝相互错开 1/2 砖长；上下皮顺砖与丁砖间竖缝错开 1/4 砖长，这种砌法因顺砖较多效益较高，适用于砌一砖、一砖半墙。

③ 梅花丁：梅花丁是每皮中丁砖与顺砖相隔，上皮丁砖坐中于下皮顺砖，上下皮间竖缝相互错开 1/4 砖长，这种砌法内外竖缝每皮都能避开，故整体性能好，灰缝整齐，比较美观，但砌筑效率较低，适用于砌一砖及一砖半墙。

④ 两平一侧：两平一侧采用两皮平砌的顺砖旁砌一皮侧砖，当墙厚为 3/4 砖时，平砌砖均为顺砖，上下皮平砌顺砖间竖缝相互错开 1/2 砖长；上下皮平砖顺砖与侧砌均为顺砖的 1/2 砖长；当墙厚为 1/4 砖长时，上下皮平砌顺砖与侧砌顺砖间竖缝相互错开 1/2 砖长；上下皮平砌丁砖与侧砌顺砌砖间竖缝相互错开 1/4 砖长。这种形式适用于砌筑 3/4 砖墙及 1/4 砖墙。

⑤ 全顺式：全顺式是所有砖均为顺砖，上下皮竖缝错开 1/2 砖长，这种形式适用于砌半砖墙。

2. 砖墙砌筑工艺

抄平 → 放线 → 摆砖 → 立皮数杆 → 盘角 → 挂线 → 砌筑 → 勾缝 → 清理。

① 抄平、放线

砌墙前先放在基础防潮层或楼面上定出各层标高，并用水泥砂浆或 C10 细石混凝土找平，然后根据龙门板上标志的轴线，弹出墙身轴线、边线及门窗洞口位置。二楼以上墙的轴线可以用经纬仪或垂球将轴线引测上去。

② 摆砖

摆砖,如图 4.3.3 所示,又称摆脚,是指在放线的基面上按选定的组砌方式用于砖试摆。目的是校对所放出的墨线在门窗洞口、墙垛等处是否符合砖的模数,做到尽可能减少砍砖,并使砌体灰缝均匀,组砌得当。一般在房屋外纵墙方向摆顺砖,在山墙方向由一个大角摆到另一个大角,砖与砖之间留 10 mm 缝隙。

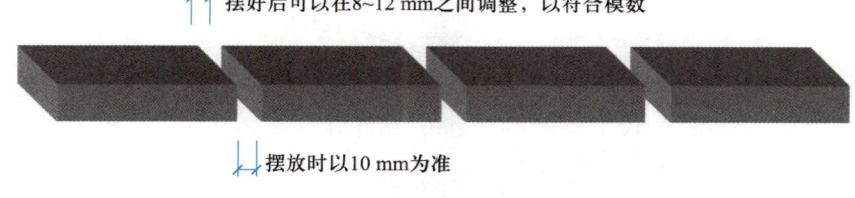

图 4.3.3　摆砖

③ 立皮数杆

皮数杆(图 4.3.4)是指在其上划有每皮砖和灰缝厚度,以及门窗洞口、过梁、楼板等高度位置的一种木制标杆。砌筑时用来控制墙体竖向标高,并保证灰缝厚度的均匀性。

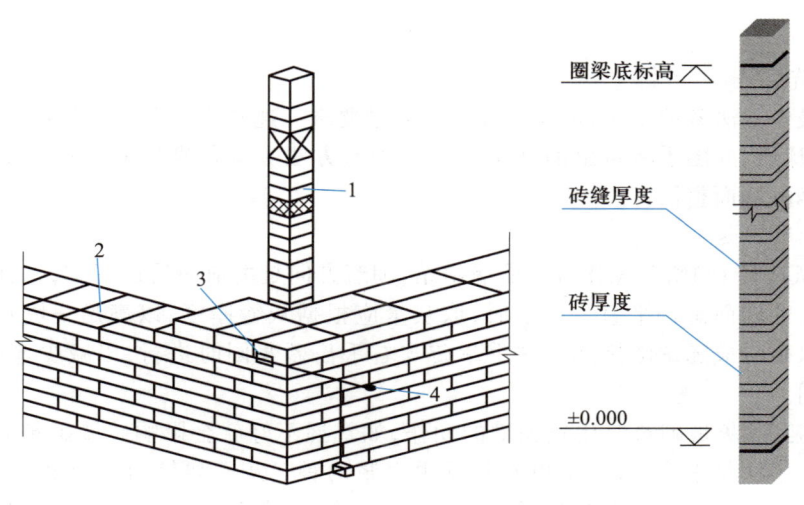

1—皮数杆;2—准线;3—竹片;4—铁钉。

图 4.3.4　立皮数杆

皮数杆一般设置在房屋四大角以及纵横墙的交接处,划皮数杆时应从 ±0.000 开始。从 ±0.000 向下到基础垫层以上为基础部分皮数杆,±0.000 以上为墙身皮数杆。楼房如每层高度相同时划到二层楼地面标高为止,平房划到前后檐口为止。划完后在杆上以每五皮砖为级数,标上砖的皮数,如 5、10、15 等,并标明各种构件和洞口的标高位置及其大致图例。墙上的线放完之后,根据瓦工砌砖的需要在一些部位钉立皮数杆,皮数杆应立在墙的转角,内外墙交接处、楼梯间及墙面变化较多的部位。如墙面过长时,应每隔 10 ~ 15 m 立一根。立皮数杆时可用水准仪测定标高,使各皮数杆立在同一标高上。在砌筑前,应先检查皮数杆上 ±0.000 与抄平桩上的 ±0.000 是否符合。

④ 盘角、挂线

墙角是控制墙面横平竖直的主要依据,所以,一般砌筑时应先砌墙角,墙角砖砌高度必须与皮数杆相符合,做到三皮一吊,五皮一靠。墙角必须双向垂直。

墙角砌好后,挂小线,作为砌筑中间墙体的依据,以保证墙面平整,一般一砖墙、一砖半墙可用单挂线,如图4.3.5所示。一砖半墙以上应双面挂线。

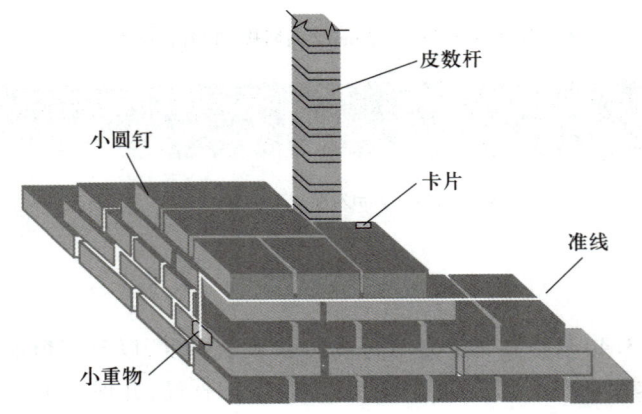

图4.3.5　盘角、挂线示意图

⑤ 砌筑

砌筑操作方法各地不一,但应保证砌筑质量要求。通常用"三一砌砖法",即一块砖、一铲灰、一揉压,并随手将挤出的砂浆刮去的砌筑方法。这种砌法的优点是灰缝容易饱满、黏结力好,墙面整洁。

其操作顺序是:

a. 铲灰取砖:砌墙时操作者应顺墙斜站,砌筑方向是由前向后退着砌;这样易于随时检查已砌好的墙面是否平直。铲灰时,取灰量应根据灰缝厚度,以满足一块砖的需要量为标准。取砖时应随拿随挑选。左手拿砖与右手舀砂浆同时进行,以减少弯腰次数,争取砌筑时间。

b. 铺灰:铺灰是砌筑时比较关键的动作,如掌握不好就会影响砖墙砌筑质量。一般常用的铺浆手法是甩浆,有正手甩浆和反手甩浆两种。灰不要铺得超过砖长太多,长度约比一块砖稍长1~2 cm,宽约8~9 cm,灰口要缩进外墙2 cm。铺好的灰不要用铲来回扒,避免造成水平灰缝不饱满。

c. 揉挤:灰浆铺好后,左手拿砖在离已砌好的砖约3~4 cm处,开始平放并稍稍蹭着灰面,把灰浆刮起一点到砖顶头的竖缝里,然后把砖揉一揉,用大铲把挤出墙面的灰刮起来,甩到竖缝里,揉砖时,眼要上看线,下看墙面。揉砖的目的是使砂浆饱满。砂浆铺的薄,要轻揉,砂浆铺得厚,揉时应施加一定力度。

三一砌砖法能保证砌筑质量。在挤砌时随手刮去挤出墙面的砂浆,使墙面保持清洁。但这种操作法一般都是单人操作,操作过程中取砖、铲灰、铺灰、转身、弯腰的动作较多,劳动强度大且耗费时间,影响砌筑效率。

⑥ 勾缝

勾缝是砌清水墙的最后一道工序,可以用砂浆随砌随勾缝,叫做原浆勾缝;也可砌完墙后再用 1∶1.5 水泥砂浆或加色砂浆勾缝,成为加勾缝。勾缝具有保护墙面和增加墙面美观的作用,为了确保勾缝的质量,勾缝前应清除墙面黏结的砂浆和杂物,并洒水润湿,在砌完墙后,应画出 1 cm 的水槽,灰缝可勾成凹、平、斜或凸形状(图 4.3.6),勾缝完后尚应清扫墙面。

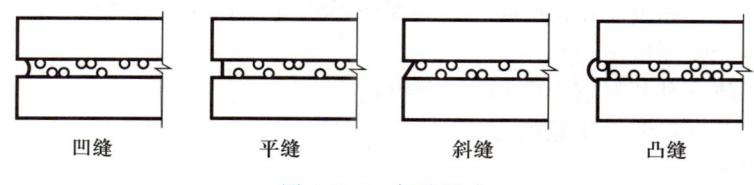

| 凹缝 | 平缝 | 斜缝 | 凸缝 |

图 4.3.6　勾缝形式

⑦ 临时间断的留置

砖墙的转角处和交接处应同时砌筑,对不能同时砌筑而必修留槎时,应砌成斜槎,斜槎高度不超过一步脚手架的高度;普通砖斜槎长度不小于高度的 2/3;多孔砖斜槎长度不小于高度的 1/2(图 4.3.7)。非抗震设防及抗震设防烈度为 6 度、7 度地区的临时间断处,当不能留斜槎时,除转角处外,可留直槎,但必须做成凸槎,并加设拉结钢筋。拉结钢筋的数量为每 120 mm 厚墙放置 1 根直径 6 mm 拉结钢筋,240 mm 厚墙放置 2 根 6 mm 拉结钢筋,间距沿墙高不应超过 500 mm,埋入长度从留槎处算起每边均不小于 500 mm,对抗震设防烈度为 6 度、7 度的地区,不应小于 1 000 mm,末端应有 90 度的弯钩(图 4.3.8)。

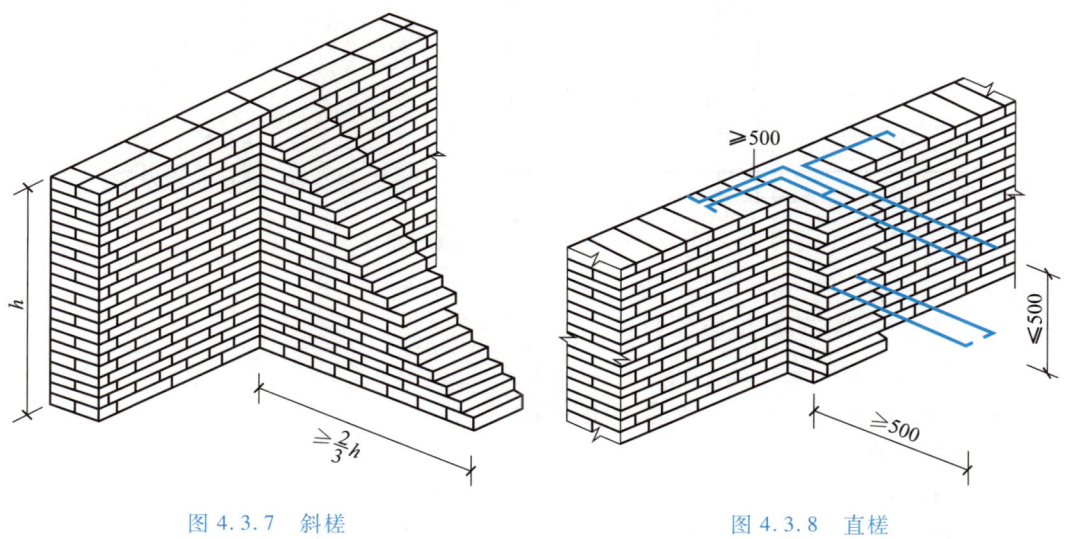

图 4.3.7　斜槎　　　　　　　　　　图 4.3.8　直槎

⑧ 施工洞口的留设

洞口侧边距丁字相交的墙面不小于 500 mm,洞口净宽度不应超过 1 m,而且洞顶宜设置过梁。对设计规定的设备管道、沟槽、脚手眼和预埋件,应在砌筑墙体时预留和预埋,不得事后随意打凿墙体。抗震设防烈度为 9 度的地区建筑物的临时施工洞口位置,应会同设计单位确定,临时施工洞口应做好补砌。

不得在下列墙体或部位设置脚手眼：

1. 120 mm 厚墙、清水墙、料石墙、独立柱和附墙柱；

2. 过梁上与过梁成 60°角的三角形范围及过梁净跨度 1/2 的高度范围内；

3. 宽度小于 1 m 的窗间墙；

4. 门窗洞口两侧石砌体 300 mm，其他砌体 200 mm 范围内；转角处石砌体 600 mm，其他砌体 450 mm 范围内；

5. 梁或梁垫下及其左右 500 mm 范围内；

6. 设计不允许设置脚手眼的部位；

7. 轻质墙体。

8. 夹心复合墙外叶墙。

墙体与构造柱连接处应砌成马牙槎，马牙槎的高度不宜超过 300 mm，沿墙高每 500 mm 设置 2φ6 水平拉结钢筋，每边伸入墙内不宜小于 1 m，如图 4.3.9 所示。

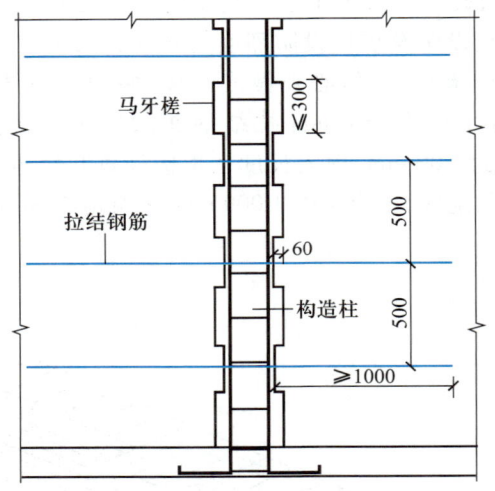

图 4.3.9 构造柱砌成马牙槎布置

### 4.3.3 砖砌体的施工质量要求

一、砖砌体的质量要求

横平竖直，砂浆饱满，上下错缝，接槎可靠。

1. 横平竖直

砖砌体的抗压性能好，而抗剪性能差。为使砌体均匀受压，不产生剪切水平推力，砌体灰缝应保证横平竖直，否则，在竖向荷载作用下，沿砂浆与砖块结合面会产生剪应力。竖向灰缝必须垂直对齐，对不齐而错位，称游丁走缝，会影响墙体外观质量。

2. 砂浆饱满

为保证砖块均匀受力并使砌块紧密结合，要求水平灰缝砂浆饱满，厚薄均匀，否则砖块受力后易弯曲而断裂。水平灰缝的砂浆饱满度不得小于 80%；竖向灰缝不得出现透明缝、瞎缝和假缝。

## 3. 上下错缝

为了提高砌体的整体性、稳定性和承载力,砌块排列的原则应遵循内外搭砌、上下错缝的原则,避免出现连续的垂直通缝。错缝搭接的长度一般不应小于 60 mm,同时还要考虑到砌筑方便和少砍砖。

## 4. 接槎可靠

接槎是指先砌砌体和后砌砌体之间的接合方式。接槎方式合理与否,对砌体质量和建筑物的整体性有极大的影响,特别在地震区将会影响到建筑物的抗震能力。砖墙转角处和交接处应同时砌筑,严禁无可靠措施的内外墙分砌施工。

### 二、砖砌体的砌筑要求

1. 成排砖柱应拉通线砌筑。

2. 砖柱上不得留脚手眼。

3. 每日砌筑高度不宜超过 1.8 m。

4. 带壁柱应与墙身同砌筑,轴线应准确,成排带壁柱应在外边缘拉通线砌筑。

### 三、检查工具

1. 靠尺;

2. 线垂:多用铅制成,或铁质镀铬;

3. 直角方尺:用硬木、金属或塑料制成;

4. 楔形尺:斜面上每 1 cm 刻度代表尺厚 1 mm;

5. 百格网:用细铁丝(现多用透明有机玻璃)制成,大小为 240 mm×115 mm,内分 100 个格子;

6. 钢卷尺;

7. 小百线:现多作成卷尺状;

8. 经纬仪。

### 四、砂浆饱满度检查

工具:百格网。

砖砌体灰缝中的砂浆与砖的有效黏结程度,以砖与砂浆的接触面面积和砂浆在砖面上有效黏结的面积的百分比表示。检查方法:拆下墙中的砖,底面朝上,放上百格网,数出砖上粘有砂浆的格子数,取三块砖的平均值,80 以上为合格。

百格网是一块透明的网格片,长宽与标准砖的尺寸一致,上面长方向和宽方向平均划分十等份的格子,总数刚好是一百格所以称为"百格网"。图 4.3.10 为百格网砂浆饱满度检查方法。

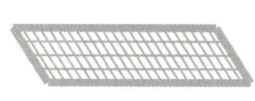

百格网

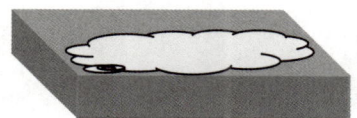

掀开砖,剔除砂浆,底面朝上

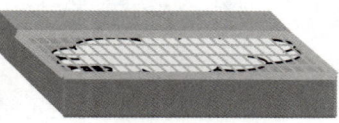

百格网与砖缘对齐,数没有砂浆的空格,允许割补

图 4.3.10 百格网砂浆饱满度检查

### 五、垂直度检查

工具:2 m 靠尺、线垂。

方法:将线垂挂在靠尺上端小缝内,靠尺的一侧垂直靠在被检查的墙上,尺面略向前后能自由摆动,线垂静止后读数。

要求:偏差≤5 mm。

### 六、墙面平整度检查

工具:2 m 靠尺、楔形尺。

方法:先将靠尺的一侧紧贴墙面,尺身处于倾斜位置,将楔形尺的薄端塞入靠尺与墙面的最大空隙处,读出楔形尺上的厘米数,即为墙面平整度误差的毫米数。

要求:混水墙≤8 mm,清水墙≤5 mm。

### 七、施工中的质量问题

1. 基础墙与上部墙错台:基础砖撂底要正确,收退大放角两边要相等,退到墙身之前要检查轴线和边线是否正确,如偏差较小可在基础部位纠正,不得在防潮层以上退台或出沿。

2. 清水墙游丁走缝:排砖时必须把立缝排匀,砌完一步架高度,每隔 2 m 间距在丁砖立楞处用托线板吊直弹线,二步架往上继续吊直弹粉线,由底柱上所有七分头的长度应保持一致,上层分窗口位置时必同下窗口保持垂直。

3. 灰缝大小不匀:立皮数杆要保证标高一致,盘角时灰缝要掌握均匀,砌砖时小线要拉紧,防止一层线松,一层线紧。

4. 砖墙鼓胀:外砖内模墙体砌筑时,在窗间墙上、抗震柱两边分上、中、下留出 6 cm×12 cm 通孔,在抗震柱外墙面上垫木模板,用花篮螺栓与大模板连接牢固。混凝土要分层浇筑,振动器不可直接触及外墙,楼层圈梁外三皮 12 cm 砖墙也应认真加固。如在振捣时发现砖墙已鼓胀,则应及时拆掉重砌。

5. 混水墙粗糙:舌头灰未刮尽,半头砖集中使用,造成通缝;一砖厚墙背面偏差较大;砖墙错层造成螺丝墙。半头砖应分散使用在墙体较大的面上。首层或楼层的第一皮砖要查对皮数杆的标高及层高,防止到顶砌成螺丝墙。

6. 构造柱处砌筑不符合要求:构造柱砖墙应砌成大马牙槎,设置好拉结钢筋,从柱脚开始两侧都应先退后进,当凿深 12 cm 时,宜上口一皮进 6 cm,再上一皮进 12 cm,以保证混凝土浇筑时上角密实,构造柱内的落地灰、砖渣杂物清理干净。

# 4.4  砌块砌体施工

### 4.4.1  混凝土小型空心砌块砌体施工

#### 一、施工准备

(一)作业条件

校核房屋的放线尺寸,并弹出墙体的皮线(墙厚按 190 mm 计算)和门、窗等洞口的位置线,并做完预检记录。

（二）墙体排块图绘制

1.施工前应按建筑设计图,砌体特点,块型尺寸,楼层标高,芯柱数量及位置,梁、柱、门窗位置等按轴线绘制出每道墙体的砌块排列立面图。

2.排块时以主规格(390×190×190)小砌块为主。

3.排块时应对孔错缝搭接排列,局部不能对孔砌筑时,小砌块的搭接长度 ≥190 mm。

4.排块时水平灰缝和竖向灰缝均按 10 mm 考虑。

5.排块时,砌块墙体的厚度应按砌块实宽考虑即墙厚为 190 mm。

6.外墙转角处,纵横墙交接处,小砌块必须分皮咬槎交错搭砌排列。

7.芯柱位置处的砌体小砌块孔洞必须上下贯通,其中楼地面处第一皮及钢筋搭接处应用预留清洁孔和绑扎孔洞,孔洞尺寸为 100 mm×100 mm。

8.排块图应标明水、电预埋管线进出墙面的位置,以及专业预留洞口。

9.复核标高,并填写预检记录。

10.第一皮砌块底标高通线检查,水平灰缝超过 20 mm,用细石混凝土找平。

11.砂浆试模和混凝土试模已准备好。

12.砂浆配比单、混凝土配比单已由实验室确定。

（三）材料准备

砌块:品种、规格、强度等级必须符合要求,有出厂合格证,外观质量检查合格,强度复试合格。砌块分型号码放,码放高度不大于 1.6 m;砌块与地面之间设垫木,且有防雨措施。

（四）主要机具

台式混凝土切割机、混凝土切割机、皮灰斗、振捣器、强制式混凝土搅拌机、橡胶锤、磅秤、手推车、筛子、皮数杆。

同其他新型墙体材料相比,混凝土砌块具有独特的性能,混凝土砌块是一种承重砌块,可以作为建筑物的承重结构。其主要特点是在砌块墙中设置芯柱(所谓芯柱即是在砌块孔中插入钢筋并浇筑混凝土),且插筋的位置、数量及浇筑孔的数目可以根据实际需要随意变化。砌块建筑作为一种结构形式,其优越性表现在许多方面,主要表现在:抗震性能较为突出;施工技术简便、速度快;建筑造价较低。

二、施工工艺及施工要点

（一）施工工艺

弹出墙体皮线 → 校正芯柱钢筋位置、砌块预排 → 砂浆拌制 → 砌筑 → 清除坠灰 → 勾缝 → 墙体验收 → 芯柱施工 。

（二）施工要点

1.弹出墙体皮线

在砌筑前,首先根据轴线的位置弹出墙体的两条皮线和门窗洞口的位置线,弹线时应结合建筑施工图和排块图,两条皮线间净距应为 190 mm。

2.校正芯柱钢筋位置、砌块预排

在开始正式砌筑以前,先校正芯柱钢筋位置,必须按照砌块排列图的块型排列次序沿墙体皮线摆设第一皮砌块。排放时，应从外墙转角处及纵横墙交接处开始摆放，在第一皮砌块全部摆放到位并检查无误后，再开始正式砌筑。

3. 砂浆拌制

按设计要求的砂浆品种、强度等级制配砂浆，按试验室确定的配比单进行砂浆的配制，配制砂浆时，各种材料均采用重量比，采用强制式搅拌机搅拌，拌制砂浆时先加细集料，掺合料和水泥干拌 1 min，加水湿拌 1 min，再加入外加剂搅拌 2 min，砂浆的稠度控制在 50~80 mm。

4. 砌筑

清理干净基础表面的污物、泥土，按照砌块排列图从转角处开始砌筑，砌筑时内外墙体同时砌筑，纵横墙交错搭接，不留直搓。墙体临时间断处应砌成斜搓。墙体砌筑时，沿墙高每 600 mm（三皮砌块）设一道 Φ4 拉结钢筋网片。网片必须设置于灰缝和芯柱内，纵横墙交圈设置，不得错放和漏放。网片在墙体临时间断处的外露部分不得弯折，网片的搭接长度大于 120 mm（图 4.4.1）。

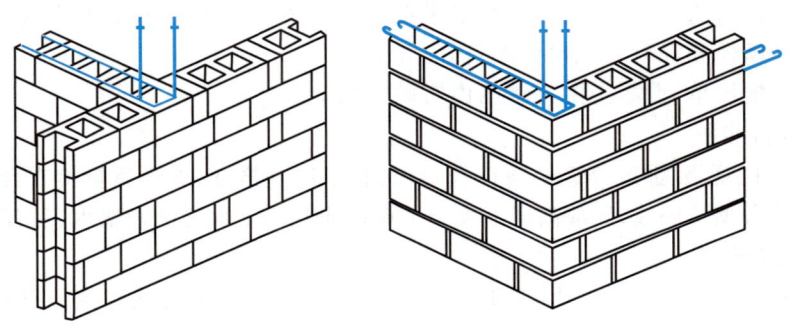

图 4.4.1　拉结网片布置

砌筑遵循反砌原则，砌筑灰缝应横平竖直，水平灰缝用坐浆法铺浆，铺浆长度≤450 mm，铺浆时只在砌块的两侧肋上铺浆。竖向灰缝采用平铺端面砂浆法，即将小砌块端面朝上，在灰口铺满砂浆，然后挤紧，用橡皮榔头敲实，砸平。墙体水平灰缝砂浆饱满度控制在 90% 以上、竖向灰缝砂浆饱满度控制在 80% 以上。

砌体水平灰缝的厚度和垂直灰缝的宽度应控制在 8~12 mm。砌块施工时应搭设双排脚手架作业，避免在墙体内设置脚手眼。

5. 清除坠灰

在墙体砌筑过程中，芯柱处以及±0.000 以下结构墙体孔洞中的坠灰应随砌随清，以保证芯柱孔洞上下贯通和芯柱的截面尺寸。

6. 勾缝

墙体砌筑时，应随砌随勾缝，勾缝应以原浆勾缝，深度≤3 mm，灰缝平整密实，不得出现瞎缝、透缝。

7. 墙体验收

每道墙体砌筑完以后，在浇筑芯柱混凝土以前，对墙体的标高轴线尺寸，平整度、垂直度、灰缝的饱满度，芯柱孔洞内清理等进行检查验收，合格后方可进行下道工序施工。

**8．芯柱施工**

基础或基础圈梁施工时,留置芯柱预埋筋,芯柱钢筋位置确定如图 4.4.2 所示。

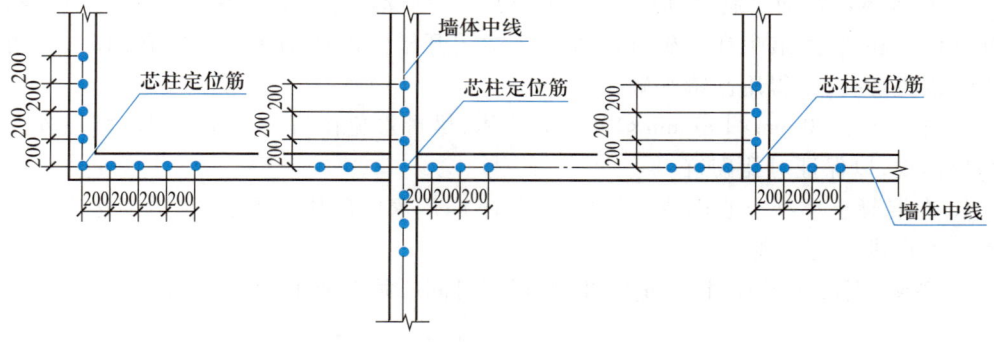

图 4.4.2　拉结网片示意图

（1）校正芯柱钢筋:在每层墙体砌筑之前校正芯柱钢筋的位置。

（2）芯柱插筋:在墙体验收合格后,开始进行芯柱插筋并绑扎,每个楼层的芯柱钢筋应采用整根钢筋,上下楼层间的钢筋可在圈梁上部搭接,搭接长度不小于 40$d$。芯柱钢筋应从预留清扫孔和预留绑扎孔处绑扎或焊接。

（3）混凝土施工前必须清除芯柱孔内的杂物和凸出的砂浆,并用水将芯柱孔冲洗干净;验收完毕后封堵芯柱底部清扫孔和绑扎孔。

（4）芯柱混凝土的坍落度不小于 180～220 mm。

（5）采用强制式搅拌机,搅拌时先加粗细集料、掺合料、水泥干拌 1 min,再加水湿拌 1 min,最后加外加剂搅拌,总的搅拌时间不少于 5 min。

（6）每楼层每根芯柱的混凝土应分段连续浇灌,边浇灌边振捣密实,严禁浇灌一个楼层后再振捣,浇灌后芯柱面应低于最上一皮混凝土砌块表面 30～50 mm。

（7）用砌块砌筑的基础,全部芯孔必须灌注混凝土。

**三、冬期施工**

1．不得使用水浸后受冻的砌块,砌筑前应清除冰雪等冻结物;小砌块冬期施工不得采用冻结法施工。

2．砌筑砂浆采用普通硅酸盐水泥拌制;砂内不得含有冰块和直径大于 100 mm 的冻块;不得使用受冻石灰膏;拌和砂浆时水温不得超过 80 ℃;外加剂掺量经试配确定,不得随意变更掺量。

3．日气温不低于-15 ℃时施工,砌筑砂浆的强度等级应比设计强度提高一级;气温低于-15 ℃时,不得进行砌块砌体施工。

4．每日砌筑后,应使用保温材料覆盖新砌筑的砌体。

5．解冻期间应对砌体进行观察,当发现裂缝,不均匀沉降等情况时,应分析原因并采取措施。

6．芯柱、圈梁等混凝土工程冬期施工应符合现行国家标准《混凝土结构工程施工质量验收规范》（GB 50204—2015）冬期施工要求。

## 四、施工注意事项

1. 工程技术人员应持证上岗。

2. 在墙体排块图绘制时,应充分与水、暖、电专业沟通,确定出各个部位的预留洞、预埋件的位置和尺寸,避免在已砌好的墙体上凿洞开槽。需在砌块上预留孔洞时,应用混凝土切割机切孔,不得用刨锛等砸孔。

3. 排块时,190 mm×190 mm×190 mm 块体,尽量避免在门、窗、预留洞侧壁以外的其他部位出现,以保证对孔砌筑。

4. 在混凝土小型空心砌块砌体施工时,不同厂家的砌块不得混用,龄期达不到要求的砌块不得进入施工现场。

5. 砂浆、混凝土搅拌时,计量应准确,搅拌时间应符合要求,如表 4.4.1 所示。

表 4.4.1 原材料计量允许偏差表

| 原材料品种 | | 水泥 | 砂 | 石 | 水 | 外加剂 | 掺合料 |
|---|---|---|---|---|---|---|---|
| 混凝土 | 允许偏差/% | ±2 | ±3 | ±2 | ±2 | ±2 | ±2 |
| 砂浆 | | ±2 | ±3 | — | ±2 | ±2 | ±2 |

6. 立皮数杆时,应保证皮数杆的标高一致,确保水平灰缝大小均匀。

7. 在圈梁施工时,应用 16 目/cm² 金属纱网覆盖非芯柱孔洞,以免因混凝土灌入而增加砌体荷载。

8. 芯柱混凝土应在砌完一个楼层高度的墙体后,而且砌筑砂浆强度平均值 ≥1.0 MPa 时,方可浇灌。

9. 芯柱施工中,应设专人检查混凝土灌入量,认可以后,方可继续施工。

10. 芯柱内的坠灰必须清扫干净。

11. 芯柱混凝土施工时,不得摇晃芯柱钢筋。

12. 砌块进入施工现场后应分型号码放,码放高度≤1.6 m。

13. 砌块不应贴地堆放,且应采取防雨措施,严格控制相对含水率大于40%的砌块上墙。

14. 砌体相邻工作段的高度差不得大于一个楼层或 4 m。

15. 常温条件下的日砌筑高度不大于1.8 m。

16. 砌块施工时不得给砌块浇水,气温过高可用喷雾器喷水润湿砌块表面。

## 五、质量标准

(一)主控项目

使用的小型砌块和原材料,其技术性能、强度、品种必须符合实际要求,并有出厂合格证,规定试验项目必须符合标准。

砂浆的品种、强度等级必须达到设计要求。砌筑砂浆的验收批,同一类型、强度等级的砂浆试块应不少于3组。同一验收批砂浆试块抗压强度平均值必须大于或等于设计强度等级所对应的立方体抗压强度,同一验收批砂浆试块抗压强度的最小一组平均值必须大于或等于设计强度等级所对应的立方体抗压强度的 0.75 倍;当同一验收批小于3组试块,每组试块抗压强度的平均值必须大于或等于设计强度等级所对应的立方体抗压强度。

砌体芯柱混凝土、钢筋的品种、规格和数量应符合设计要求。

砌体水平灰缝和竖向灰缝的砂浆饱满度,按净面积计算不得低于90%,临时间断处应砌成斜槎,斜槎水平投影长度不应小于斜槎高度,不得出现瞎缝、透明缝。

墙体转角处和纵横墙交接处应同时砌筑。临时间断处应砌成斜槎,斜槎水平投影长度不应小于高度的2/3,斜槎高度不得大于1.5 m。

小砌块砌体的位置及垂直度允许偏差如表4.4.2所示。

表 4.4.2　小砌块砌体的位置及垂直度允许偏差和检验方法

| 项次 | 项目 | | | 允许偏差/mm | 检验方法 |
|---|---|---|---|---|---|
| 1 | 轴线位置偏移 | | | 10 | 用经纬仪、拉线和尺量检查 |
| 2 | 垂直度 | 每层 | | 5 | 用2 m托线板检查 |
| | | 全高 | ≤10 m | 10 | 用经纬仪、吊线和尺量检查 |
| | | | >10 m | 20 | |

（二）一般项目

砌筑错缝应符合规定,不得出现竖向通缝,错缝尺寸应符合本规范规定。砌筑砂浆应密实,砌块应平顺,不得出现破槎、松动。

拉结钢筋、钢筋网片规格、根数、间距、位置、长度应符合设计要求。

小砌块砌体的一般尺寸允许偏差如表4.4.3所示。

表 4.4.3　混凝土砌块砌体的允许偏差和检验方法

| 项次 | 项目 | | | 允许偏差/mm | 检验方法 |
|---|---|---|---|---|---|
| 1 | 轴线偏移 | | | 10 | 用经纬仪或拉线和尺量检查 |
| 2 | 基础和墙砌体顶面标高 | | | ±15 | 用水准仪和尺量检查 |
| 3 | 垂直度 | 每层 | | 5 | 用线锤和2 m托线板检查 |
| | | 全高 | ≤10 m | 10 | 用经纬仪或重锤挂线和尺量检查 |
| | | | >10 m | 20 | |
| 4 | 表面平整度 | 清水墙 | | 3 | 用2 m靠尺和塞尺检查 |
| | | 混水墙 | | 5 | |
| 5 | 水平灰缝平直度 | 清水墙10 m以内 | | 7 | 用10 m拉线和塞尺检查 |
| | | 混水墙10 m以内 | | 10 | |
| 6 | 水平灰缝厚度（连续五皮砌块累计） | | | ±10 | 与皮数杆比较,尺量检查 |
| 7 | 垂直灰缝宽度（水平方向连续五块累计） | | | ±10 | 用尺量检查 |

| 项次 | 项目 | | 允许偏差/mm | 检验方法 |
|---|---|---|---|---|
| 8 | 门窗洞口<br>（后塞口） | 宽度 | ±5 | 用尺量检查 |
| | | 高度 | ±5 | |
| 9 | 外墙上下窗口偏移 | | 20 | 以底层窗口为准,用经纬仪或吊线检查 |

### 六、通病及预防

1. 砌体黏结不牢:原因是砌块浇水、清理不好,砌块砌筑时一次铺砂浆的面积过大,校正不及时;砌块在砌筑使用的前一天,应充分浇水湿润,随吊运随将砌块表面清理干净;砌块就位后应及时校正,紧跟着用细石混凝土灌竖缝。

2. 第一皮砌块底铺砂浆厚度不均匀:原因是基底未事先用细石混凝土找平标高,必然造成砌筑时灰缝厚度不一,应注意砌筑基底找平。

3. 拉结钢筋或压砌钢筋网片不符合设计要求:应按设计和规范的规定,设置拉结带和拉结钢筋及压砌钢筋网片。

4. 砌体错缝不符合设计和规范的规定:未按砌块排列组砌图施工,应注意砌块的规格并正确地组砌。

5. 砌体偏差超规定:控制每皮砌块高度不准确。应严格按标志杆高度控制,掌握铺灰厚度。

### 4.4.2 蒸压加气混凝土砌块砌筑

#### 一、蒸压加气混凝土砌块

1. 优点

（1）保护环境,节约能源,改革墙体材料,提高室内环境的舒适度是当前国家在建筑行业中实现可持续发展的主要战略目标之一,为节约保护耕地,国家出台了在大、中城市禁止使用黏土砖,应采用其他墙体材料取而代之的规定,在众多墙体材料中,蒸压加气混凝土制品的原材料大部分是利用无公害的工业废渣做集料(也有用砂子做集料的),按一定比例添加水泥加工制成多种规格尺寸的产品,可单独用作墙体材料,也可用作保温、隔热材料。其具有多种功能,用途广泛,价格适宜,使用地域广等优势,在国内得以迅速发展,为贯彻落实国家有关政策规定,实现可持续发展提供了有利条件。

（2）经济性。加气混凝土砌块的干体积密度为 $500 \sim 750 \ kg/m^3$,为红砖的 1/3,混凝土的 1/4,因此可有效地减轻建筑物的自重,大大降低基础和结构处理的费用,由于产品保温性能好,可大大降低建筑物能源费用。

（3）无放射性。加气混凝土砌块的原材料为天然石英砂,在生产、运输和使用过程中不产生任何污染,是一种优良的绿色建材产品,百分之百无放射性。

（4）保温性。轻质砂加气混凝土砌块的导热系数 $\leqslant 0.16 \ W/m \cdot K$。保温效果是黏土砖的 6 倍,普通混凝土的 12 倍。

（5）防火性能。加气混凝土砌块的原材料和产品绝不燃烧,加气混凝土是理想的防火材料,10 cm 厚墙体的防火能力可达 4 h 以上,被广泛用作防火墙。

（6）隔音性好。根据墙体厚度和表面处理方式不同,加气混凝土墙体可隔音 30～52 dB。同时它也是一种良好的吸音材料。

2. 缺点

（1）墙体开裂:加气混凝土砌块容易出现墙体开裂（特别是外墙）而造成墙体渗漏现象。

（2）抹灰脱落:加气混凝土砌块吸水率大,而失水的速度又很慢,容易造成抹灰层潮湿长毛、发泡、脱落现象,不宜使用到潮湿环境中。

二、几何尺寸及技术参数

1. 几何尺寸

（1）外墙和分户加气块:尺寸为 600 mm×200 mm×200 mm（长×宽×高）,立方体抗压强度≥5.0 MPa,干体积密度不大于 700 kg/m³。

（2）内隔墙加气块:尺寸为 600 mm×100 mm×200 mm,立方体抗压强度≥5.0 MPa,干体积密度不大于 700 kg/m³。

2. 主控技术参数

要求产品防雨养护不少于 15d,干燥收缩值≤0.80 mm/m,放射性达标,耐火性和隔声性、隔热性能较好,导热系数（干态）≤0.16 W/m·K。

三、蒸压加气混凝土砌块施工工艺

1. 施工工艺（图 4.4.3）

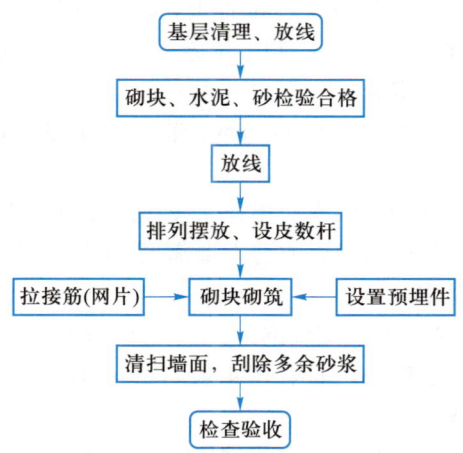

图 4.4.3　加气混凝土砌块砌筑工程工艺流程图

2. 材料

按照施工总计划安排购进砌块,按现行国家标准《砌体基本力学性能试验方法标准》（GB/T 50129—2011）及出厂合格证进行验收;材料运至现场,分类型、分规格、分等级堆放,并在堆垛上设立标志,标明品种、规格、强度等级,进场时间,并且现场堆放必须大于15 d 才能进行使用,一般堆放高度不超过 1.4 m,堆垛间留设通道。现场堆放地面必须经过硬化,有良好的排水措施,用木板架空,必须有防雨水的遮盖。

为了达到更好黏结力,砌筑砂浆掺专用添加剂,强度等级为 M5,水泥强度等级 32.5。水泥进入现场时必须附有出厂检验报告和准用证。在现场设的水泥库中,按品种强度等级、出厂日期堆放,并保持干燥。

3. 作业条件

做好砂浆配合比技术交底及配料的计量准备,弹出建筑物的主要轴线及砌体的控制边线,经技术复线,检查合格后,方可进行施工,砌筑前按砌块尺寸计算皮数和排数。

4. 施工要点

(1)因蒸压加气混凝土砌块外表光滑、坚实,且砖的吸水率大,而失水的速度又很慢,采用干法施工保证砌筑质量。

(2)根据墙体施工平面放线和设计图纸上的门、窗位置大小、层高、砌块错缝搭接的构造要求和灰缝大小,在每片墙体砌筑前,把各种规格的砌块按需要镶砖的规格尺寸进行排列摆放、调整。

(3)砌墙前先拉水平线,在放好墨线位置上,墙体转角处开始砌筑。

(4)墙体的砌筑,从外墙的四角和内墙的交接处砌起,然后在全墙面铺开。砌筑时采用满铺满坐的砌法,满铺砂浆层每边缩进砖墙边 10~15 mm(避免砌块坐压,砂浆流溢出墙面)。用垂球或托线板调整其垂直度,用拉线的方法检查其水平度。校正时可用人力轻微推动或用撬杠轻轻撬动砌块,砌块可用木槌敲击偏高处,镶砖补缺工作与安装坐砌紧密配合进行。竖向灰缝可用上浆法或加浆法填塞饱满,随后即通线砌筑墙体的中间部分。

(5)砌墙前先拉水平线,在放墨线的位置上,按排列图从墙体转角处或定位砌块处开始砌筑,砌筑前应先清理基层,湿水后扫一道素水泥浆,第一皮砌块下应铺满砂浆。

(6)错缝砌筑,保证灰缝饱满。

(7)一次铺设砂浆的长度不超过 800 mm。铺浆后立即放置砌块,可用木槌敲击摆正、找平。

(8)砌体转角处要咬槎砌筑;纵横交接处未咬槎时设拉结措施。

(9)砌筑墙端时,砌块与框架柱面或剪力墙靠紧,填满砂浆,并将柱或墙上预留的拉结钢筋展平,砌入水平灰缝中。

(10)砌体上数第二皮采用封底砌块倒砌,最上一皮隔 7d 砌筑,待下部砌体变形稳定后再砌上面一皮,砌块墙与混凝土梁柱钉网(图4.4.4),顶砖用加气混凝土砌块 60°斜顶。

(11)砌块与混凝土墙柱相接

砌块与混凝土墙柱相接位置,可在主体结构施工时预留钢筋作拉结筋或打膨胀螺栓钢筋进行焊接,拉结筋沿墙高或柱高设置,200 mm 厚外墙设置 4 道拉结筋,每道为 2 根 Φ6 的通长钢筋,其中一道在外墙窗台板处,并预留 100 mm 高度后浇 C25 混凝土现浇窗台卧梁,伸入墙内 150 mm,一道在墙体顶部;200 mm 厚内墙设置 3 道,每道 2 根 Φ6 的通长钢筋,按砌体尺寸间隔 620 mm 左右;100 mm 厚墙设置三道拉结筋,每道 1 根 Φ6 的通长钢筋,按砌体尺寸间隔 620 mm 左右。

(12)门窗洞与临时施工洞的砌筑与处理

墙体洞口上部应设过梁,每边支撑长度不小于 300 mm,门窗洞边采用混凝土实心配

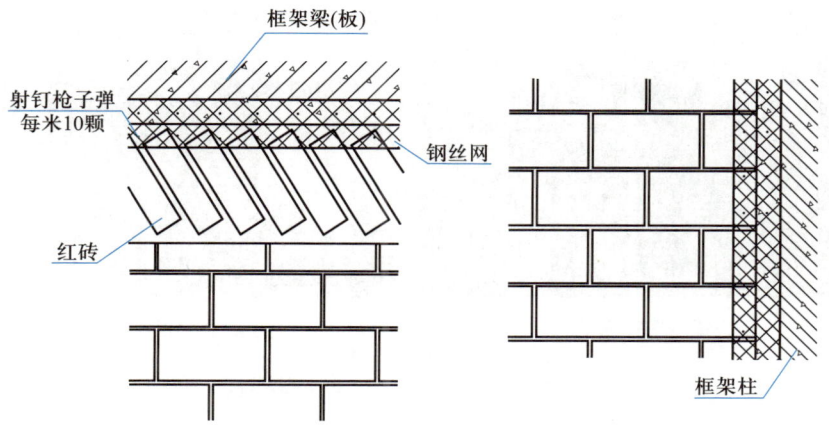

图 4.4.4　砌体最上一皮砖处理方法示意图

套砖,内外木门洞每边不少于 3 块,铝合金门窗洞每边每隔 400 mm(中对中,拐角处中到边 200 mm)设置,重型门洞每边每隔 400 mm(中对中)设置。

（13）砌筑灰缝要求

采用双面勾缝,灰缝横平竖直、砂浆饱满、均匀密实。砂浆饱满度:水平缝不低于 90%;竖直缝不低于 80%。应边砌边勾缝,不得出现暗缝,严禁出现透亮缝。灰缝厚度应均匀,一般应控制在 8～12 mm,水平灰缝厚度不宜大于 15 mm,竖向灰缝宽度不得大于 20 mm。埋设的拉结钢筋和钢网片必须平埋于砂浆中。

四、轻质蒸压加气混凝土砌块砌筑实际工程操作

（一）施工工艺

测量放线 → 铺底找平 → 砌筑 → 顶皮砖砌筑 → 顶缝处理 → 门、窗过梁 →
贴耐碱网格布 → 开槽、补缝 → 水电箱安装 → 乳胶漆墙面装修(油漆或涂料)及瓷砖装修工法。

（二）施工要点

1. 测量放线

首先将砌筑 NALC 砌块的楼、地面清扫干净(图 4.4.5)以保证所弹墨线清晰准确;同时进行吊线,在梁、柱上弹上墨线,如图 4.4.6a 所示;在柱上弹皮数线,如图 4.4.6b 所示。

(a)　　　　　　　　　　　　　　　(b)

图 4.4.5　施工前准备工作

(a)                                                    (b)

图 4.4.6　梁、柱上弹皮数线

2. 铺底找平

因楼、地面凹凸不平，在砌 NALC 前用 1∶3 水泥砂浆铺底找平。铺水泥砂浆时用水泥纸覆盖墨线（图 4.4.7）；再用 1∶3 水泥砂浆铺底抹平，高度符合皮数模数；对最后一块异型砌筑量好尺寸后专门切锯（图 4.4.8）。

图 4.4.7　水泥纸覆盖墨线

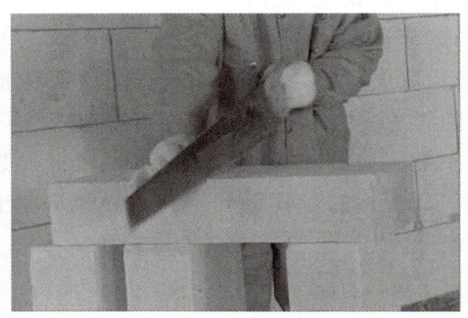

图 4.4.8　锯砌体

NALC 砌块可锯可刨，加工便捷，能灵活地适应每道墙长度的需要。

3. 砌筑（图 4.4.9）

砌筑 NALC 砌块需用专用黏结剂，搅拌时用电动搅拌器搅拌；砌筑两端第一块砖时，在柱上抹上拌制好的黏结剂；砌筑时用橡皮锤及水平尺检查，带上通线；要保证灰浆饱满，横平竖直。及时刮去溢出的黏结剂。抹黏结剂时用专用带齿小铲，将水平缝和砌块顶缝一次刮抹；砌第二皮砖时，将砌块上的灰尘清理干净，在柱和砌块上满刮黏结剂，而后砌筑，在墙端部和混凝土墙柱相接面每隔二皮设置"L"型连接件，铁件放在中间，与柱的连接采用射钉固定，与砌块连接用铁钉固定；砌丁字墙和拐角时要严格遵循交丁顺砌的砌筑工艺，不可通缝。

4. 顶皮砖砌筑（图 4.4.10）

首先吊线；根据排块要求安装"L"铁件；根据顶皮砖的尺寸配砖。在砌筑前清除表面浮灰，抹黏结剂后置放砌块，用橡皮锤和水平尺找平、校正，清除缝间挤出的黏结剂；将"L"型铁件与砌块连接用铁钉固定。

5. 顶缝处理（图 4.4.11）

砌好的墙与混凝土梁底部应留 20 mm 间隙，将直径 20 mm 的 PE 棒（high density

polyethylene）平直地塞进缝内至砌块中；打发泡剂；用裁纸刀将固化后多余的发泡剂平齐墙面削掉。

图 4.4.9　砌筑方式

图 4.4.10　顶皮砖砌筑

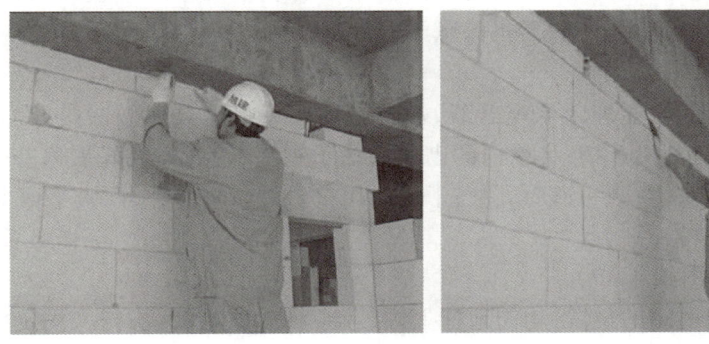

图 4.4.11　顶缝处理

### 6. 门、窗过梁

置放门砖。为了固定门窗框,需在砌块中砌筑混凝土砖(图4.4.12)。砌混凝土砖前预先留出门砖位置,均匀地抹上黏结剂后放置门砖。

图4.4.12 置放门砖

过梁安装。首先在砌块上量好尺寸开槽(图4.4.13);放置槽钢,按通常砌筑要求砌筑已开好槽的砌块。安装NALC过梁。用NALC材料也可以制作过梁。安装方法(图4.4.14)与砌块基本相同。在实际运用中NALC过梁使用非常普遍。

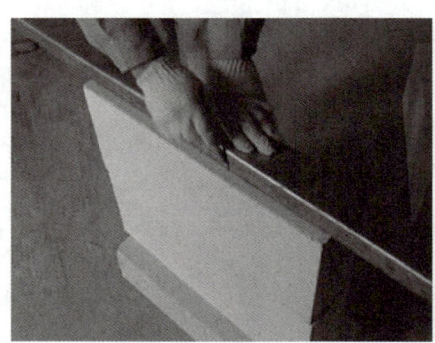

图4.4.13 开槽

### 7. 贴耐碱网格布(图4.4.15)

为了防止门窗角及管线槽处开裂,需在门窗角及管线槽处贴耐碱玻纤网格布,在门窗框角45°处,先喷刷丙乳液,干燥后批涂腻子,最后贴耐碱网格布条抹平。

### 8. 开槽、补缝(图4.4.16)

砌筑好的墙面上常常要埋入水电管线,需要在墙面开槽。具体做法是:首先在需开槽位置弹线,用手提切割机开槽;将槽内的砌块用凿子剔除;管线安装好后修补。修补前先清除槽内的杂物和灰尘;刷一道丙乳液;干燥后用聚合物砂浆修补,凹入平面8~10 mm干燥后用NALC修补粉补平。

### 9. 水电箱安装(图4.4.17)

先在墙上留出水电箱的位置,均匀地抹上黏结剂;将水电箱就位;拧入固定水电箱胀管螺栓后在四周缝内打发泡剂,待发泡剂固化后打上密封胶。

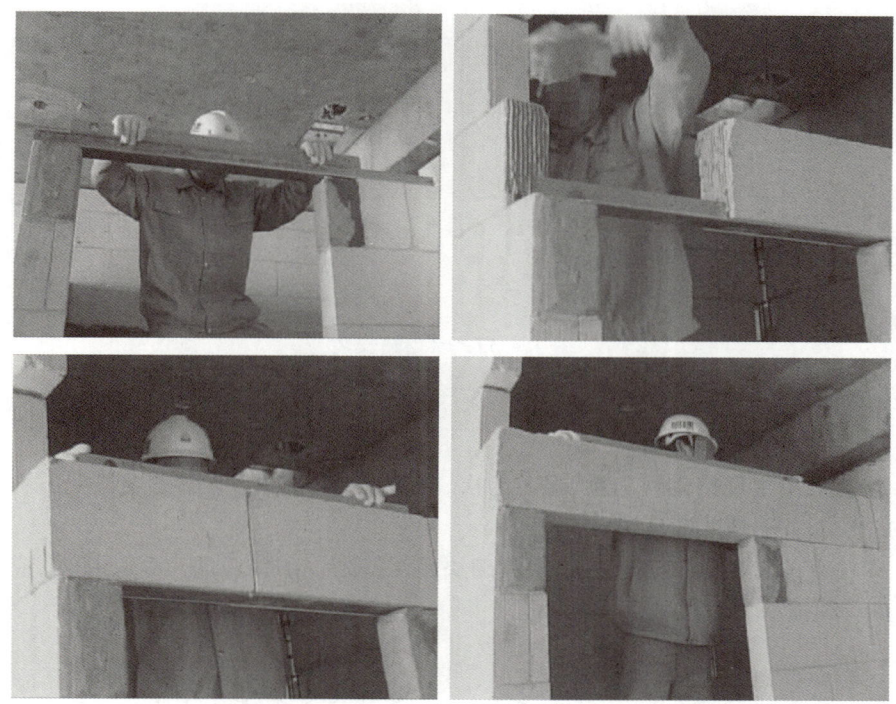

图 4.4.14　过梁的安装方法

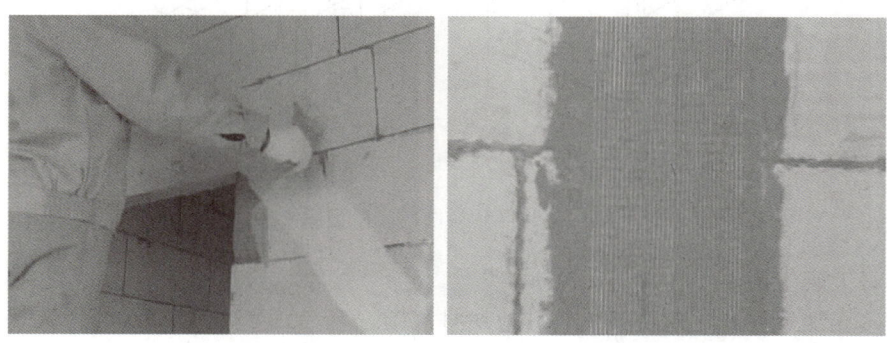

图 4.4.15　贴耐碱网格布

图 4.4.16　开槽、补缝

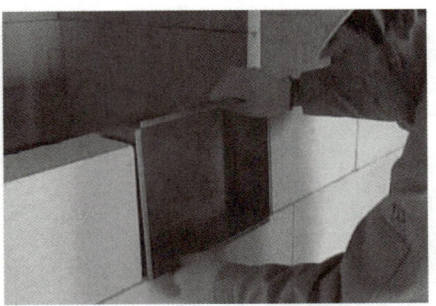

图 4.4.17　水电箱安装

### 五、质量控制

**（一）施工注意事项**

1. 砌筑采用主规格砌块为主，镶砖为次，砌块错缝搭接，上下皮搭接长度不宜小于砌块长度的 1/3，并不应小于 150 mm。

2. 砌块墙的转角处，应隔皮纵、横墙砌块相互搭砌。砌块墙的 T 字交接处，应使横墙砌块隔皮端面露头，如图 4.4.18 所示。

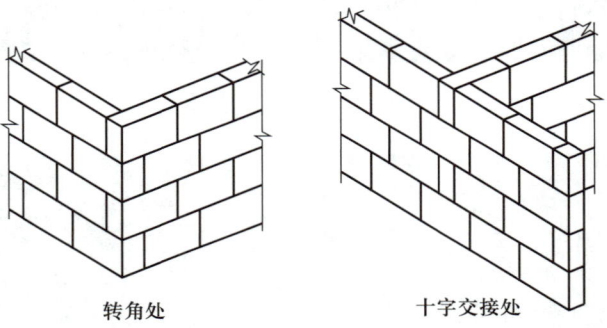

转角处　　　　　　　　　十字交接处

图 4.4.18　砌块墙的转角处施工

3. 每天砌筑高度不得超过 1.4 m。

4. 蒸压加气混凝土砌块不应与其他块材混砌。

5. 填充墙宜在下列部位设置构造柱：隔墙转角处，隔墙端部，门窗洞边、窗间墙宽 ≥ 4 m，墙中部。

6. 构造柱宽同墙宽，构造柱保护层 20 mm，且不小于 15 mm。

7. 高度大于 4 m 的隔墙的中部设一道圈梁。

8. 砖墙沿框架剪力墙、柱高每隔 500 mm 配置 2Φ6 拉筋，拉筋伸入砖墙长度：塔楼全长设置，裙楼不小于墙长的 1/5 且不小于 700 mm。

9. 砌筑于楼板上的隔墙重不大于 1 kN/m²（含装修）。

**（二）常见质量事故及处理**

加气混凝土砌块砌筑时容易出现以下质量事故：

1. 墙体强度降低出现裂纹。造成原因：砌筑时将已断裂或零星碎砌块夹杂混砌在墙中或镶砖组砌不合理。

2. 灰缝厚度、宽度不均。造成原因:砌筑时未挂准线或准线过长未收紧,造成水平灰缝厚度不均,砌前未进行排砖试摆,或试摆后在砌筑过程中没有经常检查上下皮砖层错缝一致,导致竖向灰缝宽度相差较大。

3. 砌体不稳定。造成原因:砌筑时排砖及局部做法未按规定排列,构造不合理,拉结钢筋规格、长度未按设计规定位置埋设。

质量事故避免及处理方法:

1. 针对加气混凝土砌块开裂缺点采取有效措施。

2. 减少"整体墙"中的内应力。

3. 尽量减少墙体材料等产品的实际干缩值。

4. 不使用龄期小于 15 d 的墙体材料,保证新墙材在使用前已基本具备较小的实际干燥收缩值和较高的抗压强度。蒸压加气混凝土砌块的干燥收缩值应≤0.8 mm/m,蒸压加气混凝土砌块抗压强度不小于 5 MPa。

5. 应严格控制新墙材的含水率和含水深度。雨期施工,新墙材不应露天贴地堆放,并应有可靠的防雨淋措施,被雨水淋湿的新墙材不得立即砌筑。

6. 让砌体大部分的沉缩变形发生在墙体压顶及抹灰之前。

7. 日砌高度不宜大于 1.4 m,对于蒸压加气混凝土砌块,因其自重太轻,容易与砂浆的胶结不充分而产生裂缝,故在停砌时,最高一皮砖以一皮浮砖压顶,第二天继续砌筑时再将其取走,墙体塞顶宜在 7 d 后,且以 60°角顶紧。

8. 应采取有效措施控制灰缝的厚度和饱满度。宜用"三一"砌砖法砌筑墙体。当采用铺浆法砌筑时,应限制铺浆长度。

9. 尽量避免在墙体的某一部位出现应力集中,并在有可能出现应力集中的部位,采取有效的技术措施以增加砌体的抗拉强度。

10. 用黏结性好的砂浆砌筑墙体,加砂浆添加剂增加其黏结性。

11. 砌块与混凝土墙柱相接增加通长钢筋,砌块与混凝土墙柱相接位置,在主体结构施工时预留钢筋作拉结筋,拉结筋沿墙高或柱高设置。其中 200 mm 厚外墙设置 4 道通长拉结筋,每道为 2 根 $\phi6$ 的通长钢筋,其中一道在外墙窗台板处,并预留 100 mm 高度后浇 C25 混凝土现浇窗台卧梁,伸入墙内 150 mm,一道在墙体顶部;200 mm 厚内墙设置 3 道通长钢筋,每道 2 根 $\phi6$ 通长筋;100 mm 厚墙设置三道通长钢筋拉结筋,每道 1 根 $\phi6$ 的通长钢筋。

12. 预埋管线线槽挂耐碱玻璃纤维网、窗台拐角挂钢丝网。

13. 墙体按设计要求设置构造柱,设置腰梁。女儿墙、阳台栏杆及较长的窗台下砌体,现浇钢筋混凝土构造柱及压顶。

14. 按设计和有关规范要求设置墙柱拉结筋,并砌入墙内。填充墙与主体结构构件之间的缝隙应采用砂浆填满。

15. 墙内预埋管线应在弹线定位后,用机械开凿,并应在砌体砂浆强度达到 75% 以上方可进行。管线安装后,坑槽应用砂浆分层填塞严密,并在抹灰层内沿缝长加挂耐碱玻璃纤维网(145 g/m²),两边搭接长度为 50 mm。

16. 钢筋混凝土梁柱与砌体交接处挂 250 mm 宽镀锌铁丝网(直径 0.8 mm,网格

20 mm×20 mm)为防止窗边抹灰层出现八角裂缝,在内墙面(外墙满挂)平窗窗台拐角处与窗洞成45°挂200 mm×500 mm(宽×长)的0.8 mm直径(网格10 mm×10 mm)钢丝网。

17. 因蒸压加气混凝土砌块外表光滑、坚实,且砖的吸水率大,而失水的速度又很慢,墙体长期潮湿容易造成抹灰层起毛,发泡开裂而最后抹灰层脱落,影响整个装修的质量,所以加气混凝土砌块尽量不采用在潮湿的环境中,或采取措施,外墙要求下面增加100~150 mm素混凝土导墙,内墙采用100~150 mm高混凝土空心砌块,对水进行隔离,具体如图4.4.19所示。

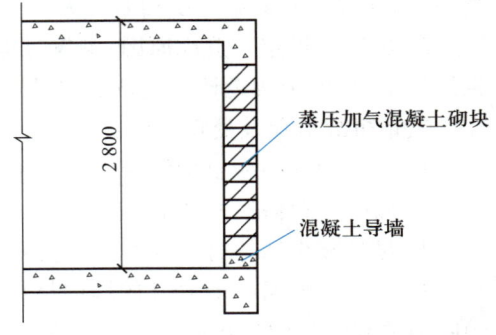

蒸压加气混凝土砌块

混凝土导墙

图4.4.19 砌块内水的隔离

### 六、砌体工程安全技术措施

1. 在操作之前必须检查操作环境是否符合安全要求,道路是否畅通,机具是否完好牢固,安全设施和防护用品是否齐全,经检查符合要求后才可施工。

2. 墙身砌体高度超过地坪1.2 m以上时,应搭设脚手架。在一层以上施工采用里脚手架必须搭设安全网;采用外脚手架应设防护栏杆和挡脚板后方可砌筑。

3. 脚手架上堆料量不得超过规定荷载,同一块脚手板上不应超过两人。

4. 楼层内堆载量过大时,必须经过验算采取有效加固措施后,方可进行堆载和施工。

5. 不准站在墙顶上做划线、刮缝及清扫墙面或检查大角垂直等工作。

6. 不准用不稳固的工具或物体在脚手板面垫高操作,更不准在未经过加固的情况下在一层脚手板上再叠加一层。

7. 砍砖时应面向内打,注意挑出碎砖以防伤人。

8. 用于垂直运输井架不得超负荷运输,应经常检查,发现问题应及时修理。

9. 砌块和砂浆运输车两车前后距离在平道上不小于2 m,装砌块时要先取高处后取低处,防止垛倒砸人。

10. 雨期施工时,应先清除脚手板上杂物、积水,才能上架子进行操作。

11. 在同一垂直面内上下交叉作业时,必须设置安全隔板,下方操作人员必须佩戴安全帽。

12. 如遇暴风雨天气,要采取防雨措施,避免恶劣天气吹倒新砌筑的墙体,同时应及时浇筑圈梁混凝土,增加墙体的稳定性。

13. 人工垂直传递砌块时,要搭设架子,架子上的站人宽度应不小于60 cm。

14. 已经就位的砌块,必须立即进行竖缝灌浆;对稳定性较差的窗间墙、独立柱和挑出墙面较多的部位,应加设临时稳定支撑,以保证其稳定性。

15. 在砌块砌体上,不宜拉锚缆风绳,不宜吊挂重物,也不宜作为其他施工临时设施、支撑的支承点,如果确实需要时,应采取有效的构造措施。

16. 大风、大雨等异常气候之后,应检查砌体是否有垂直度的变化,是否产生裂缝,是否有不均匀下沉等现象。

4.1　常用砌筑材料有哪些基本要求？

4.2　砖、石砌体的砌筑质量有什么要求？

4.3　砌体的临时间断处应如何处理？

4.4　砌体冬季施工注意事项是什么？

4.5　扣件式钢管脚手架构造如何？其搭设有何要求？

4.6　碗扣式脚手架构造有哪些特点？搭设中应注意哪些问题？

4.7　里脚手架的结构有何特点？

4.8　某工程双排扣件式钢管落地脚手架，其设计尺寸为立杆纵距 1.8 m，横距 1.2 m，步距 1.8 m。搭设时，根据脚手板的种类选择横向水平杆（小横杆）在纵向水平杆（大横杆）之上，已知：施工均布活荷载标准值为 3 kN/m$^2$，竹串脚手板均布自重标准值为 0.35 kN/m$^2$，满铺脚手板层横向水平杆间距为 0.9 m，杆件抗弯模量 $W = 5.08 \times 10^3$ mm$^3$，弹性模量 $E = 2.06 \times 10^5$ N/mm$^2$，截面惯性矩 $I = 12.19 \times 10^4$ mm$^4$；钢管脚手架允许的最大应力为 205 N/mm$^2$，最大允许挠度为 $l/150$。试：

（1）分别画出竖向荷载、水平荷载传力路线。

（2）验算横向水平杆抗弯强度。

（3）验算横向水平杆变形。

## 案　例　研　讨

某体能训练场馆工程，建筑面积 3 300 m$^2$，建筑物长 72 m，宽 45 m，地上一层，钢筋混凝土框架结构，屋面采用球形网架结构。框架柱、梁均沿建筑物四周设置，框架柱轴线间距为 9 000 mm，框架梁截面尺寸为 450 mm×900 mm，梁底标高为 9.6 m。现场配置一部塔吊和一台汽车吊进行材料的水平与垂直运输。本工程框架梁模板支撑体系高度为 9.6 m，属于超过一定规模危险性较大的分部分项工程。施工单位编制了超过一定规模危险性较大的模板工程专项施工方案。

建设单位组织召开了超过一定规模危险性较大的模板工程专项施工方案专家论证会，设计单位项目技术负责人以专家身份参会。

施工方案中，采用扣件式钢管支撑体系，框架梁模板支撑架立杆下垫设砖块；扫地杆距地面 250 mm；架体顶层步距 1 500 mm；梁底支撑架立杆均采用下部一根 6 m 定尺钢管与上部一根定尺短钢管搭接连接。

1. 指出专家论证会组织形式的错误之处并说明理由，专家论证包含哪些主要内容？

2. 针对施工方案的错误之处写出脚手架搭设的正确做法。

第 4 章
脚手架与砌筑工程案例研讨分析提示

# 第5章 预应力混凝土工程

第 5 章　数字资源

## ● 导入语

　　预应力混凝土结构是在结构受拉区预先施加压力产生预压应力,使结构在实用阶段产生的拉应力首先抵消预压应力,从而推迟了裂缝的出现和限制裂缝的开展,提高了结构的抗裂度和刚度。具有抗裂能力强、抗渗性能好、刚度大、强度高、抗剪能力和抗疲劳性能好等特点,对节约钢材、减小结构截面尺寸、降低结构自重、防止开裂和减少挠度都十分有效。

## ● 学习目标

　　了解预应力混凝土的原理与特点,预应力钢筋下料长度及张拉力计算;掌握先张法、后张法施工设备和施工工艺、施工质量标准、验收、通病及预防措施;了解预应力混凝土工程施工新技术。

## ● 学习内容

　　预应力混凝土的原理与特点,先张法施工设备和施工工艺、施工质量标准、验收、通病及预防措施,后张法钢绞线制作、锚具、张拉机具和施工工艺、施工质量标准、验收、通病及预防措施;无黏结预应力钢筋制作、锚具和施工工艺、施工质量标准、验收、通病及预防措施;现代土木工程预应力混凝土工程施工;预应力混凝土工程施工案例、动画、录像。

　　**重点:**预应力混凝土的原理与特点,后张法锚具的锚固性能,自锚和自锁条件,预应力钢筋下料长度及张拉力计算,后张法施工工艺,无黏结预应力施工工艺。

　　**难点:**锚具锚固性能,自锚和自锁条件,预应力钢筋下料长度及张拉力计算,无黏结预应力施工工艺。

## ● 案例拓展

第 5 章　案例拓展

# 5.1 预应力混凝土钢筋及张拉设备

预应力钢筋是指在预应力结构中用于建立预加应力的单根或成束的预应力钢丝、钢绞线或钢筋等。预应力钢筋宜采用螺旋肋钢丝、刻痕钢丝和钢绞线,也可采用热处理钢筋。

## 一、预应力钢筋

### 1. 螺旋肋钢丝

螺旋肋钢丝是通过专用拔丝模冷拔使钢丝表面沿长度方向产生规则间隔肋条的钢丝。直径为 4~9 mm,标准抗拉强度 1 570~1 770 N/mm²。螺旋肋能增加与混凝土的握裹力,可用于先张法构件,如图 5.1.1 所示。

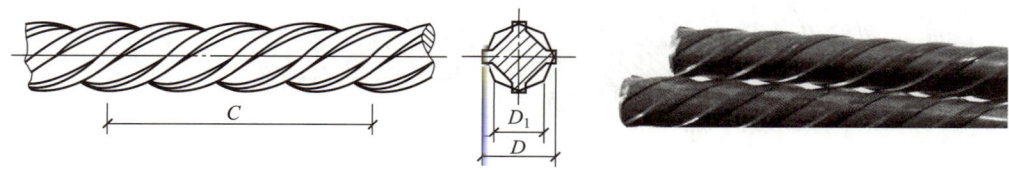

图 5.1.1　螺旋肋钢丝

### 2. 刻痕钢丝

刻痕钢丝是用冷轧或冷拔方法使钢丝表面产生周期性变化的凹痕或凸纹的钢丝。直径为 5 mm、7 mm,标准抗拉强度 1 570 N/mm²。钢丝表面的凹痕或凸纹能增加与混凝土的握裹力,可用于先张法构件,如图 5.1.2 所示。

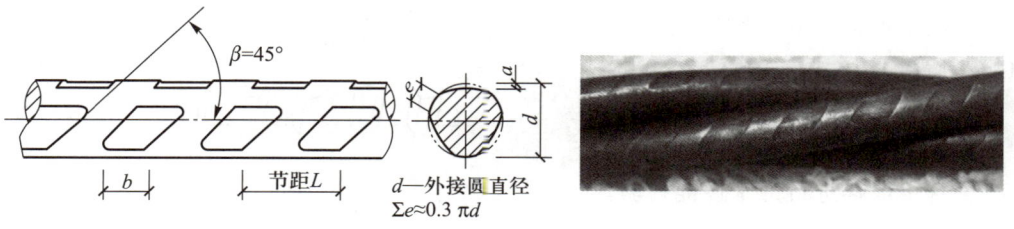

图 5.1.2　刻痕钢丝

### 3. 钢绞线

钢绞线是由多根碳素钢丝在绞线机上或螺旋形纹合,并经低温回火消除应力制成。钢绞线的整根破断力大、柔性好、施工方便,价格较贵。钢绞线可分为光面钢绞线、无黏结钢绞线、模拔钢绞线、镀锌钢绞线、环氧涂层钢绞线、不锈钢钢绞线等。常用光面钢绞线的规格有 1×3 和 1×7 两种,直径为 8.6~15.2 mm,标准抗拉强度 1 570~1 860 N/mm²。后张法预应力均采用 1×7 钢绞线,1×3 钢绞线仅用于先张法构件,如图 5.1.3 所示。无黏结钢绞线是用防腐润滑油脂涂敷在钢绞线表面上、外包塑料护套制成,主要用于后张法中无黏结预应力筋,也可用于暴露或腐蚀环境中的体外索、拉索等,如图 5.1.4 所示。

5.1　预应力混凝土钢筋及张拉设备　**251**

图 5.1.3　光面钢绞线

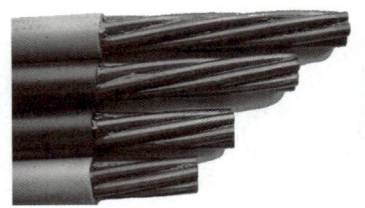
图 5.1.4　无黏结钢绞线

### 4. 热处理钢筋

热处理钢筋是由普通热轧中碳合金钢筋经淬火和回火调质热处理制成。具有高强度、高韧性和高黏结力等优点,直径为 6~10 mm。成品钢筋为直径 2 m 的弹性盘卷,开盘后自行伸直,每盘长度为 100~120 m,图 5.1.5 和图 5.1.6 为带纵肋和无纵肋热处理钢筋。

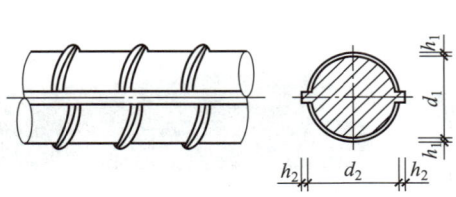
图 5.1.5　带纵肋热处理钢筋

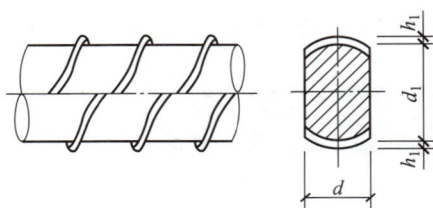
图 5.1.6　无纵肋热处理钢筋

### 5. 精轧螺纹钢筋

精轧螺纹钢筋是用热轧方法在钢筋表面上轧出不带肋的螺纹外形,钢筋的接长用连接螺纹套筒,端头锚固用螺栓,如图 5.1.7 所示。这种高强度钢筋具有锚固简单、施工方便、无须焊接等优点。精轧螺纹钢筋的预应力筋主要用于连续梁桥和连续刚构桥的腹板内竖向预应力筋,提高截面的抗剪能力。目前国内生产的精轧螺纹钢筋品种有Φ25和Φ32 等常见尺寸。

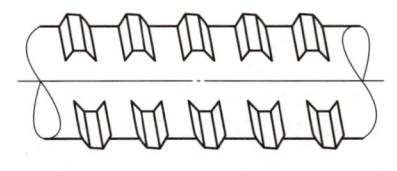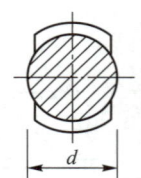

### 二、预应力钢筋的验收

预应力钢筋包括标牌和外观检查,并按有关规定取样进行力学性能检验。

图 5.1.7　精轧螺纹钢筋

#### 1. 标牌检查

预应力钢筋出厂,每捆(盘)应挂有两个标牌(上注厂名、品名、规格、生产工艺及日期、批号等),并有随货同行的出厂质量证明书。每验收批由同一牌号、同一规格、同一生产工艺的预应力钢筋组成,每批数量不超过 60 t。

#### 2. 外观检查

钢丝和钢绞线的外观检查均应逐盘进行。钢丝表面不得有油污、氧化铁皮、裂纹或机械损伤。钢丝直径检查按 10% 盘选取,但不少于 6 盘;钢绞线表面不得有油污、锈斑或机械损伤。镀锌、涂环氧钢绞线、无黏结钢绞线等涂层表面应均匀、光滑、无裂纹、无明显折皱。无黏结预应力筋每验收批应抽取 3 个试件检验油脂重量和护套厚度。精轧螺纹钢的外观检查应逐根进行。钢筋表面不得有锈蚀、油污、横向裂缝、结疤。

3. 力学试验

（1）钢丝

在每批钢丝中任意选取 10% 盘（不少于 6 盘），每盘在任意位置截取 2 根试件，1 根做拉伸试验，1 根做弯曲试验，如一项试验不合格，则该盘钢丝为不合格品；另从该批未经检验的钢丝盘中抽取双倍数量的试件进行检验，如仍有一项不合格，则该批钢丝判为不合格品；或逐盘检验取用合格品。

（2）钢绞线

在每批钢绞线中任意选取 3 盘，每盘在任意位置截取一根试件做拉伸试验，如某一项试验结果不合格，则该不合格盘报废；另从未经检验过的钢绞线中抽取双倍数量的试件进行复检，如仍有一项不合格，则该批钢绞线判为不合格品。

### 三、张拉设备

1. 电动螺杆张拉机

由螺杆、顶杆、张拉夹具、弹簧测力器及电动机组成，如图 5.1.8 所示，最大张拉力为 300~600 kN，张拉行程为 800 mm，张拉速度为 2 m/min，质量为 400 kg，为了便于转移和工作，将其装置在带轮的小车上。这种张拉的特点是运行稳定，螺杆有自锁性能，故张拉机恒载性能好，速度快，张拉行程大，电动螺杆张拉机可以张拉预应力钢筋也可以张拉预应力钢丝。

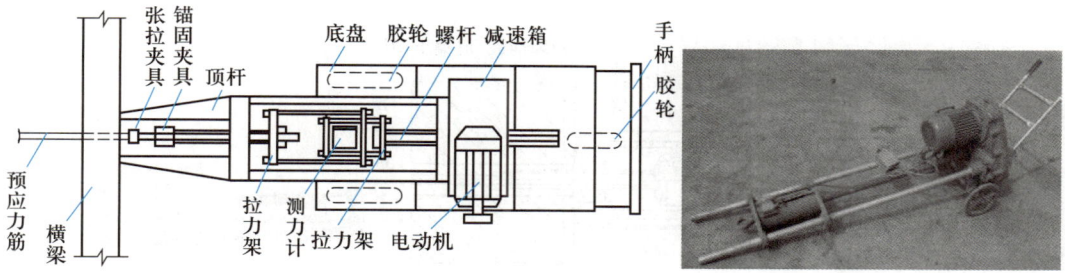

图 5.1.8　小型电动螺杆张拉机

2. 电动卷扬张拉机

在长线台座上张拉钢筋时，由于千斤顶行程不能满足要求，小直径钢筋可采用卷扬机张拉，用杠杆或弹簧测力，如图 5.1.9 所示。

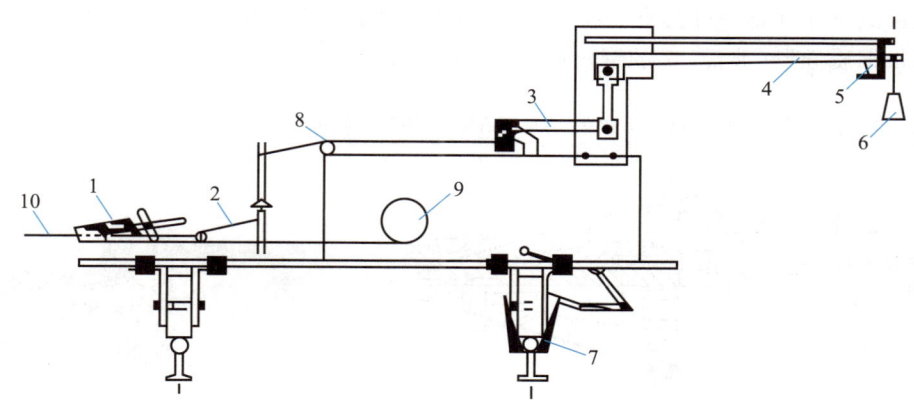

1—钳式张拉夹具；2—钢丝绳；3、4—杠杆；5—断电器；6—砝码；7—夹轨器；8—导向轮；9—卷扬机；10—钢丝。

图 5.1.9　卷扬机张拉、杠杆测力装置

## 3. 油压千斤顶

油压千斤顶可用来张拉单根或多根成组的预应力筋。可直接从油压表的读数求出张拉应力值,如图 5.1.10 所示。

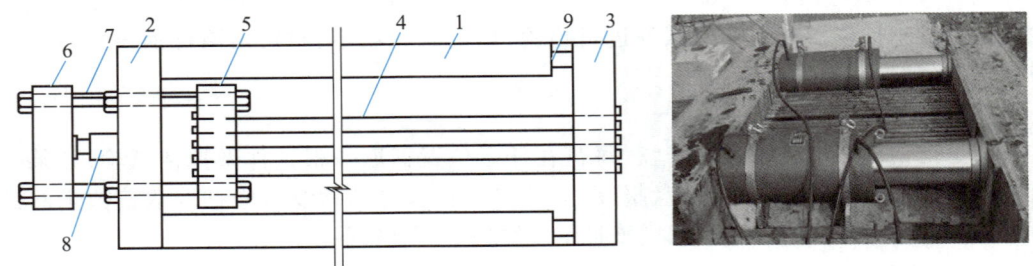

1—台座;2、3—横梁;4—预应力筋;5、6—拉力架横梁;7—螺杆;8—油压千斤顶;9—放张装置。

图 5.1.10　油压千斤顶

## 4. 拉杆式千斤顶

拉杆式千斤顶为空心拉杆式千斤顶,选用不同配件可组成不同张拉形式,如图 5.1.11 所示,可张拉 DM 型螺丝端杆锚、JLM 精轧螺丝钢锚具、LZM 冷铸锚等。

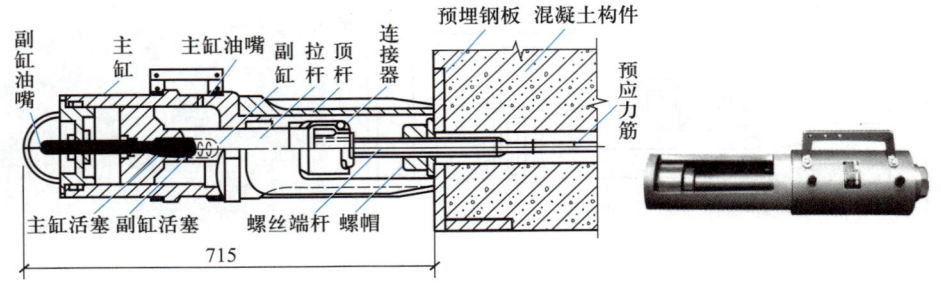

图 5.1.11　YCL 拉杆式千斤顶

## 5. 锥锚式千斤顶

锥锚式千斤顶是一种具有张拉、顶锚和退楔功能的三作用千斤顶,专用于张拉及顶压锚固带钢质锥形(弗氏)锚的钢丝束,如图 5.1.12 所示。

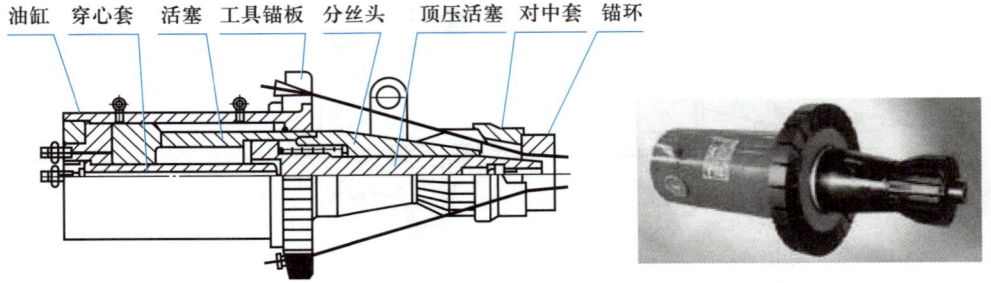

图 5.1.12　YDZ850 型千斤顶

### 6. 穿心式千斤顶

穿心式千斤顶是一种利用双液压缸张拉预应力筋和顶压锚具的双作用千斤顶。既可用于需要顶压的夹片锚的整体张拉,配上撑脚与拉杆后,还可张拉墩头锚和冷铸锚,广泛用于先张、后张法的预应力施工。

### 7. 前卡式千斤顶

前卡式千斤顶是一种张拉工具锚内置于千斤顶前端的穿心式千斤顶,可自动夹紧和松开工具锚夹片,简化了施工工艺,节省了张拉时间,而且缩短了预应力筋预留张拉长度。主要用于各种有黏结筋和无黏结筋单根张拉。

### 8. 高压油泵

高压油泵分手动和电动两类,目前常使用的有:ZB 型和 YBZ 型等几种。油压表的读数表示千斤顶张拉油缸活塞单位面积的油压力,额定油压一般为 40~80 MPa。

## 四、张拉千斤顶的标定

### 1. 千斤顶进行标定的原因

由于每台千斤顶液压配合面实际尺寸和表面粗糙度不同,密封圈和防尘圈松紧程度不同,造成千斤顶内摩阻力不同,而且要随油压高低和使用时间变化而改变。千斤顶能够张拉钢束的原因是千斤顶的活塞在高压油的作用下带动钢束伸长,高压油的油压大小通过张拉油泵的油表读数得到,活塞为受力单元。由于活塞和千斤顶钢套之间存在摩擦力,油室内油压大小和作用于钢束的力是不相等的,所以有必要进行千斤顶的校验。

如张拉油缸的面积为 $A$,有活塞力的平衡

$$A \cdot \sigma = f + N \tag{5.1.1}$$

可见,油表上的读数大于实际作用于钢束上的力,为准确控制作用于钢束上的力,在张拉钢束前,必须对千斤顶进行标定,即得到张拉油表读数和作用于钢束上张拉力间的线性回归方程。

### 2. 千斤顶需要进行校验的情况

(1)新千斤顶初次使用前;

(2)油压表指针不能退回零点时;

(3)千斤顶、油压表和油管进行过更换或维修后;

(4)当千斤顶使用超过 6 个月或张拉超过 200 次以上,客运专线规定千斤顶标定周期为一个月,油压表标定周期为一周;

(5)在使用过程中出现其他不正常现象。

### 3. 校验方法

校验应在经主管部门授权的法定计量技术机构进行。校验用的标准仪器的精度不得低于 1%,压力表的精度不宜低于 1.5 级,最大量程不宜小于设备额定张拉力的 1.3 倍,校验时,千斤顶活塞运行方向应与实际张拉工作状态一致;千斤顶的校验可以根据现场实际情况,采用压力机、已经标定的传感器进行标定;标定时应将油压表、千斤顶等配套标定;在标定千斤顶时,应注意千斤顶的工作状态和实际相同,即让千斤顶顶压力机,

不能让压力机压千斤顶的活塞;配套校正时,分级校正的吨位不得超过最大控制荷载的10%;千斤顶的校正系数应大于1且小于1.05,若小于1,说明标定有问题。

（1）用长柱压力试验机校验

校验时,应采取被动校验法,即在校验时用千斤顶顶试验机,这样活塞运行方向、摩阻力的方向与实际工作时相同,校验比较准确。在进行被动校验时,压力机本身也有摩阻力,并且与正常使用时相反,所以,试验机表盘读数反映的也不是千斤顶的实际作用力,因此用被动法校验千斤顶时,必须事先用具有足够吨位的标准测力计对试验机进行被动标定,以确定试验机的表盘读数值。标定后在校验千斤顶时,就可以从试验机表盘上直接读出千斤顶的实际作用力以及油压表的准确读数。用压力试验机校验的步骤如下:

① 千斤顶就位

当校验穿心式千斤顶时,将千斤顶放在试验机台面上,千斤顶活塞面或撑套与试验机压板紧密接触,并使千斤顶与试验机的受力中心线重合。

② 校验千斤顶

开动油泵,千斤顶进油,使活塞上升,顶试验机压板。在千斤顶顶试验机且使荷载平缓增加的过程中,自零位到最大吨位,将试验机被动标定的结果逐点标记到千斤顶的油压表上,标定点应均匀分布在整个测量范围内,且不少于5点。当采用最小二乘法回归分析千斤顶的标定试验时需要10~20点。各标定点重复标定3次,取平均值,并且只测读进程,不测读回程。

③ 对千斤顶校验数值采用下表记录,并可根据校验曲线供预应力筋张拉时使用,也可采用最小二乘法求出千斤顶的经验公式,供预应力筋张拉时使用。

（2）用标准测力计校验

用水银压力计、测力环、弹簧拉力计等标准测力计检验千斤顶,是一种简便可靠的方法。校验时,开动油泵,千斤顶进油,活塞杆推出,顶测力计。当测力计达到一定吨位 T1 时,立即读出千斤顶油压表相应的读数 P1,同样可得 T2、P2;T3、P3;……此时 T1、T2、T3……即为相应于压力表读数为 P1、P2、P3……时的实际作用力。将测得的各值绘成曲线。实际使用时,即可由此曲线找出要求的 T 值和相应的 P 值。

## 5.2 先张法预应力施工

先张法是在构件浇筑混凝土之前,将预应力筋张拉到设计控制应力,用夹具临时固定在台座或钢模上,然后浇筑混凝土,待混凝土达到一定强度后,放松预应力筋,靠预应力筋与混凝土之间的黏结力使混凝土构件获得预应力。先张法一般适用于生产中小型预应力混凝土构件,多在固定的预制厂生产,也可在施工现场生产。先张法生产示意图如图 5.2.1 所示。

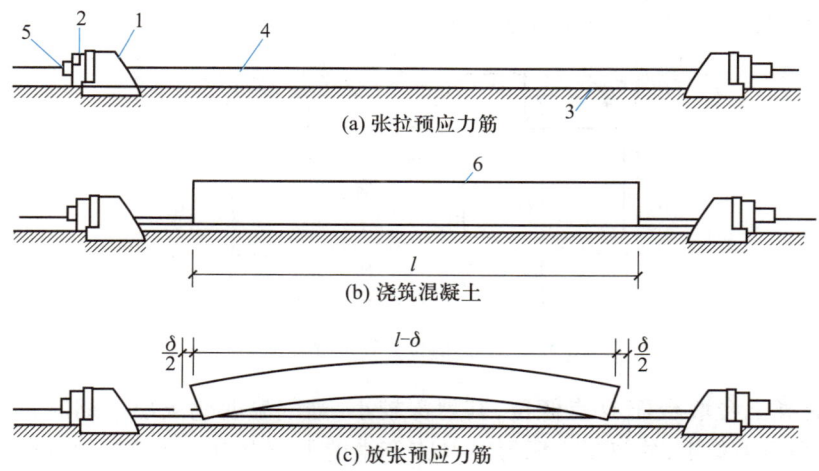

(a) 张拉预应力筋

(b) 浇筑混凝土

(c) 放张预应力筋

1—台座承力结构;2—横梁;3—台面;4—预应力筋;5—锚固夹具;6—混凝土构件。

图 5.2.1　预应力构件先张法生产示意图

## 5.2.1　台座与夹具

### 一、台座

台座是先张法施工的主要设备之一,它承受预应力筋的全部张拉力。要求:足够的承载力、刚度和稳定性,满足生产工艺的要求。其形式有墩式台座、槽式台座、钢模台座等几种形式。

1. 墩式台座(图 5.2.2)

由台墩、台面和横梁组成。长度 100～150 m,适用于中、小型构件。

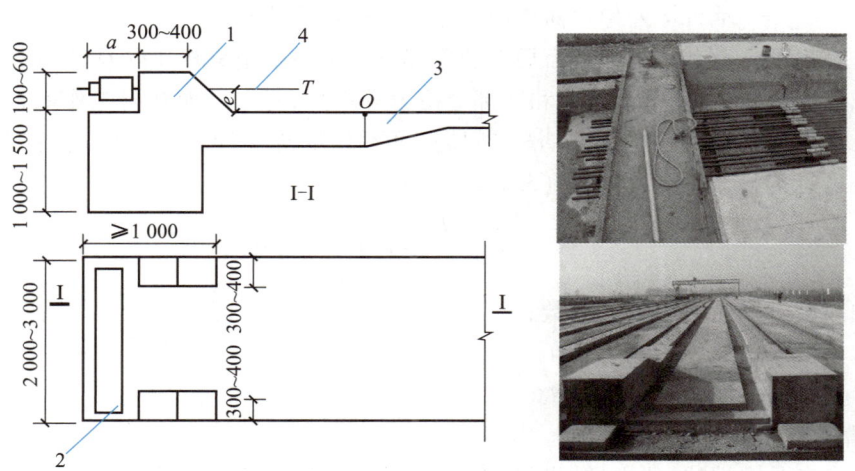

1—台墩;2—横梁;3—台面;4—预应力筋。

图 5.2.2　墩式台座

台座稍有变形、滑移或倾角,均会引起较大应力损失。台座设计时,应进行稳定性和强度验算。稳定性验算包括台座的抗倾覆验算和抗滑移验算。

抗倾覆验算的计算简图如图5.2.3所示。

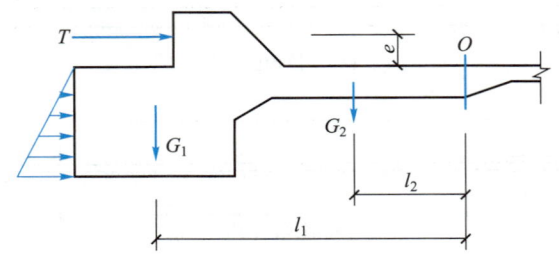

图 5.2.3　抗倾覆验算的计算简图

钢筋混凝土台墩台面 $O$ 点倾覆,其埋深较小,当气温变化土质干缩时,土与台墩分离,土压力小而不稳定,故忽略土压力对 $O$ 点产生的平衡力矩。台墩抗倾覆按式(5.2.1)验算:

$$K_0 = \frac{M'}{M} \geqslant 1.5 \tag{5.2.1}$$

式中　$K_0$——台座的抗倾覆安全系数;

　　$M$——由张拉力产生的倾覆力矩,kN·m,$M = Te$;

　　$M'$——抗倾覆力矩,如忽略土压力,则 $M' = G_1 l_1 + G_2 l_2$;

　　$T$——预应力筋张拉力,kN;

　　$e$——张拉力合力 $T$ 的作用点到倾覆转动点 $O$ 的力臂,m;

　　$G_1$——承台墩的自重,kN;

　　$l_1$——承台台墩重心至倾覆转动点 $O$ 的力臂,m;

　　$G_2$——承台墩外伸台面局部加厚部分的自重,kN;

　　$l_2$——承台墩外伸台面局部加厚部分的中心至倾覆转动点 $O$ 的力臂,m。

对独立的台墩,由侧壁上压力和底部摩阻力等产生,对与台面共同工作的台墩,其水平推力几乎全部传给台面,不存在滑移问题,可不作抗滑移计算,此时应验算台面的强度。如需进行抗滑移验算,可按式(5.2.2)进行:

$$K_c = \frac{T_1}{T} \geqslant 1.3 \tag{5.2.2}$$

式中　$K_c$——抗滑移安全系数;

　　$T$——张拉力合力,kN;

　　$T_1$——抗滑移的力,kN。

2. 槽式台座

槽式台座是由端柱、传力柱、横梁和台面等组成,既可承受张拉力,又可作蒸汽养护槽,适用于张拉吨位较高的大型构件,如吊车梁、屋架等。槽式台座构造,如图5.2.4所示。

3. 钢模台座

常用于管桩、楼板、屋面板等处。

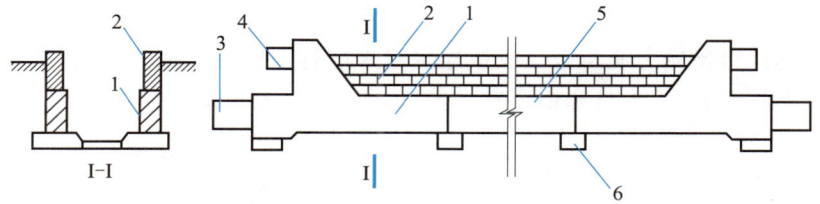

1—钢筋混凝土端柱；2—砖墙；3—下横梁；4—上横梁；5—传力柱；6—柱垫。

图 5.2.4　槽式台座

## 二、夹具

先张法施工中，钢丝的夹具分两类：一类是将预应力筋锚固在台座上的锚固夹具；另一类是张拉时夹持预应力筋用的夹具。

### 1. 锚固夹具

（1）钢质锥形夹具：主要用来锚固直径为 3~5 mm 单根钢丝夹具，如图 5.2.5 所示。

（2）墩头夹具：适用于预应力钢丝固定的锚固，如图 5.2.6 所示。

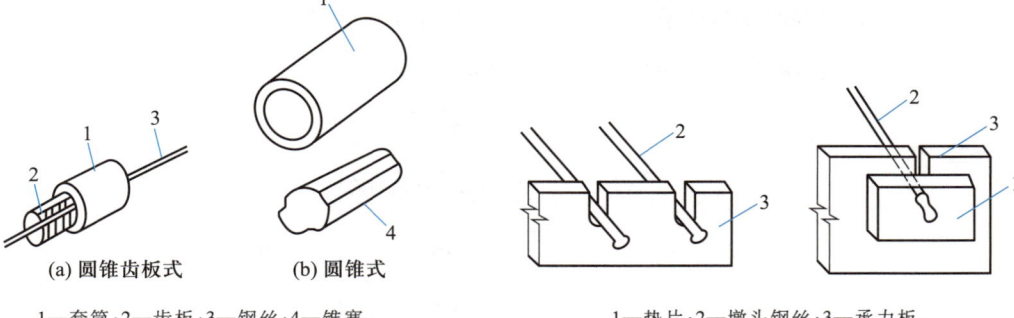

(a) 圆锥齿板式　　　　(b) 圆锥式

1—套筒；2—齿板；3—钢丝；4—锥塞。

图 5.2.5　钢质锥形夹具

1—垫片；2—墩头钢丝；3—承力板。

图 5.2.6　固定端墩头夹具

（3）钢绞线夹具：QM 预应力体系中的 JXS、JXM、JXL 型夹具是专为先张台座法预应力钢绞线张拉的需要而设计，如图 5.2.7、图 5.2.8、图 5.2.9 所示。

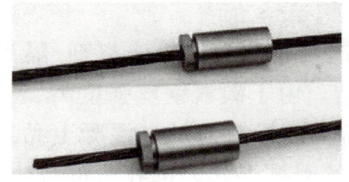

图 5.2.7　JXS 型先张夹具

图 5.2.8　JXM 型先张夹具

图 5.2.9　JXL 型先张夹具

## 2. 张拉夹具

张拉夹具是将预应力筋与张拉机械连接起来进行预应力张拉的工具,常用的张拉夹具有月牙形夹具、偏心式夹具和楔形夹具等,如图 5.2.10 所示。

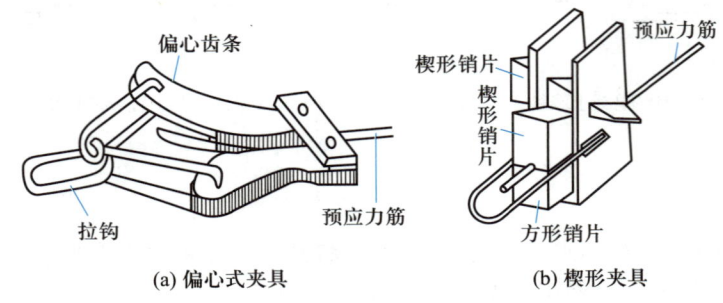

(a) 偏心式夹具　　　　　　(b) 楔形夹具

图 5.2.10　张拉夹具

### 5.2.2　先张法施工工艺

#### 一、施工工艺

先张法预应力混凝土构件在台座上生产时,其施工工艺流程如图 5.2.11 所示。

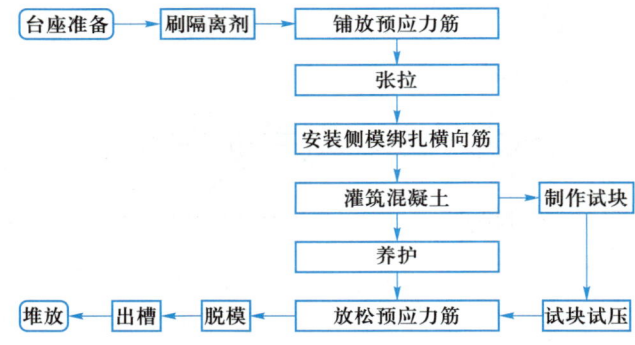

图 5.2.11　先张法预应力混凝土施工工艺流程

#### 二、施工要点

(一) 预应力筋铺设

预应力筋铺设前先做好台面的隔离层,应选用非油类模板隔离剂,隔离剂不得使预应力筋受污,以免影响预应力筋与混凝土的黏结。由于碳素钢丝强度高、表面光滑、与混凝土黏结力差,因此可采取表面痕迹和压波措施,以提高钢丝与混凝土黏结力。钢丝需要接长时,可借助于钢丝拼接器用 20~22 号钢丝密排绑扎。绑扎长度:冷拔低碳钢丝不得小于 $40d$,高强钢丝不得小于 $80d$($d$ 为钢丝直径)。

(二) 预应力筋的张拉

预应力筋的张拉应根据设计要求采用合适的张拉控制应力、张拉方法、张拉顺序及张拉程序进行,并应有可靠的质量保证措施和安全技术措施。

1. 张拉控制应力

预应力筋的张拉工作是预应力施工中的关键工序,应严格按设计要求进行。

预应力筋张拉控制应力的大小直接影响预应力效果,影响到构件的抗裂度和刚度,因而控制应力不能过低,但是,控制应力也不能过高,不允许超过其屈服强度,以使预应力筋处于弹性工作状态,否则会使构件出现裂缝的荷载与破坏荷载很接近;此外过大的超张拉会造成反拱过大,预拉区出现裂缝也是不利的。因此,预应力筋的张拉控制应力应符合设计要求。当施工中预应力筋需要超张拉时,可比设计要求提高5%,但其最大张拉控制应力不得超过表5.2.1的规定。

表 5.2.1　最大张拉控制应力允许值表

| 钢筋种类 | 张拉方法 | |
|---|---|---|
| | 先张法 | 后张法 |
| 碳素钢丝、刻痕钢丝、钢绞线 | $0.80f_{ptk}$ | $0.75f_{ptk}$ |
| 冷拔低碳钢丝、热处理钢筋 | $0.75f_{ptk}$ | $0.70f_{ptk}$ |
| 冷拉钢筋 | $0.95f_{pyk}$ | $0.90f_{pyk}$ |

注:$f_{ptk}$ 为预应力筋极限抗拉强度标准值;$f_{pyk}$ 为预应力筋屈服强度标准值

2. 张拉程序

预应力筋的张拉程序有超张拉和一次张拉两种。所谓超张拉,就是指张拉应力超过规范规定的控制应力值。采用超张拉方法时,预应力筋可按下列两种张拉程序之一进行张拉:

$$0 \rightarrow 105\%\sigma_{con} \xrightarrow{\text{持荷 2 min}} \sigma_{con}$$

或

$$0 \rightarrow 103\%\sigma_{con}$$

第一种张拉程序中,超张拉5%并持荷2 min,其目的是在高应力状态下加速预应力筋松弛早期发展,以减少应力松弛引起的预应力损失。第二种张拉程序中,超张拉3%,其目的是弥补预应力筋的松弛损失,这种张拉程序施工简单,一般多采用。所谓应力松弛,是指钢材在常温高应力作用下,由于塑性变形而使应力随时间延续而降低的现象。这种现象在张拉后的前几分钟内发展得特别快,往后则趋于缓慢。例如,超张拉5%并持荷2 min,再回到控制应力,松弛已完成50%以上。

3. 预应力筋伸长值的验算

预应力筋张拉后,一般应校核其伸长值。如实际伸长值大于计算伸长值10%或小于计算伸长值5%,应暂停张拉,查明原因,采取措施予以调整,方可继续张拉。预应力筋的理论伸长值按式(5.2.3)计算:

$$\Delta l = \frac{F_p l}{A_p E_s} \tag{5.2.3}$$

式中　$F_p$——预应力筋张拉力,kN;

　　　　$l$——预应力筋长度,mm;

　　　　$A_p$——预应力筋截面面积,$mm^2$;

　　　　$E_s$——预应力筋的弹性模量,$kN/mm^2$。

预应力筋实际伸长值,宜在初应力为张拉控制应力10%左右开始测量,但必须加上初应力以下的推算伸长值,如图5.2.12所示。通过伸长值的检验,可以综合反映张拉力是否足够以及预应力筋是否有异常现象等。

图5.2.12　实际伸长值量测

张拉时应以稳定的速度逐渐加大拉力,并使拉力传到台座横梁上,而不应使预应力筋或夹具产生次应力(如钢丝在分丝板、横梁或夹具处产生尖锐的转角或弯曲)。锚固时,敲击锥塞或楔块应先轻后重,与此同时,倒开张拉机,放松钢丝,两者应密切配合,既要减少钢丝滑移,又要防止锤击力过大,导致钢丝在锚固夹具与张拉夹具处受力过大而断裂。张拉设备应逐步放松。为避免台座承受过大的偏心力,应先张拉靠近台座重心处的预应力筋。

张拉预应力筋可单根进行也可多根成组同时进行,同时张拉多根预应力筋时,应预先调整预应力,使其相互之间的应力一致。预应力筋张拉锚固后,对设计位置的偏差不得大于5 mm,也不得大于截面短边的4%。

多根钢丝同时张拉时,断裂和滑脱的钢丝数量,不得超过结构同一截面钢材总根数的5%,且严禁相邻两根预应力钢丝断裂和滑脱。构件在浇筑混凝土前发生断裂或滑脱的预应力钢丝必须予以更换。

(三)混凝土浇筑与养护

1. 混凝土一次浇完,混凝土≥C30。

2. 防止较大徐变和收缩:选收缩变形小的水泥,水灰比≤0.5,级配良好,振捣密实(特别是端部)。

3. 防止碰撞、踩踏钢丝。

4. 减少应力损失:非钢模台座生产,采取二次升温养护(开始温差≤20 ℃,达10 MPa后按正常速度升温)。

(四)预应力筋放张

1. 条件

混凝土达到设计规定且≥75%强度值后。

2. 放张顺序

(1)宜采取缓慢放张工艺进行逐根或整体放张;

(2)对轴心受压构件,所有预应力筋宜同时放张;

(3)对受弯或偏心受压构件,应先同时放张预压应力较小区域的预应力筋,再同时放张预压应力较大区域的预应力筋;

（4）当不能按上述规定进行放张时,应分阶段、对称、相互交错放张;

（5）放张后,预应力筋的切断顺序,宜从张拉端开始逐次切向另一端。

3. 放张方法

（1）对于中小型预应力混凝土构件,预应力丝的放张宜从生产线中间处开始,以减少回弹量且有利于脱模;对于构件应从外向内对称、交错逐根放张,以免构件扭转、端部开裂或钢丝断裂。

（2）放张单根预应力筋,一般采用千斤顶放张,如图 5.2.13a 所示。

（3）构件预应力筋较多时,整批同时放张可采用砂箱、楔块等放松装置。砂箱放张装置如图 5.2.13b 所示,楔块放张装置如图 5.2.13c 所示。

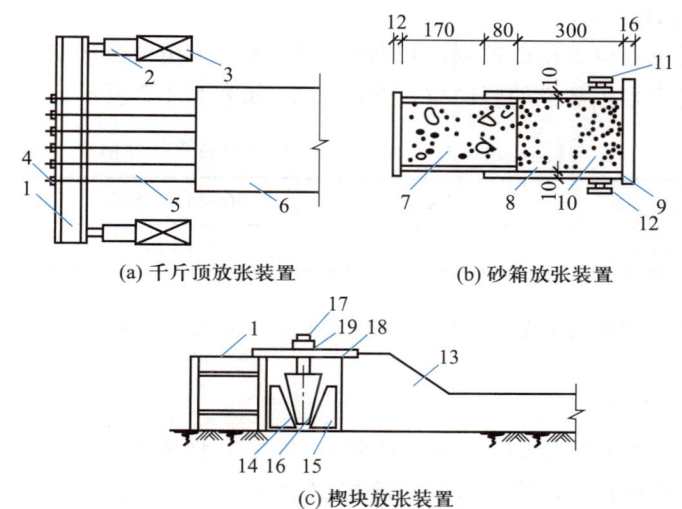

（a）千斤顶放张装置　　　（b）砂箱放张装置

（c）楔块放张装置

1—横梁;2—千斤顶;3—承力架;4—夹具;5—钢丝;6—构件;7—活塞;8—套箱;
9—套箱底板;10—砂;11—进砂口(M25 螺栓);12—出砂口(M16 螺栓);13—台座;
14、15—钢质楔块;16—钢滑动楔块;17—螺杆;18—承力板;19—螺母。

图 5.2.13　放张方法

### 5.2.3　先张法施工质量标准、验收、通病及预防措施

一、先张法施工质量标准、验收

（一）主控项目

1. 预应力筋安装时,其品种、级别、规格、数量必须符合设计要求。

2. 先张法预应力施工时应选用非油质类模板隔离剂,并应避免玷污预应力筋。

3. 施工过程中应避免电火花损伤预应力筋;受损伤的预应力筋应予以更换。

4. 预应力筋放张时混凝土强度应符合设计要求;当设计无具体要求时,不应低于设计的混凝土立方体抗压强度标准的 75%。

5. 预应力筋的张拉力、张拉和放张顺序及张拉工艺应符合设计及施工技术方案的要求,并应符合下列规定:

（1）当施工需要超张拉时,最大张拉应力不应大于国家现行标准《混凝土结构设计

标准》（GB/T 50010—2010）的规定；

（2）张拉工艺应能保证同一束中各根预应力筋的应力均匀一致；

（3）先张法预应力筋放张时,宜缓慢放松锚固装置,使各根预应力筋同时缓慢放松；

（4）采用应力控制方法张拉时,应校核预应力筋的伸长值,实际伸长值与设计计算理论伸长值的相对允许偏差为±6%。

6. 预应力筋张拉锚固后实际建立的预应力值与工程设计规定检验值的相对允许偏差为±5%。

7. 张拉过程中应避免预应力筋的断裂和滑脱；当发生断裂和滑脱时,对先张法预应力构件,在浇筑混凝土前发生断裂或滑脱的预应力筋必须予以更换。

（二）一般项目

1. 预应力筋下料应采用砂轮锯或切断机切断,不得采用电弧切割。

2. 预应力筋束形控制点的竖向位置允许偏差,如表 5.2.2 所示。

表 5.2.2　预应力筋束形控制点的竖向位置允许偏差

| 截面高(厚)度/mm | $h \leqslant 300$ | $300 < h \leqslant 1\ 500$ | $h > 1\ 500$ |
|---|---|---|---|
| 允许偏差/mm | ±5 | ±10 | ±15 |

3. 先张法预应力筋张拉后与设计位置的偏差不得大于 5 mm,且不得大于构件截面短边边长的 4%。

（三）质量记录

质量记录:1. 预应力筋的出厂质量证明书、进场复验报告单；2. 预应力筋夹具和连接器合格证及检验报告；3. 预应力筋的冷拉记录；4. 冷拉预应力筋的机械性能试验报告；5. 冷拉预应力筋焊接接头试验报告；6. 预应力张拉设备校验记录；7. 预应力张拉记录；8. 混凝土构件试块强度试压报告。

（四）特殊工序或关键控制点的控制（表 5.2.3）

表 5.2.3　特殊工序或关键控制点的控制

| 序号 | 特殊工序/关键控制点 | 主要控制方法 |
|---|---|---|
| 1 | 预应力筋、水泥等原材料进场检查 | 原材料出厂合格证和复验报告,张拉机具的标定和配套校验 |
| 2 | 预应力筋用夹具、连接器进场检查 | |
| 3 | 混凝土配合比检查 | 混凝土配合比试验报告 |
| 4 | 非预应力筋、预埋件隐蔽检查 | 张拉前预应力筋下料长度计算,控制预埋件位置正确,同时控制钢筋冷墩和焊接时参数以及焊接后钢筋形心距轴线尺寸是否符合要求,焊缝外观质量检查 |
| 5 | 预应力筋铺设、镦粗检查 | |
| 6 | 预应力筋冷拉记录检查 | |
| 7 | 预应力筋张拉记录检查 | 钢筋张拉时应控制张拉力和张拉伸长值,同时张拉力应满足设计要求,实际张拉值与理论伸长值比较应控制在允许范围内 |

| 序号 | 特殊工序/关键控制点 | 主要控制方法 |
|------|------------------|------------|
| 8 | 混凝土试压强度检查 | 混凝土试压报告应满足设计要求 |
| 9 | 预应力筋放张记录检查 | 混凝土强度达标后,用砂轮切割机对称切割放张钢筋且钢筋外露长度不小于 30 mm |

（五）应注意的质量问题

1. 预应力筋下料前,应根据设计要求计算下料长度。钢筋镦粗前,其端头 15~20 cm 范围内的锈要除净,钢筋端头要磨平并不能有弯曲。

2. 张拉设备应配套标定,并配套使用。张拉设备的标定期限不应超过半年。当在使用过程中出现反常现象或在千斤顶检修后,应重新标定。

3. 预应力筋张拉端的设置,应符合设计要求,当设计无具体要求时,应符合下列规定:

（1）预应力张拉时最大张拉应力:冷拉 Ⅱ、Ⅲ、Ⅳ 级钢不得超过屈服强度的 90%,钢丝、钢绞线不得超过屈服强度的 75%,热处理钢筋不得超过标准强度的 70%。张拉后的实际预应力值的偏差不得超过规定值的 5%。

（2）当用冷拉粗钢筋作预应力筋时,必须先焊上螺丝端杆,然后再进行冷拉,使各对焊接头进行一次冷拉考验。

4. 张拉时,张拉机具与预应力筋应在一条直线上。

5. 顶紧锚塞时,用力不要过猛,以防钢丝折断,再拧紧螺母时,应注意压力表读数始终保持所需的张拉力。

6. 预应力钢丝内力的检测,一般应在张拉锚固后 1 h 后进行,其检测值按设计规定值,当设计无规定时,可按表 5.2.4 取用。

表 5.2.4　钢丝预应力值检测时的设计规定值

| 张拉方法 | | 检测值 |
|---------|------|--------|
| 长线张拉 | | $0.94\sigma_{con}$ |
| 短线张拉 | 长 4 m | $0.91\sigma_{con}$ |
| | 长 6 m | $0.93\sigma_{con}$ |

7. 预应力筋放张时,应测定钢丝回缩值,如回缩值过大,则应分析和查找原因,检查构件的混凝土强度是否满足设计要求,不满足设计要求时采取纠正措施。

8. 放张前,应拆除模板。用氧炔焰或电弧切割时,应采取隔热措施,防止烧伤构件端部混凝土。

二、通病及预防措施

1. 钢绞线生锈

措施:（1）按规定要求妥善保管,开卷后随用随覆盖周全;

（2）按施工进度，有计划地进料；

（3）对于轻微浮锈，应进行除锈处理后再使用；对于轻度锈蚀者，应作检验，对合格者应采取有效的办法，进行除锈处理后使用；对于不合格者，不得使用，或降级使用；对于严重锈蚀者，不得使用。

2. 钢丝束、钢绞线互相缠绞、扭结

措施：编束时，严格按工艺规程要求进行理顺排列，并分段设置定位板；穿束后，要认真检查一遍再进入张拉程序。

3. 夹片硬度不均匀

措施：（1）选择合格的厂家的产品；

（2）按规定对锚具、夹片进行认真的检验，剔除不合格品。

4. 更换千斤顶内夹片安装不规范，没有对齐、没摆匀

措施：（1）认真交底，请有经验的操作人员并进行示范演练；

（2）按环节先后顺序操作，如：先将工作锚套入钢束，装入定位槽内就位后，再安装顶楔器，装严靠紧后，依次再安千斤顶、工具锚；

（3）安装夹片时，利用 O 型橡胶圈，将其套住、摆匀、对齐，并轻敲入锚孔。

5. 张拉设备使用管理不到位

表现为非配套顶、泵混用、设备超期使用，或拆卸维修后未重新标定。

措施：（1）学习规范、规程，明白其要求的机理和重要意义；

（2）千斤顶、油泵、油压表、油管要经编号组合配套后进行检验标定；

（3）凡经配套检验标定的张拉设备，必须配套使用，不许随便更换，随意搭配，组合使用；

（4）在使用过程中，一旦其中某项设备发生故障需要更换时，仍须再行配套检验标定；

（5）建立张拉设备台账，明确标定周期和日期，设专人管理；

（6）张拉前，由操作人员对张拉设备进行验证检查，核实交底张拉控制数据。

6. 操作过程中违反张拉原则进行张拉作业

表现为不分阶段、不分级、升压快不持荷、随意确定张拉行程等。

措施：（1）严格按技术交底或专项施工方案确定的张拉程序施工；

（2）在施工方案或技术交底中，要确定张拉原则及具体做法，如当确定要采取"分级、同步张拉"原则时，就要规定：将张拉应力从 $0 \rightarrow \sigma$ 分成若干级的升压阶梯，是否单端张拉或两端张拉，单端张拉分次倒顶应根据确定千斤顶行程、钢绞线有效长度、理论伸长值等，预算倒顶次数。若两端同时升到某一个阶梯时，测量一次预应筋伸长值，当两端伸长值相差较大时，可通过适当调整油缸进油的方法，使两端伸长值基本相等，这样，逐级地随着应力逐渐增大，而伸长值也随着相应增加，使整个张拉过程中，应力和伸长值相应地处于均衡稳定的变化状态；

（3）张拉时，要统一操作信号，同步进行，遇有问题，及时处理；

（4）施工技术及施工负责人应在现场加强督导。

7. 初应力 $\sigma_0$ 的取值在施工中的随意性

措施:根据工程实际情况,结合预制场地及布料的状况,经过一定时间的数据验证,确定比较准确的 $\sigma_0$ 数值。

8. 预应力筋浇筑完成后脱滑或松动

措施:(1) 一旦发生滑脱现象,对锚、夹具夹片的硬度和预应力筋进行复检;

(2) 用于工具锚上的夹片,要认真地进行清洗,擦拭,去除油渍;

(3) 发现夹片损伤应及时更换。

9. 成型后起拱度超标

措施:(1) 按预应力混凝土对强度和弹性模量的要求做好混凝土的配合比设计,严格掌握同批构件混凝土配合比的一致性;

(2) 严格按设计的张拉控制应力施加预应力;

(3) 严格按规定张拉顺序、张拉原则进行张拉,掌握好施力速度,不要过快;

(4) 在构件加工时,严格按设计或规范的规定,控制支架或底模的预拱度;

(5) 对个别起拱较大构件,进行压载预控,再对安装时间进行调整。

## 5.3 后张法预应力施工

后张法施工是指先制作构件或结构,待混凝土达到一定强度,在构件或结构上张拉预应力筋的施工方法,如图 5.3.1 所示。这种施工方法通过孔道灌浆,使预应力筋与混凝土相互黏结,减轻了锚具传递预应力的作用,提高锚固可靠性与耐久性,广泛用于主要承重构件或结构。

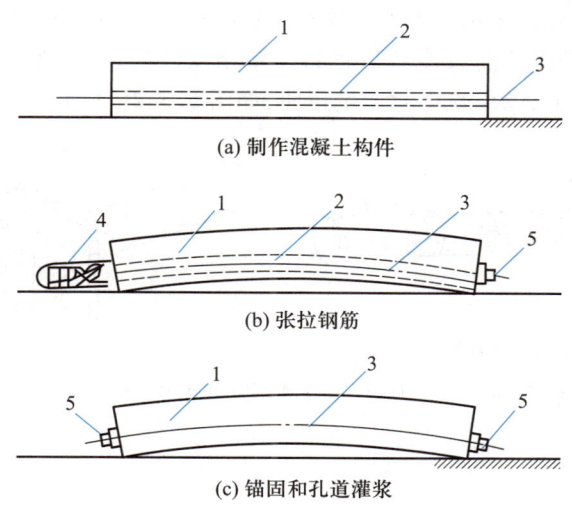

(a) 制作混凝土构件

(b) 张拉钢筋

(c) 锚固和孔道灌浆

1—混凝土构件;2—预留孔道;3—预应力筋;4—千斤顶;5—锚具。

图 5.3.1 预应力混凝土后张法生产示意图

### 5.3.1 预应力筋制作及锚固性能检验

#### 一、锚具

锚具是进行张拉预应力筋和永久固定在预应力混凝土构件上传递预应力的工具。要求锚具工作可靠,构造简单,施工方便,预应力损失小,成本低廉。

锚具按锚固性能不同,可分为 I 类锚具和 II 类锚具。 I 类锚具适用于承受动载、静载的预应力混凝土结构; II 类锚具仅适用于有黏结预应力混凝土结构,且锚具只能处于预应力筋应力变化不大的部位。

后张法所用锚具的种类很多,按构造形式可分为螺杆锚具、夹片锚具、锥销式锚具、墩头锚具等;按工作特点、锚具所在位置与作用不同可分为张拉端锚具和固定端锚具;按锚固的钢材不同可分为单根钢筋锚具,钢筋束、钢绞线束锚具,钢丝束锚具等。

1. 单根钢筋锚具

(1) 螺丝端杆锚具

螺丝端杆锚具适用于锚固直径不大于 36 mm 的冷拉 HRB400 钢筋,其由螺丝端杆、螺母及垫板组成(图 5.3.2a)。

螺丝端杆锚具与预应力筋对焊,用张拉设备张拉螺丝端杆,然后用螺母锚固。螺杆用冷拉的同类钢筋制作,或用冷拉 45 号或热处理 45 号钢制作。用冷拉钢材制作时,先冷拉后切削加工,冷拉后的机械性能不得低于预应力筋冷拉后的性能。用热处理 45 号钢制作时,先粗加工至接近设计尺寸,再进行热处理,然后精加工至设计尺寸,热处理后不能有裂纹和伤痕。螺母可用 3 号钢制作,螺丝端杆与预应力筋的焊接,应在预应力筋冷拉前进行。

(2) 帮条锚具

帮条锚具可作为冷拉 HRB400 钢筋及冷拉 5 号钢筋固定端锚具用。它由一块方形衬板与三根帮条组成。衬板采用普通低碳钢板,帮条采用与预应力筋同级别的钢筋。帮条的焊接,可在预应力筋冷拉前或冷拉后进行。帮条安装时,三根帮条与衬板相接触的截面应在一个垂直平面上,以免受力时产生扭曲,如图 5.3.2b 所示。

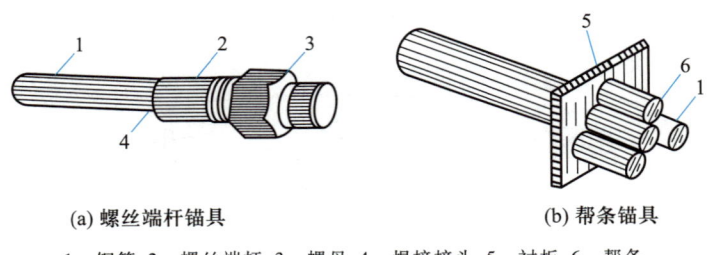

(a) 螺丝端杆锚具　　　　　　　　　　(b) 帮条锚具

1—钢筋;2—螺丝端杆;3—螺母;4—焊接接头;5—衬板;6—帮条。

图 5.3.2　单根钢筋锚具

(3) 墩头锚具

墩头锚具由墩头和垫板组成。墩头一般是直接在预应力筋端部热墩、冷墩或锻打成形,垫板采用 3 号钢,如图 5.3.3 所示。

图 5.3.3　墩头及锚具

2. 钢筋束(钢绞线束)锚具

（1）JM 型锚具

JM 型锚具适用于锚固 3~6 根直径为 12 mm 的光圆或变形的钢筋束,也可用于锚固 4~6 根直径为 12 mm 或 15 mm 的钢绞线束。它是由锚环和六片夹片组成的,如图 5.3.4 所示。夹片呈扇形,用两侧的半圆槽锚固预应力筋。为增加夹片与预应力筋之间的摩擦,在半圆槽内刻有截面为梯形的齿痕,夹片背面的坡度与锚环一致。锚环分甲型和乙型两种,甲型锚环为具有锥形内孔的圆柱体,外形比较简单,使用时直接放置在构件端部的垫板上;乙型锚环在圆柱体外部增添正方形肋板,使用时,锚环直接预埋在构件的端部,不另设置垫板。

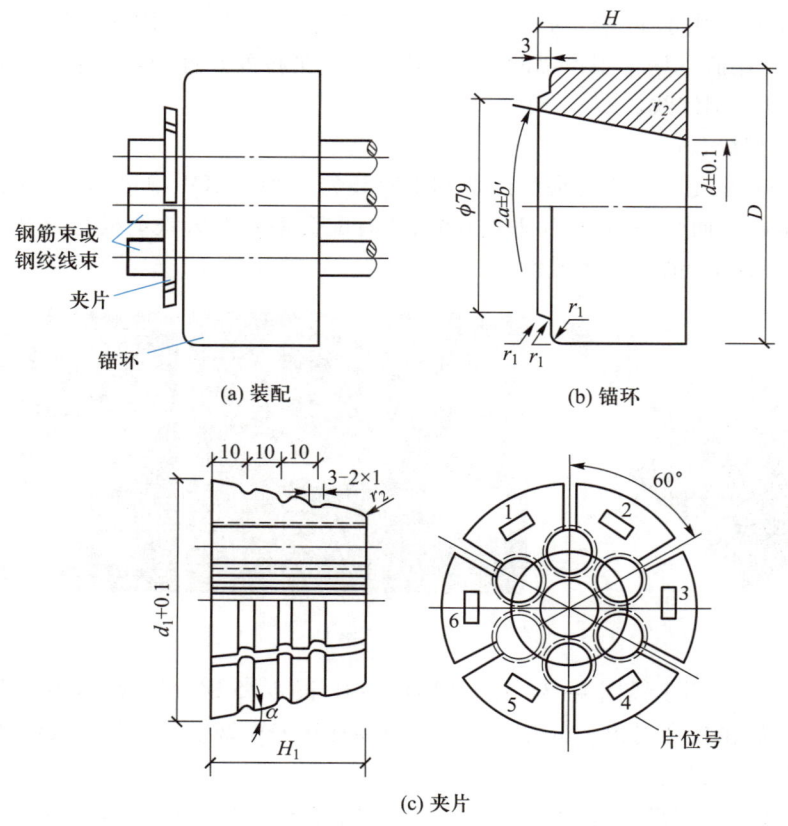

(a) 装配　　(b) 锚环

(c) 夹片

图 5.3.4　JM 型锚具

（2）XM 型锚具

XM 型锚具既可以用于锚固钢绞线束，又可用于锚固钢丝束；既可锚固单根预应力筋，又可锚固多根预应力筋；当用于锚固多根预应力筋时，既可单根张拉，逐根锚固，又可成组张拉，成组锚固。XM 型锚具通用性好，锚固性能可靠，施工方便，且便于高空作业。

XM 型锚具由锚板和夹片组成，如图 5.3.5 所示。

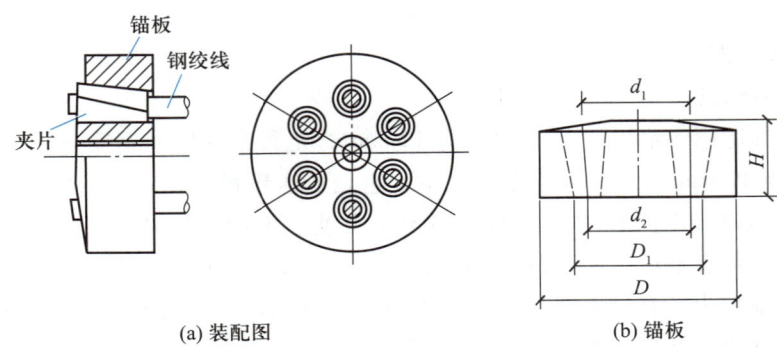

(a) 装配图　　　　　　　　　　　(b) 锚板

图 5.3.5　XM 型锚具

XM 型锚具当用于工具锚时，可在夹片和锚板之间涂抹一层固体润滑剂（如石墨、石蜡），以利夹片松脱。用于工作锚时，具有连续反复张拉的功能，可用行程不大的千斤顶张拉任意长度的钢绞线。

（3）QM 型锚具

QM 型锚具也是由锚板与夹片组成（图 5.3.6）。但与 XM 型锚具有不同之处：其锚孔是直的，锚板顶面是平的，夹片垂直开缝，备有配套喇叭形铸铁垫板与弹簧圈等。由于灌浆孔设在垫板上，锚板尺寸可稍小。

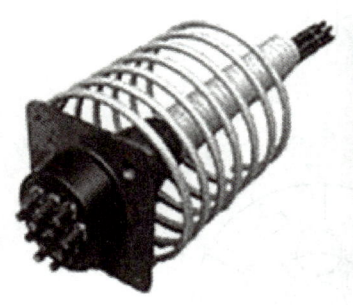

图 5.3.6　QM 型锚具及配件

QM 型锚具适用于锚固 4~31 根 $\phi^j 12$ 和 3~19 根 $\phi^j 15$ 钢绞线束。QM 型锚具备有配套自动工具锚，张拉和退出十分方便。张拉时要使用 QM 型锚具的配套限位器。

（4）KT-Z 型锚具

其由锚环与锚塞组成（图 5.3.7）。适用于锚固 3~6 根直径 12 mm 的冷拉螺纹钢筋与钢绞线束。锚环和锚塞均用 KT37-12 或 KT35-10 可锻铸铁铸造成型。

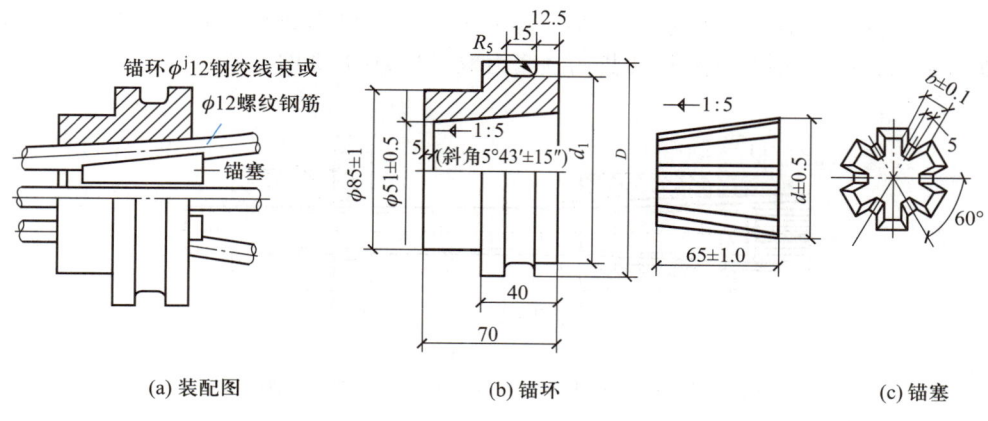

(a) 装配图      (b) 锚环      (c) 锚塞

图 5.3.7    KT-Z 型锚具

**3. 钢丝束锚具**

钢丝束锚具目前国内常用的有钢制锥形锚具、锥形螺杆锚具、钢丝束墩头锚具等。

（1）钢质锥形锚具

钢质锥形锚具又称弗氏锚具，由锚环和锚塞组成（图 5.3.8）。适用于锚固 6 根、12 根、18 根与 24 根 $\phi^s5$ 钢丝束。锚环采用 45 号钢制作，锚塞采用 45 号钢或 T7、T8 碳素工具钢制作。锚环与锚塞的锥度应严格保证一致，锚环与锚塞配套时，锚环锚形孔与锚塞的大小头只允许同时出现正偏差或负偏差。

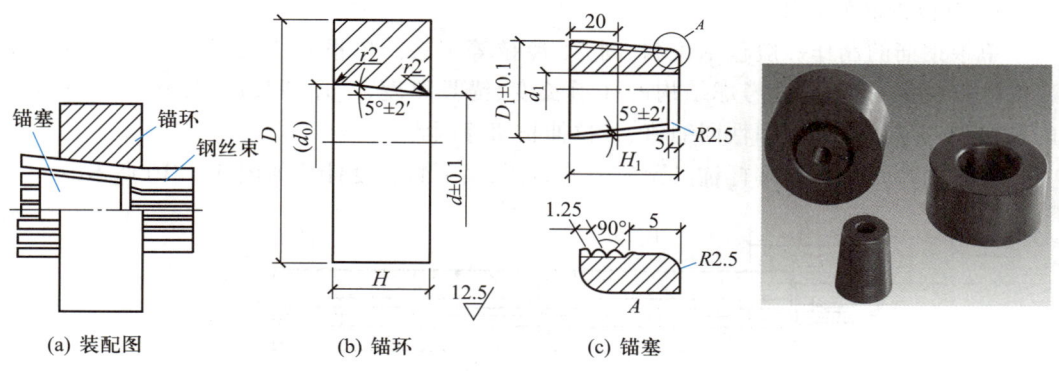

(a) 装配图      (b) 锚环      (c) 锚塞

图 5.3.8    钢质锥形锚具

钢质锥形锚具钢丝分布在锚环锥孔内侧，由锚塞塞紧锚固。锚环内孔的锥度应与锚塞的锥度一致，锚塞上刻有洗齿槽，夹紧钢丝防止滑移。

锥形锚具的缺点是当钢丝直径误差较大时，易产生单根滑丝现象，易使钢丝被咬伤，此外，钢丝锚固时成辐射状态，弯折处受力较大，目前在国外已少用。

（2）锥形螺杆锚具

锥形螺杆锚具适用于锚固 14~28 根 $\phi^s5$ 钢丝束。它是由锥形螺杆、套筒、螺母和垫板组成，如图 5.3.9 所示。锥形螺杆和套筒均采用 45 号钢制成，螺母和垫板采用 3 号钢制成。使用时，先将钢丝束均匀整齐地紧贴在螺杆锥体部分，然后套上套筒，用拉杆式千斤顶使端杆锥通过钢丝挤压套筒,从而锚紧钢丝。由于锥形螺杆锚具不能自锚,必须事先加力顶压套筒才能锚固钢丝,锚具的预紧力取张拉力的 120%~130%。

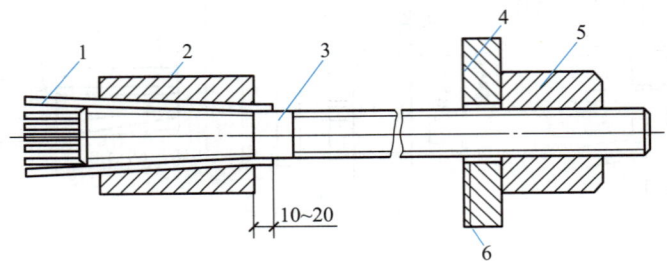

1—钢丝;2—套筒;3—锥形螺杆;4—垫板;5—螺母;6—排气槽。

图 5.3.9  锥形螺杆锚具

（3）钢丝束墩头锚具

钢丝束墩头锚具适用于锚固任意根数 $\phi^s5$ 钢丝束。钢丝束墩头锚具的形式与规格,可根据需要自行设计。常用的钢丝束墩头锚具有 A 型和 B 型两种:A 型由锚环与螺母组成,用于张拉端;B 型为锚板,用于固定端;利用钢丝两端的墩头进行锚固。

二、预应力筋制作

预应力筋的制作与钢筋的直径、钢材的品种、锚具的类型、张拉设备和张拉工艺有关。目前常用的预应力筋有单根钢筋、钢筋束、钢绞线束及钢丝束。

1. 单根钢筋的制作

单根钢筋的制作一般包括配料、对焊、冷拉等工序。单根预应力粗钢筋的下料长度应由计算确定:计算时应考虑结构的孔道长度、锚具厚度、千斤顶长度、焊接接头或墩头的预留量、冷拉伸长率、弹性回缩值、张拉伸长值等因素。

现以两端采用螺丝端杆锚具预应力筋为例,其下料长度计算如图 5.3.10 所示。

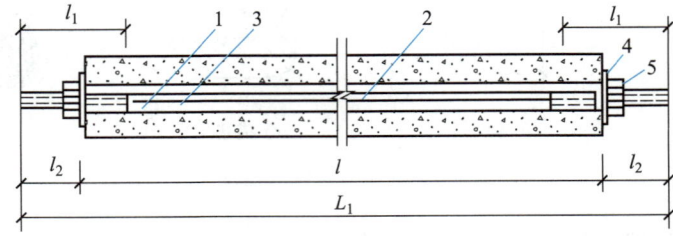

1—螺丝端杆;2—预应力钢筋;3—对焊接头;4—垫板;5—螺母。

图 5.3.10    粗钢筋下料长度计算示意图

预应力筋的成品长度（即预应力筋和螺丝端杆对焊并经冷拉后的全长）$L_1$

$$L_1 = l + 2l_2 \tag{5.3.1}$$

预应力筋（不包括螺丝端杆）冷拉后需达到的长度 $L_0$

$$L_0 = L_1 - 2l_1 \tag{5.3.2}$$

预应力筋（不包括螺丝端杆）冷拉前的下料长度 $L$

$$L = \frac{L_0}{1+\gamma-\delta} + n\Delta \qquad (5.3.3)$$

式中　$l$——构件孔道长度,mm;

$l_1$——螺丝端杆长度,一般为 320 mm;

$l_2$——螺丝端杆伸出构件外的长度,一般为 120~150 mm 或按括号内公式计算
（张拉端:$l_2 = 2H+h+5$ mm;锚固端:$l_2 = H+h+10$ mm）;

$\gamma$——预应力筋的冷拉率(由试验确定);

$\delta$——预应力筋的冷拉弹性回缩率(一般为 0.4%~0.6%);

$n$——钢筋与钢筋、钢筋与螺丝端杆的对焊接头总数;

$\Delta$——每个对焊接头的压缩量,一般可取 20~30 mm;

$H$——螺母高度,mm;

$h$——垫板厚度,mm。

预应力筋一端采用螺丝端杆锚具,另一端采用帮条锚具或墩头锚具的下料长度计算,计算公式如下:

$$L = \frac{l-l_1+l_2+l_3}{1+\gamma-\delta} + n\Delta \qquad (5.3.4)$$

$$L = \frac{l-l_1+l_2+l_4}{1+\gamma-\delta} + n\Delta \qquad (5.3.5)$$

式中　$l_3$——帮条锚具长度,一般取值 70~80 mm;

$l_4$——墩头锚具长度,一般取值 2.25 倍钢筋直径加 15 mm(垫板厚度)。

【例 5.3.1】　21 m 预应力屋架的孔道长为 20.80 m,预应力筋为冷拉 HRB400 钢筋,直径为 22 mm,每根长度为 8 m,实测冷拉率 $\gamma = 4\%$,弹性回缩率 $\delta = 0.4\%$,张拉应力为 $0.85f_{pyk}$。螺丝端杆长为 320 mm,帮条长为 50 mm,垫板厚为 15 mm。计算:

（1）两端用螺丝端杆锚具锚固时预应力筋的下料长度。

（2）一端用螺丝端杆,另一端为帮条锚具时预应力筋的下料长度。

（3）预应力筋的张拉力。

解:（1）螺丝端杆锚具,两端同时张拉,螺母厚度取 36 mm,垫板厚度取 16 mm,则螺丝端杆伸出构件外的长度 $l_2 = 2H+h+5 = 2\times36$ mm$+16$ mm$+5$ mm$= 93$ mm;对焊接头个数 $n = 2+2 = 4$;每个对焊接头的压缩量 $\Delta = 22$ mm,则预应力筋下料长度

$$L = \frac{l-2l_1+2l_2}{1+\gamma-\delta} + n\Delta = \frac{20\ 800-2\times320+2\times93}{1+0.04-0.004}\ \text{mm} + 4\times22\ \text{mm} = 19\ 727\ \text{mm}$$

（2）帮条长为 50 mm,垫板厚 15 mm,则预应力筋的成品长度

$$L_1 = l+l_2+l_3 = 20\ 800\ \text{mm} + 93\ \text{mm} + (50+15)\ \text{mm} = 20\ 958\ \text{mm}$$

预应力筋(不含螺丝端杆锚具)冷拉后长度

$$L_0 = L_1 - l_1 = 20\ 958\ \text{mm} - 320\ \text{mm} = 20\ 638\ \text{mm}$$

$$L = \frac{L_0}{1+\gamma-\delta} + n\Delta = \frac{20\ 638}{1+0.04-0.004}\ \text{mm} + 4\times22\ \text{mm} = 20\ 009\ \text{mm}$$

（3）预应力筋的张拉力

$$F_p = \sigma_{con} \cdot A_p = 0.85 \times 500 \times (3.14/4) \times 22^2 \text{ N} = 161\ 475 \text{ N}$$

2. 钢筋束（钢绞线束）的制作

钢筋束主要采用φ12钢筋3~6根组成,钢绞线束主要采用3~6根7×φ5钢筋组成。由于其强度高、柔性好,而且钢筋不需要接头等优点,近年来钢筋束和钢绞线束预应力筋的应用越来越广泛。

钢筋束所用钢筋一般是圆盘状供应,长度较长,不需要对焊接长。钢筋束预应力筋的制作工艺一般是开盘冷拉、下料、编束。热处理钢筋及钢绞线下料切断时,宜采用切断机或砂轮锯切断,不得采用电弧切割。钢绞线切断前,在切口两侧50 mm处应用铅丝绑扎,以免钢绞线松散。

钢筋束或钢绞线束预应力筋的编束,主要是为了保证穿入构件孔道中的预应力筋束不发生扭结。成束预应力筋宜采用穿束网套穿束。穿束前应逐根理顺,用铅丝每隔1.0 m左右绑扎成束,不得紊乱。

钢筋束或钢绞线束的下料长度,主要与构件长度、所选锚具和张拉机械有关。当采用JM型、XM型锚具,用穿心式千斤顶张拉时,钢筋束和钢绞线束下料长度L,应等于构件孔道长度加上两端为张拉、锚固所需的外露长度,如图5.3.11所示。

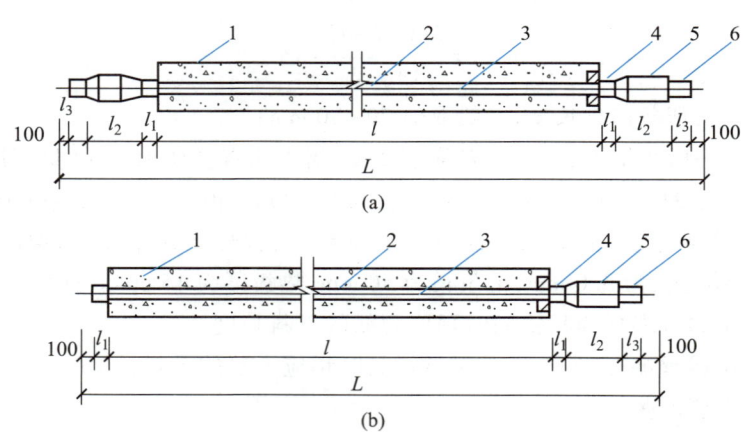

1—混凝土构件;2—孔道;3—钢绞线;4、6—夹片式工作锚;5—穿心式千斤顶。

图5.3.11　钢筋束下料长度计算简图

预应力筋两端同时张拉时,下料长度计算公式如下:

$$L = l + 2 \times (l_1 + l_2 + l_3 + 100\text{mm}) \tag{5.3.6}$$

预应力筋一端张拉时,下料长度计算公式如下:

$$L = l + 2 \times (l_1 + 100\text{mm}) + l_2 + l_3 \tag{5.3.7}$$

式中　$l$——构件的孔道长度,mm;

　　　$l_1$——工作锚的厚度,mm;

　　　$l_2$——穿心式千斤顶长度,mm;

　　　$l_3$——夹片式工具锚厚度,mm。

3. 钢丝束的制作

钢丝束的制作，随着选用锚具形式的不同制作方法也有差异，一般需经下料、编束和安装锚具等工序。

（1）制作工艺

当采用钢丝束作为预应力筋时，为了保证张拉时钢丝束中每根钢丝应力值的均匀性，钢丝束制作时必须等长下料，同束钢丝中下料长度的相对误差应控制在 $L/5\ 000$ 以内，且不得大于 5 mm（$L$ 为钢丝长度）。为保证达到上述下料精度，一般有两种方法：一种是应力下料法，即拉钢丝至 300 MPa 应力状态下，画定长度，放松后剪切下料；另一种是用钢管限位法，即将钢丝通过小直径的钢管（钢管内径略粗于钢丝直径），在平直的工作台上等长下料，后一种方法比较简单，采用较广泛。

钢丝下料后应逐根进行编束。用墩头锚具时，根据钢丝分圈布置的特点，编束时首先将内圈和外圈钢丝分别用铁丝顺序编扎，然后将内圈钢丝放在外圈钢丝内扎牢。钢丝束编好后，先在一端套上锚杯或锚板并完成墩头工作，另一端的墩头待钢丝束穿过孔道后再进行。

当采用钢质锥形锚具时，首先把钢丝理顺放平，然后隔 1.0 m 用 22 号铁丝将钢丝编成帘子状，然后每隔 1 m 放置一个螺旋衬圈，再将编好的钢丝帘绕衬圈围成圆束，如图 5.3.12 所示。编束的目的是防止钢丝互相扭结。

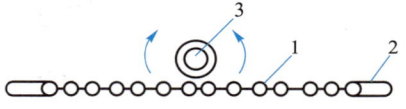

1—钢丝；2—铅丝；3—衬圈。

图 5.3.12　钢丝束的编束

（2）下料长度计算

采用锥形螺杆锚具两端同时张拉（图 5.3.13）时，预应力筋的下料长度计算公式如下：

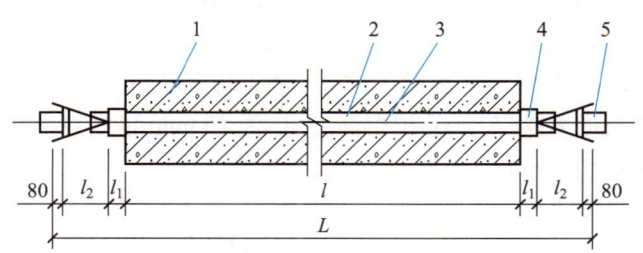

1—混凝土构件；2—孔道；3—钢丝束；4—钢质锥形锚具；5—锥锚式千斤顶。

图 5.3.13　采用锥形螺杆锚具时钢丝束下料长度计算简图

① 两端张拉时宜按下式计算

$$L = l + 2(l_1 + l_2 + 80\text{ mm}) \qquad (5.3.8)$$

② 一端张拉时宜按下式计算

$$L = l + 2(l_1 + 80\text{ mm}) + l_2 \qquad (5.3.9)$$

式中　$L$——预应力筋的下料长度；

　　　$l$——构件的孔道长度；

　　　$l_1$——锚环厚度，mm；

　　　$l_2$——千斤顶分丝头至卡盘外端距离，mm。

采用锚杯式墩头锚具一端张拉(图5.3.14)时,预应力筋的下料长度计算公式如下:

$$L = l + 2a + 2\delta - 0.5(H - H_1) - \Delta L - C \tag{5.3.10}$$

式中　$L$——预应力筋的下料长度;

　　　$l$——构件的孔道长度;

　　　$a$——锚板厚度或锚杯底部厚度;

　　　$\delta$——钢丝墩头留量(取钢丝直径的2倍);

　　　$H$——锚杯高度;

　　　$H_1$——螺母高度;

　　　$\Delta L$——张拉时钢丝伸长值;

　　　$C$——混凝土弹性压缩值(当其值很小时可略去不计)。

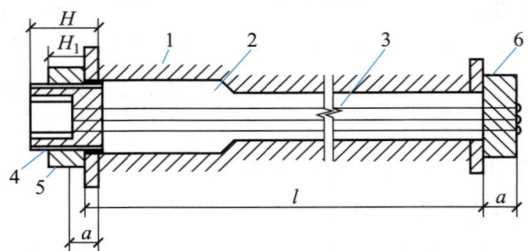

1—混凝土构件;2—孔道;3—钢丝束;4—锚杯;5—螺母;6—锚板。

图5.3.14　采用墩头锚具时钢丝束下料长度计算简图

【例5.3.2】　某预应力混凝土屋架,采用机械张拉法施工。孔道长度为23.80 m,预应力筋为$18\phi^b 5$冷拔低碳钢丝束。两端采用墩头锚具,一端张拉,张拉控制应力为$0.65 f_{ptk}$。计算预应力钢丝的下料长度和预应力筋张拉力。

解:张拉端锚具为DM5A-18型墩头锚具;固定端为墩头锚具,张拉机械为穿心式双作用千斤顶。锚杯高度$H$为70 mm,螺帽高度$H_1$为25 mm,锚板厚度$a$为30 mm,钢丝墩头留量取$\delta = 2 \times 5$ mm = 10 mm。

预应力筋的张拉力

$$F_p = \sigma_{con} \cdot A_p = 0.65 \times 650 \times \left(18 \times \frac{3.14 \times 5^2}{4}\right) \text{ N} = 149\,248 \text{ N}$$

张拉时钢丝伸长值

$$\Delta L = \sigma_{con} \frac{l}{E_s} = 0.65 \times 650 \times \frac{23\,800}{2.0 \times 10^5} \text{ mm} = 50 \text{ mm}$$

预应力钢丝的下料长度

$L = L_0 + 2a + 2\delta - 0.5 \times (H - H_1) - \Delta L - C$

　$= 23\,800$ mm $+ 2 \times 30$ mm $+ 2 \times 10$ mm $- 0.5 \times (70 - 25)$ mm $- 50$ mm $- 0 = 23\,808$ mm

三、预应力筋锚具组装件的锚固性能检验

预应力筋锚固体系是否安全可靠,不仅要看锚(夹)具各部件的质量是否合格,而且要看预应力筋锚具组装件的锚固性能是否满足结构要求。

1. 锚固性能要求

预应力筋锚具组装件的静载锚固性能用锚具效率系数 $\eta_a$ 表示。$\eta_a$ 定义为预应力筋锚具组装件的实际拉断力与预应力筋的理论拉断力之比。考虑到预应力筋中各根钢材的应力理论拉断力小于各根预应力钢材强度之和，此降低值用束的效率系数 $\eta_p$ 表示，从而得出，锚具效率系数 $\eta_a$ 可按式(5.3.11)计算：

$$\eta_a = \frac{F_{apu}}{\eta_p F_{pm}} \qquad (5.3.11)$$

式中　$F_{apu}$——预应力筋锚具组装件的实测极限拉力，kN；

$F_{pm}$——预应力筋的实际平均极限抗拉力，kN；$F_{pm} = f_{pm} \cdot A_p$；

$f_{pm}$——试验用预应力钢材的实测抗拉强度平均值，N/mm²；

$A_p$——预应力筋锚具组装件中各根预应力钢材公称截面面积之和，mm²；

$\eta_p$——预应力筋的效率系数，预应力筋锚具组装件中钢绞线为 1~5 根时，$\eta_p = 1$；6~12 根时，$\eta_p = 0.99$；13~19 根时，$\eta_p = 0.98$；20 根以上时，$\eta_p = 0.97$。

对于重要的预应力混凝土结构工程中使用的锚具，进场验收时，预应力钢筋效率系数 $\eta_p$ 应按式(5.3.12)计算：

$$\eta_p = \lambda_m + (1 - \lambda_m) \frac{\varepsilon_{ptm}(1 - 1.64\delta_\varepsilon)\varepsilon_{pym}}{\varepsilon_{ptm} - \varepsilon_{pym}} \qquad (5.3.12)$$

式中　$\lambda_m$——预应力筋的平均压强比；

$\varepsilon_{pym}$——预应力筋抽样试件在应力达到屈服强度时的应变平均值；

$\varepsilon_{ptm}$——预应力筋抽样试件的极限应变平均值；

$\delta_\varepsilon$——预应力筋抽样试件的极限应变变异系数。

预应力筋锚具组装件的静载锚固性能应同时满足下列两项要求：$\eta_a \geqslant 0.95$，$\varepsilon_{apu} \geqslant 2\%$（$\varepsilon_{apu}$——预应力筋锚具组装件达到实测极限拉应力时的总应变）。

锚具的预应力筋锚具组装件，尚须满足循环次数为 200 万次的疲劳性能试验；抗震结构中，还应满足循环次数为 50 次的低周荷载试验。试验过程中，当预应力筋锚具组装件达到实测极限拉应力时，应由预应力筋的断裂，而不是由锚具的破坏导致试验结束。对于锚具用量较少的一般工程，如供货方提供有效的试验报告，则可不做静载锚固性能试验。

2. 锚固性能试验

预应力筋锚具组装件的静载锚固性能试验，应在锚具各零件检查合格后进行。

试件应由锚具的全部零件和预应力钢材组成。组装时不得在锚固零件上添加影响锚固性能的物质（如金刚砂、石墨等），各根预应力钢材应等长平行，其受力长度：单孔锚具不应小于 0.8 m；多孔锚具不应小于 3 m；连接器在挤压锚连接端还不应小于 1.5 m。

试验工作应在无黏结状态下将试件置于专门的试验台上进行（图 5.3.15）。加载前必须先将预应力钢材的初应力调匀。正式加载步骤：用张拉设备按 20%、40%、60%、80% 四级等速（每分钟约 100 N/mm²）张拉至预应力钢材抗拉强度标准值的 80%，锚固持荷 1 h 后，再用试验设备逐步加载至极限拉力。对支承式锚具，也可以先安装锚具，直接用试验设备加载。

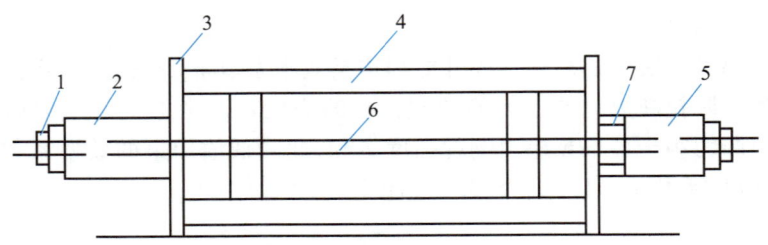

1—张拉端试验锚具或夹具;2—加载用千斤顶;3—承力台座;4—预应力筋;
5—测量总应变的量具;6—荷载传感器;7—固定端试验锚具或夹具。

图 5.3.15 锚固性能试验图

试验过程中应观察和测量:预应力钢材与锚具之间的相对位移;锚具零件之间的相对位移;预应力筋破坏时的伸长;破坏荷载;破坏部位及破坏形态等。

全部(一组为 3 束)试验结果均应做出记录,并据此计算锚具的效率系数 $\eta_a$ 和预应力筋极限应变 $\varepsilon_{apu}$。

### 5.3.2 后张法施工工艺

**一、施工工艺**

后张法施工工艺与预应力施工有关的是孔道留设、预应力筋张拉和孔道灌浆三部分,后张法施工工艺流程如图 5.3.16 所示。

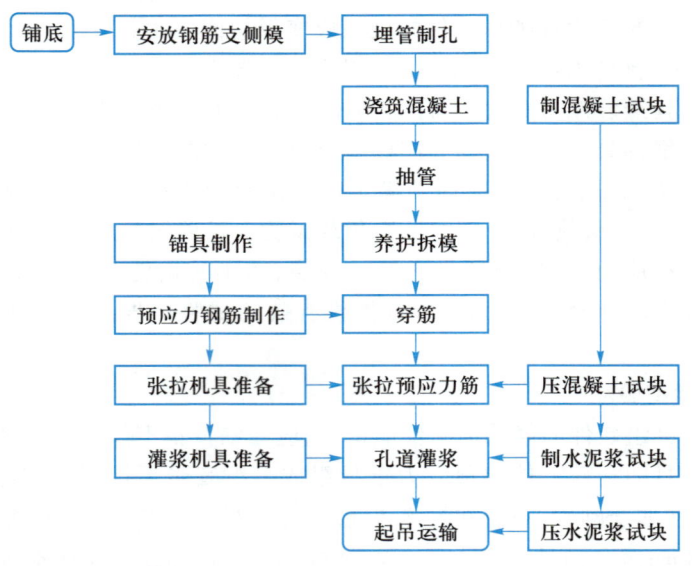

图 5.3.16 后张法施工工艺流程

**二、施工要点**

**(一)孔道留设**

后张法构件中孔道留设一般采用钢管抽芯法、胶管抽芯法、预埋管法。预应力筋的孔道形状有直线、曲线和折线 3 种。钢管抽芯法只用于直线孔道,胶管抽芯法和预埋管法则适用于直线、曲线和折线孔道。

孔道留设是后张法构件制作的关键工序之一。对孔道成形的基本要求是：孔道的尺寸与位置应正确，孔道应平顺，接头不漏浆，端部预埋钢板应垂直于孔道中心线等。孔道的直径一般比预应力筋（束）外径（包括钢筋对焊接头处外径或必须穿过孔道的锚具外径）大 10~15 mm，以利于预应力筋穿入。孔道成形的质量，对孔道摩擦损失的影响较大，应严格把关。

1. 钢管抽芯法

钢管抽芯法是指预先将钢管埋设在模板内孔道位置处，在混凝土浇筑过程中和浇筑之后，每间隔一定时间慢慢转动钢管，使之不与混凝土黏结，待混凝土初凝后、终凝前抽出钢管，即形成孔道，如图 5.3.17 所示。为了保证预留孔道质量，施工中应注意以下几点：

① 钢管要平直，表面光滑，安装位置准确。钢管不直，在转动及拔管时易将混凝土管壁挤裂。钢管预埋前应除锈、刷油，以便抽管。钢管的位置固定一般用钢筋井字架，井字架间距一般为 1~2 m，如图 5.3.18 所示。在灌注混凝土时，应防止振动器直接接触钢管，以免产生位移。

图 5.3.17　钢管抽芯法

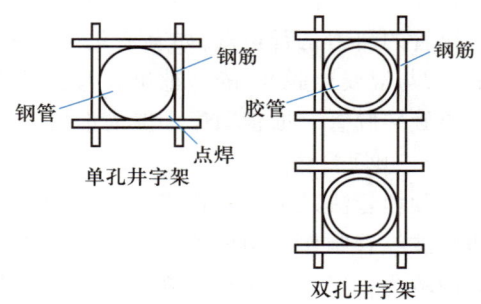

图 5.3.18　固定钢管或胶管位置用的井字架

② 钢管每根长度最好不超过 15 m，以便旋转和抽管。钢管两端应各伸出构件 500 mm 左右。较长构件可用两根钢管接长，两根钢管接头处可用 0.5 mm 厚铁皮做成的套管连接，如图 5.3.19 所示套管内表面要与钢管外表面紧密结合，以防漏浆堵塞孔道。

③ 掌握好抽管时间。抽管时间与水泥品种、气温和养护条件等有关。抽管宜在混凝土初凝后、终凝前进行，以用手指按压混凝土表面不显指纹时为宜。常温下抽管时间在混凝土浇筑后 3~6 h，抽管时间过早，会造成坍孔事故；抽管时间太晚，混凝土与钢管黏结牢固，抽管困难，甚至抽不出来。

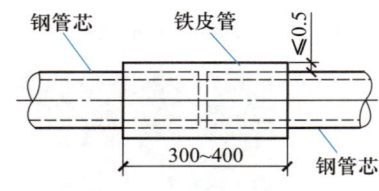

图 5.3.19　钢管连接方式

④ 抽管顺序和方法。抽管顺序宜先上后下进行。抽管时速度要均匀。边转边抽，并与孔道保持在一直线上。抽管后，应及时检查孔道，并做好孔道清理工作，以免增加以后穿筋的困难。

⑤ 灌浆孔和排气孔留设。由于孔道灌浆需要，每个构件与孔道垂直的方向应留设若干个灌浆孔和排气孔，孔距一般不大于 12 m，孔径为 20 mm，可用木塞或白铁皮管成孔。

### 2. 胶管抽芯法

胶管一般有五层或七层夹布胶管和钢丝网橡皮管两种。前者质软,必须在管内充气或充水后才能使用;后者质硬,且有一定的弹性,预留孔道时与钢管一样使用,所不同的是浇筑混凝土后不需转动,抽管时可利用其有一定弹性的特点,胶管在拉力作用下断面缩小,即可把管抽出。如图5.3.20所示为胶管抽芯法。

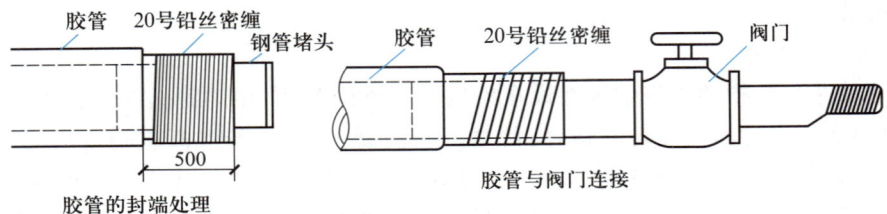

图 5.3.20　胶管抽芯法

胶管用钢筋井字架固定,间距不宜大于 0.5 m 且曲线孔道处应适当加密。对于充水或充气的胶管,在浇筑混凝土前胶管中应充入压力为 0.6~0.8 MPa 的压缩空气或压力水,此时胶管直径可增大(约3 mm)。浇筑混凝土时,振动棒不要碰胶管,并应经常检查水压管的压力是否正常,如有变化必须补正。抽管时放出压缩空气或压力水,胶管孔径缩小,与混凝土脱开,随即抽出胶管形成孔道。用胶管抽芯法预留孔道,混凝土浇筑后不需要旋转胶管。抽管顺序一般先上后下,先曲后直。

### 3. 预埋管法

预埋管法是利用与孔道直径相同的波纹管埋在构件中,无须抽出,一般采用金属或塑料波纹管制作。预埋管法因省去抽管工序,且孔道留设的位置、形状也易保证,故目前应用较为普遍。金属波纹管由镀锌薄钢带经波纹卷管机压波卷成,塑料波纹管是以高密度聚乙烯或聚丙烯塑料为原料,用挤塑机或专用制管机经热挤定形而成,具有质量小、刚度好、弯折方便、连接简单等优点。

波纹管应在 1 kN 径向力作用下不变形,使用前应做灌水试验,检查有无渗漏现象。波纹管的固定采用钢筋井字架,间距不宜大于 0.8 m,曲线孔道时应加密,并用铁丝绑扎牢。

留设孔道的同时还要在设计规定位置留设灌浆孔。在构件两端和中间每隔 12 m 留一个直径 20 mm 的灌浆孔,并在构件两端各设一个排气孔,如图 5.3.21 所示。

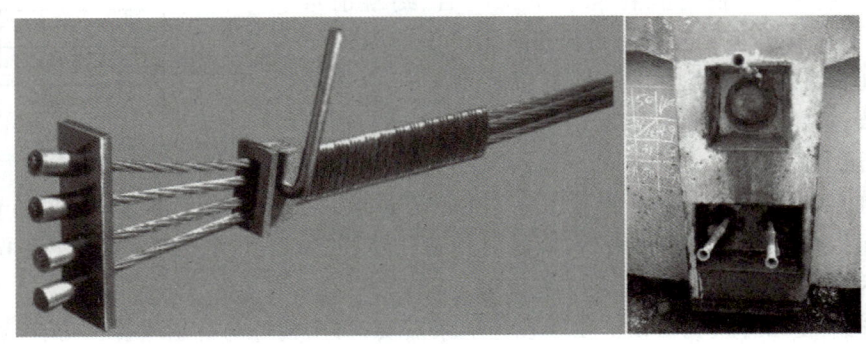

图 5.3.21　灌浆孔及排气孔

（二）预应力筋的张拉

预应力筋的张拉是制作预应力构件的关键,必须按规范有关规定进行施工。张拉时构件或结构的混凝土强度应符合设计要求,当设计无具体要求时,不应低于设计强度标准值的 75%。

1. 张拉控制应力和超张拉最大应力

张拉控制应力可比设计要求提高 5%,但其最大张拉控制应力不得超过表 5.3.1 的规定。

表 5.3.1　最大张拉控制应力

| 预应力钢材品种 | 先张法 | 后张法 |
|---|---|---|
| 消除应力钢丝、钢绞线 | $0.8f_{ptk}$ | $0.8f_{ptk}$ |
| 热处理钢筋 | $0.75f_{ptk}$ | $0.70f_{ptk}$ |

注:$f_{ptk}$ 为预应力筋极限抗拉强度标准值。

2. 张拉程序

张拉程序根据构件类型、张锚体系、松弛损失取值等因素确定。

用超张拉方法减少预应力筋的松弛损失时,预应力筋的张拉程序宜为:

$$0 \xrightarrow{105\%} \sigma_{con} \xrightarrow{\text{(持续 2 min)}} \sigma_{con}$$

如果预应力筋张拉吨位不大,根数很多,而设计中又要求采取超张拉以减少应力松弛损失时,其张拉程序可为:

$$0 \xrightarrow{103\%} \sigma_{con}$$

超张拉 5% 主要是减少钢筋松弛、混凝土弹性压缩、锚具变形和孔道摩擦等因素引起的应力损失。超张拉 3% 主要是弥补设计或施工中不可预见的损失。持荷 2 min 主要是为了加速钢筋松弛的早发展。

3. 预应力筋的张拉方法

对于曲线预应力筋和长度大于 24 m 的直线预应力筋,应采用两端同时张拉的方法;长度等于或小于 24 m 的直线预应力筋,可一端张拉,但张拉端宜分别设置在构件两端。

对预埋波纹管孔道曲线预应力筋和长度大于 30 m 的直线预应力筋宜在两端张拉,长度等于或小于 30 m 的直线预应力筋可在一端张拉。

安装张拉设备时,对于直线预应力筋,应使张拉力的作用线与孔道中心线重合;对于曲线预应力筋,应使张拉力的作用线与孔道中心线末端的切线方向重合。

4. 预应力筋张拉顺序

预应力筋的张拉顺序应符合设计要求,当设计无具体要求时,可采用分批、分阶段对称张拉,以使混凝土不产生超应力、构件不扭转与侧弯、结构不变位等。因此,对称张拉是一项重要原则,同时,还要考虑尽量减少张拉机械的移动次数。

如图 5.3.22 所示是预应力混凝土屋架下弦预应力筋张拉顺序。图 5.3.22a 预应力筋为二束,采用一端张拉方法,用两台千斤顶分别设置在构件两端,一次张拉完成;图 5.3.22b 预应力筋为四束,需要分两批张拉,用两台千斤顶分别张拉对角线的两束,然后张拉另两束;图 5.3.23 是预应力混凝土吊车梁预应力筋的张拉顺序(采用两台千斤顶)。上部两束直线预应力筋一般先张拉,下部四束曲线预应力筋采用两端张拉方法分批进行张拉,为使构件对称受力,每批两束先按一端张拉方法进行张拉,待两批四束均进行一端张拉后,再分批在另一端补张拉,以减少先批张拉所受的弹性压缩损失。

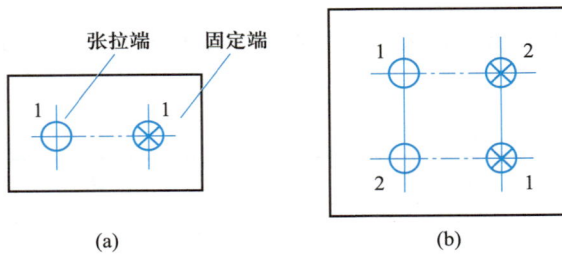

1、2 为预应力筋分批张拉顺序

图 5.3.22　屋架下弦杆张拉顺序

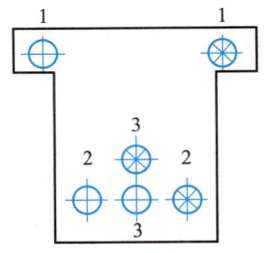

1、2、3 为预应力筋分批张拉顺序

图 5.3.23　吊车梁张拉顺序

(三)孔道灌浆

在高应力状态下预应力筋容易生锈,预应力筋张拉后孔道应尽快灌浆。预应力筋张拉验收合格后,利用灌浆机械将水泥浆压力灌入预应力筋孔道,其作用为:一是保护预应力筋,以免腐蚀;二是使预应力筋与构件混凝土有效地黏结成型,以控制使用阶段的裂缝间距和宽度并减轻端部锚具的负荷。

1. 灌浆材料

孔道灌浆用的水泥浆应具有足够的流动性、较小的干缩性与泌水性,其强度不应小于 30 MPa。水泥浆的流动度:用流锥法测定时,流出时间应控制在 12~18 s;用流淌法测定时,流淌直径应控制在 130~180 mm。

灌浆用水泥应采用强度等级不低于 42.5 的普通硅酸盐水泥,水灰比值为 0.4~0.5。掺入减水外加剂后水灰比可减至 0.38 以下。

水泥浆 3 h 的泌水率宜控制在 2%,最大不得超过 3%,泌水应能在 24 h 内全部重新被水泥浆吸收。

水泥浆内掺入适量灌浆专用外加剂,能使水泥浆在整个水化硬化的不同阶段产生适度的微膨胀,以补偿水泥浆体的干燥收缩和自身体积收缩,并具有适度缓凝和保持良好流动性的能力,对钢筋无腐蚀作用。

2. 灌浆施工

灌浆前孔道应洁净,抽孔成形的孔道孔壁应湿润。灌浆用的水泥浆宜采用高速制浆机制浆并过筛,在灌浆过程中应不断搅拌,以免沉淀析水。

灌浆工作应连续进行,灌浆压力不应小于 0.5 MPa,并应排气通顺,灌浆顺序应先灌下层孔道,后灌上层孔道;竖向孔道灌浆应自下而上进行,并应设置阀门,在灌满孔道并封闭排气孔后,宜再继续加压至 0.5~0.7 MPa,稍后再封闭灌浆孔。

曲线孔道灌浆后(除平卧构件),水泥浆由于重力作用下沉,少量水分上升,造成曲线孔道顶部的空隙较大。为了使曲线孔道顶部灌浆密实,在曲线孔道的上曲部位设置的泌水管内人工补浆。

当室外温度低于 5 ℃时,孔道灌浆应采取抗冻保温措施,防止浆体冻胀使混凝土沿孔道产生裂缝。

### 5.3.3　后张法施工质量标准、验收、通病及预防措施

**一、后张法施工质量标准、验收**

1. 保证项目

(1)预应力筋的品种和质量必须符合设计要求和有关标准的规定。

检验方法:检查出厂质量证明书和试验报告单。

(2)冷拉钢筋的机械性能必须符合设计要求和施工规范的规定。

检验方法:检查出厂质量证明书、试验报告和冷拉记录。

(3)预应力筋所用的锚具和连接器质量必须符合设计和施工规范规定。

检验方法:检查锚具和连接器的出厂合格证、硬度、静载锚固性能及外观尺寸检查报告。

(4)混凝土强度及块体立缝混凝土(砂浆)强度,必须符合设计要求和施工规范的规定。

检验方法:检查同条件养护混凝土(砂浆)试块的试验报告。

(5)锚固阶段张拉端预应力筋的内缩量必须符合混凝土施工规范的规定。

检验方法:检查施加预应力记录。

(6)孔道水泥浆强度必须符合设计要求或施工规范的规定。

检验方法:全面观察和检查水泥浆试块的试验报告。

2. 基本项目

(1)实际建立的预应力值与设计规定值偏差的百分率应不超过±5%。

检查数量:按预应力混凝土工程不同类型件数各抽查 10%,但均不少于 3 种。

检验方法:检查施加预应力记录。

(2)预应力筋(钢丝、钢绞线或钢筋)断裂或滑脱的数量严禁超过结构同一截面预应力总根数的 3%,且一束钢丝不超过一根。

检查数量:全数检查。

检验方法:全面观察和检查施加预应力记录。

**二、注意的问题**

1. 预应力张拉端的设置,应符合设计要求,当设计无具体要求时,应符合下列规定:

(1)抽芯成形孔道时的预应力张拉:对曲线预应力筋和长度大于 24 m 的直线预应力筋,应在两端张拉;对长度不大于 24 m 的直线预应力筋,可在一端张拉。

(2)预埋波纹管孔道时的预应力张拉:对曲线预应力筋和长度大于 30 m 的直线预应力筋,宜在两端张拉;对长度不大于 30 m 的直线预应力筋,可在一端张拉。

当同一截面中有多根一端张拉预应力筋时,张拉端宜分别设置在结构的两端。

当两端同时张拉一根预应力筋时,宜先在一端锚固,再在另一端补足张拉力后进行锚固。

2. 平卧重叠浇筑的构件,宜先上后下逐层进行张拉。为了减少上下层之间因摩阻引起的预应力损失,可逐层加大张拉力。但底层张拉力不宜比顶层张拉力大 5%(钢丝、钢绞线、热处理钢筋)或 9%(冷拉 HRB400 钢筋、HRB500 钢筋),且最大张拉应力:冷拉 HRB400 钢筋、HRB500 钢筋不得超过屈服强度的 90%,钢丝、钢绞线不得超过屈服强度的 75%,热处理钢筋不得超过标准强度的 70%。张拉后的实际预应力值的偏差不得超过规定值的 5%。

3. 预应力筋锚固后的外露长度,不宜小于 30 mm。锚具应用封端混凝土保护,如需长期外露,应采取措施防止锈蚀。

4. 预应力筋张拉后,孔道应尽快灌浆。连接器连接的多跨连续预应力筋的孔道灌浆,应张拉完一跨随即灌筑一跨,不应在各跨全部张拉完毕后一次连续灌浆。

5. 孔道灌浆应采用强度等级不低于 42.5 的普通硅酸盐水泥配制的水泥浆;对孔隙大的孔道,可采用砂浆灌浆。水泥浆及砂浆强度,应满足设计要求,且均不应低于 20 N/mm$^2$。

6. 灌浆水泥浆水灰比为 0.4~0.45,搅拌后 3 h 泌水率控制在 2%,不得超过 3%,水泥浆中可掺入对预应力筋无腐蚀作用的外加剂。一般可掺入 0.05%~0.1% 的铝粉或 0.25% 的木质素磺酸钙减水剂。

7. 当用冷拉粗钢筋作预应力筋时,必须先焊上螺丝端杆,然后再进行冷拉,使各对焊接头进行一次冷拉考验。

### 三、通病及预防措施

(一)孔道堵塞

1. 原因分析

(1)预埋芯管如波纹管被电焊火花击穿后形成小孔,而又未及时发现;套管锈蚀砂眼。

(2)浇筑混凝土时,振捣碰坏套管,造成管身变形、裂缝,使水泥灰浆渗入。

(3)锚下垫板与套管连接不牢固,套管之间连接不牢,浇筑混凝土时接口处混凝土砂浆流入孔道内。

(4)安装梁内外模板对拉螺栓时,木工钻孔破坏了套管。

2. 预防措施

(1)预埋各种套管前后逐根检查,并逐根进行 U 形满水及灌水试验。

(2)浇筑混凝土过程中和浇筑完都要反复拉孔。

(3)锚垫板预先用螺栓固定在整体端钢板上,缝隙夹紧泡沫塑料片,防漏浆。

(4)铺设套管后严格控制电焊机的使用,防止电焊火花击穿孔道。

(二)预应力钢丝张拉时滑丝、断裂

1. 原因分析

(1)实际使用的预应力钢丝或预应力钢绞线直径偏大,锚具与夹片不密贴,张拉时易发生断丝或滑丝。

(2)预应力束没有或未按规定要求梳理编束,使得钢束长短不一或发生交叉,张拉时造成钢丝受力不均,易发生断丝。

(3)锚具的尺寸不准,夹片的硬度与预应力筋不配套,易断丝和滑丝。

(4)锚圈放置位置不准,支承垫块倾斜,千斤顶安装不正,也会造成预应力钢束断丝。

（5）施工焊接时，把接地线接在预应力筋上，造成钢丝间短路，损伤钢绞线，张拉时发生断丝。

（6）浇筑箱梁混凝土前已先把钢束穿入波纹管，造成钢丝锈蚀，浇筑的混凝土砂浆留在钢束上，又未清理干净，张拉时产生滑丝。

2. 防治措施

（1）穿束前，预应力钢束必须按技术规程进行，梳理编束，并正确绑扎。

（2）张拉前锚具需按规范要求进行检验，特别对夹片的硬度一定要进行测定，不合格的予以调换。

（3）张拉预应力时锚具、千斤顶安装要准确。

（4）当预应力张拉达到一定吨位后，如发现油压回落，再加油压又回落，这时有可能发生断丝，此时需更换预应力钢束，重新进行预应力张拉。

（5）焊接时严禁利用预应力筋作为接地线，也不允许发生电焊烧伤波纹管与预应力筋。

（6）张拉前必须对张拉端钢绞线进行清理，如发生钢绞线锈蚀应重新调换。

（三）预应力钢束张拉时，钢束伸长值超出了允许偏差值

1. 原因分析

（1）实际使用预应力钢材弹性模量和钢束截面面积与设计计算值不一致。

（2）由于预应力孔道的位置不准，波纹管形成空间曲线，使张拉时钢束的摩阻力变大，当张拉到设计吨位时，预应力的实际伸长值偏小。

（3）违反预应力施工工序规范。如在箱梁浇筑混凝土前已将双向张拉的预应力束穿好，若浇筑混凝土时产生孔道堵塞，不能用通孔器检查的，张拉时摩阻力会增大，造成伸长值偏小。

（4）千斤顶与压力表等预应力张拉具未能按规定定期进行校验，也会造成张拉与伸长值不一致。

2. 防治措施

（1）预应力筋在使用前必须按实测的弹性模量和截面面积修正计算。

（2）正确量得预应力筋的引伸量，按计算的引伸量误差修正值。引伸量的测量为预应力筋的直接伸长值，为此可将预应力筋伸出千斤顶尾端 10 cm 左右，直接测定预应力筋在张拉前、初始张拉吨位、张拉吨位及卸荷后四种情况下的伸长值。

（3）确保波纹管的定位准确，为此，应将波纹管的定位钢筋点焊在上、下排的受力钢筋上，防止浇筑混凝土过程中波纹管上浮。根据需要可进行实测预应力张拉摩阻力试验，修正设计用的摩擦系数值，以调整预应力筋设计伸长值。

（4）若实际发生的摩阻力偏大，预应力钢束张拉后实测值相差较大，此时可考虑使用预备孔道增加预应力束。

（四）张拉后在构件锚固区、端面、支座区及预拉区产生裂缝

1. 原因分析

（1）形成这一类裂缝的主要原因之一是预应力钢束的保护层厚度偏薄，加之采用的高强度等级水泥用量偏多，水泥浆含量偏大，导致较大的收缩变形。由于箱梁结构的内

约束,包括底板截面的不均匀收缩和波纹管对混凝土收缩的约束作用,导致较大的混凝土收缩应力,超过了当时混凝土的抗拉强度,从而出现了沿波纹管纵向的收缩裂缝,箱梁底板横向分布钢筋间距偏大。

(2)主要是构件端部节点处尺寸不够和未配置足够的横向钢筋网片或钢筋,另外混凝土振捣不实,张拉时混凝土强度偏低以及张拉力超过规定等。

(3)混凝土振捣不密实,养护措施不到位。

(4)张拉预应力束时的混凝土龄期偏小。

(5)对张拉阶段构件预拉区的拉应力验算不足。

2．防治措施

(1)改进泵送混凝土的级配,优选降低混凝土收缩变形的材料配合比,包括水泥用量、水灰比、外加剂等;加强混凝土振捣,保证混凝土的密实性和强度。

(2)采取技术措施,严格按设计要求配置适量横向钢筋或螺旋筋,保证混凝土端面有足够的承压强度和安全储备。

(3)加强对箱梁底板混凝土外表面的养护工作。

(4)适当放长混凝土的张拉龄期。预应力张拉时,混凝土必须达到规定的强度,应力控制应准确。

(5)认真验算构件张拉阶段预拉区的拉应力,严格控制超张拉值。

(五)后张法施工压浆不饱满

1．原因分析

(1)压浆时锚具处预应力筋间隙漏浆。

(2)压浆时,孔道未清净,有残留物或积水。

(3)水泥浆泌水率太大。

(4)水泥浆的膨胀率和稠度指标控制不好。

(5)压浆时压力不够或封堵不严。

2．预防措施

(1)锚具外面预应力筋间隙应用环氧树脂或棉花,水泥浆填塞,以免冒浆而损失压浆压力,封锚时应留排气孔。

(2)孔道在压浆前应用压力水冲洗,以排除孔内粉渣杂物,保证孔道畅通。冲洗后用空压机吹去孔内积水,要保持孔道湿润,使水泥浆与孔壁结合良好。在冲洗过程中,若发现冒水、漏水现象则应及时堵塞漏洞,当发现有窜孔现象而不易处理时,应判明窜孔数量,安排几个串孔同时压浆,或某一孔道压浆后,立刻对相邻孔道用高压水进行彻底冲洗。

(3)正确控制水泥浆的各项指标,泌水率最高不超过 3%,水泥浆中可掺入适当的铝粉等膨胀剂,铝粉的掺入量约为水泥用量的 0.01%,水泥浆掺入膨胀剂后的自由膨胀应小于 10%。

(4)压浆应缓慢,均匀进行,一般每一孔道宜于两端先后各压浆一次,对泌水率较小的水泥浆,通过试验证明可达到孔道饱满,可采取一次压浆的方法。

(5)保证压浆的压力,压浆应使用活塞式的压浆泵,压浆的压力以保证压入孔内的水泥浆密实为准,开始压力小逐渐增加,最大的压力一般为 0.5～0.7 MPa。当输浆管道较长或采用一次压浆时,应适当加大压力,梁体竖向预应力孔道的压浆最大压力控制在 $0.3 \sim 0.4\ MPa$。每个孔道压浆至最大压力后,应有一定的稳压时间,压浆应达到另一端饱满和出浆,并能达到排气孔与规定稠度相同的水泥浆为止,然后才能关闭出浆阀门。

 **5.4** 无黏结预应力混凝土结构施工

---
**习 题**
---

5.1 预应力混凝土构件的优点是什么?

5.2 先张法台座有哪几种?设计台座时主要验算什么?

5.3 先张法施工时,预应力筋什么时候才可以放张?如何进行放张?

5.4 什么是超张拉?为什么要超张拉并保持 2 min 荷载?

5.5 后张法孔道留设方法有哪几种?留设孔道时应该注意哪些问题?

5.6 后张法孔道灌浆的作用是什么?

5.7 先张法生产预应力混凝土叠合楼板,混凝土强度等级 C40,预应力钢丝直径 5 mm,其极限抗拉强度为 1 570 MPa,单根张拉,若超张拉系数为 1.05,试:

(1)确定张拉程序和张拉控制应力;

(2)计算张拉力;

(3)计算预应力放张时,混凝土强度应达到的强度值。

5.8 21 m 预应力屋架孔道长为 20.80 m,预应力钢筋直径为 22 mm,每根长度为 9 m,实测钢筋冷拉率为 4%,弹性回缩率为 0.3%,张拉应力为 500 MPa,螺丝端杆长为 320 mm,伸出构件外的长度为 90 mm,帮条长为 50 mm,垫板厚为 15 mm。试计算:

(1)两端用螺丝端杆锚具锚固时预应力筋的下料长度。

(2)一端用螺丝端杆锚具,另一端用帮条锚具时预应力筋的下料长度。

(3)考虑超张拉 3%,预应力筋的张拉力为多少?

---
**案 例 研 讨**
---

某公司承建一座城市桥梁工程,上部结构为 15 m×20 m 的预制预应力混凝土空心板梁。项目部进场后编制了实施性施工组织设计,其中空心板梁预制包括以下工作:① 安装侧模板;② 安装钢筋;③ 安装预应力筋(含隔离套管);④ 封堵隔离套管;⑤ 浇筑混凝土;⑥ 清理模板;⑦ 养护(养护过程中拆除侧模板);⑧ 放张;⑨ 张拉。施工中发生如下事件:

事件一:为方便下料,预应力筋进场后放置在预制场旁的地面上;经验丰富的钢筋工凭经验确定预应力筋的下料长度后,采用电弧切割预应力筋下料。

事件二:预应力筋为普通松弛钢绞线,选用夹片式锚具。预应力张拉过程中,项目部采用应力值控制张拉,以伸长值进行校核。预应力筋的实际张拉应力值为 1.03 倍控制应力值;理论伸长值参照类似工程经验数值确定。

第 5 章
预应力混凝
土工程案例
研讨分析提
示

1. 写出空心板梁预制的工艺流程顺序(用背景资料中的序号①~⑨及"→"表示),并说明⑧工序"放张"对结构混凝土的强度要求。

2. 指出并改正事件一中的错误之处。

3. 事件二中,指出项目部拟定预应力施工做法的不妥之处,给出正确做法,并简述伸长值校核的规定。

4. 事件二中,说明采用 1.03 倍控制应力值进行超张拉的目的。

# 第6章 结构安装工程

第6章 数字资源

## 导入语

　　结构安装工程,是用起重设备将预制构件在施工现场按设计图纸要求安装到设计位置的过程,是装配式结构施工的主导工程。它具有设计标准化、构件定型化、产品工厂化、安装机械化的优势,可以有效改善劳动条件,加快施工进度,提高劳动生产率。结构安装工程的施工具有高空作业多,且构件一般都长、大、重的特点;有些构件,如桁架、柱子等,在运输中易发生安全事故;吊装时,要加临时支撑,以免改变受力性质,导致构件被破坏。

## 学习目标

　　了解各种起重机械及索具设备的类型、适用范围、主要构造和技术性能;掌握柱、吊车梁、屋架等主要构件的结构吊装工艺;了解装配式框架和大板建筑结构的安装方法,掌握单层混凝土结构工业厂房结构安装的工艺过程及钢网架的拼装与安装。

## 学习内容

　　起重机械类型、性能、适用范围及选择;各构件绑扎、吊升、就位,临时固定、校正、最后固定方法;选择起重机械及吊装方案,预制阶段与吊装阶段构件的平面布置;钢结构吊装;钢结构特点,钢结构构件的材料选择,构件制作、焊接、连接、防腐、吊装、安装等的施工方法,工艺标准及质量检验要求;膜结构施工、单层厂房、装配式构件、钢网架施工工艺。

　　**重点**:起重机械的类型、性能、适用范围及其选择,结构吊装工艺;单层厂房结构安装方法及起重机械的选择,钢结构施工;膜结构施工。

　　**难点**:单层厂房结构安装方法,预制阶段与吊装阶段构件平面布置方法,钢结构、膜结构施工。

## 案例拓展

第6章 案例拓展

## 6.1　起重及垂直运输机械

结构安装用的起重机械,主要有桅杆式起重机、自行杆式起重机以及塔式起重机。常用的垂直运输设施有井字架、龙门架、建筑施工电梯等。

### 6.1.1　桅杆式起重机

桅杆式起重机可分为独脚拔杆、人字拔杆、悬臂拔杆和牵缆式桅杆起重机等。图 6.1.1 为其示意图。这种机械的特点是制作简单,装拆方便,起重量[①]可达 100 t 以上,但起重半径小,移动较困难,需要设置较多的缆风绳。适用于安装工程量集中,结构重量大,安装高度以及施工现场狭窄的情况。

#### 一、独脚拔杆

独脚拔杆由拔杆、起重滑轮组、卷扬机和缆风绳等组成。图 6.1.1a、图 6.1.2 为独脚拔杆。

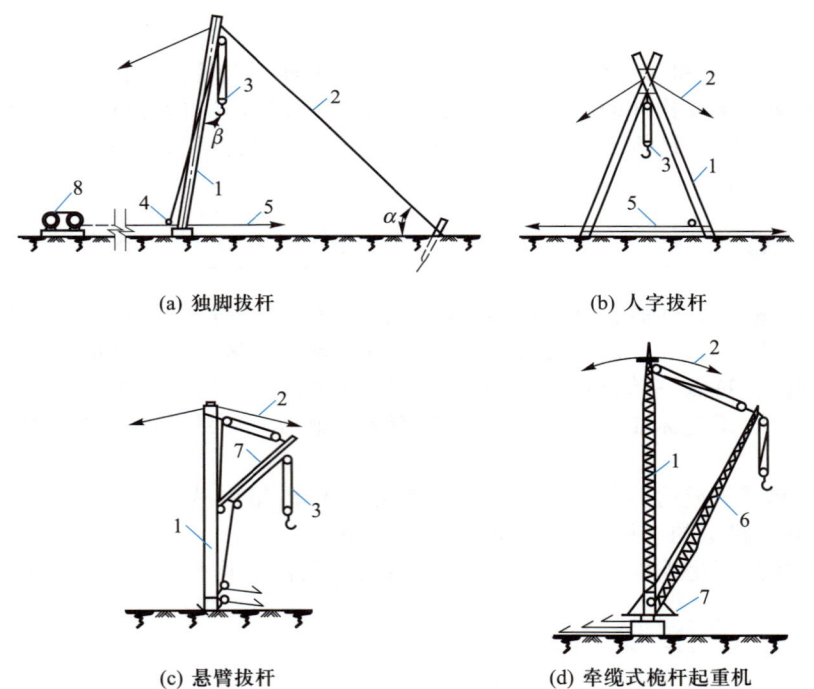

(a) 独脚拔杆　　　　　　　　(b) 人字拔杆

(c) 悬臂拔杆　　　　(d) 牵缆式桅杆起重机

1—拔杆;2—缆风绳;3—起重滑轮组;4—导向装置;5—拉索;6—起重臂;7—回转盘;8—卷扬机。

图 6.1.1　桅杆式起重机

---

① 此处"起重量"为习惯用法,实际所指的是起重的"质量",后同。

## 二、人字拔杆

人字拔杆由两根圆木或钢管,由金属格构式构件,用钢丝绳绑扎或铁件铰接成人字形。人字拔杆如图 6.1.1b、图 6.1.3 所示。

图 6.1.2　独脚拔杆

图 6.1.3　人字拔杆

## 三、悬臂拔杆

在独脚拔杆的中部 2/3 高处,装上一根起重臂而成,即成悬臂拔杆。悬臂起重杆可以顺转和起伏,因此有较大的起重高度和相应的起重半径,悬臂起重杆,能左右摆动(120°~270°),但起重量较小,多用于轻型构件安装,如图 6.1.1c、图 6.1.4 所示。

## 四、牵缆式桅杆起重机

牵缆式桅杆起重机是在独脚拔杆的根部装一可以回转和起伏的吊杆而成。这种起重机的起重臂不仅可以起伏,而且整个机身可作全回转,因此工作范围大,机动灵活。由钢管做成的牵缆式起重机起重量在 10 t 左右,起重高度达 25 m;由格构式结构组成的牵缆式桅杆起重机起重量 60 t,起重高度可达 80 m。但这种起重机使用缆风绳较多,移动不方便,常用于构件多且集中的结构安装工程或固定的起重作业(如高炉安装),如图 6.1.1d、图 6.1.5 所示。

图 6.1.4　悬臂拔杆

图 6.1.5　牵缆式桅杆起重机

### 6.1.2　自行杆式起重机

自行杆式起重机主要有履带式起重机、汽车式起重机和轮胎式起重机等。

### 一、履带式起重机

履带式起重机主要由动力装置、传动机构、行走机构（履带）、工作机构（起重杆、滑轮组、卷扬机）等组成。它是一种 360° 全回转的起重机，操作灵活，行动方便，能负载行驶，缺点是稳定性较差，行走时对路面破坏较大，行走速度慢，在城市中和长距离转移时，需用拖车进行运输，目前它是结构吊装工程中常用的机械之一，如图 6.1.6 所示。

履带式起重机的技术性能包括的主要参数为：起重量 $Q$、起重半径 $R$、起重高度 $H$。

1. 履带式起重机的稳定性验算

履带式起重机超载吊装或者接长吊杆时，需要进行稳定性验算，以保证起重机在吊装中不会发生倾倒事故。

履带式起重机稳定性应以起重机处于最不利工作状态即车身与行驶方向垂直的位置进行验算，如图 6.1.7 所示。此时，应以履带中心 $A$ 为倾覆中心验算起重机的稳定性。

图 6.1.6　履带式起重机

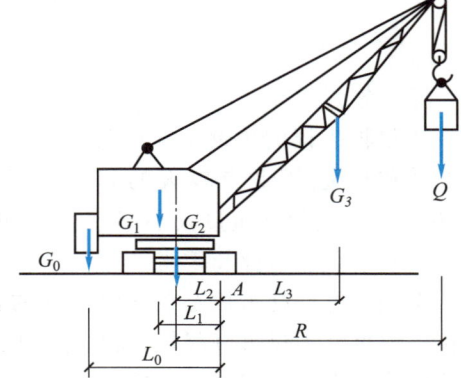

图 6.1.7　履带式起重机稳定验算

当考虑吊装荷载及附加荷载（风荷、刹车惯性力和回转离心力等）时，稳定系数应满足式（6.1.1）要求

$$K_1 = M_稳 / M_倾 \geqslant 1.15 \tag{6.1.1}$$

当考虑吊装荷载，不考虑附加荷载时，验算起重机稳定性时，稳定系数应满足式（6.1.2）要求

$$K_2 = \frac{稳定力矩(M_稳)}{倾覆力矩(M_倾)} = \frac{G_1 L_1 + G_2 L_2 + G_0 L_0 - G_3 L_3}{(Q+q)(R-L_2)} \geqslant 1.4 \tag{6.1.2}$$

式中　$G_0$——原机身平衡重；

$\quad\quad G_1$——起重机身可转动部分的重量；

$\quad\quad G_2$——起重机身不转动部分的重量；

$\quad\quad R$——起重半径；

$\quad\quad G_3$——起重杆重量，约为起重机重量的 4%~7%；

$\quad\quad Q$——起重量；

$\quad\quad q$——起重滑轮组重量；

$L_0$、$L_1$、$L_2$、$L_3$——以上各部分的重心至倾覆中心点 $A$ 的相应距离。验算时，如不满足就采取增加配重等措施。

## 2. 起重臂接长计算

当起重机的起重高度或起重半径不足时,在起重臂的强度和稳定性能得到保证的前提下,可以将起重臂接长,接长后的起重量 $Q'$ 按图 6.1.8 计算。

根据同一起重机起重力矩等量的原则得

$$Q'\left(R'-\frac{S}{2}\right)+G'\left(\frac{R+R'}{2}-\frac{S}{2}\right)=Q\left(R-\frac{S}{2}\right)$$

$$(6.1.3)$$

整理后得

$$Q'=\frac{1}{2R'-S}\left[Q(2R-S)-G'(R+R'-S)\right]$$

$$(6.1.4)$$

式中  $R'$——接长起重臂后的工作幅度;

$G'$——起重杆接长部分的重量;

$Q'$——接长后的起重量。

当算得 $Q'$ 小于所吊构件重量时,必须用式 (6.1.2) 进行稳定性验算,并采取相应措施解决,如在起重臂顶端拉设缆风绳,以加强起重机稳定性。

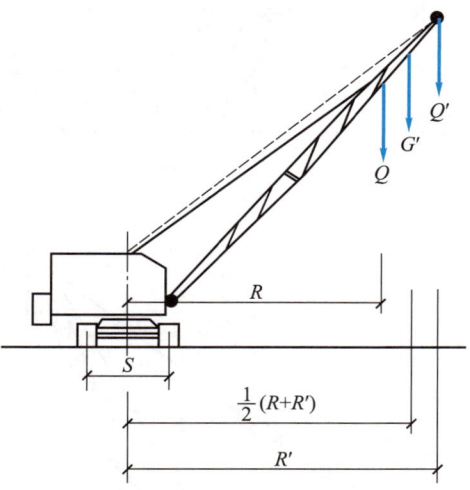

图 6.1.8  接长起重臂受力图

【例 6.1.1】  某建筑工地,拟用一台 W1-100 型履带式起重机(最大起重量 15 t)吊装厂房钢筋混凝土柱,每根柱质量(包括吊具)为 17.5 t,试验算起重机的稳定性。

已知:$G_0=3$ t,$G_1=20.2$ t,$G_2=14.4$ t,$G_3=4.35$ t,$L_1=2.63$ m,$L_0=4.59$ m,臂长 $L=13$ m,倾角 $\alpha=75°$,$R=4.5$ m,$L_2=1.26$ m。

**解:** $d=R-\left(L_2+\dfrac{13\times\cos75°}{2}\right)=1.56$ m

$q=17.5$ t 超负荷,则

$$K=\frac{G_1L_1+G_2L_2+G_0L_0-G_3d}{Q(R-L_2)}$$

$$=\frac{20.2\times2.63+14.4\times1.26+3.0\times4.59-4.35\times1.56}{17.5\times(4.5-1.26)}=\frac{78.25}{56.7}=1.38<1.4$$

稳定性不足,故需增加尾部平衡来增强稳定性,所需增加的配重 $G$ 为

$$G\geqslant\frac{1.4\times56.7-78.25}{4.59}\text{ t}=0.25\text{ t}$$

### 二、汽车式起重机

汽车式起重机是将起重机构安装在普通载重汽车或专用汽车底盘上的一种自行式回转起重机,如图 6.1.9 所示。它具有行驶速度快,能迅速转移,对路面破坏性小的特点,缺点是吊重物时必须支腿,因而不能负荷行驶。

### 三、轮胎式起重机

轮胎式起重机是将起重机构安装在加重型轮胎和轮轴组成的特制底盘上的全回转起重机,如图 6.1.10 所示。吊装时一般用四个支腿支撑以保证机身的稳定性。

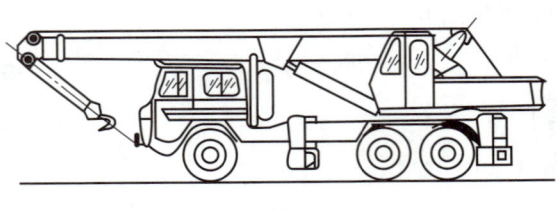

(a)                (b)

图 6.1.9　汽车式起重机

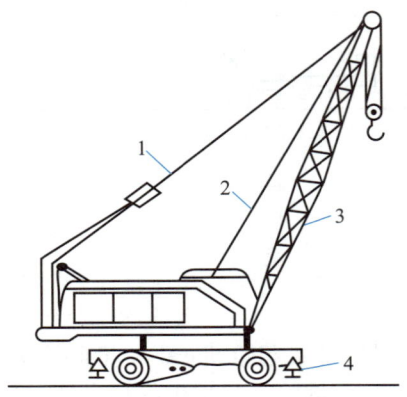

1—起重杆;2—起重索;3—变幅索;4—支腿。

图 6.1.10　轮胎式起重机

### 6.1.3　塔式起重机

塔式起重机具有直立的塔身,起重臂安装在塔身的顶部,形成的工作空间具有较高的有效起升高度和较大的有效工作半径,工作面广。起重臂能回转360°,在多层及高层建筑施工中应用广泛。常用的塔式起重机的类型有轨道式塔式起重机,型号 QT;爬升式塔式起重机,型号 QTP;附着式塔式起重机,型号 QTF。

塔式起重机按构造性能可分为轨道式、爬升式、附着式和固定式四种。

#### 一、轨道式塔式起重机

轨道式塔式起重机是可在轨道上行走的机械,其工作范围大,适用于工业与民用建筑的结构吊装或材料仓库装卸工作,如图 6.1.11 所示。

#### 二、爬升式塔式起重机

爬升式塔式起重机安装在建筑物主体结构上,每隔 1~2 层楼爬升一次。特点是机身体积小,安装简单,适用于现场狭窄的高层建筑安装,如图 6.1.12 所示。

#### 三、附着式塔式起重机

附着式塔式起重机是固定在建筑物近旁钢筋混凝土基础上的起重机,它随建筑物的升高,利用液压自升系统逐步将塔顶顶升,塔身接高。为了减少塔身的计算长度,应每隔 20 m 左右将塔身与建筑物用锚固装置连接起来,如图 6.1.13 所示。

图 6.1.11　轨道式塔式起重机

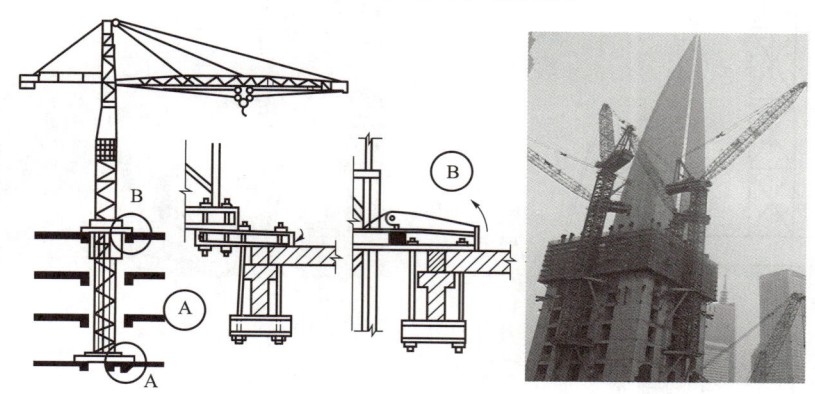

图 6.1.12　爬升式塔式起重机

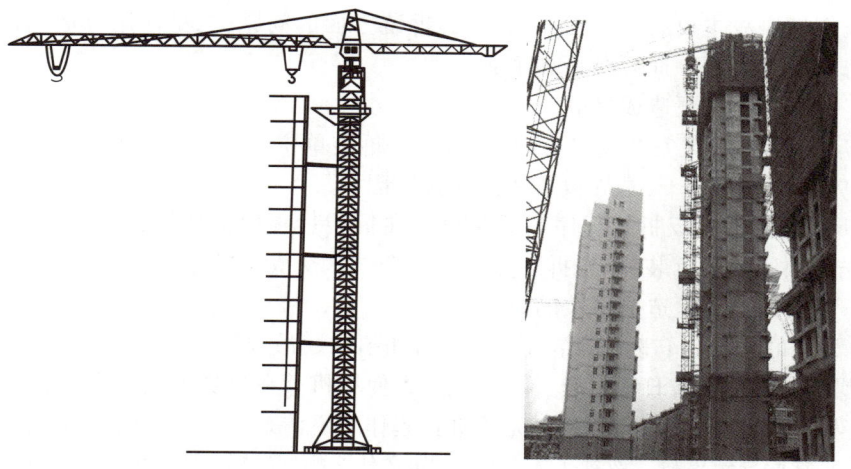

图 6.1.13　附着式塔式起重机

## 四、固定式塔式起重机

固定式塔式起重机是指通过连接件将塔身基础固定在地基基础或结构物上进行起重作业的塔式起重机,由于没有运行机构,因此塔式起重机不能做任何移动。物料的类别、形状、大小与露天料场的用途,是选择起重机需要考虑的要点。

固定式塔式起重机可分为塔身高度不变式和自升式,也就是自升式塔式起重机是固定式塔式起重机的一种(图 6.1.14)。自升式塔式起重机是指依靠自身的专门装置,增、减塔身标准节或自行整体爬升的塔式起重机。

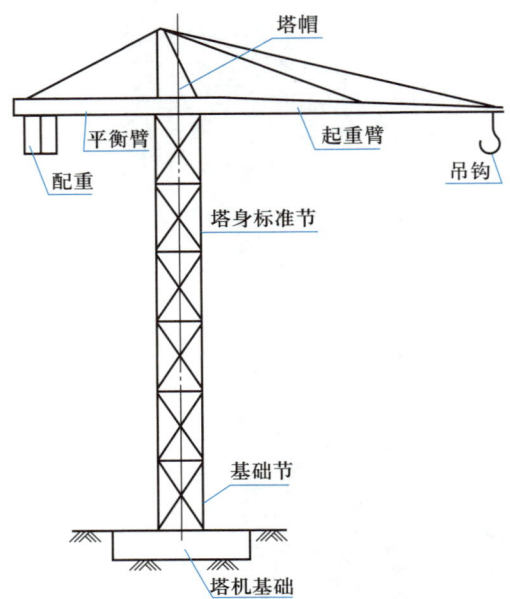

图 6.1.14　自升式塔式起重机

### 五、塔机倒塌事故的常见原因及预防措施

1. 塔机倒塌事故的常见原因

塔机倒塌事故主要有三方面原因:一是拆装方面的问题,二是使用方面的问题,三是塔机本身的质量问题。简要分析如下:

(1) 拆装方面问题造成事故的原因

① 拆装无方案、无安全技术交底,凭经验。拆装单位不编制拆装方案,不进行安全技术交底,凭经验违章蛮干,是导致事故的直接原因。

② 拆装施工中违反拆装程序。拆装单位在拆装过程中不按塔机使用说明书中关于拆装的先后顺序进行拆装,不按拆装方案和安全技术交底要求作业。

(2) 使用方面问题造成事故的原因

① 操作和指挥人员违章操作,违章指挥,如超载起吊、斜吊。

② 操作人员对设备日常检查、保养不够,致使塔机存在机械方面的安全隐患。如对塔机的力矩限制器性能了解不够,对其是否真正起作用不清楚,致使在其失效的情况下,误以为其工作正常而导致事故。忽视了人的因素,如在什么幅度、能够吊多重,心中无底或不明确。

(3) 塔机本身质量问题造成事故的原因

① 设计问题。力矩限制器的设计存在缺陷,灵敏度较差;钢结构设计受力不合理,液压系统设计缺陷等。

② 零配件问题。力矩限制器元件质量问题;钢结构所用钢材材质问题;液压系统元

件质量问题等。

③ 制造问题。钢结构焊接达不到要求,焊缝的高度不够,存在气孔、夹渣甚至虚焊等缺陷,特别是塔帽、大臂、平衡臂等部件上的重要连接部位存在焊接质量问题;钢结构几何尺寸与要求不符,下料未按要求,钢材截面尺寸达不到国家标准规定。

2. 塔机倒塌事故的预防措施

（1）加强塔机的安装和拆卸管理

认真编制拆装方案,进行安全技术交底;严格按拆装程序拆装;做好拆装设备的选用,塔机拆装前,应根据施工现场情况及最大结构件重量、安装高度等选择相应的起重设备;做好拆装现场的安全防护措施;记录好拆装档案。

（2）加强塔机的使用管理

加强日常检查和保养工作;严格执行维护保养制度;严格按照塔机使用说明书标明的参数进行作业,严禁超限、超载使用;认真执行国家和行业政府主管部门关于淘汰更新该类设备的规定;经常检查塔机力矩限制器等安全装置是否有效。

（3）加强对塔机产品的采购管理,严防伪劣塔机进入施工企业和施工现场

（4）加强对塔机操作、指挥和管理人员的教育培训

进行塔机安全法规、相关标准规范、管理制度、拆装工艺、操作规程等方面的教育培训,结合典型拆装案例、典型事故案例、典型塔机的使用操作进行培训。

### 6.1.4　垂直运输设备

目前常用到的垂直运输设备有井字架、龙门架、建筑施工电梯等。

一、井字架（图 6.1.15）

井字架是砌体工程中常用的垂直运输设施,可用型钢或钢管加工成定型产品,也可用脚手架部件（如钢管扣件式脚手架、碗扣式脚手架或框组式脚手架等）搭设。

图 6.1.15　井字架

一般井字架为单孔,也可构成双孔或三孔井字架。

井字架的优点是价格低廉,稳定性好,运输量大;缺点是缆风绳多,影响施工和交通,故附着于建筑物的井字架可不设缆风,仅设附墙拉接。

## 二、龙门架(图 6.1.16)

移动起吊小龙门架是根据中、小工厂(公司)日常生产需要搬运设备、仓库进出货,起吊维修重型设备及材料运输的需要。

1. 特性

(1)设有自升装置,架设、拆卸靠本身设置的工作机构可独立完成。高度随着建筑物的升高而升高,架设省力、费用低。

(2)采用附着杆附着,不用缆风绳,改善了施工条件。

图 6.1.16 龙门架

(3)架设、拆卸时,始终有两立柱连成一体,工作行为平稳,安全可靠。

(4)采用手摇卷扬机提升机自升平台,用扒杆安装标准节,劳动强度低。

(5)采用断绳安全保护装置,一旦因故断绳,设置在吊篮两侧的卡板将吊篮卡滞在空中,阻止了吊篮坠地事故的发生。

2. 龙门架应用

龙门架构造简单,制作容易,用材少,装拆方便,起重高度一般为 15~30 m,起重量为 0.6~1.2 t,适用于中小型工程。配合手推车等人力运输,龙门架一般单独设置,有外脚手架时,可设在脚手架的外侧或转角部位,其稳定靠拉设缆风绳解决;亦可设在外脚手架的中间,用拉杆将龙门架的立柱与脚手架拉结起来。

## 三、建筑施工电梯(图 6.1.17)

施工升降机又叫建筑施工电梯,是建筑中经常使用的载人载货施工机械,其独特的箱体结构使其乘坐起来既舒适又安全,因此施工升降机在工地上通常配合塔吊使用,一般载重量在 1~3 t,运行速度为 1~60 m/min。施工升降机的种类很多,按其运行方式分为无对重和有对重两种;按其控制方式分为手动控制式和自动控制式。按需要还可以添加变频装置和 PLC 控制模块,另外还可以添加楼层呼叫装置。目前市场上使用的大部分为无对重式的,驱动系统置于笼顶上方,

图 6.1.17 建筑施工电梯

减小笼内噪声,使吊笼内净空增大,同时也使传动更加平稳、机构振动更小,无对重设计简化了安装过程;有对重的施工电梯运行起来更加平稳,更节能,但是由于其有滑轮结构,安装加节时就会更加麻烦,所以有对重现在已经逐渐地退出市场。为了便于施工电梯的控制和其智能性,施工电梯还可以安装变频器,既节能又能无级调速,运行起来更加平稳,乘坐也更加舒适;安装平层装置的施工电梯能使电梯控制起来更加方便,更精准地停靠在需要停靠的

楼层;安装楼层呼叫装置能更加方便使用时的信息流通,也使管理更加方便。

### 6.1.5 索具设备

索具设备一般有卷扬机、滑轮组、钢丝绳、吊装工具等。

#### 一、卷扬机

电动卷扬机按其速度可分为快速、中速、慢速等。快速卷扬机又分单筒和双筒,其钢丝绳牵引速度为 25~50 m/min,单头牵引力为 4~80 kN,如配以井架、龙门架、滑车等可作垂直和水平运输等用。慢速卷扬机多为单筒式,钢丝绳牵引速度为 6.5~22 m/min,单头牵引力为 5~100 kN,如配以拔杆、人字架、滑车组等可作大型构件安装等用,图 6.1.18 为调速卷扬机。

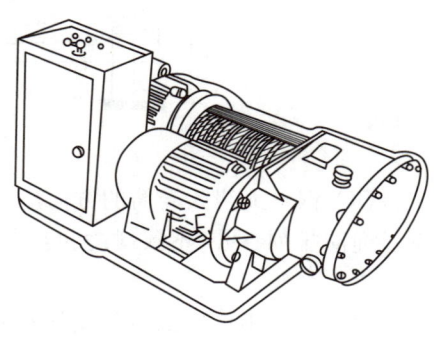

图 6.1.18  调速卷扬机

**1. 卷扬机的固定**

根据受力大小,固定卷扬机有螺栓锚固法、立桩锚固法、水平锚固法和压重锚固法四种(图 6.1.19)。

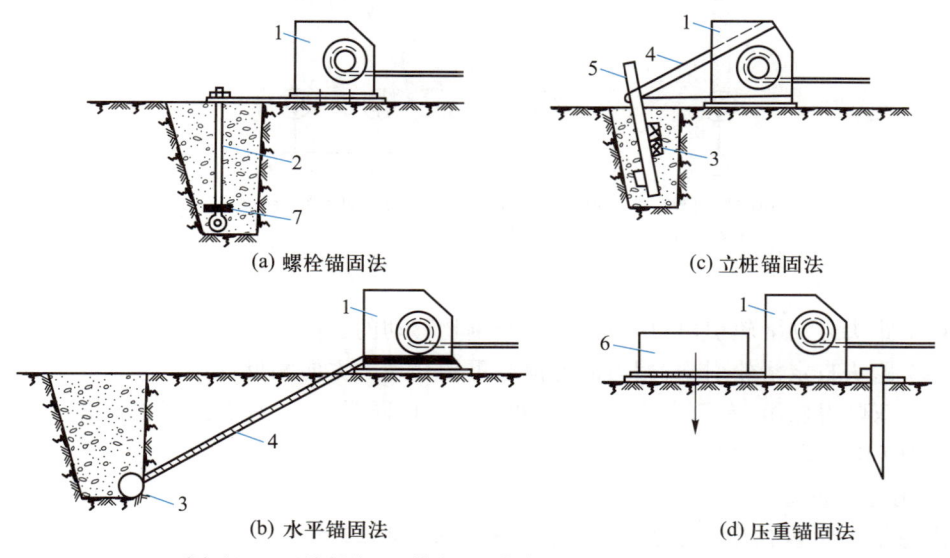

(a) 螺栓锚固法　　　　　　　　　　(c) 立桩锚固法

(b) 水平锚固法　　　　　　　　　　(d) 压重锚固法

1—卷扬机;2—地脚螺栓;3—横木;4—拉索;5—木桩;6—压重;7—压板。

图 6.1.19  卷扬机的固定方法

**2. 卷扬机的布置**

卷扬机的布置(即安装位置)应注意下列几点:

(1)卷扬机的安装位置周围必须排水畅通并应搭设工作棚。

(2)卷扬机的安装位置应能使操作人员看清指挥人员和起吊或拖动的物件;卷扬机至构件安装位置的水平距离应大于构件的安装高度,即当构件被吊到安装位置时,操作者视线仰角应小于 45°。

（3）在卷扬机正前方应设置导向滑车，导向滑车至卷筒轴线的距离，带槽卷筒应不小于卷筒宽度的 15 倍，即倾斜角 $\alpha$ 不大于 2°（图 6.1.20），无槽卷筒应大于卷筒宽度的 20 倍，以免钢丝绳与导向滑车槽缘产生过分的磨损。

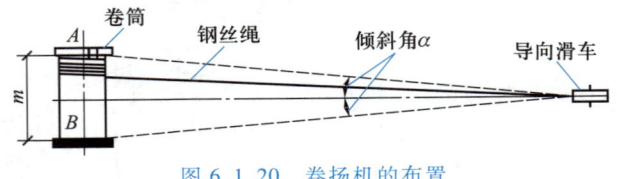

图 6.1.20　卷扬机的布置

（4）钢丝绳绕入卷筒的方向应与卷筒轴线垂直，其垂直度允许偏差为 6°，这样能使钢丝绳圈排列整齐，不致斜绕和互相错叠挤压。

二、滑轮组

滑轮组是由一定数量的定滑车和动滑车及绕过它们的绳索组成的。

1. 滑轮组的种类

滑轮组根据滑轮组的引出绳头的方向不同，可分为以下三种（图 6.1.21）：

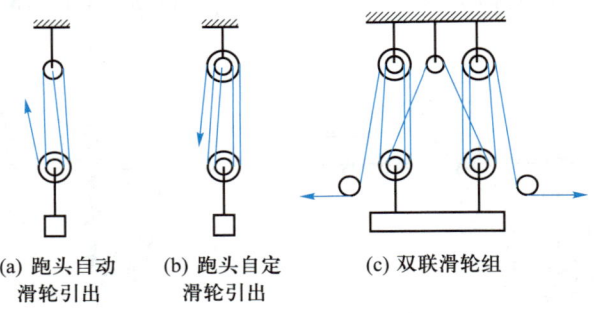

(a) 跑头自动　　(b) 跑头自定　　(c) 双联滑轮组
　　滑轮引出　　　　滑轮引出

图 6.1.21　滑轮组的种类

（1）跑头自动滑轮引出：用力的方向与重物移动的方向一致；

（2）跑头自定滑轮引出：用力的方向与重物移动的方向相反；

（3）双联滑轮组：有两个跑头，可用两台卷扬机同时牵引，具有速度快 1 倍、受力较均衡、工作中滑车不会产生倾斜等优点。

2. 滑轮组的穿法

滑轮组中绳索有普通穿法和花穿法两种（图 6.1.22）。

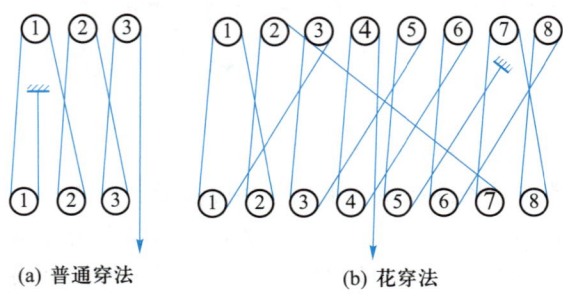

(a) 普通穿法　　　　　　(b) 花穿法

图 6.1.22　滑轮组的穿法

**3. 滑轮组的计算**

滑轮组的跑头拉力(引出索拉力)按下式计算

$$S = f_0 K Q \tag{6.1.5}$$

式中 $S$——跑头拉力;

　　　$K$——动力系数,当采用手动卷扬机时 $K=1.1$;当采用机动卷扬机起重量在 30 t 以下时 $K=1.2$,起重量在 $30 \sim 50$ t 时 $K=1.3$,起重量在 50 t 以上时 $K=1.5$;

　　　$Q$——吊装荷载,为构件重力与索具重力之和;

　　　$f_0$——跑头拉力计算系数,当绳索从定滑轮绕出时,$f_0 = \dfrac{f-1}{f^n - 1} f^n$,当绳索从动滑轮绕出时,$f_0 = \dfrac{f-1}{f^n - 1} f^{n-1}$,其中,$n$ 为工作绳数;$f$ 为滑轮阻力系数,滚动轴承取 1.02,青铜衬套取 1.04,无青铜衬套取 1.06。

**4. 滑轮组的使用注意事项**

(1)使用前应查明它的允许荷载,检查滑车的各部分,看有无裂缝和损伤情况,滑轮转动是否灵活等。

(2)滑轮组穿好后,要慢慢地加力;绳索收紧后应检查各部分是否良好,有无卡绳之处,若有不妥,应立即修正,不能勉强工作。

(3)滑车的吊钩(或吊环)中心,应与起吊构件的重心在一条垂直线上,以免构件起吊后不平稳;滑轮组上下滑车之间的最小距离一般为 $700 \sim 1\,200$ mm。

(4)滑车使用前后都要刷洗干净,轮轴应加油润滑,以减少磨损并防止锈蚀。

## 三、钢丝绳

钢丝绳是吊装中的主要绳索,它具有强度高、弹性大、韧性好、耐磨、能承受冲击载荷等优点,且磨损后外部产生许多毛刺,容易检查,便于预防事故。

**1. 钢丝绳的构造和种类**

结构吊装中常用的钢丝绳是由六束绳股和一根绳芯(一般为麻芯)捻成,绳股是由许多高强钢丝捻成(图 6.1.23)。

钢丝绳捻制方法有右交互捻、左交互捻、右同向捻、左同向捻四种(图 6.1.24)。

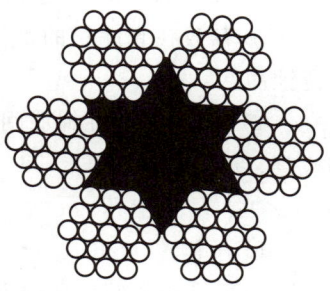

图 6.1.23　普通钢丝绳截面

同向捻钢丝绳中钢丝捻的方向和绳股捻的方向一致;交互捻钢丝绳中钢丝捻的方向和绳股捻的方向相反。同向捻钢丝绳比较柔软、表面较平整,它与滑轮或卷筒凹槽的接触面较大,磨损较轻,但容易松散和产生扭结卷曲,吊重时容易旋转,故吊装中一般不用;交互捻钢丝绳较硬,强度较高,吊重时不易扭结和旋转,吊装中应用广泛。

钢丝绳按绳股数及每股中的钢丝数区分,有 6 股 7 丝、7 股 7 丝、6 股 19 丝、6 股 37 丝及 6 股 61 丝等。吊装中常用的有 6×19、6×37 两种。6×19 钢丝绳可作缆风和吊索;6×37 钢丝绳可用于穿滑车组和作吊索。

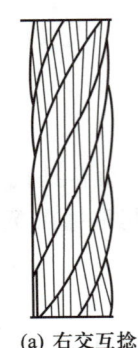  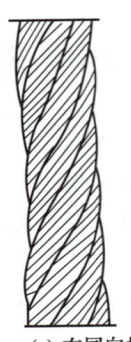 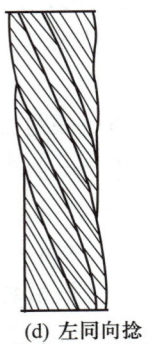

| (a) 右交互捻 | (b) 左交互捻 | (c) 右同向捻 | (d) 左同向捻 |
|---|---|---|---|
| (股向右捻,丝向左捻) | (股向左捻,丝向右捻) | (股和丝均向右捻) | (股和丝均向左捻) |

图 6.1.24　钢丝绳捻制方法

2. 钢丝绳的安全检查

钢丝绳使用一定时间后,会产生断丝、腐蚀和磨损现象,其承载能力降低。一般钢丝绳在一个节距内断丝的数量超过规定的数量应当报废,以免造成事故。

3. 钢丝绳使用注意事项

① 钢丝绳解开使用时,应按正确方法进行,以免钢丝绳产生扭结。钢丝绳切断前应在切口两侧用细铁丝捆扎,以防切断后绳头松散。

② 钢丝绳穿过滑轮时,滑轮槽的直径应比绳的直径大 1~2.5 mm。滑轮槽过大钢丝绳容易压扁;过小则容易磨损。滑轮的直径不得小于钢丝绳直径的 10~12 倍,以减小绳的弯曲应力。禁止使用轮缘破损的滑轮。

③ 应定期对钢丝绳加润滑油(一般以工作时间四个月左右加一次为宜)。

④ 存放在仓库里的钢丝绳应成卷排列,避免重叠堆置,库中应保持干燥,以防钢丝绳锈蚀。

⑤ 在使用中,如绳股间有大量的油挤出,表明钢丝绳的荷载已相当大,这时必须勤加检查,以防发生事故。

**四、吊装工具**

1. 吊钩

起重吊钩常用优质碳素钢锻成,锻成后要进行退火处理。吊钩表面应光滑,不得有剥裂、刻痕、锐角、裂缝等缺陷存在,并不准对磨损或有裂缝的吊钩进行补焊修理。

吊钩在钩挂吊索时要将吊索挂至钩底;直接钩在构件吊环中时,不能使吊钩硬别或歪扭,以免吊钩产生变形或使吊索脱钩。

2. 卡环

卡环用于吊索之间或吊索和构件吊环之间连接,由弯环与销子两部分组成。

卡环按弯环形式分,有 D 形卡环和弓形卡环;按销子和弯环连接形式分,有螺栓式卡环和活络卡环。螺栓式卡环的销子和弯钩采用螺纹连接;活络卡环的销子端头和弯环孔眼无螺纹,可直接抽出,销子断面有圆形和椭圆形(图 6.1.25)。

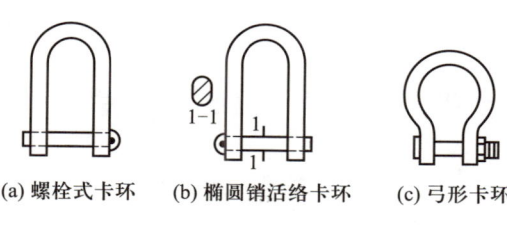

(a) 螺栓式卡环　　(b) 椭圆销活络卡环　　(c) 弓形卡环

图 6.1.25　卡环

## 3. 吊索

吊索有环状吊索(又称万能吊索或闭式吊索)和 8 股头吊索(又称轻便吊索或开式吊索)两种(图 6.1.26)。

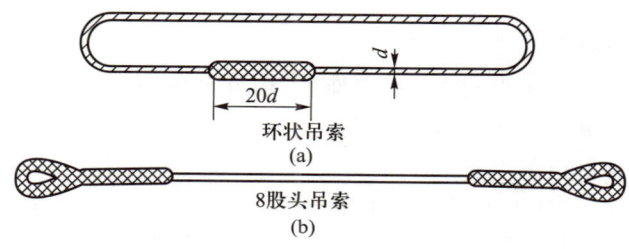

环状吊索
(a)

8 股头吊索
(b)

图 6.1.26　吊索

吊索是用钢丝绳做成的,因此,钢丝绳的允许拉力即为吊索的允许拉力。在工作中,吊索拉力不应超过其允许拉力。吊索拉力取决于所吊构件的重量及吊索的水平夹角,水平夹角应不小于 30°,一般在 45°~60° 之间。

## 4. 横吊梁(铁扁担)

横吊梁常用于柱和屋架等构件的吊装。用横吊梁吊柱容易使柱身保持垂直,便于安装;用横吊梁吊屋架可以降低起吊高度,减少吊索的水平分力对屋架的压力。

常用的横吊梁有滑轮横吊梁、钢板横吊梁、钢管横吊梁等(图 6.1.27)。

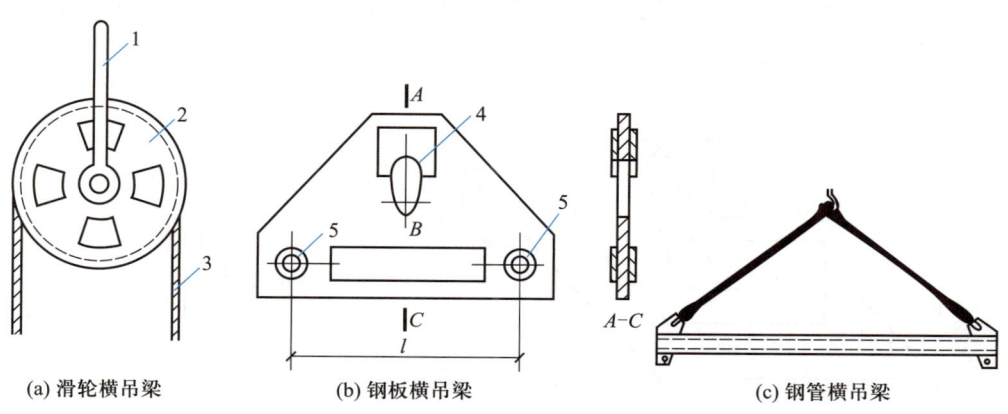

(a) 滑轮横吊梁　　　　(b) 钢板横吊梁　　　　(c) 钢管横吊梁

1—吊环;2—滑轮;3—吊索;4—挂吊钩孔;5—挂卡环孔。

图 6.1.27　横吊梁

# 6.2 钢筋混凝土单层工业厂房结构吊装

单层工业厂房安装施工工艺：

确定施工方案（吊装机械、施工方法、施工现场布置）→ 放线，确定基础位置 →

浇筑杯形基础 → 预制柱、吊车梁、屋架等 → 柱吊装、固定 → 扶直、堆放屋架 →

其他构件准备 → 吊装吊车梁、屋架、天窗架、屋面板并固定 → 安装墙板 。

## 6.2.1 构件吊装前的准备工作

主要内容：场地清理，道路修筑，基础准备，构件运输、排放，构件拼装加固、检查清理、弹线编号，以及机械、机具的准备工作等。

### 一、混凝土杯形基础的准备工作

检查杯口的尺寸，在基础顶面弹出十字交叉的安装中心线，用红油漆画上三角形标志，如图 6.2.1 所示。用水泥砂浆或细石混凝土抹平至所需标高。

### 二、构件运输

将定型构件（屋面板、连系梁、吊车梁）运至施工现场。构件的运输顺序、堆放位置应按施工组织设计的要求和规定进行，以免增加构件的二次搬运。

### 三、构件的检查与清理

检查构件的型号、数量、构件截面尺寸，检查构件外观质量、构件的混凝土强度；检查预埋件、预留孔的位置及质量等，并做相应清理工作。

### 四、构件的弹线与编号

1. 柱子

在柱身三面弹出中心线（可弹两小面、一个大面），吊车梁轴线，屋架中心线等，如图 6.2.2 所示。

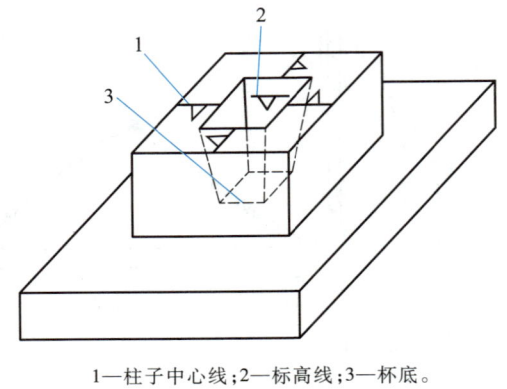

1—柱子中心线；2—标高线；3—杯底。

图 6.2.1 杯形基础准备

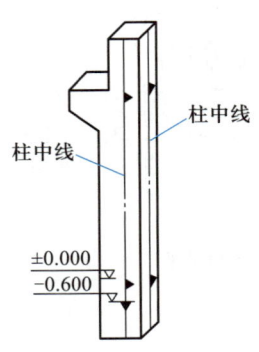

图 6.2.2 柱身弹线

**2. 吊车梁**

在吊车梁的两端及顶面弹出安装中心线。

**3. 屋架**

屋架上弦顶面上应弹出几何中心线,并将中心线延至屋架两端下部,再从跨度中央向两端分别弹出天窗架、屋面板的安装定位线。

### 6.2.2 构件的吊装施工工艺

单层工业厂房需要安装的构件有:柱子、吊车梁、基础梁、连系梁、屋架、天窗架、屋面板、墙板及支撑等。

每种构件的吊装工艺基本相同,包括如下步骤:

绑扎 → 吊升 → 对位 → 临时固定 → 校正 → 最后固定。

#### 一、柱的吊装

**1. 绑扎**

柱的绑扎方法、绑扎位置和绑扎点数,应根据柱的形状、长度、截面、配筋、起吊法和起重机性能确定。

常用的绑扎方法有:一点绑扎斜吊法、一点绑扎直吊法、两点绑扎斜吊法、两点绑扎直吊法,如图6.2.3、图6.2.4所示。

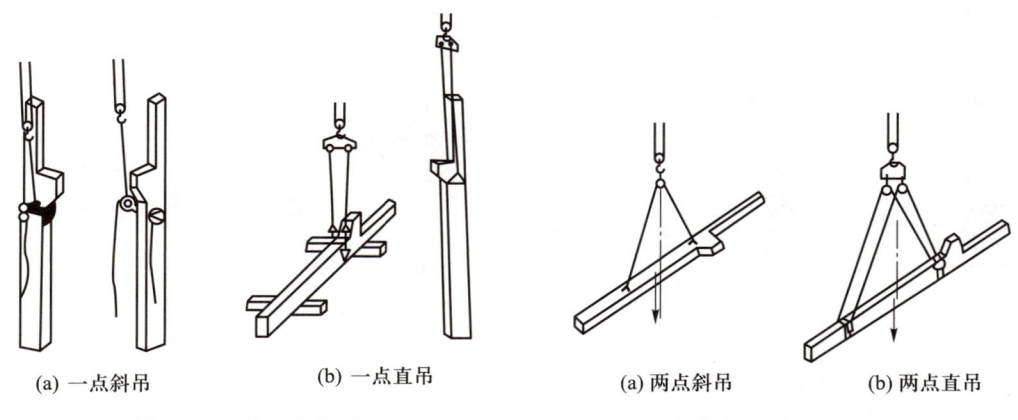

| (a) 一点斜吊 | (b) 一点直吊 | (a) 两点斜吊 | (b) 两点直吊 |

图 6.2.3　柱一点绑扎　　　　　　图 6.2.4　柱两点绑扎

① 斜吊绑扎法

当柱的宽面抗弯能力满足吊装要求时,可采用此方法。柱起吊后呈倾斜状态,因吊索歪在柱的一边,起重钩可低于柱顶,起重臂可短些。

② 直吊绑扎法

柱平放,宽面抗弯强度不足时,吊装前需将柱翻身由平放转为侧立,再绑扎起吊。柱起吊后呈直立状态,因此,起重臂需要长些,但柱起吊后柱身与基础杯底呈垂直状态,容易对位。

2. 柱的吊升

① 旋转法

采用旋转法吊装柱子时,柱的平面布置宜使柱脚靠近基础,柱的绑扎点、柱脚中心与基础中心三点宜位于起重机的同一起重半径的圆弧上。

② 滑行法

柱吊升时,起重机只升钩,起重臂不转动,使柱顶随起重钩的上升而上升,柱脚随柱顶的上升而滑行,直至柱子直立后,吊离地面,并旋转至基础杯口上方,插入杯口,吊点与基础杯口两点共弧。

3. 对位和临时固定

将柱子插入杯口并对准安装准线,用楔子等将已对位的柱子做临时性固定,如图 6.2.5 所示。

4. 柱的校正

对临时固定的柱子进行全面检查(平面位置、标高、垂直度等)及校正。柱子校正包括平面位置、标高和垂直度的校正,对重型柱或偏斜值较大的柱则用千斤顶、缆风绳、钢管支撑等方法校正,如图 6.2.6 所示。

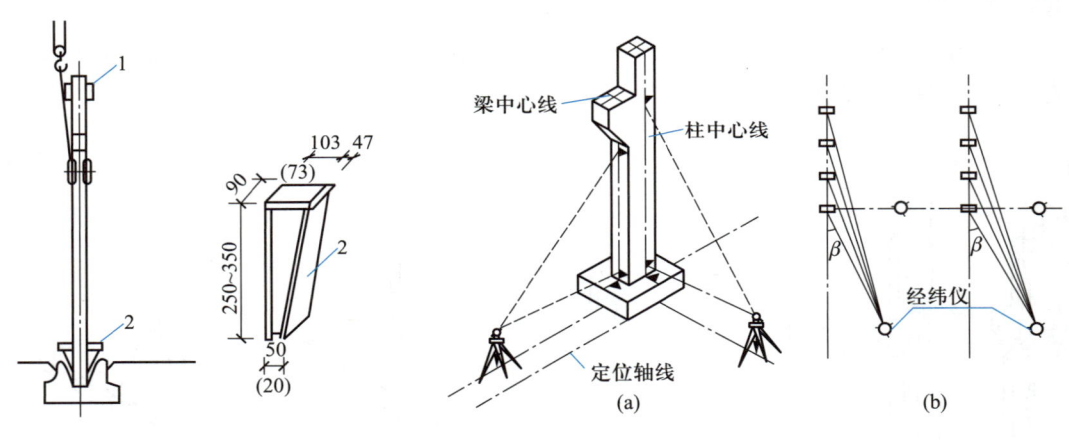

图 6.2.5　柱的临时固定　　　　　　　　图 6.2.6　柱的校正

5. 柱子最后固定

在柱脚与杯口之间浇筑细石混凝土,其强度等级应比原构件的混凝土强度等级提高一级。细石混凝土浇筑分两次进行,第一次灌至楔块底,达 25% 强度拔出楔块,灌满混凝土。

二、吊车梁的吊装

1. 绑扎、吊升、对位和临时固定

吊车梁绑扎时,两根吊索要等长,绑扎点对称设置,吊钩对准梁重心,使吊车梁起吊后能基本保持水平,如图 6.2.7 所示。

2. 校正、最后固定、校正标高、垂直和平面位置

吊车梁校正完毕后,用连接钢板等与柱侧面、吊车梁顶端的预埋铁件焊接,并在接头处支模浇筑细石混凝土。

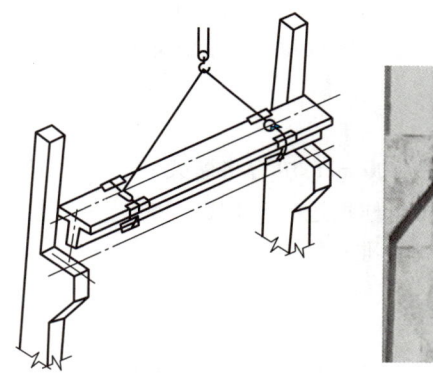

图 6.2.7　吊车梁的绑扎吊装

### 三、屋架的吊装

#### 1. 屋架绑扎

绑扎点应选在上弦节点处,左右对称,绑扎中心(即各支吊索的合力作用点)必须高于屋架重心,使屋架起吊后基本保持水平,不晃动、不倾翻。吊索与水平线的夹角不宜小于45°,以免屋架承受过大的横向压力,必要时可采用横吊梁,如图 6.2.8 所示。

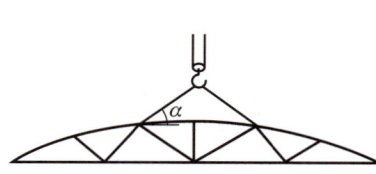
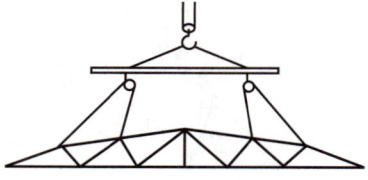

图 6.2.8　屋架的绑扎

#### 2. 屋架的扶直与排放

屋架扶直应采取必要的保护措施,必要时进行验算。屋架扶直有正向扶直和反向扶直两种方法,如图 6.2.9 所示。起重机位于屋架下弦一侧,吊钩对准屋架上弦中点,升钩、起臂,使屋架以下弦为轴缓缓转为直立状态,为正向扶直(图 6.2.9a)。起重机位于屋

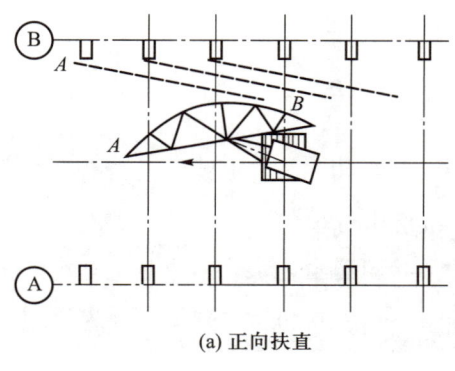
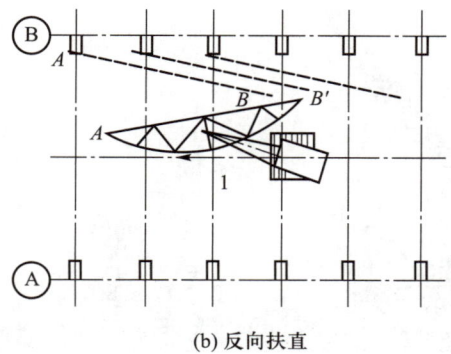

(a) 正向扶直　　　　　　　　　　　　(b) 反向扶直

图 6.2.9　屋架扶直

架上弦一侧,吊钩对准屋架中心,起重机升钩、降臂,使屋架以下弦为轴缓缓转为直立状态,为反向扶直(图6.2.9b)。屋架扶直之后排放就位,一般靠柱边斜向排放,或以3~5榀为一组平行于柱边纵向排放。

3. 屋架的吊升、对位与临时固定

① 屋架的吊升是将屋架吊离地面约300 mm,然后将屋架转至安装位置下方,再将屋架吊升至柱顶上方约300 mm后,缓缓放至柱顶进行对位;

② 屋架对位应以建筑物的定位轴线为准;

③ 屋架对位后立即进行临时固定。

4. 屋架的校正及最后固定

屋架垂直度检查与校正后应立即电焊固定,屋架垂直度检查如图6.2.10所示。

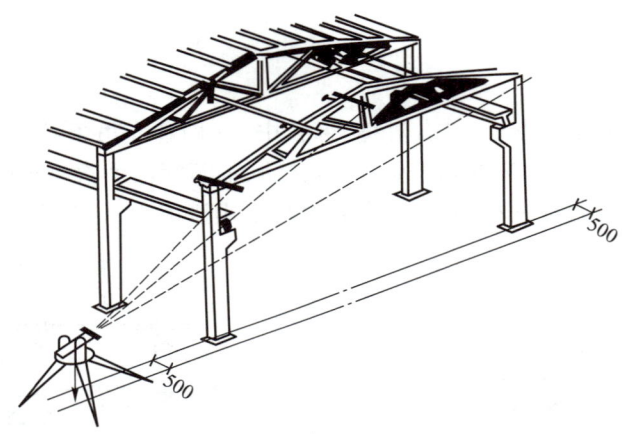

图 6.2.10　屋架垂直度检查

### 四、天窗架及屋面板的吊装

天窗架常采用单独吊装,也可与屋架拼装成整体同时吊装。

屋面板的吊装一般采用一钩多块叠吊法或平吊法,如图6.2.11所示。吊装顺序应由两边檐口向屋脊对称进行。

图 6.2.11　屋面板吊装

### 6.2.3　结构吊装方案

在拟定单层工业厂房结构安装方案时,应着重解决起重机的选择、结构安装方法、起重机的开行路线和构件的平面布置等。

#### 一、起重机的选择

1. 起重机类型选择原则

起重机的选择主要包括选择起重机的类型和型号。一般中小型厂房多选择履带式、自行式起重机;当厂房的高度和跨度较大时,可选择塔式起重机吊装屋盖结构;在缺乏自行式起重机或受到地形的限制,自行式起重机难以到达的地方,可选择桅杆式起重机。

2. 起重机型号和起重臂长度的选择

（1）起重量

起重机的起重量必须满足下式要求

$$Q \geqslant Q_1 + Q_2 \tag{6.2.1}$$

式中　$Q$——起重机的起重量,t;

$\qquad Q_1$——构件重量,t;

$\qquad Q_2$——吊索重量,t。

（2）起重高度

起重机的起重高度必须满足构件吊装的要求,如图 6.2.12 所示。

$$H \geqslant h_1 + h_2 + h_3 + h_4 \tag{6.2.2}$$

式中　$H$——起重机的起重高度,m;

$\qquad h_1$——安装支座表面高度,m,从停机面算起;

$\qquad h_2$——安装空隙,m,不小于 0.3 m;

$\qquad h_3$——绑扎点至构件吊起底面的距离,m;

$\qquad h_4$——索具高度,m,自绑扎点至吊钩中心距离。

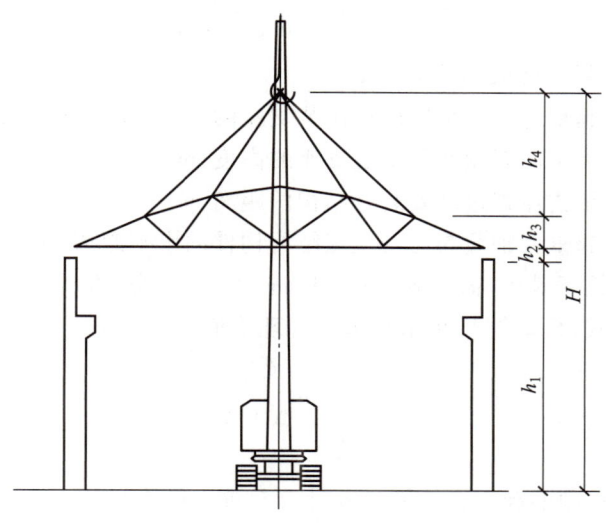

图 6.2.12　起重高度计算简图

（3）最小起重臂长和起重半径

当起重机可以不受限制地开到所吊构件附近去吊装构件时,可不验算起重半径。当起重机受限制不能靠近安装位置去吊装构件时,则应验算。当起重机的起重半径为一定值时,起重量和起重半径是否满足吊装构件的要求,一般根据所需起重量、起重高度值选择起重机型号,再按下式进行计算,如图 6.2.13 所示。

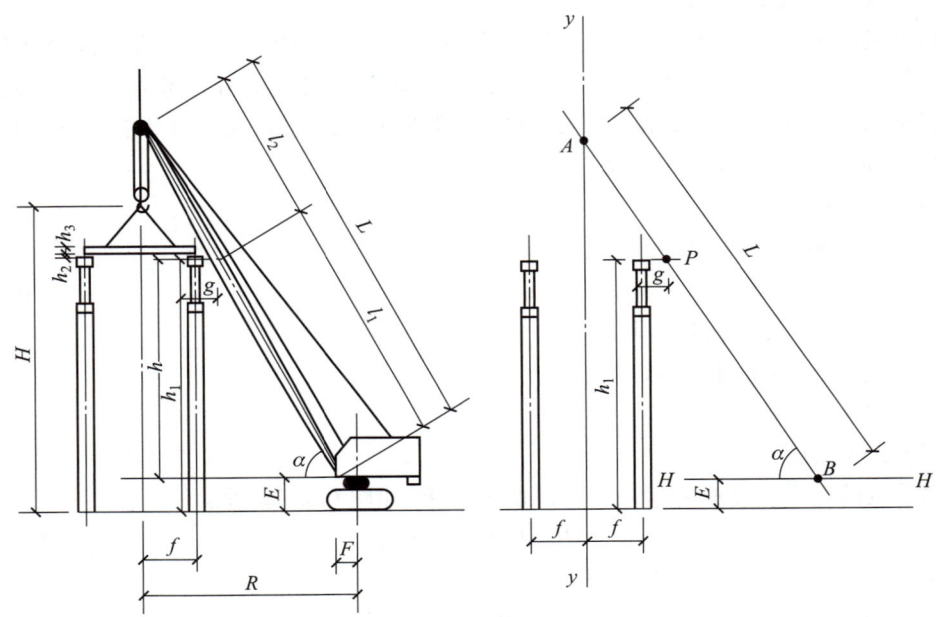

图 6.2.13　最小起重臂长计算简图

① 所需最小起重臂长

$$L_{\min} \geq l_1 + l_2 = \frac{h}{\sin \alpha} + \frac{f+g}{\cos \alpha} \qquad (6.2.3)$$

式中　$L_{\min}$——起重臂最小长度,m;

　　　　$h$——起重臂下铰至屋面板吊装支座的高度,m;$h = h_1 - E$;

　　　　$h_1$——停机面至屋面板吊装支座的高度,m;

　　　　$f$——吊钩需跨过已安装好结构的距离,m;

　　　　$g$——起重臂轴线与已安装好结构构件的水平距离,至少取 1 m。

为了使起重臂长度最小,需对式(6.2.3)进行一次微分,并令 $\mathrm{d}L/\mathrm{d}\alpha = 0$,即可求出 $\alpha$ 的值。将 $\alpha$ 值代入式(6.2.3)即可求得 $L_{\min}$ 的理论值。

$$\alpha = \arctan \sqrt[3]{\frac{h}{f+g}} \qquad (6.2.4)$$

② 起重半径

然后根据实际采用的起重臂及仰角 $\alpha$ 计算起重半径 $R$

$$R = F + L\cos \alpha \qquad (6.2.5)$$

根据计算出的起重半径 $R$ 及已选定的起重臂长度 $L$，查起重机的性能表或性能曲线，复核起重量 $Q$ 及起重高度 $H$，如能满足吊装要求，即可根据 $R$ 值确定起重机吊装屋面板时的停机位置。

## 二、结构安装方案选择

单层工业厂房的结构安装方法有分件安装法和综合安装法两种。

### 1. 分件安装法

起重机在车间内每开行一次仅安装一种或两种构件。通常分三次开行安装完所有构件，图 6.2.14 为分件安装构件的顺序。

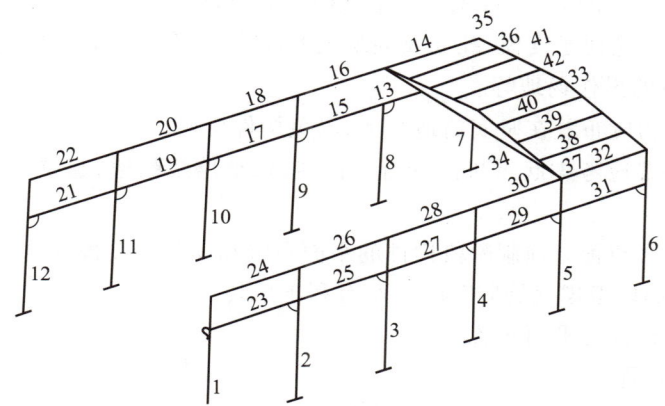

1~12—柱；13~32—单数是吊车梁，双数是连系梁；33、34—屋架；35~42—屋面板。

图 6.2.14　分件安装构件的顺序

第一次开行：安装全部柱子，并对柱子校正和最后固定；

第二次开行：安装全部吊车梁、连系梁以及柱间支撑；

第三次开行：分节间安装屋架、天窗架、屋面板及屋面支撑等。

分件安装法的优点是每次吊装同类构件，不需经常更换索具，操作程序基本相同，所以安装速度快，并且有充分时间进行校正。构件可分批进场，供应单一，平面布置比较容易，现场不至拥挤。缺点是不能为后续工程及早提供工作面，起重机开行路线长，装配式钢筋混凝土单层工业厂房多采用分件安装法。

### 2. 综合安装法

综合安装法是指起重机在车间内的一次开行中，分节间安装所有各种类型的构件。具体做法是先安装 4~6 根柱子，立即加以校正和最后固定，接着安装吊车梁、连系梁、屋架、屋面板等构件。安装完一个节间所有构件后，转入安装下一个节间。

综合安装法的优点是开行路线短，起重机停机点少，可为后期工程及早提供工作面，使各工种能交叉平行流水作业。其缺点是一种机械同时吊装多类型构件，现场拥挤，校正困难。

## 三、起重机开行路线及停机位置

起重机的开行路线和停机位置与起重机的性能、构件尺寸及重量、构件的平面布置、构件的供应方式、安装方法等许多因素有关。

吊装屋架、屋面板等屋面构件时,起重机宜跨中开行;吊装柱子时,则视跨度大小、构件尺寸、质量及起重机性能而定,可沿跨中开行或跨边开行。

### 四、构件的平面布置

1. 构件的平面布置原则

① 每跨构件尽可能布置在本跨内,确有困难可布置在跨外且便于吊装的地方。

② 构件布置方式应满足吊装工艺要求,尽可能布置在起重机的起重半径内,尽量减少起重机在吊装时的行车、回转及起重臂的起伏次数。

③ 按"重近轻远"的原则,首先考虑重型构件的布置。

④ 构件的布置应便于支模、扎筋及混凝土的浇筑,若为预应力构件,要考虑有足够的抽管、穿筋和张拉的操作场地等。

⑤ 所有构件均应布置在坚实的地基上,以免构件变形。

⑥ 构件的布置应考虑起重机的开行与回转,保证路线畅通,起重机回转时不与构件相碰。

⑦ 构件的平面布置分预制阶段构件的平面布置和安装阶段构件的平面布置,布置时两种情况要综合加以考虑,做到相互协调,有利于吊装。

2. 预制阶段构件的平面布置

(1) 柱子的布置

柱子的预制布置有斜向布置和纵向布置。

① 柱子斜向布置:柱子采用旋转法起吊。

a. 三点共弧斜向布置:即柱基、柱脚、柱绑扎点三点共弧,如图 6.2.15 所示。

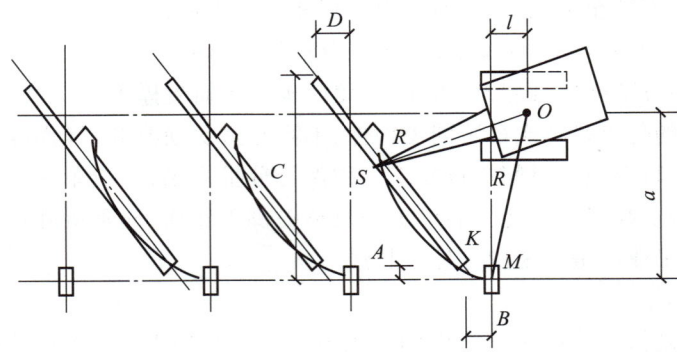

图 6.2.15　柱子三点共弧斜向布置

b. 两点共弧布置:若场地限制或柱过长,难以做到三点共弧时,可按两点共弧布置。两点共弧的方法有两种:

一种是杯口中心与柱脚中心两点共弧,吊点放在起重半径 $R$ 之外,如图 6.2.16 所示。吊装时,先用较大的起重半径 $R'$ 吊起柱子,并升起重臂,当起重半径变成 $R$ 后,停止升臂,随之用旋转法安装柱子。

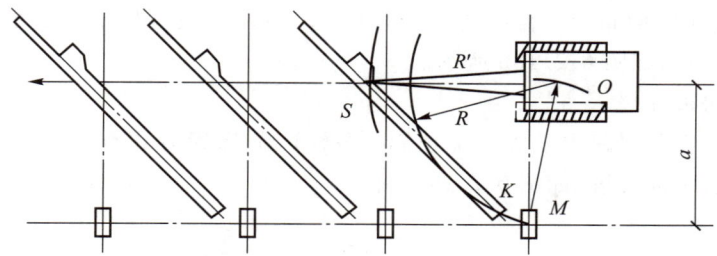

图 6.2.16　柱子斜向柱脚与杯口中心两点共弧布置

另一种方法是吊点与杯口中心两点共弧,柱脚放在起重半径 $R$ 之外,安装时可采用滑行法,如图 6.2.17 所示。

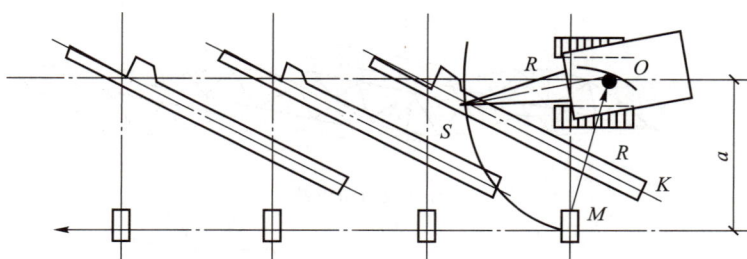

图 6.2.17　柱子斜向吊点与杯口中心两点共弧布置

② 柱子纵向布置

对于一些较轻的柱子,起重机能力有富余,考虑到节约场地,方便构件制作,可顺柱列纵向布置,如图 6.2.18 所示。柱子纵向布置,绑扎点与杯口中心两点共弧。若柱子长

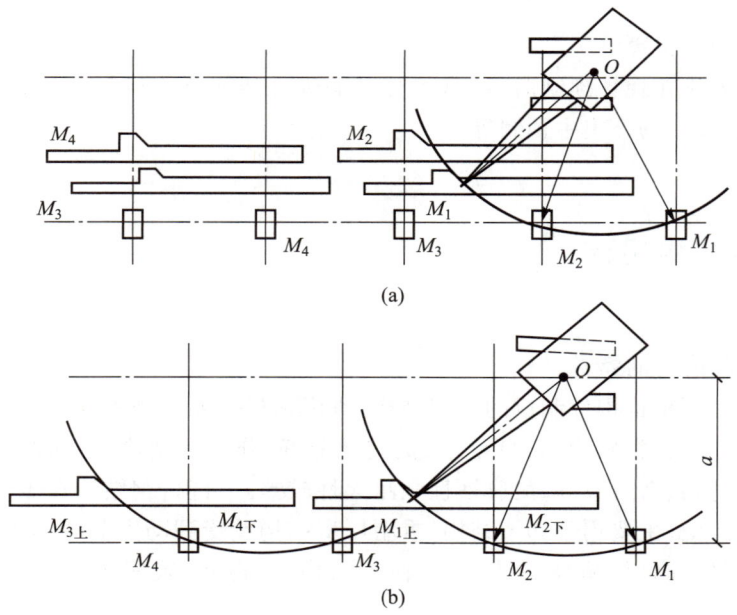

图 6.2.18　柱子纵向布置

度大于 12 m,柱子纵向布置宜排成两行,如图 6.2.18a 所示;若柱子长度小于等于 12 m,则可叠浇排成一行,如图 6.2.18b 所示。

（2）屋架的布置

屋架宜安排在厂房跨内平卧叠浇预制,每叠 3 榀,布置方式有三种:斜向布置、正反斜向布置和正反纵向布置,如图 6.2.19 所示。

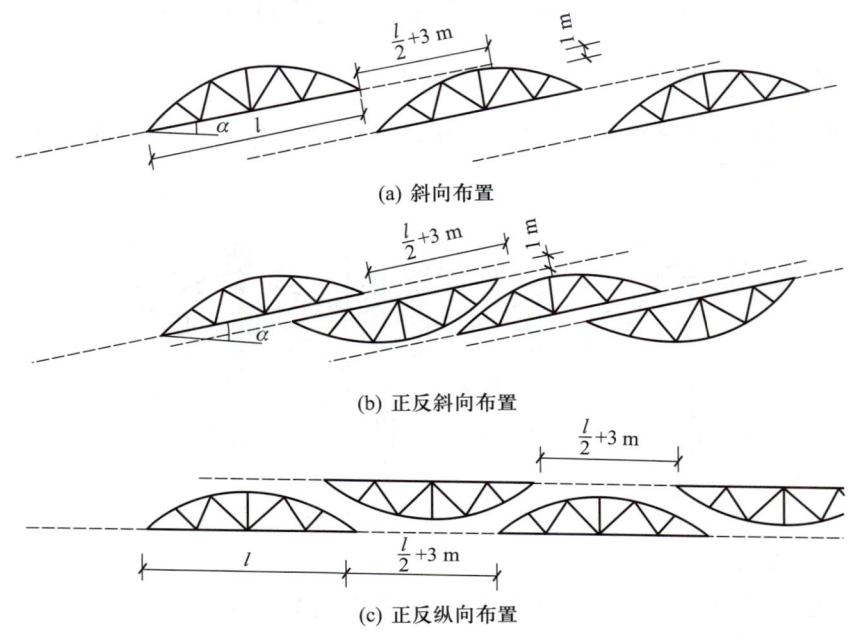

(a) 斜向布置

(b) 正反斜向布置

(c) 正反纵向布置

图 6.2.19　屋架预制布置方式

（3）吊车梁的布置

当吊车梁安排在现场预制时,可靠近柱基顺纵轴线或略作倾斜布置,也可插在柱子的间隔中预制,或在场外集中预制等。

　钢结构吊装

### 6.3.1　钢结构的特点

钢结构是由钢结构构件制成的工程结构,所用钢材主要为型钢和钢板。和其他结构相比,它具有强度高,材质均匀,自重小,抗震性能好,施工速度快,工期短,密闭性好,拆迁方便等优点;但其造价较高,耐腐蚀性和耐火性较差。目前,钢结构在工业与民用建筑中使用越来越广泛,主要用于如下结构:重型厂房结构及受到动力荷载作用的厂房结构、大跨度结构、多层、高层、超高层结构、塔桅式结构、可拆卸、装配式房屋、容器、储罐、管道、构筑物等。

### 6.3.2　钢结构构件的制作

#### 一、开工前的准备工作

1. 图纸审核及详图设计

一般设计院提供的设计图,不能直接用来加工制作钢结构,施工单位在考虑加工工艺、公差配合、加工余量、焊接控制等因素后,在原设计图的基础上绘制加工制作图(又称施工详图)。加工制作图是实际尺寸画线、剪切、坡口加工、制孔、弯制、拼装、焊接、涂装、产品检查、堆放、放送等各项作业的指标书。

2. 备料和核对

根据图纸材料表计算出各种材质、规格的材料净用量,再加一定数量的损耗提出材料预算计划。工程预算一般可按实际用量所需的数值再增加 10% 进行提料和备料。核对来料的规格、尺寸和重量,仔细核对材质,材料代用必须经过设计部门同意,并进行相应修改。

3. 编制工艺流程

工艺流程编制的内容包括:成品技术要求;关键零件的加工方法、精度要求、检查方法和检查工具;主要构件的工艺流程;工序质量标准、工艺措施(如组装次序、焊接方法等);采用的加工设备和工艺设备。

编制工艺流程表(或工艺过程卡)基本内容包括零件名称、件号、材料牌号、规格、件数、工序名称和内容、所用设备和工艺装备名称及编号、工时定额等。关键零件还要标注加工尺寸和公差,重要工序要画出工序图。

4. 投料加工前的技术交底

投料加工前应对制作单位的生产人员进行技术交底,包括:工艺方案、工艺规程、施工要点、主要工序的控制方法等与实际施工相关的内容。

#### 二、钢结构构件加工制作的工艺流程

(一)施工工艺

$\boxed{\text{加工制作图的绘制}}\rightarrow\boxed{\text{制作样杆、样板}}\rightarrow\boxed{\text{号料}}\rightarrow\boxed{\text{放线}}\rightarrow\boxed{\text{切割}}\rightarrow\boxed{\text{坡口加工}}\rightarrow$ $\boxed{\text{开制孔}}\rightarrow\boxed{\text{组装(包括矫正)}}\rightarrow\boxed{\text{焊接}}\rightarrow\boxed{\text{摩擦面的处理}}\rightarrow\boxed{\text{涂料与编号}}$。

(二)施工要点

1. 样杆、样板的制作

样杆一般用薄钢板或扁钢制作,当长度较短时可用木尺杆。样板可采用厚度 0.50 ~ 0.75 mm 的薄钢板或塑料板制作。样杆、样板应注明工号、图号、零件号、数量及加工边、坡口部位、弯折线和弯折方向、孔径和滚圆半径。制作的样杆、样板应妥善保存,直至工程结束后方可销毁。

2. 号料

号料前应先核对钢材规格、材质、批号,并应清除钢板表面油污、泥土及脏物。钢材表面质量应符合质量要求,若表面质量满足不了质量要求,则应进行矫正。矫正后的钢材表面,不应有明显的凹面和损伤,表面划痕深度不得大于 0.5 mm,且不应超过该钢材厚

度负允许偏差的 1/2。

3. 放线

利用加工制作图、样杆、样板及钢卷尺进行画线。目前已有一些先进的钢结构加工厂采用程控自动画线机,不仅效率高,而且精确、省料。

为确保长度方向上的精度,当切割端部表面时,要根据以往的数据资料预测焊接及加热所产生的收缩量,并将其考虑进去,当难以根据以往的资料数据预测收缩量时,要取稍长一点的相近数值。

4. 切割

钢材的切割包括气割、等离子切割等方法,也可使用剪切、切割等机械力的方法。主要根据切割能力、切割精度、切剖面的质量及经济性来选择切割方法。

5. 制孔

制孔方法:常用的打孔方法有机械打孔、气体开孔、钻模和板叠套钻制孔和数控钻孔四大类。常用打孔机械有电钻、风钻、立体钻床、摇臂钻床、桁式摇臂钻床、多轴钻床、开孔机等。气体开孔是在气割喷嘴上安装一个简单的附属装置,可打出 130 mm 的孔。数控钻孔是近年发展的先进的钻孔方法,无须在工件上画线、打样、冲眼,整个加工过程自动进行高速数控定位,钻头行程数字控制,钻孔效率高,精度高。

6. 组装

钢结构组装的方法包括地样法、仿形复制装配法、立装法、卧装法、胎模装配法等。钢结构构件组装的允许偏差见《钢结构工程施工质量验收标准》(GB 50205—2020)有关规定。

地样法:用 1∶1 比例在装配平台上放出构件实样,然后根据零件在实样上的位置,分别组装起来成为构件;适用于桁架、框架等小批量结构的组装。

仿形复制装配法:先用地样法组装成单面结构,并且必须定位点焊,然后翻身作为复制胎膜,在上装配另一单面结构,往返两次组装;适用于横断面互为对称的桁架结构组装。

立装法:根据构件的特点及其零件的稳定位置,选择自上而下或者是自下而上的装配程序;适用于放置平稳,高度不大的结构或者是大直径圆筒。

卧装法:构件放置平卧位置装配,适用于断面不大但长度较长的细长构件。

胎模装配法:把构件的零件用胎模定位在其装配位置的组装,但在布置拼装胎模时必须注意各种加工余量;适用于制造构件批量大,精度高的产品。

7. 焊接

焊接是钢结构加工制作中的关键步骤,应按操作规程进行。部件或构件焊接后,均因焊接会产生大弯曲、头部弯曲及局部变形等,焊接后需进行变形矫正。

8. 摩擦面的处理

高强度螺栓摩擦面处理后的抗滑移系数应符合设计的要求(一般 0.45~0.55),摩擦面的处理可采用喷砂、喷丸、酸洗、砂轮打磨等方法。高强度螺栓的摩擦连接摩擦面不得涂装,高强度螺栓安装完后,应将连接板四周封闭,再进行涂装。

9. 涂装、编号

涂装前应对钢结构构件表面进行除锈处理,构件表面除锈方法和除锈等级应与设计采用的涂料相适应,并应符合规范的规定。

### 三、钢结构构件的验收和运输

1. 钢结构构件的验收

钢结构加工制作完成后,应按照施工图和国家标准《钢结构工程施工质量验收标准》(GB 50205—2020)的规定进行验收,钢结构构件出厂时,应提供技术资料。

2. 钢结构构件的运输

大型或重型构件的运输应根据行车路线、运输车辆的性能、码头状况、运输船只的情况编制运输方案。在运输方案中要着重考虑吊装工程的堆放条件、工期要求,编制构件的运输顺序。

发运构件质量单件超过3t的,宜用油漆标上质量及重心位置的标志,避免在装、卸和起吊过程中损坏构件;节点板、高强度螺栓连接面等重要部位要有适当的保护措施,零星的部件等都要按同一类别用螺栓和钢丝紧固成束或包装发运。

## 6.3.3 钢结构构件的连接

钢结构构件的连接是采用一定方式将各杆件连接成整体,钢结构构件的连接方法有:焊接、铆接、高强度螺栓连接等,目前应用较多的是焊接和高强度螺栓连接。

### 一、钢结构构件的焊接

钢结构构件主要的焊接方法有手工电弧焊、气体保护焊、自保护电弧焊、埋弧焊、电渣焊、等离子焊、电子束焊、栓焊等。在钢结构制作和安装领域中,广泛使用电弧焊,在电弧焊中又以药皮焊条手工电弧焊、自动埋弧焊、半自动与自动二氧化碳气体和自保护电弧焊为主。

### 二、钢结构构件的铆接

铆接是利用铆钉将两个及以上的零件(一般是金属板或型钢)连接为一个整体的连接方法。目前焊接及螺栓连接的应用范围在不断地扩大,铆接在钢结构制品中逐步地被代替。

### 三、钢结构构件的螺栓连接

1. 普通螺栓连接

普通螺栓作为永久性连接螺栓时,应符合下列要求:为增大承压面积,螺栓头和螺母下面应放置垫圈;螺栓头下面放置垫圈数量不得多于 2 个,螺母下面放置垫圈数量不应多于 1 个;对设计要求放松的螺栓,应采用有放松装置的螺母或弹簧垫圈或用人工方法采取放松措施;对工字钢、槽型钢类型应尽量使用斜垫圈,使螺母和螺栓头部的支撑面垂直于螺杆;螺杆规格选择,连接形式,螺栓的布置,螺栓孔尺寸应符合设计要求及有关规定。

2. 高强度螺栓连接

高强度螺栓从外形上可分为大六角头高强度螺栓和抗剪型高强度螺栓两种类型。按性能等级可分为 8.8 级、10.9 级、12.9 级,目前我国使用的大六角头高强度螺栓有 8.8 级和 10.9 级两种,扭剪型高强度螺栓只有 10.9 级一种。

(1) 摩擦面的处理

高强度螺栓连接,必须对构件摩擦面进行加工处理,用喷砂、喷(抛)丸、酸洗或砂轮打磨等。处理好的摩擦面应有保护措施,不得涂油漆或污损。制造厂处理好的摩擦面,安装前应逐个复验所附试件的抗滑移系数,合格后方可安装,抗滑移系数应符合设计要求。

（2）连接板安装

连接板不能有挠曲变形,安装前应认真检查,对变形的连接板应矫正平整。高强度螺栓板面接触要平整。因被连接构件的厚度不同,或制作和安装偏差等原因造成连接面之间的间隙,小于 1.0 mm 间隙可不处理;1.0～3.0 mm 的间隙,应将高出的一侧磨成1:10 的斜面,打磨方向应与受力方向垂直;大于 3.0 mm 的间隙应加垫板,垫板两面的处理方法应与构件相同。

（3）高强度螺栓安装

高强度螺栓连接施工时,应符合下列要求:高强度螺栓连接应有质量保证书,由制造厂按批配套供货;高强度螺栓连接施工前应进行检查和复验。

① 大六角头高强度螺栓连接施工

大六角头高强度螺栓连接施工一般采用的紧固方法有扭矩法和转角法。

扭矩法施工时,一般先用普通扳手进行初拧,初拧扭矩可取为施工扭矩的50%左右。目的是使连接件密贴。在实际操作中,可以让一个操作工使用普通扳手拧紧即可,然后使用扭矩扳手,按施工扭矩值进行终拧。对于较大的连接节点,可以按照初拧、复拧及终拧的次序进行,复拧扭矩等于初拧扭矩值。一般拧紧的顺序从中间向两边或四周进行,初拧和终拧的螺栓均应做不同的标记,避免漏拧、超拧发生,且便于检查,此法在我国应用广泛。

转角法是用控制螺母的转角来获得规定的预应力,因不需专用扳手,故简单有效,如图 6.3.1 所示。终拧角度可预先测定。高强度螺栓转角法施工分初拧和终拧两步(必要时可增加复拧),初拧的目的是为消除板缝影响,给终拧创造一个大体一致的基础。初拧扭矩一般取终拧扭矩的 50% 为宜,原则上以板缝密贴为准。

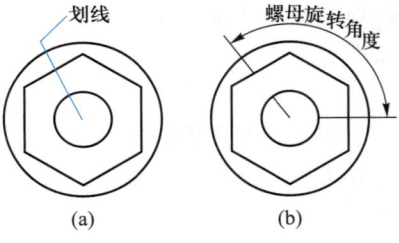

图 6.3.1　转角法

② 扭剪型高强度螺栓连接施工

扭剪型高强度螺栓施工相对于大六角头高强度螺栓连接施工简单得多,它是采用专用的电动扳手进行终拧,梅花头拧掉则终拧结束,其连接工艺如下:

作业准备 → 选择螺栓并配套 → 接头组装 → 安装临时螺栓 → 安装高强度螺栓 → 高强度螺栓紧固 → 检查验收 。

扭剪型高强度螺栓的拧紧可分为初拧、终拧,对于大型节点可分为初拧、复拧和终拧。初拧采用手动扳手或专用定矩电动扳手,初拧值为预拉力标准值的 50% 左右,复拧扭矩等于初拧扭矩值。初拧或复拧后的高强度螺栓应用颜色在螺母上涂上标记,然后用专用电动手板进行终拧,直至拧掉螺栓尾部梅花头。

高强度螺栓连接节点施工时,螺栓穿入方向宜一致,先校准孔位,再穿入高强度螺栓用扳手紧固后,再卸下临时螺栓,以高强度螺栓替换。扭剪型高强度螺栓安装时,垫圈不得装反,如图6.3.2所示。

高强度螺栓施工质量应有原始检查记录:高强度螺栓连接复验数据、抗滑移系数试验数据、初拧扭矩、终拧扭矩、扭矩扳手检查数据和施工质量检查记录等。

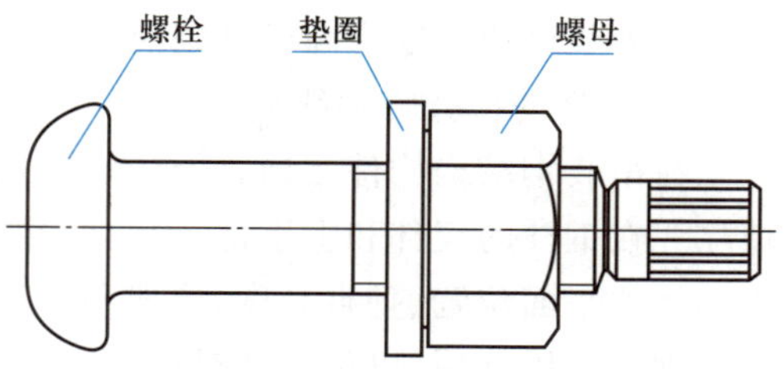

图 6.3.2　扭剪型高强度螺栓连接

### 6.3.4　钢结构单层工业厂房安装
#### 一、吊装前的准备工作
**1. 施工组织设计**

在吊装前应进行钢结构工程的施工组织设计,其内容包括:计算钢结构构件和连接件数量;选择起重机械;确定构件吊装方法;确定吊装流水程序;编制进度计划;确定劳动组织;构件的平面布置;确定质量保证措施、安全措施等。

**2. 基础的准备**

钢柱基础的顶面通常设计为一平面,通过地脚螺栓将钢柱与基础连成整体。施工时应保证基础顶面标高及地脚螺栓位置准确。其允许偏差为:基础顶面高差为±2 mm,倾斜度为 1/1 000;地脚螺栓位置允许偏差,在支座范围内为 5 mm。施工时可用角钢做成固定架,将地脚螺栓安置在与基础模板分开的固定架上。

为保证基础底面标高的准确,施工时可采用一次浇筑法或二次浇筑法进行。

（1）一次浇筑法

先将基础混凝土浇灌到低于设计标高 40~60 mm 处,然后用细石混凝土精确找平至设计标高,以保证基础顶面标高的准确。这种方法要求钢柱制作尺寸十分准确,且要保证细石混凝土与下层混凝土的紧密黏结,如图6.3.3 所示。

（2）二次浇筑法

钢柱基础分两次浇筑。第一次浇筑到低于设计标高 40~60 mm 处,待混凝土有一定强度后,上面放钢垫板,精确校正钢板标高,然后吊装钢柱,当钢柱校正完毕后,在柱脚钢板下浇灌细石混凝土,如图6.3.4 所示。

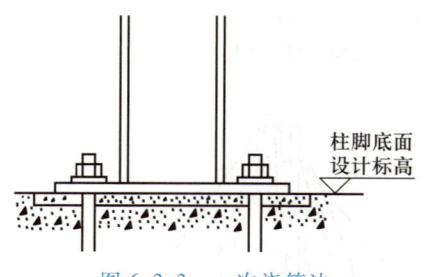

图 6.3.3　一次浇筑法

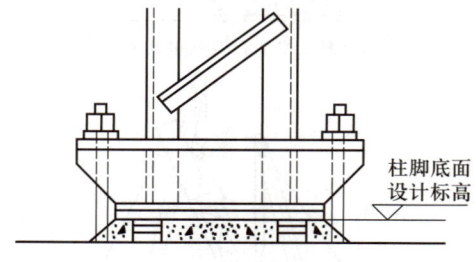

图 6.3.4　二次浇筑法

当基础采用二次浇筑混凝土施工时,钢柱脚应采用钢垫板或座浆垫板作支承。垫板应设置在靠近地脚螺栓的柱脚底板加劲板或柱脚下,每根地脚螺栓侧应设 1~2 组垫块,每组垫板不得多于 5 块。垫板与基础面和柱底面的接触应平整、紧密。当采用成对斜垫板时,其叠合长度不应小于垫板长度的 2/3。采用座浆垫板时,应采用无收缩砂浆。柱子吊装前砂浆试块强度应高于基础混凝土强度一个等级。

3. 构件的检查与弹线

在吊装钢结构构件之前,应检查构件的外形和几何尺寸,如有偏差应在吊装前设法消除。在钢柱的底部和上下部标出两个方向的轴线,在底部适当高度标出准线,以便校正钢柱的平面位置、垂直高度、屋架和吊车梁的标高等。对不易辨别上下左右的构件,应在构件上加以标明,以免吊装时搞错。

4. 构件的运输、堆放

钢结构构件应根据施工组织设计要求的施工顺序,分单元成套供应。运输时,应根据构件的长度、重量选择车辆;钢结构构件在运输车辆上的支点、两端伸出的长度及绑扎方法均应保证构件不产生变形,不损伤涂层。

钢结构构件堆放场地应平整坚实,无积水,堆放时应按构件的种类、型号、安装顺序分区存放。底层应设有枕垫,有足够的支承面,以防支点下沉。相同型号的钢结构构件叠放时,各层构件支点应在同一垂直线上,防止其被压坏和变形。

## 二、构件的吊装工艺

1. 钢柱的吊装

（1）钢柱的吊升

钢柱的吊升可采用自行式或塔式起重机,用旋转或滑行法吊升。当钢柱较重时,可采用双机台吊,用一台起重机抬下吊点,采用双机并立相对旋转法进行吊装,如图6.3.5所示。

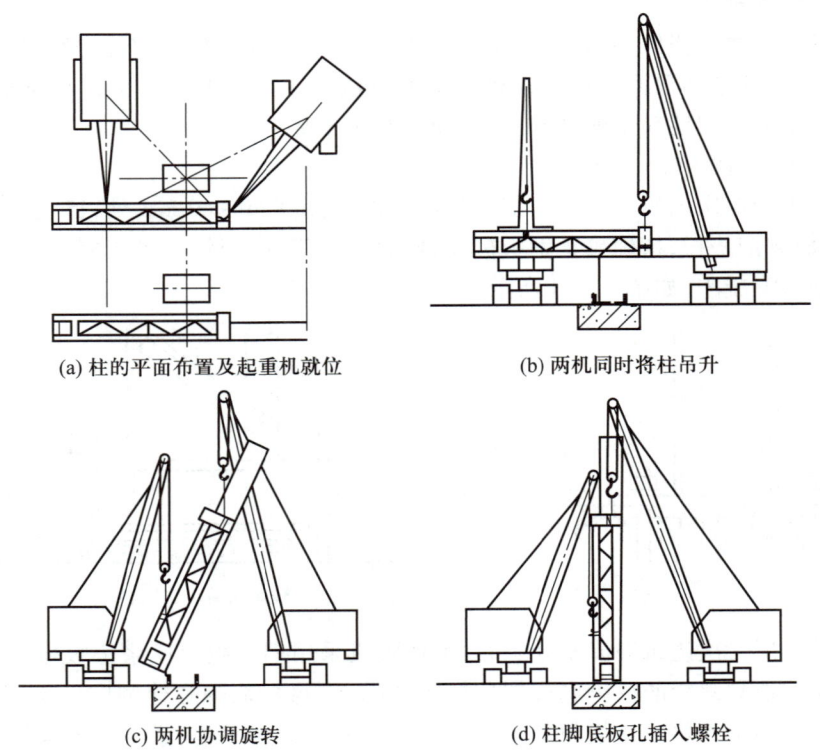

(a) 柱的平面布置及起重机就位　　(b) 两机同时将柱吊升

(c) 两机协调旋转　　(d) 柱脚底板孔插入螺栓

图 6.3.5　双机台吊钢柱

（2）钢柱的校正与固定

钢柱校正包括平面位置、标高、垂直度校正。平面位置校正应用经纬仪两个方向检查钢柱的安装准线。在吊升前应安放标高控制块以控制钢柱底部标高。垂直度的校正用经纬仪检验，如超过允许偏差，用千斤顶进行校正。为防止校正后轴线位移，应在柱底板四边用 100 mm 厚钢板定位，并电焊牢固。钢柱复校后，紧固地脚螺栓，并将承重垫块上下点焊固定，防止走动，图 6.3.6 为首节钢柱固定。

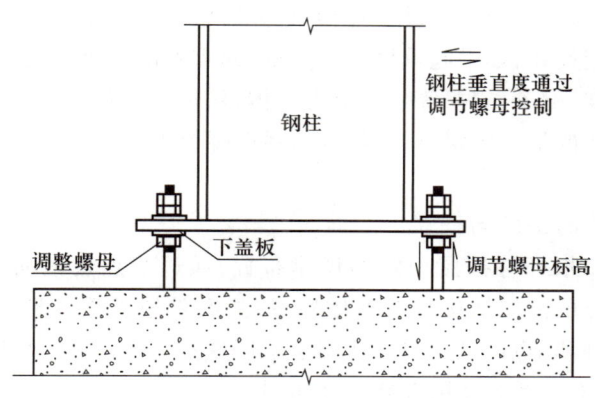

图 6.3.6　首节钢柱固定

2. 钢吊车梁的吊装

（1）施工工艺

钢吊车梁的制作工艺

生产准备 → 原材料矫正 → 放样 → 号料 → 剪、冲、锯、气割 → 零件平直 → 刨边 → 制孔（冲、钻） → 半成品库分类堆放 → 接板 → 超声波探伤 → 矫正 → 拼装 → 埋弧焊 → 焊缝检查 → 矫正 → 总装配 → 焊接 → 焊缝检查 → 矫正 → 成品钻孔 → 摩擦面处理 → 尺寸检查 → 除锈 → 涂装 → 成品堆放。

（2）施工要点

① 钢吊车梁的吊升

钢吊车梁可用自行式起重机吊装，也可用塔式起重机、桅杆式起重机等进行吊装，对重量很大的钢吊车梁，可以用双机台吊。钢吊车梁吊装时应注意钢柱吊装后的位移和垂直度的偏差，认真做好临时标高垫块工作，严格控制定位轴线，实测吊车梁搁置处梁高制作的误差。钢吊车梁均为简支梁，梁端之间应留有 10 mm 左右的间隙并设钢垫板，梁和牛腿用螺栓连接，梁与制动架之间用高强度螺栓连接。

② 钢吊车梁的校正与固定

钢吊车梁校正的内容包括标高、垂直度、轴线、跨距的校正。标高的校正可在屋盖吊装前进行，其他项目校正可在屋盖安装完成后进行，因为屋盖的吊装可能引起钢柱的变位。钢吊车梁标高的校正，用千斤顶或起重机对梁作竖向移动，并垫钢板，使其偏差在允许范围内。

钢吊车梁轴线的校正可用通线法和平移轴线法,跨距的检验用钢尺测量,跨度大的车间用弹簧秤拉测(拉力一般为 100~200 N),如超过允许偏差,可用撬棍、钢楔、花篮螺栓、千斤顶等纠正。

③ 钢屋架的吊装与校正

钢屋架翻身扶直吊升时由于侧向刚度较差,必要时应绑扎几道杉木杆,作为临时加固措施。钢屋架吊装可采用自行式起重机、塔式起重机或桅杆式起重机等。根据钢屋架的跨度、重量和安装高度不同,应选用不同的起重机械和吊装方法。

钢屋架侧向稳定性差,如果起重机的起重量、起重臂的长度允许时,应先拼装两榀屋架及其上部的天窗架、檩条、支撑等使之成为整体,然后一次吊装,以保证吊装稳定性,提高吊装效率。钢屋架的最后固定,用电焊或高强度螺栓进行固定。

### 6.3.5 钢网架的拼装与安装

网架结构是由多根杆件按照一定的规律布置,通过节点连接而成的网格状杆系结构。有空间受力特点的网架结构具有整体性好,能有效地承受各种非对称荷载、集中荷载、动力荷载,其构件和节点可定型化,适用于工厂成批生产,现场拼装的特点。图 6.3.7 为钢网架节点图,图 6.3.8 为钢网架施工现场图。

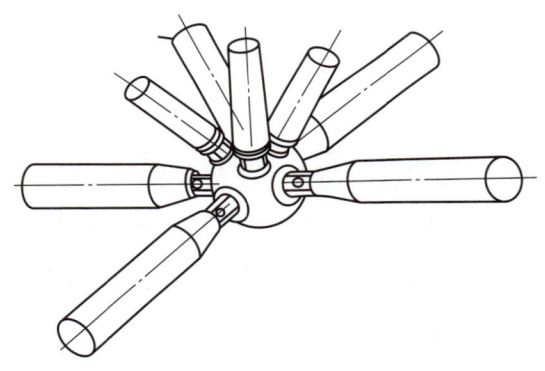

图 6.3.7　钢网架节点图

图 6.3.8　钢网架施工现场图

一、施工准备

1. 材料

(1)钢网架拼装的钢材与连接材料、高强度螺栓、焊条等材料应符合设计要求,并应有出厂合格证明。

(2)螺栓球、空心焊接球、加肋焊接球、锥头、套筒、封板、网架杆件、焊接钢板节点等半成品,应符合设计要求及相应的国家标准的规定。

(3)制造钢结构网架用的螺栓球的钢材,必须符合设计规定及相应材料的技术标准。螺栓球严禁有过烧、裂纹及各种隐患,成品球必须对最大的螺孔进行抗拉强度检验。

(4)拼装用高强度螺栓的钢材必须符合设计规定及相应的技术标准。钢网架结构用高强度螺栓必须采用国家标准《钢结构用高强度大六角头螺栓》(GB/T 1228—2006)规定的性能等级8.8级或10.9级,并应按相应等级要求来检查。检查高强度螺栓出厂合格证,检查试验报告,检查复验报告。在拼装前还应对每根高强度螺栓进行表面硬度试验,严禁有裂纹和损伤。

(5)拼装用的焊接球材料品种、规格质量,必须符合设计要求和有关标准的规定。焊接用的焊条、焊剂、焊丝、保护气体等应符合相应的技术要求和规定。焊接球应有出厂合格证和钢球承载力检验报告。

(6)钢网架拼装封板、锥头、套筒的钢材,必须符合设计要求及相应的技术标准。封板、锥头、套筒外观不得有裂纹、过烧及氧化皮。

(7)钢网架拼装焊接用钢板,必须符合设计要求及相应的技术标准。焊接材料应有出厂合格证及相应的技术标准,钢板节点的拼装焊缝应达到设计要求。

(8)钢网架拼装用杆件的钢材品种、规格、质量,须符合设计规定及相应技术标准。钢管杆件与封板、锥头的连接,必须符合设计要求,焊缝质量标准必须符合现行国家标准《钢结构工程施工质量验收标准》(GB 50205—2020)质量标准。钢管杆件与封板或锥头的焊缝应进行强度检查,其承载能力应满足设计要求。

2. 主要机具

电焊机、氧-乙炔设备、砂轮锯、钢管切割机床、钢卷尺、钢板尺、游标卡尺、测厚仪、超声波探伤仪、磁力探伤仪、铁锤、钢丝刷、卡钳、百分表等检测仪器。

3. 作业条件

(1)拼装焊工须有焊接考试合格证,有相应焊接材料与焊接工位的资格证明。

(2)拼装前应对拼装场地做好安全设施、防火设施。拼装前应对拼装胎位进行检测,防止胎位移动和变形。拼装胎位应留出恰当的焊接变形余量,防止拼装杆件变形,角度变形。

(3)拼装前杆件尺寸、坡口角度以及焊缝间隙应符合规定。

(4)熟悉图纸,编制好拼装工艺,做好技术交底。

(5)拼装前,对拼装用高强度螺栓应逐个进行硬度试验,达到标准值才能拼装。

二、施工工艺及施工要点

(一)施工工艺

作业准备 → 球加工及检验 → 杆加工及检验 → 小拼单元 → 中拼单元 → 焊接 → 拼装单元验收 → 网架吊装 。

(二)施工要点

1. 作业准备

(1)螺栓球加工时的机具、夹具调整,角度的确定,机具的准备。

(2)焊接球加工时加热炉的准备,焊接球压床的调整,工具、夹具的准备。

(3)焊接球半圆胎架的制作与安装。

(4)焊接设备的选择与焊接参数的设定,采用自动焊时,自动焊设备的安装与调试,氧-乙炔设备的安装。

（5）拼装用高强度螺栓在拼装前逐条加以保护,防止小拼时飞溅影响到螺纹。

（6）焊条或焊剂进行烘烤与保温,焊材保温烘烤应有专门烤箱。

2. 球加工及检验

（1）球材下料尺寸控制,并应放出适当余量。

（2）螺栓球的划线与加工,经铣平面、分角度、钻孔、攻丝、检验等。

（3）焊接球材加热到 600~900 ℃之间的适当温度,加热应均匀一致,加热炉最好是煤气炉加热。

（4）加热后的钢材放到半圆胎架内,逐步压制成半圆形球,压制过程中应尽量减少压薄区与压薄量,采取措施是加热均匀,压制时氧化铁皮应及时清理,半圆球在胎位内能变换位置。

（5）半圆球出胎冷却后,对半圆球用样板修正弧度,然后切割半圆球的平面,注意按半径切割,但应留出拼圆余量。

（6）半圆球修正、切割以后应该打坡口,坡口角度与形式应符合设计要求。

（7）加肋半圆球与空心焊接球受力情况不同,故对钢网架重要节点一般均安排加肋焊接球,加肋形式有多种,有加单肋的,还有垂直双肋球等,所以圆球拼装前,还应加肋、焊接。注意加肋高度不应超出圆周半径,以免影响拼装。

（8）球拼装时,应有胎位,保证拼装质量,球的拼装应保持球的拼装直径尺寸、球的圆度一致。

（9）拼好的球放在焊接胎架上,两边各打一小孔固定圆球,并能随着机床慢慢旋转,旋转一圈,调整焊道,调整焊丝高度,调整各项焊接参数,然后用半自动埋弧焊机（也可以用气体保护焊机）对圆球进行多层多道焊接,直至焊道焊平为止,不要余高。

（10）焊缝外观检查,合格后在 24 h 之后对钢球焊缝进行超声波探伤检查。

3. 杆加工及检验

（1）钢管杆件下料前的质量检验:外观尺寸、品种、规格应符合设计要求;杆件下料应考虑到拼装后的长度变化,尤其是焊接球的杆件尺寸更要考虑到多方面的因素,如球的偏差带来杆件尺寸的细微变化,季节变化导致杆的偏差。因此杆件下料应慎重调整尺寸,防止下料以后带来批量性误差。

（2）杆件下料后应检查是否弯曲,如有弯曲应加以校正。杆件下料后应开坡口,焊接球杆件壁厚在 5 mm 以下,可不开坡口。螺栓球杆件必须开坡口。

（3）钢管杆件与封板拼装要求:杆件与封板拼装必须有定位胎具,保证拼装杆件长度一致;杆件与封板定位后点固,检查焊道深度与宽度,杆件与封板双边应各开 30°坡口,并有 2~5 mm 间隙,保证封板焊接质量;封板焊接应在旋转焊接支架上进行,焊缝应焊透、饱满、均匀一致。

（4）螺栓球网架用杆件在小拼前应将相应的高强度螺栓埋入,埋入前对高强度螺栓逐个进行硬度试验和外观质量检查,有问题的高强度螺栓不能埋入。

（5）钢杆件拼装和焊接前,应对埋入的高强度螺栓做好保护,防止通电打火起弧,防止飞溅溅入丝扣,故一般在埋入后即加上包裹加以保护。

（6）钢网架杆件成品保护:钢杆件应涂刷防锈漆,高强度螺栓应加以保护,防止锈蚀,同一品种、规格的钢杆件应码放整齐。

4. 钢网架小拼单元

钢网架小拼单元一般是指焊接球网架的拼装。螺栓球网架在杆件拼装、支座拼装之后即可进行安装。

（1）钢网架小拼前应对已拼装钢球分别进行强度试验,符合规定后才能小拼。

（2）对小拼场地清理,针对小拼单元尺寸,形态位置进行放样、划线。根据编制好的小拼方案制作拼装胎位,拼装胎位的设计要考虑到装配方便和脱胎方便。

（3）对拼装胎位焊接,防止变形,复验各部拼装尺寸。

（4）焊接球网架有加衬管和不加衬管两种。

（5）钢网架焊接球小拼形式:

一球一杆型是最简单的形式,应注意小拼尺寸和焊接质量;二球一杆型,拼装焊接后应防止杆件变形;一球三杆型,拼装后应注意保持半成品的角度和尺寸,防止焊接变形;一球四杆型,拼装后应注意焊接变形,防止码放时变形,一般应在支腿间加临时连杆,保持角度与尺寸。

（6）焊接球网架小拼后应焊接牢固,焊缝饱满、焊透,焊坡均匀一致,焊缝经外观检查后,还需进行超声波检查。

（7）小拼单元的尺寸检查应符合以下规定:

小拼单元为单锥体时,弦杆长、锥体高为±2.0 mm;上弦对角线长度为±3.0 mm;下弦节点中心偏移为 2.0 mm;小拼单元如不是单锥体,其节点中心允许偏移为 2.0 mm;焊接球节点与钢管中心允许偏移为 1.0 mm。

5. 焊接球网架中拼单元

（1）在焊接球网架施工中还可以采用地面中拼,到高空合拢的拼装形式,这种拼装形式可以分为:分形中拼、块形中拼、立体单元中拼等形式。

（2）考虑几何不变性,则应采取临时加固措施。

（3）为保证网架顺利拼装,在条与条、块与块合拢处,可采用安装螺栓措施。

（4）搭设中拼支架时,支架上的支撑点的位置应设在下弦节点处。支架应验算其承载力和稳定性,确保安全可靠,还应防止支架下沉。

（5）网架中拼单元宜减少中间运输,如需运输时,应采取措施防止网架变形。

6. 钢网架拼装焊接

（1）焊接球网架拼装前应编制好焊接工艺和焊接顺序。焊接工艺内容有电流、电压、运条方法、焊接层数和道数、焊缝坡口、间隙等,是保证焊缝质量的关键。

（2）钢网架焊接技术难度大,质量要求高,所以网架拼装焊工必须具有全位置焊工考试合格证,即具有平、立、横、仰工位的考试合格证,方能上岗。

（3）拼装焊接用焊材应经过烘烤、保温,以保证焊接材料的使用性能。

（4）钢网架施焊操作:

① 钢管与钢球焊接是钢网架的主要焊缝。起弧应在钢管底部中心线左侧 20~30 mm处,引弧应在焊道内引弧,防止烧伤母材。

② 引弧后向后边运条焊接,运条方法采用斜锯齿形手法,防止铁水流失和咬肉,采用斜锯齿形手法时,应防止熔渣倒流。

③ 当焊条焊至 1/4 圆处,需逐步改变运条手法,可改为月牙形运条手法,当接近上部时,应采用反向的斜锯齿形运条,防止咬肉。

④ 焊缝收弧应在焊缝超过中心线 20~30 mm 处熄弧,不必完全填满弧坑。

⑤ 接着焊接钢管另外半部,从焊缝中心线右侧 20~30 mm 处引弧焊接,向左运条,采用锯齿形运条法,逐步向左向上焊接,直到近 1/4 圆处改为月牙形运条,当焊到上部时,再采用反向锯齿形运条,使焊缝成型美观、饱满。

⑥ 收弧。当焊条逐步焊到上半部时,此时是爬坡焊,当到钢管上部时已成平焊,这时焊条还继续焊过中心线 20~30 mm,覆盖上一道焊缝,直到填满弧坑为止。

⑦ 当采用多道焊,或焊道坡口尚未填满时,应清理焊道焊渣后,按上述顺序继续焊接,直至达到焊缝规定的尺寸为止。

7. 拼装单元验收

(1) 拼装单元网架应检查网架长度尺寸、宽度尺寸、对角线尺寸、网架长度尺寸,应在允许偏差范围之内。

(2) 检查焊接球的质量以及试验报告。

(3) 检查杆件质量与杆件抗拉承载试验报告。

(4) 检查高强度螺栓的硬度试验值,检查高强度螺栓的试验报告。

(5) 检查拼装单元的焊接质量、焊缝外观质量,主要是防止咬肉,咬肉深度不能超过 0.5 mm;焊缝 24 h 后用超声波探伤检查焊缝内部质量情况。

三、网架吊装

网架结构安装方法:整体安装法、高空拼装法、高空滑移法。

1. 整体吊装法

(1) 多机抬吊法

准备工作简单,安装快速方便,适用于跨度 40 m 左右、高度在 25 m 左右的中小型网架屋盖吊装。

(2) 提升机提升法

在结构柱上安装升板工程用的电动穿心式提升机,将地面正位拼装的网架直接整体提升到柱顶横梁就低。本方法不需大型吊装设备,机具和安装工艺简单,提升平稳,劳动强度低,工效高,施工安全,但准备工作量大。适用于跨度 50~70 m、高度在 40 m 以上、重复较大的大、中型周边支承网架屋盖吊装。

(3) 千斤顶顶升法

千斤顶顶升法是利用支承结构和千斤顶将网架整体顶升到设计位置。其设备简单,不用大型吊装设备;顶升支承结构可利用永久性支承,拼装网架不需要搭设拼装支架,可节省费用,降低施工成本,操作简便安全。但顶升速度较慢,且对结构顶升的误差控制要求严格,以防失稳。适用于安装多支点支承的各种四角锥网架屋盖。

2. 高空拼装法

先在地面上搭设拼装支架,然后用起重机把网架构件分件或分块吊至空中的设计位置,在支架上进行拼装的方法。

3. 高空滑移法

不需大型设备;可与室内其他工种作业平等进行,缩短总工期;用工省,减少高空作业;施工速度快。适用于场地狭小或跨越其他结构、起重机无法进入网架安装区域的中小型网架。

### 6.3.6　钢结构防腐涂装

一、施工工艺

$\boxed{\text{基面清理}} \rightarrow \boxed{\text{底漆涂装}} \rightarrow \boxed{\text{面漆涂装}} \rightarrow \boxed{\text{检查验收}}$。

二、施工要点

1. 基面清理

（1）钢结构工程的油漆涂装应在钢结构安装验收合格后进行。油漆涂刷前,应将需涂装部位的铁锈、焊缝药皮、焊接飞溅物、油污、尘土等杂物清理干净。

（2）基面清理除锈质量的好坏,直接关系到涂层质量的好坏。各种底漆或防锈漆要求最低的除锈等级如表 6.3.1 所示。

表 6.3.1　各种底漆或防锈漆要求最低的除锈等级

| 涂料品种 | 除锈等级 |
| --- | --- |
| 油性酚醛、醇酸等底漆或防锈漆 | St2 |
| 高氯化聚乙烯、氯化橡胶、氯磺化聚乙烯、环氧树脂、聚氨酯等底漆或防锈漆 | Sa2 |
| 无机富锌、有机硅、过氯乙烯等底漆 | Sa1/2 |

（3）为了保证涂装质量,根据不同需要可以分别选用喷砂除锈、酸洗除锈、人工除锈。

2. 底漆涂装

刷第一层底漆时涂刷方向应该一致,接槎整齐;第一遍刷完后,应保持一定时间间隙,防止第一遍未干就上第二遍,这样会使漆液流坠发皱,质量下降;第二遍涂刷方向应与第一遍涂刷方向垂直,这样会使漆膜厚度均匀一致;底漆涂装后需 4~8 h 才能达到表干,表干前不应涂装面漆。

3. 面漆涂装

（1）应选择颜色完全一致的面漆进行调制,兑制稀料应合适,面漆使用前应充分搅拌,保持色泽均匀,其工作黏度、稠度应保证涂装时不流坠,不显刷纹。

（2）涂装工艺采用喷涂施工时,应调整好喷嘴口径、喷涂压力,喷枪胶管能自由拉伸到作业区域,空气压缩机气压应在 $0.4 \sim 0.7 \ \text{N/mm}^2$ 之间。

（3）喷涂时应保持好喷嘴与涂层的距离,一般喷枪与作业面距离应在 $100 \ \text{mm}$ 左右,喷枪与钢结构基面角度应该保持垂直,或喷嘴略为上倾为宜。

# 6.4 广州亚运场馆钢结构安装工程施工技术

### 6.4.1 工程概况

广州亚运场馆,为 2010 年亚运会自行车赛事的比赛场馆,北面毗邻大学城中心体育场。该工程结合自行车赛道的形状,为椭圆形平面,建筑造型体现了亚运会徽与自行车头盔相融合的意念,曲线流畅,造型舒展,整个钢结构屋盖的南北跨度为 147.6 m,东西跨度为 123.6 m,钢结构总量约 3 000 t。

### 6.4.2 工程特点及关键技术

#### 一、工程特点

钢结构屋盖的结构形式定位为局部双层的单层网壳,屋盖主结构呈椭圆形,中间部位为单层网壳,如图 6.4.1 所示。次结构包括加劲桁架及装饰构架,相对于屋盖的长轴对称。加劲桁架生根于主体钢结构之上,装饰构架由无缝钢管及拉杆组成,构件规格小、数量多,局部与混凝土楼板上的预埋件采用销轴进行铰接,整体呈飘带状。结构层次清晰,分区明确,便于组织流水作业。次结构的造型相当新颖,但是关系错综复杂,实施难度非同一般。

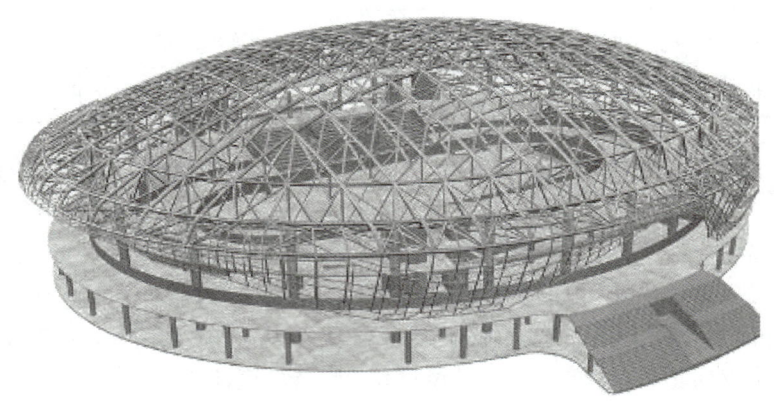

图 6.4.1  广州亚运场馆轴测图

#### 二、工程难点及关键技术

##### 1. 构件的弯曲加工与切割

屋盖主结构、中间部单层网壳,次结构包括装饰桁架的构件组成均为圆弧曲管加工和焊接,钢管与钢管连接节点均为焊接相贯节点,单节点的相贯杆件数量最多达到 8 根,所以如何采用合理的切割设备、切割工艺来确保钢管的相贯口切割精度是整个工程质量的关键。

2. 桁架现场拼装

该工程节点形式多样,相贯口多,现场拼装时必须合理安排相贯杆件的拼装顺序、控制精度。

3. 桁架现场安装

网壳长轴跨度为 147.6 m,短轴跨度为 123.6 m。整个屋面结构除了支撑在 A2 轴上的 24 根混凝土柱外,并无其他支撑点,钢结构安装时临时支撑需求量大、吊装起吊量大,吊装方案直接影响到工程质量、工期、安全和成本。整个钢结构安装工期较为紧张,且可能经历一个雨季及台风季节,因此选择最优吊装方案,合适的吊装机械,合理的吊装顺序,显得尤为重要。

4. 定位测量

为达到屋面的整体曲面效果,各构件的安装定位、标高轴线测量的空间控制及安装校正是现场安装能满足设计要求的前提。

### 6.4.3 施工方法

一、现场拼装的施工方法及措施

现场施工的总体思路:合理平行流水作业,优化程序全面推进合理分区施工,形成施工区段、各工序平行和流水作业,合理搭接。

1. 施工区域的划分

根据工程结构特点将钢屋盖拆分为环形约束桁架、径向桁架、单层网壳、加劲桁架、装饰桁架,马道等部分。屋盖结构拆分好之后,各部分再遵循"分片吊装、流水作业"的施工总程序进行细化。各部分在分片时考虑了桁架的位置、长度、高度、重量及跨度等因素,结合工程工期要求及施工成本,最终将环形约束桁架划分为 12 个单元,径向桁架划分为 20 个单元,单层网壳划分为 10 个单元。

2. 分段点的选择

构件的运输分段点及桁架的单元分段点选取尤为关键,充分考虑结构自身的特点,所有的分段点均选取在结构的自身节点处,不再单独设置分段点,保证整个结构的合理受力,各单元的分段点选取如图 6.4.2 所示。

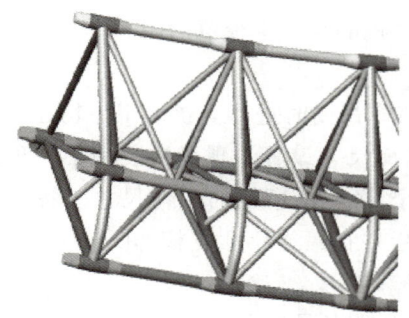 

图 6.4.2　各单元分断点

3. 桁架现场拼装方法及拼装机具的选择

所有主体钢结构的现场拼装均采用在胎架上分段立体拼装的方法进行拼装,以确保分段接口尺寸的正确。考虑到杆件单重轻、构件外形小、数量大的特点,拼装吊机需具有良好的机动性能,故拼装主吊机选用两台50 t履带吊,再加上机动的两台25 t汽车吊进行配合。桁架的现场地面拼装单元与吊装单元保持一致,并且拼装工作按照所划分的单元吊装流程顺序进行。

二、桁架现场构件拼装方案

1. 拼装场地

钢结构进场后必须沿着现场的硬化道路外周设置环形拼装场地。拼装场地上的土须推平、夯实,然后在上面铺设200 mm厚碎石,最后铺设路基箱或钢板后再进行抄平。桁架拼装工作在胎架上进行,胎架设置的间距不大于腹杆的节间距,胎架需要找平、找正。

2. 拼装胎架

为确保桁架拼装时的外形尺寸,拼装胎架必须严格按照设计尺寸进行设置。胎架放置在路基箱上,表面通过钢垫板找平。胎架中心定位后,拼装胎架与路基箱及钢垫板焊接固定。拼装胎架的材料主要为型钢及钢板。拼装胎架与钢管构件的交接处均应设置管托,用于安放管构件。为防止刚性平台沉降引起胎架变形,胎架旁应建立胎架沉降观察点,如有变化应及时调整,待沉降稳定后方可进行焊接。

3. 测量控制

遵循"从整体到局部,先控制后施工"的测设原则。即将桁架上下弦上的每个支撑点由空间位置水平投影到地面上,并将其空间三维坐标在 $Z$ 轴方向上转换到地面,采用全站仪在地面上分别测量出每个支撑胎架的位置。

### 6.4.4 拼装施工程序

一、胎架的复核

复核的内容包含三层:第一层,定位坐标测设的复核;第二层,胎架设计形式的复核;第三层,胎架搭设本身的检查。拼装杆件的精度靠胎架的精度来实现。

二、胎架材料的验收及准备

胎架材料必须配套,同时,杆件的放置要在吊机的作业半径范围内。

三、桁架的拼装流程

拼装机械选用两台50 t履带吊和两台25 t汽车吊同时进行。拼装工作均在拼装胎架上进行,胎架位置及尺寸根据每个桁架节间的断面尺寸设置。现场拼装和工厂预拼装相同,根据每根杆件的组对顺序和管口标记组对,严格控制桁架的几何尺寸。各零散件经组对、点焊及检查确认后再进行焊接,探伤合格后进行最终尺寸复核,并作为吊装时的参考数据。

下面分别以该工程中典型的拼装单元为例,说明各吊装单元的拼装流程。

(1)考虑到环形约束桁架的吊装半径小,吊机起重能力大。分片时以两个柱距间的桁架为一个吊装单元,环形约束桁架共分成12个吊装单元。环形约束桁架拼装流程如下。

第一步:为了保证拼装的稳定性,先铺设地胎,地胎主要用型钢进行制作,且地胎必须高出地面0.8 m左右,便于桁架的焊接操作,地胎如图6.4.3所示。

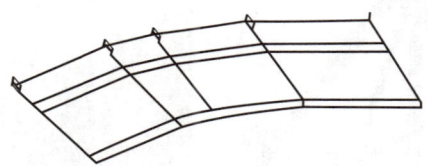

图6.4.3　网架地胎图

第二步:环形约束桁架的底层杆件上地胎进行拼装,如图6.4.4所示。

图6.4.4　网架底层杆件拼装

第三步:按照环形约束桁架节点位置进行拼装胎架的立杆,如图6.4.5所示。

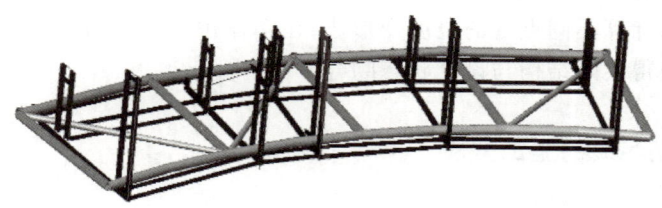

图6.4.5　拼装胎架的立杆

第四步:环形约束桁架的上层主弦杆摆放上胎架,如图6.4.6所示。

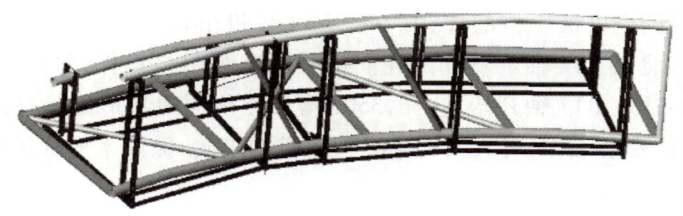

图6.4.6　上层主弦杆安装

第五步:环形约束桁架的腹杆开始补档、安装,最后环形约束桁架拼装完毕,如图6.4.7所示。

(2)径向桁架为屋盖的双层网壳部分,分片时原则上以相邻的两片双层桁架加上该两片桁架间的连杆及支撑为一个单元。对于角部的径向桁架因重量较轻,划分时以多片双层桁架加上相互间的连杆及支撑为一个吊装单元,径向桁架具体拼装如图 6.4.8 所示。

图 6.4.7　环形约束桁架的现场拼装图　　　　　图 6.4.8　径向桁架拼装

### 6.4.5　拼装变形控制措施

#### 一、补偿焊接收缩量

由于该工程的焊口较多,焊缝金属填充量较大,因此,拼装过程中的焊接收缩量很大,必须在焊接之前加以补偿。现场拼装时焊接收缩量一般为:当杆件壁厚≤4 mm 时焊接收缩量为 2 mm,杆件壁厚>4 mm 时焊接收缩量为 3 mm。

#### 二、补偿加载挠度的技术措施

建模后,可以计算不同点处的挠度变形值,在整体拼装胎架搭设的过程中,将挠度补偿值加以考虑,使得实际结构与设计状态吻合。

### 6.4.6　现场吊装的施工方法

#### 一、主拱吊装方案的选择和确定

为保证钢屋盖吊装的流水性,保证工程进度,提高吊机工效,须制定出合理的钢结构吊装流程。钢屋盖的吊装工作先从北面 B17 轴开始,并且顺时针进行,与土建专业的分区及施工流程保持一致。钢结构主体吊装时遵循先安装环形约束桁架,接着安装径向桁架,最后进行单层网壳安装工作的原则。即 350 t 履带吊首先完成环形约束桁架的安装闭合工作之后,从北面 B17 轴重新开始径向桁架的安装闭合工作,最后进行的是单层网壳的安装,起点亦是从 B17 轴开始,这样,350 t 履带吊绕周边环形道路三圈即可完成整个钢屋盖的主体结构安装工作,可大大提高大型吊机的工效,保证工程的进度。

#### 二、安装胎架的布置

该工程的环形约束桁架共设有 12 个安装胎架,分别布置于环形约束桁架的悬挑端,并且与 A2 轴线的混凝土柱相对应;每榀径向桁架的单双层网壳过渡节点各设置一个安装支点;在中间单层网壳区域设置一排安装胎架,该排安装胎架与前后对应的径向桁架支撑用横梁进行连接,每个横梁中间部位各再设一个桁架支点,这样可以减少安装过程中对结构产生的次应力,保证结构安全,符合受力要求。

1. 环形约束桁架的安装(图 6.4.9)

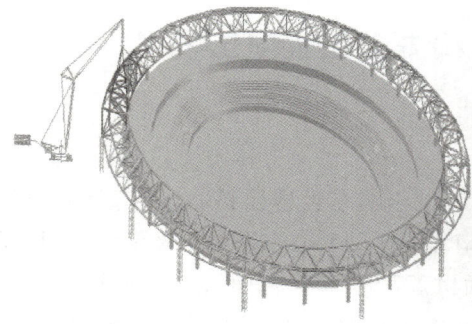

图 6.4.9　环形约束桁架的安装

2. 径向桁架的安装(图 6.4.10)

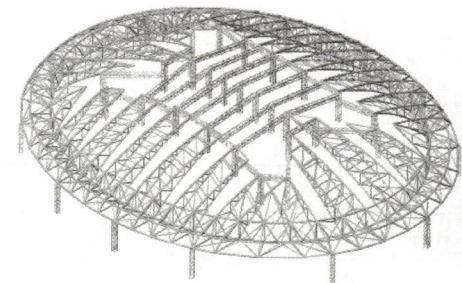

图 6.4.10　径向桁架的安装

3. 加劲桁架的安装

加劲桁架通过箱型支座与主体结构相连,为保证整个屋盖的造型,加劲桁架随着主体曲面的变化在不断地变换,造成加劲桁架的构件种类繁多。考虑到部分加劲桁架的作业半径比较大,吊装前在地面拼装后再由 350 t 履带吊进行吊装。

4. 装饰桁架的安装

在屋盖主体安装完成之后,装饰桁架采用地面分段拼装,利用 50 t 吊机进行安装,部分零散件须进行散装。装饰桁架的分段拼装示意如图 6.4.11 所示。

图 6.4.11　装饰桁架分段拼装示意图

## 6.5 世博轴膜结构及阳光谷结构安装工程施工技术

### 6.5.1 工程概况

世博轴及地下综合体工程(简称"世博轴")位于浦东世博园核心区,南起耀华路,跨雪野路、北环路及浦明路,至滨江世博公园。南北长 1 045 m,东西地下宽 99.5～110.5 m,地面以上宽 80 m,基地面积 130 699 m²,总建筑面积 227 169 m²,其中地上建筑面积 42 877 m²,地下建筑面积 184 292 m²。由－6.5 m,－1.0 m,4.5 m,10 m 标高的平面及膜结构屋顶组成,并设有 6 个特征标志性强的阳光谷以满足地下空间的自然采光。

### 6.5.2 工程主要内容

#### 一、阳光谷

阳光谷工程量如表 6.5.1 所示。

表 6.5.1　阳光谷工程量

| 阳光谷 | 钢结构 | | | | 玻璃幕墙 | |
| --- | --- | --- | --- | --- | --- | --- |
| | 柱脚钢板/个 | 节点/个 | 杆件 | | 数量/块 | 面积/m² |
| | | | 数量/根 | 质量/t | | |
| 1 号 | 40 | 1 698 | 5 033 | 520 | 3 333 | 6 800 |
| 2 号 | 40 | 1 738 | 5 168 | 429 | 3 428 | 4 250 |
| 3 号 | 40 | 1 738 | 5 168 | 422 | 3 428 | 4 250 |
| 4 号 | 40 | 1 738 | 5 168 | 702 | 3 428 | 5 150 |
| 5 号 | 40 | 1 738 | 5 168 | 399 | 3 428 | 4 250 |
| 6 号 | 40 | 1 698 | 5 033 | 603 | 3 333 | 6 800 |
| 总计 | 240 | 10 348 | 30 738 | 3 075 | 20 378 | 31 500 |

#### 二、索膜结构

索膜结构工程量如表 6.5.2 所示。

表 6.5.2　索膜结构工程量

| 项目 | 结构类型 | 数量 | 规格 | 质量/t | 长度/m | 总量 |
| --- | --- | --- | --- | --- | --- | --- |
| 外桅杆 | 钢结构(Q345B) | 31 根 | φ450×42～φ245×20 | 16～90 | 18～39 | 约 2 240 t |
| 内桅杆 | 钢结构(Q345B) | 19 根 | φ750×35 | 22 | 25 | 约 650 t |

| 项目 | 结构类型 | 数量 | 规格 | 质量/t | 长度/m | 总量 |
|------|----------|------|------|--------|--------|------|
| 索 | 外包 PE 平行钢丝绳 | 815 根 | Max$\phi$7-409 Min$\phi$5-31 | | | 19 567 m |
| 膜 | PTFE | 69 块 | 最大展开 面积 1 780 m² | | | 68 000 m² |

### 6.5.3　膜结构介绍

膜结构屋顶采用连续张拉结构,包括膜面系统和膜面支点系统两个主要方面。膜面系统总长度约 840 m,最大跨度约 97 m,总面积约 68 000 m²。膜采用聚四氟乙烯(PTFE)涂层的玻璃纤维织物。

#### 一、膜面系统

膜面系统是整个世博轴建筑形象的主要组成部分之一,膜面南北长 843 m,东西最大投影宽度 102.6 m,总展开面积约 64 000 m²。膜面边界和内部布置了辅助膜面成形的边索、脊索和谷索,这些膜面索是荷载从膜面传递到支点的主要传力构件。脊索在平面上呈连续的之字形,相邻的脊索形成一个三角形,界定出一个膜面单元,该单元呈中央低四周高的单体倒锥形,整个膜面为连续的三角倒锥形膜单元形成的连续倒锥形曲面(图 6.5.1)。

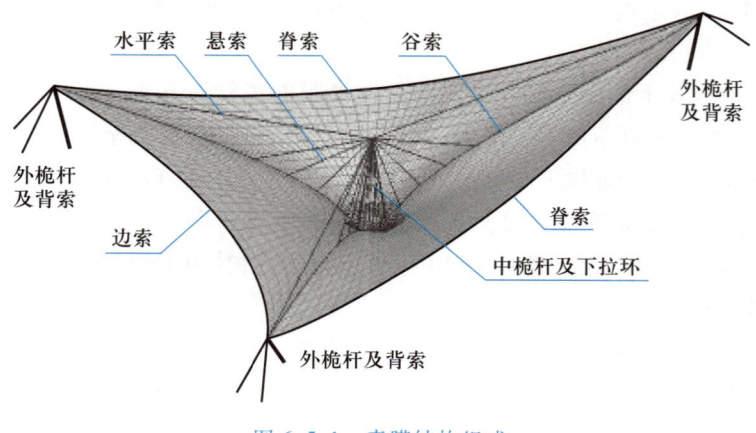

图 6.5.1　索膜结构组成

#### 二、膜面支点系统

支点系统是为膜面提供张拉支点的结构,包括四类支点。

**1. 膜周边桅杆支点**

由外桅杆及相应背索形成的倒锥形膜面的周边支点,共计 31 个,对应结构为 31 根外桅杆和 62 根背索。外桅杆柱均向外侧倾斜,呈两排布置,柱脚分别位于 B 轴和 J 轴上,排距 88 m,柱距 33~77 m 不等,如图 6.5.2 所示。

图 6.5.2　膜周边桅杆支点示意图

外桅杆呈梭状,由三根曲型无缝钢管($\phi450\times42$、$\phi406\times35$、$\phi245\times20$)及$-100\ mm$ 和 $-50\ mm$ 横隔板构成,材质均为 Q345B,上下端均为铸钢节点,上端铸钢件最大质量 24.5 t,下端铸钢件最大质量约为 9.3 t,外桅杆底部坐落在标高$-1.0\ m$ 的混凝土平台上,柱顶即支点标高分别为 38 m、35 m、18 m。靠近磁浮车站的最高处,长度 39 m(另一处为 35 m,质量相同),质量约为 90 t;长度 18 m 共 5 处,分别位于 2、3 号阳光谷南侧和 4、5 号阳光谷北侧,质量为 16 t;其余桅外杆约 30 m、33 m、36 m,质量约为 70 t。

2. 膜锥底下环支点

由固定在中桅杆下部的下拉环形成的倒锥形膜面的锥底支点,共计 19 个,对应结构为 19 根中桅杆和相应钢环及上下吊索。中桅杆均垂直地面,柱脚呈两排交错布置,排距 22 m,落于 10 m 平台 E 轴和 F 轴上。靠近磁浮车站的 2 处下环标高为 18 m,其余为 15 m。柱顶标高靠近磁浮车站的 2 处为 38 m,其余为 35 m。

中桅杆由单根 $\phi750\times35$ 直缝钢管和上下铸钢件组成,其中上铸钢件最大质量约 2.6 t,下铸钢件质量约 0.25 t,中桅杆质量约 22 t。

3. 膜周边阳光谷支点

由阳光谷钢结构提供的膜面的周边支点,每个阳光谷 3 个支点,共计 18 个。

4. 悬索支点

即中桅杆柱顶,在中桅杆顶和膜面谷索之间设置有限制膜面位移的悬索,每根谷索上均有四根。

三、膜结构各系统之间的联系

1. 支点系统内部的联系

每一个中桅杆和围绕它的三个外桅杆之间设置连接柱顶的水平索。所有中桅杆和与之相联系的水平索、外桅杆、背索以及少量必要的临时索可形成一个自稳定且相对独立于膜面系统的张力结构,使这些支点不会发生结构位移。

2. 支点系统与膜面系统间的联系

每一个支点单元与一个膜面单元对应,膜面传力构件边索、脊索、谷索均与相应支点连接。

### 6.5.4 阳光谷介绍

世博轴"阳光谷"共有 6 个,结构体系均为三角形网格组成的单层网架,在底部为垂直方向,到上部边缘逐步转化为环向,采用三角形玻璃幕墙,如图 6.5.3 所示。6 个阳光谷体型不一,其中 4#阳光谷为旋转对称,其余均为轴对称。每个阳光谷的高度为 41.5 m,最大底部直径约 20 m,最大顶部直径约 90 m,6 个阳光谷总面积为 31 500 m$^2$。

图 6.5.3　阳光谷结构示意图

阳光谷钢结构构件均采用焊接箱型截面,截面高度 180~500 mm,宽度 65~140 mm,杆件长度 1.0~3.5 m。杆件材质均采用 Q345B,部分实心节点采用铸钢节点。

### 6.5.5 索膜结构施工

#### 一、膜材材料新、尺度大

1. 材料新:该工程膜材料的力学性能指标达到了国家规范中 A 级膜的要求,这一级别的膜材在国内膜结构工程中还没有得到应用,在国际上亦属罕见,对这一材料的加工运输和张拉安装都与 B 级膜材有所不同。

2. 尺度大:该工程膜面投影范围约 840 m×100 m。

3. 关键问题

(1) 膜面和索的预应力水平高:膜面预应力达到 5 kN/m,膜面谷索最大预拉力为 300 kN,边索最大预拉力为 400 kN,脊索最大预拉力为 800 kN,柱顶连接索最大预拉力为 800 kN,由此引起背索最大拉力达 5 000 kN 以上。

(2) 单片膜的边长尺寸和面积较大:膜片张拉后最大边长约 110 m,单片膜最大展开面积约 1 780 m$^2$,质量达 3 t。这些都对膜材的裁剪、包装、运输、安装及展开提出了更高要求。

(3) 膜片张拉前后差异大:按照纬向 3.5% 的经验补偿率考虑,张拉前后的膜片最大边长相差约 4 m,膜面的张拉行程较大,如图 6.5.4 所示。而钢索张拉前后的长度差异较小,尺寸变化较大的膜边的顺边长方向张拉不能依靠张拉钢索完成。

## 二、膜材形状不规则

桅杆均交错排列,柱距、高度不一,各膜单元虽形状相似,但尺寸无一相同。

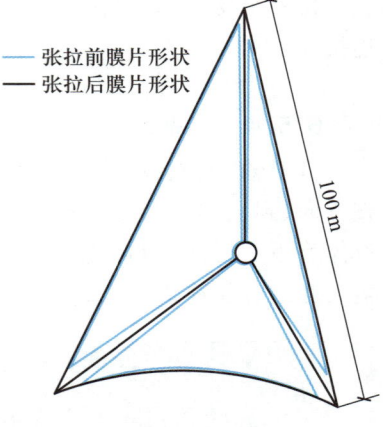
—— 张拉前膜片形状
—— 张拉后膜片形状

1. 膜面裁剪:建筑外观要求膜面单元之间的公共边上的裁剪缝须对齐,由于膜面整体形状的不规则性,势必会使个别膜片的裁剪损耗较大,要统筹兼顾经济性和美观性。

2. 深化设计工作繁复:每片膜、每两根索的夹角、每个节点均相似但不相同,且数量较大。

3. 施工现场管理:须确保放样准确和无差错,现场管理组织难度大,且没有典型或者有代表性的构件,施工控制需要测量的索力多。

图 6.5.4　膜片张拉前后形状对比

## 三、索膜系连续张拉结构

1. 膜结构单元之间以脊索分界,属于柔性连接,张力是连续传递的,从而单元之间的相互影响较大。而先期安装的膜单元又须具有一定的比较均匀的预应力,以便能够在相对较长的施工周期内具备一定的抗荷载能力。

2. 世博轴膜结构屋顶施工实质是对大尺度不规则连续柔性曲面进行高预应力张拉成形的过程。

## 四、膜结构与阳光谷相互制约

1. 膜结构与阳光谷两种结构一柔一刚,相互连接,相互作用(图 6.5.5),结构上要求错开施工,而工期又要求同时完工。

2. 施工准备:在膜面安装施工前,所有的钢索均已安装到位,外桅杆、中桅杆下拉环点均在设计位置;在即将安装的膜面投影位置铺设保护膜材的防护布;高空操作设施和工具准备完毕,搜集近期天气预报,选择合适的气候条件。

3. 膜结构的展开:该工程的膜面单块最大的为 1 780 m$^2$,质量约为 3 t。在工厂制作完成后,折叠成 12 m 宽后,卷在 $\phi$400 的钢管支架上,运输至现场,图 6.5.6 为膜面现场吊装,图 6.5.7 为膜结构就位与展开。

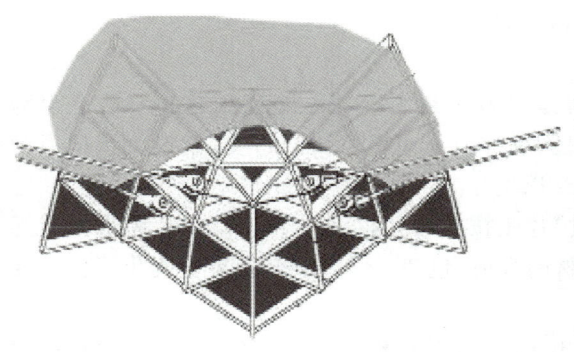

图 6.5.5　膜结构索与阳光谷钢结构连接

图 6.5.6　膜面现场吊装

图 6.5.7　膜结构就位与展开

4. 膜结构的提升：由于膜面在混凝土平台打开，就多了一道提升的步骤。膜结构的提升采用 1.5 t 的手动钢丝绳紧绳器进行，在钢索上每隔 5 m 设置一档，钢丝绳紧绳器的一端利用膨胀螺栓固定在混凝土平台上。提升时，有专人指挥，匀速提升膜结构，并且控制各提升点的高度，使膜结构的三条边尽量保持等高度，提升应缓慢进行，时刻注意是否有异常情况，施工如图 6.5.8 所示。

5. 膜结构的固定：在将膜结构提升至距钢索 1.5 m 左右处，采用钢丝绳紧绳器张拉、牵引膜结构，设置间距为 2 m 一档，利用螺旋夹具结合钢丝绳紧绳器将膜结构的三个角部牵引至设计位置（最大牵引距离达 4 m），牢固固定。随后拉紧其余钢丝绳紧绳器，拉近膜边与钢索的距离，在相距 600 mm 时，装上新式螺栓张拉工具，设置间距为 600 mm 一档，如图 6.5.9 所示。

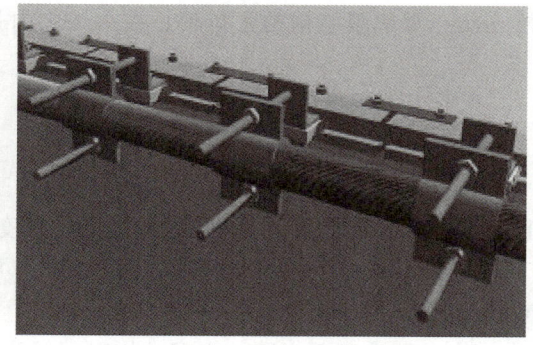

图 6.5.8　膜结构的提升　　　　　图 6.5.9　螺栓支架布置图

6. 膜结构的安装：考虑到操作工人将沿钢索的全长进行作业，可利用的结构件有桅杆和钢索，桅杆只解决有限的点位，因此在钢索上设计悬挂组合跳板（图 6.5.10）作为施工操作平台成为首选方案。

采用帆布带为挂索，竹梯横放，上铺木板，组成一个组合单元，若干组合单元构成悬挂操作平台，和附着于桅杆的登高脚手架相配合，就构成了一套完整而又简便实用的安全操作设施。由于悬挂组合跳板自身很轻，不仅悬挂和拆除非常方便，可保护索和膜面不致损坏，且与安全带配合使用，能有效解决高空安全施工。

图 6.5.10　悬挂组合跳板示意

7. 膜结构的张拉就位:对大尺度膜面和多单元连续膜结构的张拉,关键是如何使单块膜面的应力分布合理,以及相邻单元膜结构同步张拉到位。

8. 膜结构的张拉以区域为单元,以一个倒三角锥为一个分单元。膜结构的张拉区域与相邻安装区域之间留有一个分单元的缓冲区域。

9. 张拉时,构成一个倒三角锥的三块膜同时张拉,每块膜的三条膜边同步张拉;分步张拉顺序遵循先角部,再短边,后长边。

10. 膜结构的张拉分为初张拉和再张拉两个阶段。初张拉为将膜边张拉至距设计值 150 mm 处;再张拉的每次张拉的行程控制在 50 mm 以内,循环张拉,单块膜至少循环张拉三次。每块膜结构的张拉禁止在一天之内张拉到位,每天张拉完成后记录各项数据。

### 6.5.6　阳光谷施工

一、关键问题

1. 阳光谷节点形式为多个矩形体交汇(基本为 6 杆交汇)而产生的复杂空间几何体,且每个节点空间角度均不同,制造工艺及精度要求高。

2. 钢结构呈空间不规则变化,没有规律可循,对构件的深化设计、加工制作及现场安装带来了不小的难度。

3. 大悬挑又不规则的空间结构对现场测量定位带来极大的困难和不便,安装质量控制难度大。

4. 大悬挑结构在安装过程中的结构稳定控制问题。

5. 单层网壳平面外刚度差,安装过程中的变形控制难度大。

6. 单层网壳结构要求连接节点为刚性的抗弯连接,节点连接方向多、角度不同,对节点形式的选择带来前所未有的挑战。

二、解决方法

1. 将结构测量作业的技术思路制定为:多台全站仪密集跟踪,多种技术手段辅以校核,过程监测紧密跟进,以数据指导施工,验证新工艺,以确保网壳的施工精度。同时,将测量贯穿于整个结构的施工全过程,并延伸至工厂预拼装、满堂脚手架支撑搭设作业和关键过程、关键环节中。结合安装工艺,选定监测基站及结构变形观测点,通过智能全站仪对结构关键过程进行实时监测,获取变形量;通过对结构的空间几何解析,建立空间点位的数据库,分析结构安装过程中焊接和温度等变形数据,比对模拟计算值,摸索变形规律。

2. 为确保世博会工期,加快安装速度,设计应用了抗侧移端面顶紧临时连接节点构造。该节点是对常用的连接板节点进行改进,在构件的上下翼缘焊接角钢,通过螺栓连接相邻角钢将构件端面顶紧,再用连接板通过螺栓与相邻角钢相连固定组成稳固的节点。

3. 超大体量单层钢网壳的现场焊接是该工程结构施工的关键工序,焊接变形控制是阳光谷结构安装质量控制的重要环节。利用结构自身刚度对焊接变形予以适当约束,以期达到减小结构变形、协调结构变形的目的。

---

## 习 题

6.1 柱子安装时吊点选择应考虑什么原则?

6.2 什么是旋转法、滑行法?

6.3 吊车梁的校正方法有哪些?

6.4 正向扶直和反向扶直的特点是什么?

6.5 简述钢结构安装的分层安装法。

6.6 如何确定起重机开行路线、停机位置和柱的预制位置?

6.7 某厂房柱的牛腿标高 8.5 m,吊车梁长 6 m,高 0.8 m,当起重机停机面标高为 -0.3 m 时,试计算安装吊车梁的起重高度。

6.8 某车间跨度 24 m,柱距 6 m,天窗高度 18 m,层面板厚度 200 mm,试计算起重机的最小臂长(停机面标高 -0.2 m,起重机臂底铰中心距地面高度为 2.1 m)。

---

## 案 例 研 讨

事故概况:某 QTZ315 塔机,额定起重力矩 315kN·m,最大起重量 3 t,独立起升高度 30 m,最大工作幅度 40 m。该塔机出厂后第三年在施工工地安装。使用 1 年后开始降塔作业,当时现场几乎无风,在降塔作业前准备绳索拉臂架,防止转动。塔机上作业人员共有 5 人,均有特殊工种操作证。拆卸第 1 节标准节时,吊灰斗作配重,拆卸第 2 节标准节时则用第 1 节标准节作配重,当第 2 节标准节全部从套架推入滑道后,套架开始降落时塔机就倒了。

事故现场勘查情况如下:

(1)塔机基础及基础节完好,塔身下部自斜支撑以上折倒,吊臂、塔帽、平衡臂、塔身呈一字型堆叠。

(2)吊钩位于距回转中心 15.4 m 处,吊钩旁有一节标准节,灰斗位于距回转中心 20.7 m 处,变幅钢丝绳断开。

(3)顶升油缸活塞杆伸出长度为 1 280 mm(活塞杆最大行程为 1 320 mm),活塞杆与顶升横梁的连接板脱开,2 片连接板只有 1 片由 1 个螺栓连接在顶升横梁上,另 1 片散落在倒塌现场,顶升横梁上 3 个螺栓已经断裂,有 2 个螺栓是陈旧性裂痕。活塞杆头部与顶升横梁相距 1 120 mm,活塞杆头部下侧有磕痕,顶升横梁的 2 个挂板完好。

第 6 章
结构安装工
程案例研讨
分析提示

（4）塔机套架的两个摆动爬爪中,一侧爬爪中部剪断,断口处前部塔身标准节外侧面有一处划痕,约 15 cm 长,另一侧爬爪完好。

（5）塔身顶部标准节与下支座相距 960 mm,上端面有磕痕,在套架滑道下方有一节已经被砸扁的标准节。

（6）平衡臂与塔帽的 2 根拉杆的拉板断裂。

（7）起重臂臂端上弦杆和右侧下弦杆呈较大屈曲变形,右侧下弦杆下部约有 6 m 长的划痕,最前节臂中后部腹杆向外侧屈曲。

1. 分析塔吊倒塌原因。
2. 常见塔吊事故类型。
3. 引发塔吊事故的因素。
4. 如何有效预防塔吊事故?

# 第7章 防水工程

第7章 数字资源

## 导入语

　　建筑防水工程的施工是建筑施工技术的重要组成部分,也是保证建筑和构筑物不受侵蚀、内部空间不受危害的分项工程施工。通过防水材料的合理应用,可防止浸水和渗漏的发生,从而确保建筑物的使用功能,延长建筑物的使用寿命。屋面防水监控应从设计、材料、施工、维护等方面综合进行。屋面工程是指由防水、保温、隔热等构造层所组成房屋顶部的设计和施工。地下建筑埋设在地下,常年受到潮湿和地下水的有害影响,对地下工程防水的处理比屋面防水工程要求更高,防水技术难度更大。

## 学习目标

　　了解卷材防水屋面的构造及各层作用,掌握各类防水屋面的施工要点及质量标准;了解地下工程的构造、性能,掌握各层做法防水方案;了解卫生间、浴、厨防水工程施工工艺;掌握各种施工的施工质量标准、验收、通病及预防措施。

## 学习内容

　　卷材防水屋面施工,刚性防水屋面施工,涂膜防水屋面施工,屋面保温隔热层施工,屋面找平层施工,屋面细部施工;地下卷材防水层施工,水泥砂浆防水层施工,涂膜防水层施工,防水混凝土结构施工,地下防水细部施工,堵漏技术;锚喷支护防水施工;地下连续墙防水施工;盾构法隧道防水施工;卫生间、浴、厨防水工程施工。各施工的施工工艺、施工质量标准、验收、通病及预防措施;现代土木工程防水施工;防水工程施工案例、动画、录像。

　　**重点**:沥青卷材、改性沥青卷材防水屋面施工,涂膜防水屋面施工;地下卷材防水层施工,涂膜防水层施工,防水混凝土结构施工;地下连续墙防水施工;卫生间、浴、厨防水工程施工;各细部防水施工。

　　**难点**:卷材防水屋面施工,地下防水混凝土结构施工,各细部防水施工。

## 案例拓展

第7章 案例拓展

# 7.1　屋面工程

屋面工程是指由防水、保温、隔热等构造层所组成房屋顶部的设计和施工。构造层包含减少屋面热交换作用的保温层、阻止室内水蒸气渗透到保温层内的隔汽层、能够隔绝水而不使水向建筑物内部渗透的防水层以及对防水层或保温层起防护作用的保护层等。

屋面工程应符合下列基本要求：

1. 具有良好的排水功能和阻止水侵入建筑物内的作用；
2. 冬季保温减少建筑物的热损失和防止结露；
3. 夏季隔热降低建筑物对太阳辐射热的吸收；
4. 适应主体结构的受力变形和温差变形；
5. 承受风、雪荷载的作用不产生破坏；
6. 具有阻止火势蔓延的性能；
7. 满足建筑外形美观和使用的要求。

屋面防水工程应根据建筑物的类别、重要程度、使用功能要求确定防水等级，并应按相应等级进行防水设防；对防水有特殊要求的建筑屋面，应进行专项防水设计。屋面防水等级和设防要求应符合表 7.1.1 的规定。

表 7.1.1　屋面防水等级和设防要求

| 防水等级 | 建筑类别 | 设防要求 |
|---|---|---|
| Ⅰ 级 | 重要建筑和高层建筑 | 两道防水设防 |
| Ⅱ 级 | 一般建筑 | 一道防水设防 |

### 7.1.1　卷材防水屋面施工

卷材防水屋面是采用胶结材料将防水卷材黏成一整片能防水的屋面覆盖层。卷材防水屋面属柔性防水屋面，其优点是：重量轻，防水性能较好，尤其是防水层具有良好的柔韧性，能适应一定程度的结构振动和胀缩变形。卷材防水屋面在工程中应用十分广泛。

#### 一、防水卷材种类

常用卷材品种：高聚物改性沥青防水卷材、合成高分子防水卷材（表 7.1.2）。卷材及其胶黏剂应具有良好的耐水性、耐久性、耐刺穿性、耐腐蚀性和耐菌性。

（1）高聚物改性沥青防水卷材。高聚物改性沥青防水卷材是以合成高分子聚合物改性沥青为涂盖层，纤维织物或纤维毡为胎体，粉状、粒状、片状或薄膜材料为覆盖材料制成可卷曲的片状材料。目前，工程上常用的有 SBS 改性沥青柔性卷材和 APP 改性沥青卷材等。

（2）合成高分子防水卷材。合成高分子防水卷材是以合成橡胶、合成树脂或二者的共混体为基料,加入适量的化学助剂和填充料等,经不同工序加工而形成可卷曲的片状防水材料;或把上述材料与合成纤维等复合形成两层或两层以上的可卷曲的片状防水材料。目前,常用的有三元乙丙橡胶防水卷材、氯化聚乙烯防水卷材、氯化聚乙烯-橡胶共混体防水卷材、氯硫化聚乙烯防水卷材等。

表 7.1.2　卷材防水层的卷材品种

| 类别 | 品种名称 |
| --- | --- |
| 高聚物改性沥青类防水卷材 | 弹性体改性沥青防水卷材 |
| | 改性沥青聚乙烯胎防水卷材 |
| | 自粘聚合物改性沥青防水卷材 |
| 合成高分子类防水卷材 | 三元乙丙橡胶防水卷材 |
| | 聚氯乙烯防水卷材 |
| | 聚乙烯丙纶复合防水卷材 |
| | 高分子自粘胶膜防水卷材 |

### 二、基层处理剂

基层处理剂是为了增强防水材料与基层之间的黏结力,在防水层施工之前,预先涂刷在基层或卷材背面的涂层。

冷底子油用于沥青防水卷材的基层处理。冷底子油具有较强的渗透性和憎水性,并使沥青胶结材料与找平层之间的黏结力增强。冷底子油是用 10 号或 30 号石油沥青加入挥发性溶剂配制而成的溶液。冷底子油可喷涂或涂刷,涂刷应薄而均匀,不得有空白、麻点或气泡。待冷底子油油层干燥后,即可铺贴卷材。

高聚物改性沥青防水卷材和合成高分子防水卷材基层处理剂的选材必须与卷材的材性相匹配。

### 三、胶黏剂

胶黏剂是将卷材与基层或卷材之间黏结在一起的粘贴材料。沥青胶(沥青玛蹄脂)是粘贴油毡的胶结材料,是用石油沥青按一定配合量掺入填充料(粉状或纤维状矿物质)混合熬制而成。掺入填料可以改善沥青胶的耐热度、柔韧性、黏结力,延缓老化,节约沥青。沥青胶结材料的主要技术性能指标是针入度、延度和软化点。使用时,如屋面坡度大且当地历年室外极端最高气温高时,应选标号较高的胶结材料,反之,则应选用标号较低的胶结材料。

### 四、防水卷材选择、运输及检验

防水卷材外观质量和品种、规格应符合国家现行有关材料标准的规定;选用时应根据当地历年最高气温、最低气温、屋面坡度和使用条件等因素综合考虑,选择耐热度、低温柔性相适应的卷材。

防水卷材的贮运、保管应符合下列规定:不同品种、规格的卷材应分别堆放;卷材应贮存在阴凉通风处,应避免雨淋、日晒和受潮,严禁接近火源;卷材应避免与化学介质及有机溶剂等有害物质接触。

进场的防水卷材应检验下列项目:高聚物改性沥青防水卷材的可溶物含量,拉力,最大拉力时延伸率,耐热度,低温柔性,不透水性;合成高分子防水卷材的断裂拉伸强度、扯断伸长率、低温弯折性、不透水性。

### 五、卷材防水层施工

卷材防水层构造做法如图 7.1.1 所示。

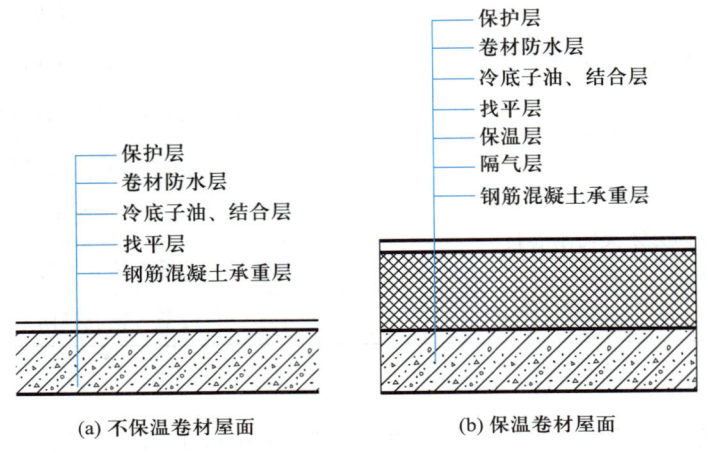

(a) 不保温卷材屋面　　(b) 保温卷材屋面

图 7.1.1　卷材防水层构造做法

1. 沥青卷材防水层施工

(1) 找平层施工

卷材防水屋面可用水泥砂浆、沥青砂浆和细石混凝土找平层作基层。找平层的排水坡度应符合设计要求,平屋面采用结构找坡不应小于 3%,采用材料找坡宜为 2%;天沟、檐沟纵向找坡应小于 1%,沟底水落差不得超过 200 mm。

卷材防水层基层应坚实、干净、平整,应无孔隙、起砂和裂缝。基层的干燥程度应根据所选防水卷材的特性确定。

(2) 屋面保温层施工

板状和现喷硬化聚氨酯硬泡沫塑料保温层施工时,基层应平整、干燥和干净;板状材料应铺平垫稳,分层铺设板块上下层接缝应错开,板缝应嵌填密实,胶黏剂与板块应贴严、粘牢;整体现喷硬化聚氨酯硬泡沫塑料保温层施工前,伸出屋面的管道应先安装完毕、牢固,配比应准确,发泡厚度均匀一致。

(3) 卷材层施工

① 施工工艺

基层表面清理 → 喷、涂基层处理剂 → 节点附加层铺设 → 定位、弹线 → 铺贴卷材 →
收头、节点密封 → 检查、修整 → 保护层施工。

② 施工要点

a. 卷材防水层铺贴顺序和方向

卷材防水层铺贴顺序和方向应符合下列规定:卷材防水层施工时,应先进行细部构造处理,然后由屋面最低标高向上铺贴;檐沟、天沟卷材施工时,宜顺檐沟、天沟方向铺贴,搭接缝应顺流水方向;立面或大坡面铺贴卷材时,应采用满粘法,并宜减少卷材短边搭接。

卷材的铺贴方向:当屋面坡度小于3%时,卷材宜平行屋脊铺贴;屋面坡度在3%~15%时,卷材可平行或垂直屋脊铺贴;屋面坡度大于15%或屋面受震动时,卷材应垂直屋脊铺贴;上下层卷材不得相互垂直铺贴。

平行于屋脊铺贴时,应从天沟或檐口开始向上逐层铺贴,两幅卷材的长边搭接(压边)应顺流水方向,长边搭接宽度不小于70 mm(满粘法)或100 mm(空铺、点粘、条粘法);短边搭接(接头)应顺主导风向,搭接宽度不小于100 mm(满粘法)或150 mm(空铺、点粘、条粘法),卷材平行屋脊铺贴搭接要求参见图7.1.2。

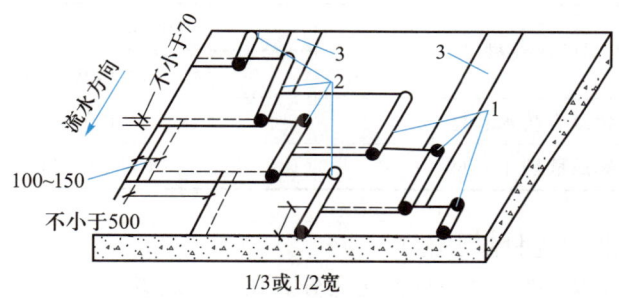

1—第一层卷材;2—第二层卷材铺贴要求;3—干铺卷材条宽300。

图 7.1.2　卷材平行屋脊铺贴搭接要求

垂直于屋脊铺贴时,应从屋脊向檐口铺贴,压边顺主导风向,接头顺流水方向,屋脊处不留设搭接缝,卷材相互越过屋脊交错搭接以增强屋脊的防水和耐久性。卷材垂直于屋脊处铺贴要求参见图7.1.3。

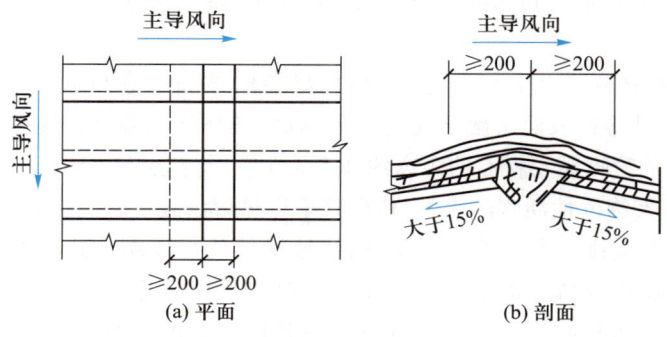

图 7.1.3　卷材垂直于屋脊处铺贴要求

b. 基层处理剂

采用基层处理剂时,基层处理剂应与卷材相容;基层处理剂应配比准确,并应搅拌均匀;喷、涂基层处理前,应先对屋面细部进行涂刷;基层处理剂可选用喷涂或涂刷施工工艺,喷、涂应均匀一致,干燥后应及时进行卷材施工。

c. 搭接缝

卷材搭接缝应符合:平行屋脊的搭接缝应顺流水方向,同一层相邻两幅卷材短边搭接缝错开不应小于 500 mm;铺贴双层卷材时,上下两层和相邻两幅卷材的接缝应错开 1/3～1/2 幅宽,且两层卷材不得相互垂直铺贴。防水卷材的搭接宽度应符合表 7.1.3 的要求。

表 7.1.3 防水卷材的搭接宽度

| 卷材品种 | 搭接宽度/mm |
|---|---|
| 弹性体改性沥青防水卷材 | 100 |
| 改性沥青聚乙烯胎防水卷材 | 100 |
| 自粘聚合物改性沥青防水卷材 | 80 |
| 三元乙丙橡胶防水卷材 | 100/60(胶黏剂/胶结带) |
| 聚氯乙烯防水卷材 | 60/80(单面焊/双面焊) |
| | 100(胶结剂) |
| 聚乙烯丙纶复合防水卷材 | 100(黏结料) |
| 高分子自粘胶膜防水卷材 | 70/80(自粘胶/胶结带) |

2. 高聚物改性沥青卷材防水施工

施工方法有冷粘法、热熔法和自粘法之分。在立面或者高大坡面铺贴高聚物改性沥青防水卷材时,应采用满粘法,并宜减少短边搭接。

(1)冷粘法

冷粘法施工是利用毛刷将胶黏剂涂刷在基层或卷材上,然后直接铺贴卷材,使卷材与基层、卷材与卷材黏结的方法。施工时,胶黏剂涂刷应均匀,不应露底,不应堆积;应控制胶黏剂涂刷与卷材铺贴的间隔时间;卷材下面的空气应排尽,并应辊压黏牢固;卷材铺贴应平整顺直,搭接尺寸应准确,不得扭曲、皱折;接缝口应用密封材料封严,宽度不应小于 10 mm。

(2)热熔法

热熔法铺贴卷材应符合下列规定:火焰加热器的喷嘴距卷材面的距离应适中,幅宽内加热应均匀,应以卷材表面熔融至光亮黑色为度,热熔法一般在涂刷基层处理剂 8 h 后进行,火焰加热器的喷嘴距卷材面的距离约 0.5 m 左右,与基层呈 45°～60°角(图 7.1.4);厚度小于 3 mm 的高聚物改性沥青防水卷材,严禁采用热熔法施工;卷材表面沥青热熔后应立即滚铺卷材,滚铺时应排除卷材下面的空气;搭接缝部位宜以溢出热熔的改性沥青胶结料为度,溢出的改性沥青胶结料宽度宜为 8 mm,并宜均匀顺直;当接缝处的卷材上有矿物粒或片料时,应用火焰烘烤并清除干净后再进行热熔和接缝处理。加热卷材应均匀,至热熔胶层出现黑色光泽、发亮至稍有微泡出现,不得过分加热或烧穿卷材,热熔后应立即滚铺卷材,滚铺时应排除卷材下面的空气,使之平展无皱褶,并用辊压黏结牢固(图 7.1.5)。

热熔法铺贴卷材应符合下列规定:熔化热熔型改性沥青胶结料时,宜采用专用导热油炉加热,加热温度不应高于 200 ℃,使用温度不宜低于 180 ℃;粘贴卷材的热熔型改性

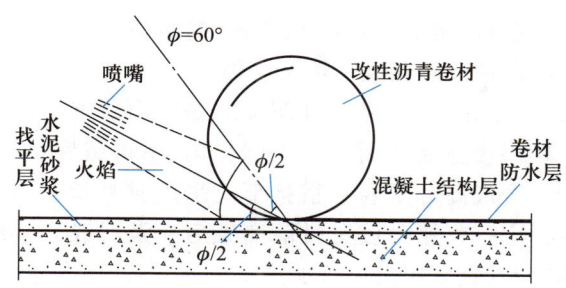

图 7.1.4　熔焊火焰与卷材和基层表面的相对位置

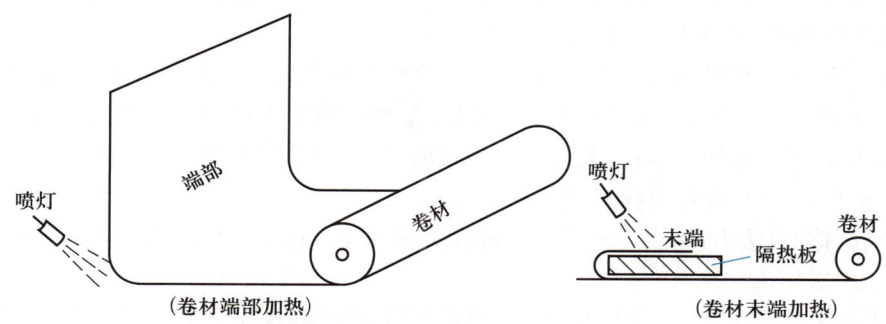

图 7.1.5　热熔卷材铺贴示意图

沥青胶结料厚度宜为 1.0~1.5 mm;采用热熔型改性沥青胶结料铺贴卷材时,应随刮随滚铺,并应展平压实。

（3）自粘法

自粘法施工是指采用带有自粘胶的防水卷材,不用热施工、不需涂胶结材料,而进行粘贴的方法。铺贴前,基层表面应均匀涂刷基层处理剂,待干燥后及时铺贴卷材。铺贴时,应先将自粘胶地面隔离纸完全撕净,排出卷材下面的空气,并辊压粘贴牢固,不得空鼓。铺贴的卷材应平整顺直,搭接尺寸应准确,不得扭曲、皱褶。搭接部位必须采用热风焊枪加热后随即粘贴牢固,溢出的自粘胶随即刮平封口。接缝口用不小于 10 mm 宽的密封材料封严（图 7.1.6）。

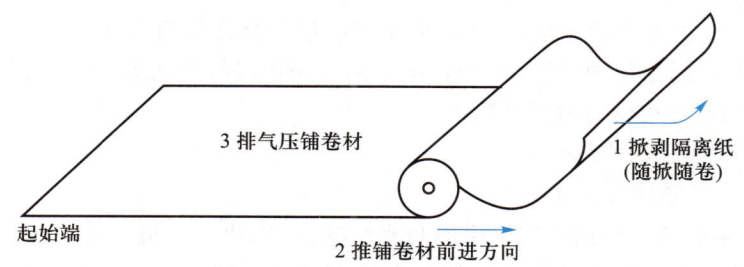

图 7.1.6　自粘型卷材施工示意图

### 3. 合成高分子卷材施工

合成高分子卷材的主要品种有:三元乙丙橡胶防水卷材、氯化聚乙烯-橡胶水共混防水卷材、氯化聚乙烯防水卷材、聚氯乙烯防水卷材、热塑性聚烯烃类防水卷材(TPO)等。施工方法一般有冷粘法、自粘法和热风焊接法三种。

合成高分子卷材铺好压黏后，应将搭接部位的黏合面清理干净，并应采用与卷材配套的接缝专用胶黏剂，在搭接缝黏合面上应涂刷均匀，不得露底、堆积，应排除缝间的空气，并用辊压粘贴牢固。合成高分子卷材搭接部位采用胶黏带黏结时，可涂刷与卷材及胶黏带材性相容的基层胶黏剂，撕去胶黏带隔离纸后应及时黏合接缝部位的卷材，并应辊压粘贴牢固；低温施工时，宜采用热风机加热。

冷粘法、自粘法施工要求与高聚物改性沥青防水卷材基本相同，但冷粘法施工时搭接部位应采用与卷材配套的接缝的专用胶黏剂，在搭接缝黏合面上涂刷均匀，并控制涂刷与黏合的间隔时间，排除空气，辊压黏结牢固。

热风焊接法是利用热空气焊枪进行防水卷材黏合的方法。对热塑性卷材的搭接缝可采用单缝焊或双缝焊，焊接应严密；焊接前，卷材应铺放平整、顶直，搭接尺寸应准确，焊接缝的结合面应清理干净；应先焊长边搭接缝，后焊短边搭接缝；应控制加热温度和时间，焊接缝不得漏焊、跳焊或焊接不牢。

热熔法和焊接法不宜低于-10 ℃；冷粘法和热粘法不宜低于5 ℃；自粘法不宜低于10 ℃。

4. 保护层施工

卷材铺设完毕，经检查合格后，应立即进行保护层的施工。其主要作用是：减轻冰雹、雨水冲击冲刷；减少阳光辐射，降低温度，减缓卷材老化；及时保护防水层免受损伤，从而提高防水层寿命。常用的保护层做法有以下几种：

(1) 绿豆砂保护层

绿豆砂保护层是在各层卷材铺贴完后，在上层表面浇一层2~4 mm沥青胶，趁热撒上一层粒径为3~5 mm小豆石，为了嵌入牢固，绿豆砂经干燥并加热至100 ℃左右干燥后使用，加以压实，使豆石与沥青胶黏结牢固，未黏结的豆石扫除干净。

(2) 涂料保护层

保护层涂料一般在现场配置，常用的有铝基青悬浮液、丙烯酸浅色涂料或在涂料中掺入铝粉的反射涂料，施工前防水层表面应干净无杂物。

(3) 水泥砂浆保护层、混凝土预制板保护层、细石混凝土保护层

采用水泥砂浆、混凝土预制板或细石混凝土等刚性保护层时，保护层与防水层之间应设置隔离层，保护层应设分格缝，水泥砂浆保护层分格面积宜为1 m²，块体材料不宜大于100 m²，细石混凝土保护层不大于36 m²。刚性保护层与女儿墙、山墙之间应预留宽度为30 mm的缝隙，并用密封材料嵌填严密。

### 7.1.2 涂膜防水屋面施工

涂膜防水屋面是在屋面基层上涂刷防水涂料，经固化后形成一层有一定厚度和弹性的整体涂膜，从而达到防水目的的一种防水屋面形式。其特点是操作简单无污染，易操作，无接缝，适应性强，防水性能好易修补。构造如图7.1.7所示。

涂膜防水屋面的涂料主要有高聚物改性沥青防水涂料、合成高分子防水涂料和聚合物水泥防水涂料，涂层间可夹铺胎体增强材料。

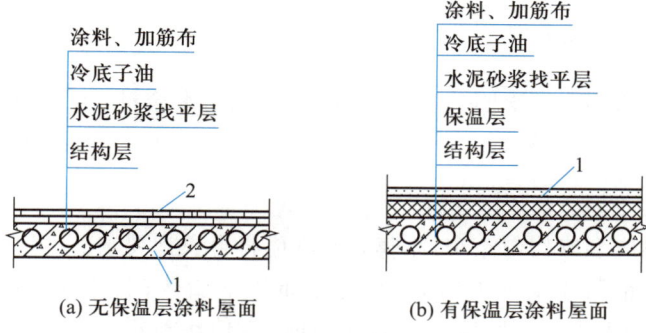

(a) 无保温层涂料屋面                     (b) 有保温层涂料屋面

1—细石混凝土;2—油膏嵌缝。

图 7.1.7　涂膜防水屋面构造图

一、材料要求

要求涂料中的固体成分用量足,因为涂料是靠其中的固体成分形成涂膜的,由于各种防水涂料所含固体的密度相差并不太大,当单位面积用量相同时,涂膜的厚度取决于固体含量的大小,如果固体含量过低,涂膜的质量难以保证。

涂料要求耐久性好:在阳光紫外线、臭氧、大气中酸碱介质长期作用下保持长久的防水性能。温度敏感性低:高温条件下不流淌、不变形,低温状态时能保持足够的延伸率,不发生脆断。一定的力学性能:即具有一定的强度和延伸率,在施工荷载作用下或结构和基层变形时不破坏、不断裂。

二、涂膜防水层的基层要求

涂膜防水层的基层应坚实、平整、干净,应无孔隙、起砂和裂缝。基层的干燥程度根据防水涂料特性确定;当采用溶剂型、热熔型和反应固化型防水涂料时,基层应干燥。

板缝嵌缝用油膏和胶泥,油膏有两类,一类是沥青油膏、橡胶沥青油膏、塑料油膏等,一般采用冷嵌施工;另一类是聚氯乙烯胶泥,由聚氯乙烯树脂、煤焦油为主剂,掺入增塑剂、稳定剂和填充料,在现场边加热边搅拌,在 130~140 ℃保持 5~10 min 塑化而成,为热灌施工,密封材料热灌法施工如图 7.1.8 所示。冷嵌油膏宜用挤出枪嵌填(图 7.1.9)或将油膏切割成条,随切随嵌,用力压实嵌密,接槎做成斜槎。热嵌胶泥应自下而上进行,温度不低于 110 ℃,先嵌垂直于屋脊的板缝,后嵌平行于屋脊的板缝,在灌垂直于屋脊的板缝时,凡与平行于屋脊板缝的交叉处两侧各灌 150 mm,并留成斜槎。

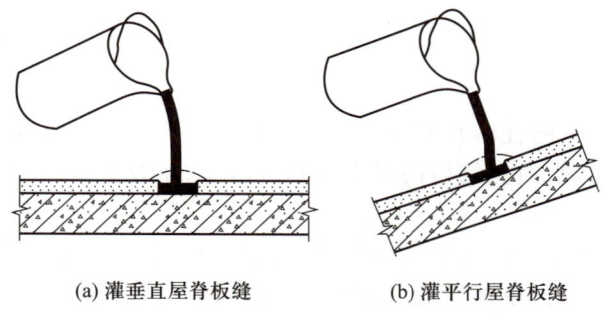

(a) 灌垂直屋脊板缝          (b) 灌平行屋脊板缝

图 7.1.8　密封材料热灌法施工

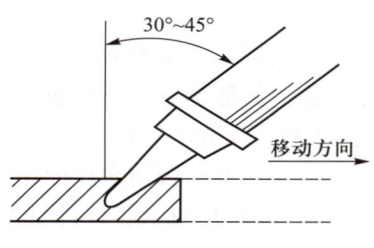

图 7.1.9　挤出枪嵌填

### 三、涂膜防水层施工工艺

1. 施工工艺

涂刷前的准备工作 → 涂刷基层处理剂 → 涂刷防水涂料 → 铺设胎体增强材料 → 收头处理。

2. 施工要点

（1）防水涂料应多遍均匀涂布，涂膜总厚度应符合设计要求。

（2）涂膜间夹铺胎体增强材料时，宜边涂布边铺胎体；胎体应铺贴平整，应排除气泡，并应与涂料黏结牢固。在胎体上涂布涂料时，应使涂料浸透胎体，并应覆盖完全，不得有胎体外露现象，最上面的涂膜厚度不应小于 1.0 mm。

（3）涂膜施工应先做好细部处理，再进行大面积涂布。

（4）屋面转角及立面的涂膜应薄涂多遍，不得流淌和堆积。

### 四、涂膜防水层施工方法选择

（1）水乳型及溶剂型防水涂料宜选用滚涂或喷涂施工。

（2）反应固化型防水涂料宜选用刮涂或喷涂施工。

（3）热熔型防水涂料宜选用刮涂施工。

（4）聚合物水泥防水涂料宜选用刮涂法施工。

（5）所有防水涂料用于细部构造时，宜选用刷涂或喷涂施工。

### 五、防水涂料和胎体增强材料的贮运、保管

（1）防水涂料包装容器应密封，容器表面应标明涂料名称、生产厂家、执行标准号、生产日期和产品有效期，并应分类存放。

（2）反应型和水乳型涂料贮运和保管环境温度不宜低于 5 ℃。

（3）溶剂型涂料贮运和保管环境温度不宜低于 0 ℃，并不得日晒、碰撞和渗漏；保管环境应干燥、通风，并应远离火源、热源。

（4）胎体增强材料贮运、保管环境应干燥、通风，并应远离火源、热源。

### 六、涂膜防水层的施工环境温度要求

（1）水乳型及反应型涂料宜为 5~35 ℃。

（2）溶剂型涂料宜为 −5~35 ℃。

（3）热熔型涂料不宜低于 −10 ℃。

（4）聚合物水泥涂料宜为 5~35 ℃。

### 7.1.3 刚性防水屋面施工

采用混凝土浇捣而成的屋面防水层叫刚性防水屋面。刚性防水屋面施工是在混凝土中掺入膨胀剂、减水剂、防水剂等外加剂，使浇筑后的混凝土细致密实，水分子难以通过，从而达到防水的目的。

与卷材及涂膜防水屋面相比，刚性防水屋面所用材料易得，价格便宜，耐久性好，维修方便，但刚性防水层材料的表观密度大，抗拉强度低，极限拉应变小，易受混凝土或砂浆的干湿变形、温度变形和结构变形的影响而产生裂缝。因此刚性防水屋面主要适用于

多道防水设防中的一道防水层;不适用于设有松散保温层的屋面、大跨度和轻型屋盖的屋面,以及受振动或冲击的建筑屋面,而且刚性防水层的节点部位应与柔性材料复合使用,才能保证防水的可靠性。

一、材料要求

（1）水泥和集料

宜采用普通硅酸盐水泥或硅酸盐水泥;当采用矿渣硅酸盐水泥时应采取减少泌水性的措施;水泥的强度等级不低于 32.5 MPa,不得使用火山灰质硅酸盐水泥。水泥应有出厂合格证,质量标准应符合国家标准的要求。宜采用中砂或粗砂,含泥量不大于 2%。宜采用质地坚硬,最大粒径不超过 15 mm,级配良好,含泥量不超过 1% 的碎石或砾石。水中不得含有影响水泥正常凝结硬化的糖类、油类及有机物等有害物质,硫酸盐及硫化物较多的水不能使用,pH 不得小于 4。

（2）混凝土及砂浆

混凝土水灰比不应大于 0.55;每立方米混凝土水泥最小用量不应小于 330 kg;含砂率宜为 35% ~ 40%;灰砂比应为 1：2.5 ~ 1：2,混凝土强度等级不应低于 C25;并宜掺入外加剂。普通细石混凝土、补偿收缩混凝土的自由膨胀率应为 0.05% ~ 0.1%。

外加剂刚性防水层中使用的膨胀剂、减水剂、防水剂、引气剂等外加剂应根据不同品种的适用范围、技术要求来选择。

二、细石混凝土防水层施工

1. 施工工艺

基层处理 → 设分格缝 → 浇筑细石混凝土 → 压浆抹光 → 养护 。

2. 施工要点

（1）浇捣混凝土前,应将隔离层表面浮渣、杂物清除干净;检查隔离层质量及平整度、排水坡度和完整性;支好分格缝模板,标出混凝土浇捣厚度,厚度不宜小于 40 mm。材料及混凝土质量要严格保证,经常检查是否按配合比准确计量,每工作班进行不少于两次的坍落度检查,并按规定制作检验的试块。加入外加剂时,应准确计量,投料顺序得当,搅拌均匀。

（2）分格缝留置是为了减少防水层因温差、混凝土干缩、徐变、荷载和振动、地基沉陷等变形造成防水层开裂,参数要求如图 7.1.10 所示。

（3）混凝土搅拌应采用机械搅拌,搅拌时间不少于 2 min。混凝土运输过程中应防止漏浆和离析。

（4）采用掺加抗裂纤维的细石混凝土时,应先加入纤维干拌均匀后再加水,干拌时间不少于 2 min。

（5）铺设、振动、滚压混凝土时必须严格保证钢筋间距及位置的准确。

（6）混凝土收水初凝后,及时取出分格缝隔板,第二次压实抹光,并及时修补分格缝的缺损部分,做到平直整齐;混凝土终凝前进行第三次

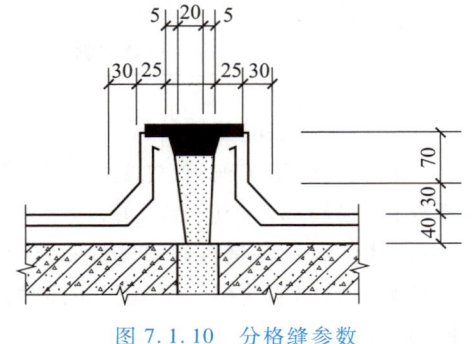

图 7.1.10　分格缝参数

压实抹光,表面平光,不起砂、不起皮、无抹板压痕为止,抹压时,不得洒干水泥。

（7）待混凝土终凝后,必须立即进行养护,应优先采用表面喷洒养护剂养护,也可用蓄水养护法或稻草、麦草、锯末、草袋等覆盖后浇水养护,养护时间不少于 14 d,养护期间保证覆盖材料的湿润,并禁止闲人上屋面踩踏或在上继续施工。

### 三、质量验收

刚性防水屋面不得有渗漏和积水现象。穿过屋面的管道等与屋面交接处,周围要用柔性材料增强密封,不得渗漏;各节点做法应符合设计要求。屋面坡度应准确,排水系统应通畅。刚性防水层厚度符合要求,表面平整度不超过 5 mm,不得起砂、起壳和裂缝。防水层内钢筋位置应准确。分格缝应平直,位置正确。密封材料应嵌填密实,盖缝卷材应粘贴牢固,无脱开现象。

质量验收细石混凝土刚性防水层的质量,关键在于混凝土的本身质量、混凝土的密实性和施工时的细部处理,因此,将混凝土材料质量,配合比定为主控项目,对节点处理和施工质量,采取试水办法来检查,同时把防水首要功能不渗漏亦作为主控项目。混凝土的表面处理、厚度、配筋、分格缝和平整度均列为一般质量检查项目来控制整体防水层的质量。

### 7.1.4  屋面找平层施工

找平层是为防水层设置符合防水材料工艺要求且坚实而平整的基层。在结构层或保温层表面做找平处理。

#### 一、找平层所用材料及厚度

混凝土结构层宜采用结构找坡,坡度不应小于 3%,当采用材料找坡时,宜采用质量轻、吸水率低和有一定强度的材料,坡度宜为 2%。找平层所用材料为水泥砂浆或细石混凝土,其厚度及技术要求见表 7.1.4。保温层上的找平层应留设分格缝,缝宽宜为 5~20 mm,纵横缝间距不宜大于 6 m。

表 7.1.4  找平层厚度和技术要求

| 找平层分类 | 适用的基层 | 厚度/mm | 技术要求 |
|---|---|---|---|
| 水泥砂浆 | 整体现浇混凝土板 | 15~20 | 1:2.5 水泥砂浆 |
| | 整体材料保温层 | 20~25 | |
| 细石混凝土 | 装配式混凝土板 | 30~35 | C25 混凝土,宜加钢筋网片 |
| | 板状材料保温层 | | C25 混凝土 |

#### 二、找平层的基层处理

在找平层施工前,首先要检查其铺设的基层情况,如屋面板安装是否牢固,有无松动现象;基层局部是否凹凸不平,凹坑较大时应先填补;保温层表面是否平整,厚薄是否均匀;板状保温材料是否铺平垫稳;用保温材料找坡是否准确等。在大面积做找平层前,应先将突出屋面的管根、变形缝、屋面暖沟墙根部处理好,做好管根的封堵。卷材防水层基层与突出屋面结构的交接处,以及基层的转角处,找平层均应做成圆弧形,且应整齐平顺。找平层圆弧半径应符合表 7.1.5 规定。

**表 7.1.5　找平层圆弧半径**

| 卷材种类 | 圆弧半径/mm |
|---|---|
| 高聚物改性沥青防水卷材 | 50 |
| 合成高分子防水卷材 | 20 |

### 三、找平层施工

（一）施工工艺

基层清理 → 管根封堵 → 标高坡度弹线 → 洒水湿润 → 施工找平层（水泥砂浆及细石混凝土）→ 养护 → 验收。

（二）施工要点

基层检查并修整后,应进行基层清理,以保证找平层与基层能牢固接合。当基层为混凝土时,表面清扫干净后,应充分洒水温润,但不得积水;当基层为保温层时,基层不宜大量浇水。基层清理完毕后,在铺抹找平材料前,宜在基层上均匀涂刷素水泥浆一遍,使找坡层、找平层与基层更好地黏结。贴点标高、冲筋:根据坡度要求,拉线找坡,一般按 1~2 m 贴点标高(灰饼),铺抹找平砂浆时,先按流水方向以间距 1~2 m 冲筋,并设置找平层分格缝,宽度一般为 20 mm,并且将缝与保温层连通,分格缝最大间距为 6 m,如图 7.1.11 所示。

按分格块装灰、铺平,用刮扛靠冲筋条刮平,找坡后用木抹子搓平,铁抹子压光,待浮水沉失后,人踏上去有脚印但不下陷为度,再用铁抹子压第二遍即可交活。即在水泥初凝前压实抹平,水泥终凝前完成收水后应二次压光。找平层一般采用体积比为 1:2.5 的水泥砂浆,细石混凝土强度等级为 C25。找平层抹平、压实 24 h 以后可浇水养护,一般养护期为 7 d,经干燥后即可铺设防水层,找坡层和找平层的施工环境温度不宜低于 5 ℃。

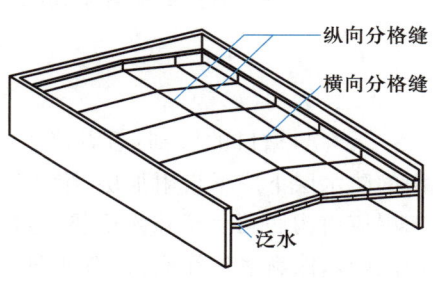

图 7.1.11　分格缝位置

### 四、应注意的质量问题

（1）找平层起砂:水泥砂浆找平层施工后养护不好,使找平层早期脱水;砂浆拌和加水过多,影响成品强度;抹压过晚破坏水泥硬化;过早踩踏破坏表面养生硬度。施工中应注意配合比,控制加水量,掌握抹压时间,成品不能过早上人。

（2）找平层空鼓、开裂:基层表面清理不干净,水泥砂浆找平层施工前未用水湿润好,造成空鼓,应重视基层清理,注意压实;由于砂子过细、水泥砂浆级配不好、找平层厚薄不均、养护不够,均可造成找平层开裂,注意使用符合要求的砂料,保温层平整度应严格控制,保证找平层的厚度基本因此应一致,加强成品养护,防止表面开裂。

（3）倒泛水:保温层施工时须保证找坡泛水,铺抹找平层前应检查保温层坡度泛水是否符合要求,铺抹找平层应掌握坡向及厚度。

### 7.1.5　屋面细部防水施工

屋面细部构造应包括檐口、天沟(檐沟)、女儿墙、水落口、变形缝、屋面出入口等部位。细部构造施工时应做到多道设防、复合用材、连续密封。

#### 一、檐口

卷材防水屋面檐口 800 mm 范围内的卷材应满粘,卷材收头应采用金属压条钉压,并应用密封材料封严。檐口下端应做鹰嘴和滴水槽,如图 7.1.12a 所示。涂膜防水屋面檐口的涂膜收头,应用防水涂料多遍涂刷。檐口下端应做鹰嘴和滴水槽,如图 7.1.12b 所示,滴水槽宽度和深度不宜小于 10 mm。

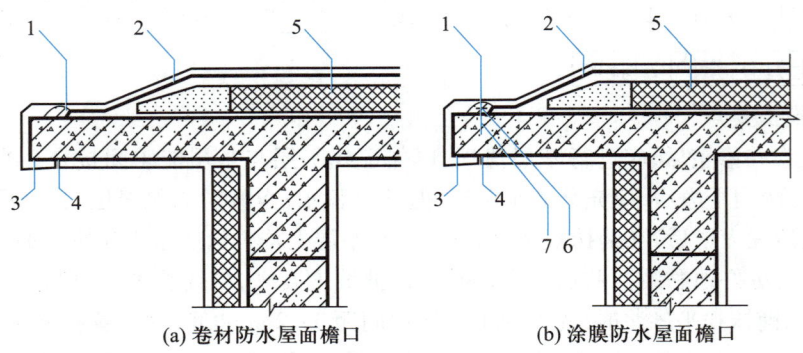

(a) 卷材防水屋面檐口　　　(b) 涂膜防水屋面檐口

1—密封材料;2—卷材防水层;3—鹰嘴;4—滴水槽;5—保温层;6—金属压条;7—水泥钉。

图 7.1.12　防水屋面檐口

#### 二、天沟(檐沟)

天沟与檐口的区别:后者流水,前者接水导水;沟上有檐,檐下可以无沟。檐沟和天沟的防水层下应增设附加层,附加层伸入屋面的宽度不应小于 250 mm,檐沟防水层和附加层应由沟底翻上至外侧顶部,卷材收头应用金属压条钉压,用密封材料封严,涂膜收头应用防水涂料多遍涂刷,构造如图 7.1.13 所示。

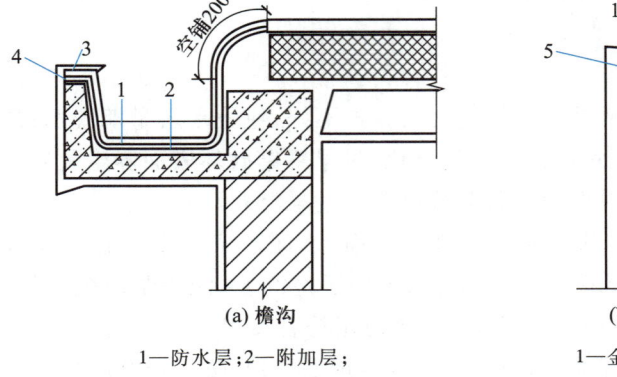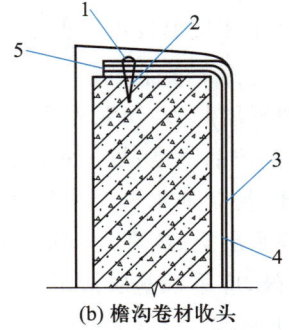

(a) 檐沟　　　　　　　　　(b) 檐沟卷材收头

1—防水层;2—附加层;　　　　1—金属压条;2—水泥钉;
3—水泥钉;4—密封材料。　　　3—防水层;4—附加层;5—密封材料。

图 7.1.13　檐沟防水构造

### 三、女儿墙

女儿墙压顶向内排水坡度不应小于5%,压顶内侧下端应做滴水处理,女儿墙泛水处的防水层下应增设附加层,附加层在平面和立面的宽度均应大于250 mm。低女儿墙泛水处的防水层可直接铺贴或涂刷至压顶下,卷材收头应钉压固定,并密封,涂膜收头应用防水涂料多遍涂刷;高女儿墙泛水处的防水层泛水高度不应小于250 mm。女儿墙泛水如图 7.1.14 所示,泛水收头如图 7.1.15 所示。

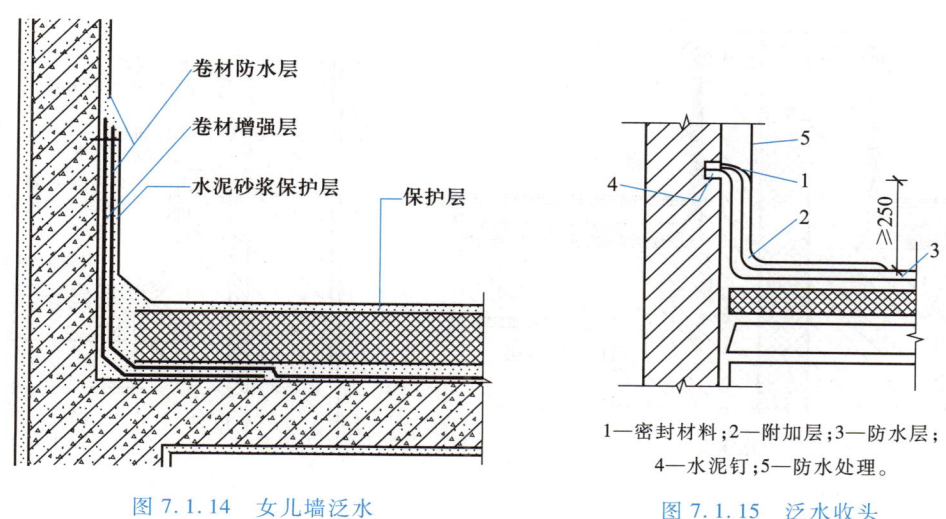

图 7.1.14　女儿墙泛水

图 7.1.15　泛水收头

1—密封材料;2—附加层;3—防水层;
4—水泥钉;5—防水处理。

### 四、水落口

水落口杯应固定在承重结构上,其埋设标高应根据附加层的厚度及排水坡度加大的尺寸确定,水落口周围直径 500 mm 范围内坡度不应小于5%,防水层下应增设涂膜附加层,防水层和附加层伸入水落口杯内不应小于 50 mm,如图 7.1.16 所示。

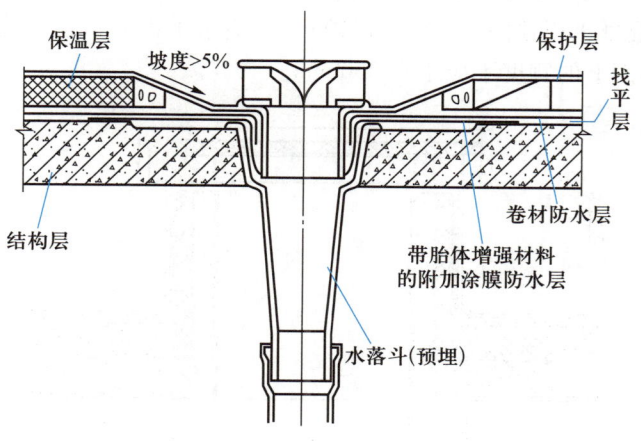

图 7.1.16　直式水落口构造

### 五、变形缝

变形缝泛水处的防水层下应增设附加层,附加层在平面和立面的宽度不应小于 250 mm,

防水层应铺贴或涂刷至泛水墙的顶部；变形缝内应预填不燃保温材料，上部应采用防水卷材封盖，并放置衬垫材料，再在其上干铺一层卷材；变形缝顶部宜加扣混凝土或金属盖板，如图 7.1.17 所示，图 7.1.18 为高低跨变形缝构造。

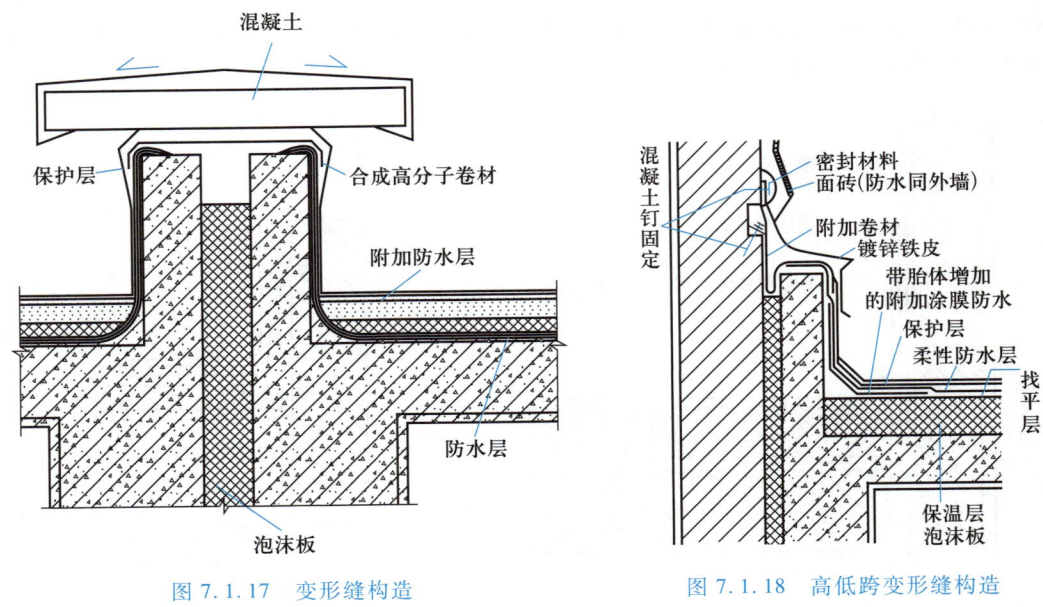

图 7.1.17　变形缝构造　　　　　图 7.1.18　高低跨变形缝构造

施工工艺为： 划线 → 成形 → 变形缝罩板安装 → 油漆 → 安装经检查合格，涂刷罩面漆 。

### 六、屋面出入口

屋面垂直出入口泛水处应增设附加层，附加层在平面和立面的宽度均不应小于 250 mm；防水层收头应在混凝土压顶圈下(图 7.1.19)。屋面水平出入口泛水处应增设附加层和护墙，附加层在平面上的宽度不应小于 250 mm。

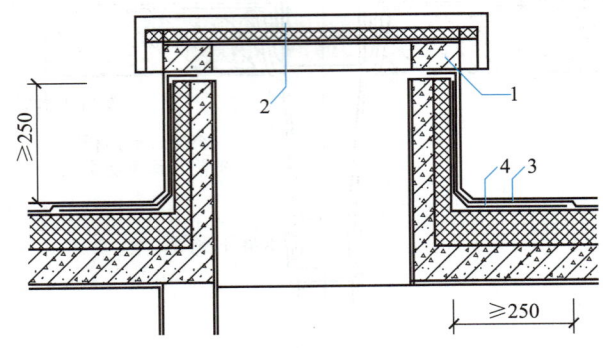

1—混凝土压顶圈；2—上人孔盖；3—防水层；4—附加层。

图 7.1.19　垂直出入口

## 7.2 地下建筑防水工程

地下建筑是指建造在岩层或土层中的建筑,具有良好的防护性能,较好的热稳定性和密闭性,对节省城市用地,降低建筑密度,改善城市交通,扩大绿地面积,提高城市生活质量等方面,都起到重要的作用。但是地下建筑埋设在地下,常年受到潮湿和地下水的有害影响,因此对地下工程防水的处理比屋面防水工程要求更高,防水技术难度更大。防水等级的划分按照现行规范《地下防水工程质量验收规范》(GB 50208—2011)可分为4类,见表 7.2.1。

表 7.2.1　地下工程防水等级标准

| 防水等级 | 防水标准 |
|---|---|
| 1 级 | 不允许渗水,结构表面无湿渍 |
| 2 级 | 不允许漏水,结构表面可有少量湿渍<br>房屋建筑地下工程:总湿渍面积不大于总防水面积(包括顶板、墙面、地面)的 1‰;任意 100 m² 防水面积上的湿渍不超过 2 处,单个湿渍的最大面积不大于 0.1 m²;其他地下工程:湿渍总面积不应大于总防水面积的 2‰;任意 100 m² 防水面积上湿渍不超过 3 处,单个湿渍的最大面积不大于 0.2 m²;其中,隧道工程平均渗水量不大于 0.05 L/(m²·d),任意 100 m² 防水面积上的渗水量不大于 0.15 L/(m²·d) |
| 3 级 | 有少量漏水点,不得有线流和漏泥砂;<br>任意 100 m² 防水面积上的漏水或湿渍点数不超过 7 处,单个漏水点的最大漏水量不大于 2.5 L/d,单个湿渍的最大面积不大于 0.3 m² |
| 4 级 | 有漏水点,不得有线流和漏泥砂;<br>整个工程平均漏水量不大于 2 L/(m²·d),任意 100 m² 防水面积上的平均漏量不大于 4 L/(m²·d) |

常用的防水方法有三类,结构自防水,附加防水层,或者结合地形做好地下水的防排。本节着重介绍了防水附加层的常用做法,卷材防水,水泥砂浆防水,涂料防水,以及细部的防水及相关的堵漏技术。

地下防水工程施工应遵循以下原则:

1. 杜绝防水层对水的吸附和毛细渗透;

2. 接缝严密,形成封闭的整体;

3. 消除所留孔洞造成的渗漏;

4. 防止不均匀沉降而拉裂防水层;

5. 防水层做至可能渗漏范围以外。

### 7.2.1　卷材防水层施工

地下室卷材防水层是指防水卷材和相应的胶结材料胶合而成的一种单层或多层防水层,铺设在混凝土结构主体的迎水面,在结构主体底板垫层至墙体顶端的基面上,在外围形成封闭的防水层。

#### 一、外贴法施工

（一）施工工艺

浇筑垫层 → 砌永久性保护墙 → 砌 300 mm 高临时保护墙 → 粉刷水泥砂浆找平层 → 转角处铺贴附加防水层 → 铺贴底板防水层 → 浇筑底板和墙体混凝土 → 防水结构外墙水泥砂浆找平层 → 立面防水层施工 → 验收、保护层施工。

（二）施工要点

外防外贴法(图 7.2.1)是将立面卷材防水层铺设在防水外墙结构的外表面。在垫层上铺设防水层后,再进行底板和结构主体施工,最后砌筑永久性保护墙。

施工时,先浇筑垫层,在垫层上砌筑永久性保护墙,墙高为底板混凝土厚度加 200～500 mm。其上砌筑临时性保护墙(用石灰砂浆砌筑,墙体高度 300 mm 左右),内表面用石灰砂浆做找平层,并刷石灰浆(便于拆除)。接着施工卷材防水层,卷材铺贴时,应先铺平面后铺立面。阴阳角、转角等部位在铺设防水层之前,应先做附加增强处理。卷材在底板平面上连续铺贴至永久性保护墙上,并将甩茬卷材铺在临时性保护墙体上,并及时做保护层。待底板钢筋混凝土结构及立墙结构施工完毕,清理工作面,拆除临时性保护墙。将甩茬部位防水卷材上部清理干净,露出防水层,沿结构外墙迎水面铺设防水卷材。卷材防水层应高出室外地坪 500 mm 以上,地下工程的地面建筑物四周应做宽度不小于 800 mm 的散水。

#### 二、内贴法施工

地下室外防水内贴法(图 7.2.2)是在施工条件受到限制时采取的一种施工方法,混

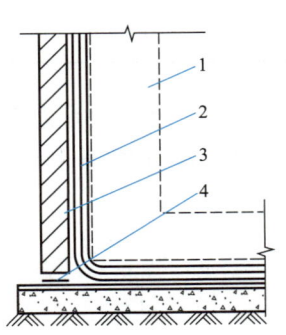

1—永久保护墙;2—基础外墙;
3—临时保护墙;4—混凝土底板。

图 7.2.1　外贴法施工示意图

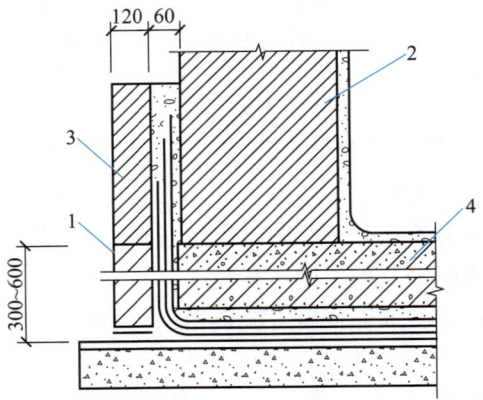

1—待施工的地下室墙;2—卷材防水层;
3—永久保护墙;4—干铺油毡一层。

图 7.2.2　内贴法施工示意图

凝土垫层浇筑完成后,在垫层上砌筑永久性保护墙,然后将卷材铺设在垫层和永久性保护墙上。保护墙砌完后,用1:3水泥砂浆在永久保护墙和垫层上抹灰找平。垫层与永久保护墙接触部分应平铺一层卷材。找平层干燥后即可涂刷基层处理剂,铺贴卷材防水层,卷材宜选用高聚物改性沥青聚酯油毡或高分子防水卷材,应先铺立面,后铺平面;先铺转角,后铺大面。所有的转角处应铺设附加层,附加层为抗拉强度较高的卷材,铺贴应仔细,粘贴应紧密。卷材防水层完工后应做好成品保护工作,立面可抹水泥砂浆,贴塑料板或采用其他可靠材料;平面可抹20 mm厚的水泥砂浆或浇筑30~50 mm厚的细石混凝土,待基础结构完工后,进行回填土工作。

### 7.2.2 水泥砂浆防水层施工

水泥砂浆防水层是一种刚性防水层,它是依靠提高砂浆层的密实性来达到防水要求。这种防水层取材容易,施工方便,防水效果较好,成本较低,适用于地下砖石结构的防水层或防水混凝土结构的加强层。但水泥砂浆防水层抵抗变形的能力较差,当结构产生不均匀下沉或受较强烈振动荷载时,易产生裂缝或剥落。对于受腐蚀、高温及反复冻融的砖砌体工程不宜采用。

#### 一、水泥砂浆防水层材料要求

水泥砂浆防水层应采用聚合物水泥防水砂浆、掺外加剂或掺合料的防水砂浆。水泥应使用普通硅酸盐水泥、硅酸盐水泥或特种水泥,不得使用过期或受潮结块的水泥;砂宜采用中砂,含泥量不应大于1%,硫化物和硫酸盐含量不得大于1%;用于拌制水泥砂浆的水应采用不含有害物质的洁净水;聚合物乳液的外观为均匀液体,无杂质、无沉淀、不分层。

#### 二、水泥砂浆防水层施工工艺

1. 施工工艺

墙、地面基层处理 → 刷水泥素浆 → 抹底层砂浆 → 刷水泥素浆 → 抹面层砂浆 → 刷水泥砂浆 → 养护 。

2. 施工要点

基层表面应平整、坚实、清洁,并应充分湿润,无明水;基层表面的孔洞、缝隙应采用与防水层相同的水泥砂浆填塞并抹平。

对埋设件、穿墙管预留凹槽内需嵌填密封材料后才能进行防水层施工。防水砂浆应分层铺抹或喷涂,铺抹时应压实、抹平,最后一层表面应提浆压光;水泥砂浆防水层各层应紧密黏合,每层宜连续施工;必须留设施工缝时,混凝土施工缝要沿缝成八字形凹槽,用水冲洗后,素灰打底、水泥砂浆压实找平,图7.2.3为混凝土结构施工缝处理。

水泥砂浆防水层不得在雨天、五级及以上大风中施工。冬

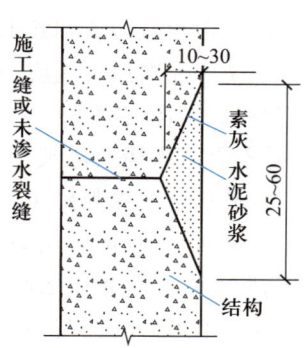

图7.2.3 混凝土结构施工缝的处理

期施工时,气温不应低于5℃,夏季不宜在30℃以上或烈日照射下施工。

水泥砂浆防水层终凝后,应及时进行养护,养护温度不宜低于5℃,并应保持砂浆表面湿润,养护时间不得少于14 d。聚合物水泥防水砂浆未达到硬化状态时,不得浇水养护或直接受雨水冲刷,硬化后应采用干湿交替的养护方法。

### 7.2.3 涂料防水层施工

涂料防水是指在地下建筑的防水基层涂抹以隔绝外界潮气、地下水的涂料,形成整体无接缝封闭层。涂料防水施工技术容易掌握,施工设备简单,不受基层任何复杂形状的限制,可做成连续整体的防水层。

#### 一、防水涂料的种类及选择

防水涂料包括无机防水涂料和有机防水涂料。无机防水涂料宜用于结构主体的背水面,有机防水涂料宜用于地下工程主体结构的迎水面或背水面,用于背水面的有机防水涂料应具有较高的抗渗性,且与基层有较好的黏结性。

防水涂料应具有良好的耐水性、耐久性、耐腐蚀性及耐菌性;应无毒、难燃、低污染;无机防水涂料应具有良好的湿干黏结性和耐磨性,有机防水涂料应具有较好的延伸性及较大适应基层变形能力。

潮湿基层宜选用与潮湿基面黏结力大的无机防水涂料或有机防水涂料,也可采用先涂无机防水涂料后涂有机防水涂料构成复合防水涂层;埋置深度较深的重要工程、有振动或有较大变形的工程,宜选用高弹性防水涂料;有腐蚀性的地下环境宜选用耐腐蚀性较好的有机防水涂料,并应做刚性保护层。

#### 二、涂料防水层施工工艺

1. 施工工艺

$\boxed{基层清理} \rightarrow \boxed{涂刷底胶} \rightarrow \boxed{涂料防水层施工} \rightarrow \boxed{做保护层}$。

2. 施工要点

涂料防水层施工对基层的要求是表面干净、平整、无浮浆和明显积水。尤其是有机防水涂料基层表面应基本干燥,不应有气孔、凹凸不平、蜂窝麻面等缺陷。涂料施工前,基层阴阳角应做成圆弧形。

防水涂料的配制应按涂料的技术要求进行。分层刷涂或喷涂,涂层应均匀,不得漏刷漏涂;接槎宽度不应小于100 mm。铺贴胎体增强材料时,应使胎体层充分浸透防水涂料,不得有露槎及褶皱。

有机防水涂料施工完后应及时做保护层,保护层要求如下:

底板、顶板应采用20 mm厚1:2.5水泥砂浆层和40~50 mm厚的细石混凝土保护层,防水层与保护层之间宜设置隔离层;侧墙背水面保护层应采用20 mm厚1:2.5水泥砂浆;侧墙迎水面保护层宜选用软质保护材料或20 mm厚1:2.5水泥砂浆。

涂料防水层施工时对现场的环境有较高要求,严禁在雨天、雾天、五级及以上大风时施工,不得在施工环境温度低于5℃及高于35℃或烈日暴晒时施工。涂膜固化前如有降雨可能时,还应及时做好已完涂层的保护工作。

### 7.2.4 防水混凝土施工

#### 一、防水混凝土

防水混凝土是一种具有高的抗渗性能,能达到防水要求的一种混凝土。防水混凝土是以调整混凝土配合比或掺外加剂等方法,来提高混凝土本身的密实性和抗渗性,取材容易、施工简便、工期较短、耐久性好、工程造价低等优点,因此,在地下工程中得到了广泛的应用。目前常用的防水混凝土,主要有普通防水混凝土、外加剂防水混凝土等。防水混凝土适用于抗渗等级不低于 P6 的地下混凝土结构,不适用于环境温度高于 80 ℃ 的地下工程。防水混凝土设计抗渗等级见表 7.2.2。

**表 7.2.2 防水混凝土设计抗渗等级**

| 工程埋置深度 $H$/m | 设计抗渗等级 |
| --- | --- |
| $H < 10$ | P6 |
| $10 \leqslant H < 20$ | P8 |
| $20 \leqslant H < 30$ | P10 |
| $H \geqslant 30$ | P12 |

抗渗等级是以 28 d 龄期的标准试件,按标准试验方法进行试验时所能承受的最大水压力来确定。根据混凝土试件在抗渗试验时所能承受的最大水压力,混凝土的抗渗等级划分为 P4、P6、P8、P10、P12 五个等级,相应表示能抵抗 0.4 MPa、0.6 MPa、0.8 MPa、1.0 MPa 及 1.2 MPa 的静水压力而不渗水,抗渗等级 ≥P6 的混凝土为防水混凝土。

用于普通防水混凝土的水泥宜采用硅酸盐水泥、普通硅酸盐水泥,采用其他品种水泥时应经试验确定。不得使用过期或受潮结块的水泥,并不得将不同品种或强度等级的水泥混合使用。在满足混凝土抗渗等级、强度等级和耐久性条件下,水泥用量不宜小于 260 kg/m³。用于防水混凝土的砂宜选用坚硬、抗风化性强、洁净的中粗砂,不宜使用海砂;灰砂比宜为 1:2.5~1:1.5。砂率宜为 35%~40%,泵送时可增至 45%。碎石宜选用坚固耐久、粒形良好的洁净石子;最大粒径不宜大于 40 mm,泵送时其最大粒径不应大于输送管径的 1/4,吸水率不应大于 1.5%;不得使用碱活性集料。

外加剂防水混凝土可根据工程需要掺入减水剂、膨胀剂、防水剂、密实剂、引气剂、复合型外加剂及水泥基渗透结晶型材料,其品种和用量应经试验确定,所用外加剂的技术性能应符合国家现行有关标准的质量要求。

防水混凝土可根据工程抗裂需要掺入合成纤维或钢纤维,纤维的品种及掺量应通过试验确定。

## 二、防水混凝土的施工

### 1. 施工工艺及施工要点

（1）施工工艺

作业准备 → 混凝土搅拌 → 运输 → 混凝土浇筑 → 养护 。

（2）施工要点

混凝土搅拌：搅拌投料顺序为石子→砂→水泥→外加剂→水。防水混凝土拌合物应采用机械搅拌，搅拌时间不宜小于 2 min。混凝土运输供应保持连续均衡，间隔不应超过 1.5 h，夏季或运距较远可适当掺入缓凝剂，运输后如出现离析，浇筑前进行二次拌和。当坍落度损失后不能满足施工要求时，应加入原水胶比的水泥浆或掺加同品种的减水剂进行搅拌，严禁直接加水。用于防水混凝土的模板应拼缝严密、支撑牢固。防水混凝土应分层连续浇筑，分层厚度不得大于 500 mm。混凝土自高处自由倾落不应大于 2 m，如高度超过 3 m，要用串桶、溜槽下落。防水混凝土应采用机械振捣，避免漏振、欠振和超振。常温（20～25 ℃）浇筑后 6～10 h 覆盖浇水养护，要保持混凝土表面湿润，养护不少于 14 d。

冬期施工：水和砂应根据冬施方案规定加热，应保证混凝土入模温度不低于 5 ℃，采用综合蓄热法保温养护，冬期施工掺入的防冻剂应选用经认证的产品。拆模时混凝土表面温度与环境温度差不大于 15 ℃。

### 2. 施工缝

防水混凝土浇筑：应连续浇筑，宜不留或少留施工缝。底板一般按设计要求不留施工缝或留在后浇带上。墙体水平施工缝留在高出底板表面不少于 200 mm 的墙体上，墙体如有孔洞，施工缝距孔洞边缘不宜少于 300 mm，施工缝形式宜用凸缝（墙厚大于 30 cm）或阶梯缝、平直缝加金属止水片（墙厚小于 30 cm），施工缝宜做企口缝并用止水条处理，垂直施工缝宜与后浇带、变形缝相结合，施工缝接缝形式如图 7.2.4 所示。

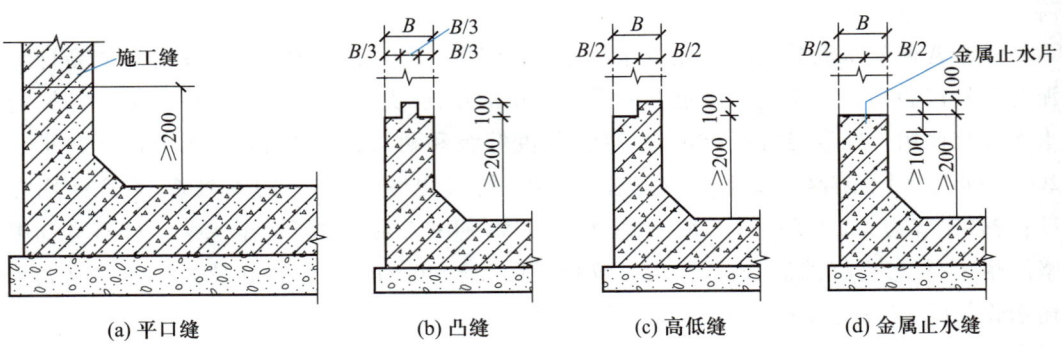

图 7.2.4　施工缝接缝形式

施工缝处施工时应注意，在浇筑混凝土前，应将混凝土表面凿毛，清除杂物，冲净并湿润，再铺一层 2～3 cm 厚水泥砂浆或同一配合比碱石子混凝土，浇筑第一步其高度为 40 cm，以后每步浇筑 50～60 cm，严格按施工方案规定的顺序浇筑。

### 7.2.5　地下防水细部施工

地下工程的细部节点很多,不同的节点形式有不同的构造做法,形成了不同的细部构造。防水薄弱部位主要有:结构变形缝、后浇带、穿墙螺栓、埋设件、孔口等处,施工时应注意:

1. 防水混凝土工程的模板应平整、拼缝严密不漏浆,一般不宜用螺栓或铁丝贯穿混凝土墙固定模板,当需用螺栓贯穿混凝土墙固定模板时,应采取止水措施,如采用工具式螺栓、螺栓中间加焊止水钢板、螺栓两端设垫木等;

2. 为防止钢筋的引水作用,迎水面的钢筋保护层不得小于 50 mm,底板钢筋不得接触混凝土垫层,不能用铁钉或铅丝将钢筋固定在模板上,严禁用钢筋充当保护层垫块,以防止水沿钢筋渗入;

3. 防水混凝土浇筑前无泌水、离析现象,自由倾落高度不大于 1.5 m;

4. 防水混凝土应采用机械振捣,并保证振捣密实;

5. 连续浇筑混凝土每 500 m³ 应留置 6 个抗渗试件,每项工程不少于 2 组。

#### 一、变形缝止水带

建筑物在外界因素作用下常会产生变形,导致开裂甚至破坏,变形缝是针对这种情况而预留的构造缝。变形缝可分为伸缩缝、沉降缝、防震缝三种。用于伸缩的变形缝宜少设,可根据不同的工程结构类别、工程地质情况采用后浇带、加强带、诱导缝等替代措施。用于沉降的变形缝最大允许沉降差值不应大于 30 mm。变形缝的宽度宜为 20 ~ 30 mm。变形缝处表面粘贴卷材或涂刷涂料前,应在缝上设置隔离层和加强层。

中埋式止水带埋设位置应准确,其中间空心圆环与变形缝中心线应重合。接缝应设在边墙较高位置上,不得设在结构转角处;接头宜采用热压焊接,接缝应平整、牢固,不得有裂口和脱胶现象。

外贴式止水带在变形缝与施工缝相交部位宜采用十字配件;外贴式止水带在变形缝转角部位宜采用直角配件。止水带埋设位置应准确,固定应牢靠,并与固定止水带的基层密贴,不得出现空鼓、翘边等现象。

嵌填密封材料的缝内两侧基面应平整、洁净、干燥,并应涂刷基层处理剂;嵌缝底部应设置背衬材料;密封材料嵌填应严密、连续、饱满,黏结牢固。

目前常用橡胶止水带有:埋入式橡胶(塑料)止水带(图 7.2.5)、可卸式橡胶止水带(图 7.2.6)、粘贴式氯丁橡胶板止水带(图 7.2.7)。

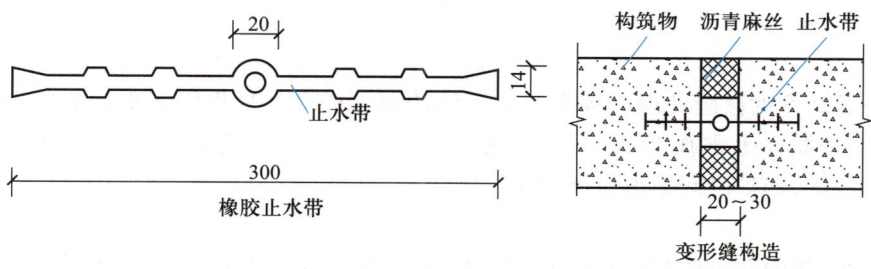

图 7.2.5　埋入式橡胶(塑料)止水带

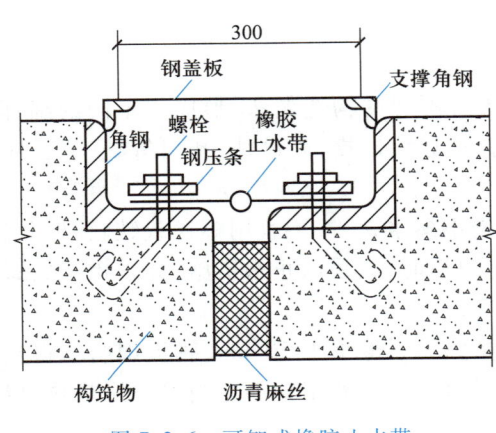

图 7.2.6　可卸式橡胶止水带

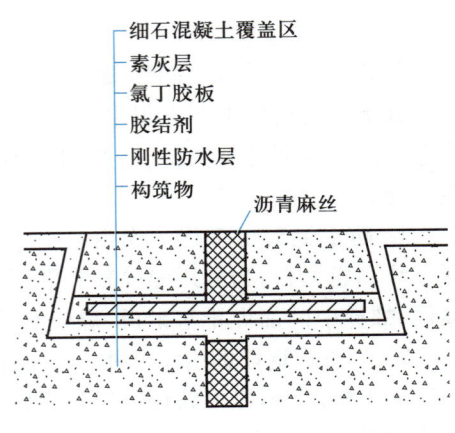

图 7.2.7　粘贴式氯丁橡胶板止水带

## 二、后浇带

后浇带是在地下工程不允许留设变形缝,而实际长度超过了伸缩缝的最大间距,所设置的一种刚性接缝。后浇带应按设计要求留设在受力和变形较小的部位,其间距和位置应按结构设计要求确定,宽度宜为 700 ~ 1 000 mm。后浇带两侧可做成平直缝或阶梯缝,后浇带应在其两侧混凝土龄期达到 42 d 后再施工。后浇带应采用补偿收缩混凝土浇筑,其抗渗和抗压强度等级不应低于两侧混凝土,如图 7.2.8 所示。

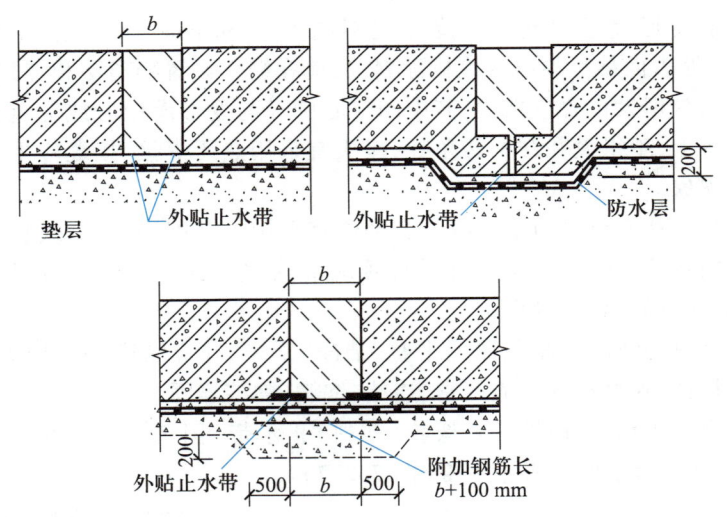

图 7.2.8　后浇带

后浇带两侧的接缝处理应按上节施工缝的要求处理。采用膨胀剂拌制补偿收缩混凝土时,应按配合比准确计量。后浇带混凝土应一次浇筑,不得留设施工缝,混凝土浇筑后应及时养护,养护时间不得少于 28 d。

## 三、穿墙管(盒)

给排水、供暖和电缆管道穿过地下室外墙,应做好防水处理,否则极易沿管根部发生渗水。为保证防水施工和管道的安装方便,管道位置应离开内墙角或凸出部位 25 cm,管与管之间间距应大于 30 cm,穿墙管(盒)应在浇筑混凝土前预埋。

1. 施工工艺

止水套管预埋 → 套管清理 → 安装管道/线缆 → 内侧堵塞 → 外侧堵塞 → 打密封胶 →

防水附加层 → 防水层 。

2. 施工要点

当结构变形或管道伸缩量较小,管径<5 cm 时,穿墙管可采用主管直接埋入混凝土内的固定式防水法(图 7.2.9),主管应加焊止水环或环绕遇水膨胀止水圈,并应在迎水面预留凹槽,槽内应采用密封材料嵌填密实。

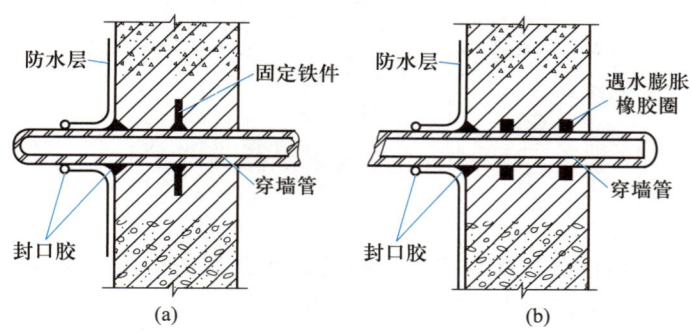

图 7.2.9　直埋式

当管径>5 cm 时,穿墙管应采用套管式(图 7.2.10),套管与止水环及翼环应连续满焊,并做好防腐处理;套管内表面应清理干净,穿墙管与套管之间应用密封材料和橡胶密封圈进行密封处理,并采用法兰盘及螺栓进行固定。

当穿墙管线较多时,宜相对集中,并应采用穿墙盒方法(图 7.2.11)。穿墙盒的封口钢板应与墙上的预埋角钢焊严,并应从钢板上的预留浇筑孔注入柔性密封材料或细石混凝土,封填后将浇筑孔口用钢板焊接封闭。当工程有防护要求时,穿墙管除应采取防水措施外,尚应采取满足防护要求的措施。穿墙管伸出外墙的部位,应采取措施防止回填时将管体损坏。

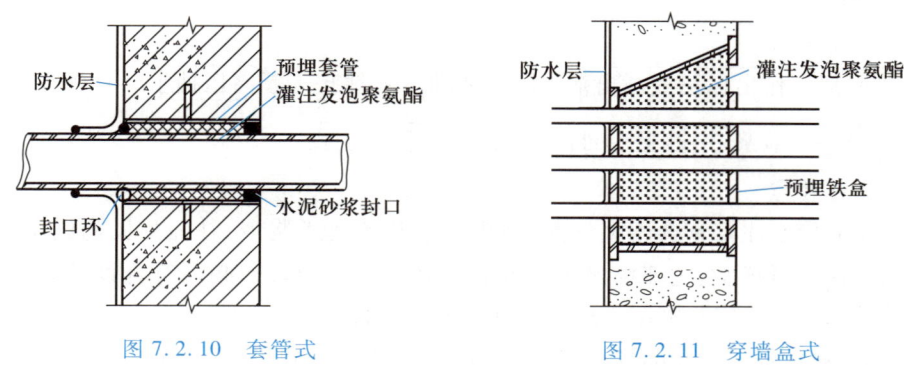

图 7.2.10　套管式　　　　　　　图 7.2.11　穿墙盒式

四、埋设件

结构上的埋设件应采用预埋或预留孔。埋设件端部或预留孔底部的混凝土厚度不得小于 250 mm, 当厚度小于 250 mm 时, 应采取局部加厚或其他防水措施。

埋设件用密封材料必须符合设计要求。埋设件应位置准确, 固定牢靠; 应进行防腐处理。结构迎水面的埋设件周围应预留凹槽, 凹槽内应用密封材料嵌填密实。用于固定模板的螺栓必须穿过混凝土结构时, 可采用工具式螺栓或螺栓加堵头, 螺栓上应加焊止水环。图 7.2.12 为地下室底板上预埋件。

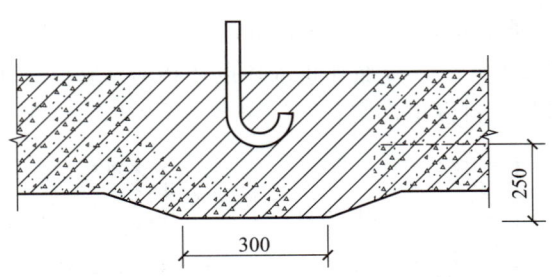

图 7.2.12　地下室底板上预埋件

### 五、孔口

地下工程通向地面的各种孔口应采取防地面水倒灌的措施。人员出入口高出地面的高度不应小于 500 mm, 汽车出入口设置明沟排水时, 其高出地面高度宜为 150 mm, 并应采取防雨措施。

窗井或窗井的一部分在最高地下水位以下时, 窗井应与主体结构连成整体, 其防水层也应连成整体, 并应在窗井内设置集水井。窗台下部的墙体和底板应做防水层。窗井的底部在最高地下水位以上时, 窗井的底板和墙应做防水处理, 并宜与主体结构断开。无论地下水位高低, 窗台下部的墙体和底板应做防水层。

## 7.2.6　堵漏技术

地下建筑由于施工不当, 在结构表面蜂窝、麻面处, 或是剪力墙与底板混凝土施工接缝处易发生渗漏现象, 如渗漏严重, 已形成宽度大于 0.2 mm 的静止裂缝、贯穿性裂缝常用注浆堵漏技术。

### 一、施工工艺

在渗漏部位作出标记或画出范围 → 清理 → 钻孔 → 高压抽水 → 埋注浆咀 → 洗缝 → 封缝 → 灌浆 → 拆咀 → 封口防水等工序进行。

### 二、施工要点

结构裂缝堵水注浆宜选用聚氨酯、甲丙烯酸盐等化学浆液; 补强加固的结构裂缝注浆宜选用改性环氧树脂、超细水泥等浆液。注浆材料及配合比必须符合设计要求, 裂缝注浆应待结构基本稳定和混凝土达到设计强度后进行。

施工前, 设计好注浆孔的数量、布置间距、钻孔深度及角度, 沿缝清除基面上的杂质; 浅裂缝应骑缝黏埋注浆嘴, 必要时沿缝开凿"U"形槽并用速凝水泥砂浆封缝; 深裂缝应骑缝钻孔或斜向钻孔至裂缝深部, 孔内安放注浆管或注浆嘴, 间距根据裂缝宽度而定, 但每条裂缝至少有一个进浆孔和一个排气孔;注浆嘴及注浆管应设在裂缝的交叉处、较宽处及贯穿处等部位。注浆后待缝内浆液固化后,方可拆下注浆嘴并进行封口抹平。对封缝的密封效果应进行检查;检查的方法有:观察检查和压水或压气检查,必要时钻取芯样采取劈裂抗拉强度试验方法检查。

### 三、防水方案

堵漏部位采用整体防水、堵防结合、封排结合,具体做法为:

（1）面渗采用促凝灰浆处理,压力大时集中于一点,下管引入;

（2）大漏变小漏,线漏变点漏,最后下管引水;

（3）抗渗增强砂浆防水层;

（4）选择适宜的材料工艺,做好漏水点的封堵工作,并为最后注浆创造条件。

### 四、堵漏施工技术

1. 面渗处理:用火焰喷灯烘渗水基面,用堵漏剂化学浆材与普通 425 号水泥配制成复合胶浆涂抹在渗水部位上,这种做法,收到了"内病外治"的功效。其作用机理是:将复合的速凝防水胶浆涂抹于渗水部位后,复合胶浆中的无机材料由于渗入了化学材料,不仅早强速凝,且易于控制,大大改善了胶浆固化后的力学性能,并依靠亲水细微的渗水通道,使渗水压力孔道内的化学材料,在水泥材料的约束下,在有限侧压力的状态下聚合而根植于基层,从而大大提高了黏结质量和防水效果。

2. 点渗处理:发现严重的渗水点,先用冲击钻在渗水点上打眼,然后用堵漏剂直接封堵。

3. 线漏处理:人工沿漏水缝做"V"型槽,接着抽管引水,待做好抗渗增强砂浆防水层后,注浆堵漏。

4. 水浮力裂缝处理

（1）缝表面处理,在混凝土裂缝处先用冲击钻打两个眼,然后埋置注浆引水管,并从引水管中用压缩空气清理缝中的杂质,沿缝用堵漏剂堵缝,使漏水从引水管中向外排出水,最后进行化学注浆。

（2）若裂缝漏水较大,采用绑扎钢筋网片,浇筑 80 mm 混凝土,以抵抗漏水压力,待混凝土达到强度后,进行注浆堵漏。

5. 用抗渗增强防水砂浆。抗渗增强防水砂浆平均厚度 2.5 cm,采用刚性五层抹面防水施工方法,基层经凿毛处理,抗渗防水砂浆中掺加 3% 的复合抗渗早强剂,早强剂的加入提高防水砂浆的早期强度,缩短施工作业时间,提高作业效率。

6. 注浆堵漏

（1）试注浆:待封闭裂缝或漏水点抗渗砂浆防水层具有一定强度后,压水试验,检查封闭情况确定注浆压力。

（2）注浆:注浆顺序按水平缝自一端向另一端,垂直缝先下后上进行,先选其中一孔注浆,待浆液沿着引入通道向前推进,注到不再进浆时停止压浆。如此逐个进行直至结束,注浆材料用单组分聚氨酯化学注浆液。

## 7.3　卫生间、浴、厨防水工程

近年来随着人民生活水平的提高,对房屋建筑质量要求越来越严格,而卫生间、浴、厨"渗漏"情况在很多建筑物中存在,这一直是房屋交付使用后,困扰业主的主要问题。对防水工程重视不够,在施工中选用的防水材料不恰当;防水基层不平整,有积水,长期潮湿而导致霉烂;排水口、管根、墙角等细部未做防水处理等等,这些都是施工过程中造成渗漏的主要原因。

### 7.3.1　防水材料

卫生间、浴、厨防水工程中所用的防水材料宜采用以聚氨酯为原料的涂膜防水材料(包括经国家或建设主管部门认可的涂膜原料),避免使用卷材防水材料。考虑到防水层外表需进行粉刷或铺贴其他饰面材料,选用的防水材料应能与饰面层有效黏结。室内防水部位均在人们活动的场所范围内,要求防水材料在使用过程中不得有超量有害成分挥发,必须达到国家对室内装饰材料的环保标准要求。

### 7.3.2　防水工艺

#### 一、施工工艺

基层准备 → 涂刷底层胶 → 涂刷局部加强层 → 大面积施工 → 涂面层冷胶料 → 蓄水试验 → 抹砂浆保护层 → 铺贴面层 。

#### 二、施工要点

(一)基层处理

卫生间、浴、厨的管道较为密集,施工防水层前,立管应安装到位。防水基层的处理工作为:清除结构基层表面上的灰皮、尘土、砂粒等杂物,对套管根部,地漏和排水口等部位的清理尤为重要。基层如有油污时,应采用钢丝刷或砂纸彻底清除,基层表面局部破损或凹陷处要用水泥砂浆或水泥胶砂浆补平。

(二)找平层施工

找平层表面应抹平压光、坚实,无松动、空鼓、起砂、开裂等缺陷,找平层与墙交接处及转角处、管根部,均要抹成均匀一致、平整光滑的小圆角,凡是靠墙的管根处宜抹出5%坡度,以避免此处留下积水隐患。凡是穿过楼板的立管四周(包括套管)与立管之间、洁具与排水管接口处、地漏上口周围均应采用防水密封油膏填实封严。在找平层做完干燥后,首先将找平层彻底清扫干净,然后先在地漏、套管、洁具根部、四周墙根周围、阴阳角等部位涂刷一道附加层。

(三)防水层施工

防水层施工环境温度应符合防水材料的技术要求,冬期施工的环境温度应不低于

5 ℃。施工现场应配置通风、照明设备及消防器材。

防水层涂刷应分层进行,根据设计厚度的不同,可分成两遍或多遍进行涂刷。每一遍涂刷层厚度控制在 0.5~0.6 mm,每层涂刷要均匀一致,上一层防水层干燥到不粘手时方可涂刷下一遍防水层,各层涂刷方向互相垂直,先墙面后地面,从内向外顺序进行。

（四）成品保护

防水层保护层施工要一次完成,并要做好成品保护,在保护层未做好之前,与防水施工无关人员不得进入;防水层上严禁搅拌砂浆、行走、堆放材料及工具,确保防水层完好无损。卫生间、浴、厨防水层施工完毕,应做蓄水试验。试验检测前,应堵塞待检区域内的水落口。蓄水深度最浅处不应小于 20 mm,且不应超过立管套管和防水层的收口高度。蓄水试验时间不应小于 24 h,并应由专人负责,做好记录。蓄水试验过程中,应及时观察水面高度和背水面渗漏情况,若发现漏水情况,应立即停止蓄水试验,蓄水试验结束后,应排除蓄水。

（五）卫生间渗漏与堵漏技术

卫生间用水频繁,防水处理不当就会发生渗漏。主要表现在楼板管道滴漏水、地面积水、墙壁潮湿渗水、下层顶板和墙壁也出现滴水等现象。治理卫生间的渗漏,必须先查找渗漏的部位和原因,然后采取有效的针对性措施。

1. 板面及墙面积水

（1）原因:混凝土、砂浆施工的质量不良,存在微孔渗漏;板面、隔墙出现轻微裂缝;防水涂层施工质量不好或被损坏。

（2）堵漏措施

① 拆除卫生间渗漏部位饰面材料,涂刷防水材料。

② 如有开裂现象,应对裂缝先进行增强防水处理,再刷防水涂料。增强处理采用粘缝法、填缝法和填缝加粘缝法。粘缝法适应于微小的裂缝,可刷防水涂料并加贴纤维材料或布条,做防水处理;填缝法用于较显著的裂缝,施工时要先进行扩缝处理,将缝扩展成 15 mm×15 mm 左右 V 形槽,清理干净后刮填嵌缝材料;填缝加贴法除采用填缝处理外,在缝表面再涂刷防水涂料,并粘纤维材料处理。

③ 当渗漏不严重,可直接在其表面刮涂透明或彩色聚氨酯防水涂料。

2. 卫生洁具及穿楼板管道、排水管口等部位渗漏

（1）原因:细部处理方法欠妥,卫生洁具及管口周边填塞不严;管口连接件老化;由于振动及砂浆,混凝土收缩等原因,出现裂缝;卫生洁具及管口周边未用弹性材料处理,或施工时嵌缝材料及防水涂料黏结不牢;嵌缝材料及防水涂层被拉裂或拉离黏结面。

（2）堵漏措施

① 将漏水部位彻底清理,刮填弹性嵌缝材料。

② 在渗漏部位涂刷防水材料,并粘贴纤维材料增强。

③ 更换老化管口连接件。

────────────── 习　　题 ──────────────

7.1　沥青卷材防水屋面基层如何处理？为什么找平层要留分格缝？

7.2 沥青卷材如何进行铺贴？有哪些铺贴方法？

7.3 根据防水层所用材料的不同,刚性防水屋面有哪几种？

7.4 细石混凝土刚性防水屋面的施工特点是什么？

7.5 地下防水层的卷材铺贴方案有哪些？具有什么特点？

7.6 沥青防水卷材屋面防水层容易产生哪些质量问题？如何处理？

---------------- **案 例 研 讨** ----------------

某写字楼项目,建筑面积 84 540.4 m²,两层连通整体地下室,地上为两栋塔楼,基础形式为筏形基础,结构体系为全现浇钢筋混凝土剪力墙结构。地下结构施工过程中,发生如下事件:

第 7 章
防水工程案
例研讨分析
提示

事件一:地下室底板外防水设计为两道,置于混凝土垫层上。施工单位拟选用 2+2 的高聚物改性沥青卷材,采用热熔法、均满粘施工,监理工程师认为设计及施工方法均存在不妥,不予确认。

事件二:地下室单层面积较大,由于设备所需空间要求,地下二层层高达 6.6 m,不便于一次施工,故底板、竖向墙体及顶板分次浇筑。监理要求提前上报施工缝留置位置。

1. 指出事件一中的不妥之处,简述理由或给出正确做法。

2. 事件二中,地下二层墙体与底板、顶板的施工缝分别应留置在什么位置？

# 第8章 装饰工程

第 8 章 数字资源

## 导入语

　　装饰不仅有美观作用,还有保温和保护结构构件作用。装饰工程是房屋建筑施工的最后一个施工过程,其具体内容包括内外墙面和顶棚的抹灰,内外墙饰面和镶面、楼地面的饰面、房屋立面花饰的安装、门窗等木制品和金属品的油漆刷浆等。建筑装饰工程内容包括装饰工程的项目繁多,工序复杂。

## 学习目标

　　了解装饰工程的分类、饰面材料的选用及质量要求,掌握各装饰工程施工方法;熟悉各种幕墙施工机具及施工工艺;了解涂饰、刷浆、裱糊工程施工工艺;熟悉各类门窗及门窗玻璃安装方法,了解各种轻质隔墙工程的施工工艺。

## 学习内容

　　抹灰的分类和组成,一般抹灰施工;整体地面与块料地面施工;饰面砖镶贴,饰面板安装;玻璃幕墙、石材幕墙、铝合金幕墙施工;涂料工程、刷浆工程和裱糊工程;门窗工程;吊顶工程;轻质隔墙工程;现代土木工程装饰工程施工;装饰工程施工案例、动画、录像。

　　**重点:**抹灰的分类和组成,一般抹灰施工,饰面砖镶贴,饰面板安装,玻璃幕墙、石材幕墙、铝合金幕墙施工。

　　**难点:**饰面板干挂法,玻璃幕墙安装。

## 案例拓展

第 8 章 案例拓展

建筑装饰工程内容包括一般工业与民用建筑抹灰工程、门窗工程、玻璃工程、吊顶工程、隔断工程、饰面工程、涂料工程、裱糊工程、刷浆工程等。

装饰工程的项目繁多,工序复杂。常用的施工顺序是:室外抹灰和饰面工程施工,一般应自上而下进行。高层建筑采取一些特殊措施后,可分段进行;室内装饰工程的施工,应待屋面防水工程完工后,在不被后续工程所损坏和沾污的条件下进行。如室内抹灰在屋面防水工程完工前进行施工,则须采取防护措施。室内吊顶、隔墙、罩面板和花饰等工程,应待室内地(楼)面湿作业完工后施工。

# 8.1 抹灰工程

抹灰是将各种砂浆、装饰性石屑浆、石子浆涂抹在建筑物的墙面、顶棚、地面等表面上,除了起保护建筑物作用外,还可以起到饰面层装饰作用。

### 8.1.1 抹灰工程的分类和抹灰层的组成

#### 一、抹灰工程的分类

抹灰工程按使用材料和装饰效果分为一般抹灰和装饰抹灰。一般抹灰适用于石灰砂浆、水泥砂浆、混合砂浆、聚合物水泥砂浆、膨胀珍珠岩水泥砂浆、麻刀灰砂浆、纸筋灰、石膏灰等抹灰工程。装饰抹灰的底层和中层与一般抹灰做法基本相同,其面层主要有水刷石、水磨石、斩假石、干粘石、喷涂、滚涂、弹涂、仿石和彩色抹灰等。

#### 二、抹灰层的组成

为了保证抹灰表面平整,避免裂缝,抹灰施工一般分层操作。抹灰层由底层、中层和面层组成,如图 8.1.1 所示。

底层是墙体基层的表面处理,作用是与基层黏结和初步找平,基层的施工操作和材料选用对饰面质量影响很大。常用材料有石灰砂浆、水泥砂浆和混合砂浆,具体根据基层材料和使用要求不同而选用不同材料。一般对砌体基层可选用石灰砂浆、水泥混合砂浆,有防潮防水要求的水泥砂浆;对混凝土基层可选用水泥混合砂浆或水泥砂浆;对木板条基体用纸筋灰、麻刀灰或玻璃丝灰。

中层砂浆主要起找平的作用,可以一次抹成,也可以分层操作,根据墙体平整度和垂直度偏差情况而定,用料与底层用料基本相同,中层抹灰厚度为 5~9 mm。

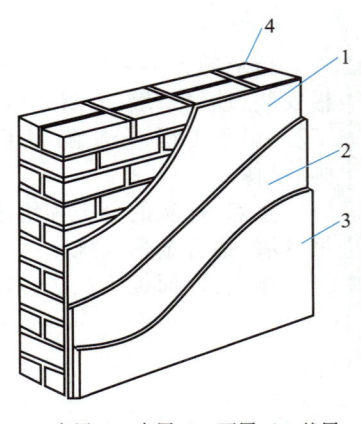

1—底层;2—中层;3—面层;4—基层。
图 8.1.1 抹灰层组成

面层又称为罩面,一般抹灰饰面的基本要求是表面平整、色泽均匀、无裂缝。外墙面层抹灰由于防水抗冻的要求,一般用 1:2.5 或 1:3 的水泥砂浆;而内墙罩面材料一般用 1:1:4 或 1:1:6 的石灰类砂浆,由于是气硬性材料,和易性极佳,因此可以粉刷得相当平整。粉刷好的墙面可以作为其他饰面如卷材饰面、涂料饰面的基层。抹灰层每遍厚度和抹灰层的总厚度如表 8.1.1、表 8.1.2 所示。

表 8.1.1　抹灰层每遍厚度

| 使用砂浆种类 | 每遍厚度/mm | 使用砂浆种类 | 每遍厚度/mm |
|---|---|---|---|
| 水泥砂浆 | 5~7 | 麻刀灰 | 不大于 3 |
| 石灰砂浆和水泥石灰砂浆 | 7~9 | 纸筋灰和石膏灰 | 不大于 2 |

表 8.1.2　抹灰层的总厚度表

| 部位 | 基层材料及等级标准 | 抹灰层平均厚度/mm |
|---|---|---|
| 顶棚 | 板条、现浇混凝土、空心砖 | 15 |
| | 预制混凝土 | 18 |
| | 金属网 | 20 |
| 内墙 | 普通抹灰 | 18 |
| | 中级抹灰 | 20 |
| | 高级抹灰 | 25 |
| 外墙 | | 20 |
| 砌脚及突出墙面部分 | | 25 |
| 石墙 | | 35 |

抹灰层的平均总厚度,不得大于下列规定:

顶棚:板条、空心砖、现浇混凝土为 15 mm;预制混凝土为 18 mm;金属网为 20 mm。

内墙:普通抹灰为 18 mm;中级抹灰为 20 mm;高级抹灰为 25 mm。

外墙:墙面部分为 20 mm;勒脚及突出墙面部分为 25 mm;石墙为 35 mm。

当抹灰厚度≥35 mm 时,应采用加强措施。

涂抹水泥砂浆每遍厚宜为 5~7 mm,涂抹混合砂浆每遍厚度宜为 7~9 mm。

面层抹灰赶平压实后厚度:麻刀石灰小于 3 mm;纸筋石灰,石膏灰小于 2 mm。

### 8.1.2　抹灰基体的表面处理

抹灰前应根据具体情况对基层表面进行必要的处理。

1. 墙上的脚手眼、各种管道穿越过的墙洞和楼板洞、剔槽等应用 1:3 水泥砂浆填嵌密实或堵砌好。散热器和密集管道等背后的墙面抹灰,应在散热器和管道安装前进行,抹灰面接槎应顺平。

2. 门窗框与立墙交接处用水泥砂浆或水泥混合砂浆(加麻刀)分层嵌塞密实。

3. 基层表面的灰尘、污垢、油渍、碱膜、沥青渍、黏结砂浆等均应清除干净,并用水喷洒湿。

4. 混凝土墙、混凝土梁头、砖墙或加气混凝土墙等基层表面的凸凹处,要剔平或用 1:3 水泥砂浆分层补齐,模板铁线应剪除。

5. 板条墙或顶棚板条留缝间隙过窄处,应予以处理,一般要求达到 7~10 mm。

6. 金属网应铺钉牢固、平整,不得有翘曲、松动现象。

7. 在木结构与砖石结构、木结构与钢筋混凝土结构相接处的基体表面抹灰,应先铺设金属网,并绷紧牢固。金属网与各基体的搭接宽度从缝边起每边不小于 100 mm,并应铺钉牢固,不翘曲,如图 8.1.2 所示。

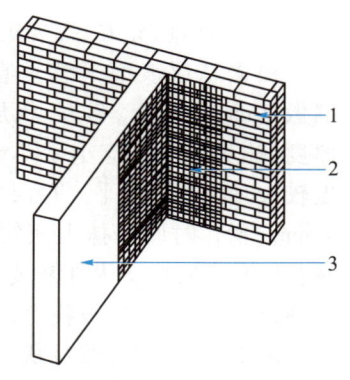

1—砖墙;2—钢丝网;3—板条墙。

图 8.1.2　不同基层接缝处理

8. 平整光滑的混凝土表面如无设计要求时,可不抹灰,用刮腻子处理。如有设计要求或混凝土表面不平时,应进行凿毛,方可抹灰。

9. 预制混凝土楼板顶棚,在抹灰前需用1:0.3:3水泥石灰砂浆将板缝勾实。

### 8.1.3　一般抹灰工程施工

#### 一、一般抹灰的施工顺序

抹灰工程一般应遵循如下施工顺序:

1. 先室外后室内。先完成室外抹灰,拆除外脚手架,再进行室内抹灰。

2. 先上面后下面。室内外抹灰最好从上层往下层进行。外墙抹灰应先上部后下部,先檐口再墙面。大面积外墙可分块同时施工。高层建筑的外墙面可在垂直方向适当分段,如一次抹完有困难,可在阴、阳角交接处或分隔线间断施工。高层建筑立体交叉流水作业时,可采用从下往上施工方法。

3. 先顶棚墙后地面。室内抹灰可采取完成顶棚和墙面抹灰,再开始地面抹灰的顺序。外墙抹灰由屋檐开始自上而下进行,先抹阳角线、台口线,后抹窗和墙面,再抹勒角、散水坡和明沟等。在屋面防水工程完工后进行室内抹灰,以防止漏水造成抹灰层损坏及污染,一般应按先房间、后走廊、再楼梯和门厅等顺序施工。

#### 二、一般抹灰的施工工艺

(一)施工工艺

$\boxed{基层清理}$ → $\boxed{浇水湿润}$ → $\boxed{吊垂直、套方、找规矩、抹灰饼}$ → $\boxed{抹水泥踢脚或墙裙}$ → $\boxed{做护角抹水泥窗台}$ → $\boxed{墙面充筋抹底灰}$ → $\boxed{修补预留孔洞、电箱槽}$ → $\boxed{抹罩面灰}$。

(二)施工要点

1. 基层清理

(1)砖砌体:应清除表面杂物,残留灰浆、舌头灰、尘土等。

(2)混凝土基体:表面凿毛或在表面洒水润湿后涂刷1:1水泥砂浆。

(3)加气混凝土基体:应在湿润后边涂刷界面剂,边抹强度不大于 M5 的水泥混合砂浆。

2. 浇水湿润

抹灰前一天,用软管、胶皮管或喷壶顺墙自上而下浇水湿润,宜浇水两次。

3. 吊垂直、套方、找规矩、抹灰饼

根据基层表面平整垂直情况,用一面墙做基准,吊垂直、套方、找规矩,确定抹灰厚度,抹灰厚度不应小于 7 mm。当墙面凹度较大时应分层衬平。每层厚度不大于 7~9 mm。操作时应先抹上灰饼,再抹下灰饼。抹灰饼时应根据室内抹灰要求,确定灰饼的正确位置,再用靠尺板找好垂直与平整。灰饼宜用1:3水泥砂浆抹成 5 cm 见方形状,如图 8.1.3 所示。

房间面积较大时先在地上弹出十字中

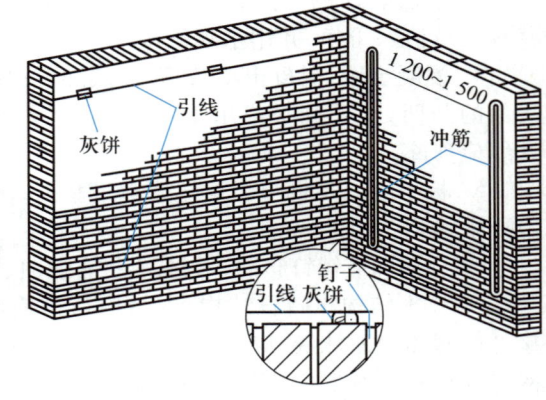

图 8.1.3　灰饼、标筋做法示意图

心线,然后按基层面平整度弹出墙角线,随后在距墙阴角 100 mm 处吊垂线并弹出铅垂线,再按地上弹出的墙角线往墙上翻引弹出阴角两面墙上的墙面抹灰层厚度控制线,以此做灰饼,然后根据灰饼充筋。

4. 抹水泥踢脚或墙裙

根据已抹好的灰饼充筋,底层抹 1∶3 水泥砂浆,抹好后用大杠刮平,木抹搓毛,常温第二天用 1∶2.5 水泥砂浆抹面层并压光,抹踢脚或墙裙厚度应符合设计要求,无设计要求时凸出墙面 5~7 mm 为宜。凡凸出抹灰墙面的踢脚或墙裙必须保证光洁顺直,踢脚或墙面抹好将靠尺贴在大面与上口平,然后用小抹子抹平压光,凸出墙面的棱角要做成钝角,不得出现毛茬和飞棱。

5. 做护角

墙、柱间的阳角应在墙、柱面抹灰前用 1∶2 水泥砂浆做护角,其高度自地面以上 2 m。然后将墙、柱的阳角处浇水湿润。第一步在阳角正面立上八字靠尺,靠尺突出阳角侧面,突出厚度与成活抹灰面平。然后在阳角侧面,依靠尺边抹水泥砂浆,并用铁抹子将其抹平,按护角宽度(不小于 5 cm)将多余的水泥砂浆铲除。第二步待水泥砂浆稍干后,将八字靠尺移至抹好的护角面上(八字坡向外)。在阳角的正面,依靠尺边抹水泥砂浆,并用铁抹子将其抹平,按护角宽度将多余的水泥砂浆铲除。抹完后去掉八字靠尺,用素水泥浆涂刷护角尖角处,并用捋角器自上而下捋一遍,使形成钝角,如图 8.1.4 所示。

6. 抹水泥窗台

先将窗台基层清理干净,砖缝划深,用水润透,然后用 1∶2∶3 豆石混凝土铺实,次日刷胶黏性素水泥一遍,随后抹 1∶2.5 水泥砂浆面层,待表面达到初凝后,浇水养护 2~3 d,窗台板下口抹灰要平直,没有毛刺。

7. 墙面充筋

当灰饼砂浆达到七八成干时,即可用与抹灰层相同砂浆充筋,充筋根数应根据房间的宽度和高度确定,一般标筋宽度为两筋间距不大于 1 m,当墙面高度小于 3 m 时宜做立筋,大于 3 m 时宜做横筋。

8. 抹底灰

抹底灰宜在充筋完成 2 d 左右开始,抹前应先抹一层薄灰,要求将基体抹严,抹时用力压实使砂浆挤入细小缝隙内,接着分层装档、抹与充筋平,用木杠刮找平整,用木抹子搓毛。然后全面检查底子灰是否平整,阴阳角是否方直、整洁,管道与阴角交接处、墙顶板交接处是否光滑平整、顺直,并用托线板检查墙面垂直与平整情况。散热器后边的墙面抹灰,应在散热器安装前进行,抹灰面接槎应平顺,地面踢脚板或墙裙、管道背后应及时清理干净,做到活完底清。

9. 修抹预留孔洞、配电箱、槽、盒

当底灰抹平后,要随即由专人把预留孔洞、配电箱、槽、盒周边宽的石灰砂刮掉,并清除干净,用大毛刷蘸水沿周边刷水湿润,然后用 1∶1∶4 水泥混合砂浆,把洞口、箱、槽、盒周边压抹平整、光滑。

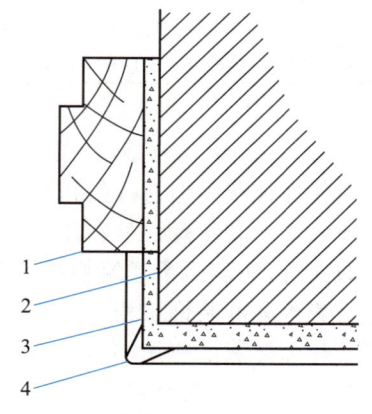

1—门框;2—底层灰;3—面层灰;4—护角。

图 8.1.4 护角示意图

10. 抹罩面灰

在底灰六七成干时开始抹罩面灰,罩面灰两遍成活。先上后下顺序进行,然后赶实压光,压时要掌握火候,既不要出现水纹,也不可压活,压好后随即用毛刷蘸水将罩面灰污染处清理干净。

### 三、一般抹灰的质量控制

(1)普通抹灰表面应光滑、洁净、接槎平整,分隔缝应清晰;高级抹灰表面应光滑、洁净、颜色均匀、无抹纹、分隔缝和灰线应清晰美观。

(2)护角、孔洞、槽、管道、盒周围的抹灰表面应整齐、光滑。

(3)抹灰分隔缝应符合要求,宽度和深度应均匀,表面应光滑,棱角应整齐。

(4)有排水要求的部位应做滴水线(槽)。滴水线(槽)应整齐顺直,滴水线应内高外低,滴水槽宽度和深度均不应小于 10 mm。

一般抹灰的允许偏差和检验方法如表 8.1.3 所示。

表 8.1.3  一般抹灰的允许偏差和检验方法

| 项次 | 项目 | 允许偏差/mm | | 检验方法 |
|---|---|---|---|---|
| | | 普通抹灰 | 高级抹灰 | |
| 1 | 立面垂直度 | 4 | 3 | 用 2 m 垂直检测尺检查 |
| 2 | 表面平整度 | 4 | 3 | 用 2 m 靠尺和塞尺检查 |
| 3 | 阴阳角方正 | 4 | 3 | 用直角检测尺检查 |
| 4 | 分隔条(缝)直线度 | 4 | 3 | 按 5 m 线,不足 5 m 拉通线,用钢直尺检查 |
| 5 | 墙裙、勒脚上口直线度 | 4 | 3 | 按 5 m 线,不足 5 m 拉通线,用钢直尺检查 |

### 8.1.4  装饰抹灰工程施工

装饰抹灰不但有一般抹灰工程同样的功能,而且在材料、工艺、外观上更具有特殊的装饰效果。其特殊之处在于可使建筑物表面光滑、平整、清洁、美观,在满足人们审美需要的同时,还能给予建筑物独特的装饰形式和色彩。其价格稍贵于一般抹灰,目前是一种物美价廉的装饰工程。

装饰抹灰层所用的材料有彩色水泥、白水泥、各种颜料和石粒。石粒中较为常见的是大理石石粒,具有多种色泽。

装饰抹灰的种类很多,但底层的做法基本相同:在基层上,用 1∶3 水泥砂浆打底,厚约 12 mm,待打底层终凝后,根据不同面层做法施作面层。当采用水磨石、水刷石、干粘石和斩假石饰面层时,为在面层上制作装饰图案,也为防止因面层面积过大而开裂,需在底层上按设计的图案镶嵌分隔条,两侧用素水泥浆黏结固定。分格条可采用黄铜条、铝条、不锈钢条或玻璃条,宽约 8 mm。同时,在面层施作前,一般在底层上洒水湿润,并刮抹水泥素浆(厚 1.5~2 mm)作为黏结层并找平。装饰抹灰的允许偏差和检验方法如表 8.1.4 所示。

表 8.1.4  装饰抹灰的允许偏差和检验方法

| 项次 | 项目 | 允许偏差/mm | | | | 检验方法 |
|---|---|---|---|---|---|---|
| | | 水刷石 | 斩假石 | 干粘石 | 假面砖 | |
| 1 | 立面垂直度 | 5 | 4 | 5 | 5 | 用 2 m 垂直检测尺检查 |

| 项次 | 项目 | 允许偏差/mm | | | | 检验方法 |
|---|---|---|---|---|---|---|
| | | 水刷石 | 斩假石 | 干粘石 | 假面砖 | |
| 2 | 表面平整度 | 3 | 3 | 5 | 4 | 用 2 m 靠尺和塞尺检查 |
| 3 | 阴阳角方正 | 3 | 3 | 4 | 4 | 用直角检测尺检查 |
| 4 | 分隔条（缝）直线度 | 3 | 3 | 3 | 3 | 按 5 m 线，不足 5 m 拉通线，用钢直尺检查 |
| 5 | 墙裙、勒脚上口直线度 | 3 | 3 | — | — | 按 5 m 线，不足 5 m 拉通线，用钢直尺检查 |

### 一、水磨石

水磨石多用于地面或墙裙，水磨石面层做法如下：

（1）分隔条镶嵌完成，并刮抹水泥素浆黏结层后，将具有设计色彩的水泥石子浆填入分格网中，抹平压实，厚度要比嵌条稍高 1~2 mm。为使水泥石子浆罩面平整密实，可均匀补撒一些小石子；

（2）水泥石子浆层收水后，用滚筒滚压，浇水养护；

（3）根据气温、水泥品种等情况，2~5 d 后开磨，以石子不松动、不脱落，表面不过硬为宜；水磨石要分 3 遍进行，采用磨石机洒水磨光。

### 二、水刷石

水刷石主要用于外墙装饰抹灰。水刷石面层做法如下：

（1）分隔条镶嵌完成，并刮抹水泥素浆黏结层后，抹压稠度为 5~7 cm、厚 8~12 mm 的水泥石子浆面层，石子浆面层稍收水后，用铁抹子把面层浆满压一遍，把露出的石子棱尖轻轻拍平，然后用刷子蘸水刷一遍，再通压一遍，如此反复刷压不少于 3 遍，最后用铁抹子拍平，使表面石子大面朝外，排列紧密均匀。

（2）待面层石子浆刚开始初凝时进行冲刷，分两遍进行，第一遍用棕刷蘸水自上而下刷掉面层水泥浆，使表面石子完全外露，注意勿将表面层冲坏；第二遍为使表面洁净，可用喷雾器自上而下喷水冲洗，把表面水泥浆冲掉，石子外露约为 1/2 粒径，使石子清晰可见，均匀密布。

（3）外观质量要求是水刷石表面应石粒清晰、分布均匀、紧密平整、色泽一致，应无掉粒和接槎痕迹。

### 三、干粘石

在水泥砂浆上面直接干粘石子的做法，称为干粘石，干粘石多用于外墙面。

干粘石面层做法如下：

（1）分隔条镶嵌完成，并刮抹水泥素浆黏结层后，抹压 6 mm 厚，配比为 1:2.5~1:2 的水泥砂浆层。

（2）抹压水泥砂浆层的同时，将配有不同颜色或同色的粒径 4~6 mm 的石子甩在水泥砂浆层上，并拍平压实。拍时不得把砂浆拍出来，以免影响美观，要使石子嵌入深度不小于石子粒径的一半，待达到一定强度后洒水养护。同时，也可用喷枪将石子均匀有力地喷射于黏结层上，用铁抹子轻轻压一遍，使表面平整。

（3）干粘石的质量要求是石粒黏结牢固、分布均匀、不掉石粒、不露浆、颜色一致，阳角处不得有明显黑边。

#### 四、斩假石

斩假石又称剁假石、剁斧石,是在硬化后的水泥石子浆面层上用战斧等工具斩琢,做出有规律的槽纹,做成像石砌成的墙面,要求面层斩纹或拉纹均匀,深浅一致,边缘留出宽窄一样,棱角不得有损坏,具有较好的装饰效果,但费工较多。斩假石面层做法如下:

(1)分隔条镶嵌完成,并刮抹水泥素浆黏结层后,随即抹压厚 10 mm,配比为 1:1.25 的水泥石子浆罩面两遍,使与分格条齐平,并用刮尺赶平;

(2)水泥石子浆罩面层收水后,用木抹子打磨压实,并从上往下竖向顺势溜直,抹完面层后须采取防晒措施;

(3)洒水养护 3~5 d 开始试剁,试剁后石子不脱落,即可用剁斧将面层剁毛,在墙角、柱子等边棱处,宜横向剁出边条或留出 15~20 mm 的窄条不剁,待斩剁完毕后,拆除分格条、去边屑,即能显示出较强的剁石感。

斩假石质量要求:剁纹均匀顺直,深浅一致,不得有漏剁处,阳角处横剁和留出不剁边条,应宽窄一致,棱角无损,最后洗刷掉面层上石屑,不得蘸水刷浇。

斩假石剁、斩工程量很大,其做法与斩假石基本相同,只是面层厚度减为 8 mm,不同处是表面纹路不是剁出,而是用钢篦子拉出。钢篦子用一段锯条夹以木柄制成。待面层收水后,钢篦子沿导向的长木引条轻轻划纹,随划随移动引条,待面层终凝后,仍按原纹路自上而下拉刮几次,即形成与斩假石相似效果的外表。仿斩假石做法如图 8.1.5 所示。

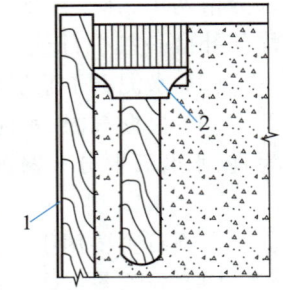

1—长木引条;2—钢篦子。

图 8.1.5　仿斩假石做法

#### 五、拉毛灰和洒毛灰

拉毛灰是将底层用水湿透,抹上 1:(0.05~0.3):(0.5~1) 水泥石灰罩面砂浆,随即用硬棕刷或铁抹子进行拉毛。棕刷拉毛时,用刷蘸砂浆往墙面上连续垂直拉拍,拉出毛头。用铁抹子拉毛时,则不蘸砂浆,只用抹子黏结在墙面随即抽回,要做到拉得快慢一致、均匀整齐、色泽一致、不露底,一个平面上要一次成活,避免中断留槎。

洒毛灰(又称撒云片)是用茅草小帚蘸 1:1 水泥砂浆或 1:1:4 水泥石灰砂浆由上往下洒在湿润的底层上,洒出的云朵须错乱多变、大小相称、空隙均匀,形成大小不一而又规律的毛面。亦可在未干时底层上刷上颜色,再不均匀地洒上罩面灰,并用抹子轻轻压平,使其部分露出带色的底子灰,使洒出的云朵具有浮动感。

### 8.1.5　喷涂、滚涂、弹涂抹灰施工

喷涂、滚涂、弹涂进行饰面施工前,对所采用的机械如空压机、振动筛等应提前接好电源及高压气管,并应提前试机备用。根据设计需要,提前做好喷涂、滚涂、弹涂的样板,并经鉴定合格,记录好样板施工的工艺参数和方法。对不进行喷涂、滚涂、弹涂部位应进行遮挡,提前准备好遮挡板,操作施工时,现场的温度不得低于 5 ℃。

#### 一、施工工艺

基层处理、抹灰 → 刷底漆 → 分格、弹线、粘条 → 拌制涂饰用料 → 面层喷涂、滚涂、弹涂 → 起分格条 → 勾缝。

## 二、施工要点

施工顺序:最好是由上往下先打底,再抹水泥砂浆面层,并随抹随养护,往下落架子,一直抹到底,打底完毕后,将架子升起,再从上往下进行喷、滚、弹涂层的施工,以保证涂层的颜色一致。

### 1. 喷涂

检查粘条位置是否准确,宽度、深度是否合适。炎热干燥的季节,喷涂之前应洒水湿润,开动空压机,检查高压胶管有无漏气,并将其压力稳定在 0.6 MPa 左右。喷涂时,喷枪嘴应垂直于墙面且离开墙面 30~50 cm,开动气管开关,用高压空气将涂料喷吹到墙上,如果喷涂时压力有变化,可适当地调整喷嘴与墙面的距离。

浮雕涂料的中层集料喷涂一般一遍成活,按照样板的记录选择合适的喷枪口径、压力和距离,来达到样板的浮雕花纹效果。两成干时,也可用硬质塑料或橡胶辊蘸汽油或二甲苯压平凸点,注意压平的力度要大小适中、保持均匀。

粒状喷涂一般两遍成活,第一遍要求喷射均匀,厚度掌握在 2 mm 左右。过 1~2 h 再喷第二遍,并使其喷涂成活。要求喷涂颜色一致,颗粒均匀,不出浆,涂层厚度一致,总厚度控制在 4~5 mm。

波状喷涂和花点喷涂一般控制三遍成活。第一遍基层变色即可,涂层不要太厚,如墙基不平,可将喷涂的涂层用木抹子搓平后,重喷;第二遍喷至盖底,浆不流淌为止;第三遍喷至面层出浆,表面成波状,灰浆饱满,不流坠,颜色一致,总厚度 3~4 mm。花点喷涂是在波状喷涂的面层上,待其干燥后,根据设计要求加喷一道花点,以增加面层的质感。机械喷涂抹灰施工工艺如图 8.1.6 所示。

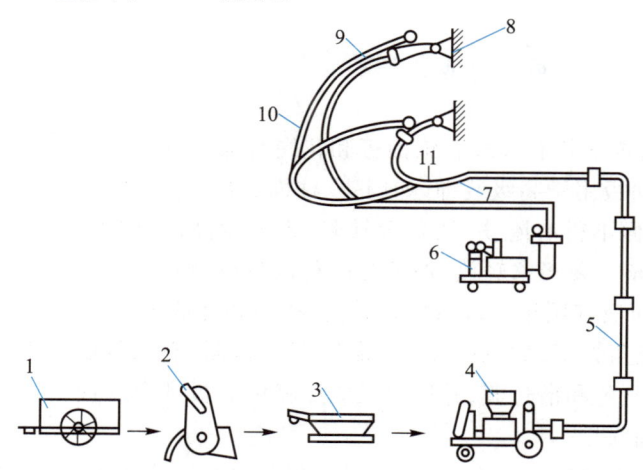

1—手推车;2—砂浆搅拌机;3—振动筛;4—灰浆输送泵;5—输送钢管;6—空气压缩机;
7—输浆胶管;8—基层;9—喷枪头;10—输送压缩空气气胶管;11—分叉管。

图 8.1.6　机械喷涂抹灰施工工艺

### 2. 滚涂

滚涂应根据涂料的品种、要求的花饰确定辊子的种类。操作时在辊子上蘸少许涂料后,在预涂墙面上下垂直来回滚动,应避免扭曲蛇行。滚动的遍数应注意保持墙面涂料的颜色均匀一致。

3．弹涂

（1）喷底色浆：将已配好的底色浆刷涂到已做好的水泥砂浆面层上，大面积施工时可采用喷浆器喷涂，达到喷匀为止。

（2）弹花点浆：将已配好的色点浆液注入筒形弹力器中，然后转动弹力器手柄，将色点浆液甩到底色浆上；弹色点浆时应按色浆不同分别装入不同的弹力器中，每人操作一筒，流水作业，即第一人弹第一种色浆，另一人随后弹第二种色浆；色点要弹均匀，互相衬托一致，弹的色浆点要近似圆粒状。

（3）弹涂表面压平：弹涂压平厚度宜控制在 3~5 mm，压平前 2 m 左右设控制点，拉控制线，待弹涂色浆收水后，及时用硬辊子上下压平。

 **8.2　饰面工程**

饰面工程可分为饰面砖和饰面板两大类。饰面砖分为有釉和无釉两种，包括：釉面瓷砖、外墙面砖、陶瓷锦砖、玻璃锦砖、劈离砖以及耐酸砖等；饰面板包括：天然石饰面板（如大理石、花岗石和青石板等）、人造石饰面板（如预制水磨石板、合成石饰面板等）、金属饰面板（如不锈钢板、涂层钢板、铝合金饰面板等）、玻璃饰面、木质饰面板（如胶合板、木条板）、裱糊墙面纸饰面等。

### 8.2.1　饰面材料的选用及质量要求

**一、天然石饰面板**

常见的天然石饰面板有大理石饰面板和花岗石饰面板。

1．大理石饰面板用于高级装饰，如门头、柱面、墙面等。

质量要求：表面不得有隐伤、风化等缺陷，光洁度高，石质细密，无腐蚀斑点，色泽美丽，角齐全底面平整。要轻拿轻放，保护好四角，勿单角码放和码高。

2．花岗石饰面板宜用于台阶、地面、勒角、柱面和外墙等。

质量要求：棱角方正，颜色一致，不得有裂纹、砂眼、石核等隐伤现象，当板面颜色略有差异时，应注意颜色和谐过渡，并按过渡顺序将饰面板排列放置。

**二、人造石饰面板**

人造石饰面板主要有人造大理石饰面板、预制水磨石饰面板、预制水刷石饰面板，用于室内外墙面、柱面等。

质量要求：表面平整，几何尺寸准确，面层石粒均匀、洁净、颜色一致。

**三、金属饰面板**

金属饰面板主要有铝合金、不锈钢、镀锌钢板、彩色压型钢板、塑铝板等。

金属饰面板典雅庄重，质感丰富，价格便宜，易于加工成形，便于运输和施工，强度高，质量小，经久耐用，表面光亮并可反射太阳光，具有防火、防潮、耐腐蚀等特点。表面经阳极氧化或喷漆处理后,可获得各种色彩,具有更好的装饰效果。尤其是铝合金板墙面,属于高档的建筑装饰,装饰效果独特,应用广泛。

### 四、塑料饰面板

常用的有聚氯乙烯塑料板(PVC)、三聚氰胺塑料板、塑料贴面复合板、有机玻璃饰面板等,塑料饰面板新颖美观,品种繁多。

特点是:板面光滑、色彩鲜艳,有多种花纹图案,质轻、耐磨、耐腐蚀,硬度大,吸水性小,应用范围广。

### 五、饰面墙板

饰面墙板是将墙板制作与饰面相结合,一次成形,加快施工进度。饰面墙板有以下4种:

1. 露石混凝土饰面板

当墙板采用平模生产时,在混凝土浇筑后,尚未凝固前,采用水冲法或酸洗法除去表面的水泥浆,使集料外露形成饰面层。为了获得色彩丰富、多样化的饰面层,可选择具有不同颜色的集料,也可在未凝固的混凝土表面直接嵌卵石或用带色的石子嵌成各种花纹图案。

2. 正打印花混凝土饰面板

墙板的正打印花饰面,是将带有图案的模型板铺在欲做的砂浆层上,然后用抹子拍打、抹压,使砂浆从模型板花饰的孔洞中挤出,抹光后揭模即可。

3. 模塑混凝土饰面板

这是采取"反打"工艺的一种饰面做法,即将墙板的外表利用衬模塑造成平滑面、花纹面、浮雕面等质感很强的、具有不同图案的面层。

4. 饰面板(砖)预制墙板

墙板预制时,根据建筑装饰要求,将天然大理石,人造美术石、陶瓷锦砖、瓷砖、面砖等饰面材料直接粘贴在混凝土墙板表面。

### 六、饰面砖

常用的饰面砖有釉面瓷砖、面砖、陶瓷锦砖等。

釉面瓷砖有白色、彩色、印花图案等多样品种,常用于卫生间、厨房、游泳池等饰面。

面砖有毛面和釉面两种,颜色有米黄、深黄、乳白、淡蓝等多种,广泛用于外墙、柱、窗间墙和门窗套等饰面。

质量要求:饰面砖的表面光洁、色泽一致,不得有暗痕和裂纹。釉面砖的吸水率不得大于10%。饰面砖粘贴的允许偏差和检验方法,如表8.2.1所示。

表 8.2.1 饰面砖粘贴的允许偏差和检验方法

| 项次 | 项目 | 允许偏差/mm | | 检验方法 |
|---|---|---|---|---|
| | | 外墙面砖 | 内墙面砖 | |
| 1 | 立面垂直度 | 3 | 2 | 用2m垂直检测尺检查 |
| 2 | 表面平整度 | 4 | 3 | 用2m靠尺和塞尺检查 |
| 3 | 阴阳角方正 | 3 | 3 | 用直角检测尺检查 |
| 4 | 接缝直线度 | 3 | 2 | 拉5m线,不足5m拉通线,用钢直尺检查 |
| 5 | 接缝高低差 | 1 | 0.5 | 用钢直尺和塞尺检查 |
| 6 | 接缝宽度 | 1 | 1 | 用钢直尺检查 |

### 8.2.2　饰面板(砖)施工

饰面板泛指天然大理石、花岗石饰面板和人造石饰面板等,饰面砖泛指瓷砖、陶瓷锦砖等,饰面可采用胶粘法、安装法和镶贴法施工。

#### 一、胶粘法施工

饰面板(砖)施工的胶黏剂固接技术,是利用胶黏剂饰面板(砖)直接粘贴于基层上。该方法有工艺简单、操作方便、黏结力强、耐久性好、施工速度快等优点,是实现装饰工程干法施工、加快施工进度的有效措施,也是饰面板(砖)施工今后的发展方向。

饰面板(砖)胶粘法施工采用的胶黏剂及施工要点简介如下:

1. TAM 型通用瓷砖胶黏剂

TAM 型通用瓷砖胶黏剂是以水泥为基料、经聚合物改性的粉末,使用时只需加水搅拌,可获得黏稠的胶浆,具有耐水、耐久性良好的特点。适用于在混凝土、墙面、地面和石膏板等表面粘贴瓷砖、陶瓷锦砖、天然大理石、人造大理石等饰面。

施工时,基层表面应洁净、平整、坚实、无灰尘;胶浆按配合比水:胶粉＝1∶3.5 配制,经搅拌均匀静置 10 min 后,再一次充分拌和即可使用;使用时先用抹子将胶浆涂抹在基层上,随即铺贴饰面板,应在 30 min 内粘贴完毕,24 h 后便可勾缝。

2. SG–8407 内墙瓷砖黏结剂

SG–8407 黏结剂适用于在水泥砂浆、混凝土基层上粘贴瓷砖、面砖和陶瓷锦砖。

黏结施工工艺:

$\boxed{\text{基层处理}} \rightarrow \boxed{\text{料浆制备}} \rightarrow \boxed{\text{粘贴}}$。

(1)基层处理。基层必须洁净、干燥、无油污、灰尘。可用喷砂、钢丝刷或以 3∶1 的稀酸溶液进行酸洗处理,20 min 后将酸冲洗干净,待基层干燥。

(2)料浆制备。将通过 2.5 mm 筛孔的干砂和 325 号及以上强度等级的普通硅酸盐水泥以(1~2)∶1 干拌均匀,加入 SG–8407 黏结剂拌和至适宜施工的稠度,注意不得加水;当黏结层厚度小于 3 mm 时,不加砂,仅用纯水泥与 SG–8407 调配。

(3)粘贴。铺贴瓷砖、陶瓷锦砖时,先在基层上涂刷浆料,随即将瓷砖、陶瓷锦砖敲打入浆料中,24 h 后即可将陶瓷锦砖纸面撕下。注意瓷砖如吸水率大时,使用前应浸泡。

3. AH–03 大理石胶黏剂

该胶黏剂系由环氧树脂等多种高分子合成材料组成基材,增加适量的增稠剂、乳化剂、增黏剂、防腐剂、交联剂及填料配制成单组分膏状的胶黏剂,具有黏结强度高、耐水、耐气候变化等特点。适用于大理石、花岗石、陶瓷锦砖、面砖、瓷砖等与水泥基层的黏结。

施工时,要求基层坚实、平整,无浮灰及污物;大理石等饰面材料应干净,无灰尘、污垢。先用锯齿形的刮板或腻子刀将胶黏剂均匀涂刷于基层或饰面板上,厚度不宜大于3 mm;粘贴时用手轻轻推拉饰面板,使气泡排出,然后轻轻将饰面板的下沿与水平基准线对齐黏合,并用橡皮锤敲实;由下往上逐层粘贴,最后用湿布将饰面板表面的余胶擦净。

#### 二、安装法施工

大规模的饰面板(边长>400 mm)泛指天然大理石、花岗石饰面板和人造石饰面板或安装高度超过 1 m 时的饰面板,多采用安装法施工。安装法施工分为:湿作业法、干作业法和 G.P.C 作业法。

（一）湿作业法

湿作业法适用于板厚为 20~30 mm 的大理石、花岗石或预埋水磨石板,墙体为砖墙或混凝土墙。湿作业法是传统的铺贴方法,即在竖向基体上预挂钢筋网,用铜丝或镀锌钢丝绑扎板材并灌水泥砂浆粘牢。这种方法的优点是牢固可靠,对墙面要求简单;缺点是工序繁琐,卡箍多样,板材上钻孔易损坏,特别是灌注砂浆易污染板面和使板材移位,易产生回潮、返碱、返花等现象,影响美观。

1. 施工工艺

材料准备 → 基层处理,挂钢筋网 → 弹线 → 安装定位 → 灌水泥砂浆 → 整理、擦缝。

2. 施工要点

（1）准备工作。检查基层平整情况,如凹凸过大,应先进行平整处理;墙面、柱面抄平;在抄平基层上分块弹出水平线和垂直线进行预排和编号,确保接缝均匀;在基层上绑扎钢筋网,与结构预埋件连接牢固;按设计要求在饰面板的四周侧面钻好绑扎钢丝或铅丝用的圆孔。

（2）板块安装。用铜丝或不锈钢把板块与基层表面的钢筋骨架绑扎固定,如图 8.2.1、图 8.2.2 所示。绑扎固定好的板块与墙面间留 20~50 mm 的空隙,上下口的四角用石膏临时固定确保板面平整。

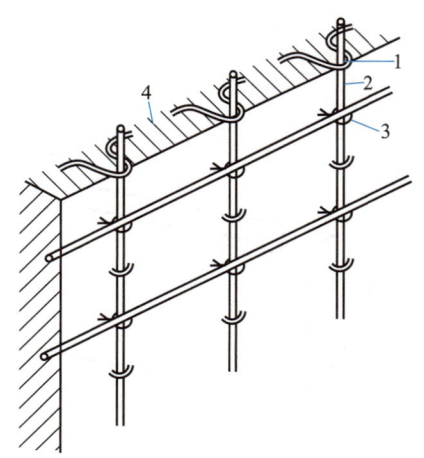

1—墙、柱预埋件;2—绑扎立筋;
3—绑扎水平筋;4—墙体或主体。

图 8.2.1　墙面、柱面绑扎钢筋

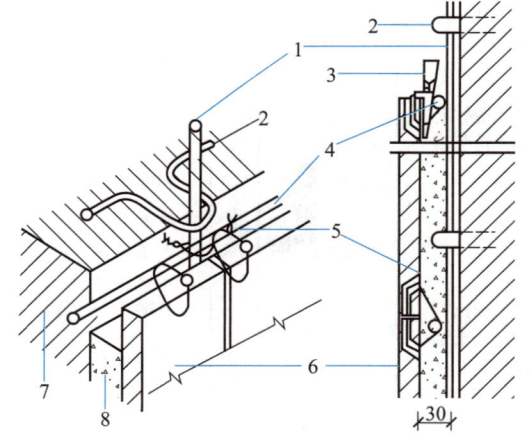

1—立筋;2—铁环;3—定位木楔;4—横筋;5—钢丝;
6—大理石板;7—墙体;8—水泥砂浆。

图 8.2.2　大理石板安装固定示意图

（3）砂浆灌缝。用 1:3 的水泥砂浆（稠度 80~120 mm）分层灌缝,每层为 100~200 mm,待终凝后再继续灌浆,直到离板材水平接缝以下 50~100 mm 为止。

板块安装时从中间开始往左右两边粘贴,或从一边依次拼贴,待安装好上一行板材后继续灌缝处理,依次逐行往上操作。安装及灌缝完成后,在接缝处用与饰面相同颜色的水泥浆或油腻子粉填抹,并将饰面板清理干净,如饰面层光泽度受到影响,可以重新打蜡出光。

（二）干作业法

干作业法在饰面板材上直接打孔或开槽,然后用不锈钢连接器与埋在混凝土墙体内的膨胀螺栓相连,而不需要灌注砂浆或细石混凝土。饰面板与墙体之间留出 40～50 mm 的空隙,如图 8.2.3 所示。这种方法适用于 30 m 以下的钢筋混凝土结构基体上,不适用于砖墙和加气混凝土墙。优点是:可以采用大规格的饰面石材铺贴、可自上而下拆除、不易出现裂缝、脱落和空鼓等问题,可有效防止板面回潮、返碱、返花等现象,目前应用较多。

1. 施工工艺

板材切割 → 磨边 → 开槽 → 涂防水剂 → 墙面修整 → 弹线 → 墙面涂刷防水剂 → 板材安装 → 板材固定 → 板材接缝的防水处理 。

2. 施工要点

（1）板材切割。按照设计图图纸要求在施工现场进行切割,由于板块规格较大,宜采用石材切割机切割,主要保持板块边角的挺直和规矩。

（2）磨边。板材切割后,为使其边角光滑,可采用手提式磨光机进行打磨。

（3）钻孔。相邻板块采用不锈钢销钉连接固定,销钉插在侧面孔内,孔径 5 mm,深 12 mm,用电钻打孔,如图 8.2.4 所示。由于它关系到板材的安装精度,因而要求钻孔位置准确。

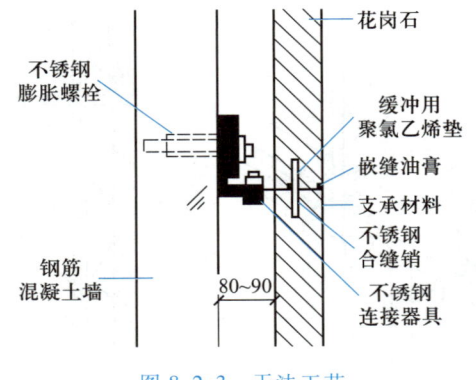

图 8.2.3　干法工艺

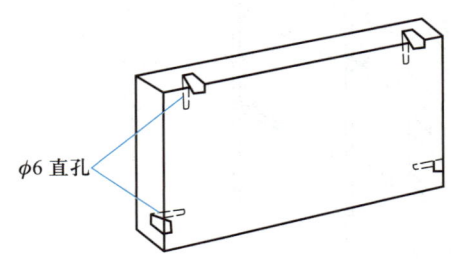

图 8.2.4　大理石钻直孔和 U 型卡

（4）开槽。由于大规格石板的自重大,除了由钢扣件将板块下口托牢以外,还需在板块中部开槽设置承托扣件以支撑板材的自重。

（5）涂防水剂。在板材背面涂刷丙烯酸防水涂料,以增强外饰面防水性能。

（6）墙面修整及弹线。如果混凝土外墙面有局部凸出处会影响扣件安装时,须进行凿平修整。然后从结构中引出楼面标高和轴线位置,在墙面上弹出安装板材的水平线和垂直控制线,并做出灰饼以控制板材安装的平整度。

（7）墙面涂刷防水剂。由于板材与混凝土墙身之间不填充砂浆,为了防止因材料性能或施工质量可能造成的渗漏,在外墙面上涂刷一层防水剂,以加强外墙的防水性能。

（8）板材安装。安装板块的顺序是自下而上,在墙面最下一排板材安装位置的上下口拉两条水平控制线,板材从中间或墙面阳角开始就位安装。先安装好第一块作为基准,使其平整度以事先设置的灰饼为依据,用线锤吊直,经校准后加以固定。一排板材安装完毕后,再进行上一排扣件固定和安装。板材安装要求四角平整,纵横对缝。

（9）板材固定。钢扣件和墙身用膨胀螺栓固定,扣件为一块钻有螺栓安装孔和销钉孔的平钢板,根据墙面与板材之间的安装距离,在现场用手提式折压机将其加工成角型钢。扣件上的孔洞均呈椭圆形,以便安装时调节位置。

（10）板材接缝的防水处理。石板饰面接缝处的防水处理采用密封硅胶嵌缝。嵌缝之前先在缝隙内嵌入柔性条状泡沫聚乙烯材料作为衬底,以控制接缝的密封深度和加强密封胶的黏结力。

（三）G.P.C 作业法

G.P.C 工艺是干挂法工艺的发展,是以钢筋混凝土作衬板、饰面板作面板（两者用不锈钢连接环连接,并浇筑成整体）的复合板,通过连接器具悬挂到钢筋混凝土结构或钢结构上的做法,如图 8.2.5 所示。衬板与结构连接的部位其厚度应加大。这种柔性节点可用于超高层建筑,以满足抗震要求。

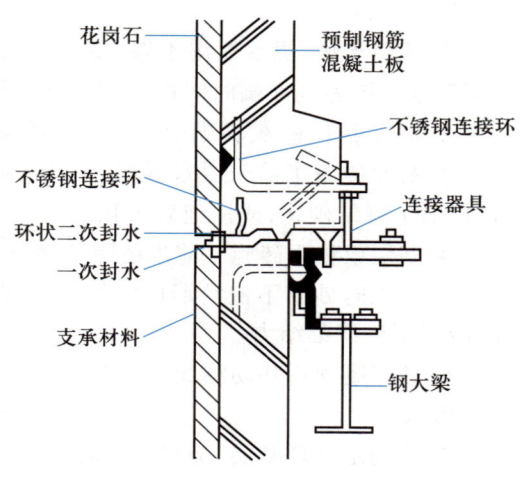

图 8.2.5　G.P.C 工艺

三、镶贴法施工

镶贴法施工一般适用于小规模的饰面板（边长<400 mm）、面砖、釉面瓷砖及陶瓷锦砖等小型饰面板（砖）。

1. 施工工艺

基层处理、基体表面湿润 → 水泥砂浆打底 → 弹线分格 → 选板（砖）、预排 → 浸砖 → 镶贴饰面板（砖）→ 勾缝 → 清洁面层。

基层应平整而粗糙、镶贴前应清理干净加以湿润。打底砂浆层养护 1~2 d,方可进行镶贴。

2. 饰面砖镶贴施工要点

饰面砖镶贴施工要点如下:

（1）水泥砂浆（水泥∶砂=1∶3,厚约为 15 mm）打底,抹后找平划毛;

（2）镶贴前墙面找方,弹出底层水平线,定出纵横皮数;

（3）黏结层采用厚 5~7 mm 水泥砂浆,将砂浆涂于瓷砖背面黏结于底层上,用小铲轻轻敲击,使之贴实粘牢;

（4）横竖缝宽必须控制在 1~1.5 mm 范围内,贴后用同色水泥擦缝;

（5）最后用稀盐酸刷洗,并用清水冲洗。

室内瓷砖按铺贴位置分为墙面砖和地面砖。墙面砖吸水率在10%左右,地面砖吸水率为1%,两者物理特性不同,不可混用。地面砖吸水率低,主要应用在卫生间和厨房间等需经常用水洗刷的地面,不受水气的影响、不吸纳污渍。墙面砖是釉面陶制的,吸水率较高,背面一般比较粗糙,有利于采用黏合剂把墙砖粘贴在墙上,墙面砖铺贴前应充分浸泡。

3. 内墙釉面砖装修施工常见问题

常见问题有:釉面砖墙起鼓、脱落;釉面砖裂缝;表面不平,接缝不直。

(1) 釉面砖墙起鼓、局部釉面砖脱落

原因分析:

① 基层干燥,浇水润湿不够,使得水泥砂浆失水太快,造成釉面砖与砂浆黏结力低;水泥砂浆或胶黏剂涂刷时间过长,泥浆风干,不起黏结作用。

② 基层不平整,使镶贴时砂浆厚薄不匀,砂浆收缩应力不一致。

③ 釉面砖施工前未浸水湿润,干燥的砖将水泥砂浆中的水分很快吸走,造成砂浆脱水,影响了凝结硬化,或浸泡后未晾干,镶贴后产生浮动下坠。

④ 基层或釉面砖施工前未清除砖浮土,砖与黏合剂没有结合。

⑤ 施工时砂浆不饱满形成空鼓,或砂浆过厚,操作中敲打过重,使砂浆沉入,水分上浮,减弱了砂浆黏结力。

⑥ 砂浆凝固后移动釉面砖纠偏。

措施:

① 按规定处理基层,浇水湿润墙面。

② 釉面砖铺设前除去表面浮土,浸水湿润,放置阴干。

③ 镶贴时随时随地纠偏,严禁砂浆收水后再纠偏。

④ 镶贴时,每块釉面砖抹灰均匀、适量,粘贴后不宜多敲。

(2) 釉面砖裂缝

原因分析:

① 釉面砖质量不好材质松脆、吸水率大,因受潮膨胀,使砖釉面产生裂纹。

② 使用水泥浆加108胶,抹灰过厚,水泥凝固收缩引起釉面砖变形、开裂。

③ 釉面砖在运输或操作过程中产生隐伤而裂缝。

④ 寒冷地区贴于无采暖等处的釉面砖受浆融影响。

措施:

① 选择质量好、背面材质细密的釉面砖,且吸水率小于18%。

② 粘贴前用水浸泡釉面砖,将有隐伤的挑出。

③ 施工中不要用力敲击砖面,防止产生隐伤。

④ 水泥砂浆不可过厚或过薄。

(3) 表面不平,接缝不直

原因分析:

① 釉面砖质量不高,尺寸误差大,挑选釉面砖尺寸时把关不严。

② 施工时,挂线贴灰饼、排砖不规矩。

③ 粘贴操作不当。

措施：

① 购买质量好的釉面砖。施工前按釉面砖标准制作木框进行选砖,将标准尺寸、大于标准尺寸、小于标准尺寸三类分开,同一类砖用在一面墙上。

② 认真做好贴灰饼,并进行釉面砖预排。

③ 每贴好一行釉面砖,及时用靠尺板校正、找平,避免在砂浆收水后再纠偏。

4. 陶瓷锦砖镶贴施工要点

陶瓷锦砖镶贴施工要点如下:

(1) 镶贴前,根据排砖模数和分格要求,绘制出施工大样图,加工好分格条,并对陶瓷锦砖统一编号,便于镶贴时对号入座;

(2) 基层上用 12~15 mm 厚 1∶3 水泥砂浆打底,找平划毛,洒水养护;

(3) 弹出水平、垂直分格线,找好规矩;

(4) 在湿润底层上刷素水泥浆一道,再抹一层 2~3 mm 厚 1∶0.3 水泥纸筋灰或 3 mm 厚 1∶1 水泥砂浆黏结层,用靠尺刮平,抹子抹平;

(5) 将锦砖底面朝上铺在木垫板上,缝里洒灌 1∶2 干水泥砂,并用软毛刷子刷净底面浮砂,涂上薄薄一层水泥纸筋灰浆(水泥∶石灰膏=1∶0.3),然后逐张拿起,清理四边余灰,按平尺板上口沿线由下往上对齐接缝粘贴于墙上,粘贴时应仔细拍实,使其表面平整;

(6) 水泥砂浆初凝后,用软毛刷将护纸刷水润湿,约半小时后揭纸,并检查缝的平直大小,校正拨直;

(7) 全部铺贴完成、黏结层终凝后,用白水泥稠浆将缝嵌平,并用力推擦,使缝隙饱满密实,随即拭净每层;

(8) 嵌缝材料硬化后,用稀盐酸溶液刷光,并随即用清水冲洗干净。

### 8.2.3 铝合金饰面板的施工

铝合金饰面板常用的固定方法有两大类:一类是将饰面板用螺钉拧到型钢或木骨架上,另一类是将饰面板卡在特制的龙骨上。

#### 一、铝合金饰面板施工工艺

(一) 施工工艺

$\boxed{放线} \rightarrow \boxed{固定骨架的连接件} \rightarrow \boxed{固定骨架} \rightarrow \boxed{安装铝合金板} \rightarrow \boxed{收口构造处理}$。

(二) 施工要点

1. 放线

将骨架的位置弹到基层上,以保证骨架施工的准确性,放线最好一次放完,如有差错,可随时进行调整。

2. 固定骨架的连接件

骨架的横竖杆件是通过连接件与基层固定,而连接件可与基层结构的预埋件焊接,也可以在墙上打膨胀螺钉。后一种方法比较灵活,尺寸误差较小,容易保证位置的准确性,在实际施工中采用得比较多,须在螺钉位置画线并按线开孔。

3. 固定骨架

骨架应预先进行防腐处理,安装位置要准确,结合要牢固。安装后应全面检查中心线、表面标高等。对高层建筑外墙,为了保证饰面板的安装精度,宜用经纬仪对横竖杆件进行贯通,变形缝、沉降缝等应妥善处理。

4. 安装铝合金饰面板

板安装应牢固、平整,无翘起、卷边等现象。板与板间隙为 10~20 mm,用橡胶条或密封胶等弹性材料处理。安装完毕后,在易于被污染部位,要用塑料薄膜覆盖保护,易被碰撞的部位,应设安全栏杆保护,如图 8.2.6~图 8.2.11 所示。

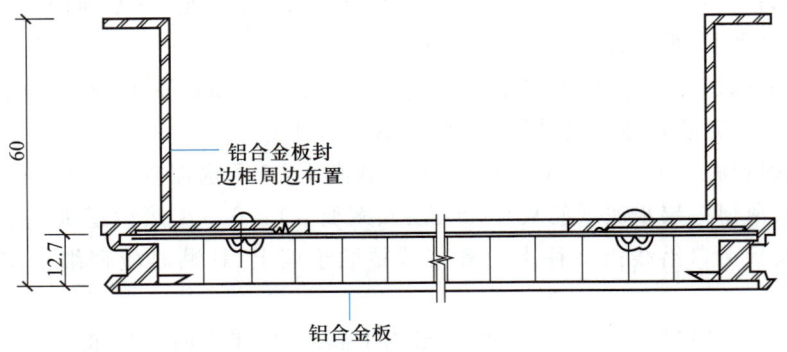

图 8.2.6　铝合金外墙板示意图

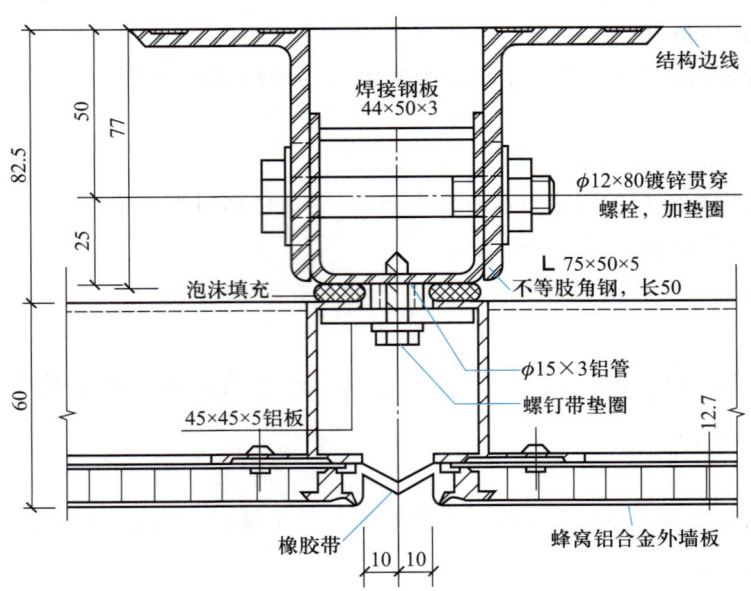

图 8.2.7　铝合金外墙板安装节点大样图

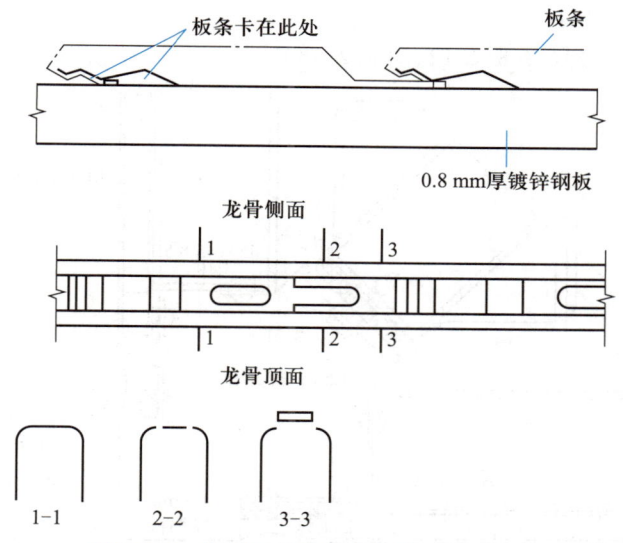

图 8.2.8  特制龙骨及板条安装固定示意图

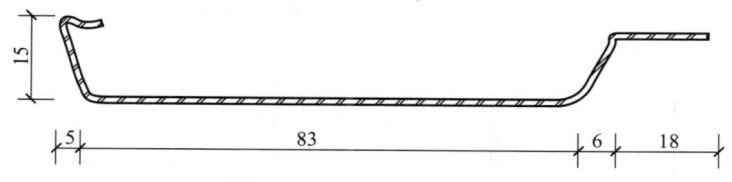

图 8.2.9  铝合金板条断面

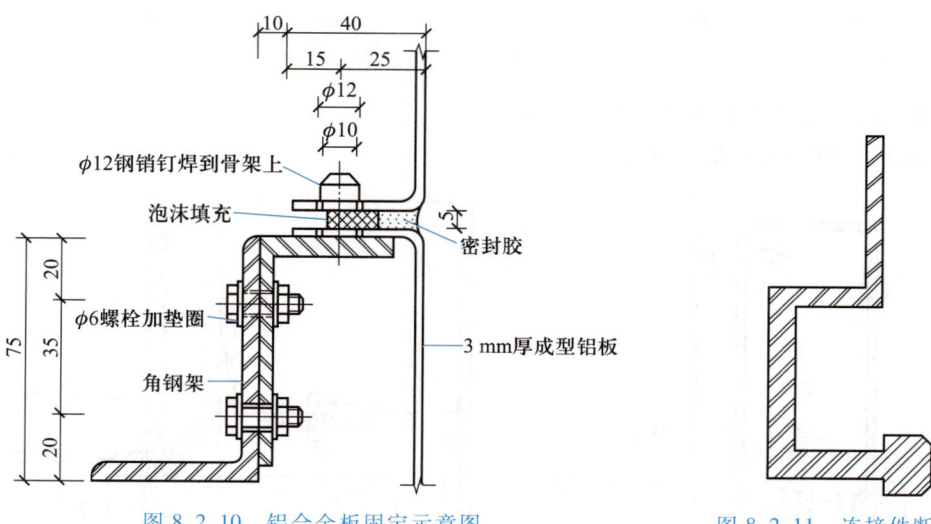

图 8.2.10  铝合金板固定示意图

图 8.2.11  连接件断面图

5. 收口构造处理

收口构造处理系指饰面板安装后对水平部位的压顶,端部是收口、伸缩缝、沉降缝的处理,以及两种不同材料交接处的处理。因这些部位往往是饰面施工的重点,直接影响美观和功能,所以必须用特别的铝合金成型板进行妥善处理。

二、收口细部的处理

1. 转角处收口处理（图 8.2.12、图 8.2.13）

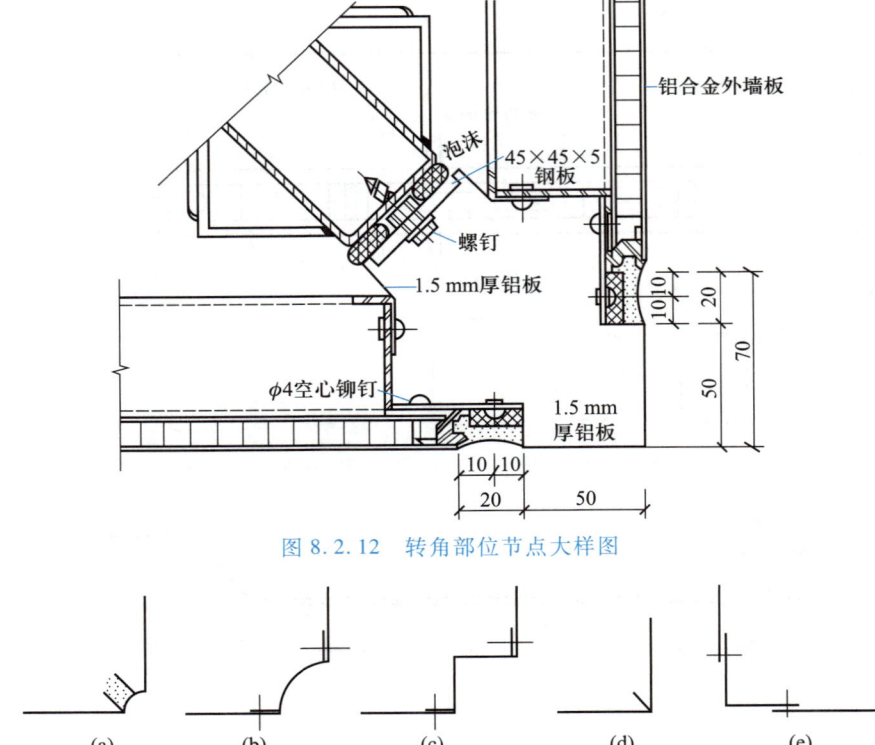

图 8.2.12　转角部位节点大样图

图 8.2.13　转角部位的处理方法

2. 墙面边缘部位收口处理（图 8.2.14）

3. 墙面下端收口处理（图 8.2.15）

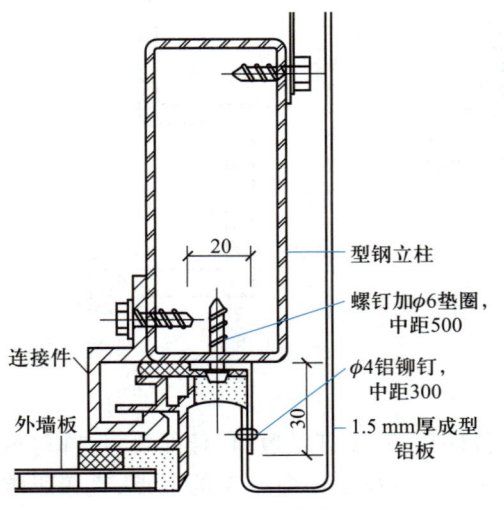

图 8.2.14　边缘部位收口处理

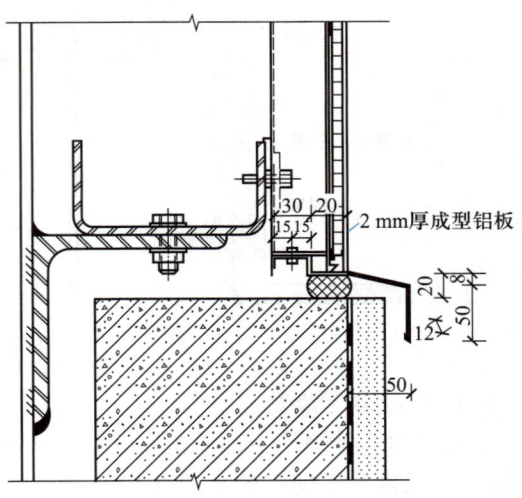

图 8.2.15　铝合金板墙面下端收口处理

# 8.3 幕墙工程

幕墙工程是一种饰面工程,幕墙是由金属构件与玻璃、铝板、石材等面板材料组成的建筑外围护结构。幕墙结构的主要部分如图8.3.1所示,由面板构成的幕墙构件连接在横梁上,横梁连接在立柱上,立柱悬挂在主体结构上。

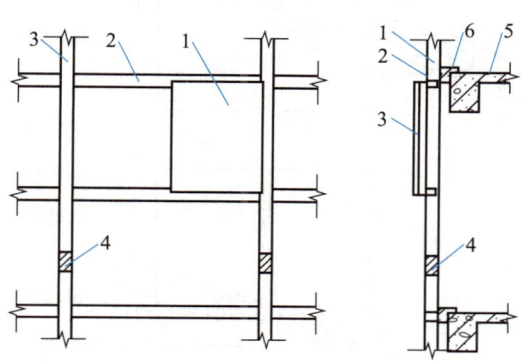

1—幕墙构件;2—横梁;3—立柱;4—立柱活动接头;
5—主体结构;6—立柱悬挂点。

图 8.3.1　幕墙组成示意图

幕墙大片连续,不承受主体结构的荷载,装饰效果好、自重小、安装速度快,并能增加建筑物的艺术造型,改善其使用功能,是建筑外墙轻型化、装配化较为理想的形式,在现代建筑中应用广泛。

幕墙按面板材料可分为玻璃幕墙、铝合金板幕墙、石材幕墙、钢板幕墙、预制彩色混凝土幕墙、塑料幕墙、建筑陶瓷幕墙和铜质面板幕墙等,建筑中常用玻璃幕墙、铝合金板幕墙和石材幕墙。

## 8.3.1　玻璃幕墙

### 一、玻璃幕墙分类

玻璃幕墙分为有框全玻璃幕墙和无框全玻璃幕墙。而有框玻璃幕墙又分为明框、隐框和半隐框玻璃幕墙3种;无框全玻璃幕墙分底座式全玻璃幕墙、吊挂式玻璃幕墙和点式连接式玻璃幕墙等。

1. 明框玻璃幕墙:玻璃镶嵌在铝框内、四边都有铝框的幕墙构件,横梁、立柱均外露。

2. 隐框玻璃幕墙:玻璃用结构硅酮胶黏结在铝框上,铝框隐蔽在玻璃后面。

3. 半隐框玻璃幕墙:玻璃两对边嵌在铝框内,两对边用结构胶黏结在铝框上。形成立柱外露、横梁隐蔽的竖框横稳的玻璃幕墙或横梁外露、竖框隐蔽的竖稳横框的玻璃幕墙。

4. 全玻璃幕墙:使用大面积玻璃板,而且支撑结构也采用玻璃肋,全称玻璃幕墙。高度小于 4.5 m 的玻璃幕墙,可直接以下部为支撑,如图 8.3.2 所示;超过 4.5 m 的全玻璃幕墙,宜在上部悬挂,玻璃肋通过结构硅酮胶与玻璃黏合,如图 8.3.3 所示。

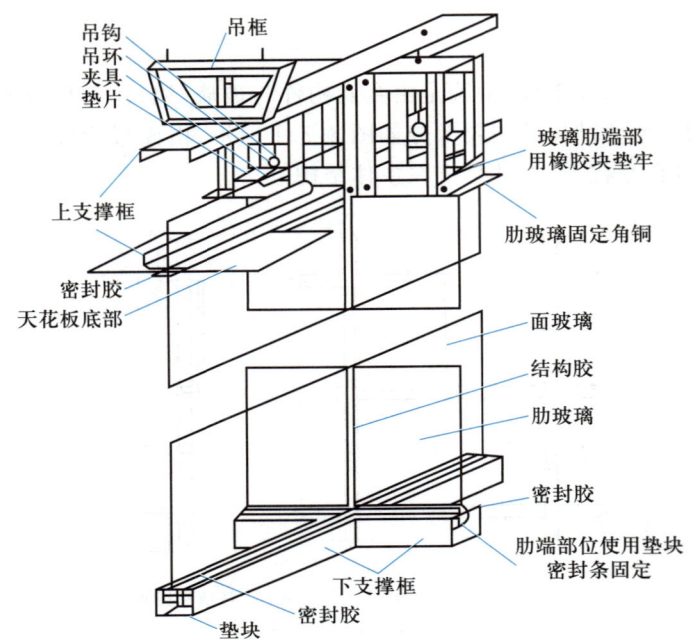

图 8.3.2　落地式全玻璃幕墙结构示意图

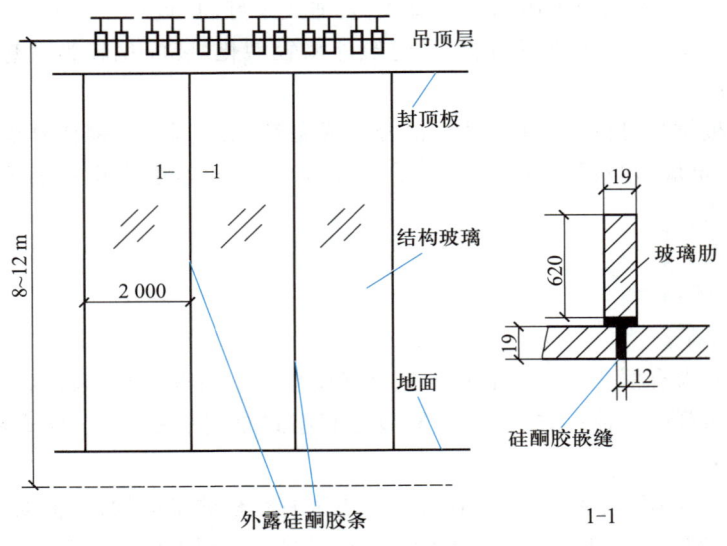

图 8.3.3　悬挂式全玻璃幕墙结构示意图

5. 挂架式玻璃幕墙:采用四爪式不锈钢挂件与立柱焊接,挂件的每个爪与一块玻璃的一个孔相连接,即一个挂件同时与 4 块玻璃相接,如图 8.3.4 所示。

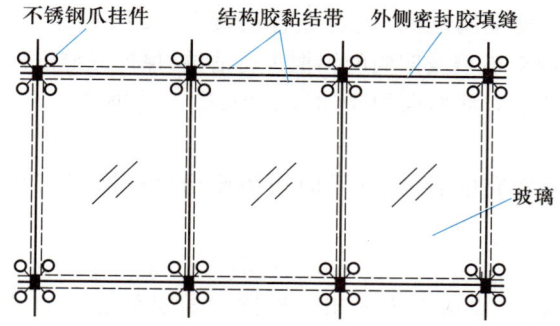

图 8.3.4　挂架式玻璃幕墙

### 二、玻璃幕墙安装施工

玻璃幕墙现场安装施工有单元式和分件式两种方式。单元式施工是将立柱、横梁和玻璃板材在工厂先拼装成一个安装单元(一般为一层楼高度),然后在现场整体吊装就位。分件式安装施工是最一般的方法,它将立柱、横梁、玻璃板材等分别运到工地,现场逐件进行安装。

（一）施工工艺

放线定位 → 预埋件检查 → 骨架安装施工 → 玻璃安装 → 密缝处理 → 清洁维护。

（二）施工要点

1. 放线定位

将骨架的位置弹到主体结构上,确定幕墙安装的准确位置。放线工作应根据土建单位提供的中心线及标高控制点进行。对于由横梁、立柱组成的幕墙骨架,一般先弹出立柱的位置,然后再将立柱的锚固点确定。待立柱通长布置完毕,再将横梁弹到立柱上。

如果是全玻璃安装,则应首先将玻璃的位置弹到地面上,再根据外缘尺寸确定锚固点。放线是玻璃幕墙施工中技术难度较大的一项工作,要求先吃透幕墙设计施工图纸,充分掌握设计意图,并需具备丰富的实践经验。

2. 预埋件检查

幕墙与主体结构的预埋件应在主体结构施工时,按设计要求的数量、位置和方法进行埋设。施工安装前,应检查各连接位置预埋件是否齐全,位置是否符合设计要求。如预埋件遗漏、位置偏差过大、倾斜时,会同设计单位采取补救措施。

3. 骨架安装施工

依据放线的位置,进行骨架安装,常采用连接件将骨架与主体结构相连。连接件与主体结构可以用预埋件或后埋锚栓固定,但当采用后埋锚栓固定时,应通过试验确定其承载力。骨架安装一般先安装立柱(因为立柱与主体结构相连),再安装横梁。横梁与立柱的连接依据其材料不同,可采用焊接、螺栓连接、穿插件连接或用角铝连接等方法。

4. 安装

玻璃安装,因玻璃幕墙的类型不同,故固定玻璃的方法也不相同。钢骨架,因型钢没有镶嵌玻璃的凹槽,多用窗框过渡,将玻璃安装在铝合金窗框上再将窗框与骨架相连;铝合金型材的幕墙框架,在成形时,已经将固定玻璃的凹槽同整个断面一次挤压成形,可以直接安装玻璃。玻璃与硬金属之间,应避免直接接触,要用封缝材料过渡。对隐框玻璃幕墙,在玻璃框安装前应对玻璃及四周的铝框进行清洁,保证嵌缝耐候密封胶能可靠黏结。

安装前玻璃的镀膜面应粘贴保护膜加以保护,交工前再撕去。

5. 密缝处理

玻璃或玻璃组件安装完毕后,必须及时用耐候密缝胶嵌缝密封,以保证玻璃幕墙的气密性、水密性性能。

6. 清洁维护

玻璃幕墙安装完成后,应从上到下用中性清洁剂对幕墙表面及外露构件进行清洁,清洁剂应对铝合金和玻璃无腐蚀作用方可使用。

### 8.3.2　铝合金板玻璃幕墙

铝合金板玻璃幕墙主要由铝合金板(以下简称铝板)和骨架组成。承受骨架由立柱和横梁拼成,多为铝合金型材或型钢制作,通过连接件与主体结构固定,铝板与骨架用连接件连成整体。根据铝板的截面类型,连接件可以采用螺钉或特制的卡具,铝板可选用定型产品,也可要求厂家根据设计定做。

常见铝板断面示意图如图 8.3.5 所示。

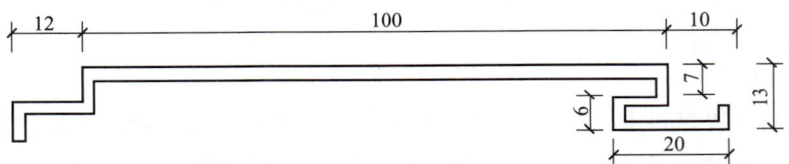

图 8.3.5　铝板断面示意图

**一、施工工艺**

放线定位 → 连接件安装 → 骨架安装 → 铝板安装 → 收口处理。

**二、施工要点**

铝板幕墙安装时要控制好安装高度、铝板与墙面的距离、铝板表面垂直等。施工后的幕墙表面应做到表面平整、连接可靠,无翘起、卷边等现象。

铝板幕墙的优点是:强度高、质量小、生产周期短、易于加工成形、加工精度高、防火防腐性能好、装饰效果典雅庄重、质感丰富,是一种高档次的建筑外墙装饰。其缺点是:铝板幕墙节点构造复杂、施工精度要求高,要求施工工具完备,并要求经过培训有经验的工人操作,才能保证施工效果。

### 8.3.3　石材幕墙

石材幕墙多采用干挂法施工,干挂石材可以采用类似玻璃幕墙的干法工艺,安放在钢型材或铝合金型材骨架的横梁和立柱上。在实体结构墙上(如钢筋混凝土墙),石材也可以直接通过金属件与结构墙体连接,每块石材单独受力,各自工作。干挂石材的板缝之间用密封胶嵌缝,干挂石材一般采用 1 m² 以内的小块板材,厚度为 20～30 mm,常用

25 mm。石材为天然脆性材料,力学离散性大;石材本身会有很多微裂缝,随时间推移裂缝会继续发展;石材重量大,固定困难。因此,石材幕墙必须精心设计、精心施工,留足够的安全储备。

 **8.4　门窗工程**

常见的门窗类型有木门窗、金属门窗、塑料门窗、特种门窗。木门窗应用最早且最普遍,但越来越多地被钢门窗、铝合金门窗和塑料门窗替代。门窗工程的施工可分为两类:一类由工厂预先加工拼装成型,在现场安装;另一类是在现场根据设计要求加工制作即时安装的门窗。

### 8.4.1　木门窗安装

**一、施工工艺**

木门窗安装施工工艺为:

弹线找规矩 → 决定门窗框安装位置 → 决定安装标高 → 掩扇、门框安装样板 → 窗框、扇安装 → 门框安装 → 门扇安装 。

木门窗大多在加工厂内制作。门窗生产操作施工工艺为:

配料 → 截料 → 刨料 → 画线 → 凿眼 → 开榫 → 裁口 → 整理线角 → 堆放 → 拼装 。

成批生产时,先制作一樘实样。

**二、安装方法**

木门窗的安装一般有立框安装和塞框安装两种方法。

1. 立框安装

在墙砌到地面时立门樘,砌到窗台时立窗樘。立框时应先在地面(或墙面)划出门(窗)框的中线及边线,而后按线将门窗框立上,用临时支撑撑牢,并校正门窗框的垂直度及上、下槛水平。立门窗框时要注意门窗的开启方向和墙面装饰层的厚度,各门框进出一致,上、下层窗框对齐。在砌两旁墙时,墙内应砌经防腐处理的木砖。垂直间隔 0.5 ~ 0.7 m 一块,木砖大小为 115 mm×115 mm×53 mm。

2. 塞框安装

塞框安装是在砌墙时先留出门窗洞口,然后塞入门窗框,洞口尺寸要求比门窗框尺寸每边大 20 mm。门窗框塞入后,先用木楔临时塞住,要求横平竖直,校正无误后,将门窗框钉牢在砌于墙内的木砖上。

3. 门窗扇的安装

安装前要先测量一下门窗樘洞口净尺寸,根据测得的准确尺寸来修刨门窗扇。扇的两边要同时修刨。门窗冒头的修刨是:先刨平下冒头,以此为准再修刨上冒头。修刨时要注意留出风缝,一般门窗扇的对口处及扇与樘之间的风缝需留出 2 mm 左右。门窗扇安装时,应保持冒头、窗芯水平,双扇门窗的冒头要对齐,开关灵活,但不准出现自开或自关的现象。

　　4. 玻璃安装

　　清理门窗裁口,在玻璃底面与门窗裁口之间,沿裁口的全长均匀涂抹 1～3 mm 的底灰,用手将玻璃摊铺平正,轻压玻璃使部分底灰挤出槽口,待油灰初凝后,顺裁口刮平底灰,然后用小圆钉沿玻璃四周固定玻璃,钉距 200 mm,最后抹表面油灰即可。油灰与玻璃、裁口接触的边缘平齐,四角成规则的八字形。

### 三、门窗制作的允许偏差和检验方法(表 8.4.1)

表 8.4.1　门窗制作的允许偏差和检验方法

| 项次 | 项目 | 构建名称 | 允许偏差/mm | | 检验方法 |
|---|---|---|---|---|---|
| | | | 普通 | 高级 | |
| 1 | 翘曲 | 框 | 3 | 2 | 将框、扇平放在检查平台上,用塞尺检查 |
| | | 扇 | 2 | 2 | 用钢尺检查,框量裁口里角,扇量外角 |
| 2 | 对角线长度 | 框、扇 | 3 | 2 | |
| 3 | 表面平整度 | 扇 | 2 | 2 | 用 1 m 靠尺和塞尺检查 |
| 4 | 高度、宽度 | 框 | 0,−2 | 0,−1 | 用钢尺检查,框量裁口里角,扇量外角 |
| | | 扇 | +2,0 | +1,0 | |
| 5 | 裁口、线条结合处高低差 | 框、扇 | 1 | 0.5 | 用钢直尺和塞尺检查 |
| 6 | 相邻棂子两端距离 | 扇 | 2 | 1 | 用钢直尺检查 |

### 四、木门窗安装的留缝限值、允许偏差和检验方法(表 8.4.2)

表 8.4.2　木门窗安装的留缝限值、允许偏差和检验方法

| 项次 | 项目 | 留缝限值/mm | 允许偏差/mm | 检验方法 |
|---|---|---|---|---|
| 1 | 门窗框的正、侧面垂直度 | — | 2 | 用 1 m 垂直检测尺检查 |
| 2 | 框与扇接缝高低差 | — | 1 | 用塞尺检查 |
| | 扇与扇接缝高低差 | — | 1 | |
| 3 | 门窗扇对口缝 | 1～4 | — | |
| 4 | 工业厂房、围墙双扇大门对口缝 | 2～7 | — | |
| 5 | 门窗扇与上框间留缝 | | — | |
| 6 | 门窗扇与合页侧框间留缝 | 1～3 | — | |
| 7 | 室外门扇与锁侧框间留缝 | | — | |
| 8 | 门扇与下框间留缝 | 3～5 | — | |
| 9 | 窗扇与下框间留缝 | 1～3 | — | |

| 项次 | 项目 | | 留缝限值/mm | 允许偏差/mm | 检验方法 |
|---|---|---|---|---|---|
| 10 | 双层门窗内外框间距 | | — | 4 | 用钢尺检查 |
| 11 | 无下框时门扇与地面间留缝 | 室外门 | 4~7 | — | 用钢尺或塞尺检查 |
| | | 室内门 | 4~8 | | |
| | | 卫生间大门 | | | |
| | | 厂房大门 | 10~20 | | |
| | | 围墙大门 | | | |
| 12 | 框与扇搭接宽度 | 门 | — | 2 | 用钢尺检查 |
| | | 窗 | — | 1 | 用钢尺检查 |

### 8.4.2　金属门窗安装

#### 一、钢门窗

建筑中应用较多的钢门窗有:薄壁空腹钢门窗和实腹钢门窗。钢门窗在工厂加工制作后整体运到现场进行安装。

钢门窗现场安装前应按照设计要求,核对型号、规格、数量、开启方向及所带五金零件是否齐全,凡有翘曲、变形者,应调直修复后方可安装。

钢门窗采用后塞口方法安装。可在洞口四周墙体预留孔埋设铁脚连接件固定,或在结构内预埋铁件,安装时要将铁脚焊在预埋件上。

钢门窗制作时将框与扇连成一体,安装时用木楔临时固定。然后用线锤和水准尺校正垂直与水平,做到横平竖直,成排门窗应上、下高低一致,进出一致。

门窗位置确定后,将铁脚与预埋件焊接或埋入预留墙洞内,用1∶2水泥砂浆或细石混凝土将洞口缝隙填实。铁脚尺寸及间隙按设计要求留设,但每边不得少于2个,铁脚离端角距离约180 mm。

大面组合钢窗可在地面上先拼装好,为防止吊运过程中变形,可在钢窗外侧用木方或钢管加固。

砌墙时门窗洞口应比钢门窗框每边大15~30 mm。清水砖墙不小于15 mm;水泥砂浆抹面混水墙不小于20 mm;水刷石墙不小于25 mm;贴面砖或板材墙不小于30 mm。

1. 施工工艺

钢门窗安装施工工艺为:

弹控制线 → 立钢门窗 → 校正 → 门窗框固定 → 安装五金零件 → 安装纱门窗 。

2. 施工要点

(1)弹控制线

门窗安装前应弹出离楼地面500 mm高的水平控制线,按门窗安装标高、尺寸和开启方向,在墙体预留洞口四周弹出门窗就位线。

（2）立钢门窗、校正

钢门窗采用后塞框法施工，安装时先用木楔块临时固定，木楔块应塞在四角和中梃处；然后用水平尺、对角线尺、线锤校正其垂直与水平。

（3）门窗框固定

门窗位置确定后，将铁脚与预埋件焊接或埋入预留墙洞内，用 1∶2 水泥砂浆或细石混凝土将洞口缝隙填实，养护 3 d 后取出木楔；门窗框与墙之间缝隙应填嵌饱满，并采用密封胶密封，钢窗铁脚的形状如图 8.4.1 所示。

（4）安装五金零件

（5）安装纱门窗

高度或宽度大于 1 400 mm 的纱窗，装纱前应在纱扇中部用木条临时支撑。检查压纱条和扇配套后，将纱裁成比实际尺寸宽 50 mm 的纱布，绷纱时先用螺丝拧入上下压纱条再装两侧压纱条，切除多余纱头。金属纱装完后集中刷油漆，交工前再将门窗扇安在钢门窗框上。

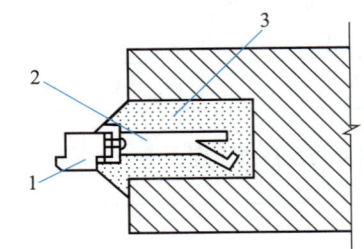

1—窗；2—铁；3—留洞 60 mm×60 mm×100 mm。

图 8.4.1　钢窗预埋铁脚

玻璃安装：清理基槽，先在槽口内涂小于 4 mm 厚的底灰，用双手将玻璃放正，挤出油灰，然后将油灰与槽口、玻璃接触的边缘刮平、刮齐。安卡子间距不小于 300 mm，每边不少于 2 个，用油灰填实抹光，卡脚以不露出油灰表面为准。

（6）钢门窗安装的留缝限值、允许偏差和检验方法（表 8.4.3）

表 8.4.3　钢门窗安装的留缝限值、允许偏差和检验方法

| 项次 | 项目 | | 留缝限值/mm | 允许偏差/mm | 检验方法 |
|---|---|---|---|---|---|
| 1 | 门窗槽口宽度、高度 | ≤1 500 mm | — | 2 | 用钢卷尺检查 |
| | | >1 500 mm | — | 3 | |
| 2 | 门窗槽口对角线长度差 | ≤2 000 mm | — | 3 | |
| | | >2 000 mm | — | 4 | |
| 3 | 门窗框正、侧面垂直度 | | — | 3 | 用 1 m 垂直检测尺检查 |
| 4 | 门窗横框的水平度 | | — | 3 | |
| 5 | 门窗横框标高 | | — | 5 | |
| 6 | 门窗竖向偏离中心 | | — | 4 | 用钢卷尺检查 |
| 7 | 双层门窗内外框间距 | | — | 5 | |
| 8 | 门窗框、扇配合间隙 | | ≤2 | — | 用塞尺检查 |
| 9 | 平开门窗框扇搭接宽度 | 门 | ≥6 | — | 用钢卷尺检查 |
| | | 窗 | ≥4 | — | |
| | 推拉门窗框扇搭接宽度 | | ≥6 | — | |
| 10 | 无下框时门扇与地面间留缝 | | 4~8 | — | 用塞尺检查 |

## 二、铝合金门窗

**1. 准备工作及安装质量要求**

检查铝合金门窗成品及构配件各部位,如发现变形,应予以校正和修理;同时还要检查洞口标高线及几何形状、预埋件位置、间距是否符合规定,埋设是否牢固。不符合要求者,应经纠正后方能进行安装。安装质量要求:位置准确,横平、竖直,高低一致,牢固严密。

**2. 安装方法**

先安装门窗框,后安装门窗扇,用后塞口。

**3. 施工要点**

(1) 将门窗框安放在洞口中正确位置,用木楔临时定位。

(2) 拉通线进行调整,使上、下、左、右门窗分别在同一竖直线、水平线上。

(3) 框边四周间隙与框表面距墙体外表面尺寸一致。

(4) 仔细校正其正、侧面垂直度,水平度及位置合格后,揿紧木楔。

(5) 再校正一次后,按设计规定的门窗框与墙体或预埋件连接固定方式进行焊接固定。常用的固定方法有预留洞燕尾铁脚连接、射钉连接、预埋木砖连接、膨胀螺钉连接、预埋铁件焊接连接等,如图 8.4.2 所示。

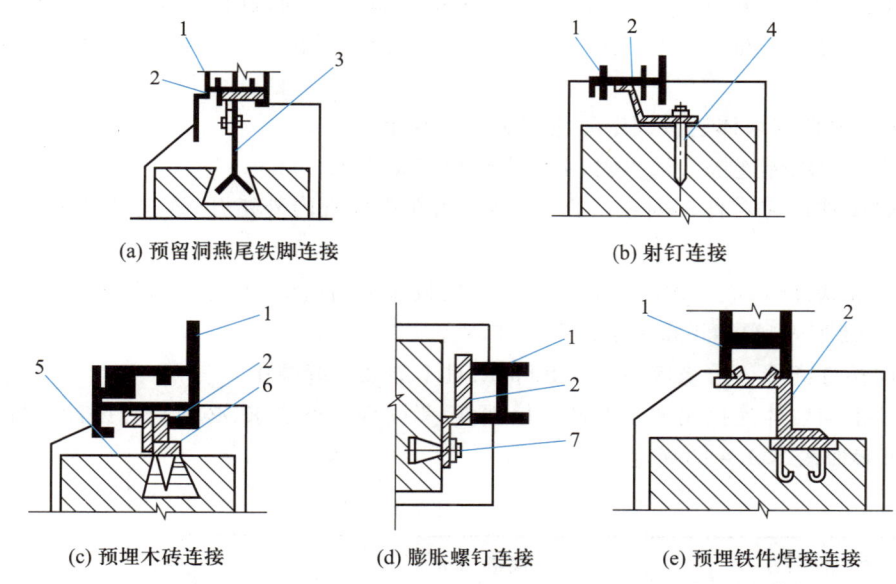

(a) 预留洞燕尾铁脚连接　　　　　　　(b) 射钉连接

(c) 预埋木砖连接　　　(d) 膨胀螺钉连接　　　(e) 预埋铁件焊接连接

1—门窗框;2—连接铁件;3—燕尾铁脚;4—射钉;5—木砖;6—木螺钉;7—膨胀螺钉。

图 8.4.2　铝合金门窗常用固定方法

(6) 窗框安装质量检查合格后,用 1:2 的水泥砂浆和细石混凝土嵌填洞口与门窗框间的缝隙,使门窗框牢固固定在洞口,铝合金门窗框填缝如图 8.4.3 所示。

① 嵌填前应先把缝隙中的残留物清除干净,然后浇湿。

② 拉直检查外形平直度的直线。

③嵌填操作应轻而细致,应边嵌填边检查门窗框有否变形移位。

④嵌填时应注意不可污染门窗框和不嵌填部位,嵌填必须密实饱满不得有间隙,也不得松动或移动木楔,并应洒水养护。

⑤在水泥砂浆未凝固前,禁止在门窗框上工作,或在其上搁置任何物品,待嵌填的水泥砂浆凝固后,方可取下木楔,并用水泥砂浆抹严框周围缝隙。

(7)窗扇的安装

①质量要求

位置正确、平直,缝隙均匀、严密牢固、启闭灵活、启闭力合格、五金零配件安装位置准确,能起到各自的作用。

②施工操作要点

对推拉式门窗扇,先安装室内侧门窗扇,后安装室外侧门窗扇;对固定窗扇,应装在室外侧,并固定牢固,确保使用安全;对平开式门窗扇,应安装于门窗框内,门窗扇关闭后四周压合密实,搭接量一致,相邻两门窗扇在同一平面内。

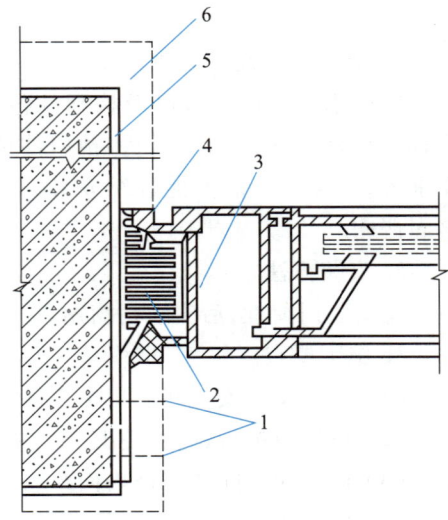

1—膨胀螺栓;2—软质填充料;3—自攻螺钉;
4—密封膏;5—第一遍粉刷;6—最后一道装饰面层。

图 8.4.3　铝合金门窗框填缝

(8)门窗框与墙体连接固定时应满足以下规定:

①窗框与墙体连接必须牢固,不得有任何松动现象。

②焊接铁件应对称排列在门窗框两侧,相邻铁件宜内外错开,连接铁件不得露出装饰层。

③连接铁件时,应用橡胶或石棉布或石棉板遮盖门窗框,不得烧损门窗框,焊后应清除焊渣,焊接牢固,焊缝不得有裂缝和漏焊现象。

④固接件离墙体边缘应不小于 50 mm,且不能装在缝隙中。

⑤窗框与墙体连接用的预埋件连接铁件、紧固件规格要求,必须符合设计的规定,如无规定可参照表 8.4.4 的规定。

表 8.4.4　紧固件材料表

| 紧固件名称 | 规格/mm | 材料或要求 |
|---|---|---|
| 膨胀螺钉 | ≥8L | 45 号钢镀锌、钝化 |
| 自攻螺钉 | ≥4L | 15 号钢 HRC-58 钝化,镀锌 |
| 钢钉、射钉 | $\phi4 \sim \phi5.5 \times 6$ | 优质钢 |
| 木螺钉 | ≥5L | A3 |
| 预埋钢板 | $\delta = 6$ | A3 |

（9）铝合金门窗安装的允许偏差和检验方法（表 8.4.5）

表 8.4.5　铝合金门窗安装的允许偏差和检验方法

| 项次 | 项目 | | 允许偏差/mm | 检验方法 |
|---|---|---|---|---|
| 1 | 门窗槽口宽度、高度 | ≤2 000 mm | 2 | 用钢卷尺检查 |
| | | >2 000 mm | 3 | |
| 2 | 门窗槽口对角线长度差 | ≤2 500 mm | 4 | |
| | | >2 500 mm | 5 | |
| 3 | 门窗框正、侧面垂直度 | | 2 | 用 1 m 垂直检测尺检查 |
| 4 | 门窗横框的水平度 | | 2 | |
| 5 | 门窗横框标高 | | 5 | 用钢卷尺检查 |
| 6 | 门窗竖向偏离中心 | | 5 | |
| 7 | 双层门窗内外框间距 | | 4 | |
| 8 | 推拉门窗扇与框搭接宽度 | 门 | 2 | 用钢直尺检查 |
| | | 窗 | 1 | |

### 8.4.3　塑料门窗安装

#### 一、塑料门窗

塑料门窗及其附件应符合国家标准，按设计选用。塑料门窗不得有开焊、断裂等损坏现象，如有损坏，应予以修复或更换。塑料门窗进场后应存放在有靠架的室内并与热源隔开，以免受热变形。

塑料门窗在安装前，先装五金配件及固定件。由于塑料型材是中空多腔的，材质较脆，因此，不能用螺钉直接锤击拧入，应先用手电钻钻孔，后用自攻螺钉拧入。钻头直径应比所选用自攻螺钉直径小 0.5~1.0 mm，这样可以防止塑料门窗出现局部凹陷、断裂和螺钉松动等质量问题，保证零附件及固定件的安装质量。塑料门窗框连接时，先把连接件与框子成 45°放入框子背面燕尾槽口内，然后顺时针方向把连接件扳成直角，最后旋进 φ4×15 自攻螺钉固定，如图 8.4.4 所示。

将五金配件及固定件安装完工并检查合格的塑料门窗框放入洞口内，调整至横平竖直后，用木楔将塑料框料四角塞牢作临时固定，但不宜塞得过紧以免外框变形。然后用尼龙胀管螺

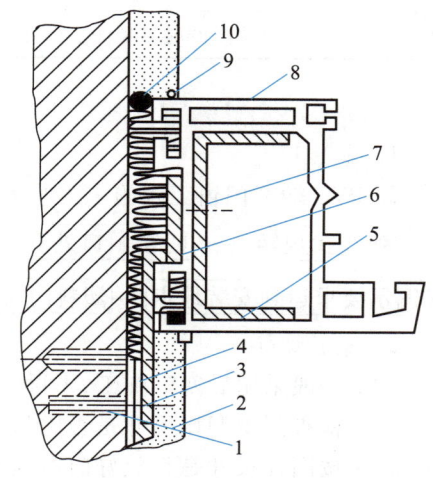

1—膨胀螺栓；2—抹灰层；3—螺钉；4—密封胶；
5—加强筋；6—连接件；7—自攻螺钉；
8—硬 PVC 窗框；9—密封膏；10—保温气密材料。

图 8.4.4　塑料门窗框安装连接件

栓将固定件与墙体连接牢固。

　　塑料门窗框与洞口墙体的缝隙,用软质保温材料填充饱满,如泡沫塑料条、泡沫聚氨酯条、油毡卷条等。但不得填塞过紧,因过紧会使框架受压发生变形;也不能填塞过松,否则会使缝隙密封不严,在门窗周围形成冷热交换区发生结露现象,影响门窗防寒、防风的正常功能与墙体寿命。最后将门窗框四周的内外接缝用密封材料嵌缝严密。塑料门窗安装的允许偏差和检验方法应符合表8.4.6规定。

表 8.4.6　塑料门窗安装的允许偏差和检验方法

| 项次 | 项目 | | 允许偏差/mm | 检验方法 |
|---|---|---|---|---|
| 1 | 门窗槽口宽度、高度 | ≤1 500 mm | 2 | 用钢尺检查 |
| | | >1 500 mm | 3 | |
| 2 | 门窗槽口对角线长度差 | ≤2 000 mm | 3 | 用钢尺检查 |
| | | >2 000 mm | 5 | |
| 3 | 门窗框的正、侧面垂直度 | | 3 | 用垂直检测尺检查 |
| 4 | 门窗横框的水平度 | | 3 | 用1 m水平尺和塞尺检查 |
| 5 | 门窗横框标高 | | 5 | 用钢尺检查 |
| 6 | 门窗竖向偏离中心 | | 5 | 用钢直尺检查 |
| 7 | 双层门窗内外框间距 | | 4 | 用钢尺检查 |
| 8 | 同樘平开窗相邻扇高度差 | | 2 | 用钢直尺检查 |
| 9 | 平开门窗铰链部位配合间隙 | | +2;-1 | 用塞尺检查 |
| 10 | 推拉门窗扇与框搭接量 | | +1.5;-2.5 | 用钢直尺检查 |
| 11 | 推拉门窗扇与竖框平行度 | | 2 | 用1 m水平尺和塞尺检查 |

## 二、硬 PVC 塑料门窗安装

1. 施工工艺

硬 PVC 塑料门窗工程施工工艺为:

弹线找规矩 → 门窗洞口处理 → 安装连接件的检查 → 塑料门窗外观检查 →

按图示要求运到安装地点 → 塑料门窗安装 → 门窗四周嵌缝 → 安装五金配件 → 清理。

2. 施工要点

　　(1)一般采用后塞口施工,不得先立口后进行结构施工。

　　(2)检查门窗洞口尺寸是否比门窗框尺寸大 3 cm,否则应先行剔凿处理。

　　(3)按图样尺寸是否放好门窗框安装位置线及立口的标高控制线。

　　(4)安装门窗框上的铁脚。

　　(5)安装门窗框,并按线就位找好垂直度及标高,用木楔临时固定,检查正侧面垂直及对角线,合格后,用膨胀螺栓将铁脚与结构牢固固定好。

　　(6)嵌缝:门窗框与墙体的缝隙应按设计要求的材料嵌缝,如设计无要求时用沥青麻丝或泡沫塑料填实,表面用厚度为5~8 mm的密封胶封闭。

（7）门窗附件安装:安装时应先用电钻钻孔,再用自攻螺钉拧入,严禁用铁锤或硬物敲打,防止损坏框料。

### 8.4.4 门窗玻璃安装

#### 一、玻璃工程安装

玻璃工程应在框、扇校正和五金件安装后,并在框、扇最后一遍涂料前进行。玻璃宜集中裁割,边缘不得有缺口和斜曲。木框扇玻璃设计尺寸或实测尺寸,长、宽各应缩小一个裁口宽度的1/4裁割。铝合金及塑料（塑钢）框扇玻璃的裁割尺寸应符合现行国家标准对玻璃与玻璃之间配合尺寸的规定。

玻璃推平、压实后,四边分别钉上钉子,钉子的间距为150~200 mm,每边应不少于2个钉子,钉完后用手轻敲玻璃;如果响声啪啦啪啦,说明油灰不严,要重新取下玻璃,铺实底油灰后,再推压挤平,然后用油灰填实,将灰边压平压光;如采用木压条固定时,应先涂一遍干性油,并不得将玻璃压得过紧。

1. 钢门窗安装玻璃,应用钢丝卡固定,钢丝卡间距不得大于300 mm,且每边不得少于2个,并用油灰填实抹光;如果采用橡皮垫,应先将橡皮垫嵌入裁口内,并用压条和螺丝钉加以固定。

2. 安装斜天窗的玻璃,如设计无要求时,应采用夹丝玻璃,并应从顺流水方向盖叠安装,盖叠搭接的长度应视天窗的坡度而定,当坡度为1/4或大于1/4时,不小于30 mm;坡度小于1/4时,不小于50 mm,盖叠处应用钢丝卡固定,并在缝隙中用密封膏嵌填密实;如采用平板玻璃时,在玻璃下面加设一层镀锌铅丝网。

3. 如安装彩色玻璃和压花玻璃,应按照设计图案仔细裁割,拼缝必须吻合,不允许出现错位松动和斜曲等缺陷。

4. 安装中空玻璃及面积大于0.65 m² 的玻璃时,安装竖框中玻璃,应放在两块定位垫块上,定位垫块距玻璃垂直边缘的距离为玻璃宽的1/4,且不宜小于150 mm。安装窗中玻璃,按开启方向确定定位垫块位置,定位垫块宽度应大于玻璃的厚度,长度不宜小于25 mm,并应符合设计要求。

5. 铝合金框扇玻璃安装时玻璃就位后,其边缘不得与框扇及其连接件相接触,所留间隙应符合有关标准的规定。所用材料不得影响泄水孔;密封膏封贴缝口,封贴的宽度及深度应符合设计要求,必须密实、平整、光洁。

6. 玻璃安装后,应进行清理,将油灰、钉子、钢丝卡等清理干净,关好门窗。

#### 二、铝合金框、扇及塑料框、扇玻璃安装

（一）塑料框扇玻璃安装

1. 施工工艺

清理玻璃槽口污物 → 玻璃安装前的准备工作 → 玻璃安装就位 → 橡胶压条固定 →
检查压条位置 → 将玻璃固定好 → 玻璃清理。

2. 施工要点

（1）除去玻璃表面的尘土、油污等污物和水膜。并将玻璃槽口内的灰浆渣、异物清除干净，畅通排水孔。

（2）核对玻璃的品种、尺寸、规格是否正确，框扇是否平整、牢固。

（3）玻璃安装就位：将已裁割好的玻璃放入塑料框扇凹槽中间，内外两侧的间隙不少于 2 mm。装配后应保证玻璃与镶嵌槽间隙，并在主要部位装有减震垫块，使其能缓冲启闭等力的冲击。

（4）橡胶压条固定：玻璃安装后，将橡胶压条嵌入玻璃两侧密封，然后将玻璃挤紧。所嵌的压条要和玻璃、玻璃槽口紧贴，安装不能偏位，不能强行填入压条，防止玻璃承受较大安装应力而产生裂缝。

（5）检查玻璃橡胶压条设置的位置是否正确，防止堵塞排水通道和泄水孔，查无问题后将玻璃固定。

（6）玻璃表面清理。关闭框扇，插好插销，防止风吹将玻璃振碎。

（二）铝合金门窗玻璃安装

1. 施工工艺

清理玻璃槽口污物 → 玻璃安装前的准备工作 → 玻璃安装就位 → 橡胶条刷胶嵌入凹槽将玻璃挤住 → 玻璃清理 。

2. 施工要点

（1）除去玻璃和铝合金表面的尘土、油污和水膜，并将玻璃槽口内砂浆及异物清除干净，畅通排水孔，并复查框扇开关是否灵活。使用密封胶固定时，应先调整好玻璃的垂直及水平位置，密封胶与玻璃及其槽口黏结处必须干燥、洁净。

（2）玻璃安装前的准备工作：将玻璃下部用约 3 mm 厚的氯丁橡胶垫块垫于凹槽内，避免玻璃直接接触框扇。

（3）玻璃安装就位：将已裁割好的玻璃在铝合金框扇中就位，就位的玻璃应在凹槽中间，并应有充足的嵌入量。装配后应保证玻璃与镶嵌槽间隙，并在主要部位装有减震垫块，使其能缓冲启闭等力的冲击。

（4）用胶条固定：先将橡胶压条放在玻璃两侧挤紧，检查安装位置是否正确，应不堵塞排水孔，然后将橡胶压条拿出，在压条上均匀地刷胶（硅酮系列密封胶），重新将压条依次嵌入玻璃凹槽内固定。橡胶压条的规格应与凹槽实际尺寸相符，其长度应短于玻璃周边长度，拐角处应将条切成八字角连接并用胶粘牢。胶条应与玻璃和槽口紧贴，不得松动，不得偏位，不得强行填入胶条。

（5）安装中空玻璃和玻璃面积大于 0.65 m² 位于竖框中的玻璃时，应将玻璃搁置在两块相同的定位垫块上，搁置点离玻璃垂直边缘距离不小于玻璃宽的 1/4，且不宜小于 150 mm；位于扇中的玻璃，按开启方向确定垫块位置，其定位垫块的宽度应大于所支撑玻璃的厚度，长度不应小于 25 mm。定位垫块下面可设铝合金垫片，垫块和垫片均固定在框扇上。

（6）安装迎风面玻璃时，玻璃镶入框内后要及时用通长镶嵌条在玻璃两侧挤紧或用垫块固定,防止阵风将玻璃拍碎。

（7）平开门窗的玻璃外侧要采用玻璃胶嵌封,应使玻璃与框连成整体。

（8）检查垫块,镶嵌条是否堵塞排水通道和排水孔。

（9）擦净玻璃,关闭门窗。

（三）塑料框扇玻璃安装

1. 施工工艺

清理玻璃槽口污物 → 玻璃安装前的准备工作 → 玻璃安装就位 → 橡胶压条固定、粘牢 → 玻璃清理。

2. 施工要点

（1）除去玻璃及塑料框、扇上的尘土、污垢,并将框、扇槽口内的砂浆及异物清除干净,畅通排水孔。

（2）检查门窗扇的开启使用是否灵活,五金附件是否齐全。

（3）按门窗型号及玻璃尺寸,根据安装的需要,分别搬运至安装地点备用。应随安随运,并注意玻璃存放在不被砸碰的安全地点。

（4）玻璃安装就位:将玻璃摆放在槽口中间,两侧的间隙相等。

（5）橡胶压条固定、粘牢:将橡胶压条在玻璃两侧同时填嵌入槽,将玻璃挤紧固定,并使其周边受力均匀一致,橡胶条拐角处应切割成八字角,并用密封胶粘牢。

（6）检查排水孔、反排水通道是否受阻,应使其通畅。

（7）玻璃的清理,门窗关闭。

（四）质量标准

（1）橡胶密封条必须嵌塞密实,拐角八字切割整齐、黏结牢固。

（2）玻璃胶填嵌密实,八字割角整齐,表面整齐光滑、顺直,无错台,胶缝以外无污染。

（3）排水通道及排水孔畅通。

（4）玻璃与密封条(玻璃胶)、玻璃与槽口黏结牢固,无空鼓。

（五）应注意的质量问题

（1）玻璃切割尺寸掌握不好:没按实物去测量尺寸,裁割后过大或过小。

（2）槽口内砂浆、杂物清理不干净:应认真把住清理关,检查后装玻璃。

（3）尼龙毛条、橡胶条丢失或长度不到位:密封材料按设计要求选用,丢失后及时补装。

（4）橡胶压条选型不妥,造成密封效果不好:密封橡胶条易在转角处脱开,应在密封条下边刷胶,使之与玻璃及框扇结合牢固。

（5）玻璃清理不净或有裂纹:玻璃安装后,及时用软布或棉丝清擦干净,达到透明、光亮,发现裂纹玻璃及时更换。

### 三、门窗工程出现的问题及处理方法

1. 门窗框变形

（1）现象:门窗框制作好后,边梃、上下槛、中贯档发生弯曲或者扭曲、反翘,门窗框立面不在一个平面内。立框后,与门窗框接触的抹灰层挤裂或挤脱落,或边梃与抹灰层

脱开。门窗扇开关不灵活、门窗扇关不上,无法使用。

（2）治理:① 门窗框拼装好后发生变形,对弓形反翘、边弯的木材可烘烤凸面使其平直。② 将变形严重的框料取下,重新换上好料。

2. 门窗扇翘曲

（1）现象:门窗扇立面不在同一个平面内。门窗扇安装后关不平,插销插不进销孔内。

（2）治理:调整合页在框立梃上的横向位置,使扇上销或插销的一边与框平齐,扇与框过紧部分进行调整,用门锁或插销对翘曲门扇进行校正。

3. 门窗框（扇）割角,拼缝不严

（1）现象:在门窗框的边梃与上、下槛,门窗扇的冒头与扇梃,门窗梃子与冒头、扇梃等结合处不严密,有明显的缝隙,或在倒棱割角处不密合。

（2）治理:如系半榫过长,可略去一些,使其距眼底 3 mm,也可将眼底适当补凿加深。若榫肩不方正,应视情况将其修理方正,如榫肩过短,则需更换。如为双榫、双夹榫因"叠台"过长而造成缝隙不严,可将"叠台"部分适当锯短。割角结合缝不严时,可用小木楔粘胶塞缝,胶干后再按结合处的线条情况仔细削磨至与两边完全一致为止。

4. 钢门窗翘曲变形

（1）现象:框、扇料弯曲变形,关闭不严密,或者扇与框摩擦和卡住。

（2）治理:若发现钢门窗变形,可根据变形情况进行调直处理。如门窗框或窗扇的梃子、棂子发生局部弯曲变形,可用氧气等加热烘烤,进行局部校正。

## 8.5 吊顶工程

吊顶是现代室内装饰的重要组成部分,它直接影响整个建筑空间的装饰风格与效果,同时还承担着吸收和反射音响、照明、通风、防水等作用。吊顶工程主要由吊筋(吊杆、吊头等)、龙骨(搁栅)和饰面板(罩面板)安装三部分组成。吊顶采用悬吊方式将装饰顶棚支承于屋顶或楼板下面。

### 一、吊顶的构造组成

吊顶主要由支承、基层和面层三个部分组成。

1. 支承

吊顶支承由吊杆(吊筋)和主龙骨组成。

（1）木龙骨吊顶的支承。木龙骨吊顶的主龙骨又称为大龙骨或主梁,传统木质吊顶的主龙骨,多采用 50 mm×70 mm～60 mm×100 mm 木方或薄壁槽钢、L60×6～L70×7 角钢制作。龙骨间距按设计,如设计无要求,一般按 1 m 设置。主龙骨一般用 $\phi 8 \sim 10$ 的吊顶螺栓或 8 号镀锌钢丝与屋顶或楼板连接。木吊杆和木龙骨必须做防腐和防火处理。

（2）金属龙骨吊顶的支承。轻钢龙骨与铝合金龙骨吊顶的主龙骨尺寸取决于荷载大小,其间距尺寸应考虑次龙骨的跨度及施工条件,一般采用 1～1.5 m。其截面形状主要有 U 形、T 形、C 形、L 形等。主龙骨与屋顶结构、楼板结构多通过吊杆连接,吊杆与主龙骨用特制吊杆件或套件连接,金属吊杆和龙骨必须做防锈处理。

2. 基层

基层由木材/型钢或其他轻金属材料制成的次龙骨组成。吊顶面层所用材料不同,其基层部分的布置方式和次龙骨的间距大小也不一样,但一般不应超过 600 mm。

吊顶的基层要结合灯具位置、风扇或空调透风口位置等进行布置,留好预留洞穴及吊挂设施等,同时应配合管道、线路等安装工程施工。

3. 面层

木龙骨吊顶,其面层多用人造板(如胶合板、纤维板、木丝板、刨花板)面层或板条(金属网)抹灰面层。轻钢龙骨/铝合金龙骨吊顶,其面板多用装饰吸声板(如纸面石膏板、钙塑泡沫板/纤维板、玻璃丝绵板等)制作。

二、吊顶工程施工前准备工作要点

1. 安装龙骨前,应按设计要求对房间净高、洞口标高和吊顶管道、设备及其支架的标高进行交接检验。

2. 吊顶工程的木吊杆、木龙骨和木饰面板必须进行防火处理,并应符合有关设计防火规范的规定。

3. 吊顶工程中的预埋件、钢筋吊杆和型钢吊杆应进行防锈处理。

4. 安装面板前应完成吊顶内管道和设备的调试及验收。

5. 吊杆的间距不得大于 1 200 mm,吊杆距主龙骨端部距离不得大于 300 mm,当大于 300 mm 时,应增加吊杆。当吊杆长度大于 1.5 m 时,应设置反支撑。当吊杆与设备相遇时,应调整并增设吊杆。

6. 重型灯具、电扇及其他重型设备严禁安装在吊顶工程的龙骨上。

三、吊顶施工

(一)施工工艺

弹顶棚标高水平线 → 划龙骨分档线 → 安装管线设施 → 安装主龙骨 → 安装次龙骨 → 防腐处理 → 安装罩面板 → 安装压条。

(二)施工要点

1. 木质吊顶施工

(1)弹水平线。在墙上弹楼地面基准线,以此为起点,弹吊顶高度水平线。

(2)主龙骨的安装。主龙骨与屋顶结构或楼板结构连接主要有三种方式:用屋面结构或楼板内预埋件固定吊杆;用射钉将角铁等固定于楼底面固定吊杆;用金属膨胀螺栓固定铁件再与吊杆连接,如图 8.5.1 所示。

主龙骨安装后,沿吊顶标高线固定沿墙木龙骨,木龙骨的底边与吊顶高线齐平。一般是用冲击电钻在标高线以上 10 mm 处墙面打孔,孔内塞入木楔,将沿墙龙骨钉固定于墙内木楔上。然后将拼接组合好的木龙骨托到吊顶标高位置,整片调正调平后,将其与沿墙龙骨和吊杆连接,木龙骨吊顶如图 8.5.2 所示。

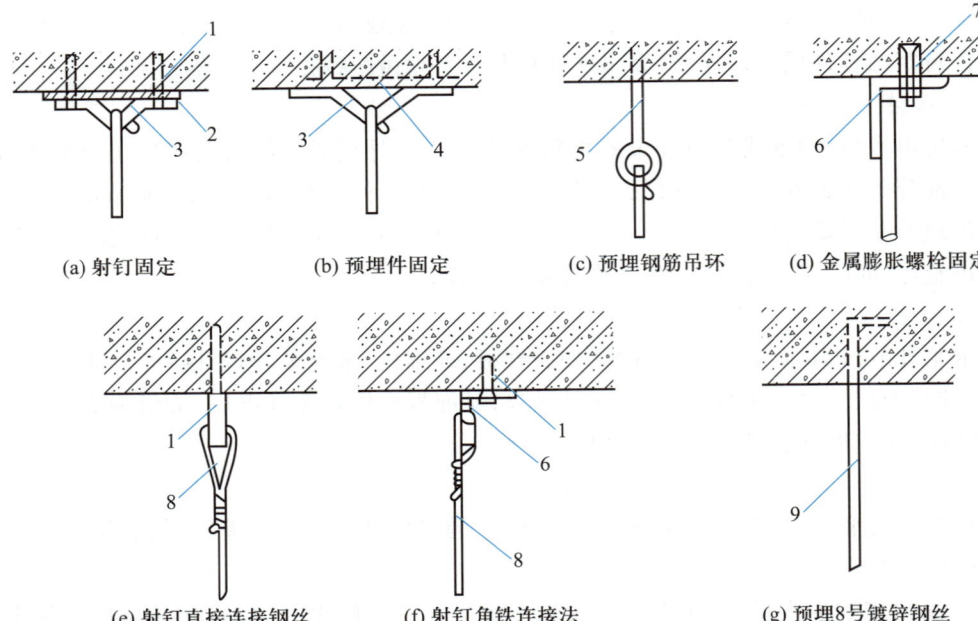

(a) 射钉固定　　　　(b) 预埋件固定　　　　(c) 预埋钢筋吊环　　(d) 金属膨胀螺栓固定

(e) 射钉直接连接钢丝　　　(f) 射钉角铁连接法　　　(g) 预埋8号镀锌钢丝

1—射钉；2—焊板；3—φ10 钢筋吊环；4—预埋钢板；5—φ6 钢筋；6—角钢；

7—金属膨胀螺栓；8—镀锌钢丝（8 号、12 号、14 号）；9—8 号镀锌钢丝。

图 8.5.1　吊杆固定

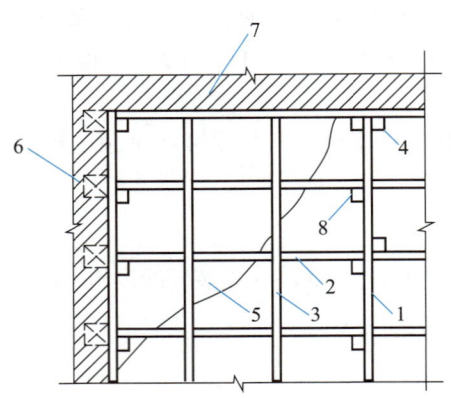

1—吊筋横梁；2—纵撑龙骨；3—横撑龙骨；4—吊筋；5—罩面板；6—木砖；7—砖墙；8—吊木。

图 8.5.2　木龙骨吊顶

（3）罩面板的铺钉。罩面板多采用人造板。板材安装前，按分块尺寸弹线，安装时由中间向四周呈对称排列，顶棚的接缝与墙面交圈应保持一致。面板应安装牢固且不得出现折裂、翘曲、缺棱掉角和脱层等缺陷。

2. 轻金属龙骨吊顶施工

轻金属龙骨吊顶施工工艺为：弹顶棚标高水平线 → 划龙骨分档线 → 安装主龙骨吊杆 → 安装主龙骨 → 安装次龙骨 → 安装罩面板 → 刷防锈漆 → 安装压条。

轻金属龙骨按材料分为轻钢龙骨和铝合金龙骨。

（1）轻钢龙骨装配式吊顶施工。利用薄壁镀锌钢板带机械冲压而成的轻钢龙骨即为吊顶的骨架型材,轻钢吊顶龙骨有 U 型和 T 型两种。

U 型上人轻钢龙骨安装方法如图 8.5.3 所示。

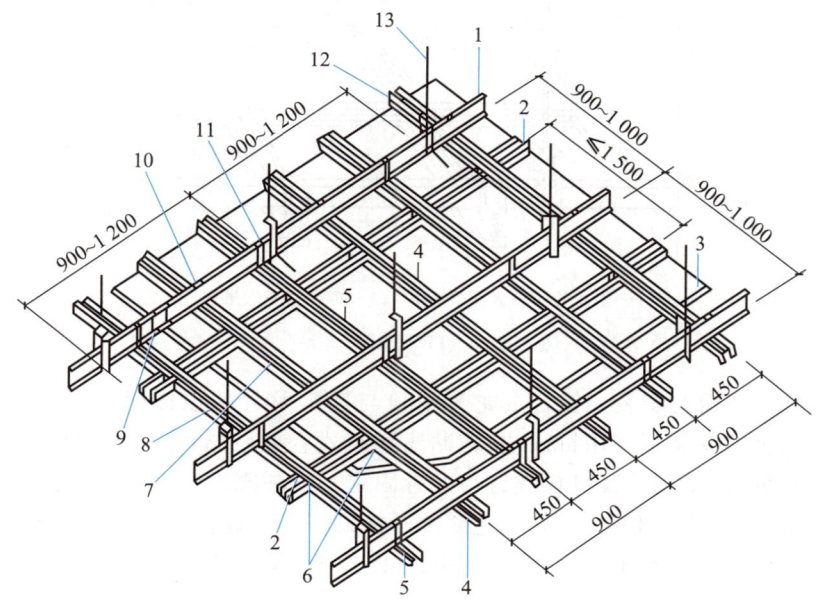

1—BD 大龙骨;2—UZ 横撑龙骨;3—吊顶板;4—ZU 龙骨;5—UX 龙骨;6—UZ3 支托连接;7—UZ2 连接件;
8—UX2 连接件;9—BD2 连接件;10—UZ1 吊挂;11—UX1 吊挂;12—BD1 吊件;13—吊杆。

图 8.5.3　U 型龙骨吊顶示意图

施工前,先按龙骨的标高在房间四周的墙上弹出水平线,再根据龙骨的要求按一定间距弹出龙骨的中心线,找出吊点中心,将吊杆固定在埋件上。吊顶结构未设埋件时,要按确定的节点中心用射钉固定螺栓或吊杆,吊杆长度计算好后,在一端套丝,丝口的长度要考虑紧固的余量,并分别配好紧固用的螺母。

主龙骨的吊顶挂件连在吊杆上校平调正后,拧紧固定螺母,然后根据设计要求和饰面板尺寸要求确定的间距,用吊挂件将次龙骨固定在主龙骨上,调平调正后安装饰面板。

饰面板的安装方法有:

搁置法:将饰面板直接放在 T 型龙骨组成的格框内。有些轻质饰面板,考虑刮风时会被掀起(包括空调口,通风口附近),可用木条、卡子固定。

嵌入法:将饰面板事先加工成暗缝,安装时将 T 型龙骨两肢插入企业缝内。

粘贴法:将饰面板用胶黏剂直接粘贴在龙骨上。

钉固法:将饰面板用钉、螺钉、自攻螺钉等固定在龙骨上。

卡固法:多用于铝合金吊顶,板材与龙骨直接卡接固定。

（2）铝合金龙骨装配式吊顶施工。铝合金龙骨吊顶按罩面板的要求不同分为龙骨底面不外露和龙骨底面外露两种形式;按龙骨结构形式不同分为 T 型和 TL 型。TL 型龙骨属于安装饰面板后龙骨底面外露的一种,如图 8.5.4 所示。

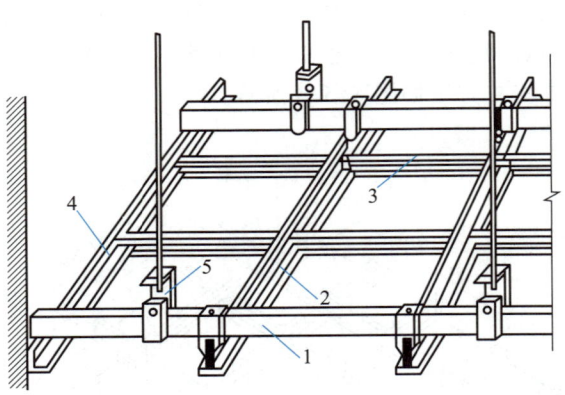

1—主龙骨;2—大 T;3—小 T;4—角条;5—大吊挂。

图 8.5.4 TL 型铝合金吊顶

（3）常见饰面板的安装。铝合金龙骨吊顶与轻钢龙骨吊顶饰面板安装方法基本相同。石膏饰面板的安装可采用钉固法、粘贴法和暗式企业胶结法。U 型轻钢龙骨采用钉固法安装石膏板时,使用镀锌自攻螺钉与龙骨固定。钉头要求嵌入石膏板内 0.5~1 mm,钉眼用腻子刮平,并用石膏板与同色的色浆腻子涂刷一遍。螺钉规格为 M5×25 或 M5×35。螺钉与板边距离应不大于 15 mm,螺钉间距以 150~170 mm 为宜,均匀布置,并与板面垂直,石膏板之间应留出 8~10 mm 的安装缝。

钉固法即用圆钉或木螺钉,将面板钉在顶棚的龙骨上,要求钉距不大于 150 mm,钉帽应与板面齐平,排列整齐,并在小花之间沿板边按等距离加钉固定。用压条固定时,压条应平直,接口严密,不得翘曲。钙塑泡沫板用粘贴法安装时,涂胶后应待稍干,方可把板材粘贴压紧。胶合板、纤维板安装应用钉固法:要求胶合板钉距 80~150 mm,钉长 25~35 mm,钉帽应打扁,并进入板面 0.5~1 mm,钉眼用油性腻子抹平;纤维板钉距 80~120 mm,钉长 20~30 mm,钉帽进入板面 0.5 mm,钉眼用油性腻子抹平;硬质纤维板应用水浸透,自然阴干后安装。

矿棉板安装的方法主要有搁置法、钉固法和粘贴法。顶棚为轻金属 T 型龙骨吊顶时,在顶棚龙骨安装放平后,将矿棉板直接平放在龙骨上,矿棉板每边应留有板材安装缝,缝宽不宜大于 1 mm。顶棚为木龙骨吊顶时,可在矿棉板每四块的交角处和板的中心用专门的塑料花托脚,用木螺钉固定在木龙骨上;混凝土顶面可按装饰尺寸做出平顶木条,然后再选用适宜的胶黏剂将矿棉板粘贴在平顶木条上。金属饰面板主要有金属条板、金属方块和金属格栅。

板材安装方法有卡固法和钉固法。卡固法要求龙骨形式与条板配套;钉固法采用螺钉固定时,后安装的板块压住前安装的板块,将螺钉遮盖,拼缝严密。方形板可用搁置法和钉固法,也可用铜丝绑扎固定。格栅安装方法有两种,一种是将单件构件先用卡具连成整体,然后通过钢管与吊杆相连接;另一种是用带卡口的吊管将单件物体卡住,然后将吊管用吊杆悬吊。

3．吊顶工程质量要求

吊顶工程所用的材料品种、规格、颜色以及基层构造、固定方法等应符合设计要求。罩面板与龙骨应连接紧密，表面应平整，不得有污染、折裂、缺棱掉角、锤伤等缺陷，接缝应均匀一致，粘贴的罩面不得有脱层，胶合板不得有刨透之处，搁置的罩面板不得有漏、透、翘角现象。

（1）吊顶不平：次龙骨安装时标高定位不准。施工时应拉通线，做到标高、起拱准确。

（2）木骨架固定不牢：大龙骨与吊挂连接的方法应严格按设计构造要求施工，龙骨钉固定方法应符合设计和施工规范的要求。

（3）罩面板分块间隙缝不直、宽窄不一致：施工时应注意板块规格、分块尺寸、安装位置的正确。

（4）压缝条、压边条不严密、不平直：施工时应弹位置线，罩面板安装接缝应平直，压缝条与罩面板紧贴密实。

吊顶工程安装的允许偏差和检验方法应符合表 8.5.1 的规定。

表 8.5.1　吊顶工程安装的允许偏差和检验方法

| 项次 | 项目 | 允许偏差/mm | | | | | | | | 检验方法 |
|---|---|---|---|---|---|---|---|---|---|---|
| | | 暗龙骨吊顶 | | | | 明龙骨吊顶 | | | | |
| | | 纸面石膏板 | 金属板 | 矿棉板 | 木板、塑料板、格栅 | 石膏板 | 金属板 | 矿棉板 | 塑料板、玻璃板 | |
| 1 | 表面平整度 | 3 | 2 | 2 | 2 | 3 | 2 | 3 | 2 | 用 2 m 靠尺和塞尺检查 |
| 2 | 接缝直线度 | 3 | 1.5 | 3 | 3 | 3 | 2 | 3 | 3 | 拉 5 m，不足 5 m 拉通线，用钢尺检查 |
| 3 | 接缝高低差 | 1 | 1 | 1.5 | 1 | 1 | 1 | 2 | 1 | 用钢尺和塞尺检查 |

## 四、吊顶出现问题及防治的方法

1．吊顶搁栅拱度不匀

（1）现象：吊顶搁栅装钉后，其下表面的拱度不均匀不平整，甚至成波浪形。吊顶搁栅周边或四角不平，吊顶完工后，经过短期使用产生凹凸变形。

（2）治理：如吊顶搁栅拱度不匀，局部超差较大，可利用吊木或吊筋螺栓把拱度调匀。如吊筋螺母处未加垫板，应及时安装垫板，并把吊顶搁栅的拱度调匀；如果吊筋过短，可用电焊加长螺栓，并安好垫板、螺母，把吊顶搁栅拱度调匀。吊顶搁栅接头有硬弯的，应将夹板起掉，调直后再钉牢。因射钉松动而节点不牢的，必须补钉射钉，如射钉不能满足节点荷载时，应改用膨胀螺栓锚固。

2．吸音板吊顶的孔距排列不匀

（1）现象：板块拼装后，孔距不等，孔眼横、竖、斜不成直线，有弯曲、错位等现象。

（2）治理：吸音板吊顶的孔距排列不匀，不易修理，应一次装钉合格。

## 习　题

8.1　装饰装修工程的作用及特点是什么？包含哪些内容？

8.2　简述一般抹灰的分类、组成和各自作用。

8.3　常见的装饰抹灰有哪几种？

8.4　简述饰面板(砖)常用施工方法。

8.5　建筑幕墙有哪几种？

8.6　裱糊工程常用的材料有哪些？有什么质量要求？

## 案 例 研 讨

某装饰公司承接了寒冷地区某商场的室内、外装饰工程。其中，室内地面采用地面砖镶贴，吊顶工程部分采用木龙骨，室外部分墙面为铝板幕墙，采用进口硅酮结构密封胶、铝塑复合板，其余外墙为加气混凝土外镶贴陶瓷砖。施工过程中，发生如下事件：

事件一：因木龙骨为甲供材料，施工单位未对木龙骨进行检验和处理就用到工程上。施工单位对新进场外墙陶瓷砖和内墙砖的吸水率进行了复试，对铝塑复合板核对了产品质量证明文件。

事件二：在送待检时，为赶工期，施工单位未经监理工程师许可就进行了外墙饰面砖镶贴施工，待复验报告出来，部分指标未能达到要求。

事件三：外墙面砖施工前，工长安排工人在陶粒空心砖墙面上做了外墙饰面砖样板件，并对其质量验收进行了允许偏差的检验。

第 8 章
装饰工程案
例研讨分析
提示

1. 进口硅酮结构密封胶使用前应提供哪些质量证明文件和报告？

2. 事件一中，施工单位对甲供的木龙骨是否需要检查验收？木龙骨使用前应进行什么技术处理？

3. 事件一中，外墙陶瓷砖复试应包括哪些项目？是否需要进行内墙砖吸水率复试？铝塑复合板应进行什么项目的复验？

4. 事件二中，施工单位的做法是否妥当？为什么？

5. 指出事件三中外墙饰面砖样板件施工中存在的问题，写出正确做法，补充外墙饰面砖质量验收的其他检验项目。

# 第9章 桥梁工程

第9章 数字资源

## 导入语

　　从古老的木桥、石桥到如今的钢筋混凝土桥梁和现代化的斜拉桥、悬索桥,桥梁工程的发展历程不仅是人类智慧的结晶,更是促进经济发展、改善人民生活质量的重要纽带。本章将深入探讨混凝土连续梁桥、斜拉桥、悬索桥的施工技术和创新应用,为实现交通运输的高效、优质和可持续发展提供保障。

## 学习目标

　　掌握混凝土连续梁桥的施工工艺,掌握悬臂浇筑法、悬臂拼装法、顶推法的施工工艺;掌握斜拉桥的施工方法,理解索塔的施工、斜拉桥主梁的施工、斜拉索的构造及施工工艺等;掌握悬索桥的施工方法,理解主索、塔、锚碇、吊索、加劲梁等的构造及施工工艺。

## 学习内容

　　混凝土连续梁桥的分类和组成,混凝土连续梁桥施工方法,包括悬臂拼装法,悬臂浇筑法,顶推法等施工工艺;斜拉桥的分类与组成,索塔、斜拉桥主梁、斜拉索的构造及施工工艺,斜拉桥的施工流程;悬索桥的分类及组成,主索、塔、锚碇、吊索、加劲梁等的构造及施工工艺,悬索桥的施工流程。

　　**重点:**悬臂拼装法与悬臂浇筑法的施工工艺,斜拉桥与悬索桥的分类及组成,桥塔、主梁、索、锚碇、猫道等构造及施工工艺。

　　**难点:**悬臂浇筑法与悬臂拼装法的施工工艺。

## 案例拓展

第9章 案例拓展

## 9.1 混凝土连续梁桥施工

### 9.1.1 悬臂法施工

悬臂法也称为分段施工法,是以桥墩为中心,对称向两岸逐节悬臂接长的施工方法。悬臂法施工又可分为悬臂浇筑法和悬臂拼装法。悬臂浇筑法又称无支架平衡伸臂法或挂(吊)篮法,是用挂篮就地分段浇筑梁体混凝土,待每段混凝土达到要求强度后,便张拉预应力筋,然后将挂篮前移进行下一梁段的浇筑。节段长度根据主梁截面变化情况与挂篮设备承载力确定,一般为 2~8 米。而悬臂拼装法是指通过悬臂梁上的一对起吊机械,将预制好的梁体节段对称吊装至指定位置,再施加预应力逐段拼装。用于悬臂拼装的机具很多,包括移动式起重机、桁架式起重机、缆式起重机、汽车起重机和浮吊等。

#### 一、悬臂浇筑法施工

悬臂浇筑施工时,梁体一般可分为墩顶支架浇筑 0 号块梁段、跨中挂篮悬臂浇筑梁段、合龙梁段和边跨支架现浇梁段四部分浇筑,如图 9.1.1 所示。

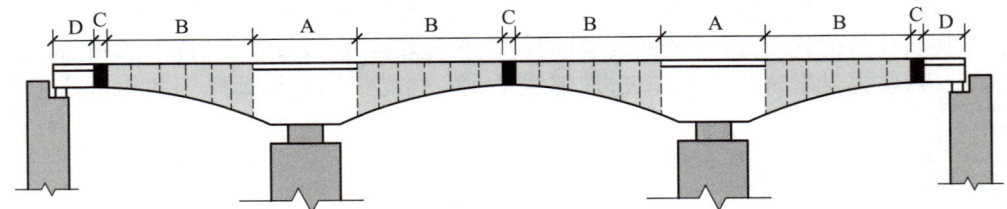

A—0 号块梁段;B—跨中挂篮悬臂浇筑梁段;C—合龙梁段;D—边跨支架现浇梁段。

**图 9.1.1　悬臂浇筑施工梁段划分示意图**

悬臂浇筑法施工步骤如下,如图 9.1.2 所示:

(1)下部墩台施工并预埋临时固接钢筋,分别安装临时支座、永久支座;

(2)在墩顶托架上浇筑 0 号块梁段;

(3)安装 T 构悬臂浇筑挂篮,拆除 0 号块现浇支架;

(4)悬臂浇筑 T 构梁段,支架法浇筑边跨现浇梁段;

(5)利用边跨悬臂浇筑挂篮浇筑边跨合龙梁段;

(6)拆除边跨现浇梁段支架,浇筑中跨合龙梁段;

(7)拆除挂篮,切除临时固接钢筋。

1. 0 号块梁段施工

0 号块梁段现浇后可作为挂篮安装和材料堆放的场地,是悬臂浇筑施工的中心段、基准段,又是体系转换的控制段,受力复杂,应精心施工。一般可在桥墩两侧设立落地支架进行现浇,并根据其结构形式及高度,采用分层浇筑方法进行施工。

(1)临时固接:宜在桥墩顶面永久支座两侧对称设置临时支座,使其在永久支座不承受压力的情况下承受梁体压力和施工过程中的不平衡弯矩,同时要求其在承受荷载情

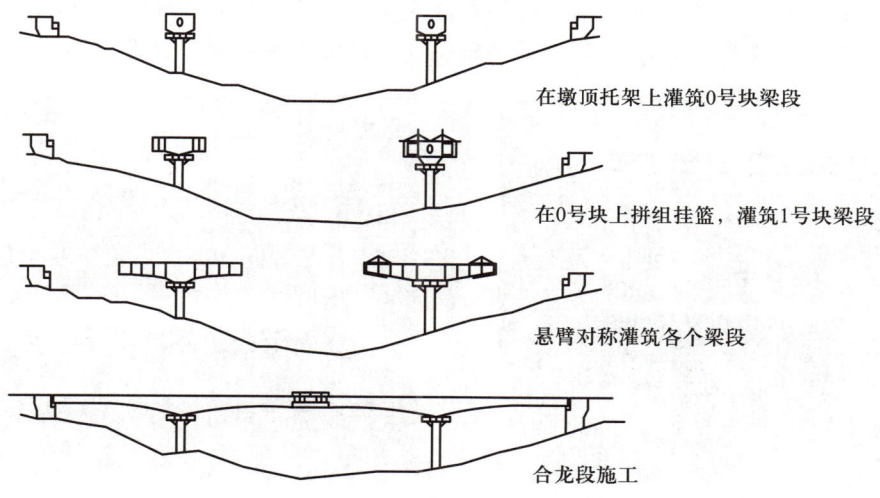

在墩顶托架上灌筑0号块梁段

在0号块上拼组挂篮,灌筑1号块梁段

悬臂对称灌筑各个梁段

合龙段施工

图 9.1.2　悬臂浇筑施工步骤

况下容易拆除。T 构临时固接结构是由临时支撑和临时锚固索两部分组成的,具有支撑和反拉锚固的双重作用。相对于墩身又可分为体外临时固接和体内临时固接两种方式。在墩身顶面与箱梁设置刚性连接结构为体内临时固接结构,而在承台上安装钢管或钢管混凝土柱、钢筋混凝土支撑柱为体外临时固接结构,如图 9.1.3 所示。

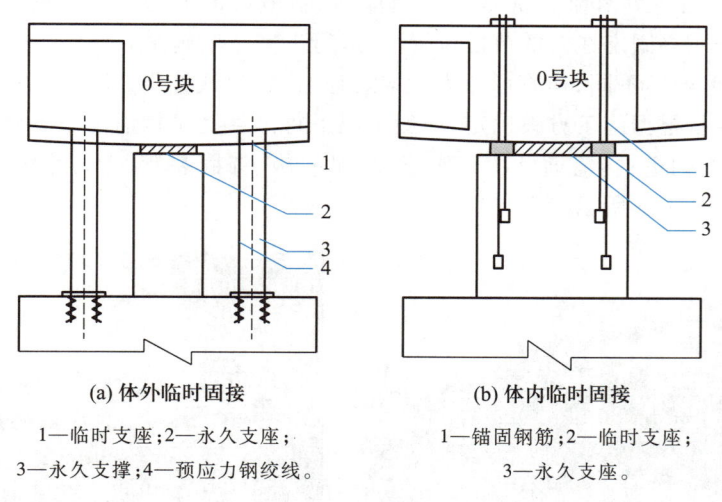

(a) 体外临时固接

1—临时支座;2—永久支座;
3—永久支撑;4—预应力钢绞线。

(b) 体内临时固接

1—锚固钢筋;2—临时支座;
3—永久支座。

图 9.1.3　临时固接示意图

　　临时支座及锚固钢筋在箱梁合龙段混凝土浇筑之前拆除,永久支座与临时支座同时安装,安装工艺与一般支架箱梁支座的安装工艺相同,在施工过程中,永久支座视为不受力,待临时支座拆除后承载。

　　(2) 施工托架:采用悬臂浇筑法施工时,墩顶 0 号块梁段在托架上立模现浇,可采用万能杆件、贝雷桁架及型钢等组成扇形、门式托架作为临时支撑。当墩身高度在 15 m 以下时,可采用落地支架;当墩身高度超过 15 m 时,可采用墩身托架,三角形托架安装在墩身上预埋钢牛腿,如图 9.1.4 所示。托架在浇筑 0 号块梁段前须进行预压,预压荷载应不小于最大施工荷载的 1.2 倍,以检验托架的整体承载能力和消除非弹性变形。

(a) 墩身托架全局　　　　　　　　　　　　　　　(b) 墩身托架局部

图 9.1.4　施工托架

2. 挂篮施工

挂篮是悬臂浇筑施工法的主要施工设备,它是一个能沿着轨道行走的活动脚手架,悬挂在已经张拉锚固的箱梁梁段上。在挂篮上可进行模板、钢筋、管道的安装,混凝土浇筑,预应力张拉,压浆等作业。完成一个节段后,新节段即成为悬臂梁的一部分,挂篮即可前移一个节段,再固定在新的节段位置上,进行下一节段施工。

根据受力形式的不同,挂篮可分为桁架式挂篮、斜拉式挂篮、牵索式挂篮以及复合式挂篮,挂篮的数量根据施工方案确定,一般情况下每个悬浇 T 构需配备 2 套挂篮。

(1)挂篮的构造:挂篮通常由承重梁、悬吊模板、锚固装置、走行系统和工作平台五部分组成,如图 9.1.5 所示。

图 9.1.5　挂篮施工

承重梁承受施工设备和新灌筑节段混凝土的全部重量,并通过支点和锚固装置传递到已施工完毕的梁体上,是挂篮的主要受力构件。悬吊系统由斜拉带、下后锚带、内外滑梁吊带组成。模板系统包括底篮、侧模、内模和底模四部分组成。挂篮的下部为工作平台,用于架设模板、安装钢筋和张拉预应力束等作业。当一个节段全部施工完毕后,挂篮可通过走行系统向前移动。走行系统可为轨道轮或聚四氟乙烯滑板等装置，由电动卷扬机牵引，也可由千斤顶或导链拖拉。

（2）挂篮施工技术：

a. 挂篮安装：挂篮在现场组拼后，应全面检查其安装质量，并进行模拟荷载试验，符合挂篮设计要求后方可正式投入使用。挂篮操作平台下应设置安全网，防止物件坠落，人员上下应有安全扶梯。挂篮安装完毕后，其平面中心偏差顺桥向不超过 10 mm，横桥向不超过 5 mm，主梁前支点前、后位置相对偏差不超过 5 mm。

b. 挂篮预压：挂篮预拼装完成后，底平台调整到位，须进行挂篮预压工作，以检验挂篮的性能和安全，消除结构的非弹性变形。试压通常采用试验台加压法、水箱加压法等。

c. 挂篮走行：在纵向预应力筋张拉后就可以进行挂篮前移，挂篮前移时须在尾部压平衡重，以防倾覆。

d. 挂篮拆除：合龙段全部完成后，可拆除挂篮。拆除工作按照安装时的逆顺序进行，先拆除底平台，后拆除上桁架。

3. 合龙及体系转换

合龙段施工是悬臂浇筑施工的关键，为减轻温差、混凝土收缩徐变、结构恒载及体系转换等带来的不利影响，须采取必要措施，以保证合龙段的质量。混凝土连续梁合龙梁段的施工顺序，必须符合设计要求。

（1）合龙梁段宽度一般为 1.5~2.0 m，大多利用挂篮作为浇筑平台，钢筋、模板施工工艺与悬浇梁段相同。

（2）合龙梁段混凝土浇筑应选在一天中较低的气温下进行，以减少箱梁受温度伸缩的影响，气温较高季节要勤浇水降低混凝土温度，以减少梁部温度升高而引起的加固结构变形影响。

（3）边跨合龙梁段混凝土强度达到设计强度的 95% 以上后张拉预应力筋，再拆除边跨支架、模板、边跨挂篮。

（4）为保证合龙段施工时混凝土始终处于稳定状态，在浇筑之前各悬臂端应附加与混凝土质量相等的配重（或称压重），加配重应依桥轴线对称加载，按浇筑重量分级卸载。

（5）混凝土连续梁（刚构）合龙梁段纵向预应力筋全部张拉完毕，应立即解除相应 T 构全部永久活动支座的临时锁定设施，实现连续梁桥结构体系转换。

二、悬臂拼装法施工

悬臂拼装法施工是将悬臂梁先分段预制成若干块件，当下部结构完成后，将预制块件运到桥下，用活动吊机向一边或两边逐段起吊、拼装就位、施加预应力，使其逐段对称延伸连接成整体，其施工包括块件的预制、运输、拼装及合龙。

1. 悬臂梁段预制

梁段预制方法分长线法和短线法，如图 9.1.6 所示。

（1）长线法是指组成梁体的所有梁段均在固定台座上的活动模板内浇筑且相邻段的拼合面应相互贴合浇筑。该方法的优点是成桥后梁体线性较好；缺点是占地较大，地

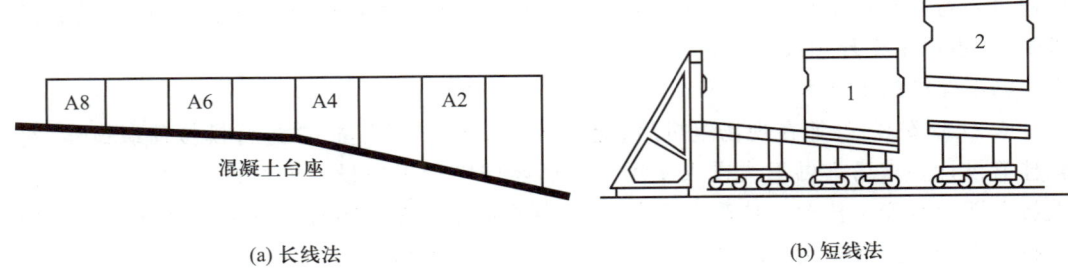

| (a) 长线法 | (b) 短线法 |

图 9.1.6　梁段预制方法

基要求坚实,混凝土的浇筑和养护移动分散。

（2）短线法是指将梁段在固定台座能纵移的模内浇筑。该方法的优点是场地较小,浇筑模板及设备基本不需要移机,可调的底、侧模便于平竖曲线梁段的预制;缺点是精度要求高,施工要求严,施工周期相对较长。

2.　梁段拼装方法

悬臂拼装法可分为悬臂吊机拼装法、浮吊拼装法、连续桁架拼装法、起重机拼装法等。

（1）悬臂吊机拼装法

悬臂吊机由纵向主桁架、横向起重桁架、锚固装置、平衡重、起重系统、行走系统和工作吊篮等部分组成,如图 9.1.7 所示。纵向主桁为吊机的主要承重结构,横向起重桁架是供安装起重卷扬机直接起吊箱梁节段之用的构件,支承在轨道平车上,轨道平车搁置于铺设在纵向主桁架上弦的轨道上,起重卷扬机安置在横向起重桁架上弦。这种起重机结构简单、使用方便,施工单位可自行拼制。

图 9.1.7　悬臂吊机拼装法

（2）浮吊拼装法

重型的起重机械装配在船舶上,全套设备在水上作业就位方便,40 m 的吊高范围内起重力大,辅助设备少,相应的施工速度较快,但台班费用较高。一个对称干接悬拼的工作面,一天可完成 2~4 段的吊拼。

（3）连续桁架拼装法

连续桁架悬拼施工,可分移动式（图 9.1.8）和固定式两类。移动式连续桁架的长度大于桥的最大跨径。桁架支承在已拼装完成的梁段和待拼墩顶上,由吊车在桁架上移运节段进行悬臂拼装。固定式连续桁架的支点均设在桥墩上,而不增加梁段的施工荷载。

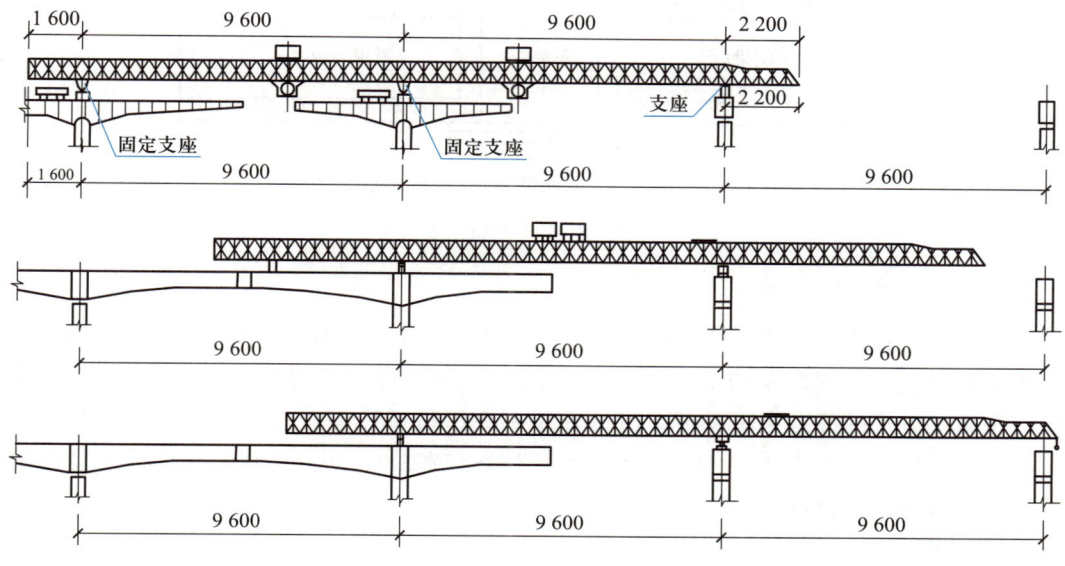

图 9.1.8　移动式连续桁架拼装示意图

（4）起重机拼装法

起重机拼装法可采用伸臂吊机、龙门吊机、人字扒杆、汽车吊、履带吊、浮吊等起重机进行悬臂拼装。根据吊机的类型和桥孔处具体条件的不同,吊机可以支承在墩柱上、已拼好的梁段上或处在栈桥上、桥孔下。

3. 梁段拼接施工

预制梁段须运至现场进行拼接施工,施工顺序如下:

（1）0 号块的施工方法与悬浇方法相同,将 T 形刚构支座临时固接,必要时在墩两侧加设临时支架以满足悬拼施工的需要。

（2）1 号块是紧邻 0 号块两侧的第一箱梁节段,也是悬拼 T 形刚构的基准梁段,是全跨安装质量的关键,一般采用湿接缝连接。

（3）其他梁段拼装可采用胶结缝拼装,胶结缝是用环氧树脂胶黏剂连接。胶黏剂由环氧树脂、间苯二胺、邻苯二甲酸、二丁酯和水泥拌和而成,其配方应根据施工环境、温度、固化时间和强度要求选定,接缝施工时,要求胶黏剂在 36 h 以内达到梁体混凝土设计强度,固化时间应不少于 10 h。其他梁段吊上并基本定位后（此时接缝宽约 10~15 cm）,先将临时预应力筋穿入,安好连接器,再开始涂胶及合龙,张拉临时预应力筋,使固化前胶结缝的压应力不低于 0.2 MPa,解除吊钩。

（4）合龙段的施工常采用现浇和拼装两种方法。现浇合龙段预留 1.4~2 m,在主梁高程调整后,现场浇筑混凝土合龙。节段拼装合龙对预制和拼装的精度要求较高,但工序简单、施工简单、施工速度快,如图 9.1.9 所示。

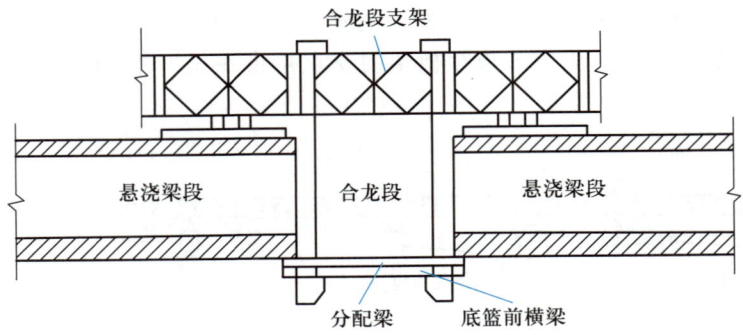

图 9.1.9 合龙段施工支架结构

## 9.1.2 顶推法施工

顶推施工技术主要用于中等跨径的预应力混凝土连续梁桥和钢箱梁桥,其梁体一般在桥头路堤上分节段现浇或焊接拼装,然后依靠千斤顶使其在滑轨上顶推纵向移动就位。该施工方法的优点是不需要大量的支架和大型机械设备,工程质量容易控制,边预制边顶推占用的场地少,冬季防寒简便,施工不受季节影响;缺点是仅适用于等高度的梁桥,桥上线路应为直线或等半径曲线。

### 一、顶推法施工流程

顶推法施工流程如图 9.1.10 所示。

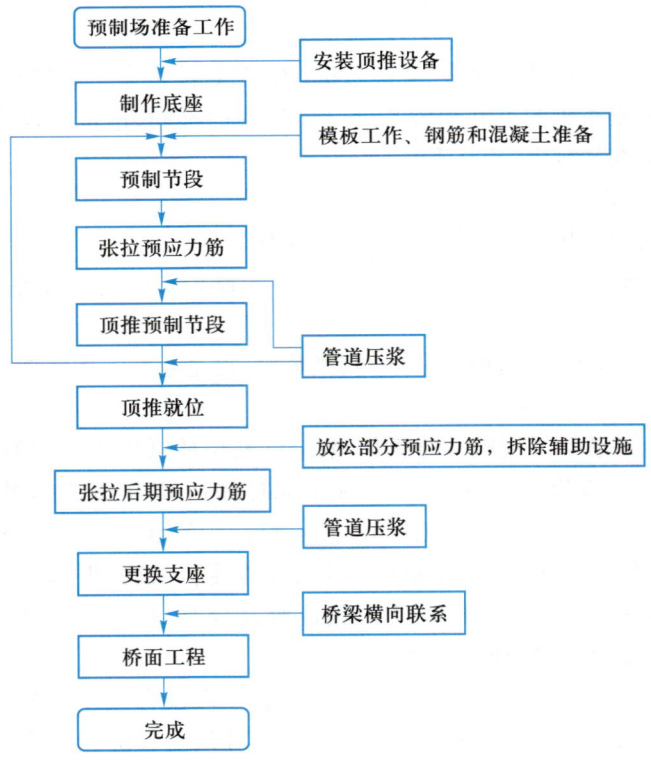

图 9.1.10 顶推法施工流程

## 二、顶推法分类

1. 单点顶推(图 9.1.11):单点顶推又可分为单向单点顶推和双向单点顶推两种方式。顶推装置由水平千斤顶和竖直千斤顶组合而成,在顶推过程中,为了减少悬臂梁的负弯矩,一般要在梁的前端安装长度为顶推跨径 60% ~ 70% 的钢导梁,导梁应自重轻、刚度大,各个桥墩墩顶均需布设由混凝土滑台、不锈钢板和滑板组成的滑道装置。

图 9.1.11　单点顶推法

2. 多点顶推:在每个墩台上设置一对小吨位(400 ~ 800 kN)的水平千斤顶,将集中的顶推力分散到各墩上,如图 9.1.12 所示。由于利用水平千斤顶传给墩台反力,平衡梁体滑移时在桥墩上产生摩阻力,从而使桥墩在顶推过程中承受较小的水平力。因此可以在柔性墩上采用多点顶推施工。

(a) 滑动支座　　　　　　　　　　(b) 千斤顶

图 9.1.12　多点顶推法

## 三、导梁与临时墩设置

1. 导梁和临时墩设置:导梁设置在主梁的前端,为等截面或变截面的钢桁架梁或钢板梁,如图 9.1.13a 所示。导梁与主梁体连接处的刚度应协调,预埋件的连接强度应满足梁体顶推时的受力要求,导梁前段的最大挠度应不大于设计规定。导梁全部节间的拼装应平整,其中线的允许偏差应不大于 5 mm,纵、横向底面高程的允许偏差应为±5 mm。桥跨中间设有临时墩时,其施工技术要求应符合设计规定和施工技术规范的要求。梁体顶推施工完成并落位到永久支座上后,应及时将其拆除。

2. 临时墩:目前常用的临时墩包括用滑升模板灌筑的混凝土薄壁空心墩、混凝土预制板,预制板拼砌的空心墩,以及混凝土板和轻便钢架组成的框架临时墩,如图 9.1.13b 所示。临时墩的基础,依地质和水深诸情况决定,可采用打桩基础等。临时墩上一般不设顶推装置而仅设置滑移装置。在设计中可以通过设置临时墩来调整顶推跨径,从而扩大了顶推法施工用于等跨径桥的范围。

(a) 导梁      (b) 临时墩

图 9.1.13　导梁与临时墩

### 四、顶推施工作业

1. 根据梁体长度、顶推跨径、桥墩所能承受的水平推力等条件,选择适宜的顶推方式。顶推滑道的长度应大于水平千斤顶行程加滑块的长度,宽度应为滑板宽度的 1.2~1.5 倍;相邻墩滑道顶面高程的允许偏差应为±2 mm,同墩两滑道高程的允许偏差应为±1 mm;滑动装置的摩擦系数应经过试验确定。

2. 顶推时宜在墩台上设置导向装置,防止梁体在顶推过程中产生偏移。顶推过程中,宜对梁体的轴线位置、墩台的变形、主梁及导梁控制截面的挠度和应力变化等进行施工监测;发生异常情况时,应停止顶推,查明原因并进行处理后方可继续施工。

3. 顶推时至少应在两个墩上设置保险千斤顶。如遇顶推故障需采用竖向千斤顶将梁顶高时,最大顶升高度不得超过设计规定或不得大于 10 mm,起顶的反力不得大于计算反力的 1.1 倍。

4. 落梁前应按设计规定的顺序,对预应力束进行张拉、锚固和压浆,拆除全部临时预应力束。拆除墩、台上的滑动装置时,梁体的各支点应均匀顶起,其顶力应按设计支点反力的大小进行控制,顶起时相邻墩各顶点的高差不得大于 5 mm,同墩两侧梁底顶起时高差不得大于 1 mm。

5. 落梁前应将永久支座安装到位,然后按设计的顺序和每次的下落量分布进行,同一墩、台的千斤顶应同步运行;落梁反力的允许偏差应为±10%设计反力。

## 9.2 斜拉桥施工

斜拉桥上部结构主要由主梁、拉索和索塔三部分组成,属于组合体系桥梁,是多次超静定结构。它是一种桥面体系以主梁受轴向力(密索体系)或受弯(稀索体系)为主、支承体系以拉索受拉和索塔受压为主的桥梁。拉索的作用相当于在主梁跨内增加了若干弹性支承,使主梁跨径显著减小,从而大大减少了梁内弯矩、梁体尺寸和梁体重力,如图 9.2.1 所示。

图 9.2.1　斜拉桥示意图

按照塔、梁、墩相互结合的方式,斜拉桥的基本结构体系可划分为漂浮体系、半漂浮体系、塔梁固接体系和塔梁墩固接体系,如图 9.2.2 所示。

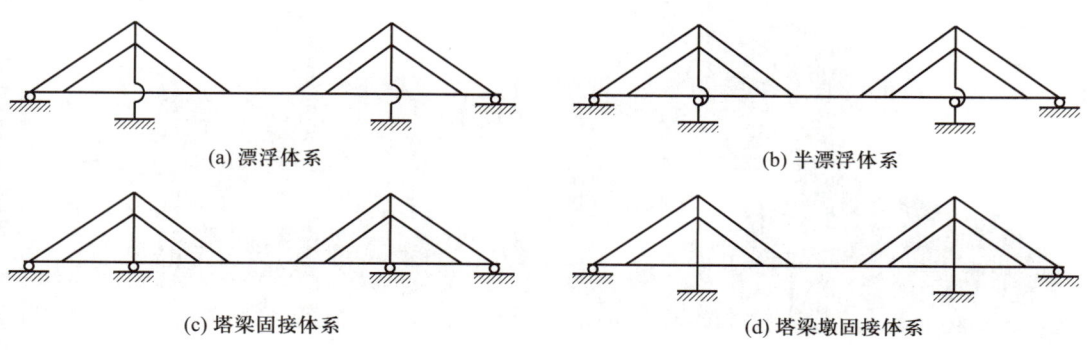

(a) 漂浮体系　　　　　　　　　　　　　(b) 半漂浮体系

(c) 塔梁固接体系　　　　　　　　　　　(d) 塔梁墩固接体系

图 9.2.2　斜拉桥四种基本结构体系

(1)漂浮体系:塔墩固接,塔梁分离,主梁除梁端有支承设置外,其余全部用拉索悬吊,是一种在纵向可稍作浮动的多跨弹性支撑连续梁。斜拉索不能对梁提供有效的横向支撑,一般通过设置板式或盆式橡胶支座来抵抗风力引起的横向水平位移。

(2)半漂浮体系:塔墩固接,塔梁分离,需要在主梁下设置支撑使其成为三跨连续梁。一般设置四个活动支座,以避免由于不对称约束而导致不均衡变位。半漂浮体系斜拉桥水平位移将由斜拉索制约。

(3)塔梁固接体系:塔梁固接并支承于墩上,为斜拉索提供多点弹性支承。主梁的内力与挠度与主梁与索塔的弯曲刚度比值有关。这种体系的主梁一般只在一个塔柱处设置固定支座,而其余均为纵向可以活动的支座。

(4)塔梁墩固接体系:在索塔处不需要设支座,整体刚度大,但是温度内力大。该体系最适用于独塔斜拉桥。

### 9.2.1 斜拉桥的构造

#### 一、主梁的构造

斜拉桥的主梁直接承受车辆荷载,是斜拉桥的主要承重构件之一,按材料不同可分为钢梁、混凝土梁、钢梁上加设混凝土桥面板的组合梁和钢梁与混凝土梁混合使用的混合梁等四类。

1. 钢梁

钢梁的主要特点是自重轻、跨度能力大、构件可在工厂制作、质量可靠、便于安装,一般用于跨径大于 500 m 的斜拉桥,但后期养护工作量大,抗风稳定性较差,如图 9.2.3 所示。钢主梁以箱形截面为主,抗扭刚度大、抗风性能好,且沿纵向每隔几米设一道横隔板,以便让箱梁薄板上的纵肋不间断地穿过。钢主梁的桥面板一般都采用正交异性板,即在桥面板上焊有单向或双向的开口或闭口加劲肋。

2. 混凝土梁

混凝土梁刚度大、挠度小、抗振动性能较好,一般适用于跨度不超过 450 m 的斜拉桥。混凝土主梁可采用实心板截面、边箱梁截面(PK 梁)、箱形截面、带斜撑箱形截面和肋板式截面,当板厚较大时,可采用空心板截面,如图 9.2.4 所示。

图 9.2.3　钢主梁截面

图 9.2.4　混凝土主梁截面

3. 组合梁

组合梁是在钢主梁上用预制或现浇混凝土桥面板代替正常的正交异性钢桥面板,它兼有混凝土主梁和钢主梁的优点,是近年来大跨斜拉桥常用的主梁形式之一,如图 9.2.5 所示。组合梁主梁截面可采用工字钢或边箱梁加小纵梁形式,也可采用扁平流线型钢箱梁、箱形梁或钢桁梁形式,钢筋混凝土桥面板的预制厚度不宜小于 250 mm,混凝土强度等级不宜小于 C40,板与钢梁间必须通过钢梁顶面的剪力键有效地结合成整体。组合梁斜拉桥跨径宜为 500~700 m。

图 9.2.5 斜拉桥组合梁

### 4. 混合梁

混合梁是指在斜拉桥的中跨(大跨)采用钢梁或组合梁,两侧边跨(小跨)采用预应力混凝土梁。其中预应力混凝土梁与钢梁的连接是混合式斜拉桥的最重要构造之一,宜选择在弯矩和剪力较小的地方,混合梁适用于边跨与中跨比值较小的情况,有利于塔顶处和中、边跨水平分力得到平衡。

### 二、索塔的构造

索塔除承受自身自重外,还要承受拉索、主梁及桥面系的恒载和活载,是斜拉桥的主要承力部分,应传力简单明确,适合拉索的布置。索塔的主要组成部分有下塔柱、下横梁、中塔柱、中横梁、上塔柱、上横梁、斜拉索、人孔等,结构形式根据拉索布置、主梁跨度、桥面宽度等因素确定,在顺桥向的形式有单柱形、A 形和倒 Y 形等几种,横桥向的形式有单柱形、双柱形、门形、H 形、梯形、A 形、倒 V 形、倒 Y 形、菱形(含宝石花形)等,如图 9.2.6 所示。

图 9.2.6 索塔横桥向形式

### 1. 混凝土索塔

大部分混凝土索塔截面为矩形,为使斜拉索在塔柱中做交错锚固,可在塔轴线两侧布置斜拉索锚头的部位各挖一槽口作为斜拉索锚固区,使截面成为工字形截面,该索塔一般适用于中小跨径的斜拉桥,较大跨径斜拉桥一般均采用空心截面,当采用空心塔柱时,斜拉索在塔柱的箱室中锚固,故一般在塔轴线的两侧可以不挖槽口,而是改在箱室内壁增设锚固斜拉索用的锯齿形凸块。混凝土索塔应配置型钢作为劲性骨架,并可作为受力钢筋的一部分,如图 9.2.7 所示。

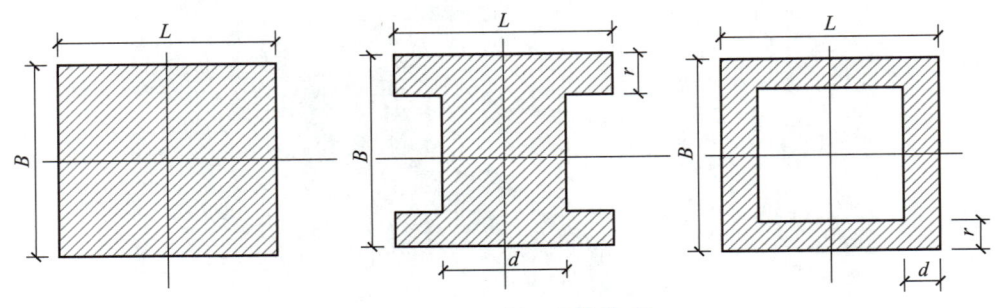

图 9.2.7　混凝土索塔截面

### 2. 钢索塔

钢索塔的截面常为矩形空心箱形,箱室四周的各主壁板上均布有竖向加劲肋,箱室内上下相隔一定的距离设有水平横隔板,如图 9.2.8 所示。

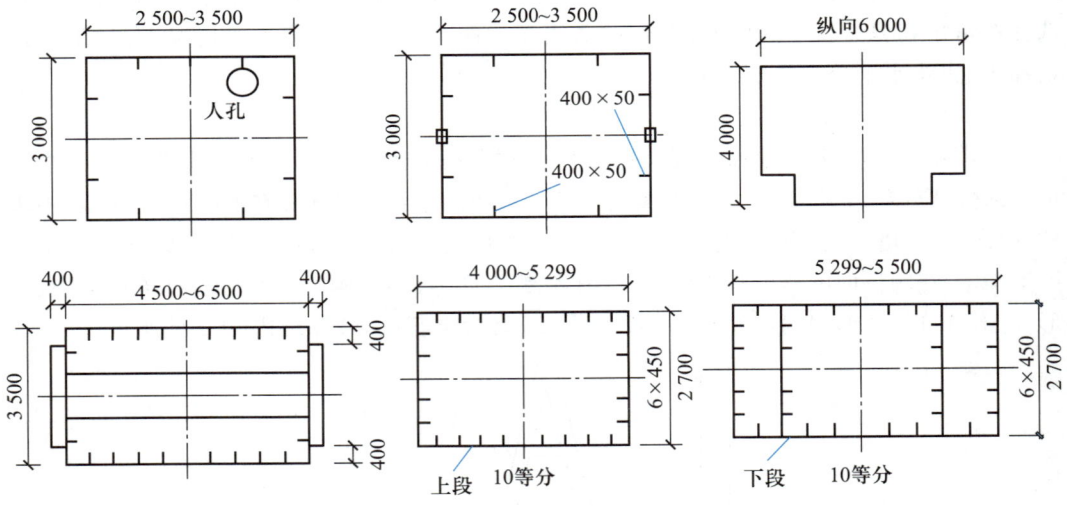

图 9.2.8　斜拉桥钢索塔截面示意图

### 三、拉索的构造

斜拉索是斜拉桥的重要组成部分,可以将绝大部分或全部桥跨结构的重量和桥上荷载传递到塔柱上,而斜拉索的布置也是斜拉桥设计中的重要内容,索面横桥向布置一般有单索面、双索面及多索面三种形式,纵向布置主要有辐射形、竖琴形、扇形和非对称形四种形式。根据索距大小,可将斜拉桥分为稀索体系和密索体系。斜拉索的索距和主梁的质量有关,应该根据主梁的截面等因素综合确定,当桥面为钢主梁结构或为组合梁结构时,斜拉索标准间距一般取 8~16 m,采用混凝土主梁时常取 4~10 m。

在大跨径斜拉桥中,拉索在构造上基本可分为整体安装的拉索和分散安装的拉索两大类。前者的代表为平行钢丝索配冷铸锚,后者的代表为平行钢绞线索配夹片锚。

1. 平行钢丝索配冷铸锚

平行钢丝索由 $\phi$5 mm 或 $\phi$7 mm 高强度镀锌钢丝(抗拉强度 $f_y$ = 1 600 MPa 左右)组成,一般排列成六角形,表层由玻璃丝布包扎定型后用热挤高密度聚乙烯(简称 PE)塑造成正圆形截面。这种斜索具有厚镀锌层(锌层 300 g/m)和厚 PE 层(厚度 6 mm 以上)的双重防腐保护。

钢丝束在工厂整体制造,并将其穿入冷铸锚中,钢丝尾镦头后锚定在冷铸锚的后锚板上,再在锚体内分段常温浇灌环氧树脂加铁丸和环氧树脂加岩粉(辉绿岩)等混合填料,使锚体与钢丝束之间的刚度匀顺变化,避免在索和锚的交界处刚度突变。由于是在常温下浇铸填料,不同于传统的锌基合金填料的浇铸温度,故相对而言称为"冷铸锚"。冷铸锚的锚固力,由锚筒的圆锥体内腔和筒内填料的横向挤压力承受,在正常情况下镦头不受力,只是作为安全储备。

2. 平行钢绞线索配夹片锚

钢绞线在索中是平行排列的,此种 $\phi$15 mm 钢绞线为后张法体内预应力无黏结钢绞线(抗拉强度 $f_{yb}$ = 1 860 MPa),是将镀锌钢绞线表面涂油(或蜡)后外套两层 PE 管而成。钢绞线成盘运至现场,在现场截取需要长度后除去两端部分长度的套管,逐根安装、张拉,两端裸线由夹片锚固定。

### 9.2.2  斜拉桥的施工

#### 一、索塔施工技术

斜拉桥的索塔一般采用钢桥塔或混凝土桥塔,主要由塔座、塔柱、横梁和塔冠几部分组成。索塔除承受因自重引起的轴力外,还承受水平荷载以及通过拉索传递给索塔的竖向荷载,是全桥的主要承重构件。钢塔一般采用预制拼装的方法施工,混凝土塔的施工方法包括搭架现浇、预制拼装、滑升模板浇筑、翻升模板浇筑、爬升模板浇筑等。

1. 混凝土塔施工

混凝土桥塔常采用支架法、滑模法、爬模法和翻模法等方法进行施工。

(1)支架法:从地面或承台顶设置满布支架及模板,然后现浇塔柱混凝土。这种方法适用于索塔高度较小和形状比较复杂的索塔施工,它不需要特殊的施工机械设备,但花费支架模板材料较多。

(2)滑模法:在塔柱四壁设模板和附架,在塔柱下段已浇混凝土中埋设劲性钢筋或型钢,顶面搭设起重梁,通过梁上挂设的起重设施起吊模板。滑模法施工的最大优点是施工进度快,适用于高大的直立塔及倾斜塔的施工,但对斜索的锚固区预留孔道和预埋件的处理要困难些。

(3)爬模法:利用固定在下段已浇筑混凝土主体上的模板与爬架浇筑上段混凝土,待新浇的混凝土达到适当强度后拆模,连爬架一起提升到上段混凝土顶部固定,循环操作,直至柱顶。爬模法施工机械化程度较高,可缩短工期,适用于大型索塔的施工。

（4）翻模法:将一段混凝土柱的模板分为 2~3 小节,浇完该段混凝土后,将上节模板保留,下面 1 或 2 节模板提升到下节并结成一体,以浇筑上一段柱的混凝土,并如此循环继续至塔顶。由于每次都把下面的模板转到上面去,故称翻模。使用该法,模架模板及其上的工具、人员皆需在空中多次翻提,一般需用外设塔吊来操作。

2. 钢索塔施工

钢索塔一般采用预制拼装的方法施工,分为分段预制加工和现场吊拼安装两个施工阶段,钢索塔在工厂分段焊接加工完成后,应进行多段立体试拼装,合格后方可出厂。现场安装时,一般采用现场焊接接头、高强度螺栓连接或焊接和螺栓连接混合连接的方式对钢索塔块段进行拼装连接。经过工厂加工制造和立体试拼合格的钢索塔块段,在正式安装时还应进行严格的施工测量控制并及时用填板或对螺栓孔进行扩孔以调整索塔的轴线和方位,防止加工误差、受力误差、安装误差、温度误差、测量误差的积累。

考虑水平运输、垂直运输、起重设备吊装高度、起吊吨位大小等施工因素,钢索塔可采用浮式吊机施工法、塔式吊机施工法、爬升式吊机施工法等方法进行施工。

（1）浮式吊机施工法:是将桥塔施工的部件或桥塔节段,由水上浮吊架设施工。其优点是可以大大缩短施工工期。对于高度较小的桥塔（一般在 80 m 以下）或较高桥塔的底部节段,可以采用陆上或海上的起重设备架设。

（2）塔式吊机施工法:是在桥塔侧旁预先安装塔式吊机,以其进行桥塔节段的起吊架设施工。由于施工机具和设备与桥塔无关,所以桥塔施工的垂直度容易得到控制。

（3）爬升式吊机施工法:是在桥塔塔柱上安装爬升导轨,爬升式吊机沿此导轨,随桥塔的施工增高而向上爬升的施工方法。由于施工中吊机的重量和吊机的爬升是靠塔柱支撑的,所以要严格控制塔柱施工中的垂度。

二、主梁施工技术

斜拉桥主梁施工方法与梁式桥基本相同,大体上可以分为顶推法、平转法、支架法和悬臂法等 4 种方法,大跨径斜拉桥的主梁一般采用悬臂浇筑法或悬臂拼装法,但对于跨径不大的斜拉桥,根据施工条件,也可采用顶推法平转法、支架法或悬臂法。

1. 顶推法

顶推法是在混凝土斜拉桥主梁的施工中,在跨间设置若干临时支墩,在顶推过程中,主梁反复承受正、负弯矩。主梁需配置临时预应力束筋以满足施工阶段内力要求。该方法适用于桥下净空较低、修建临时支墩造价不高、支墩不影响桥下交通、抗拉和抗压能力相同、能承受反复弯矩的斜拉桥钢主梁的施工情形。

2. 平转法

平转法是将斜拉桥上部结构分别在两岸或河岸支架上现浇,在岸上完成所有的试安装和安装工序,并经落架调整其各点标高与索力后,分别整体旋转就位,在跨中合龙。平转法适用于桥址地形平坦,墩身较矮和结构体系适合整体转动的中小跨径斜拉桥。

3. 支架法

支架法分为在支架上现浇、在临时支墩间设托架或劲性骨架现浇、在临时支墩上架设预制梁段等几种施工方法,其优点是能够保证结构的设计形状和标高要求,但仅适用于桥下净空低、搭设支架不影响桥下交通的情况。

4. 悬臂法

大跨径斜拉桥的主梁常用悬臂浇筑法或悬臂拼装法,悬臂拼装法一般是先在塔柱区现浇一段放置起吊设备的起始梁段,然后用起吊设备从塔柱两侧依次对称安装节段,使悬臂不断伸长直至合龙。由于主梁是预制的,塔、梁可平行作业,因此,可以缩短施工工期,施工速度快,但安装精度要求较高,而且需配备一定的吊装设备和运输设备,要有适当的预制和运输场地。悬臂浇筑法是从塔柱两侧用挂篮对称逐段就地浇筑主梁混凝土的一种施工方法。梁段的制作和安装作业均在挂篮上进行,因此,不受河流水文、地质条件的影响,也不影响通航,不需重型的吊运设备,节省施工场地,相对支架法而言模板可多次周转,施工用材较少,主梁接缝比较紧密,整体性好,施工简便,但相对于悬臂拼装法而言,高空作业较多,施工周期长。

## 三、拉索施工技术

成型拉索由钢丝(或钢绞线)组成的钢索和两端的锚具两部分组成,拉索安装可根据塔高、布索方式、索长、索径、索的刚柔程度、起重设备和施工现场状况等综合选择架设方法。拉索的安装步骤一般为:放索(拉索展开)、水平牵引、起吊、梁上安装拉索的张拉端和塔上牵引锚固端安装就位。

1. 放索

斜拉索起运前通常采用类似电缆盘的钢结构盘将拉索卷盘以方便运输及运输过程中对索的保护,根据拉索不同的卷盘方式,现场放索时,常用的有立式转盘放索和水平转盘放索两种方式。水平转盘放索是设置一个水平转盘,将索盘在转盘上,边转动边将索放出;而立式转盘放索由于拉索一端有较重的锚头挂在索的外侧,使放索偏心,故放索时,索盘转速极易发生突变,产生冲击力,导致拉索散盘,损坏拉索的防护层,因此需在放索盘上设置制动装置。

2. 水平牵引

拉索从索盘上释放出来,进入梁端和塔端钢套管前,需在桥面上进行一段较长距离的移动,通常移动拉索常用的方法有:滚筒法、移动平车法、导索法和垫层拖拉法等。对于短索一般直接将索盘吊到桥面上,利用放索支架放索;对于长索一般直接在船上设置放索支架放索。

(1)滚筒法:在桥面上设置一条滚筒带,索放出后沿滚筒运动。滚筒之间要保持合适的距离,防止拉索因下垂而与桥面接触,滚筒固定在桥面上,防止拉索移动时倾覆,滚轴宜采用橡胶或塑料等柔性、半柔性的材料,做成凹槽形,以便于较好地保护拉索护套。

(2)移动平车法:当拉索上桥后,每隔一段距离垫一个平车,由平车载索运动,平车需保持合理的距离,拉索与平车之间要用软绳或卡箍临时固定,防止拉索从平车掉落到桥面上。

(3)导索法:在索塔上部安装一根斜向工作悬索,当斜拉索上桥后,前端连接牵引索,每隔一段距离放置一个吊点,使拉索沿着导索运动,这种方法能省去大型牵索设备,可安装成卷的斜拉索。

(4)垫层拖拉法:对于一些自重轻,长度短的拉索,可在梁面放索线上铺设麻袋、草包、地毯等柔软的垫层,就地拖拉。

3. 拉索挂设

挂索就是将成品拉索架设到索塔锚固点和主梁锚固点之间的位置上,一般情况下,可根据斜拉索张拉方式确定拉索的安装顺序,拉索张拉端位于塔部时可先安装梁部拉索锚固端,后安装塔部拉索锚固端;反之,先安装塔部,后安装梁部。挂设方法包括吊点法、吊机安装法、分步牵引法三种。

(1)吊点法:拉索上桥面后,从索塔孔道中放下牵引绳,连接拉索的前端,在离锚具下方一定距离设吊点,索塔吊架用型钢组成支架,配置转向滑轮。当锚头提升到索孔位置时,采用牵引绳与吊绳相互调节,使锚头尺寸准确,牵引至索塔孔道内就位后,穿入锚头固定。

(2)吊机安装法:采用索塔施工时的提升吊机,用特制的扁担梁捆扎拉索起吊。拉索前端由索塔孔道内伸出的牵引索引入索塔拉索锚孔内,下端用移动式吊机提升。吊机法操作简单快速,不易损坏拉索,但要求吊机有较大的起重能力,故一般适用于重量不大的短索安装。

(3)分步牵引法:首先用大吨位的卷扬机将索张拉端从桥面提升到预留孔外,然后用穿心式千斤顶将其牵引至张拉锚固面。在这个阶段前半部,采用柔性张拉杆－钢绞线束,利用两套钢绞线夹具系统交替完成前半部牵引工作;牵引阶段的后半部,根据索力逐渐增大的情况,采用刚性张拉杆分步牵引到位。

4. 拉索张拉

拉索的张拉是拉索完成挂索施工后导入一定的拉力,使拉索开始受拉而参与工作,通过对拉索的张拉可以对索力及桥面标高进行调整。拉索张拉形式可分为塔端张拉、梁端锚固,梁端张拉、塔端锚固,以及塔梁两端同时张拉三种。由于塔的刚度比梁大,塔腔内空间较梁体内空间大,千斤顶移动、安装较方便、安全,因此塔端张拉、梁端锚固是斜拉桥拉索张拉常用的施工方法。

塔梁两拉索张拉包括悬臂架设时最外一根拉索的初次张拉、内侧紧邻一根拉索的二次张拉、主梁合龙后的最终张拉,以及施工中间的调整张拉等。根据设计和施工的要求,一般可分为安装阶段的初始张拉和其后的二次张拉。

张拉时应注意:① 张拉前应将锚头和锚环配对并检查其质量;② 穿束和张拉时应注意保护拉索免受损伤;③ 要有 2 种以上测量张拉力的手段;④ 锚环旋紧程度要一致,以免各束受力不均;⑤ 张拉应在严格对称的情况下进行,中、边跨或上、下游间的不平衡张拉力,应不超过一根拉索的初拉力值;⑥ 原则上不允许任意改变初张力大小来凑主梁标高,但在以后调整索力时,还要照顾标高而在允许范围内改变初张力。

5. 索力量测

斜拉索的索力正确与否,是斜拉桥设计施工成败的关键之一,必须有可靠的方法准确量测索力。目前常用的索力量测方法包括压力表测定法、压力传感器测定法、磁通量传感器测定法及频率法等。

压力表测定法是利用千斤顶的液压与张拉力之间的直接关系,在张拉过程中通过读取油压,而后换算成索力的测定方法。压力传感器测定法是通过串联一个压力传感器,张拉时直接从传感器的仪表上读取索力。磁通量传感器基于铁磁性材料的磁弹效应原理进行测量,当受到外力作用时,铁磁性材料内部产生机械应力或应变,其磁导率发生相应变化,通过测定磁导率的变化来反映应力(或索力)的变化。频率法是利用索振动频率与索力之间的关系,通过测定频率,间接量测索力的方法。

## 9.3 悬索桥施工

悬索桥又称为吊桥(suspension bridge),是最古老的桥型之一,它主要由主缆、索塔、锚碇、吊索、加劲梁、桥面系等组成,如图9.3.1所示。悬索桥是由主缆和加劲梁构成的一种柔性悬挂组合体系,兼有索和梁的受力特点。在外荷载作用下,主缆与加劲梁共同受力,主缆是这个组合体系的主要承重构件,在荷载作用下的变形直接影响到整个组合体系的受力分配和变形。而在施工时可利用索塔架设主缆,用悬挂法安装加劲梁及桥面系,因此悬索桥施工不会因为跨径增加而造成很大的难度。

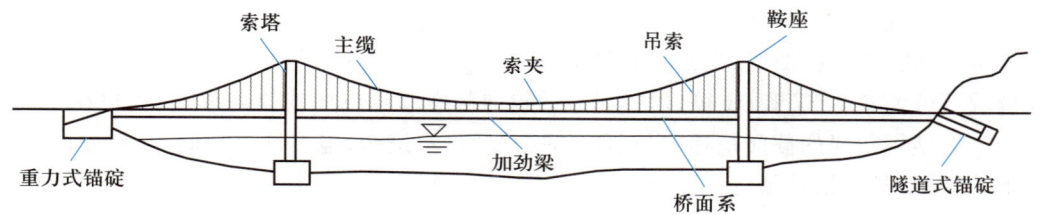

图 9.3.1 悬索桥示意图

悬索桥的类型可根据悬吊跨数、主缆锚固方式及支承结构等加以划分。根据悬吊跨数不同,可将悬索桥分为单跨、双跨、三跨以及多跨(四跨、五跨等)悬索桥,如图9.3.2所示。

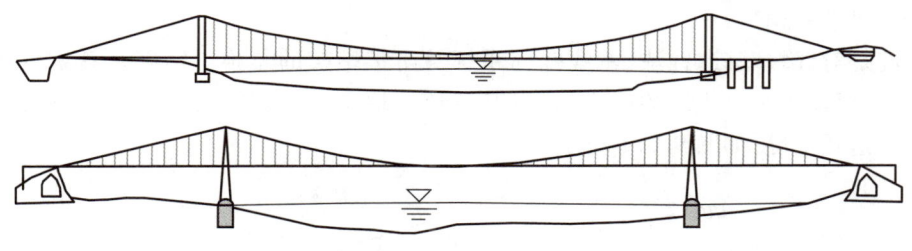

图 9.3.2 悬索桥的类型

按主缆锚固方式,可将悬索桥划分为地锚式悬索桥和自锚式悬索桥。地锚式悬索桥主缆锚固在主跨两端的地基上,是传统的悬索桥形式。而自锚式悬索桥取消了两端庞大的地锚,主缆锚固在加劲梁的两端。

悬索桥跨越能力大、造型轻便美观,已逐渐成为特大跨径(大于1 000 m)桥梁的首选桥型。其总体布置参数包括跨径比、垂跨比、宽跨比和加劲梁的尺寸等。跨径比是三跨悬索桥边跨与主跨跨径之比,一般受具体桥位处的地形与地质条件制约,其取值的自由度较小,跨径比一般为0.25~0.5。垂跨比是指主缆在主孔内的垂度与主孔跨径的比值,是悬索桥设计时需首先确定的一个重要参数,现代地锚式大跨悬索桥主缆垂跨比大多为 1/12～1/9。宽跨比是指桥梁上部结构的梁宽(或主缆中心距)与主孔跨径的比值,主要由车道宽度及桥面构造布置等决定。加劲梁尺寸主要指其的宽度和高度,一般情况下,在桥面宽度确定以后,梁高越小越有利于风稳定,但高度太小会导致加劲梁的抗扭刚度削弱太多,容易导致涡振和抖振的产生,致使结构疲劳,还可能引发人的不适感及行车安全隐患,因此在设计时主要考虑并控制加劲梁的高度比(加劲梁的高度与跨度的比值)和高跨比(加劲梁截面的高度与跨度的比值)两个参数。

### 9.3.1 悬索桥的构造

#### 一、主缆的构造

主缆是悬索桥的主要承重结构之一,主要有钢丝绳和平行钢丝束两种类型。钢丝绳主缆一般用于中、小跨度悬索桥,又可分为钢绞线绳、螺旋钢丝绳(SPR)和封闭式钢绞线索(LCR)。平行钢丝束主缆由于能承受更大拉力,主要用于大跨悬索桥。按照制作和架设方式不同,可分为空中纺丝法(AS)和预制平行丝股法(PPWS)。

1. 钢丝绳主缆

钢丝绳由钢丝捻成股,然后再由股捻成绳。作为主缆的钢丝绳一般为 7 股绳,每股的丝数可分为 7、9、37 和 61 等,丝捻成股的捻向与由股捻成绳的捻向相反,捻角在 18°左右。闭合型钢丝绳的截面呈梯形、Z 形。绳面光滑,不进水,但弹性模量低,不易按设计截面形状压紧,且价格较贵。

2. 平行钢丝束主缆

平行钢丝股主缆一般由直径 5 mm 左右的镀锌高强钢丝组成,其弹性模量高、空隙率低、防腐性能好。为使主缆的构造同其锚固适应,缆内钢丝应分成许多根丝股,丝股的架设截面形式一般是正六边形,以保证丝股在架设过程中能保持稳定和相对密实。

#### 二、锚碇的构造

锚碇是对锚块基础、锚块、主缆锚固系统及防护结构的总称。锚碇是悬索桥的主要承重构件,要抵抗来自主缆的拉力,并将其传递给地基。锚碇按受力形式可分为重力式锚碇和隧道式锚碇,如图 9.3.3 所示。

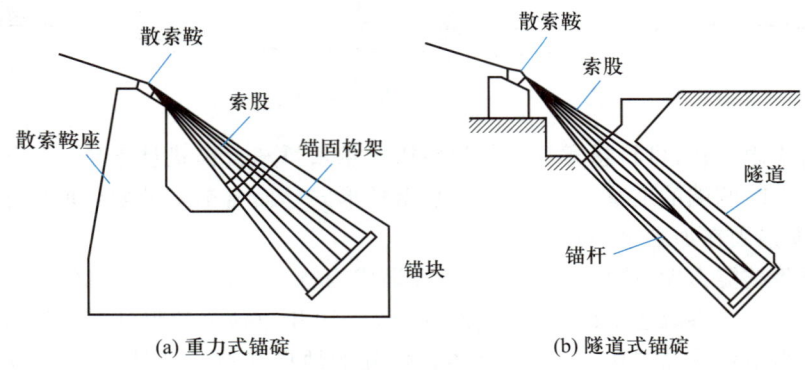

(a) 重力式锚碇    (b) 隧道式锚碇

图 9.3.3　锚碇的构造

1. 重力式锚碇

重力式锚是凭借混凝土锚块的重量（再加上锚碇上的土重或配重）来固定主缆的两端，一般由锚块基础、锚块、主缆的锚碇架及固定装置、遮棚等组成。重力式锚碇适用于持力层位于地面以下 20~50 m，若坚实持力层的埋置深度很大，则锚碇的基础要采用沉箱、沉井、桩、管桩或沉井中套桩（或管桩）的联合基础等深基础。

2. 隧道式锚碇

隧道式锚碇适用于锚碇处有坚实山体岩层可加以利用的情况。在锚碇范围内，主缆的丝股从缠紧状态变为散开状态，其拉力通过锚碇的锚固传力系统分散到锚块内。若主缆是采用空中纺丝法制作的，其丝股在散开的终端应套在靴根，各丝股所传的拉力经由靴根及销钉（或螺杆等）传给埋在混凝土锚块中的锚杆。若主缆采用预制平行丝股法制作，则靴根用锚头铸钢件（常简称锚板）代替。在锚碇前墙处需设置主缆支架以展开丝股并改变方向，主缆支架可分为钢筋混凝土刚性支架、钢制柔性支架及钢制摇杆支架三种形式，如图 9.3.4 所示。

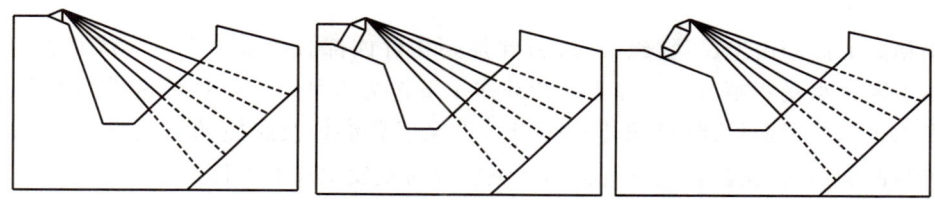

图 9.3.4　隧道式锚碇构造

三、索塔的构造

索塔也称为主塔，由塔基和塔身组成，是支承主缆的主要构件，可以分担主缆所受的竖向荷载，将其传递到下部的塔墩和基础，同时对全桥的总体稳定提供安全保证。

在横桥向，按索塔布置形式可将索塔分为刚构式、桁架式和混合式三种，如图 9.3.5 所示。刚构式简洁明快，多用于混凝土索塔，一般由两个箱形空心塔柱和若干横系梁组成，而桁架式和混合式由于交叉斜杆的施工对混凝土结构有较大困难，一般多用于钢索塔。

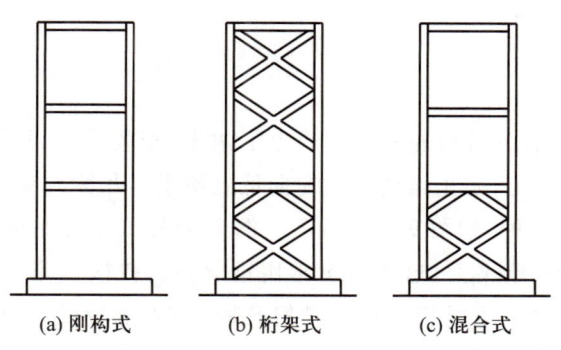

(a) 刚构式　　(b) 桁架式　　(c) 混合式

图 9.3.5　索塔的构造形式

在顺桥向,按力学性质可分为刚性塔和柔性塔两种结构形式。刚性塔可做成单柱形或 A 字形,一般多用于多塔悬索桥中,可提高结构纵向刚度,减小纵向变位,从而减小梁内应力;柔性塔允许塔顶有较大的变位,是现代悬索桥中最常用的索塔结构,一般为塔柱下端做成固接的单柱形式。

### 四、加劲梁的构造

悬索桥的加劲梁主要起支承和传递荷载的作用,主要类型包括钢桁梁、扁平钢箱梁以及薄壁预应力混凝土箱梁。

#### 1. 钢桁梁

钢桁梁是由主桁架、纵向水平连接和横向连接以及桥面系组成的空间结构。主桁架是钢桁梁的主要承重结构,由上、下弦杆及腹杆组成。设计时要确定合适的节间长度和腹杆形式。腹杆大多采用竖杆与斜杆相组合的形式,或者仅采用斜腹杆的形式,节间长度取决于桁高及斜杆与弦杆的夹角,夹角大小又直接影响斜杆的内力,从而影响桁梁的用钢量。

#### 2. 钢箱梁

钢箱梁的截面由上、下翼缘板,腹板和加劲构件四部分组成。上下翼缘板在竖向荷载作用下同时承受弯矩、扭矩,在水平荷载作用下作为水平纵连构件传递横向水平力,同时上翼缘可作为桥面板,将荷载传给腹板。为保证翼缘板及腹板的屈曲稳定,需在受压区设置纵向加劲肋,在腹板上设置横肋和纵肋以防止发生局部失稳。

### 五、吊索与索夹

悬索桥通过吊索将作用于加劲梁上的恒载及活载传给主缆,在主缆上安装索夹以保证传力途径安全可靠。悬索桥吊索的立面布置一般有垂直布置和斜向布置两种形式,如图 9.3.6 所示。将吊索设计成斜吊索可提高大跨度悬索桥振动时的结构阻尼值,但由于构造比较复杂,目前使用不多。

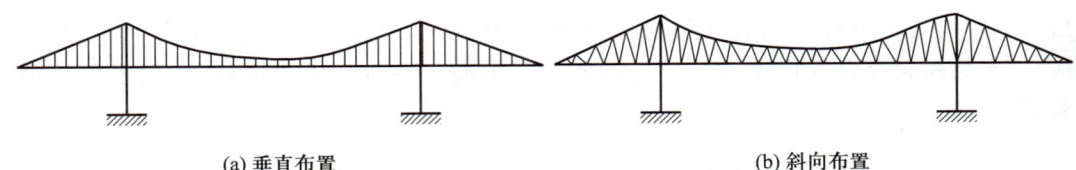

(a) 垂直布置        (b) 斜向布置

图 9.3.6 吊索的立面布置

索夹由铸铁制作而成,分成左右两半或上下两半,安装后用高强螺杆将两半拉紧,在索夹内壁对主缆产生压力,防止索夹沿主缆向低处滑动。吊索与索夹的连接方式可分为倒 U 骑挂式和铰接式两种,如图 9.3.7 所示。倒 U 骑挂式是让吊索绕过索夹(此时为左右两半),让吊索骑挂在索夹上,这类吊索常用钢丝绳。铰接式是采用销钉连接,在索夹(此时是上下两半)下半的下垂板上设置销钉孔眼,吊索上端设开口套筒,两者通过销钉相连,这类吊索可采用钢丝绳或平行钢丝束。

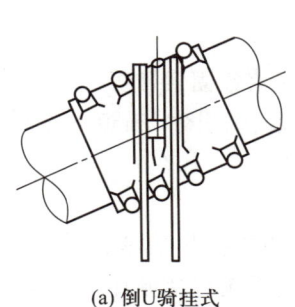
(a) 倒U骑挂式

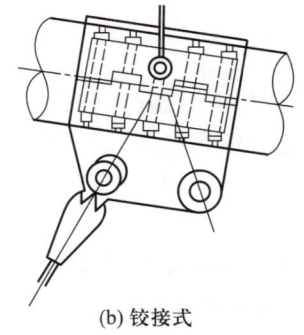
(b) 铰接式

图 9.3.7　吊索与索夹构造

## 六、鞍座

鞍座是设在塔顶及桥台上直接支撑主缆,并将主缆荷载传递给塔及桥台的装置。按其作用的不同,可分为塔顶主鞍座、支架副鞍座和展束锚固鞍座三类。

### 1. 主鞍座

主鞍座设置于悬索桥主塔塔顶,用于支撑主缆,并将主缆所受竖向力传向主塔,同时也起到使主缆在塔顶处平缓过渡、减少主缆过塔顶时的弯曲应力的作用。主鞍座主要由鞍槽、座体和底板三部分组成,如图 9.3.8 所示。鞍槽用以直接容纳和支承主缆丝股,纵向呈圆弧状,半径为主缆直径的 8~12 倍。座体是鞍座传递竖向压力的主体,直接与鞍槽底部连为一体,它由一道或两道纵主腹板和多道横肋构成,下部与底板相连。底板是预置于塔顶用以支承鞍座座体的部分,它使鞍座反力均匀分布于塔顶。

图 9.3.8　鞍座构造

### 2. 支架副鞍座

支架副鞍座是设在边跨靠岸端的墩架或钢排架顶上的鞍座,其作用是改变主缆在垂直面内的方向,使主缆对水平线倾角变陡,以便进入锚碇。支架副鞍座有两种形式:一种是鞍座固定在墩架或钢排架的顶部,鞍座与墩架或钢排架顶部不发生相对位移;另一种是鞍座下设有辊轴或摇杆,容许鞍座与墩支架或钢排架顶部做相对移动。

### 3. 展束锚固鞍座

展束锚固鞍座设置于锚碇前段,起支承转向及分散丝股便于主缆锚固的作用,可将构成主缆的许多钢丝束绳股在水平向及垂直向分散开。展束锚固鞍座的形状较复杂;在主缆进口端应有圆槽,以便与主缆截面相适应;在丝股出口处,应让外层各丝股的上端交汇于一点,下端指向锚块混凝土前锚面的指定丝股位置。

## 9.3.2　悬索桥的施工

### 一、主缆的架设

悬索桥缆索工程施工包括主缆架设前的准备工作、主缆架设、防护及收尾工作等,具体施工工艺如下。

**1. 准备工作**

主缆架设前,应先安装索鞍(包括主副索鞍、展束锚固索鞍等),安装塔顶吊机或吊架以及各种牵引设施和配套设备,然后依次进行导索、牵引索、猫道的架设,为主缆架设做好准备。

**2. 牵引系统**

牵引系统是架于两锚碇之间、跨越索塔、用于空中拽拉的牵引设备,主要承担猫道架设、主缆架设以及部分牵引吊运工作。常用的牵引系统包括循环式和往复式两种。

(1)循环式牵引系统:把牵引索的两端插接起来,形成环状闭合索,通过一台驱动装置连续牵引这个闭合索,由滚筒和塔架滑轮等作为支撑和导向,闭合索循环运动,同时将连接其上的钢丝或丝股从一侧锚碇带到另一侧,就实现了主缆钢丝或丝股的输送,如图9.3.9所示。

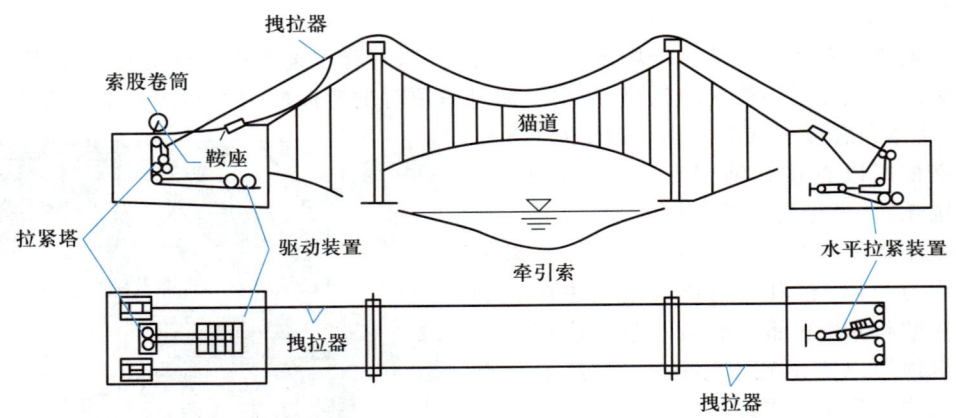

图 9.3.9　循环式牵引系统

(2)往复式牵引系统:牵引索的两端分别卷入主、副牵引卷扬机,一端用于卷绳进行牵引,另一端用于放绳,牵引索做往复运动,如图9.3.10所示。跨径大的悬索桥丝股架设需要较大的牵引力时可采用往复式牵引系统。

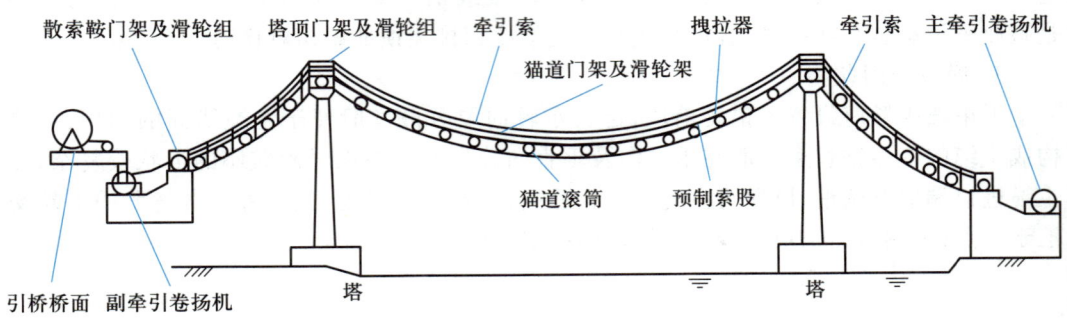

图 9.3.10　往复式牵引系统

牵引系统的架设是以简单经济并尽量少占用航道为原则。通常的方法是先将比牵引索细的先导索渡海（江），再利用先导索将牵引索由空中架设。先导索渡海（江）的方法有水下过渡法、水面过渡法与空中过渡法。

3. 架设猫道

猫道是悬索桥架设施工中，空中架设的工作走道，是主缆编制和架设必不可少的临时设施。每座悬索桥的施工一般设有两个猫道，每个猫道各供一侧主缆施工所需，是悬索桥施工的特有设备。猫道由承重索、扶手索、面层、横向通道及抗风索（或制振装置）、锚固体系等组成，如图 9.3.11 所示。纵向，猫道面层平行主缆空载线形，与主缆的空载垂度一致，一般距主缆中心为 1.5 m 左右。横向，猫道中心线与主缆中心线在竖向保持一致，每侧主缆下独立布置，并根据丝股牵引、紧缆缠丝等作业所需的操作面选择猫道横向宽度，一般为 3~5 m。

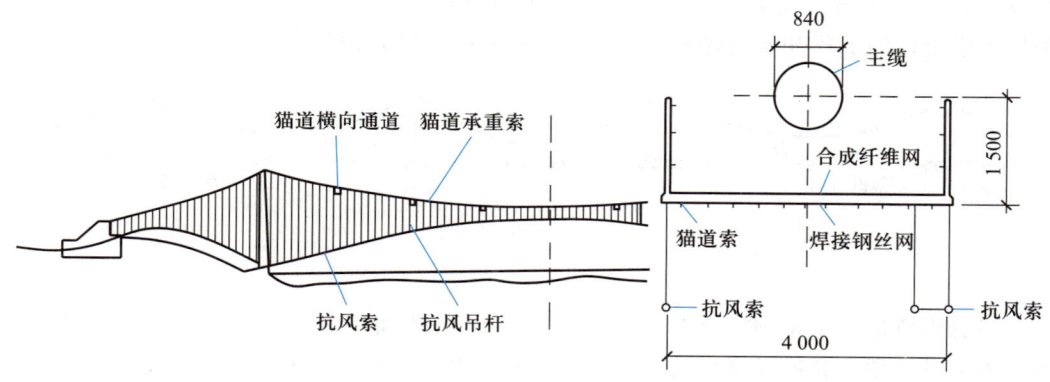

图 9.3.11　猫道的布置

猫道面层一般由横梁、双层钢丝网和木踏步等组成，如图 9.3.11 所示。横梁可采用角钢、槽钢和工字钢，间隔布置。双层钢丝网采用大小直径及不同孔眼两种，下层用大直径大孔钢丝网、上层用小直径小孔钢丝网，这样布置不仅可减轻自重，而且减小了猫道的阻风面积及所受风荷载，也可防止施工小件坠落。为提高猫道的抗风稳定性，调整猫道的曲线形状，猫道设有防风索。

4. 架设主缆

主缆是悬索桥上的主要受力部件，悬索桥主缆施工顺序为：丝股制作→丝股架设→丝股调整→丝股偏移整形→丝股入鞍→紧缆→待索夹、吊索和加劲梁安装完成后，进行主缆缠丝和涂装。根据丝股架设方式，主缆施工主要分为空中纺丝法（AS 法）和预制平行丝股法（PPWS 法）两类。

（1）空中纺丝法：是先在猫道上将单根钢丝编制成主缆丝股，多束丝股再组成主缆的施工方法。将钢丝卷入专用卷筒运至悬索桥一端锚碇旁，并将其一头抽出，暂时固定在一个梨形蹄铁上，钢丝继续外抽，套于送丝轮的槽路中，送丝轮则连接在牵引索上，牵引索带动送丝轮将钢丝引送至对岸，同样套于设在锚碇处的一个梨形蹄铁上，让送丝轮带动其返回始端，如此循环多次则可按要求数量将钢丝捆扎成束。

（2）预制平行丝股法：是在工厂或桥址旁的预制场事先将钢丝预制成平行丝股，然后利用拽拉设施将其通过猫道拽拉架设的施工方法。预制平行丝股法省去了现场纺缆工序,但所需牵引力较空中纺丝法大得多,对丝股运输要求也较高。

5. 安装索夹、吊索

当主缆形状满足索夹安装要求后,用缆索起重机或者塔式起重机自塔顶向安装位置处吊运索夹。首先将索夹放在猫道上拆分成两半,然后利用起吊装置安装两半索夹,穿好螺杆,人工预拧后,再精确调整索夹位置,使用拉伸器对拉杆施加轴力。而吊索起吊由塔顶卷扬机完成,在加劲梁吊装完成后,当吊索长度超过 20 m 时必须在其中间位置安装减振架。吊索在吊装过程中易发生扭转,要注意操作安全。

## 二、加劲梁的架设

悬索桥的加劲梁主要采用全焊接流线型扁平钢箱梁和焊接钢桁梁两种形式。按其架设推进方式分,施工方法可分为先从跨中节段开始向两侧主塔方向推进(图 9.3.12a)和从主塔附近的节段开始向跨中及桥台推进(图 9.3.12b)两种方式。

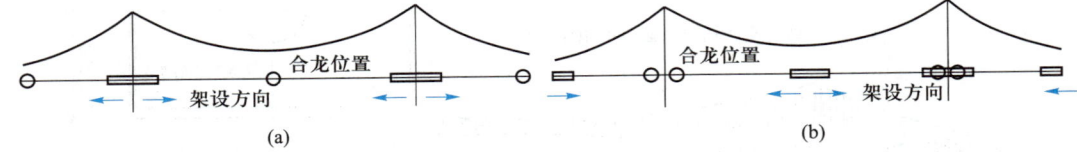

图 9.3.12　加劲梁架设

当悬索桥加劲梁是钢桁梁时,其架设方法可与一般钢桁梁的架设方法基本相同,即可采用能沿桁架上弦或纵梁走行的德立克吊机安装。但在每一梁段拼装后,不是靠已成梁段来承受后拼梁段的自重,而是立即将刚拼好的梁段通过吊索悬挂在主缆上,由主缆承担其自重,而架设常分两期进行:第一期中将桥面系等尽量省去,仅将主桁架梁架拼装合龙;第二期再作加劲梁结构的其余部分施工,最后才浇筑混凝土桥面。

## 三、锚碇施工

悬索桥的锚碇是支承主缆的重要结构之一。大跨悬索桥的锚碇由锚块、锚块基础、主缆的锚室及固定装置、散索鞍支墩等部分组成,如图 9.3.13 所示。重力式锚碇混凝土的浇筑,应按大体积混凝土浇筑,注意水化热影响,防止锚块产生裂缝,锚块与基础应形成整体。隧道式锚碇应注意隧道中排水和防水措施。在开挖岩石过程中,不应采用大药量的爆破,应尽量保护岩石的整体性。对岩洞周围裂缝较多的岩石应加以处理。隧道内的岩面,开挖到设计截面后,应迅速加设衬砌,避免岩面风化影响锚块质量。

锚碇大体积混凝土施工阶段产生的温度应力,往往超过外荷载引起的结构应力,使混凝土块产生温度裂缝,影响锚碇

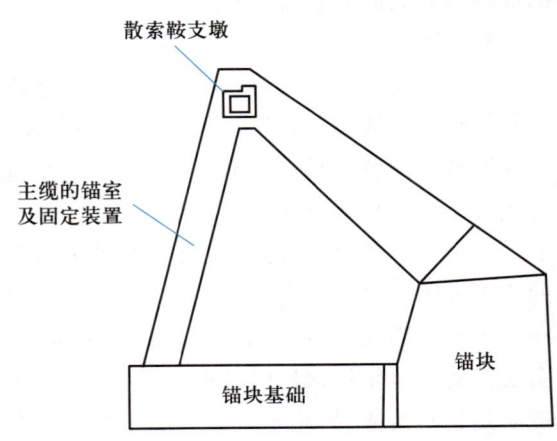

图 9.3.13　锚碇施工方式

的使用寿命。因此大体积混凝土施工中的温度控制,对保证质量非常关键,常采用砂石料与拌合水预冷却、混凝土入泵温度控制、利用冷却水管通水降低混凝土内部温度等多项措施来控制混凝土体内外的温度。

---

## 习　　题

9.1　简述桥梁结构的类型及各类型的受力特点。

9.2　何谓悬臂浇筑施工?何谓悬臂拼装施工?比较悬臂施工两种方法的异同。

9.3　简述悬索桥施工主要工序。

9.4　简述斜拉桥施工主要工序。

---

## 案 例 研 讨

某三跨预应力混凝土连续刚构桥,跨度为 90 m+155 m+90 m,箱梁宽 14 m,底板宽 7 m,箱梁高度由根部的 8.5 m 渐变到跨中的 3.5 m,根据设计要求,0 号、1 号块混凝土为托架浇筑,然后拼装挂篮,用悬臂浇筑法对称施工,挂篮采用自锚式桁架结构。施工单位根据该桥的特点,制定了详细的施工流程,其中对箱梁悬臂浇筑阶段的主要施工工序如下:

1. 在两主墩的两侧安装托架并预压,架立模板,绑扎 0 号、1 号块钢筋,浇筑混凝土并张拉预应力筋;

2. 拼装挂篮,用堆载法预压挂篮,以消除挂篮的非弹性变形;

3. 按照设计标高值与预加抬高量值之和,进行模板架立、绑扎钢筋、浇筑各个节段的箱梁混凝土,张拉预应力筋;

4. 拆除模板,移动挂篮,开始下一个节段的施工;

5. 在整个悬臂浇筑过程中,定时进行箱梁节段标高的测量,以及应力和温度的观测,整个测量完全满足设计和施工技术规范的要求。

第 9 章
桥梁工程案
例研讨分析
提示

1. 施工单位在 0 号、1 号块施工完成后拼装挂篮是否正确?说明理由。

2. 张拉完预应力筋后能否开始做下一节段的施工?为什么?

# 第10章 道路工程

第 10 章　数字资源

## ● 导入语

　　道路工程施工是指建设道路系统的工程领域。道路作为基础设施的重要组成部分，在城乡交通中起着至关重要的作用。道路工程涉及道路的布局、材料选择、施工技术、交通管理等多个方面，直接影响着人们的出行和经济发展。在现代社会中，随着交通需求的不断增长和城市化进程的加快，道路工程的重要性愈发显著。通过科学合理的施工，可以改善道路交通状况，提高交通效率，促进经济繁荣和社会发展。

## ● 学习目标

　　学习路面工程的基本概念、原理、材料和施工方法，掌握路面结构设计的基本要素。了解各种路面材料的特性、用途以及在不同情况下的适用性，掌握路面施工技术，熟悉路面施工的各个环节、施工工艺的要点。

## ● 学习内容

　　道路工程中常用的材料，如沥青、水泥、砾石等的性质、用途和施工要求。各种道路施工机械的种类、性能特点、操作方法，以及机械设备的维护保养。不同类型道路路面结构的施工方法，如沥青混凝土路面、水泥混凝土路面等的施工工艺。

　　**重点**：滑模摊铺施工要点，沥青表面处治路面施工，沥青贯入式路面施工，热拌沥青混合料路面施工，水泥混凝土路面技术准备。

　　**难点**：施工要点，技术准备。

## ● 案例拓展

第 10 章　案例拓展

## 10.1 水泥混凝土路面工程

普通水泥混凝土是由水泥、细集料、粗集料、水和外加剂组成,必要时掺加掺合料,经拌和、摊铺、振捣、养护成型。根据对材料的要求和组成成分不同,分为:素混凝土路面、钢筋混凝土路面、连续配筋混凝土路面、预应力混凝土路面、钢纤维混凝土路面和装配式混凝土路面等。素混凝土路面只在接缝和局部范围内配置构造钢筋,使用范围最广。水泥混凝土路面具有刚度大、强度高、稳定性好、养护维护费用低等优点。在荷载重、交通量大或路基软弱时的道路上,宜采用此种路面。同时,水泥混凝土路面的水稳定性和热稳定性均较好,在过水路面、冰冻地区和炎热地区,均宜采用水泥混凝土路面。此外,其具有良好的粗糙度和抗滑能力,适用于坡度大或小半径平曲线道路。其缺点是地震作用或地基变形后,水泥混凝土路面板会发生翘曲变形,翻建难度大。

### 10.1.1 水泥混凝土路面工程施工前的准备工作

施工前主要准备的内容包括材料、机械、技术准备和施工条件等工作。

#### 一、原材料进场与质量检验

混凝土宜采用商品混凝土,水泥、粗集料、细集料、水、外加剂、钢筋、钢纤维、填缝材料等原材料要求符合《公路水泥混凝土路面施工技术细则》(JTG/T F30—2014)中的相关规定。

混凝土配合比应能够保证设计强度、耐磨性、耐久性和混凝土拌合物和易性的要求,在北方寒冷(或高原)地区还应符合抗冻性要求。混凝土配合比设计的具体要求详见《公路水泥混凝土路面施工技术细则》(JTG/T F30—2014)。

#### 二、机械选择

施工前应对所有施工机具进行检查。常见的水泥混凝土路面的摊铺机械有滑膜摊铺机、三辊轴机组、小型机具和碾压混凝土摊铺机等。常见的混凝土运输工具有混凝土运输车、翻斗车、手推车等。常见的混凝土振捣机械有平板振捣器、插入式振动器和振动梁等。其他机械还包括地面磨光机、真空吸水装置、混凝土切割机等。

#### 三、技术准备

当采用自拌混凝土时,应选择合适的拌和场地,运送混凝土的运距尽量短,水、电等方便,有足够面积的场地,合理布置砂、石子堆放地点,搭建水泥库存房等。施工前应对场地上部原有建筑物(构筑物)、地下管线等进行拆迁。摊铺线、基层应修整干净,基层的宽度、标高、平整度、强度和压实度等指标均应达到设计和规范要求,并经监理工程师同意后进行铺设。混凝土摊铺线、基层表面应洒水湿润,以免混凝土底部水分被干燥基层吸去。

#### 四、施工条件

施工前应按设计规定划分混凝土板块,板块划分应从路口开始,避免出现锐角。曲线段分块,应使横向分块线与该点法线方向一致。直线段分块线应与面层胀缩缝结合,分块距离均匀。分块线距检查井盖的边缘,宜大于1m。同时根据设计文件与施工条件确定施工方案,编制施工组织设计。施工前必须对混凝土路面原材料进行试验分析,提供混凝土配合比试验数据。

施工前需要复测平面和高程控制桩,根据设计文件要求定路面中线、宽度、纵横高程等样桩。

### 10.1.2　水泥混凝土路面工程的施工工艺

混凝土面层施工工艺为: 模板安装 → 钢筋布置 → 混凝土摊铺 → 接缝处理 → 抹面拉毛 → 养护 → 拆模 。

### 10.1.3　水泥混凝土路面工程的施工要点

#### 一、模板安装

根据设计图纸放出路面中心线和路面边线;在路线两旁布设临时水准点,以便施工时就近对路面进行标高复核。在处理好的基层或做好的调平层上,清扫杂物、浮土,然后支立模板,模板高度与路面高度齐平。模板宜采用钢模板,模板的制作与立模应符合下列规定:

1. 模板高度与混凝土路面厚度一致。平直路段,钢模板每隔1m设置一道支撑;木模板每隔0.8~1m设置一道支撑。弯道部分,木模板每隔0.5~0.8m设置一道支撑。木模板应该平直、顺滑、坚实、无裂缝、无腐朽;钢模板应平直、平整。

2. 模板制作允许偏差应符合表10.1.1规定。

表 10.1.1　模板制作允许偏差

| 检测项目 | 三辊轴机组 | 轨道摊铺机 | 小型机具 |
|---|---|---|---|
| 高度/mm | ±1 | ±1 | ±2 |
| 局部变形/mm | ±2 | ±2 | ±3 |
| 垂直边夹角/(°) | 90±2 | 90±1 | 90±3 |
| 顶面平整度/mm | ±1 | ±1 | ±2 |
| 侧面平整度/mm | ±2 | ±2 | ±3 |
| 纵向直顺度/mm | ±2 | ±1 | ±3 |

3. 模板依据设计要求安装在基层上,两侧用铁钎打入基层以固定位置,模板顶面用水准仪核查其标高,施工时应随时复核模板标高与平面位置。模板搭接处应紧密平顺,不得有漏缝、错茬、高低不平等现象。模板交接处不得有漏浆现象,模板表面涂隔离剂。

4. 模板安装应符合表10.1.2的规定。

表 10.1.2　模板安装允许偏差

| 检测项目 | 允许偏差 | | | 检测频率 | | 检验方法 |
|---|---|---|---|---|---|---|
| | 三辊轴机组 | 轨道摊铺机 | 小型机具 | 范围 | 点数 | |
| 中线偏差/mm | ≤10 | ≤5 | ≤15 | 100 m | 2 | 用经纬仪、钢尺量 |
| 宽度/mm | ≤10 | ≤5 | ≤15 | 20 m | 1 | 用钢尺量 |
| 顶面高程/mm | ±5 | ±5 | ±10 | 20 m | 1 | 用水准仪测量 |
| 横坡/% | ±0.1 | ±0.1 | ±0.2 | 20 m | 1 | 用钢尺量 |
| 相邻板高差/mm | ≤1 | ≤1 | ≤2 | 每缝 | 1 | 用水平尺、塞尺量 |
| 模板接缝宽度/mm | ≤3 | ≤2 | ≤3 | 每缝 | 1 | 用钢尺量 |
| 侧面垂直度/mm | ≤3 | ≤2 | ≤4 | 20 m | 1 | 用水平尺、卡尺量 |
| 纵向顺直度/mm | ≤3 | ≤2 | ≤4 | 40 m | 1 | 用 20 m 线盒钢尺量 |
| 顶面平整度/mm | ≤1.5 | ≤1 | ≤2 | 两缝间 | 1 | 用 3 m 直尺、塞尺量 |

## 二、钢筋布置

钢筋混凝土板钢筋网片的安放应符合下列规定：

1. 不得踩踏钢筋网片。

2. 安放单层钢筋网片时,应先在底部铺设一层混凝土,铺设高度应在钢筋网片设计位置预加一定的沉落度,钢筋网片安装就位以后继续浇筑混凝土。

3. 安放双层钢筋网片时,厚度不大于 25 cm 的板,上下两层钢筋网片应先与架立筋绑扎成钢筋骨架,一次安装就位。厚度大于 25 cm 的,上下层钢筋网片需分两次安放。安放角隅钢筋时,应先在角隅处摊铺一层混凝土。摊铺高度应高于设计标高,以抵消一部分沉落度。角隅钢筋就位后,用混凝土压住钢筋。安放边缘钢筋时,应沿边缘浇筑长条混凝土,振捣密实至钢筋设置高度,然后安放边缘钢筋,在两端弯起处用混凝土压住。

4. 传力杆安装需牢固,位置准确。

5. 钢筋加工允许偏差应符合表 10.1.3 的规定。

表 10.1.3　钢筋加工允许偏差

| 项目 | 钢筋网及骨架允许偏差/mm | | 检验频率 | | 检验方法 |
|---|---|---|---|---|---|
| | 焊接 | 绑扎 | 范围 | 点数 | |
| 钢筋网长度与宽度 | ±10 | ±10 | 每批检验 | 抽查 10% | 用钢尺量 |
| 网眼尺寸 | ±10 | ±20 | | | |
| 骨架宽度与长度 | ±5 | ±5 | | | |
| 骨架长度 | ±10 | ±10 | | | |

6. 钢筋安装允许偏差应符合表 10.1.4 的规定。

表 10.1.4　钢筋安装允许偏差

| 项目 | | 允许偏差/mm | 检验频率 | | 检验方法 |
| --- | --- | --- | --- | --- | --- |
| | | | 范围 | 点数 | |
| 受力钢筋 | 排距 | ±5 | 每批检验 | 抽查10% | 用钢尺量 |
| | 间距 | ±10 | | | |
| 钢筋弯起点位置 | | 20 | | | |
| 箍筋、横向钢筋间距 | 绑扎 | ±20 | | | |
| | 焊接 | ±10 | | | |
| 钢筋预埋位置 | 中心线位置 | ±5 | | | |
| | 水平高差 | ±3 | | | |
| 钢筋保护层 | 距表面 | ±3 | | | |
| | 距底面 | ±5 | | | |

7. 混凝土抗压强度达到 0.8 MPa 及以上方可拆模。

三、混凝土摊铺

混凝土浇筑前应检查基层或砂层表面、模板位置、高程等是否符合设计要求。模板支撑接缝严密、模内洁净、隔离剂涂刷均匀,钢筋、预埋件的位置正确,传力杆等安装符合要求。运输、搅拌、摊铺设备状况良好。

1. 小型机具施工水泥混凝土路面层,应符合:

(1)混凝土松铺系数宜控制在 1.10~1.25 之间。

(2)摊铺混凝土厚度达到板厚 2/3 时,应拔出模内钢钎,并填实钎洞。

(3)混凝土面层分两次摊铺时,上层混凝土的摊铺应在次下层混凝土初凝前完成,且下层厚度宜为总厚度的 3/5。

(4)混凝土摊铺前应与钢筋网、传力杆及边缘角隅钢筋的安放相配合。

(5)一块混凝土板应一次连续浇筑完毕。

(6)混凝土采用插入式振捣器时,不应过振,且振动时间不宜少于 30 s,移动距离宜不大于 50 cm。使用平板振捣器振捣时应重叠 10~20 cm,振捣器行进速度应均匀一致。

2. 三辊轴机组铺筑应符合下列规定:

(1)三辊轴机组铺筑混凝土面层时,辊轴直径应与摊铺层厚度匹配,且必须同时配备一台安装插入式振捣器组的排式振捣机,振捣器的直径宜为 50~100 mm,间距应不大于其有效半径的 1.5 倍,且不得大于 50 cm。

(2)面层铺装厚度小于 15 cm 时,可采用振捣梁。其振捣频率宜为 50~100 Hz,振捣加速度宜为 4~5$g$($g$ 为重力加速度)。

(3)当一次性摊铺双车道面层时,应配备纵缝拉杆插入机,并配有插入深度控制和拉杆间距调整装置。

(4)卸料均匀,布料速度与摊铺速度相适应;三辊轴整平机分段整平的作业单元长度以控制在 20~30 m 为宜,振捣机与整平工序间隔不宜超过 15 min。

#### 四、接缝处理

1. 胀缝(图 10.1.1)应与路面中心线垂直,缝壁必须垂直,缝隙宽度一致,缝中浆体不连续,缝隙上部浇灌填缝料,下部设置胀缝板。

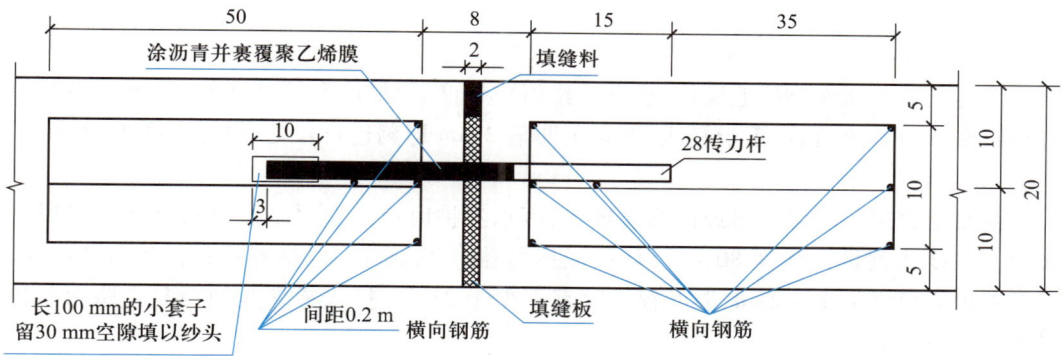

图 10.1.1　胀缝构造形式

2. 胀缝传力杆的活动端,可设在缝的一边或交错布置,固定后的传力杆须平行于路面及路面中心线,误差不大于 5 mm。

3. 缩缝(图 10.1.2)应采用切缝法施工,条件受限时,采用压缝法。混凝土强度达到设计强度的 20%~30% 时,采取切缝机进行切割。切缝时应防止水渗入基层和土层。有传力杆时,切缝深度为厚度的 1/3,且不小于 70 mm;没有传力杆时,切缝深度不小于厚度的 1/4,且不小于 60 mm。

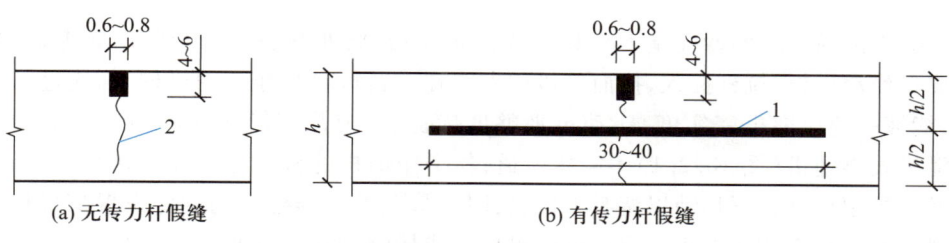

(a) 无传力杆假缝　　　　(b) 有传力杆假缝

1—传力杆;2—自行断裂缝。

图 10.1.2　缩缝构造形式

4. 施工缝(图 10.1.3)的位置与切缝位置重合,施工缝与路面中心线垂直。

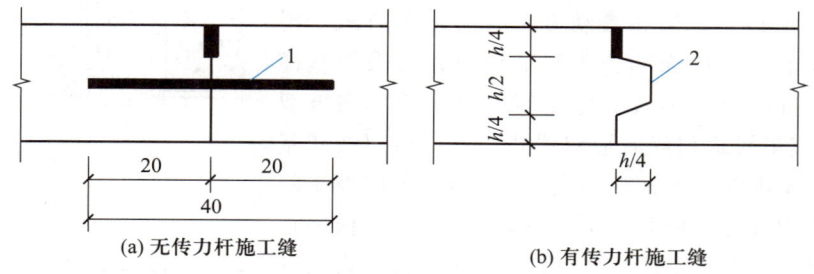

(a) 无传力杆施工缝　　　　(b) 有传力杆施工缝

1—传力杆;2—沥青。

图 10.1.3　施工缝构造形式

5. 当一次摊铺宽度小于路面和硬路肩总宽度时,应设置纵向施工缝,位置须避开车轮轨迹,并重合或靠近车道线。

6. 混凝土板养护期满后,缝槽应及时填缝,在填缝前必须保持缝内清洁,防止砂石等杂物掉入。

### 五、抹面拉毛

混凝土路面抹面及拉毛操作,将影响路面平整度、粗糙度和抗磨性能,混凝土终凝前必须收水抹面。抹面后,手指轻压,混凝土凹陷 2 mm 即刻进行拉毛,拉毛深度 1~2 mm。

### 六、养护

混凝土养护可用湿草垫或湿麻袋覆盖,洒水养护时应注意水不能直接浇筑在混凝土表面。强度达到设计强度 80% 时,可以撤掉覆盖,放车通行,但是养护仍需进行 2~3 d。一般养护天数宜为 14~21 d,温度较低时宜不少于 21 d。掺入粉煤灰的混凝土路面养护时间不宜少于 28 d。

### 七、拆模

拆模时先拆模板支撑、铁钎等,然后用扁头铁棍插入模板与混凝土之间,慢慢向外撬动,不应损坏混凝土边缘,拆下的模板应及时清理干净,堆放整齐,防止变形。

## 10.2 滑模摊铺式路面工程

混凝土滑模施工的特征是不架设边缘固定模板,将布料、松方控制、高频振捣器组、挤压成型滑动模板、拉杆插入、抹面等机构安装在一台可自行作业的机械上,通过基准线控制,能够一遍摊铺出密实度高、动态平整度优良、外观几何形状准确的水泥混凝土路面。滑模式摊铺机(图 10.2.1)不需要轨道,整个摊铺机的机架是支撑在四个液压缸上,可以通过控制机械上下移动以调整摊铺机铺层厚度,并在摊铺机的两侧设置随机移动的固定滑模板。滑模式摊铺机一次通过就可以完成摊铺、振捣、整平等多道工序。

### 10.2.1 基准线设置

滑模摊铺水泥混凝土路面的施工基准设置有基准线、滑靴、多轮移动支架和搬动方铝管等多种方式。滑模摊铺水泥混凝土路面的施工基准线设置宜采用基准线方式。基准线设置形式视施工需要可采用单向坡双线式、单向坡单线式和双向坡双线式。单向坡双线式基准线的两根基准线间的横坡应与路面一致;单向坡单线式基准线必须在另一侧具备适宜的基准点,路面横向连接摊铺,其横坡应与已铺路面一致;双向坡双线式基准线的两根基准线直线段应平行且间距相等,并对应路面高程,路拱靠滑模摊铺机自动铺成。

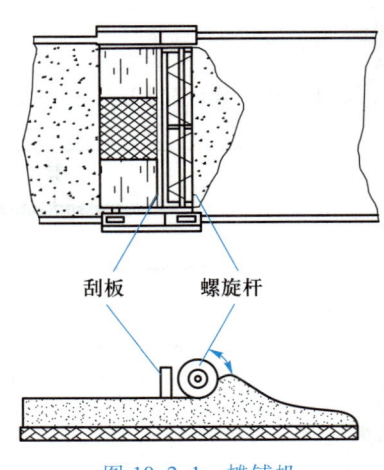

刮板　　　螺旋杆

图 10.2.1 摊铺机

### 10.2.2　混凝土搅拌、运输

混凝土最短搅拌时间,应根据拌合物的黏聚性、均质性及强度稳定性由试拌确定,一般情况下,单立轴式搅拌机总拌和时间为 80~120 s;双卧轴式搅拌机总搅拌时间为 60~90 s,上述两种搅拌机原材料到齐后的纯拌和最短时间分别不短于 30 s、35 s。连续式搅拌楼的最短搅拌时间不得短于 40 s,最长搅拌时间不宜超过高限值的 2 倍。

混凝土的运输应根据施工进度、运量、运距及路况来配备车型和车辆总数,其总运力应比总拌和能力略有富余。

### 10.2.3　滑模摊铺

#### 一、施工准备

① 检查板厚;② 检查辅助施工设备机具;③ 检查基层;④ 横向连接摊铺检查。

#### 二、施工要点

1. 机手操作滑模摊铺机应缓慢、均速,连续不间断地摊铺。

2. 摊铺中,机手应随时调整松方高度控制板进料位置,开始应略设高些,以保证进料。正常状态下应保持振捣仓内砂浆料位高于振捣棒 10 cm 左右,料位高低上下波动控制在 ±4 cm 之内。

3. 滑模摊铺机以正常摊铺速度施工时,振捣频率可在 6 000~11 000 r/min 之间调整,宜采用 9 000 r/min 左右。应防止混凝土过振、漏振、欠振。当混凝土偏稀时,应适当降低振捣频率,加快摊铺速度,但最快不得超过 3 m/min,最小振捣频率不得小于 6 000 r/min;当新拌混凝土偏干时。应提高振捣频率,但最大不得大于 11 000 r/min,并减慢摊铺速度,最小摊铺速度应控制在 0.5~1 m/min;滑模摊铺机起步时,应先开启振捣棒振捣 2~3 ml 再推进,滑模摊铺机脱离混凝土后应立即关闭振捣棒。

4. 滑模摊铺纵坡较大的路面,如为上坡,挤压底板前仰角应适当调小,同时适当调小抹平板压力;如为下坡,前仰角应适当调大,抹平板压力也应调大。抹平板合适的压力应为板底 3/4 长度接触路面抹面时的压力。

5. 滑模摊铺弯道和渐变段路面时,单向横坡,使滑模摊铺机跟线摊铺,应随时观察并调整抹平板内外侧的抹面距离,防止压垮边缘。摊铺中央路拱时,计算机控制条件下,输入弯道和渐变段边缘及路拱中几何参数,计算机自动控制生成路拱;手控条件下,机手应根据路拱消失和生成的几何位置,在给定路段范围内分级逐渐消除或调整设计路拱。

6. 摊铺单车道路面,应视路面的设计要求配置一侧或双侧打纵缝拉杆的机械装置。侧向拉杆装置的正确插入位置应在挤压底板的中下或偏后部。拉杆打入有手推、液压、气压等几种方式,压力应满足一次打(推)到位的要求,不允许多次打入。

7. 机手应随时密切观察所摊铺的路面效果,注意调整和控制摊铺速度,振捣频率,夯实杆、振动搓平梁和抹平板位置、速度和频率。

## 10.3 沥青路面工程

### 10.3.1 沥青路面工程施工前的准备工作

施工前的准备工作主要有确定料源及进场材料的质量检验、施工机具设备选型与配套、修筑试验路段等各项工作。

#### 一、确定料源及进场材料的质量检验

对进场的沥青材料,应检验生产厂家所附的试验报告,检查装运数量、装运日期、订货数量、试验结果等,并对每批沥青进行抽样检测,试验中如有一项达不到规定要求时,应加倍抽样试验,如仍不合格时,则退货并索赔。

#### 二、施工机械检查

施工前应对各种施工机具进行全面的检查包括拌和与运输设备的检查;洒油车的油泵系统、洒油管道、油量表、保温设备等的检查;矿料摊铺车的传动和液压调整系统的检查,并事先进行试摊,以便确定摊铺每一种规格矿料时应控制的间隙和行驶速度;摊铺机的规格和机械性能的检查;压路机的规格、主要性能和滚筒表面磨损情况的检查。

#### 三、铺筑试验路段

在沥青路面(常见路面面层构造形式如图 10.3.1 所示)修筑前,应用计划使用的机械设备和混合料配合比铺筑试验路段,主要研究合适的拌和时间与温度,摊铺温度与速度,压实机械的合理组合、压实温度和压实方法,松铺系数,合适的作业段长度等并在沥青混合料压实 12 h 后,按标准方法进行密实度、厚度的抽样检查。

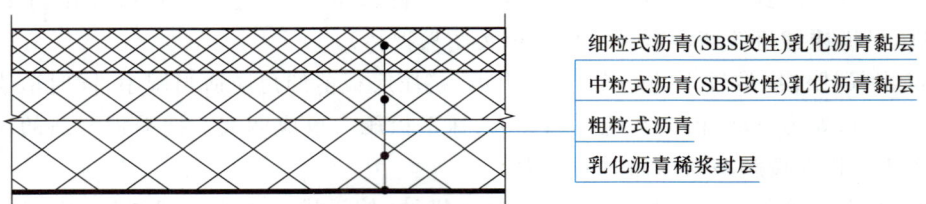

图 10.3.1 沥青路面面层构造形式

### 10.3.2 沥青表面处治路面施工

沥青表面处治路面是用沥青和细粒矿料按拌和法或层铺法施工成厚度不超过 30 mm 的薄层路面面层,主要适用于三级及三级以下的公路、城市道路的支路、县镇道路、各级公路的施工便道及在旧沥青面层上加铺的罩面层或磨耗层,主要是用来抵抗行车的磨损和大气作用并增强防水性,提高平整度,改善路面的行车条件。

单层式沥青表面处治路面是浇洒一次沥青,撒布一次集料铺筑而成的厚度为 1.0~1.6 cm(乳化沥青表面处治为 0.5 cm);双层式是浇洒二次沥青、撒布二次集料铺筑面成的厚度为 1.5~2.5 cm(乳化沥青表面处治为 1 cm);三层式是浇洒三次沥青,撒布三次集

料铺筑而成的厚度为 2.5~3.0 cm(乳化沥青表面处治为 3 cm)。

### 一、施工准备

沥青表面处治施工应在路缘石安装完成以后进行,基层必须清扫干净。施工前应检查沥青洒布车的油泵系统、输油管道、油量表、保温设备等。集料撒布机使用前应检查其传动和液压调整系统,并应进行试洒,确定撒布各种规格集料时应控制下料间隙及行驶速度。

### 二、施工要点

层铺法三层式沥青表面处治的施工一般可按下列工序进行:

1. 浇洒第一层沥青

在透层沥青充分渗透,或在已做透层或封层并已开放交通的基层清扫后,就可按要求的速度浇洒第一层沥青。沥青浇洒时的温度一般情况是:石油沥青的撒布温度为 130~170 ℃,煤沥青的撒布温度为 80~120 ℃;乳化沥青可在常温下撒布,当气温偏低、破乳及成型过慢时,可将乳液加温后撒布,但乳液温度不得超过 60 ℃。浇洒应均匀,当发现浇洒沥青后有空白、缺边时,应及时进行人工补洒,当有沥青积聚时应刮除。沥青浇洒长度应与集料撒布机的能力相配合,应避免沥青浇洒后等待较长时间才撒布集料。

2. 撒布第一层集料

第一层集料在浇洒主层沥青后立即进行撒布。当使用乳化沥青时,集料撒布应在乳液破乳之前完成。撒布集料后应及时扫匀,应覆盖施工路面,厚度应一致,集料不应重叠,也不应露出沥青;当局部有缺料时,应及时进行人工找补,局部过多时,应将多余集料扫出。前幅路面浇洒沥青后,应在两幅搭接处暂留 10~15 cm 宽度不撒石料,待后幅浇洒沥青后一起撒布集料。

3. 碾压

撒布一段集料后,应立即用 6~8 t 钢筒双轮压路机碾压,碾压时每次轮迹应重叠约 30 cm,并应从路边逐渐移至路中心,然后再从另一边开始移向路中心,以此作为一遍,宜碾压 3~4 遍。碾压速度开始不宜超过 2 km/h,以后适当增加。

第二、三层的施工方法和要求应与第一层相同,但可采用 8~10 t 压路机。当使用乳化沥青时,第二层撒布碎石作为嵌缝料后还应增加一层封层料。

单层式和双层式沥青表面处治的施工顺序与三层式基本相同,只是相应地减少或增加一次撒布沥青、铺撒一次矿料相碾压工作。沥青表面处治应进行初期养护,当发现有泛油时,应在泛油处补撒嵌缝料,嵌缝料应与最后一层石料规格相同,并应扫匀;当有过多的浮动集料时,应扫出路面,并不得搓动已经黏着在位的集料;如有其他破坏现象,也应及时进行修补。

### 10.3.3 沥青贯入式路面施工

沥青贯入式路面是在初步压实的碎石(或破碎砾石)上分层浇洒沥青、撒布嵌缝料,或再在上部铺筑热拌沥青混合料封层——经压实而成的沥青面层,其厚度宜为 4~8 cm,但乳化沥青贯入式路面的厚度不宜超过 5 cm;当贯入层上部加铺拌和的沥青混合料面层时,路面总厚度宜为 6~10 cm,其中拌和层厚度宜为 2~4 cm。由于沥青贯入式路面的强度构成主要是靠矿料的嵌挤作用和沥青材料的黏结力,因而具有较高的强度和稳定性.

而且沥青贯入式路面是一种多孔隙结构,为了防止路表水的浸入和增强路面的水稳定性,在最上层应撒布封层料或加铺拌和层;当乳化沥青贯入式路面铺筑在半刚性基层上时,应铺筑下封层;当沥青贯入层作为联结层时,可不撒表面封层料。

1. 撒布主层集料。撒布主层集料时应控制松铺厚度,避免颗粒大小不匀,尽可能采用碎石摊铺机摊铺主层集料,在无条件下也可采用人工撒布。撒布后严禁车辆在撒布好的集料层上通行。

2. 碾压主层集料。主层集料撒布后用 6~8 t 的钢筒压路机进行初压、碾压时应自边缘逐渐移向路中心,每次轮迹应重叠约 30 cm,然后检查路拱和纵向坡度;当不符合要求时,应调整、找平后再压,直至集料无显著推移为止。再用 10~12 t 压路机进行碾压,每次轮迹重叠 1/2 左右,直至主层集料嵌挤稳定,无显著轮迹为止。

3. 浇洒第一层沥青。主层集料碾压完毕后,应立即浇洒第一层沥青,浇洒方法与沥青表面处治层施工相同。当采用乳化沥青贯入时,应防止乳液下漏过多,可在主层集料碾压稳定后,先撒布一部分上一层嵌缝料,再浇洒主层沥青。乳化沥青在常温下洒布,当气温偏低需要加快破乳速度时,可将乳液加温后洒布,但乳液温度不得超过 60 ℃。

4. 撒布第一层嵌缝料。主层沥青浇洒完成后,应立即撒布第一层嵌缝料、嵌缝料的撒布应均匀并应扫匀,不足处应找补。当使用乳化沥青时,石料撒布应在破乳前完成。

5. 碾压。嵌缝料扫匀后应立即用 8~12 t 钢筒式压路机进行碾压,轮迹应重叠轮宽的 1/2 左右,宜碾压 4~6 遍,直至稳定为止。碾压时随压随扫,并应使嵌缝料均匀嵌入。当气温较高使碾压过程发生较大推移现象时,应立即停止碾压,待气温稍低时再继续碾压。

6. 浇洒第二层沥青,撒布第二层嵌缝料,碾压,再浇洒第三层沥青。

7. 撒布封层料。

8. 终压。用 6~8 t 压路机碾压 2~4 遍,然后开放交通,并进行交通管制,使路面全宽受到行车的均匀碾压。

### 10.3.4 热拌沥青混合料路面施工

热拌沥青混合料路面采用厂拌法施工时,集料与沥青均在拌和机内进行加热与拌和,并在热的状态下摊铺碾压成型。

一、热拌沥青混合料的拌制

沥青混合料必须在沥青拌和厂(场、站)采用拌和机械进行拌制,可采用间歇式拌和机或连续式拌和机拌制。间歇式拌和机的拌和设备在拌和过程中集料烘干与加热是连续进行的,而加入矿粉和沥青后的拌和是间歇(周期)式进行的。

连续式拌和机是矿料烘干、加热与沥青混合料拌和均为连续进行的,且拌和速度较高、连续式拌和机应具备根据材料含水量变化调整矿料上料比例、上料速度、沥青用量的装置。当工程材料来源或质量不稳定时,不得采用连续式拌和机拌制。

二、热拌沥青混合料的运输

热拌沥青混合料应采用较大吨位的自卸汽车运输。运输时,应防止沥青与车厢板黏结,车厢应清扫干净,车厢底板及周壁应薄涂一层油水(柴油:水 = 1:3)混合液,但不得有余液积聚在车厢底部。运料车应用篷布覆盖以保温、防雨、防污染,夏季运输时间短于

0.5 h 时可不覆盖;混合料运料车的运输能力应比拌和机拌和或摊铺能力略有富余,施工过程中摊铺机前方应有运料车在等候卸料。

### 三、热拌沥青混合料摊铺

热拌沥青混合料的摊铺工作应包括摊铺前的准备工作、摊铺机各种参数的选择与调整、摊铺作业等。

摊铺前的准备工作应包括下承层的准备、施工测量、摊铺机的检查等。摊铺前应先调整摊铺机的机构参数和运行参数。其中,机构参数包括熨平板的宽度、摊铺厚度、熨平板的拱度、初始工作迎角、布料螺旋与熨平板前缘的距离、振捣梁行程等。摊铺机的运行参数是摊铺机的作业速度,摊铺沥青混合料时应缓慢、均匀、连续不间断地进行;在摊铺过程中,不得随意变更速度或中途停顿;摊铺速度应根据拌和机的产量、施工机械配套情况及摊铺层厚度、宽度来确定,并应为 2~6 m/min。

摊铺机的各种参数确定以后,即可进行沥青混合料路面的摊铺作业。首先应对熨平板加热,以免热沥青混合料冷粘于熨平板底上,并随板向前移动时拉裂铺层表面,使之形成沟槽和裂纹,即使在夏季也必须如此。

热拌沥青混合料应采用机械摊铺,对高速公路、一级公路和城市快速路、主干路宜采用两台以上的摊铺机成梯队作业,进行联合摊铺;相邻两幅之间应有重叠,重叠宽度宜为 5~10 cm;相邻两台摊铺机间距宜为 10~30 m,且不得造成前面摊铺机的混合料冷却;当混合料不能满足不间断摊铺时,可采用全宽度摊铺机一幅摊铺。摊铺机在开始受料前应在料斗内涂刷防止黏结的柴油;摊铺机应具有自动式或半自动式调节摊铺厚度及找平装置;具有足够容量的受料斗,在运料车换车时能连续摊铺,并有足够的功率推动运料车;具有可加热的振动熨平板或振动夯等初步压实装置,且摊铺机宽度可以调整。

### 四、热拌沥青混合料的压实及成型

碾压是热拌沥青混合料路面施工的最后一道工序,要获得好的路面质量最终是靠碾压来实现的。碾压的目的是提高沥青混合料的强度、稳定性和耐疲劳性。碾压工作包括碾压机械的选型与组合、压实温度、碾压速度、碾压遍数、压实方法的确定以及压实质量检查等。

沥青混合料路面的压实程序分为初压、复压、终压(包括成型)三个阶段,压路机应以慢而匀速的速度碾压。初压是整平和稳定混合料,同时又为复压创造条件。初压应在混合料摊铺后较高温度下进行,并不得产生推移、发裂。压实温度应根据沥青稠度、压路机类型、气温、铺筑层厚度、混合料类型经试压确定。初压时,压路机应从外侧向中心碾压,相邻碾压带应重叠 1/3~1/2 轮宽,最后碾压路中心部分,压完全幅为一遍。

初压后紧接着进行复压,复压是使混合料密实、稳定、成型的关键。复压宜采用重型压路机、碾压遍数应经试压确定并不宜少于 4~6 遍。

终压应紧接着复压后进行,其目的是消除碾压轮产生的轮迹,最后形成平整的路面。终压可选择双轮钢筒式压路机或关闭振动的振动压路机碾压,碾压不宜少于 2 遍,路面应无轮迹。

### 五、接缝

在施工过程中应尽可能避免出现接缝,不可避免时,应做成垂直接缝,并通过碾压尽量消除接缝痕迹,提高接缝处沥青路面的传荷能力。

1. 纵向接缝

两条摊铺带相接处,必须有一部分搭接,才能保证该处与其他部分具有相同的厚度。搭接的宽度应前后一致,搭接施工有冷接缝和热接缝两种。冷接缝施工是指新铺层与经过压实后的已铺层进行搭接,搭接宽度约为3~5 cm,在摊铺新铺层时,对已铺层带接茬处边缘进行铲修垂直,新摊铺带与已摊铺带的松铺厚度相同。热接缝施工一般是在使用两台以上摊铺机梯队作业时采用,此时两条毗邻摊铺带的混合料都还处于压实前的热状态,所以纵向接缝容易处理,而且连接强度较好。

2. 横向接缝

相邻两幅及上下层的横向接缝均应错位1 m以上,横向接缝有斜接缝和平接缝两种。高速和一级公路中下层的横向接缝可采用斜接缝,而上面层则应采用垂直的平接缝,其他等级公路的各层均应采用斜接缝。处理好横向接缝的基本原则是将第一条摊铺带的尽头边缘锯成垂直面,并与纵向边缘成直角。

### 10.3.5 乳化沥青碎石混合料路面施工

乳化沥青碎石混合料是指由乳化沥青与矿料在常温状态下拌和而成,压实后剩余空隙率在10%以上的常温沥青混合料。乳化沥青碎石混合料适用于三级及三级以下的公路、城市道路支线的沥青面层、二级公路的罩面层施工,以及各级道路的沥青路面的连接层或找平层。乳化沥青碎石混合料路面的沥青面层宜采用双层式,下层应采用粗粒式沥青碎石混合料,上层应采用中粒式或细粒式沥青碎石混合料;单层式只宜在少雨干燥地区或半刚性基层上使用;而在多雨潮湿地区必须做上封层或下封层。

#### 一、混合料摊铺

已拌制好的混合料应立即运至施工现场进行摊铺,拌制的混合料宜用沥青摊铺机摊铺,当采用人工摊铺时,应采取防止混合料离析的措施。混合料应具有充分的施工和易性,混合料的拌和、运输和摊铺应在乳液破乳前结束,在拌和与摊铺过程中已破乳的混合料,应予以废弃。

#### 二、碾压

混合料摊铺完毕,厚度、平整度、路拱横坡等符合设计要求和规范要求后,即可进行碾压,其碾压可按热拌沥青混合料的规定进行,但在混合料摊铺后,采用6 t左右的轻型压路机初压,碾压1~2遍,使混合料初步稳定,再用轮胎压路机或轻型钢筒式压路机碾压1~2遍。

待晾晒一段时间,水分蒸发后,再用12~15 t轮胎压路机或10~12 t钢筒式压路机复压,补充复压2~3遍至密实为止。当压实过程中有推移现象时应立即停止碾压,待稳定后再碾压。如当天不能完全压实,应在较高气温状态下补充碾压。

碾压出现局部混合料有松散或开裂现象时,应立即挖除并换补新料,整平后继续碾压密实。修补处应保证路面平整。

#### 三、接缝处理

横向接缝应采用垂直的平接缝或斜接缝,接缝处应涂刷黏层油,确保接缝紧密、平顺。纵向接缝应采用热接缝或冷接缝,接缝处应错位铺设并充分压实。

### 四、后期养护

压实成型后的路面应做好早期养护,并封闭交通 2~6 h。开放交通初期,应设专人指挥,控制车速不超过 20 km/h,并禁止刹车或调头。当路面有损坏时,应及时修补。

### 五、施工注意事项

1. 施工过程中应按照配比要求进行混合,严格控制乳化沥青的用量并均匀分配,以确保路面质量的稳定。

2. 浇铺时应注意温度和湿度,避免出现温度过高或湿度过大的情况,影响混合料的浇铺效果。

3. 在施工过程中,要避免混合料过早在太阳下长时间暴晒,以致影响其性能和使用寿命。

4. 压实应采用适当的压路机和压实工艺,以达到最优的压实效果,确保路面均匀平整、结实耐用。

5. 施工完毕后应及时清理场地,处理垃圾和杂物等,保持现场环境卫生。

综上所述,乳化沥青碎石混合料路面施工工艺包括施工准备、拌和与运输、摊铺与压实、接缝处理和后期养护等步骤。在施工过程中应严格控制各个环节的质量,确保路面的平整度和密实度达到设计要求。

---

### 习　　题

10.1　什么是路基?路面有哪些常见的材料?路面的厚度如何确定?

10.2　简述无机结合料稳定基层施工前下承层检查内容及要求。

10.3　简要说明水泥混凝土路面材料质量要求。

10.4　简述无机结合料基层材料适用范围。

10.5　沥青路面是如何分类的?各分为几类?

10.6　水泥混凝土路面的组成材料主要有哪些?对这些材料有何技术要求?

---

### 案 例 研 讨

某东部沿海城市,某道路工程施工单位承接一条市政道路,道路总长 10 km。拟采用混凝土进行路面铺设,铺设方法采用滑模机械铺筑,开工时间为 2025 年春季,预计本年度秋季竣工。

第 10 章
道路工程案
例研讨分析
提示

1. 滑模机械铺筑的技术要点有哪些?

2. 特殊条件(雨季、高温、台风)下施工应注意哪些事项?。

# 附录A　案例拓展索引

# 附录B　知识图谱

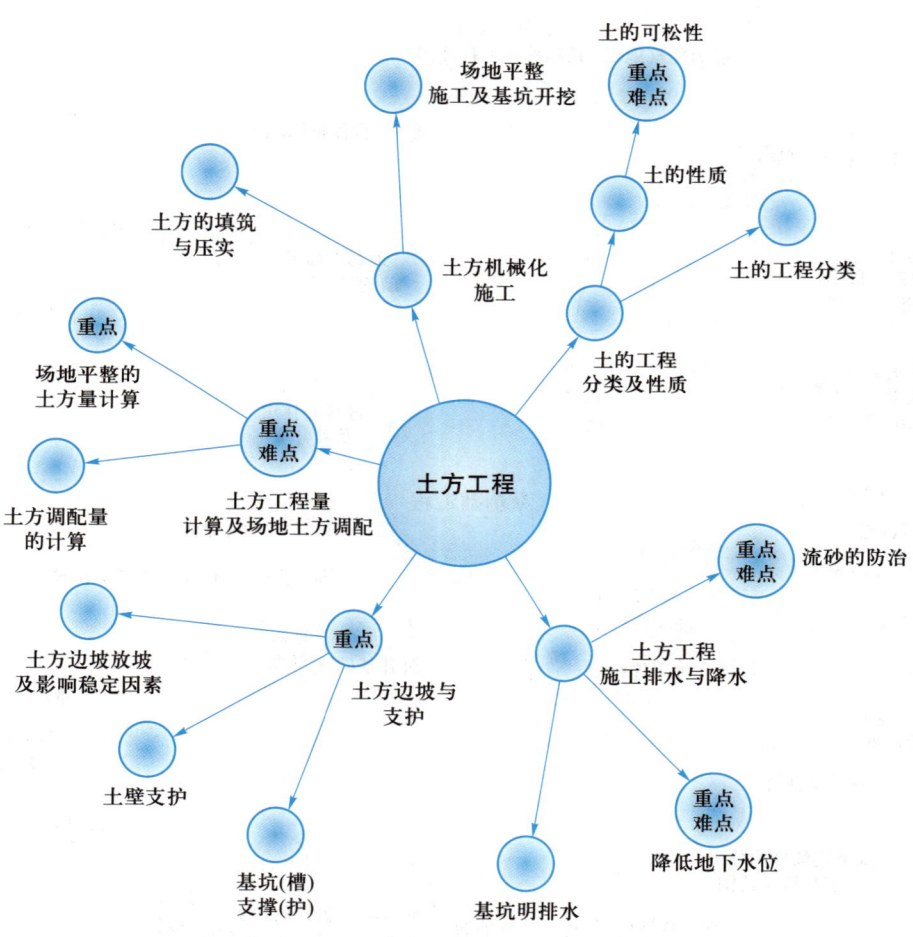

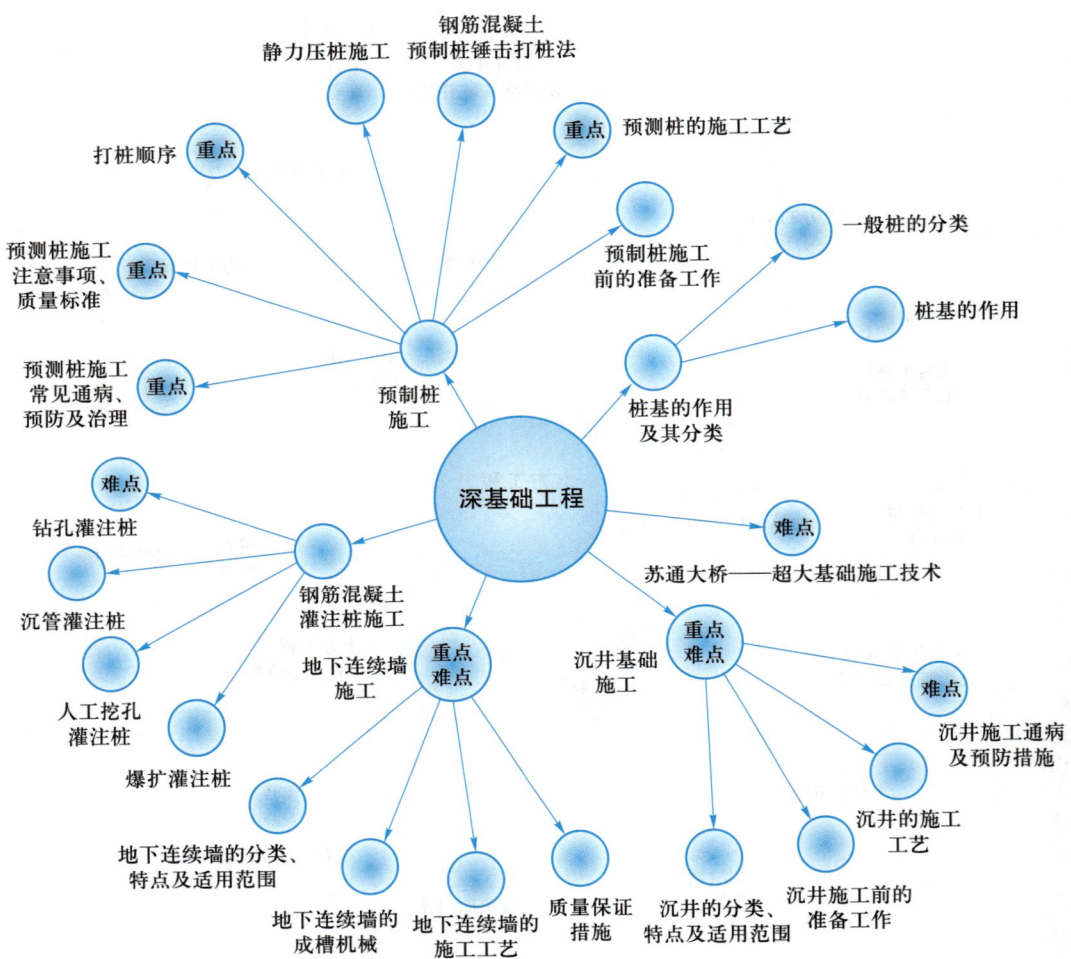

钢筋混凝土
静力压桩施工　预制桩锤击打桩法

重点　预测桩的施工工艺

打桩顺序　重点

预测桩施工
注意事项、　重点
质量标准

预测桩施工　重点
常见通病、
预防及治理

预制桩施工
前的准备工作

一般桩的分类

桩基的作用

预制桩
施工

桩基的作用
及其分类

深基础工程

难点

苏通大桥——超大基础施工技术

难点

钢筋混凝土
灌注桩施工

沉井基础
施工

重点
难点

钻孔灌注桩

沉管灌注桩

人工挖孔
灌注桩

爆扩灌注桩

地下连续墙
施工

重点
难点

沉井施工通病
及预防措施

沉井的施工
工艺

地下连续墙的分类、
特点及适用范围

地下连续墙的
成槽机械

地下连续墙的
施工工艺

质量保证
措施

沉井的分类、
特点及适用范围

沉井施工前的
准备工作

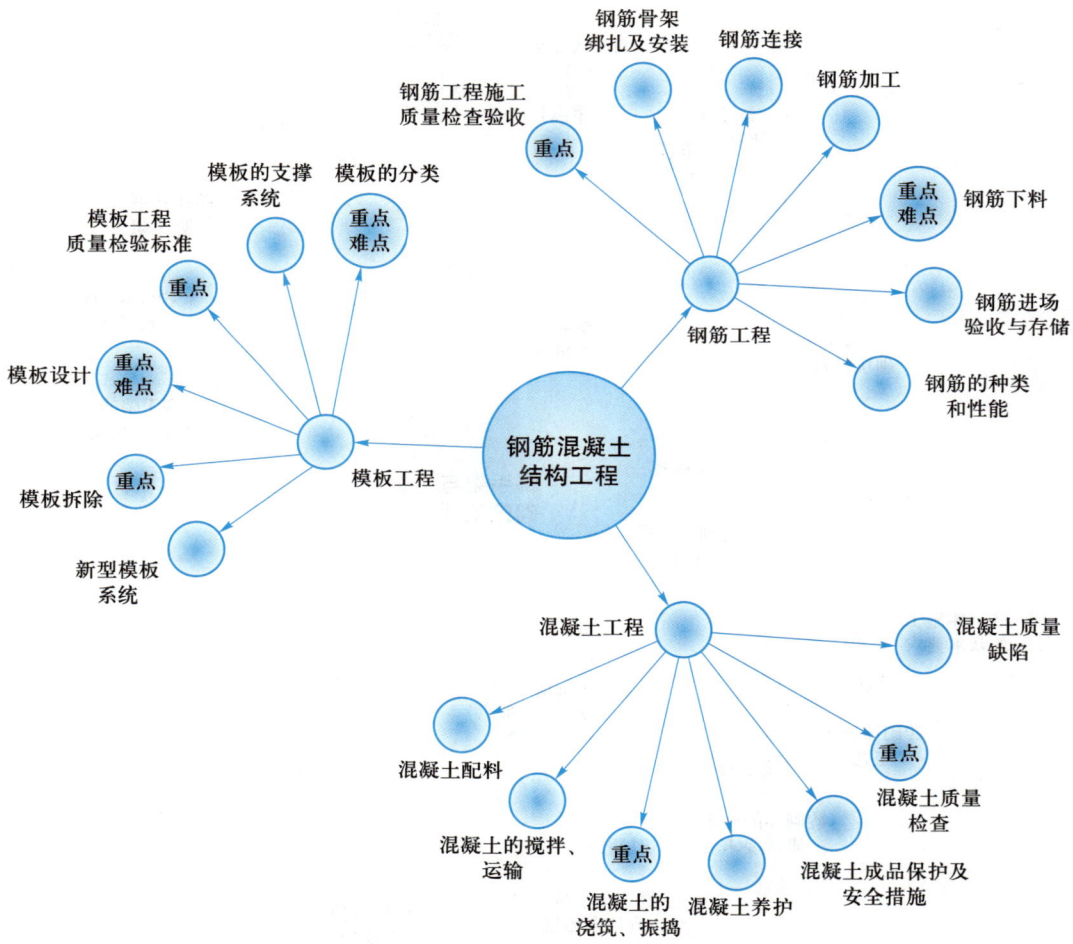

钢筋骨架
绑扎及安装　　钢筋连接

钢筋工程施工　　　　　　　钢筋加工
质量检查验收

重点　　　　　　　　　　重点　　钢筋下料
　　　　　　　　　　　　难点

模板工程　　模板的支撑　模板的分类　　　　　　　　　　钢筋进场
质量检验标准　系统　　　　　　　　　　　　钢筋工程　　验收与存储
　　　　　　　重点
重点　　　　　　难点
　　　　　　　　　　　　　　　　　　　　　钢筋的种类
模板设计　重点　　　　　　　　　　　　　　　　　和性能
　　　　　难点

　　　　　　　钢筋混凝土
模板拆除　重点　模板工程　　结构工程

新型模板
系统

　　　　　　　　　　　　　　混凝土工程　　　　　　混凝土质量
　　　　　　　　　　　　　　　　　　　　　　　缺陷

　　　　　　　　　　　　　　　　　　　　　　重点

混凝土配料　　　　　　　　　　　　　　混凝土质量
　　　　　　　　　　　　　　　　　　检查
混凝土的搅拌、　　重点
运输　　　　　　　　　　　混凝土成品保护及
　　　混凝土的　　混凝土养护　安全措施
　　　浇筑、振捣

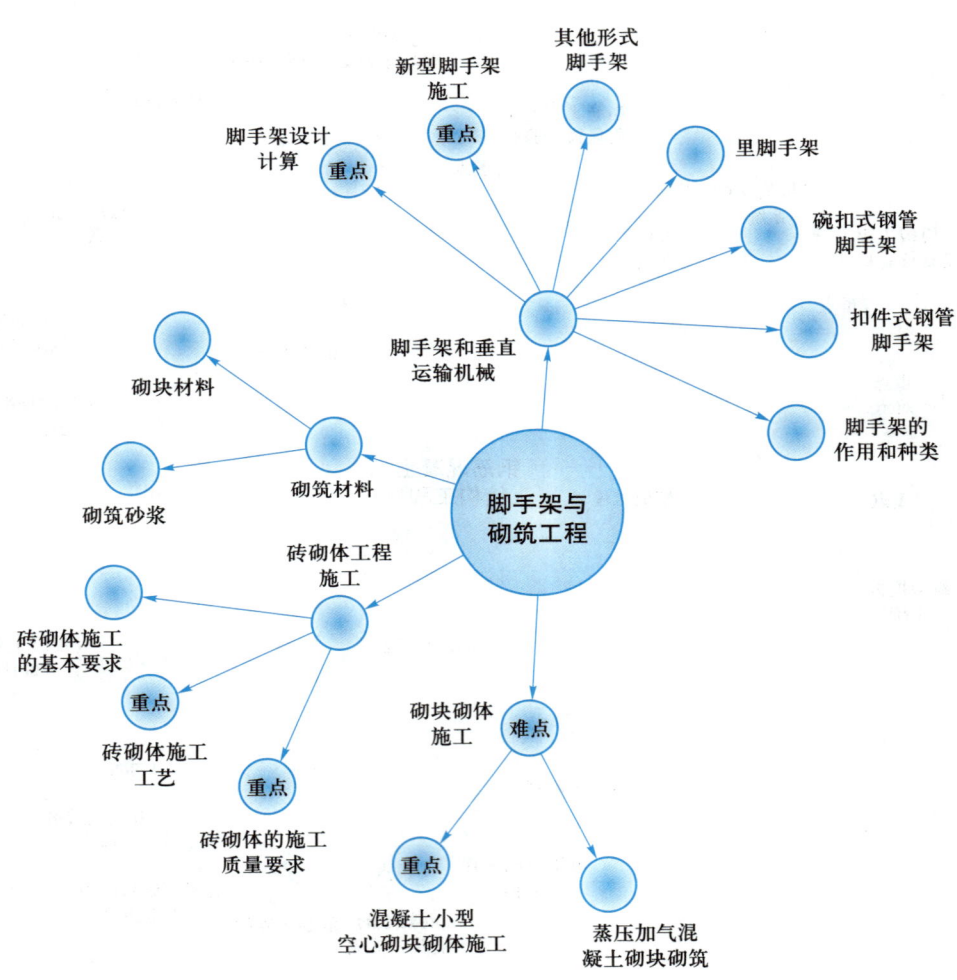

其他形式
脚手架

新型脚手架
施工
重点

脚手架设计
计算
重点

里脚手架

碗扣式钢管
脚手架

脚手架和垂直
运输机械

扣件式钢管
脚手架

砌块材料

脚手架的
作用和种类

砌筑材料

砌筑砂浆

脚手架与
砌筑工程

砖砌体工程
施工

砖砌体施工
的基本要求

重点

砖砌体施工
工艺

砌块砌体
施工

难点

重点

砖砌体的施工
质量要求

重点

混凝土小型
空心砌块砌体施工

蒸压加气混
凝土砌块砌筑

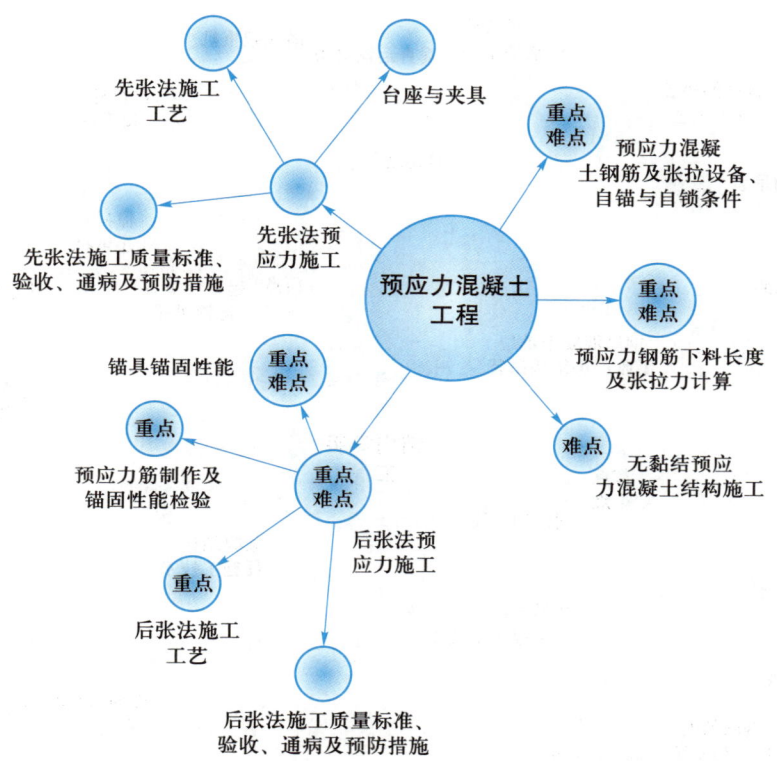

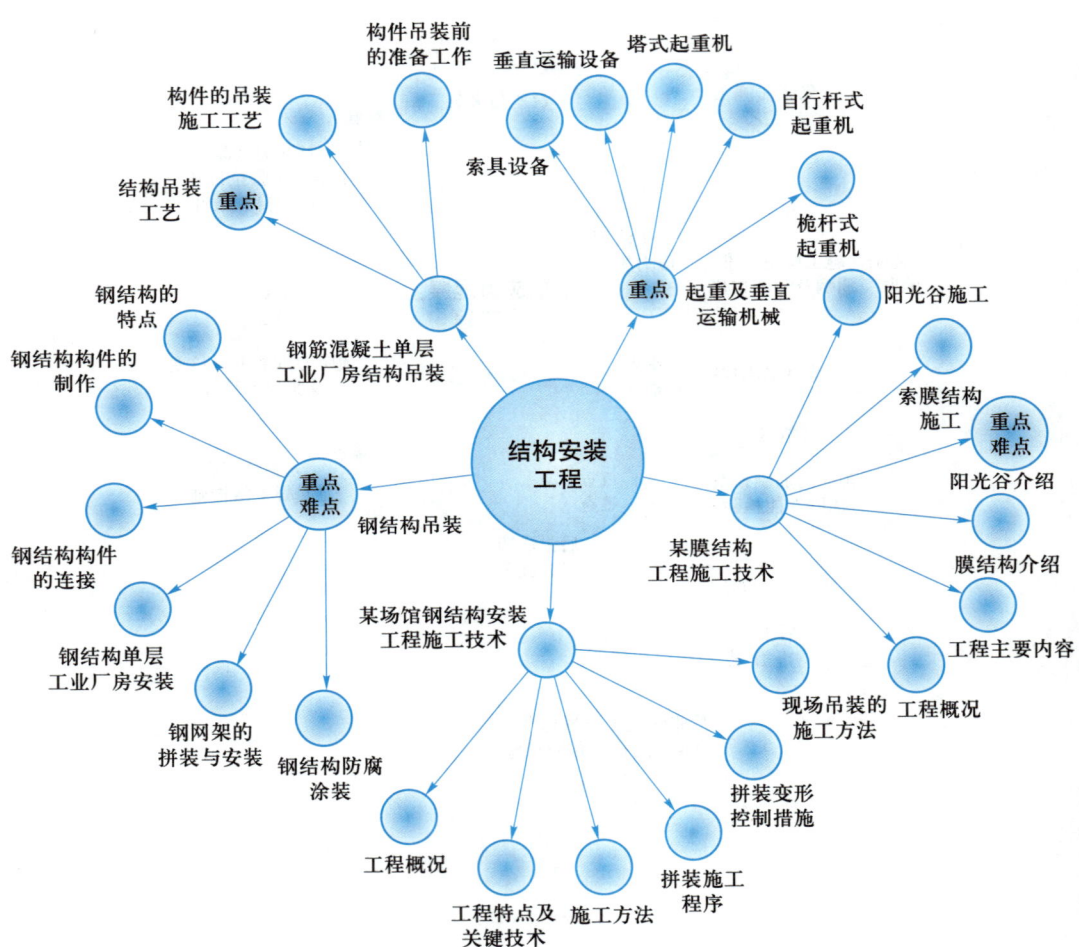

结构安装工程

构件的吊装施工工艺
结构吊装工艺
构件吊装前的准备工作
重点
钢筋混凝土单层工业厂房结构吊装
索具设备
垂直运输设备
塔式起重机
自行杆式起重机
重点
起重及垂直运输机械
桅杆式起重机

钢结构的特点
钢结构构件的制作
重点难点
钢结构构件的连接
钢结构单层工业厂房安装
钢网架的拼装与安装
钢结构防腐涂装
钢结构吊装

阳光谷施工
索膜结构施工
重点难点
阳光谷介绍
膜结构介绍
工程主要内容
工程概况
某膜结构工程施工技术

某场馆钢结构安装工程施工技术
工程概况
工程特点及关键技术
施工方法
拼装施工程序
拼装变形控制措施
现场吊装的施工方法

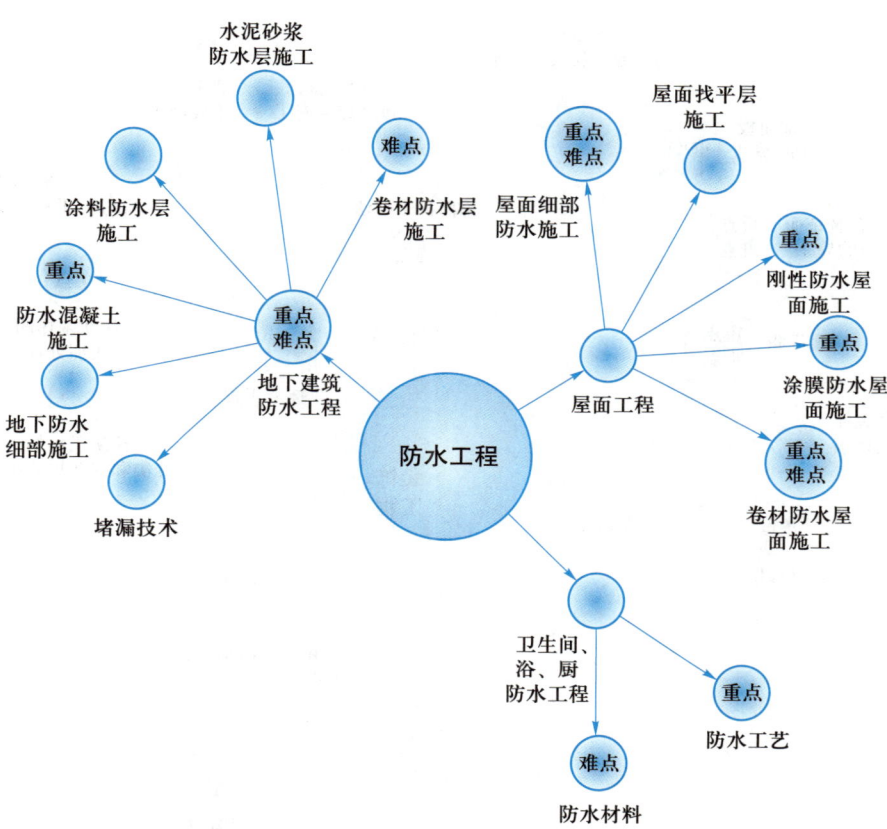

水泥砂浆
防水层施工

涂料防水层
施工

重点

防水混凝土
施工

地下防水
细部施工

堵漏技术

难点

卷材防水层
施工

重点
难点

地下建筑
防水工程

重点
难点

屋面细部
防水施工

屋面工程

屋面找平层
施工

重点

刚性防水屋
面施工

重点

涂膜防水屋
面施工

重点
难点

卷材防水屋
面施工

防水工程

卫生间、
浴、厨
防水工程

重点

防水工艺

难点

防水材料

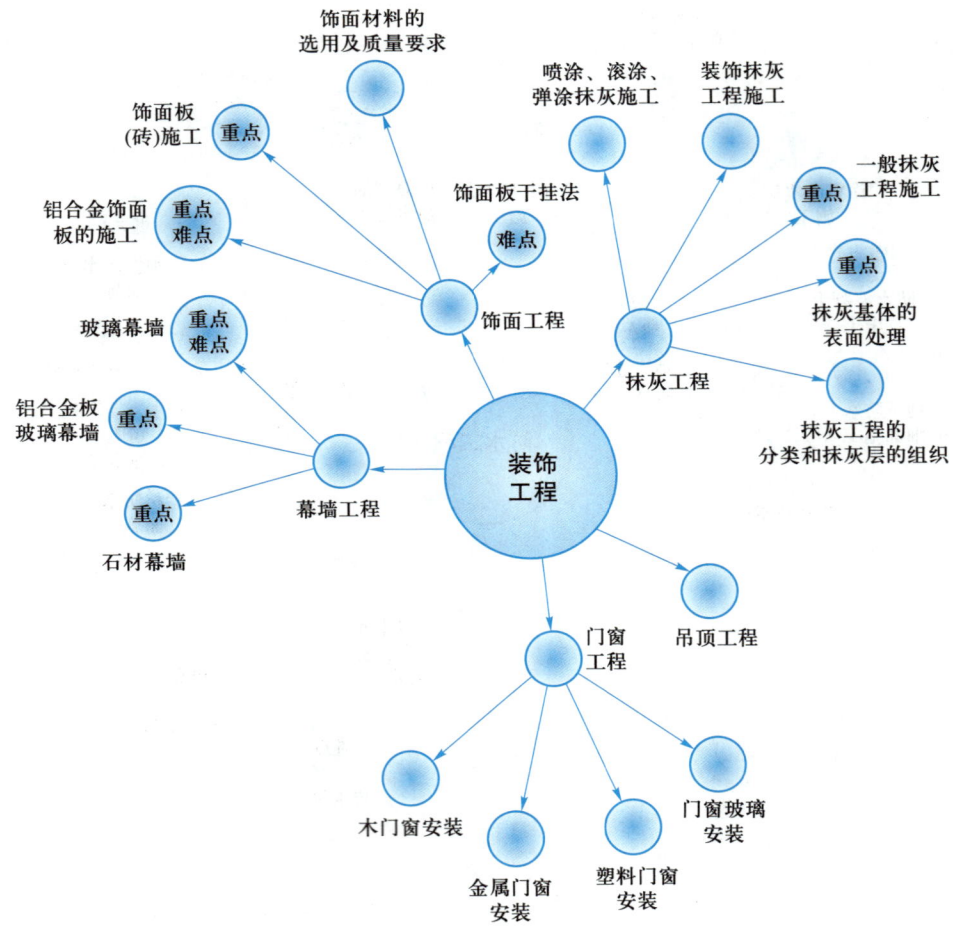

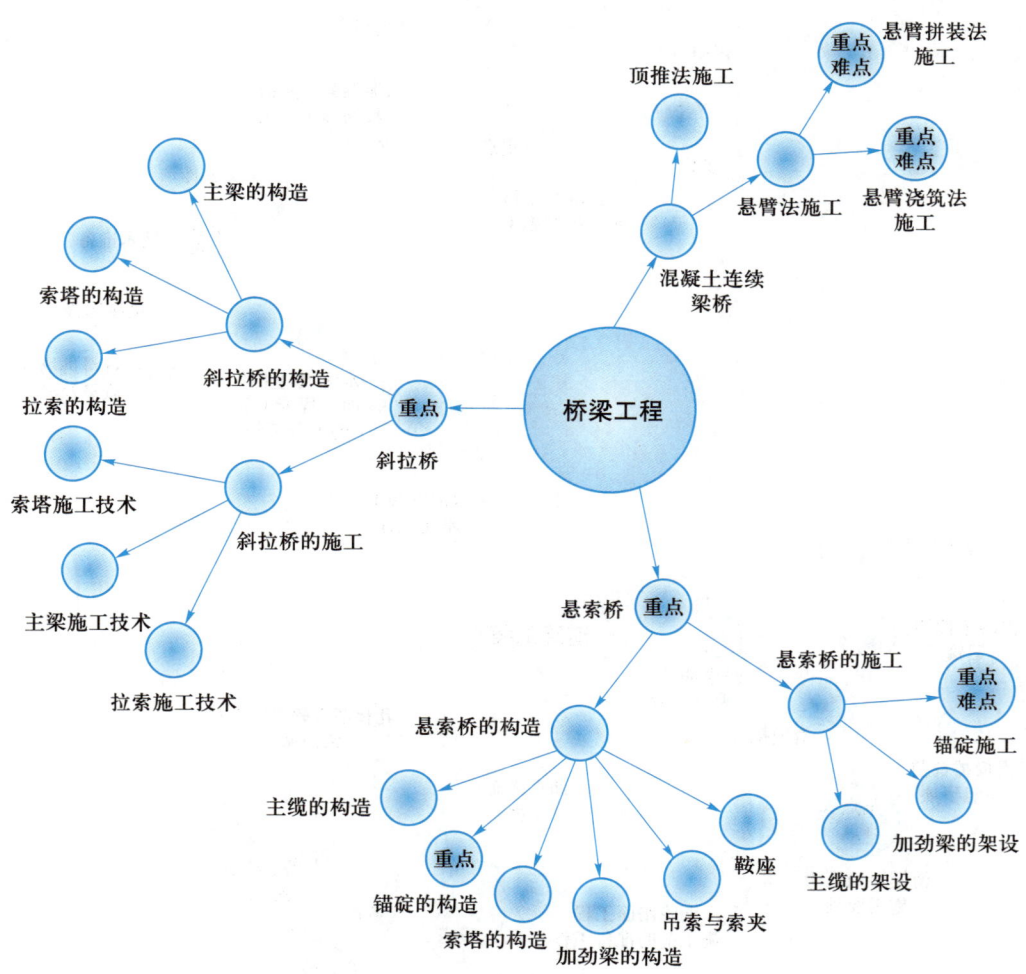

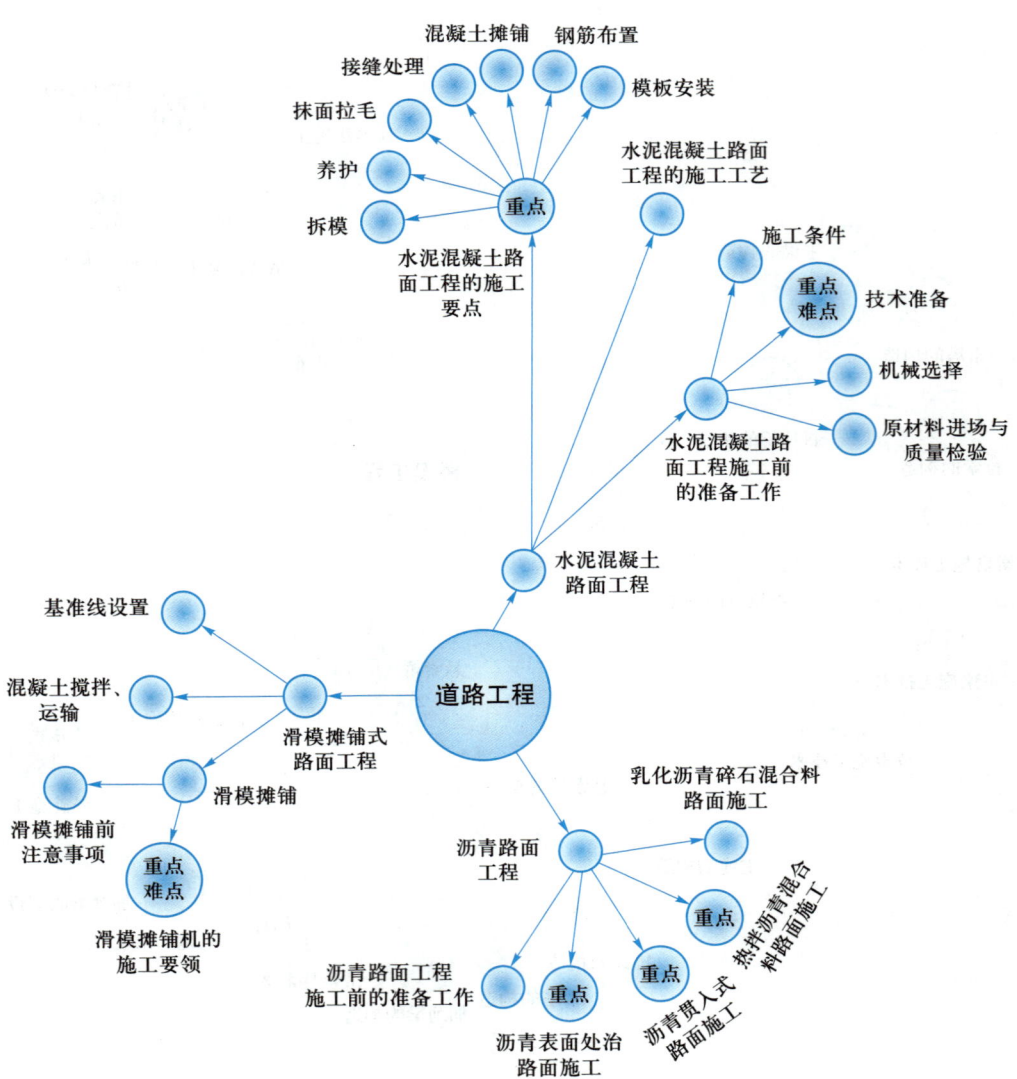

混凝土摊铺　钢筋布置

接缝处理

抹面拉毛

模板安装

养护

拆模

重点

水泥混凝土路面
工程的施工要点

水泥混凝土路面
工程的施工工艺

施工条件

重点
难点

技术准备

机械选择

原材料进场与
质量检验

水泥混凝土路
面工程施工前
的准备工作

水泥混凝土
路面工程

基准线设置

混凝土搅拌、
运输

滑模摊铺式
路面工程

滑模摊铺

道路工程

乳化沥青碎石混合料
路面施工

沥青路面
工程

重点

滑模摊铺前
注意事项

重点
难点

滑模摊铺机的
施工要领

沥青路面工程
施工前的准备工作

重点

重点

热拌沥青混合
料路面施工

沥青贯入式
路面施工

沥青表面处治
路面施工

# 参考文献

［1］应惠清.土木工程施工［M］.3版.北京:高等教育出版社,2016.

［2］蔡雪峰,郑莲琼,李惠霞.土木工程施工Ⅰ—施工技术［M］.3版.北京:高等教育出版社,2025.

［3］郭正兴.土木工程施工［M］.3版.南京:东南大学出版社,2020.

［4］刘宗仁.土木工程施工［M］.3版.北京:高等教育出版社,2019.

［5］蒋平江.桥梁施工［M］.北京:高等教育出版社,2022.

［6］中华人民共和国住房和城乡建设部,国家市场监督管理总局.施工脚手架通用规范［S］:GB 55023—2022.北京:中国建筑工业出版社,2022.

［7］中华人民共和国住房和城乡建设部,中华人民共和国国家质量监督检验检疫总局.混凝土结构工程施工质量验收规范［S］:GB 50204—2015.北京:中国建筑工业出版社,2014.

［8］中华人民共和国住房和城乡建设部,国家市场监督管理总局.混凝土结构通用规范［S］:GB 55008—2021.北京:中国建筑工业出版社,2021.

［9］中华人民共和国住房和城乡建设部,国家市场监督管理总局.工程结构通用规范［S］:GB 55001—2021.北京:中国建筑工业出版社,2021.

［10］中华人民共和国住房和城乡建设部,国家市场监督管理总局.钢结构通用规范［S］:GB 55006—2021.北京:中国建筑工业出版社,2021.

［11］中华人民共和国住房和城乡建设部,国家市场监督管理总局.砌体结构通用规范［S］:GB 55007—2021.北京:中国建筑工业出版社,2021.